Thorsten Bonacker

Konflikttheorien

Friedens- und Konfliktforschung
Herausgegeben von
Peter Imbusch und Ralf Zoll

Band 2

Thorsten Bonacker

Konflikttheorien

Eine sozialwissenschaftliche Einführung mit Quellen

Leske + Budrich, Opladen 1996

ISBN 3-8100-1544-X

Druck: Druck Partner Rübelmann, Hemsbach
Printed in Germany

Inhaltsverzeichnis

Vorwort der Herausgeber

Bis heute existiert in Deutschland kein Studiengang für Friedens- und Konfliktforschung. Auf die Frage nach dem 'Warum' erhält man vor allem zwei Antworten. Zum einen gebe es in einer an individueller Leistung orientierten Konkurrenzgesellschaft kein Interesse und schon gar keine Lobby für das Thema des sozialen und politischen Friedens. Zum anderen sei die Friedens- und Konfliktforschung kein Fach im traditionellen Sinne. Tatsächlich umfassen die Begriffe Frieden und Konflikt eine solche Vielzahl von gesellschaftlichen Erscheinungen, daß eine einzige Fachperspektive gar nicht in der Lage ist, die wichtigsten Phänomene zu betrachten. Auch die Sozialwissenschaften im weiteren Sinne stoßen bei der Analyse von Konfliktlagen häufig an die eigenen Grenzen. Dieses gilt z.B. für Zusammenhänge in den Konfliktbereichen Umwelt und Rüstung, wo ohne die Kooperation etwa mit den Naturwissenschaften keine angemessenen Ergebnisse zu erzielen sind. So richtig eine solche Argumentation auch erscheinen mag, sie widerspricht nicht der Forderung nach der (Weiter-)Entwicklung der Friedens- und Konfliktforschung. Eine aufmerksame Betrachtung der Wissenschaftsentwicklung zeigt vielmehr, daß zunehmend neue 'Fächer' aus der Zusammenarbeit alter entstehen, die sich über moderne Problemlagen definieren: z.B. der Studiengang 'Naturschutz'. Charakteristisch für solche 'neuen Fächer' ist, daß sie sich um einen traditionellen Ansatz - im Falle unseres Beispiels die Biologie - gruppieren und durch andere wissenschaftliche Perspektiven ergänzen, beim 'Naturschutz' etwa durch politik-, verwaltungswissenschaftliche, geographische oder soziologische Erkenntnisse. Für diese neuen Disziplinen sind neben den traditionellen fachspezifischen Qualifikationen solche zur interdisziplinären Offenheit und zur Koordination verschiedener Fachansätze erforderlich.

Mit ähnlichen Vorstellungen wurde an der Philipps-Universität Marburg ein Nebenfachstudiengang 'Friedens- und Konfliktforschung' entwickelt. Er gruppiert sich um einen sozialwissenschaftlichen Kern, der drei Bereiche umfaßt:

- eine Darstellung der Geschichte der Friedens- und Konfliktforschung, eine Diskussion ihrer zentralen Begriffe 'Krieg', 'Frieden', 'Gewalt', 'Konflikt', eine Ableitung des gesamten curricularen Ansatzes, exemplarische Konfliktanalysen, Überblicke über Fragen der Friedensethik und der Friedenserziehung sowie unterschiedlicher Konfliktregelungsformen als *Einführung in die Friedens- und Konfliktforschung*;
- eine Darstellung und Diskussion von *sozialwissenschaftlichen Konflikttheorien* im weiteren Sinne;
- eine Auseinandersetzung mit Formen, Institutionen und Organisationen der *Konfliktregelung*.

Für diese drei inhaltlichen Schwerpunkte wurde jeweils eine *einführende Darstellung mit Quellentexten* für ein vertiefendes Studium erarbeitet, das hiermit als dreibändiges Werk vorgestellt wird (Band 1 und 2 im Jahr 1996, Band 3 im Jahr 1997).

Der vorliegende zweite Band vermittelt einen Überblick über die wichtigsten sozialwissenschaftlichen Konflikttheorien im weiteren Sinne. Der Autor, Thorsten Bonacker, diskutiert die Theorien in einem historischen und inhaltlichen Zusammenhang. Angestrebt wird weder eine eigene neue Konflikttheorie noch die Entwicklung meta-theoretischer Kriterien, die einer Theorieentwicklung vorausgehen könnten oder sollten. Beabsichtigt ist vielmehr die Vermittlung der vielfältigen Ansatzpunkte und Möglichkeiten konflikttheoretischen Denkens. Dazu stellt Thorsten Bonacker zunächst konflikttheoretische Ansätze von Autoren der politischen Philosophie und politischen Ökonomie dar, geht danach auf den anthropologischen Diskurs über Aggression ein, um dann zur klassischen soziologischen Konflikttheorie zu kommen. Die weitere Ausdifferenzierung des konflikttheoretischen Denkens erläutert er anhand feministischer Theorien über den Geschlechterkonflikt, mittels der Rekonstruktion des konflikttheoretischen Gehalts von verschiedenen Theorien der internationalen Beziehungen, in der Auseinandersetzung mit sogenannten analytischen Konflikttheorien und schließlich am Beispiel der Thematisierung von sozialen Konflikten in neueren gesellschaftstheoretischen Entwürfen. Dabei wird nicht nur die Breite der entwickelten Konfliktbegriffe deutlich, sondern auch die unterschiedliche Reichweite der Konfliktkonzeptionen.

Neben der Darstellung und Diskussion der Konflikttheorien selbst enthält der Band einen ausführlichen Readerteil zur Vertiefung mit Originaltexten der behandelten Autorinnen und Autoren. Literaturhinweise zu den einzelnen Kapiteln mit weiterführenden Titeln runden die Veröffentlichung ab.

Dieses Buch ist von Autor und Herausgebern nicht allein erstellt worden, wenn sie es auch allein verantworten. Wie stets sind in Idee und Ausführung viele Anregungen und unterstützende Kritik eingeflossen. Hierfür gilt es vor allem, den Mitgliedern der Sektion 'Curriculum/Friedenslehre' in der Arbeitsgemeinschaft für Friedens- und Konfliktforschung (AFK) zu danken. In großer Schuld stehen wir bei Tina Plapp und ganz besonders bei Meike Rehburg, deren Beiträge beim technischen Herstellungsprozeß kaum angemessen zu würdigen sind. Schließlich möchten wir Edmund Budrich für sein Interesse an unserem Projekt und die entgegenkommende Preisgestaltung für die einzelnen Bände herzlich danken.

Marburg, im Dezember 1995 Peter Imbusch / Ralf Zoll

Teil I: Einführung in sozialwissenschaftliche Konfliktheorien

1. Einleitung

Eine sozialwissenschaftliche Theorie will, so ließe sich einführend bestimmen, Aussagen über das soziale Zusammenleben der Menschen treffen, um dessen Bedingungen und Verhältnisse beschreiben und erklären zu können. In mehr oder weniger systematisch angeordneten Aussagen über die Wirklichkeit spielen dabei die gewählten Begrifflichkeiten eine wichtige Rolle, denn in ihnen sollen die sozialen Tatsachen gleichsam zusammengezogen erfaßbar werden. Die Art der Verbindung von Begriffen, die Vereinigung zu allgemeineren Darstellungen sind somit die Identifikationskriterien für eine (sozialwissenschaftliche) Theorie. Im folgenden steht dabei ein bestimmter Begriff und mit ihm ein gewählter Bezugsrahmen für die Erläuterung sozialwissenschaftlicher Theorien im Mittelpunkt. Es geht um die theoretische Beobachtung der sozialen Tatsache des Konflikts, also um das theoriegeleitete Sprechen über und Analysieren beispielsweise von Streit, Dissens und Kampf.

Zu Beginn dieses Überblicks, der weder ein systematischer Vergleich über die Hauptströmungen der sozialwissenschaftlichen Konflikttheorien noch das Hinzufügen einer weiteren Konflikttheorie ist, sollen einige Bemerkungen zu dem Begriff 'Konflikttheorie' stehen. Was unter Konflikttheorie genauer zu verstehen ist, wird sich erst im Laufe der Darstellungen einiger Theorieangebote klären.

1.1. Was ist Konflikttheorie?

Um die Bedeutung des Begriffs Konflikttheorie verstehen zu können, scheint es ratsam, sich zunächst der Bedeutung der beiden einzelnen Wörter 'Konflikt' und 'Theorie' zu vergewissern. Dabei mag der Theoriebegriff in unserem Zusammenhang recht einfach zu definieren sein als abstrakte systematische Aussagen über soziale Tatsachen, wie beispielsweise über Tauschvorgänge. Wir können beobachten, daß jemand etwas einer anderen Person gibt, die daraufhin etwas anderes zurückgibt und diese Interaktion als Tausch begreifen, wobei der Begriff Tausch selbst schon insofern theoretisch ist, als daß wir ihn zur Beschreibung eines sozialen Vorganges benutzen, die sich nicht selbst aus dem Vorgang ergibt. Dieser einfachen Schöpfung von Begriffen, mit der auch die Alltagssprache arbeitet, folgt die Verknüpfung von Aussagen und Begriffen und somit die Formulierung einer Theorie des Tausches, die sich dann zum Beispiel auf die Sachen beziehen kann, die getauscht werden, oder auf die beteiligten und eventuell auch unbeteiligten Personen. Ähnliches gilt für die Konflikttheorie; auch hier bezeichnet der Begriff Konflikt einen sozialen Tatbestand. Eine Konflikttheorie bezieht darüber hinaus mehrere Tatbestände wie die ökonomischen Verhältnisse, die politischen und rechtlichen Rahmenbedingungen, die menschliche Natur usw. mit ein.[1] Die Theorien des Konflikts variieren also je nach den Prämissen, die vorausgesetzt werden, nach den Erkenntnisinteressen[2] und nach den thematischen Bereichen. All diese Eingrenzungen sind wiederum abhängig von der historischen und sozialen Situation, in der eine Theorie des Konflikts entworfen worden ist.

Der Begriff Konflikttheorie ist, soviel läßt sich jetzt sagen, auf einer anderen Ebene angesiedelt, als die meisten anderen Bezeichnungen für sozialwissenschaftliche Theorien wie Marxismus, Funktionalismus, Handlungstheorie etc. Während jene zumeist mit Weltbildern, politischen Implikationen und allgemeinen Aussagen über das menschliche Zusammenleben in Verbindung zu bringen sind, geht es einer Konflikttheorie um die abstrakt-analytische (theoretische) Erfassung des ubiquitären Phänomens des Konflikts. Selbstverständlich steht der Konflikt mit anderen Phänomenen in Verbindung, weshalb eine Theorie des Konflikts - und so wird der Terminus Konflikttheorie hier verstanden - häufig in andere Gesellschaftstheorien integriert ist. So lassen sich dann etwa marxistische und funktionalistische Konflikttheorie unterscheiden.

Lediglich wenn die Konflikttheorie selbst den Anspruch erhebt, ein *System allgemeiner Aussagen über Gesellschaft* zu sein und sich damit von anderen Gesellschaftstheorien selbst abgrenzt, kann von Konflikttheorie

---

1 Dabei muß im Fall der Konflikttheorie "davon ausgegangen werden, daß es keine in sich geschlossene Konflikttheorie gibt" (Manfred Granzow u.a. 1993, S.110), weil es von den jeweiligen theoretischen Bemühungen und Kontexten abhängt, in welchen Beziehungen der Konflikt analysiert wird.

2 Häufig genug scheint in der Konflikttheorie zum Beispiel das Interesse an der Therapie und Konfliktlösung eine weitergehende Analyse von Konflikten zu behindern. Die jüngsten Veröffentlichungen beziehen sich fast ausnahmslos auf den Bereich der (internationalen) Konfliktlösungsmöglichkeiten.

nicht mehr als Theorie des Konflikts, sondern im Sinne von Konflikttheorie als Theorie der Gesellschaft gesprochen werden.[3]

Die bisherigen Überlegungen haben zwar gezeigt, was unter 'Konflikttheorie' zu verstehen ist, sie konnten allerdings nicht klären, wie wir den Begriff des Konflikts, der doch wesentlich für das Verständnis der Konflikttheorie zu sein scheint, definieren sollen. Tatsächlich liegt genau hier das Problem, denn es gibt keine allgemeine neutrale Definition dessen, was ein Konflikt ist.[4] Vielmehr können wir nur in und mit Konflikttheorien erfahren, was sich hinter dem Begriff verbirgt. Selbstverständlich verweist diese Behauptung auf das Paradox, daß erst Konflikttheorien es ermöglichen, den Begriff des Konfliktes inhaltlich zu füllen, daß also die Konflikttheorie sozusagen vor dem Konflikt dagewesen sein muß.[5] Vielleicht zeigt sich hieran das ganze Dilemma unendlicher Theoriediskussionen, denn wir können nie abschließend eine allgemein verbindliche Definition von Begriffen, die soziale Tatsachen bezeichnen, abgeben. Deshalb findet sich zu Beginn dieses Überblickes auch keine kurze und einprägsame Konfliktdefinition, sondern es muß der etwas betrüblich anmutende Hinweis ausreichen, daß unser Verständnis von Konflikt Vorannahmen und theoretischen Kontexten folgt, die es im Laufe dieses Überblicks aufzudecken gilt.

Der Weg führt somit in zwei Richtungen: einerseits zurück zum Theoriebegriff und andererseits zu den Kriterien, nach denen sozialwissenschaftliche Konflikttheorien zu vergleichen sind. Um die Theorien des Konflikts einordnen zu können, werden sie im folgenden thematisch gebündelt, das heißt die jeweiligen Kontexte, in denen Konflikttheorien formuliert wurden, sind kenntlich gemacht. Wir könnten sie, in Anlehnung an eine wissenschaftstheoretische Terminologie, *Paradigmen*[6] nennen, wobei allerdings in unserem Zusammenhang ein anderer Begriff besser zu sein scheint, nämlich der des *Diskurses*. Ohne jetzt erneut auf die Schwierigkeiten von Definitionen und den Unterschied von Alltags- und Wissenschaftssprache einzugehen, läßt sich einfach sagen, daß ein Diskurs eine systematisch angeordnete Anzahl von Sätzen (Aussagen) bezeichnet, die nach bestimmten immanenten Kriterien strukturiert sind.[7] Anders gesagt: In

3 An dieser Stelle sei schon auf Ralf Dahrendorf verwiesen, bei dem der Terminus in seiner zweiten Bedeutung verwendet wird.

4 Vgl. Peter Imbusch und Ralf Zoll 1994, S. 7f., Bernhard Giesen 1993 und Ulrike C. Wasmuht 1992.

5 In der Folge wird also konsequent davon ausgegangen, daß es keinen Sinn macht, von *dem* Konflikt zu sprechen. Vielmehr können wir die Bedeutungsvielfalt des Begriffes nur dann in den Blick bekommen, wenn wir uns möglichst viele verschiedene Theorien ansehen, in denen der Konfliktbegriff eine zentrale Stelle einnimmt.

6 Der Begriff stammt von Thomas S. Kuhn 1976.

7 Ich folge damit der Bedeutung, die Peter V. Zima (1989) dem Begriff im Rahmen einer diskurstheoretischen Textsoziologie gibt.

einem Diskurs läßt sich die Bedeutung eines Begriffes klären, wird der Begriff mit anderen verbunden, spielt der Begriff eine bestimmte (beispielsweise positive oder negative) Rolle. Theorien bilden sich nach dieser Definition *in* Diskursen, sind also ein Bestandteil von ihnen. Ein Diskurs wird von einer bestimmten Terminologie getragen, die ein Verständnis der sozialen Realität in ihrem Bezugsrahmen ermöglicht. Im Diskurs der politischen Ökonomie, der in sich so gegensätzliche Theorien wie die affirmative Variante von Adam Smith und die kritische von Karl Marx vereinigt, bedeutet der Konflikt aus den genannten Gründen etwas anderes als im anthropologischen Diskurs, da jeder Diskurs unterschiedliche Beobachtungen, Erklärungen und Methoden der Beschreibungen von Realität liefert.[8] Wenn wir also Theorien des Konflikts zur Bestimmung der Bedeutung des Konfliktbegriffes benötigen, müssen wir Kriterien für einen Theorievergleich entwickeln. Dies ist die angesprochene zweite Richtung des Weges.

1.2. Kriterien für die Betrachtung von Konflikttheorien

Jeder Theorie - im folgenden auch öfter Perspektive genannt, weil sie die Metapher die Standpunktabhängigkeit gut zum Ausdruck bringt - und mithin jedem Diskurs können bestimmte inhaltliche Aussagen und Implikationen zugeordnet werden. Dabei lassen sich zwei Bereiche von Kriterien unterscheiden: ontologische und epistemologische Arten von Kriterien. Erstere beziehen sich auf Aussagen oder Implikationen, die den Objektbereich, also die Menschen und ihr konflikthaftes Zusammenleben betreffen, letztere betreffen wissenschaftliche Probleme. Ontologische Kriterien sind u.a. das angelegte Menschenbild - das für die Einschätzung der Konflikthaftigkeit einer Gesellschaft und der Möglichkeit von friedlicher Konfliktlösung von Bedeutung ist -, die genannten Konfliktakteure, Konfliktursachen, die Ebenen, auf denen Konflikte thematisiert sind, und das Prinzip der Vergesellschaftung, das die Theorie annimmt. Weiterhin läßt sich meistens ein sogenannter narrativer Kontext ausmachen, auf den die Konflikttheorie Bezug nimmt. Damit sind zum Beispiel ideologische Positionen und Weltbilder gemeint, die der Konflikttheorie zugrunde liegen. Das wichtigste ontologische Kriterium ist jedoch die unterstellte soziale Differenzierung. In der Regel nennt diese Unterscheidung schon die große soziale Konfliktlinie,

8 Vgl. Richard Sandole 1993, S. 3f.

zerschneidet die soziale Welt in Bereiche wie Kapital und Arbeit in der marxistischen Konflikttheorie und Überlegenheit und Unterlegenheit in den Theorien des Diskurses der politischen Philosophie. Mit epistemologischen Kriterien sind die Reichweite einer Theorie (universale Erklärung aller sozialer Tatsachen, ausschnitthafte Erklärung etc.) und deren Methode (Erklärung, Beschreibung, Entdeckung etc.) gemeint. [9]

1.3. Theoretische und thematische Vielfalt

Je nachdem also, ob eine Theorie die Ebene der Auseinandersetzungen zwischen Individuen oder zwischen Gruppen bzw. Staaten oder geschlechtlich bestimmte Individuen als Akteure wählt, wird sie ein anderes Verständnis dessen, was ein Konflikt ist, hervorbringen. Dies gilt noch stärker für den narrativen Kontext und die angenommene Konfliktlinie. Wir können somit eine theoretische Vielfalt feststellen, die einer thematischen entspricht. Konflikte können als Machtkonflikte, Interessenkonflikte, Triebkonflikte, als Geschlechterkonflikte und Systemkonflikte in den Blick kommen. Einmal sind Konflikte der Motor jeden sozialen Wandels, das andere Mal erscheint er in der bedrohlichen Gestalt des Zerstörers sozialer Ordnung, wobei hier die Bestimmungen zwei Seiten derselben Medaille sind. Die allgemeinste und deshalb zutreffendste Aussage, die über ihn in bezug auf Gesellschaft unternommen werden kann, scheint darin zu liegen, daß Konflikte den Bereich umfassen, der zwischen unvermittelten, nicht aufeinander sich beziehenden, und vollvermittelten Individuen, also zwischen dem egoistischen Individuum und der vollkommen integrierten Gesellschaft liegt.[10] So können prinzipiell alle Formen der Vergesellschaftung - als Vermittlung von Individuen - konflikthaft sein. Welche thematisiert und welche zusätzlichen Konfliktfelder erschlossen werden, hängt wiederum von dem theoretischen Bezugsrahmen und den Diskursen ab.

Im folgenden Überblick sind insgesamt neun Diskursgruppierungen thematisch unterschieden. Innerhalb eines Diskurses finden sich unterschiedliche konflikttheoretische Ansätze, in die kurz eingeführt wird und zu denen nachfolgend ein Originaltext ausgewählt und dokumentiert wurde. Zunächst

9 Im folgenden Text sind nicht immer alle Kriterien angesprochen, sondern nur die jeweils entscheidenden.

10 Vgl. Bernhard Giesen 1993, S. 90ff. Der Konflikt zwischen zwei Individuen bezeugt bereits eine Vermittlung, denn auch ein Streit läßt Individuen sich aufeinander beziehen.

werden die Anfänge der sozialphilosophischen Reflexion des konflikthaften Charakters menschlichen Zusammenlebens angesprochen und die inhaltlichen Grundlegungen von später immer wieder diskutierten und umformulierten Problemen betrachtet, wobei der Konflikt hier als Machtkonflikt bestimmt wird. Mit dem Entstehen der bürgerlichen Gesellschaft verlagern sich die Probleme dahingehend, daß die Gesellschaft ihre Ordnung nur noch aus sich heraus und nicht mehr von einem religiösen archimedischen Punkt her begründen kann. Konflikte finden keine quasi naturhafte Lösung mehr, sondern scheinen unaufhebbar zu sein. Deshalb stellt sich die Frage nach dem Wesen sozialer Konflikte und der Möglichkeit einer befriedeten Ordnung um so dringlicher. Der Diskurs der politischen Ökonomie bringt die politische und die ökonomische Sphäre der bürgerlichen Gesellschaft zusammen. Konflikte sind hier der politische Ausdruck ökonomischer und sozialer Widersprüche des Kapitalismus. Die Konfliktaustragung ist politisch, die Konfliktursache ökonomisch. Der anthropologische Diskurs thematisiert Konflikte vor allem durch den Verweis auf das menschliche Aggressionspotential, das sich entweder aus seiner biologisch-genetischen Programmierung bzw. seiner psychischen Verfassung oder aus den sozialen Verhältnissen ergibt.

Die Anfänge einer soziologischen Konflikttheorie führen die Komplexität sozialer Konflikte erstmals vor Augen. Seit Simmel und Weber scheint es für ernstzunehmende Konflikttheorien kein zurück mehr hinter die Feststellungen zu geben, daß Konflikte für eine Gesellschaft erstens unumgänglich und zweitens durchaus positiv sind. In der Nachfolge konzentriert sich die Konflikttheorie Lewis Cosers besonders auf den zweiten, die Ralf Dahrendorfs auf den ersten Punkt. Beide betonen den Zusammenhang zwischen sozialem Wandel und sozialen Konflikten.

Zwei weitere Diskurse sind durch ihre dezidierte thematische Setzung bestimmt. Zum einen geht es der feministischen Konflikttheorie um die Erklärung der Ursachen sozialer Konflikte zwischen den Geschlechtern, zum anderen gibt es auf dem Gebiet der internationalen Konflikte zahlreiche theoretische Angebote für diesen zunehmend an Bedeutung gewinnenden Konfliktbereich.

Gegenwärtig scheint es darüber hinaus eine Renaissance der Konflikttheorie innerhalb der gesellschaftstheoretischen Diskussion zwischen der Kritischen Theorie in der Person von Jürgen Habermas und der Systemtheorie Niklas Luhmanns zu geben, die sich gegenseitig mit konflikttheoretisch relevanten Argumentationen konfrontieren.

Von all diesen wie auch immer differenzierten Positionen grenzen sich Theorien ab, die eigentlich eher Modelle und Argumentationen als Theorien im oben definierten Sinn sind. Die Rede ist von sogenannten analytischen

Konflikttheorien wie der Spieltheorie und der Entscheidungstheorie, die in andere Konflikttheorien als Erklärungsstrategien integriert werden können[11] und häufig auch in Fällen der angewandten Konfliktforschung zur Bereitstellung von Lösungsansätzen zu benutzen sind. Dazu ist zu sagen, daß die Konflikttheorie im allgemeinen wie kaum ein anderer Theoriebereich Einfluß auf politische Entwicklungen und Entscheidungen entweder mit dem Ziel der Eindämmung von zuvor analysierten Konflikten oder der Hoffnung auf den lang ersehnten Ausbruch von Konflikten genommen hat. Darüber hinaus ist allerdings jede Theorie insofern praktisch, als daß sie die Wahrnehmung von Konflikten in der Öffentlichkeit ermöglicht und eventuell auch überhaupt erst schafft. "Theorieproduktion ist zugleich die Produktion neuer sozialer Realität"[12], also auch deren Veränderung. Gerade am Beispiel von Konflikttheorien läßt sich dies gut beobachten, was vielleicht auch daran liegt, daß Konflikte ein zentraler Bestandteil zwischenmenschlicher Beziehungen sind.

Literatur

- Angell, Robert C.: The Sociology of Human Conflict. In: The Nature of Conflict. Hrsg. von Elton B. Mc Neil. Prentice 1965. S. 91-115.
- Bernard, Jessie (Hrsg.): The Nature of Conflict. Paris 1957.
- Bühl, Walter L. (Hrsg.): Konflikt und Konfliktstrategie. München 1973.
- Bühl, Walter L.: Theorie sozialer Konflikte. Darmstadt 1976.
- Collins, Randall: Three Sociological Traditions. New York 1985.
- Collins, Randall: Conflict Sociology. New York 1985a.
- Collins, Randall: What Does Conflict Theory Predict about America's Future? In: Sociological Perspectives, Heft 4, 1993, S. 289-313.
- Duke, James T.: Conflict and Power in Social Life. Brigham 1976.
- Giesen, Bernhard: Die Konflikttheorie. In: Moderne Theorien der Soziologie. Hrsg. von Günter Endruweit. Stuttgart 1993. S. 87-134.
- Granzow, Manfred; Haehne, Peter; Möller, Bärbel; Wuttke, Carola: Konflikttheoretische Ausgangs- und Ansatzpunkte forschungskonzeptioneller Überlegungen. In: BISS public, Heft 12, 1993. S. 103-113.
- Grimshaw, Allen D.: Conflict Talk. Cambridge 1990.
- Hasselberg, Erwin: Eine philosophische Untersuchung zum Konfliktbegriff. Unveröffentlichte Diss. Berlin 1990.
- Hondrich, Karl Otto: Wirtschaftliche Entwicklung, soziale Konflikte und politische Freiheit. Frankfurt 1970.

11 Zu der Unterscheidung von analytischen und synthetischen Theorien vgl. Werner von der Ohe 1988.

12 Heinz Hülsmann 1974, S. 404.

- Hülsmann, Heinz: Theorie und Konflikt. In: Soziale Welt, Heft 4, 1974. S. 395-414.
- Imbusch, Peter; Zoll, Ralf: Überlegungen zu einem Curriculum Friedens- und Konfliktforschung. Ms. Marburg 1994.
- Kriesberg, Louis: Social Conflict. 1973.
- Krysmanski, Jürgen: Soziologie des Konflikts. Reinbek 1971.
- Krysmanski, Jürgen: Soziologie und Frieden. Opladen 1993.
- Kuhn, Thomas: Die Struktur wissenschaftlicher Revolutionen. Frankfurt 1976.
- Mc Neil, Elton B. (Hrsg.): The Nature of Conflict. Prentice 1965.
- Ohe, Werner von der: Konflikt. In: Frieden. Ein Handwörterbuch. Hrsg. von Ekkehard Lippert und Günther Wachtler.Opladen 1988. S. 216-229.
- Ross, Marc Howard: The Culture of Conflict. Interpretations and Interests in Comparative Perspectives. London 1994.
- Sandole, Dennis J. D.: Paradigm, Theories, and Metaphors in Conflict and Conflict Resolution: Coherence or Confusion. In: Conflict Resolution Theory and Practice. Hrsg. von Dennis J. D. Sandole und Hugo van der Merwe. Manchester 1993. S. 3-24.
- Schellenberg, James T.: The Science of Conflict. Oxford 1982.
- Senghaas, Dieter: Konflikt und Konfliktforschung. In: KZfSS, Heft 1, 1969. S. 31-59.
- Väyrynen, Raimo (Hrsg.): New Directions in Conflict Theory. London 1991.
- Wasmuht, Ulrike C.: Friedensforschung als Konfliktforschung. Zur Notwendigkeit einer Rückbesinnung auf den Konflikt als zentrale Kategorie. Beitrag der Arbeitsstelle Friedensforschung Bonn (AFB).1992.
- Zima, Peter V.: Ideologie und Theorie. Eine Diskurskritik.Tübingen 1982.

2. Der Diskurs der politischen Philosophie

2.1. Die Begründung einer konflikttheoretischen politischen Philosophie: Niccolò Machiavelli und Thomas Hobbes

Die neue gesellschaftliche Situation nach dem Zerfall des mittelalterlichen Weltbildes und die Legitimation feudaler Herrschaft sowie die entsprechenden Vergesellschaftungsformen in Frage stellte, verlangte auch nach einer neuartigen philosophischen Reflexion der sozialen Realität. Die vormals relativ statische und streng hierarchische soziale Ordnung wich einer dynamischen und politisch egalitären Gesellschaft, in der Konflikte nicht per Dekret oder mit dem Hinweis auf die Angemessenheit gelöst werden können. Diesem Zusammenbruch des mittelalterlichen Weltbildes folgte die Entstehung einer politischen Philosophie, die sich um die Begründung einer politischen Vernunft, die das Zusammenleben der Menschen organisieren sollte, bemühte. Als erster unternahm Niccolò Machiavelli (1469-1527) den Versuch, den Zweck eines Staates und einer entsprechenden Politik, die vom Fürsten umzusetzen war, zu entwerfen, indem er die Autonomie der Politik mit ihrer normativen Ausrichtung verschränkte. Als das zugrundeliegende Interesse des Menschen nannte Machiavelli in einer anthropologischen Argumentation den Wunsch nach Selbstbehauptung und Selbsterhaltung, dem angesichts der aus individuellem Egoismus entstehenden Konflikte nur durch einen stabilen Staat entsprochen werden kann. Die Beständigkeit des Staates transformiert so den partikularen Egoismus und die menschliche Triebkraft, wie sie in den Konflikten zum Ausdruck kommt, in einen kollektiven allgemeinen Egoismus, so daß der Staat einerseits das Allgemeine der politischen Vernunft verkörpert und andererseits zugleich das Bollwerk gegen die menschlichen Leidenschaften darstellt. So kann der Mensch, der für Machiavelli durch expansive Begierde, Unbegrenztheit, Maßlosigkeit und Aggressivität gekennzeichnet ist, mittels seines Verstandes seine Neigung zum destruktiven Konflikt in eine "ökonomische Klugheit der instrumentellen Vernunft"[13] umwandeln und sich damit Natur und Geschichte, die beide nach eigenen Gesetzen ablaufen, verfügbar machen.

---

13 Wolfgang Kersting 1992, S. 26.

Machiavelli gilt deshalb als erster politischer Philosoph, der seiner Philosophie statt einer Kooperationsanthropologie eine Konfliktanthropologie unterlegt hat. "Seine Anthropologie ist eine allen metaphysischen und teleologischen Konnotationen freie, psychologische Konfliktanthropologie, die in jeder Hinsicht das Negativ der aristotelischen Anthropologie der sittlichen Kooperation darstellt."[14] Mit einer absoluten Bejahung des gesellschaftlichen Konflikts in staatlichen Grenzen und zwischen Staaten, der dem Machtwesen Mensch Selbsterhaltung durch rücksichtsloses Anwenden instrumenteller Vernunft zur Machterreichung garantiert, ist der Grundstein für eine konflikttheoretisch orientierte politische Philosophie gelegt, die im folgenden weiter um die Begriffe Selbsterhaltung, Macht und Staat kreist.

Während Machiavelli seine Philosophie im Hinblick auf das politische Handeln der Staatsmänner geschrieben hat, ging es Thomas Hobbes (1588-1679) um eine systematische Begründung des - absolutistischen - Staates. Hobbes wird allgemein als Begründer der politischen Philosophie der Moderne angesehen, der seine politische Philosophie ähnlich wie Machiavelli auf der Grundlage einer Anthropologie des asozialen, unpolitischen Menschen aufbaut, dabei allerdings eine individualistische und vertragstheoretische Staatslegitimation im Blick hat.

Hobbes konzipiert die politische Philosophie als Friedenswissenschaft, da er an die Notwendigkeit des Friedens glaubt. Ziel ist es, die Richtigkeit und Vernünftigkeit absoluter Herrschaft in Gestalt des Staates, des Leviathan, zu begründen, wobei die Ausgangslage von einem radikalen Individualismus geprägt wird, so daß die Herrschaftslegitimiation den (modernen) Umweg über die Lage des Individuums nehmen muß. Hier setzt Hobbes' Anthropologie an, die von einem rationalen Individuum ausgeht, das versucht ist, die eigenen Vorteile zu maximieren. Diese Grundausrichtung des menschlichen Strebens und Handelns wird von ihm in den Begriffen des politischen Diskurses formuliert: Es geht um die Maximierung der eigenen Macht, um dem zukünftigen Leben trotzen zu können. Die "Sorge um Macht"[15] ist bei Hobbes mit der Vernunft verbunden, weil der Mensch im Grunde nur ein Interesse verfolgt: sich selbst zu erhalten. Diesem Ziel müssen die Mittel bereitgestellt werden, und dies geschieht über die Ausweitung der eigenen Macht, denn Machtbesitz bedeutet zugleich Kontrolle der Lebensumstände und damit auch der anderen, die potentiell - jedenfalls im Naturzustand - die Selbsterhaltung durch Unberechenbarkeit behindern. Dieser Naturzustand ist durch drei anthropologische Annahmen gekennzeichnet: Erstens befindet sich der Mensch in einer natürlichen und existentiellen Unsicherheit, die

14 Wolfgang Kersting 1992, S. 25.
15 Wolfgang Kersting 1992, S. 80.

ihn aufgrund seiner biologischen Mängel zu einem potentiell gefährdeten Wesen macht, das aber mit einer Vernunft ausgestattet ist, die ihm den Einsatz einer instrumentellen Rationalität erlaubt. So - dies ist die zweite Annahme - kann er versuchen, die Welt zu beherrschen. Dabei stößt er - drittens - auf Mitmenschen, die von Natur aus gleichartig und -rangig sind, so daß es keine natürliche Ordnung im Bereich der menschlichen Lebewesen gibt. Aufgrund dieser drei Prämissen kann Hobbes den Naturzustand als einen permanenten Konflikt im Sinne der allzeitigen Möglichkeit eines offenen Ausbruchs von Gewalt charakterisieren, der dem eigentlichen menschlichen Verlangen nach Sicherheit bzw. Selbsterhaltung entgegensteht. Der soziale Zusammenhang im Naturzustand ist nur durch den Kampf oder Konflikt gegeben, der aus den individuellen Interessen nach Selbsterhaltung oder -behauptung entsteht und ein friedliches und rationales Zusammenleben unmöglich macht.

Da das anthropologische Verlangen nach Voraussicht und Vorsorge, mithin also nach einer Planbarkeit des Lebens und einer Rationalität der Welt, im Naturzustand nicht realisiert werden kann, kommen die Menschen zu der vernünftigen Einsicht, daß ein friedlicher sozialer Zusammenhang durch die Abtretung der natürlichen Rechte an einen anderen und gleichsam neutralen Souverän vonnöten ist. Diese Vernunft "erkennt den Weg zur Vollkommenheit erst aufgrund des Versagens der Natur, erst nach der Erfahrung des Konfliktes [...]. Sie [die Vollkommenheit] entsteht im Aufeinanderfolgen eines Konfliktes der Natur, des Bewußtwerdens der Ursachen dieses Konfliktes und ihres planmäßigen vorausschauenden Abstellens"[16]. Aufgrund der Einsicht, daß diese permanent konfligierende Situation aufgrund des anarchischen Machtstrebens für alle auf Dauer unbefriedigend und existentiell gefährlich ist, übertragen die Individuen ihre von Hobbes angenommene natürliche Freiheit und Souveränität einem virtuellen oder realen Herrscher: dem Leviathan.

Die Herstellung einer politischen Ordnung, eines souveränen Staates, wird durch Disziplinierung und Pazifizierung der gehorsamen Bürger erreicht. Zum Prozeß der Pazifizierung läuft ein Prozeß der Transformation des sozialen Konfliktes parallel. Intergesellschaftliche Konflikte lösen den permanenten innergesellschaftliche Konflikt - der Krieg aller gegen alle - ab: "Indem Herrschaftsbereiche geschaffen werden, besteht nicht mehr der Kampf aller gegen alle, sondern der Kampf der Herrschaften untereinander"[17].

Hobbes skizziert mit seiner Anthropologie als Machttheorie - die den analytisch angenommenen Naturzustand als permanenten latenten oder

16 Helmut Schelsky 1982, S. 350.
17 Helmut Schelsky 1982, S. 380.

manifesten Konflikt beschreibt - eine Konflikttheorie, die von dem individuellen Interesse an Selbsterhaltung durch Machtakkumulation mittels der Anwendung instrumenteller Vernunft ausgeht und in ihrer normativen Grundtendenz die Überwindung dieses Konfliktes fordert, indem sich ein Modell der Vergesellschaftung durchsetzt, das auf der vertraglichen Abtretung der Rechte an einen absoluten Souverän aufgrund der rationalen Einsicht aufbaut und so den im analytischen, nicht im historischen Sinn ursprünglichen Konflikt zwischen egoistischen Individuen durch freiwillige Unterwerfung und Gehorsam einebnet.

2.2. Die Begrenzung des Staates: John Locke

Während Thomas Hobbes den Staat in seiner absolutistischen Variante als Konflikttransformator entwirft, der die innergesellschaftliche Befriedung gewährleistet, kann John Locke (1632-1704) bereits von einem souveränen Staat ausgehen, der die Gesellschaft intern durch die Bindung und Monopolisierung der Gewalt schon pazifiziert hat. Anders als Hobbes richtet Locke sein Interesse jedoch nicht auf die Funktion des Staates für die Entwicklung der bürgerlichen Gesellschaft und die Beendigung des gewaltsamen Naturzustandes, sondern auf die Begrenzung staatlicher Macht gegen die natürlichen Rechte des bürgerlichen Individuums - Leben, Freiheit, Eigentum -, das sich nicht in blindem Gehorsam üben muß. Vielmehr kann es auf die ungesetzlich angewandte staatliche Gewalt rechtens mit Gegengewalt antworten.

Den Naturzustand charakterisiert Locke zwar auch als einen zu überwindenden, doch ist er eben besonders durch die individuellen Naturrechte strukturiert. Der Gesellschaftsvertrag - für Locke eine real-historische Begebenheit - bindet die Bürger zwar an den staatlichen Souverän, doch werden innergesellschaftliche Konflikte damit nicht, wie bei Hobbes, einfach in intergesellschaftliche Konflikte transformiert, sondern bleiben latent bestehen, weil das Risiko staatlicher Übergriffe immer gegeben ist. In Situationen, in denen Bürger sich gegen die staatliche Autorität (natur)rechtmäßig auflehnen und Regierungen zu stürzen versuchen, treten vom Staat nicht mehr entscheidbare Konflikte auf, die durch Gewalt entschieden werden müssen. Anders als Hobbes kalkuliert Locke diese gesellschaftliche Konfliktsituation mit ein. Die normative Ausrichtung der Konflikttheorie - und hierin ist sein Beitrag zu sehen - wechselt mit ihm von der Legitimation staatlicher Herrschaft über zur Begrenzung des Staates durch die Zulassung gesellschaftlicher Konflikte, die auch destruktiv wirken können. Zu dem Recht des Individuums gehört das Recht auf Widerspruch und Konflikt. Nur so läßt sich für Locke und in der Nachfolge für viele politisch liberale Konflikttheoretiker eine demokratische bürgerliche Gesellschaft entwickeln.

2.3. Selbsterhaltung und Wille zur Macht: Friedrich Nietzsche

Machiavelli und Hobbes entwarfen eine Konfliktanthropologie als politische Philosophie auf der Grundlage einer Theorie der Selbsterhaltung, ob des Staates oder des einzelnen. Ebenso war ihnen an einer Begrenzung des gesellschaftlichen Konfliktpotentials gelegen, was sich auch daran ablesen läßt, daß sie Selbsterhaltung immer mit (politischer) Vernunft und deshalb mit der Möglichkeit einer rationalen Selbsterhaltung verbanden. Bei Friedrich Nietzsche (1844-1900) ergibt sich eine Verschiebung der Bedeutung von Selbsterhaltung, denn er setzt sie sozusagen tiefer an als Hobbes und Machiavelli. Für Nietzsche ist das Prinzip der Selbsterhaltung dem Leben als solchem eingeschrieben und bedeutet zudem nicht nur Reproduktion des Selbst auf gleicher Ebene, sondern vor allem *Steigerung* des Selbst, die an den Willen zur Macht gebunden ist: "Alles Geschehen aus Absichten ist reduzierbar auf die Absicht der Mehrung von Macht."[18] Das Begehren, der Drang nach Mehr und nach Unterwerfung sei, so Nietzsche, dem Menschen wie der Natur eigen und jede Institution, jedes Denken, jede Handlung, die dem im Wege stehe, müsse zwangsläufig bekämpft werden, weil es dem Prinzip der Steigerung nicht gerecht werde. Nietzsche zielt dabei besonders auf die Vernunft und den Staat, der die Aufgabe hat, die konfligierende soziale Welt zu beruhigen, in dem er die Gewalt monopolisiert und die Kämpfe verbannt oder befriedet, was für Nietzsche im Grunde auf das gleiche hinausläuft. Die Verbundenheit von Vernunft und Staat hat eine lange philosophische Tradition, die nicht nur bei Hobbes, sondern vor allem bei Hegel lebendig ist. Danach ist der bürgerliche Staat Ausdruck eines allgemeinen Interesses jenseits aller konfligierenden partikularen Interessen. Konflikte als Folge der widersprüchlichen Interessen sind somit durch die Institution des Staates und des modernen Rechts

18 Friedrich Nietzsche 1988, Band 12, S. 105.

prinzipiell lösbar, weil auf höherer Ebene (zum Beispiel vor Gericht) entscheidbar. Nietzsche sieht dagegen keine Garantie dieser Konfliktlösung durch den Staat und er strebt eine Konfliktlösung auch nicht an, weil ihm die Vernunft und der Staat als Zwangsmechanismen, die legitime Konflikte unterdrücken, zuwider sind. So teilt er zwar die Hobbessche Annahme der Funktion des Staates, der Konflikte aus der Gesellschaft in die zwischenstaatliche Sphäre verlagern soll, doch kommt es bei ihm zu einer radikalen Umbewertung, denn gerade der Kampf, der permanente Konflikt, der Krieg aller gegen alle, macht für Nietzsche die Dynamik menschlichen Zusammenlebens aus. Wer Konflikte lösen, unterdrücken, regulieren will, der verstößt in dieser Perspektive gegen das oberste Prinzip des Lebens, das der Kampf um Macht ist.

In gewisser Weise kommt bei Nietzsche zum Ausdruck, was die Konflikttheorie später nahezu konsensuell unterstellt, daß nämlich Konflikte nicht nur typisch für jede soziale Beziehung, sondern auch notwendig für gesellschaftliche Entwicklung sind. Zwar mögen einem die radikale lebensphilosophische Begründung bei Nietzsche und die politischen Handlungen, die aus diesem Programm entstehen könn(t)en nicht recht gefallen, doch die Ausrichtung seiner Philosophie, die im eigentlichen Sinne keine politische Philosophie mehr ist, stellt sich als konflikttheoretisch par exellence dar, weshalb seine Motive später sowohl im anthropologischen Diskurs als auch bei Marx, Weber, Dahrendorf und besonders bei Simmel auftauchen.

2.4. Das Wesen des Krieges: Carl von Clausewitz

Zwar gehört Clausewitz (1780-1831) nicht gerade zu den Klassikern der politischen Philosophie, doch scheinen seine Ausführungen zum Wesen des Krieges durchaus in der Nähe oder besser im Umfeld dieses Diskurses zu stehen, denn auch er bestimmt den Konflikt - freilich nur den gewaltsamen Konflikt zwischen Großgruppen - mithilfe der Unterscheidung von Sieg oder Niederlage im Kampf um Macht. Diese Konzeption des Krieges als Nullsummenspiel und der daraus notwendig entstehenden Aufgabe zu siegen, wenn man nicht verlieren möchte, erinnert stark an Nietzsche, da sich in beiden Argumentationen nur die Alternative zwischen der Möglichkeit des Herrschens oder des Beherrschtwerdens stellt. Interessanterweise geht Clausewitz dabei von einer individualistischen Betrachtungsweise aus, ohne in anthropologischen Fragestellungen stecken zu bleiben. Er bestimmt den Krieg als einen erweiterten Zweikampf, wobei jener das kleinste

Element des Konfliktes bildet. In beiden Fällen wird physische Gewalt angewendet, um dem Gegner den eigenen Willen aufzuzwingen, um also nach der klassischen Definition Macht auszuüben. Kampf und Krieg sind bei Clausewitz elementar über das Ausüben von und den Willen zur Macht und damit unweigerlich zur Gewalt bestimmt.

Zunächst unterscheidet Clausewitz drei Wechselwirkungen, die den reinen Krieg, das heißt die nicht durch empirische Fakten des sozialen und historischen Kontextes verfälschte Natur des Krieges, ausmachen. Da ein Krieg nur ein vergrößerter Zweikampf ist, stellen sich die Wechselwirkungen durch diese Konstellation der Gegenseitigkeit ein, denn für alle kriegerischen Elemente gilt das beiderseitige Vorhandensein, so daß sie sich ewig reproduzieren und der Krieg seine Dynamik ungestört entfalten kann. Die drei Wechselwirkungen lassen sich wie folgt klassifizieren: Erstens entsteht eine *Dynamik der Gewalt*, weil beide Seiten nur durch Gewalt Macht erringen können. Dies führt nach Clausewitz zweitens zur *Wechselwirkung der Macht*, denn beide kämpfen um sie und nur um sie. Drittens schließlich befinden sich auch alle *strategischen Überlegungen* immer in dieser dynamischen Situation. Jeder Strategie entspricht eine Gegenstrategie, die wiederum mit einer Gegenstrategie beantwortet wird usw. So zeichnet Clausewitz ein Bild des Konfliktes von Kräften, die sich selbst überlassen sind und sich, von äußeren Bedingungen ungestört, unentwegt reproduzieren können.

Die tatsächliche Erfahrung des Krieges widerspricht selbstverständlich diesen Überlegungen, denn ein Krieg kann durch einen Sieg oder durch diplomatisches Aushandeln beendet, der Konflikt beruhigt werden. Deshalb gehorcht der Krieg offenbar anderen Gesetzen: "Die Wahrscheinlichkeiten des wirklichen Lebens treten an die Stelle des Äußersten und Absoluten der Begriffe [...] Sind die beiden Gegner nicht mehr bloße Begriffe, sondern individuelle Staaten und Regierungen, ist der Krieg nicht mehr ein idealer, sondern ein sich eigentümlich gestaltender Verlauf der Handlung, so wird das wirklich Vorhandene die Daten abgeben für das Unbekannte, zu Erwartende, was gefunden werden soll."[19] Der ideale Zweck des Krieges muß in der Analyse dem realen Zweck weichen, der von Clausewitz im jeweiligen politischen Zweck der Beteiligten gesehen wird. Die realistische - im Gegensatz zur idealistischen - Betrachtung ergibt sich für ihn aus drei Bedingungen: Erstens ist der Krieg innerhalb einer spezifischen *kulturhistorischen Tradition* der Beziehungen als Glied einer historischen Kette anzusehen. Zweitens scheitert die Verwirklichung der Natur des Krieges an der Möglichkeit der ständigen *Reflexion* auf die jeweilige Situation und die Wirkungen der schon getroffenen Entscheidungen, und drittens müssen die

19 Carl von Clausewitz 1980, S. 199.

auf den Krieg folgenden *politischen Zustände* von den Kriegsparteien berücksichtigt werden. Insgesamt läßt sich festhalten, daß allen drei Bedingungen eine von Clausewitz unausgesprochene Determinante zugrundeliegt. Im Grunde ist es die im Leben wirkende *Zeit*, die die Verwirklichung des reinen Krieges verhindert. Die Existenz von Vergangenheit (Tradition), Gegenwart (Reflexion) und Zukunft (Folgen) bringt es mit sich, daß die Analyse des Krieges für Clausewitz realistisch wird, daß er also die tatsächlichen Bedingungen mit einbeziehen muß. Dies führt zur realistisch-strategischen Sichtweise von Clausewitz, das heißt zu der Überlegung, daß der Krieg nach der berühmten Formel die "bloße Fortsetzung der Politik mit anderen Mitteln" und damit eine Form politischen Handelns sei. Der Krieg ist jetzt das Mittel eines politischen Zweckes, der aufgrund der Komplexität politischer Verhältnisse nicht einfach nur in bedingungslose Unterwerfung mit der Tendenz zur Vernichtung des Gegners führt, wie es noch in der begrifflich-philosophischen Bestimmung der Fall war, sondern der von den jeweiligen Interessen der Regierungen abhängt. Die philosophisch absolute Differenz von Krieg und Politik verliert hier ihre Schärfe, da in der realen Situation die Politik den Krieg gleichsam nutzt, um ihre Ziele zu erreichen. Dieter Senghaas[20] hat auf die logische Inkonsistenz des Politikbegriffes von Clausewitz aufmerksam gemacht, denn während der Krieg mit der Unterscheidung von Idealtypus und Realtypus beobachtet wird, scheint die Politik a priori realistisch zu sein. In der Kriegstheorie von Clausewitz erfährt die Politik jedenfalls keine derartige philosophische Begründung wie der Krieg, sondern erscheint lediglich als Verunreinigung der Natur des Krieges.

An diese zweite Perspektive von Clausewitz schließen sich in seiner Analyse die strategischen Betrachtungen über das Gefecht, die Organisation der Streitkräfte, die Verteidigung und den Angriff und schließlich über den Kriegsplan an. Letzterer deutet auf die politisch-strategische Wirkung von Clausewitz hin, denn es ist besonders diese den tatsächlichen Umständen geschuldete Sichtweise, die auf die Rezipienten seines Werkes ausgestrahlt hat. Dazu gesellt sich die Clausewitzsche Auffassung vom Krieg als einer Art Spiel, das durch die Wahrscheinlichkeiten des Eintretens von Ereignissen und durch den Einsatz bestimmter Kräfte - bei ihm vor allem Mut, Kühnheit und Verwegenheit - geprägt ist. Wie ein Krieg am besten zu führen sei, welche Strategien gewinnversprechend sein könnten und die damit einhergehende Legitimation des Krieges als eines möglichen politischen Instrumentes scheint für den politischen Diskurs anschlußfähiger zu sein, als die abstrakten Bestimmungen des Krieges. Aus den strategisch-politischen Haltungen von Clausewitz und Machiavelli hat sich denn auch die Schule der machtpolitischen Realisten und der spieltheoretischen Model-

20 Vgl. Dieter Senghaas 1980, S. 348ff.

lierung internationaler Konflikte entwickelt, die zum einen politisch-legitimatorisch und zum anderen wissenschaftlich-analytisch gewirkt haben.[21]

Literatur

- Clausewitz, Carl von: Vom Kriege. Frankfurt 1980.
- Deppe, Frank: Niccolò Machiavelli. Zur Kritik der reinen Politik. Köln 1987.
- Hobbes, Thomas: Leviathan. Zürich, Leipzig 1946.
- Hobbes, Thomas: Vom Menschen - Vom Bürger. (De Cive) Hamburg 1967.
- Höffe, Ottfried (Hrsg.): Thomas Hobbes. Anthropologie und Staatsphilosophie. Freiburg/Schweiz 1981.
- Kersting, Wolfgang : Thomas Hobbes zur Einführung. Hamburg 1992.
- Kodalle, Klaus-Michael: Thomas Hobbes. Logik der Herrschaft und Vernunft des Friedens. München 1972.
- Locke, John: Ein Brief über Toleranz. Hamburg 1975.
- Locke, John: Zwei Abhandlungen über die Regierung. Frankfurt 1977.
- Müller, Severin: Selbsterhaltung und Wille zur Macht: Typik und Folgelasten eines Problemzusammenhanges bei Hobbes und Nietzsche. In: Friedrich Nietzsche. Strukturen der Negativität. Hrsg. von Walter Gebhard. Frankfurt 1984. S. 49-112.
- Münkler, Herfried: Machiavelli. Die Begründung des politischen Denkens der Neuzeit aus der Krise der Republik Florenz. Frankfurt 1982.
- Nietzsche, Friedrich: Also sprach Zarathustra. Kritische Studienausgabe Band 4. Hrsg. von Giorgio Colli und Mazzino Montinari. München 1988.
- Nietzsche, Friedrich: Nachgelassene Fragmente 1885-1887. Kritische Studienausgabe Band 12. Hrsg. von Giorgio Colli und Mazzino Montinari. München 1988.
- Rapoport, Anatol: Tolstoi und Clausewitz. Zwei Konfliktmodelle und ihre Abwandlungen. In: Clausewitz in Perpsektive. Hrsg. von Günter Dill. Frankfurt 1980. S. 696-718.
- Schelsky, Helmut: Thomas Hobbes - Eine politische Lehre. Berlin 1982.
- Senghaas, Dieter: Rückblick auf Clausewitz. In: Clausewitz in Perpsektive. Hrsg. von Günter Dill. Frankfurt 1980. S. 334-353.
- Waibl, Elmar: Gesellschaft und Kultur bei Hobbes und Freud. Wien 1980.
- Willms, Bernhard: Thomas Hobbes. Das Reich des Leviathans. München 1987.

21 Vgl. dazu die Kapitel 7 und 8.

3. Der Diskurs der politischen Ökonomie

3.1. Die soziale Ordnung als unsichtbare Konfliktlösung: Adam Smith

Indem er sich gegen den Diskurs der politischen Philosophie und der damit einhergehenden Legitimation der Steuerungsansprüche des Staates richtet, entwirft Adam Smith (1732-1790) das Modell einer sich selbst regulierenden Gesellschaft. Damit befindet er sich in der Tradition des Liberalismus, der in seiner Wirtschafts- und Gesellschaftsauffassung die Freiheit des einzelnen als notwendig für kulturellen und ökonomischen Fortschritt ansieht. Dem politischen Liberalismus geht es in erster Linie um die Emanzipation des Individuums, während dem ökonomische Liberalismus besonders an der Autonomie des Marktes gelegen ist, weshalb er sich gegen jeden staatlichen Interventionismus wehrt.

Grundlegend wird für Smith die Unterscheidung von Gesellschaft und Staat, wobei er in seinen gesellschaftstheoretischen Betrachtungen vor allem auf die Gesetze der Ökonomie zurückgreift. Smith gilt mit David Ricardo (1772-1823) als Begründer der klassischen politischen Ökonomie, die das Interesse der Individuen in den Mittelpunkt rückt. Diese Interessen werden sozialpsychologisch als eine Theorie der Bedürfnisse begründet[22]: Wie bereits Hobbes greift auch Smith auf anthropologische Überlegungen zurück, die dem Menschen den Trieb nach Selbsterhaltung unterstellen, der nur im sozialen Verkehr, das heißt im Tausch, befriedigt werden kann. Außerdem schildert Smith den Menschen als ein zutiefst egoistisches Wesen, das nach den Motiven der Nutzenmaximierung seine Interessen durchsetzen will. Diese Kombination von anthropologischer Sozialität und utilitaristischen Handlungsmotiven sichert eine dynamische Konzeption der Interessenverfolgung und -entwicklung, die aber nicht ins blinde und gewalttätige Chaos eines angenommen Naturzustandes führt, sondern schon im sozialen Raum situiert ist.

Durch die Verfolgung der individuellen Interessen, deren Befriedigung durch die ökonomische Marktvermittlung erreicht werden soll, kommt es zu einem Interessenausgleich unter den Bedingungen der freien Konkurrenz und der vollständigen ökonomischen Freiheit, das heißt der maximalen

22 Vgl. James Schellenberg 1982, S. 32ff.

Nichteinmischung des Staates in die Sphäre ökonomischer Tauschgeschäfte. Der Markt ist nach diesem wirtschaftsliberalistischen Modell sozusagen der Platz, auf dem Konflikte als Interessenkonflikte ausgetragen werden.

Gesellschaftliche Konflikte tauchen also im Schnittpunkt zweier Theoreme auf: einmal vermittelt über den Diskurs der Ökonomie als Interessenkonflikte, die bei Smith durch das beiderseitige Konkurrenzhandeln geregelt sind, und dann durch die Unterscheidung von Gesellschaft und Individuum als individuelle Konflikte, die im gesellschaftlichen Zusammenhang durch die "invisible hand", den ausgleichenden Gesetzen des Marktes, gelöst bzw. sozial-produktiv transformiert werden. Walter L. Bühl spricht deshalb auch von Smith als dem ersten genuin soziologischen Konflikttheoretiker, da der Konflikt "nun erst zum *sozialen* Konflikt [wird], und die Produktivität des Konflikts" für die gesellschaftliche Entwicklung Berücksichtigung findet.[23]

Allerdings scheint auch Smith, wie schon Hobbes und, mit Einschränkungen, Locke, zu stark an der Lösung der individuellen Interessenkonflikte interessiert zu sein, so daß die Komplexität und die Dialektik von Destruktivität und Produktivität nicht in den Blick kommen können. Die Smithsche Konfliktbetrachtung ist durch den Focus auf die soziale Stabilität und umfassende Integration geprägt; so kann der Konflikt nur im Kontext einer schon gelungenen sozialen Ordnung thematisiert werden.[24]

3.2. Ökonomischer Widerspruch und politischer Klassenkampf: Karl Marx und Friedrich Engels

Für die Tradition der soziologischen Konflikttheorie ist Karl Marx (1818-1883) der erste Theoretiker, der den Konflikt radikal als *sozialen* Konflikt denkt und ihn nicht auf natürliche Substanzen, sei es auf das konfligierende Prinzip des Lebens - wie Nietzsche - oder auf einen spezifischen Trieb des Menschen, zurückführt, auch wenn die Marxsche Theorie ebenso auf anthropologischen Prämissen beruht, wie die bereits eingeführten.[25] Mit Adam Smith betrachtet Marx den sozialen Konflikt als einen Interessenkonflikt, der in den gesellschaftlichen Verhältnissen wurzelt. Während die

23 Walter L. Bühl 1976, S. 6.

24 Vgl. Hartmut Neuendorff 1973, S. 77.

25 Vgl. beispielsweise die Ausführungen von Friedrich Engels in einem Brief an Pjotr Lawrow über die menschliche Evolution, in: Marx-Engels-Werke (im folgenden: MEW) Band 34, S. 172.

klassische Nationalökonomie die Gesellschaft bzw. ihre ökonomischen Institutionen gerade als erfolgreiche Vermittlung zwischen individuellen Interessen versteht, richtet sich Marx gegen diese, die bürgerliche Gesellschaft rechtfertigende, Sichtweise und formuliert innerhalb des ökonomischen Diskurses eine "Kritik der Politischen Ökonomie". Besonders die unhistorischen und letztlich naturalistischen Interpretationen des gesellschaftlichen Wandels durch die Ökonomen, also den Versuch der Erklärung sozialer und ökonomischer Tatsachen aus äußeren Umständen, bemängelt er aus der Sicht eines Gesellschaftstheoretikers. Stattdessen favorisiert er mit Hegel (1770-1831)[26] ein dialektisches Modell, das die Widersprüchlichkeit der Theorie der politischen Ökonomie aufdecken will und so zu einer Kritik kommt, die nur von ihrem Gegenstand lebt und trotzdem über seine offensichtliche Beschränktheit hinausgelangen kann.[27] Überhaupt ist die Dialektik als Denkmethode dem konflikttheoretischen Zugang zur sozialen Wirklichkeit verhaftet, weil sie grundsätzlich von einer fundamentalen Widersprüchlichkeit zwischen These und Antithese ausgeht, die auf neuer Stufe synthetisiert wird. Sowohl der individuelle Denkprozeß als auch die geschichtlichen Entwicklungen lassen sich nach diesem Muster begreifen und konflikttheoretisch analysieren.

Vier Ebenen einer konflikttheoretischen Rekonstruktion der gesellschaftstheoretischen Überlegungen von Karl Marx und Friedrich Engels (1820-1895) lassen sich unterscheiden: *Erstens* beruhen sie auf der Zusammenführung der Hegelschen Dialektik mit der Gesellschaftsanalyse der klassischen Nationalökonomie, die den Konflikt als egoistisch-motivierten Interessenkonflikt bestimmt hat. Diese individualistische Erklärung wird durch die Umkehrung der Begründung gleichsam sozialisiert, denn nun gehen nicht die individuellen Interessen einfach in die Gesellschaft ein und werden dort durch den Markt neutralisiert, sondern im gesellschaftlichen Produktionsprozeß kristallisieren sich die individuellen Interessen als Klasseninteressen heraus. *Zweitens* wird die Rückführung gesellschaftlicher Konflikte auf ökonomische Widersprüche aufgrund der normativen Basis der geschichtsphilosophischen Argumentation notwendig, da ansonsten Konflikte sich verselbständigen könnten und damit die ökonomischen Widersprüche für soziale Konflikte unbedeutsam würden. *Drittens* erscheinen soziale Konflikte als ideologische Konflikte um die herrschenden Ideen, wobei Konflikte *viertens* in der Hauptsache als politische Konflikte

---

26 Für das Studium der dialektische Konflikttheorie ist besonders das Kapitel "Herr und Knecht" aus der Phänomenologie des Geistes von Hegel (1988, S. 127ff.) zu empfehlen, dessen Analyse der dialektischen Abhängigkeitsbeziehungen zwischen dem Herren und dem Unterworfenen große Ausstrahlung bis in die zeitgenössische Konflikttheorie hat.

27 Vgl. dazu Etienne Balibar 1983.

um politische Macht ausgetragen werden. Im folgenden sollen die vier Ebenen der Marxschen Konflikttheorie kurz erläutert werden.

(1) Zunächst liefern Marx und Engels eine theoretische Begründung des sozialen Konflikts in Form einer *ökonomischen Erklärungsstrategie*. Der soziale Konflikt wird als Ausdruck divergierender und antagonistischer Interessen in der Gesellschaft gesehen, dem ökonomische Widersprüche zugrunde liegen. Die zur Charakterisierung einer Gesellschaftsformation getroffene Unterscheidung von Basis als System der materiellen bzw. ökonomischen Verhältnisse und Überbau als System der ideellen bzw. ideologischen Verhältnisse führt im Rahmen der dialektischen Theorie zu grundlegenden Widersprüchen innerhalb dieser zwei gesellschaftlichen Sphären in der kapitalistischen Gesellschaft, wobei Marx und Engels der ökonomischen Basis eine theoretische Präferenz zur Bestimmung der sozialen Ordnung geben. Durch die Analyse der historisch entstandenen und auf einer gesellschaftlichen Teilung der Arbeit aufbauenden, sich wandelnden Produktionsweise einer Gesellschaft bestimmen Marx und Engels die Typik der jeweiligen sozialen Verhältnisse beispielsweise als feudale oder bürgerliche. Produktionsverhältnisse, die Art wie die materielle Herstellung in einer Gesellschaft organisiert ist, und Produktivkräfte, die für Marx in erster Linie die Produzenten selbst sind, wirken zwar im Produktionsprozeß zusammen, um die ökonomische Versorgung einer Gesellschaft zu sichern, doch kommt es historisch gleichsam zu einem Wettlauf zwischen den Trägern der Produktion, vorwiegend den produzierenden Menschen, und den Verhältnissen, in denen produziert wird. Der Blick auf die Geschichte verrät dabei den ewigen Sieger, denn in einer bestimmten Phase überholen die Produktivkräfte ihre Produktionsverhältnisse, sprengen die Möglichkeiten die Wirklichkeiten und der Widerspruch zwischen den Elementen der ökonomischen Basis einer Gesellschaft bricht in offene soziale Konflikte aus.

(2) Die Frage, warum in der bürgerlichen Gesellschaft Konflikte auftreten, wird von Marx und Engels also zunächst mit dem allgemeinen Verweis auf den jeder Gesellschaftsformation eigenen Widerspruch innerhalb seiner sozial-ökonomischen Verhältnisse beantwortet. Darüber hinaus geben beide allerdings auch eine Beschreibung der kapitalistischen Verhältnisse und damit der diesen spezifischen Bedingungen entsprechenden Form des sozialen Konflikts.[28] Die kapitalistischen Produktionsverhältnisse sind nämlich durch die Faktoren Kapital und Arbeit gekennzeichnet, wobei ersteres das Kommando über die Arbeit als Lohnarbeit hat, in dem es

28 Es wird also die Form des sozialen Konflikts von Marx und Engels durchaus thematisiert und nicht, wie Bernhard Giesen (1993, S. 88f.) annimmt, nur auf die Ursachen des Konflikts eingegangen.

Arbeiter und Arbeiterinnen mehr produzieren läßt, als diese in Form des Lohns ausbezahlt bekommen. Der so entstehende Widerspruch zwischen denjenigen, die ihre Arbeit wie eine Ware verkaufen müssen, und denjenigen, die genügend Kapital - also Geld, Grund und Produktionsmittel - besitzen, um Waren produzieren zu lassen und dieses Kapital durch die Produktion von Mehrwert zu vergrößern, mündet in einen Klassengegensatz von Kapitalisten und Arbeitenden. Die in der marxistischen Diskussion bedeutsamste Definition einer sozialen Klasse stammt allerdings nicht von Marx, sondern wird später von Lenin (1870-1924) folgendermaßen gefaßt: "Als Klassen bezeichnet man große Menschengruppen, die sich voneinander unterscheiden nach ihrem Platz in einem geschichtlich bestimmten System der Produktion, nach ihrem (größtenteils in Gesetzen fixierten und formulierten) Verhältnis zu den Produktionsmitteln, nach ihrer Rolle in der gesellschaftlichen Form der Arbeit und folglich nach der Art der Erlangung und der Größe des Anteils am gesellschaftlichen Reichtum, über den sie verfügen. Klassen sind Gruppen von Menschen, von denen die eine sich die Arbeit von der anderen aneignen kann infolge der Verschiedenheit ihres Platzes in einem bestimmten System der gesellschaftlichen Wirtschaft."[29] Der Widerspruch zwischen den beiden Groß- oder Hauptklassen entsteht aus der jeweiligen gesellschaftlichen Produktionsweise, deren Widersprüchlichkeit mit der Unterscheidung von Produktivkräften und Produktionsverhältnissen angezeigt ist. Der soziale Konflikt geht aus dieser ökonomischen Widersprüchlichkeit hervor und zeigt sich dann als Konflikt zwischen den unterschiedlichen Interessen der Individuen, die nicht durch individuelle Bedürfnisse wie bei Smith, sondern durch die Zugehörigkeit zu einer gesellschaftlichen Klasse und ihrer objektiven Interessenlage, geprägt sind.

Diese zweite Ebene einer konflikttheoretischen Rekonstruktion der Marxschen Kritik der politischen Ökonomie bezieht sich also gleichsam auf das *geschichtsphilosophische Theorem* der gesellschaftlichen Entwicklung. Für Marx und Engels zeigt sich, "daß *alle* bisherige Geschichte die Geschichte von Klassenkämpfen war, daß diese einander bekämpfenden Klassen der Gesellschaft jedesmal Erzeugnisse sind der Produktions- und Verkehrsverhältnisse, mit einem Wort, der ökonomischen Verhältnisse ihrer Epoche; daß also die Struktur der Gesellschaft die reale Grundlage bildet, aus der der gesamte Überbau der rechtlichen und politischen Einrichtungen sowie der religiösen, philosophischen und sonstigen Vorstellungsweisen eines jeden geschichtlichen Zeitabschnitts in letzter Instanz zu erklären sind. [...] Jetzt [...] war eine materialistische Geschichtsauffassung gegeben und der Weg gefunden, um das Bewußtsein der Menschen aus ihrem Sein,

29 W.I. Lenin 1987, S.164f.

statt wie bisher ihr Sein aus ihrem Bewußtsein zu erklären."[30] Die berühmte Klassenkampf-Formel bedeutet also nicht nur, daß in der Gesellschaft Klassenwidersprüche durch die Transformation einer Klasse-an-sich, bei der die Individuen sich ihrer Klassenlage und ihrer Interessen noch nicht bewußt sind, in eine Klasse-für-sich, das heißt in eine klassenbewußte Vergesellschaftung der Individuen, zum manifesten sozialen Konflikt in Form des Klassenkampfes führen. Vielmehr gehört auch die Austragung dieses Konflikts zum Gesetz der historischen Entwicklung und wird damit zum Motor des sozialen Wandels.[31] Die marxistische Revolutionstheorie bildet hier den Kern der konflikttheoretischen Geschichtsphilosophie, deren grundlegende Prämisse der ökonomisch begründete Widerspruch zwischen den Klassen darstellt.[32]

Mit dem Durchbruch der sozialistischen Revolution soll Marx und Engels zufolge neben dem Klassenwiderspruch auch die Entfremdung des Menschen aufgehoben sein, die sich zum einen in der entfremdeten Arbeit und zum anderen in der Entfremdung des Menschen von der Natur zeigt. Da für Marx der Mensch ein natürliches Lebewesen ist, das sich seiner Natur erst unter harmonischen gesellschaftlichen Bedingungen gewahr wird, läßt sich die Versöhnung von Mensch und Natur nicht unter kapitalistischen Gesellschaftsverhältnissen erreichen: "Ändert sich die ausbeuterische Struktur (durch die revolutionäre Überwindung des Kapitalismus), dann kann die Natur auf dem Wege der Gesellschaft ihre höchste Verwirklichung finden".[33]

Zusammenfassend läßt sich über diese zweite Ebene der Rekonstruktion sagen, daß Marx und Engels annehmen, jede gesellschaftliche Entwicklung verlaufe immer schon in Konflikten. Mit anderen Worten: Geschichte gibt es nur, weil gesellschaftsimmanente Widersprüche immer zu offenen Konflikten führen.

(3) Die dritte Ebene einer konflikttheoretischen Rekonstruktion betrifft *die ideologische Form* des sozialen Konfliktes. Während der Klassenkampf sozusagen die allgemeine und grundlegende Form des sozialen Konfliktes für Marx und Engels ist, führt ihre Unterscheidung von Basis und Überbau

30 Friedrich Engels: Die Entwicklung des Sozialismus von der Utopie zur Wissenschaft, in: MEW 19, S.208.

31 Vgl. Karl Marx: Der achtzehnte Brumaire des Louis Bonaparte, in: MEW 8, S. 198.

32 Interessanterweise hat Mao-Tse-Tung (1965) die Position vertreten, daß nicht alle Konflikte in einer kommunistischen Gesellschaft verschwinden können, da eine solche Gesellschaft dann notwendigerweise erschlaffe. Die dialektische Spannung, aus der Konflikte entstehen, solle im Kommunismus in sozial-nützliche Energien umgelenkt und nicht unterdrückt werden.

33 Leopold Rosenmayr 1989, S. 19. Unter konflikttheoretischen Aspekten wird der Natur erstmalig bei Marx eine zentrale Stellung eingeräumt, da soziale Konflikte für ihn auch ein Ausdruck der Entfremdung des Menschen von der Natur sind. Erst eine konfliktfreie Gesellschaft läßt die Versöhnung von Mensch und Natur zu.

notwendig zur Unterscheidung von Ursache (Wesen) und Ausdruck (Erscheinung) des Konfliktes, der zwar seine Gründe in den ökonomischen Bedingungen einer Gesellschaft hat, sich aber primär im ideellen Überbau zeigt, wie das Marxsche Bewegungsgesetz der Geschichte es formuliert, "wonach alle geschichtlichen Kämpfe, ob sie auf politischem, religiösem, philosophischem oder sonst ideologischem Gebiet vor sich gehen, in der Tat nur der mehr oder weniger deutliche Ausdruck von Kämpfen gesellschaftlicher Klassen sind [...]".[34] Soziale Konflikte als ideologische Konflikte verweisen also auf die ihnen zugrunde liegenden ökonomischen Widersprüche zwischen Arbeiterklasse und Kapitalisten. Dabei sollte beachtet werden, daß ihnen Marx keineswegs damit die Bedeutung für den sozialen Wandel abgesprochen hat, denn der Klassenkampf war für ihn auch ein ideologischer Kampf um die Hegemonie der herrschenden Ideen. Allerdings appellierte er in erster Linie daran, sich nicht allzu stark auf den ideologischen Kampf festzulegen und machte auf den Umstand aufmerksam, daß gesellschaftliche Veränderung ohne Umwälzung der ökonomischen Verhältnisse nicht möglich ist.

(4) Als besondere Form der Konfliktaustragung muß bei Marx und Engels die *politische Form* des Klassenkampfes gelten, denn "der Kampf von Klasse gegen Klasse ist ein politischer Kampf".[35] Hier geht es um die Erlangung der Staatsmacht, um den Sturz des bürgerlichen Staates und um die Errichtung einer Diktatur des Proletariats. Der ideologischen Transformation soll gerade durch den Hinweis auf dieses Ziel des Klassenkampfes entgegengewirkt werden, damit die Akteure den sozialen Konflikt auch tatsächlich als Kampf um politische Macht austragen. Den Formen des sozialen Konflikts liegt der Widerspruch zwischen allgemeinem und besonderem Interesse zugrunde, denn der Staat repräsentiert für Marx immer das allgemeine Interesse in einer Gesellschaft, welches in Wahrheit allerdings nur das Interesse der herrschenden Klasse ist: "Hieraus folgt, daß alle Kämpfe innerhalb des Staates [...] nichts als die illusorischen Formen sind, in denen die wirklichen Kämpfe der verschiedenen Klassen untereinander geführt werden [...], und ferner, daß jede nach der Herrschaft strebende Klasse, wenn ihre Herrschaft auch, wie dies beim Proletariat der Fall ist, die Aufhebung der ganzen alten Gesellschaftsform und der Herrschaft überhaupt bedingt, sich zuerst die politische Macht erobern muß, um ihr Interesse wieder als das Allgemeine, wozu sie im ersten Augenblick gezwungen ist, darzustellen."[36] Ideologisch geht es also darum, den Klas-

34 Friedrich Engels: Vorrede zur 3.Auflage von Karl Marx: Der achtzehnte Brumaire des Louis Bonaparte, in: MEW 21, S. 249.

35 Karl Marx: Das Elend der Philosophie, in: MEW 4, S. 181.

36 Karl Marx: Die deutsche Ideologie, in: MEW 3, S. 34.

senstandpunkt der bürgerlichen Staatstheoretiker, die die Neutralität und die Schiedsrichterfunktion des Staates behaupten, aufzuzeigen; politisch muß nach den Marxschen Äußerungen der Kampf des Proletariats in die Eroberung der Staatsmacht münden. Das vorgegaukelte allgemeine Interesse aller Menschen, welches im Staat sein Ausdruck finden solle - dieser Ansicht waren Hobbes und Hegel -, wird ideologisch und politisch als partikulares Interesse aufgedeckt. Der soziale Konflikt, dessen Existenz von Marx und Engels ja ökonomisch begründet wurde, kommt damit zum Ausbruch in der Form des Klassenkampfes als politischem oder ideologischem Kampf.

Den vier Ebenen der konflikttheoretischen Rekonstruktion entsprechen also drei postulierte Widersprüche: dem zwischen Kapital und Arbeit, dem zwischen Produktionsverhältnissen und Produktivkräften und dem zwischen allgemeinen und besonderen Interessen.

Literatur

- Balibar, Etienne: Stichwort: "Kritik der Politischen Ökonomie". In: Kritisches Wörterbuch des Marxismus. Hrsg. von Wolfgang Fritz Haug. Berlin 1983. S. 739-750.
- Bühl, Walter L.: Theorie sozialer Konflikte. Darmstadt 1976.
- Fischer, Arthur: Die Entfremdung des Menschen in einer heilen Gesellschaft. München 1970.
- Giesen, Bernhard: Die Konflikttheorie. In: Moderne Theorien der Soziologie. Hrsg. von Günter Endruweit. Stuttgart 1993. S. 87-134.
- Hegel, Georg Wilhelm Friedrich: Phänomenologie des Geistes. Hamburg 1988.
- Kaufmann, Franz-Xaver; Krüsselberg, Hans-Günter: Markt, Staat und Solidarität bei Adam Smith. Frankfurt, New York 1984.
- Korsch, Karl: Karl Marx. Frankfurt 1971.
- Lenin, Wladimir Iljich.: Die große Initiative. In: Ausgewählte Werke Band 5. Berlin 1987.
- Mandel, Ernest: Einführung in den Marxismus. Frankfurt 1988.
- Marx, Karl; Engels, Friedrich: Marx-Engels-Werke. Hrsg. vom Institut für Marxismus-Leninismus beim ZK der SED. Berlin 1987.
- Neuendorff, Hartmut: Der Begriff des Interesses. Frankfurt 1973.
- Raphael, David Daiches: Adam Smith. Frankfurt, New York 1991.
- Rosenmayr, Leopold: Soziologie und Natur. Plädoyer für eine Neuorientierung. In: Soziale Welt, Heft 1/2, 1989.
- Schellenberg, James T.: The Science of Conflict. Oxford 1982.
- Schleifstein, Josef: Einführung in das Studium von Marx, Engels und Lenin. München 1983.
- Smith, Adam: Untersuchung über Natur und Wesen des Volkswohlstandes. Gießen 1973.

- Smith, Adam: Theorie der ethischen Gefühle. Hamburg 1977.
- Theimer, Walter: Geschichte des Sozialismus. Tübingen 1988.
- Trapp, Manfred: Adam Smith - politische Philosophie und politische Ökonomie. Göttingen 1987.
- Tse-Tung, Mao: Vier philosophische Monographien. Peking 1965.

4. Der anthropologische Diskurs über Aggression

4.1. Die Biologie der Aggression

Vielleicht ist es ein besonderes Merkmal der Konflikttheorie, daß sich in ihrem Feld stärker als in anderen gesellschaftstheoretischen Traditionen interdisziplinäre Bezüge ergeben. Nicht zuletzt wären da biologische und psychologische Verbindungen mit soziologischer Theorie zu nennen. Als prominenteste und einflußreichste Versuche einer solchen Verbindung gelten zum einen die sozialdarwinistischen Entwürfe von Spencer und Gumplowicz, die Ethologie von Konrad Lorenz und die neodarwinistische Soziobiologie, zum anderen die psychoanalytischen Konflikttheorien von Freud bis Marcuse. Ihnen gemeinsam ist eine grundlegende Struktur der Beobachtung von Konflikten, weshalb sie hier als eine Diskursart der Konflikttheorie gelten. Es handelt sich um den *anthropologischen Diskurs* über die Aggression, der in zwei verschiedene Perspektiven und Begründungsstrategien auseinanderfällt, nämlich in die biologische und die psychologische. Anthropologie wird hier verstanden als das Unterfangen einer Beschreibung der grundsätzlichen Struktur menschlichen Verhaltens unter Rückgriff auf naturalistische Argumentationsmuster, die sich entweder auf wesenshafte Annahmen über die Spezies oder gesetzmäßige Verläufe der gesellschaftlichen und natürlichen Entwicklung beziehen. Die Konfliktbeobachtung führt in diesem Zusammenhang auf eine spezifische Verhaltensdisposition des Menschen, das heißt der Konflikt wird als Ausdruck eines ohnehin schon vorhandenen Potentials gesehen, das dem Menschen naturhaft zukommt.

4.1.1. Der Konflikt als Kampf ums Dasein: Charles Darwin, Herbert Spencer und Ludwig Gumplowicz

Die enge Verbundenheit von Konflikttheorie bzw. einer konflikttheoretischen Perspektive und einer Theorie vom gesellschaftlichen Wandel wird im Darwinismus deutlich, der sich analytisch in zwei Spielarten unterteilen läßt[37]: in den biologischen Darwinismus, wie er von Charles Darwin (1809-1882) begründet wurde, und in den philosophischen Sozialdarwinismus von Herbert Spencer (1820-1903), der zeitgleich und in enger Verbindung mit Darwin versucht hat, die biologischen Erkenntnisse der Artenevolution in Annahmen über die gesellschaftliche Entwicklung zu übertragen. Grundsätzlich wird von beiden der Kampf als elementarer Bestandteil des Lebens und Überlebens betont. Ähnlich wie für Hobbes besteht für Darwin und Spencer das Leben aus einem permanenten Konflikt; jedoch unterscheidet sich die Begründung dahingehend, daß nach dem Darwinismus dieser Konflikt prinzipiell nicht stillzustellen ist und die gesellschaftlichen Verhältnisse gerade durch diese notwendige Aggressivität der Lebewesen geprägt sind.

Der Darwinismus begründet dabei die Unumgänglichkeit des Daseinskampfes mit Selektionserfordernissen, die das Überleben der Gattung sichern: "Da also mehr Individuen ins Leben treten als bestehen können, so muß auf jeden Fall ein Kampf ums Dasein stattfinden, entweder zwischen Individuen derselben oder verschiedener Arten oder zwischen Individuen und äußeren Lebensbedingungen."[38] Im Konflikt zwischen Menschen oder anderen Lebewesen siegt dabei immer der Stärkere, so daß das Überleben der Gattung immer das Überleben der Stärksten auf Kosten der Schwächeren ist und sich die Menschheit so durch den ständigen Überlebenskampf im Fortschritt befindet. Diese Prämisse der Evolution gilt dabei nicht nur für den Bereich der natürlichen Entwicklung, sondern auch für die von Menschen gemachte Geschichte. In der von Darwin unter Bezugnahme auf den Bevölkerungstheoretiker Thomas Malthus (1766-1834) entwickelten Theorie steckt das später häufig aufgegriffene universale Knappheits- und Konkurrenzargument, das für das gesamte Leben eine grundlegende Situation des Mangels unterstellt. Allerdings handelt es sich hier nicht um ein genuin gesellschaftstheoretisches Argument, sondern um eine anthropologische oder naturalistische Konzeption, da Knappheit eine in der lebendigen Natur strukturell begründete Situation ist und nicht (nur) ökonomische Knappheit in sozialen Verhältnissen meint. Die Konkurrenz erwächst dabei aus einem zweifachen Mangel: aus dem Mangel an Raum und Nahrung einerseits und aus dem ursprünglichen Kampf bzw. Wettbewerb um den/die sexuellen Partner/in andererseits.

Die Übertragung des biologischen Evolutionismus von Charles Darwin in eine Theorie *sozialen* Wandels ist vor allem Herbert Spencer zu verdanken, der die Gesellschaft analog zur Natur auffasste, was in seiner berühmten Metapher von der 'Gesellschaft als einem Organismus' seinen Ausdruck

37 Ich folge hier der Unterscheidung von Emerich K. Francis (1981).
38 Charles Darwin 1963, S. 102f.

findet.[39] Diese Umschreibung weist daraufhin, daß Spencer die menschliche Gesellschaft gleichsam als Produkt der menschlichen Existenzweise versteht, daß die Gesellschaft also letztlich eine Ausdehnung der anthropologisch vorhandenen Elemente ist. Die gesellschaftliche Evolution interpretiert Spencer als eine ständige Steigerung von Komplexität, als Wandel vom Homogenen zum Heterogenen, als strukturelle Differenzierung bei stetigem Wachstum und Fortschritt. Er knüpft die Möglichkeit des Sieges im Daseinskampf an die Möglichkeit der Anpassung, so daß die Stärksten diejenigen sind, denen eine Milieuanpassung gelingt und die somit die funktionalen Erfordernisse und Imperative ihrer Umwelt, also der jeweiligen Gesellschaft bzw. ihrer Teile, erfüllen können und zum notwendigen Fortschritt beitragen.

Spencers Konflikttheorie orientiert sich am Darwinschen Evolutionismus, da sich für ihn die gesellschaftlichen Verhältnisse im stetigen Aufstieg von der primitiven über die militärische bis zur industriellen Gesellschaftsform befinden und dieser Wandel durch den permanenten Konflikt aufgrund von Konkurrenz- und Knappheitssituationen gewährleistet ist. Aus dieser Situation ergeben sich menschliche Verhaltensweisen, die für das Leben im allgemeinen charakteristisch sind, unter anderem der Drang, um die Selbsterhaltung zu kämpfen. Die entstehenden Konflikte - ob im natürlichen oder im sozialen Kontext - haben ihre Ursache in dieser lebensspezifischen Energie, deren Freisetzung durch umweltbedingte Einflüsse es nicht bedarf. Vielmehr scheinen Versuche äußerer Einflußnahme auf das natürliche Konfliktpotential zum Scheitern verurteilt, da der Drang zum Kampf prinzipiell zu stark ist, als daß er sich bändigen ließe. Gesellschaftliche Verhältnisse, die den permanenten Konflikt als Kampf um Stärke zu bändigen versuchen, indem sie beispielsweise durch staatliche Eingriffe eine Chancengleichheit herstellen wollen, sind nach dieser Argumentationsweise grundsätzlich nicht sonderlich erfolgreich.[40]

Ebenfalls in der Tradition des Sozialdarwinismus stehend unterscheidet sich jedoch Ludwig Gumplowicz (1838-1909) von Spencer und Darwin durch seine Ablehnung des evolutionistischen Entwicklungsmodells. Statt dessen favorisiert er ein zyklisches Wandlungskonzept.[41] Nach diesem Modell ist die kulturelle Entwicklung abhängig von den Fähigkeiten einer staatstragenden "Rasse" - verstanden als eine kulturelle und nicht biologische Ge-

39 Vgl. Herbert Spencer 1887, S. 5-22.

40 Diese Argumentationsweise bringt die Evolutionstheorie des Sozialdarwinismus und die Philosophie Friedrich Nietzsches in starke Nähe, die häufig genug zur Denunziation Nietzsches geführt hat.

41 Vgl. Ludwig Gumplowicz 1973, S.173ff.

meinschaft - und bewegt sich im biologisch begründeten Kreislauf von Entstehung, Blüte und Zerfall.

Stärker als Spencer verweist Gumplowicz auf die Wichtigkeit von *Interessen* im Daseinskampf, der von ihm ebenfalls als naturwüchsige Kraft interpretiert wird. Daseinskampf ist für ihn jedoch ein Kampf um die Durchsetzung der eigenen Interessen, die immer Gruppeninteressen einer ethnisch-sozialen Gemeinschaft sind. Ausgangspunkt ist das "Bedürfnis der Befriedigung des Ehrgeizes, der Ruhmsucht, der dynastischen oder endlich der mannigfaltigen idealen Interessen"[42]. Diese etwas kryptisch anmutende Umschreibung führt zur anthropologischen Begründung sozialer Konflikte, denn zu den naturhaften Interessen gesellt sich in der theoretischen Konstruktion noch das Postulat der Universalität des Konfliktes als Kampf, der auf der staatlichen Ebene die Form des Krieges annimmt. Demnach geht es in der gesamten menschlichen Geschichte, die als Naturprozeß ewigen Gesetzen folgt, um die Entfaltung von Macht zwecks Ausübung von Herrschaft über die im Kampf unterworfene Gruppe, die sich als Widerpart des Siegers für diesen als eine heterogene ethnische Gemeinschaft darstellt. Geschichte ist so eine Geschichte von Rassenkämpfen, von Kämpfen zwischen ethnischen Gruppen, die um Herrschaft ringen: "Jedes mächtigere ethnische oder soziale Element strebt danach, das in seinem Machtbereiche befindliche oder dahin gelangene schwächere Element seinen Zwecken dienstbar zu machen. Diese These über das Verhältnis der heterogenen ethnischen und sozialen Elemente zu einander mit allen aus ihr sich ergebenen Konsequenzen, enthält in sich den Schlüssel zur Lösung des ganzen Rätsels des Naturprozesses der menschlichen Geschichte."[43]

Anders als Spencer fordert Gumplowicz die Schaffung einer möglichst großen homogenen ethnischen Einheit, die durch ein Gemeinschaftsgefühl der in ihr lebenden Menschen getragen wird. Auf dem Weg zur Erzeugung einer nationalen Kultur oder, so ließe sich aus heutiger Perspektive schlußfolgern, einer Weltkultur bzw. -gesellschaft findet der ewige Kampf wenn nicht seine Ruhe, doch zumindest eine derartige Abschwächung der Intensität der Austragung, daß ein dauerhafter Friede möglich wird.[44] Insgeheim scheint für Gumplowicz die Geschichte diesen Weg von der absoluten Heterogenität der Ethnien zur Homogenisierung und damit zur Interesseneinengung auf wenige potentielle Gegner zu gehen, wobei er eine idealistische Interessenkonzeption vertritt, die anthropologisch mit dem Hinweis auf ihre Naturwüchsigkeit abgesichert wird.

---

42 Ludwig Gumplowicz 1926, S.13.
43 Ludwig Gumplowicz 1973, S.154.
44 Vgl. Ludwig Gumplowicz 1973, S. 229ff.

Sozialdarwinistische Konflikttheorien, so läßt sich resümierend sagen, beschreiben den Konflikt als eine natürliche Tatsache im Sinne eines notwendigen Überlebenskampfes. Daraus resultieren Konflikte auf unterschiedlichen Ebenen: Konflikte zwischen dem Menschen und anderen Lebewesen um Nahrung und Lebensraum, Konflikte zwischen Individuen und Konflikte zwischen Gruppen von Menschen aufgrund der gleichen existentiellen Notsituation, Konflikte zwischen gleichgeschlechtlichen Menschen - hier wohl vor allem zwischen Männern, die um Frauen als sexuelle Partnerinnen kämpfen -, Konflikte zwischen Staaten aufgrund der universalen Konkurrenz und der evolutionären Notwendigkeit des Krieges. Hieraus läßt sich auch die generell positive Bewertung des Konfliktes als sozial-nützliches Prinzip der Selektion, die für den postulierten Fortschritt notwendig ist, erkennen. Die biologische Konstitution des Menschen bzw. des Organischen wird vom Sozialdarwinismus für das Entstehen und die Unabdingbarkeit von Konflikten verantwortlich gemacht. Es ist das Leben im allgemeinen das zum Kampf tendiert und das Konflikte produziert, die sich uns dann als Kampf ums Dasein präsentieren.

4.1.2. Aggressivität als Instinkt: Konrad Lorenz und Irenäus Eibl-Eibesfeldt

Eine weitere bedeutende Tradition der Konflikttheorie im Bereich des anthropologischen Diskurses ist die Verknüpfung von naturwissenschaftlichen Beobachtungen mit sozialen Verhaltensweisen. Das Individuum gerät dabei zunächst als *biologische Tatsache* in den Blick, das heißt auch in der verhaltensbiologischen Begründungsstrategie wird Soziales durch den Rückgriff auf zugrundeliegende anthropologische Merkmale erklärt. Universale menschliche Eigenschaften dienen zur *Begründung* von sozialkomplexen Phänomenen wie zum Beispiel Großgruppenkonflikten.

Die ethologische Ausgangsfrage im Bereich der Friedens- und Konfliktforschung lautet: "Welche Aufgaben erfüllt der Krieg, und wo liegen seine Wurzeln?"[45] Konrad Lorenz (1903-1989), der Begründer der Ethologie, hat sich dabei vehement gegen Gesetzmäßigkeiten der menschlichen Geschichte, die sowohl von der darwinistischen Biologie als auch von den pessimistischen Kulturtheoretikern wie Ludwig Klages und Oswald Spengler begründet wurden, gewandt: "Diese [...] Anschauungen haben für das menschliche Verhalten die gleichen Folgen: Beide erlauben es dem Menschen, sich von der Verantwortung für das Weltgeschehen entlastet zu

45 Irenäus Eibl-Eibesfeldt 1984, S. 465.

fühlen. Die Faktoren der organischen Entwicklung, vor allem Erbänderung (Mutation) und Auswahl (Selektion), haben dem menschlichen Geist erschaffen wie alle anderen Lebenserscheinungen auch. Der menschliche Geist aber hat Mittel und Wege gefunden, um den wichtigsten der Faktoren auszuschalten, die ihn schufen: die grausam bewahrende Selektion."[46] Zwar wird biologisch durchaus im Sinne des Darwinismus auf die Faktoren der Mutation und - für die Konflikttheorie von besonderer Bedeutung - der Selektion hingewiesen, doch gleichzeitig lehnt Lorenz jede finalistische und fatalistische Evolutionsinterpretation ab. Die menschliche Aggression müsse vielmehr unter zwei unterschiedlichen und sich ergänzenden Punkten betrachtet werden, nämlich der stammesgeschichtlichen und der kulturhistorischen Entwicklung.

Stammesgeschichtlich wird die darwinistische Erklärungsstrategie weitgehend übernommen, da Vererbung und Anzüchtung als selektive Verfahren zur Anpassung des Menschen an seine Umwelt als wichtigste Faktoren gelten. Aggression bezeichnet in diesem Zusammenhang eine ursprüngliche Verhaltenstendenz, die stammesgeschichtlich modifiziert werden kann, je nach den ökologischen Bedingungen, unter denen die Menschen leben.[47]

Darüber hinaus aber, und hierin ist wohl die wichtigste Leistung der Ethologie in ihrer Auseinandersetzung mit dem Darwinismus zu sehen, kommt es zu einer Berührung der biologischen mit der kulturellen Sphäre. Da jetzt nicht mehr bloße Gesetze herrschen, läßt sich Aggression als aggressives Verhalten in einer Umwelt bestimmen. Für die Ethologie ist diese Umwelt auch ein kulturelles Produkt und sie gesteht dem Menschen damit auch eine Lernfähigkeit und Modifikation seine biologischen Konstitution zu. In der kulturellen Evolution lernt das Individuum tradierte Verhaltensweisen, die zu einer gewissen kulturellen Überlieferung führen können. So entstehen nach Ansicht der Ethologie zum Beispiel eher friedliche oder kriegerische Kulturen, gewaltsame oder liebevolle Erziehungsstile. Die kulturelle Sphäre kann die Aggressionsentfaltung kanalisieren, aber sie ist nach dem ethologischen Modell nicht in der Lage, Aggressionen und damit konfliktproduzierende Verhaltensweisen generell zu beenden. Die Kausalität von anthropologischer Ausstattung und sozialen Tatsachen bleibt auch hier vorhanden, denn das aggressive Potential des Menschen führt in diesem Modell zum Konflikt, der nur durch dieses Potential zustandekommt.

Neben den Annahmen über die Entstehung der Aggression, die weitgehend durch den Mensch-Tier-Vergleich gewonnen werden, sind die Thesen zur *Genese* der menschlichen Aggression für die Konflikttheorie von

46 Konrad Lorenz 1983, S.17f.
47 Vgl. Konrad Lorenz 1963, S. 33.

besonderer Bedeutung. Drei grundsätzliche Pfeiler lassen sich im ethologischen Aggressionsmodell differenzieren.

Erstens ist die Aggression ein *Mittel zur Erreichung verschiedener Ziele*.[48] Dieses zweck-rationalistische Aggressionsmodell erfährt eine Erweiterung durch die These von der *Affektbestimmtheit* der Aggressivität. Die Aggression stellt demnach einen "angeborenen Auslösemechanismus" dar, der sich sowohl ohne äußere Reizeinwirkung als auch ohne willentlichen Einsatz bei längerem Aufschub der vorhandenen und sich anstauenden Energie gewissermaßen entsichert. Dieses sogenannte "hydraulische Modell" der Aggression betont die Instinkthaftigkeit aggressiven Verhaltens und verlagert die Ursachen sozialer Konflikte direkt in das Triebwesen 'Mensch'. "Für Lorenz ist die menschliche Aggressivität [...] ein Trieb, der von einer ständig fließenden Energiequelle gespeist wird und nicht notwendigerweise das Resultat einer Reaktion auf äußere Reize ist. Lorenz vertritt den Standpunkt, daß die für einen triebhaften Akt spezifische Energie sich ständig in den Nervenzentren ansammelt, die auf dieses Verhaltensmuster bezogen sind, und daß mit einer Explosion zu rechnen ist, sobald sich genug Energie gestaut hat, dies auch dann, wenn kein Reiz vorhanden ist."[49] Während die Instrumentalität der Aggression arterhaltend wirkt und in der biologischen Evolution die Anpassung des Menschen an seine Umwelt gesichert hat, wirkt die spontane Aggression, die plötzliche Freisetzung der überschüssigen Energie, rein destruktiv: "Die Spontaneität des Instinktes ist es, die ihn so gefährlich macht."[50]

Schließlich konstatiert die Ethologie drittens noch *Hemmungen* des Ausbruchs menschlicher Aggressivität, so zum Beispiel durch gewisse angeborene Werthaltungen, wie die Tötungshemmung eines anderen Menschen, und durch den Einfluß der kulturellen und sozialen Umwelt.[51]

---

48 Sieben Ziele werden in ethologischen Aggressionstheorien genannt: Der Kampf um den nötigen Raum bzw. die Verteidigung des gewonnen Raumes, der Kampf um Nahrung, der Kampf um die soziale Rangordnung, der Kampf mit gleichgeschlechtlichen Gegnern um den Geschlechtspartner, den Kampf um Selbsterhaltung gegen potentielle oder reale Feinde, den Einsatz aggressiven Verhaltens zum Erkennen oder Erreichen gewisser Handlungsfreiheiten und die erzieherische und normerhaltende Aggression. Strittig ist, inwieweit diese Argumentation zur Verfolgung geopolitischer Ziele und Interessen eingesetzt wird.

49 Erich Fromm 1977, S. 33.

50 Konrad Lorenz 1963, S. 70.

51 Vgl. Irenäus Eibl-Eibesfeldt 1990, S. 65. Hier wird besonders auf die Möglichkeiten der Raumgestaltung und der Veränderungen ökologischer Bedingungen zum Abbau menschlicher Aggressionen hingewiesen. So fordern Ethologen und Ethologinnen immer wieder die Einrichtung von Institutionen, in denen Aggressionen ungefährlich ausgetragen werden können, wie zum Beispiel in Wettkämpfen und Debatten. Des weiteren wurde von Konrad Lorenz die Verkleinerung sozialer Gemeinschaften vorgeschlagen, da die persönliche Bekanntschaft beziehungsweise eine starke Gruppenidentiät destruktive Aggressionen verhindern können. Diese Argumentation wurde von Irenäus Eibl-Eibesfeldt, einem Schüler Konrad Lorenz',

Für die Konflikttheorie ist die ethologische Begründung der menschlichen Aggressivität von besonderer Bedeutung, weil ein zentrales Anwendungsgebiet ethologischer Thesen der Krieg ist. Irenäus Eibl-Eibesfeldt (*1928) ist als Verhaltensbiologe stets bemüht, ethologische Argumentationen auf die soziale Sphäre auszudehnen und so den primär biologisch-anthropologischen Diskurs für die Sozialwissenschaften fruchtbar zu machen. Auch die soziale Tatsache des Krieges wird dabei auf biologische Dispositionen als anthropologische Konstanten zurückgeführt, nämlich auf die "Neigung, einander in geschlossenen Gruppen loyal beizustehen; die Bereitschaft, bei Bedrohung von Gruppenmitgliedern aggressiv zu reagieren; die Motivation, insbesondere des Mannes, zu kämpfen und zu dominieren; die Neigung, Reviere zu besetzen und zu verteidigen; die Fremdenscheu, das heißt das Ansprechen auf agonale Signale des Mitmenschen; die Intoleranz gegen Abweichungen von der Gruppennorm."[52] Diese Sichtweise des Krieges richtet sich besonders gegen die These der historischen Erfindung des Krieges mit Beginn der Zivilisation[53] und behauptet dagegen die Universalität kriegerischer Auseinandersetzungen, die zwar die Form des zwischenstaatlichen Krieges annehmen können, aber auch in sogenannten primitiven Kulturen und Stammesvölkern vorkamen und -kommen.

4.1.3. Genetische Programmierung und kulturelle Formgebung der Aggression: Edward O. Wilson und Peter Meyer

Nach der Problematisierung der ideologischen Positionen und politisch-legitimatorischen Wirkungen des Darwinismus läßt sich im Feld anthropologischer Argumentationen eine Hinwendung zu naturwissenschaftlichen Forschungen, insbesondere zu der Humangenetik feststellen. Der Versuch einer Synthese zwischen soziologischen bzw. sozialdarwinistischen Positionen und neueren bio-genetischen Forschungen mündet in die Begründung einer neuen Disziplin durch Edward O. Wilson (*1929), der Soziobiologie, die die darwinistische Tradition insofern fortführt, als daß auch sie die evolutionäre Perspektive beibehält, das heißt Konflikte immer

aufgegriffen und mit der Theorie der ursprünglichen Fremdenangst und dem daraus entstehenden aggressiven Verhalten gegenüber Fremden zu der Warnung vor territorialer Mulitkulturalität und Überbevölkerung verbunden. Vgl. exemplarisch Eibl-Eibesfeldt 1990, S. 70ff. und die Kritik der politischen Implikationen der Ethologie von Peter Prechtl (1985).

52 Irenäus Eibl-Eibesfeldt 1984, S. 510.

53 Sie ist deshalb das genaue Gegenteil einer Kriegsursachentheorie, wie sie zum Beispiel in der Kritischen Friedensforschung entwickelt wurde (vgl. Kapitel 7).

im Verhältnis zu ihrer Funktionalität für die Entwicklungsgeschichte der Gattung bestimmt.[54]

Zwei unterschiedliche Schwerpunkte der soziobiologischen Begründung der menschlichen Aggression lassen sich unterscheiden: zum einen die stärker genetisch-biologisch argumentierende Variante von Edward O. Wilson und zum anderen die evolutionistische Version, die von Peter Meyer (*1941) im Hinblick auf die Evolution des Krieges entworfen wurde. Einigkeit besteht dabei vor allem in der Annahme einer biologischen und einer kulturellen Evolution, wobei letztere zwar von biologischen und genetischen Faktoren abhängt, gleichzeitig aber eine Tendenz zur Selbstdynamik entfaltet. Generell betont die Soziobiologie wie auch schon die Ethologie die Prädisposition der Aggression, allerdings mit einer etwas schwächeren Begründung, die die Gefahren eines rigiden biologischen Determinismus berücksichtigt: "Das Angeborensein [bezieht] sich auf die meßbare Wahrscheinlichkeit, daß sich ein Merkmal in Umgebungen von bestimmter Beschaffenheit entwickeln wird, und nicht auf die Gewißheit, daß es sich in allen Umgebungen entwickeln wird."[55] Als Formen der menschlichen Aggression unterscheidet Wilson, wie schon andere vor ihm, die Verteidigung, Eroberung und Behauptung von Lebensräumen und anderen knappen Ressourcen, die sexuell bedingte Aggression und die disziplinierende Aggression. Daraus läßt sich ersehen, daß Wilson wie Eibl-Eibesfeldt die Realisierung des aggressiven Potentials von den territorialen Bedingungen abhängig macht und den Krieg deshalb als ein Zerreißen des Territorialtabus, das heißt als eine Folge der Enthemmung aufgrund von unerträglichen Umweltbedingungen, definiert. Dem Menschen kommt dabei die Eigenschaft zu, seine Umwelt aktiv selbst zu gestalten und neben seiner biologischen auch eine kulturelle Evolution in Gang zu setzten. Während die ökologischen Umweltbedingungen eine Möglichkeit der Entstehung von Konflikten sein können, betont Wilson auch die kulturelle Evolution, die die Wechselwirkung von genetischem Potential und der Möglichkeit des Lernens von Verhaltensweisen herstellt und so der biologisch fundierten Aggression kulturspezifische Konfliktformen bereitstellt: "Einerseits ist es richtig, das aggressives Verhalten, insbesondere in seinen gefährlichen Formen der militärischen Aktion und der Vergewaltigung, gelernt wird. Das Lernen beruht jedoch [...] auf einer angeborenen Bereitschaft; wir besitzen eine starke Prädisposition, unter bestimmten definierbaren Bedingungen in eine tiefe, irrationale Feindseligkeit hineinzuschlittern."[56]

---

54 Vgl. Franz Josef Bogdany 1980.
55 Edward O. Wilson 1980, S. 96.
56 Edward O. Wilson 1980, S. 102.

Diese generelle Verankerung der Aggression als energetisches Reservoir in der genetischen Programmierung des Menschen teilt auch Peter Meyer, der mit seiner Studie über "Evolution und Gewalt" jedoch die Evolution der Aggression selbst in den Vordergrund rückt, derweil Wilson die soziobiologische Argumentation eher zu einer neuen Grundlegung der Aggression im genetischen Code verwendet. Klarer als Wilson arbeitet Meyer die anthropologischen Annahmen der Soziobiologie heraus, indem er ein Drei-Ebenen-Modell des Menschen entwirft und so den Versuch einer Synthese der instinkt- und der kulturtheoretischen Konflikttheorie unternimmt. Danach besteht der Mensch aus einer grundlegenden triebhaft-personalen, aus bio-sozialen und schließlich aus einer psychisch-kulturellen Ebene. Diesem Drei-Ebenen-Modell entspricht nach Meyer die stammesgeschichtliche und individuelle menschliche Entwicklung, so daß Aggressionen und Konflikte je nach evolutionärem Stand andere Formen annehmen. Grundsätzlich nimmt Meyer zwei Bedingungen der Evolution an, einerseits den universalen Wettbewerb, andererseits die Tendenz des Lebens zur Selbsterhaltung. Auf beide Situationen können Menschen in zweifacher Weise reagieren: mit Kooperation und mit Konflikt. So ist der Kampf "Teil der Naturgeschichte, aber nicht das einzige diese Entwicklung lenkende Prinzip"[57]. Das Postulat einer Permanenz des Konfliktes aufgrund der evolutionären Erfordernisse der Anpassung wird von Meyer zu einer evolutionstheoretischen Differenzierung der Konfliktarten fortgeführt. Hierin liegt auch die Originalität seines Ansatzes, denn während sich Wilson lediglich von anderen anthropologischen Entwürfen zu distanzieren versucht, unternimmt Meyer eine Synthese dieser Ansätze und gelangt so zu einem vorläufigem Höhepunkt soziobiologischer Konflikttheorie. Das von Konrad Lorenz entwickelte Theorem des "Angeborenen Auslösemechanismus (AAM)" entspreche nämlich, so Meyer, der ersten von zwei evolutionären Stufen menschlicher Aggressivität, dem bio-sozialen Stadium, das durch Instinktkonflikte gekennzeichnet sei.[58]

Meyer verweist zusätzlich noch auf die kulturelle Überformung der Instinktkonflikte auf der zweiten evolutionären Stufe. Im psycho-kulturellen Stadium werden die genetisch bedingten Konflikte durch das Bestehen einer normativen Ordnung in Ideenkonflikte transformiert. Aufgrund einer evolutionär anwachsenden Komplexität gesellschaftlicher Zusammenhänge lassen sich Konflikte nicht mehr einfach als Ausdruck von instinktiven Aggressionen interpretieren, sondern die qualitativ neue Entwicklungsstufe

57 Peter Meyer 1981, S. 29.

58 Der ersten Ebene, der triebhaft-personalen, kann keine evolutionäre Stufe und keine typische Konfliktkonstellation entsprechen, weil hier nur der einzelne Mensch betrachtet wird.

produziert auch unter den grundlegenden Bedingungen der Evolution neue, nämlich kulturell geformte Konfliktformen.[59]

Noch stärker als Wilson steht Meyer in der Tradition des Evolutionismus, und das führt bei ihm zu jener Schilderung der Entwicklung von Konfliktformen, die bis dahin im anthropologischen Diskurs kaum eine Rolle gespielt hat, da die Begründung der Aggression im Vordergrund stand. In diesem Zusammenhang sieht Meyer den Krieg innerhalb der Evolution der Aggression als Endpunkt kollektiver Gewalt, da er an die Voraussetzungen hoher technischer und ökonomischer, also hoher kultureller Entwicklung gebunden ist. Dabei unterschätzt er keineswegs die Destruktivität des Krieges und beurteilt den evolutionären Beitrag im Gegensatz etwa zu Spencer und Gumplowicz sehr kritisch.

4.2. Die Psychologie der Aggression

4.2.1. Destruktion und Aggression: Sigmund Freud

Mit der Psychologie der Aggression nimmt der anthropologische Diskurs eine Wendung weg von der Konzentration auf Gruppenphänomene oder universale Prozesse hin zu einer individualistischen Betrachtung der Aggression und des Konflikts.

Sigmund Freud (1856-1939) unterscheidet wie bereits Lorenz und Meyer die biologische und die kulturelle Evolution, doch - und dieser Unterschied ist häufig unterschlagen worden - richtet sich seine Aufmerksamkeit wesentlich stärker auf die kulturellen und sozialen Phänomene, in denen Aggressionen erscheinen und von Individuen eingesetzt werden können. Die Psychoanalyse kann sozusagen als eine Sensibilisierung für das Soziale im anthropologischen Diskurs verstanden werden, was dann in der Nachfolge Freuds durch Alexander Mitscherlich (1908-1982), Herbert Marcuse (1898-1979) und Theodor W. Adorno (1903-1969) zu einer soziologischen Kritik und Überwindung der anthropologischen Fragestellung nach der Aggressivität des Menschen führt.

Zunächst aber gilt auch für Freud, denn er bleibt dem anthropologischen Diskurs verhaftet, daß er Aussagen über Konflikte nur im Rahmen einer Theorie der Aggression und Destruktion macht. Freud begründet die menschliche Neigung zur Aggressivität mit einer biologisch-fundierten

59 Vgl. Peter Meyer 1981, S. 43.

Triebtheorie, die die Unterscheidung von Selbsterhaltung und Arterhaltung durch den individualistischen Zugang in jene zwischen dem Wunsch zu leben und dem Wunsch zu sterben verwandelt. Nicht mehr der kollektive Bezugspunkt der Gattung spielt für Freud eine zentrale Rolle, sondern das individuelle Todesbedürfnis. Dieser grundsätzliche Antagonismus bildet die Basis für Freuds Konflikttheorie, die sich aufgrund des Postulates der zwei Herzen - Leben und Tod - in menschlicher Brust auf intraindividuelle Konflikte bezieht. Wie bereits Nietzsche ein Urprinzip des Lebens im Willen zur Macht sieht, so bestimmt Freud das Leben in der Spannung zwischen dem Eros, dem Begehren nach Vereinigung, und dem Thanatos, dem Begehren nach Zerstörung. Der Selbsterhaltung wird die Selbstvernichtung zur Seite gestellt.

Dieser biologischen Begründung der menschlichen Triebkonstitution folgt eine psychologische Fassung. Der gegen sich selbst gerichtete Todeswunsch wird in der sozialen Umwelt, besonders aber durch die frühkindliche Sozialisation, in destruktive Energien gegen andere Objekte, das heißt andere Lebewesen und die Dingwelt gerichtet. Der Todestrieb verwandelt sich durch die lebensnotwendige Sozialisierung in einen Destruktionstrieb, der Aggressivität gegen andere freisetzt. Die Realisierung der Triebe, das tatsächliche Mischungsverhältnis und die Erscheinung von Eros und Thanatos sind dabei variabel, wandeln sich also mit den historischen und sozialen Verhältnissen.

Nehmen die ethologische und soziobiologische Perspektive noch die menschliche Aggressivität als Ursache für soziale Konflikte und führen Soziales dabei auf Anthropologisches zurück, so unterstellt Freud die Existenz von sozialen Konflikten bevor er den Ausbruch aggressiver Energien betrachtet. Tendenziell sind die individuelle und die soziale Sphäre gleich ursprünglich, auch wenn Aggressivität für Freud ein grundsätzliches und überlebenswichtiges menschliches Potential darstellt, was sich bereits an Freuds Begründung der Entstehung von Kultur ablesen läßt. Der erste aggressive, gewaltsame Akt, der Vatermord, wird bei Freud zum Anfang der kulturellen Entwicklung. Die Annahme ursprünglicher Interessenkonflikte zwischen den Söhnen und dem Vater und das Postulat des Destruktionstriebes führen ihn zu der Überlegung, daß die Gewalt, also der Einsatz aggressiver Energien, zu der prinzipiellsten Lösungsform von Konflikten gehöre. Im sozialen Kontext kommt es bei unterschiedlichen Interessenlagen zur Bildung von Interessengemeinschaften, die die Logik der Machtdurchsetzung auf höherer Ebene wiederholen, so daß kollektiv Gewalt angewendet wird. Die Gemeinschaften transformieren den ursprünglich individuellen Konflikt mittels interner Mechanismen von Gruppenidentifikation und Zwang in Gruppen- bzw. Gemeinschaftskonflikte. Dieser Versuch der Umlenkung schlägt nach Freud allerdings fehl, wenn die Gemeinschaft selbst heterogen zusammengesetzt ist, wenn ihr also eine Herrschaftsstruktur zugrundeliegt. Konflikte entzünden sich nach diesem Modell sowohl zwischen als auch innerhalb der Gemeinschaften.

Die Freudsche Triebtheorie dient in diesem Kontext der Erklärung der Bereitwilligkeit, an einem Krieg - dem größten Inter-Gemeinschaftskonflikt - teilzunehmen bzw. ihn zu akzeptieren und nicht zur Erklärung des Krieges schlechthin. Auf der einen Seite steht zur Interpretation dieses Phänomens der sich herausgebildete Destruktionstrieb, der das aggressive Potential gegen andere richtet, zur Verfügung, auf der anderen Seite leistet nach Freud der dauerhafte Triebverzicht, mit dem die bisherige Kulturstufe erreicht worden ist, sein übriges. Das herrschende Realitätsprinzip, das den Individuen einen beständigen Aufschub ihrer natürlichen Triebbefriedigung abverlangt, kann das destruktive Potential zwar in sozial-nützliche Energien wie Arbeits- und Anpassungskraft umwandeln, doch vermag es nicht die libidinösen, das heißt sozialisierenden Triebenergien wahrhaft zu befriedigen. Lust, auch die erotische, muß zugunsten der Anforderungen der harten Realität verdrängt oder scheinbefriedigt werden. Wenn die sozialen Verhältnisse einen Ausbruch dieser angestauten Energien dadurch zulassen, daß Menschen Großgruppenkonflikte gewaltsam austragen sollen, kommt es nach Freud zu einer umfassenden Triebexplosion, denn jetzt kann im Krieg und in der Anwendung sadistischer Gewalt das Destruktionspotential verwirklicht werden, welches durch die gesellschaftlichen Normen, die im individuellen Über-Ich verankert sind, sanktioniert war.

Diese Ich-Schwäche, die aus dem Triebverzicht und dem Wirken des Destruktionstriebes resultieren und nach Freud die Kriegsbegeisterung und das Freund-Feind-Verhalten erklären sollen, steht mit politischen, kulturellen oder ökonomischen Ursachen in Verbindung. Die Sensibilisierung für die soziale Sphäre hat die Verortung des konflikttheoretisch interessanten Antagonismus in der Interaktion zwischen Individuum und Gesellschaft zur Folge. Als intra-individueller Konflikt stehen sich Triebenergien und Gewissensvorbehalte, die nicht, wie Eibl-Eibesfeldt annimmt, angeboren, sondern ein Produkt gesellschaftlicher Verhältnisse sind, gegenüber; als inter-individueller und somit sozialer Konflikt, von Freud am Beispiel des Krieges gezeigt, ist der zugrundeliegende Antagonismus durch soziale Verhältnisse bestimmt, die die aggressiven Energien entweder instrumentalisieren oder unterdrücken. Dadurch kommt es zu einer Stauung und schließlich zu Aggressionsausbrüchen, die ihrerseits Ursache für soziale Konflikte sein können.

In seinen Überlegungen zur Beendigung kriegerischer Konflikte greift Freud auf die Idee eines unabhängigen und übergreifenden Schiedsrichters zurück, der jetzt auf der zwischenstaatlichen Ebene institutionalisiert und mit genügend Autorität ausgestattet werden soll, um kollektive Gewalt in dieser Form zu sanktionieren. Innerhalb von Gemeinschaften und Gesellschaften aber vermag Freud nicht einfach an die Autorität des Staates zu glauben, sondern appelliert an die Einsicht in psychoanalytische Forschungen. Danach lassen sich besonders zwei Wege zu einem friedlichen Zusammenleben beschreiten, nämlich die Stärkung des Eros, der die destruktiven Impulse bindet, und die Erziehung zur Mündigkeit, die die Ich-Schwäche und damit den unbedingten Gehorsam zugunsten einer kritischen Distanz gegenüber aggressiven Aufforderungen und Verhaltensweisen aufhebt. Schließlich glaubt Freud bei allem Pessimismus doch noch daran, daß die Menschen lernen können, ihr Triebleben unter das "Diktat des Verstandes" zu stellen und so ihre Bedürfnisse rational zu reflektieren.

4.2.2. Die Soziologisierung der Aggressionstheorie: Alexander Mitscherlich, Herbert Marcuse und Theodor W. Adorno

In der Weiterführung der psychoanalytischen Perspektive kommt es zu einer stärkeren Betonung der Sphäre der Interaktion zwischen Individuum und Gesellschaft und zu einer relativen Vernachlässigung anthropologischer Fragestellungen. Die Triebtheorie wird zwar weitgehend übernommen, doch betonen Freuds Nachfolger immer stärker ihren Modellcharakter. Die Überwindung des anthropologischen Diskurses hin zu einer stärker soziologischen Betrachtungsweise der Aggression und damit auch des Konflikts kommt bei Alexander Mitscherlich zum Ausdruck: "Was wir also zu beantworten versuchen sollten, ist nicht die Frage, ob Aggression etwas Angeborenes sei, sondern wie sie aussieht, wenn der Mensch geboren wird, wenn er sich entwickelt; wie sie ihn durch die Stationen seines Lebensweges begleitet."[60]

Zwei Anschauungen werden dabei integriert: Zum einen verstehen die Neo-Freudianer den Aggressionstrieb reaktiv, daß heißt nach der von Dollard u.a. im Anschluß an Freud entwickelten Frustrations-Aggressions-Hypothese als eine Reaktion auf Frustrationserfahrungen, die in der sozialen Umwelt gemacht wurden. Demnach führen zum Beispiel Ohnmachtserfahrungen, ökonomische und soziale Problemlagen zu aggressivem Verhalten. Zum anderen bleibt die Vorstellung von der Aggression als aktive Energie, die sich freisetzt. Die sozialen Verhältnisse, die von Mitscherlich und Marcuse unter Rückgriff auf Marx und Engels als kapitalistische

60 Alexander Mitscherlich 1968, S. 115.

Verhältnisse analysiert werden, führen zu den eben skizzierten Situationen der Ich-Schwäche, der Freisetzung von destruktiven Energien und der Triebunterdrückung, die jetzt noch um die Pointe der "Sur-plus-Repression" (Marcuse) ergänzt wird. Danach kennzeichnet eine zusätzliche Triebunterdrückung die spätkapitalistischen Verhältnisse. Die Menschen können zwar die Möglichkeit einer Verwirklichung der Freiheit, das heißt die Aufhebung entfremdeter gesellschaftlicher Verhältnisse aufgrund der fortgeschrittenen technischen und ökonomischen Entwicklung erkennen, doch dies gefährdet die Stabilität des kapitalistischen Systems, so daß auf den Wunsch nach Freiheit im Zeitalter ihrer Realisierungsmöglichkeit der Wille nach Gehorsam unter kapitalistischem Kommando folgt. Das freiheitliche Begehren, so Marcuse, ist in das unfreie Begehren nach totalem Konsum transformiert worden: Die Individuen "müssen ihren aufreibenden und rückständigen Daseinskampf weiterführen, in dem sie ihre eigene Repression reproduzieren. Damit stoßen wir auf den eigentlichen Widerspruch, der sich von der sozialen Struktur auf die psychische Struktur der Individuen überträgt. Hier weckt und steigert er destruktive Tendenzen, die auf eine kaum sublimierte Weise im Verhalten der Individuen auf persönlicher wie auf politischer Ebene sozial nutzbar gemacht werden".[61] Stärker als bei Freud kommt hier die Dialektik von Sozialem und Psychischem zur Sprache. Konflikte sind Produkte sozialer Antagonismen und dringen durch psychische Triebdispositionen wieder in die soziale Sphäre ein. Die angestaute aggressive Energie wird hier zum Austragen von Konflikten genützt, die dem Individuum seine Abhängigkeit verdeutlichen und gleichzeitig den Interessen der herrschenden Klasse dienen.

Mit Theodor W. Adorno erfährt der anthropologische Diskurs seine endgültige Überschreitung. War zuvor bei Mitscherlich und Marcuse noch auf das Aggressionspotential verwiesen worden, so betont Adorno die unbedingte Vorrangigkeit einer gesellschaftstheoretischen Betrachtung und einer Feststellung der Objektivität sozialer Widersprüche und den daraus resultierenden Konflikten. Die Institutionalisierung des Konfliktaustrags unterzieht Adorno einer ebenso heftigen Kritik wie er den Begriff des Konfliktes überhaupt attackiert. Zwar scheinen Konflikte für ihn letztlich immer Ausdruck ökonomischer Widersprüche zu sein, doch sieht er auch die zunehmende Verwandlung der ursprünglich ökonomisch bedingten Klassenkämpfe in die Bereiche des (scheinbar) Privaten und der gesellschaftlichen Marginalisierungsräume, in denen sich der letzte Rest an Unangepaßtheit und Widerstand gegen Homogenisierungstendenzen im Zuge der Dialektik der Integration starken gesellschaftlichen Angriffen aus-

61 Herbert Marcuse 1968, S. 16

gesetzt sieht. Integration bedeutet nämlich auch immer Exklusion, Ausgrenzung des anderen.

Während Marcuse, Mitscherlich und auch Freud soziale Konflikte im Zusammenhang mit der menschlichen Aggressivität und ihrer Einbindung in gesellschaftliche Verhältnisse bestimmten, ist für Adorno die Totalität des gesellschaftlichen Zusammenhanges so dicht geworden, daß das Individuum nicht mehr nur gefährdet ist, wie Mitscherlich es prognostizierte, sondern daß es dem Ganzen kaum mehr einen prinzipiell wünschenswerten Widerstand entgegenbringen kann. Das liegt primär an der von Adorno angenommenen Pervertierung der Selbsterhaltung, *dem* Theorem des Sozialdarwinismus, die dazu geführt hat, daß Selbsterhaltung zum alleinigen Ziel einer blinden Aufklärung geworden ist und sich letztendlich gegen das Individuum selbst richtet. Eigentlich auszutragende Konflikte werden so unterdrückt und das destruktive Potential des Menschen gegen ihn selbst gewendet, was unter anderem an Selbstverstümmelungen, Vereinsamung und der zunehmenden Gewalt in der Gesellschaft zu beobachten ist.

Die Theorie des Konflikts hat sich also von der intraindividuellen Sichtweise, die bei Freud dominierte, über die Beobachtung des aus der Interaktion von Individuum und Gesellschaft resultierenden Konfliktes hin zu einer makrotheoretischen Perspektive, die das Individuum verschwinden und den Konflikt in Randzonen verschoben sieht, gewandelt.

Literatur

- Adorno, Theodor W. und Max Horkheimer: Dialektik der Aufklärung. Frankfurt 1988.
- Aschenbach, Günter; Kempf, Wilhelm (Hrsg.): Konflikt und Konfliktbewältigung. Handlungstheoretische Aspekte eine praxisorientierten psychologischen Forschung. Bern 1981.
- Berkowitz, Leonard: Biological Roots: Are Humans Inherently Violent? In: Psychological Dimensions of War. Hrsg. von Betty Glad. Newbury 1990. S. 24-40.
- Bogdany, Franz Josef: Soziobiologie - Möglichkeiten und Grenzen der "neuen Synthesis". In: KZfSS, Heft 3, 1980. S. 312-324.
- Darwin, Charles: Die Entstehung der Arten durch natürliche Zuchtwahl. Stuttgart 1963.
- Denker, Rolf: Aufklärung über Aggression. Stuttgart 1968.
- Eibl-Eibesfeldt, Irenäus: Die Biologie menschlichen Verhaltens. Zürich 1984.
- Eibl-Eibesfeldt, Irenäus: Gewaltbereitschaft aus ethologischer Perspektive. In: Gewalt in unserer Gesellschaft. Hrsg. von Klaus Rolinski. Berlin 1990. S. 59-85.
- Francis, Emerich K.: Darwins Evolutionstheorie und der Sozialdarwinismus. In: KZfSS, Heft 2, 1981. S. 209-228.

- Freud, Sigmund: Zeitgemäßes über Krieg und Tod. In: Kulturtheoretische Schriften. Frankfurt 1986.
- Fromm, Erich: Anatomie der menschlichen Destruktivität. Reinbek 1977.
- Giesen, Bernhard; Lau, Christoph: Zur Anwendung darwinistischer Erklärungsstrategien in der Soziologie. In: KZfSS, Heft 2, S. 229-256.
- Gumplowicz, Ludwig: Grundriß der Soziologie. Frankfurt 1926.
- Gumplowicz, Ludwig: Das Rassenkampf. Frankfurt 1973.
- Harris, Marvis; Fried, Morton (Hrsg.): Der Krieg. Zur Anthropologie der Aggression und des bewaffneten Konflikts. Frankfurt 1971.
- Hilke, Reinhard; Kempf, Wilhelm (Hrsg.): Aggression. Naturwissenschaftliche und kulturwissenschaftliche Perspektiven der Aggressionsforschung. Bern 1982.
- Knapp, Guntram: Der antimetaphysische Mensch. Darwin - Marx - Freud. Stuttgart 1973.
- Larsen, Knud (Hrsg.): Conflict and Social Psychology. London 1993.
- Lorenz, Konrad: Das sogenannte Böse. Wien 1963.
- Lorenz, Konrad: Der Abbau des Menschlichen. München, Zürich 1983.
- Marcuse, Herbert: Aggressivität in der modernen Industriegesellschaft. In: Aggression und Anpassung. Hrsg. von Herbert Marcuse u.a. Frankfurt 1968. S. 7-29.
- Marcuse, Herbert: Der eindimensionale Mensch. Frankfurt 1988.
- Marcuse, Herbert: Triebstruktur und Gesellschaft. Frankfurt 1990.
- Mead, Margaret: Alternativen zum Krieg. In: Der Krieg: Zur Anthropologie der Aggression und des bewaffneten Konflikts. Hrsg. von M. Fried, M. Harris und R. Murphy. Frankfurt 1971. S. 235-252.
- Meyer, Peter: Evolution und Gewalt. Hamburg 1981.
- Mitscherlich, Alexander: Aggression und Anpassung. In: Aggression und Anpassung in der Industriegesellschaft. Hrsg. von Herbert Marcuse u.a. Frankfurt 1968. S. 80-127.
- Mitscherlich, Alexander; Mitscherlich, Margarete: Die Unfähigkeit zu trauern. München 1977.
- Prechtl, Peter: Aggression zwischen Dissozialität und Interpersonalität. In: Aggression und Gewalt. Anthropologisch-sozialwissenschaftliche Beiträge. Hrsg. von Alfred Schöpf. Würzburg 1985. S. 85-120.
- Schöpf, Alfred (Hrsg.): Aggression und Gewalt. Anthropologisch-sozialwissenschaftliche Beiträge. Würzburg 1985.
- Selg, Herbert: Psychologie der Aggressivität. Göttingen u.a. 1988.
- Social Psychology of Intergroup Conflict: Theory, Research and Applications. Berlin, New York 1988.
- Spencer, Herbert: Die Principien der Soziologie. Frankfurt 1887.
- Wilson, Edward O.: Sociobiology. The New Synthesis. Cambridge 1975.
- Wilson, Edward O.: Biologie als Schicksal. Frankfurt 1980.

5. Der soziologische Konfliktdiskurs

5.1. Der Konflikt als Form der Vergesellschaftung: Georg Simmel

Die Bedeutung Georg Simmels (1858-1918) für die Entwicklung einer konflikttheoretischen Perspektive ist stark umstritten und reicht von der Einschätzung, Simmel sei lediglich ein guter Polemiker und Verteidiger des bürgerlichen Individualismus gegen sozialistische Positionen gewesen[62], bis zu der These, daß Simmel als der erste genuin soziologische Konflikttheoretiker zu gelten habe[63]. Jenseits dieses Streites muß Simmel allerdings wenigstens für seine komplexe Beobachtung des Konflikts gewürdigt werden.[64] Außerdem greift jede soziologische Beschäftigung mit dem sozialen Konflikt, das heißt mit dem Konflikt innerhalb gesellschaftlicher Beziehungen, auf Simmel zurück.[65]

Simmel legt als Vertreter der formalen Soziologie[66] zum einen die Unterscheidung zwischen Form und Inhalt, als Begründer der Soziologie zum anderen die zwischen Individuum und Gesellschaft zugrunde. In bezug auf die Analyse gesellschaftlicher Verhältnisse ging es Simmel um die Formen der Vergesellschaftung, die von deren Inhalten zu trennen seien. "'Form' bedeutet einerseits die reale Möglichkeit von bestimmtem Handeln als bestimmtem Inhalt einer potentiellen und aktuellen Beziehung von Handelnden innerhalb eines sozio-kulturellen Kontextes; andererseits bedeutet 'Form' diejenige Einheit der Bestimmungen, die die soziologische Erkenntnis produziert: als Resultat der Erkenntnis sind Formen die Typen sozial

62 Vgl. Randall Collins 1985, S. 110ff.

63 Vgl. Lewis A. Coser 1972.

64 "By distinguishing many possibilities, Simmel has led the reader to a recognition of the complexities of social situations" (James T. Duke 1976, S. 115).

65 "The first sociologist to consider conflict as a seperate subject, without reference to any larger subject, like the historical dialectic or evolutionary survival, was Georg Simmel" (Robert T. Angell 1965, S. 98).

66 Ferdinand Tönnies und Leopold von Wiese gelten zusammen mit Simmel als Repräsentanten dieser soziologischen Tradition, die die äußerlichen Formen der Vergesellschaftung in den Mittelpunkt der soziologischen Theorie stellen.

relevanter Wirklichkeit, die, unabtrennbar von der Analyse, die Erfahrung von Vergesellschaftung begrifflich begründen."[67] Unter Vergesellschaftung versteht Simmel dabei in seiner individualistischen Perspektive jeglichen Bezug der Individuen aufeinander, anders gesagt: die Interaktion oder Wechselwirkung zwischen Menschen. "Diese Wechselwirkung entsteht immer aus bestimmten Trieben heraus oder um bestimmter Zwecke willen. Erotische, religiöse oder bloß gesellige Triebe, Zwecke der Verteidigung wie des Angriffs, des Spieles wie des Erwerbs, der Hilfeleistung wie der Belehrung und unzählige andere bewirken es, daß der Mensch in ein Zusammensein, ein Füreinander-, Miteinander-, Gegeneinander-Handeln, in eine Korrelation der Zustände mit andern tritt, das heißt Wirkungen auf sie ausübt und Wirkungen empfängt."[68] Das menschliche Begehren bildet also die materielle Grundlage für die Vergesellschaftung; der Umstand, daß das Individuum seine Bedürfnisse nur im Zusammenhang mit anderen befriedigen kann, führt überhaupt erst zu einem sozialen Zusammenhang, in dem sich dann Formen der Interaktion herausbilden, die historisch weitgehend gleichbleiben und deshalb den Gegenstand der Soziologie nach Simmel abgegeben sollten. Allerdings führt Simmel das postulierte Begehren nicht monokausal auf ein Prinzip zurück, sondern läßt wie Sigmund Freud zwei gegensätzliche Bedürfnisstrukturen nebeneinander bestehen, die dann mit den jeweiligen Formen der Vergesellschaftung korrelieren. Auf der einen Seite sind dies die assoziativen und sozialen, auf der anderen Seite die dissoziativen und individuellen Neigungen des Menschen. Leopold von Wiese (1876-1969) hat analog dazu Grundprozesse der Näherung und des Lösens menschlicher Beziehungen ausgemacht, die er auch Mechanismen der Integration und Differenzierung genannt hat. Im Unterschied zu Wiese betont Simmel jedoch die integrierende Wirkung von Konflikten, die zwar aus dem feindseligen Drang des Menschen entstehen, doch gleichzeitig den Bezug von Menschen aufeinander garantieren, denn auch das Töten eines Menschen ist eine Form der Interaktion, wenn auch zeitlich gesehen die letzte.

In der Rezeption Simmels ist diese Betrachtungsweise der integrierenden Funktion des Konfliktes immer wieder stark hervorgehoben und gegen die funktionalistische Auffassung von Konflikt als die Gesellschaft störendes Element gesetzt worden. Dabei geht es Simmel nicht um den mit Konflikten verbundenen sozialen Wandel, sondern um die Möglichkeit der Interaktion von Menschen, die eben auch die Form des Konflikts annehmen kann.

Simmel unterscheidet vier verschiedene Gestaltungsarten der konfligierenden Interaktion von Menschen, also der Vergesellschaftung in

67 Karin Schrader-Klebert 1968, S.108.
68 Georg Simmel 1992, S.18.

der Form des Konflikts: Erstens kann der Konflikt zwischen Menschen zu einer Vereinigung von Menschen in Gruppen, die für Simmel die elementarste Vereinigung von Menschen sind und aus denen sich eine Gesellschaft zusammensetzt, führen, das heißt aus dem interindividuellen Konflikt entsteht überhaupt erst ein sozialer Zusammenhang, nämlich die Gruppe zum Beispiel als Form der Interessenvereinigung.

Diese Synthese schafft zweitens unter den Gruppenmitgliedern affektive Bindungen, die zwar den Zusammenhalt der Gruppe stärken, gleichzeitig aber auch aufgrund der Heterogenität Konflikte schneller und heftiger ausbrechen lassen können. Die Gruppenvereinigung kann mit ihren Bindungen also gleichsam ein Katalysator eines internen oder Intra-Gruppenkonfliktes sein.

Nach dem Entstehen von Gruppen ist es möglich, daß sich auch jene im Konflikt befinden und sich die geschilderten Prozesse auf andere Ebene wiederholen. Drittens treten Konflikte als Grund der Vereinigung von Gruppen auf, denn innerhalb eines entstandenen Sozialsystems tendieren Gruppen zum Zusammenschluß mit anderen, um ihre Position zu stärken.

Viertens führt die Verbindung von Gruppen zu einer Großgruppe aufgrund der noch im Gegensatz zur ersten Gruppenbildung verstärkten Heterogenität zu noch stärkeren internen Konfliktpotentialen, allein, weil die Identitäten der Gruppen in der Synthese nicht einfach aufgehoben werden können.[69]

Simmel entwirft in seiner Beschreibung konfligierender Beziehungen zwischen Menschen und zwischen bzw. innerhalb von Gruppen eine Dialektik von Konflikt und Vereinigung, die zwar an Hegels und Marx' Modell erinnert, tatsächlich aber gegen diese Vorstellung konzipiert wurde. Vielmehr will Simmel zeigen, daß Konflikt und Vereinigung ebenso wie Konflikt und Frieden sich zwar gegenseitig bedingen und in dieser Wechselseitigkeit zu gesellschaftlichen Veränderungen führen können, dies aber erstens nicht zwangsläufig geschehen muß und zweitens sich daraus auch kein prinzipieller Fortschritt ableiten läßt. Sein Modell geschichtlicher Prozesse ist dementsprechend auch eher an Nietzsches ewiger Wiederkehr des Immergleichen als an Marx' Emanzipations- oder Hegels Vernunftentfaltungsmodell orientiert.

Die Annahme eines gleich ursprünglichen Nebeneinanders von Konflikt und Vereinigung bzw. der Notwendigkeit des Konfliktes zur erfolgreichen Vergesellschaftung läßt Simmel die Beziehung von Konflikt und Gruppenstruktur in der Form analysieren, daß der Konflikt nach außen immer die Tendenz zur Homogenisierung, Zentralisierung und Hierarchisierung nach

69 Alle kulturellen Konflikte und auch die momentan diskutierten Schwierigkeiten der europäischen Vereinigung gehören in diesen Zusammenhang.

sich zieht. Diese Tendenzen können dann selbst Anlaß zu Konflikten innerhalb von Gruppen sein.

Mit der Betonung der integrativen Funktion von Konflikten für gesellschaftliche Beziehungen kommt für Simmel auch noch ein anderer Aspekt in den Blick, der in der Rezeption relativ vernachlässigt wurde und dabei gerade heute, da verstärkt um die Möglichkeit positiver Vergesellschaftung diskutiert wird, von besonderer Bedeutung sein könnte. Konfligierende Parteien müssen sich nämlich nach Simmel zuvor schon als Parteien, das heißt als prinzipiell legitime Vereinigung anerkennen. Für Simmel kommt dies besonders in dem Konflikttyp der Konkurrenz und des Rechtsstreites zum Ausdruck, weil sich dort die Parteien im Konflikt Regeln unterwerfen, die die sozial-produktive Transformation des Konfliktes sichern. Mit der Regelanerkennung wird auch die Legitimität des Gegenübers als berechtigter Konkurrent um ein Gut bzw. als Interessenvertreter anerkannt. Dadurch ist auch die Affektbestimmtheit der Konfliktaustragung, des Kampfes limitiert und die Sachlichkeit des Konfliktes garantiert; allerdings können auch die assoziativen Neigungen des Menschen wie Liebe und Rücksichtnahme nicht mehr in den Konflikt eingebracht werden. Die Anerkennung von Regeln und Konfliktparteien hat eine vergesellschaftende und zivilisatorische Wirkung, weil sie die konfligierende Interaktion ermöglicht und gleichzeitig nicht unsozial, das heißt nicht auf das Äußerste - den Tod des Gegenübers - gehend, werden läßt. Der *soziale* Konflikt bedingt also im Augenblick seiner Entstehung auch eine umfassende Anerkennung. Diese Form der Vergesellschaftung ist in der modernen Gesellschaft für Simmel in dem Prinzip der Konkurrenz sichtbar geworden, wobei unter Konkurrenz im Sinne Simmels das Grundprinzip der bürgerlichen Gesellschaft und nicht einfach nur der kapitalistischen Ökonomie verstanden werden muß. Und so formuliert er im Geist des Liberalismus in Anspielung auf und im Gegensatz zu Hobbes: "Die moderne Konkurrenz, die man als den Kampf Aller gegen Alle kennzeichnet, ist doch zugleich der Kampf Aller um Alle (...), ein Ringen um Beifall und Aufwendung, um Einräumungen und Hingebungen jeder Art, ein Ringen der Wenigen um die Vielen wie der Vielen um die Wenigen; kurz, ein Verweben von tausend soziologischen Fäden durch die Konzentrierung des Bewußtseins auf das Wollen und Fühlen und Denken der Mitmenschen, durch die Adaptierung der Anbietenden an die Nachfragenden, durch die raffiniert vervielfältigten Möglichkeiten, Verbindungen und Gunst zu gewinnen."[70]

70 Georg Simmel 1992, S. 328.

5.2. Der soziale Kampf um Macht: Max Weber

Die nicht mehr zu überschauende Sekundärliteratur zu einem der Begründer der deutschen Soziologie öffnet für jede Fragestellung zahlreiche Perspektiven auf das Werk Max Webers (1864-1920). Die verschiedensten Theoriestränge berufen sich direkt auf Weber oder interpretieren ihn in ihrem Zusammenhang neu. Für die konflikttheoretische Perspektive gilt dies zwar ebenso, doch scheint es kaum eine systematische Rekonstruktion von Webers "verstehender Soziologie" unter konflikttheoretischen Gesichtspunkten zu geben.[71]

Es ist die Grundabsicht des Programms der Weberschen Soziologie, soziales Handeln deutend zu verstehen und gleichzeitig zu erklären. Damit unterscheidet es sich von allen bisherigen konflikttheoretischen Perspektiven und besonders von der Georg Simmels. Nicht Gruppen oder soziale Klassen aber auch nicht einfach das Individuum markieren den Beginn soziologischer Reflexion, sondern soziales Handeln von Individuen. Die erste soziologische Beobachtung soll nach Weber zwischen sozialem und nicht sozialem Handeln unterscheiden. "'Soziales' Handeln [...] soll ein solches Handeln heißen, welches seinem von dem oder den Handelnden gemeinten Sinn nach auf das Verhalten anderer bezogen wird und daran in seinem Ablauf orientiert ist."[72] Für konflikttheoretische Überlegungen läßt sich hieraus die Konsequenz ziehen, daß eine soziologische Konflikttheorie, die den Intentionen Webers folgt, intraindividuelle Konflikte ausschließen muß, wenn sie nicht von sozialen Handlungen sichtbar getragen werden.

Soziales Handeln schafft nach Weber eine soziale Beziehung zwischen Individuen, die ihre Handlungen intentional aufeinander beziehen, so daß sich stabile Handlungsmuster herausbilden können, die nach der jeweiligen Form des Bezuges zu unterscheiden sind. Grundsätzlich kann soziales Handeln sich sozusagen positiv, wenn es zum Beispiel um Solidarität oder Kooperation geht, oder negativ, im Falle der Durchsetzung eigener Bedürfnisse, auf andere beziehen. Letzteres führt zum Kampf: "Kampf soll

---

71 Vielmehr ist uns Weber heute durch die Rezeption des Funktionalismus als ein Theoretiker bekannt, der seine Aufmerksamkeit besonders auf den Umstand der normativen Integration durch gemeinsam geteilte Werte gerichtet hat. Dieses Bild eines integrationistischen Gesellschaftstheoretikers muß allerdings besonders im Hinblick auf die in letzter Zeit häufig diskutierte Nähe Webers zu Friedrich Nietzsche korrigiert werden (vgl. Robert Eden 1987 und Wilhelm Hennis 1987). In diesem Kontext hat Reinhard Bendix den Grundton der Weberschen Soziologie folgendermaßen zusammengefaßt: "Hervorhebung des Kampfes unter verschiedenen sozialen Gruppen bildete den Kern von Max Webers eigener persönlicher und intellektueller Lebensanschauung" (1964, S. 204).

72 Max Weber 1980, S. 1.

eine soziale Beziehung insoweit heißen, als das Handeln an der Absicht der Durchsetzung des eigenen Willens gegen den Widerstand des oder der Partner orientiert ist."[73] Selbst bei der Tötung eines Feindes muß dieser Akt noch als soziales Handeln gelten, denn "sozial" meint bei Weber nicht ein normatives Prädikat für eine bestimmte Handlungsform.

Der Kampf, so läßt sich Webers These paraphrasieren, stellt eine soziale Beziehung mit kämpferischen Intentionen her, das heißt mit dem sinnbildenden Wunsch des oder der Handelnden, den eigenen Willen durchzusetzen. Diese Willensdurchsetzung taucht in einer weiteren Definition Webers in seiner soziologischen Kategorienlehre auf, wenn er den Begriff Macht einführt: "Macht bedeutet jede Chance, innerhalb einer sozialen Beziehung den eigenen Willen auch gegen Widerstand durchzusetzen, gleichviel worauf diese Chance beruht."[74] In der hier umschriebenen sozialen Beziehung, die durch die Kampfabsicht hergestellt wurde, geht es um den Willen zur Macht, der die Grundlage jeder Kampfesabsicht ist. Der Kampf, motiviert vom Willen zur Macht, wird aber auch, so Weber, von der *Chance* beeinflußt, den Willen gegen den Widerstand anderer durchzusetzen, ist also nicht unabhängig von den sozialen Verhältnissen zu denken. Die Bedeutung Webers für eine konflikttheoretische Perspektive ist in diesem Zusammenhang darin zu sehen, daß er das Zustandekommen einer sozialen Ordnung gerade aus den machtvollen Handlungen von Personen, die selbst Macht besitzen, erklärt.[75]

Soziale Konflikte, bei Weber mit dem Begriff des sozialen Kampfes bezeichnet, erscheinen in dieser theoretischen Konstruktion zum einen mit dem Willen zur Macht, der den angebbaren Sinn sozialen Handelns ausmacht, und zum anderen mit bestimmten sozialen Verhältnissen verknüpft, in denen um Macht gekämpft wird. "Daß alles Leben 'Kampf', Kampf des Menschen mit dem Menschen, des Liebsten mit dem Liebsten ist, ist, gleichgültig ob dies um eine richtige oder verzerrte Sicht der Wirklichkeit menschlicher Existenz ist, niemandem so verbunden wie Nietzsches Vorstellung vom Leben als dem Willen zur Macht. Es gibt bei Weber keine menschliche Beziehung, keine 'Lebensordnung', die nicht durch Kampf bestimmt wäre."[76]

---

73 Max Weber 1980, S. 20.

74 Max Weber 1980, S. 28.

75 "What distinguishes him (from integration theorists) is that he explains order and consistency as a result of the direct application of power by some persons over others" (James T. Duke 1976, S. 70).

76 Wilhelm Hennis 1987, S.187. Dieser Formulierung muß allerdings zweierlei hinzugefügt werden: Erstens hat Weber den Willen zur Macht in eine soziale Welt eingebettet, was zur Folge hat, daß er nicht vom Leben als dem unbedingten Willen zur Macht spricht, sondern den Kampf als soziales Handeln mit dem subjektiven Wunsch der Willensdurchsetzung sieht. Da-

Auf der einen Seite sieht er die Kräfte individueller Interessenverfolgung, die zum Kampf und zu Konflikten führen, aber auf der anderen Seite können für Weber diese Konflikte nur im Zusammenhang mit Prozessen bzw. Handlungen die an der *Vergesellschaftung* - des rational motivierten Interessenausgleichs - und der *Vergemeinschaftung* - des Zusammengehörigkeitsgefühls - orientiert sind, gedacht werden. Dies ist nicht unbedingt gleichzusetzen mit der Instabilität und Stabilität sozialer Beziehungen, denn auch der Kampf kann faktisch zu stabilen sozialen Handlungsmustern führen.[77] Die Handlungsformen des Kampfes und der Vergesellschaftung bzw. Vergemeinschaftung durchziehen jede Sphäre der sozialen Welt, jede "Lebensordnung", so ließe sich letztendlich ergänzen. Alles Leben besteht aus Kampf und Kooperation.

Für die konflikttheoretische Rekonstruktion von Webers Soziologie führt die Annahme verschiedener Lebensordnungen zum eigentlichen Kern, nämlich zu der Komplexität sozialer Konflikte. Denn während der Kampf eine grundsätzliche Form sozialen Handelns ist, zeigt sich diese doch in unterschiedlichster Ausprägung je nach den Mitteln des Kampfes, der Sache, um die gekämpft wird, den Interessenakteuren und den Regeln.

Weber unterscheidet in der Folge seiner Überlegungen über das Wesen politischer Gemeinschaften drei verschiedene Bereiche, die je unterschiedlichen Lebensordnungen entsprechen und in denen um Macht gekämpft wird, die aber gleichzeitig auch von integrativen Handlungsmustern der Vergesellschaftung und Vergemeinschaftung durchdrungen sind. Erstens werden im Bereich der *Wirtschaftsordnung* Konflikte um Güter und Preise ausgetragen, das heißt es wird um ökonomische Macht gekämpft. Während Marx in der bürgerlichen Gesellschaft den Ursprung für die Klassenkämpfe lokalisiert hat, gelangt Weber zu der Überzeugung, daß dies zwar historisch so gewesen sein könnte, daß sich in der heutigen Zeit die Klassenkämpfe aber hauptsächlich auf Lohn- und das heißt Preiskämpfe reduziert hätten. Dennoch sind die Akteure im ökonomischen Kampf von Weber als Klassen benannt, allerdings in einem von Marx abweichenden Sinne: "Wir wollen da von einer 'Klasse' reden, wo 1. einer Mehrzahl von Menschen eine spezifische ursächliche Komponente ihrer Lebenschancen gemeinsam ist, soweit 2. diese Komponente lediglich durch ökonomische Güterbesitz- und Erwerbsinteressen und zwar 3. unter den Bedingungen des

---

durch versteigt sich Weber nicht zu universalistischen Behauptungen über das Leben im allgemeinen und beschränkt sozusagen den Willen zur Macht auf einen bestimmten Handlungstypus, dem - und dies ist der zweite Zusatz - andere gegenüberstehen. Webers Beobachtung gesellschaftlicher Realität ist dadurch zutiefst ambivalent.

77 Vgl. Petra Neuenhaus 1993, S. 13.

(Güter- oder Arbeits-)Markts dargestellt wird ('Klassenlage')".[78] Klassen sind also, vereinfachend gesagt, durch die jeweiligen Marktchancen definiert und nicht, wie bei Marx und Lenin, durch die Stellung im Produktionsprozeß.

Der Kampf um ökonomische Macht ist innerhalb der kapitalistischen Wirtschaftordnung bei Weber durch den Markt vermittelt, so daß sich bei diesem ersten Konfliktfeld zusammenfassend von den marktvermittelten Klasseninteressen als Konflikttypus sprechen läßt. Weber selbst betont, daß dieser Kampf unter kapitalistischer Organisation im Zeichen friedlicher Konkurrenz stattfindet.[79] In der ökonomischen Sphäre ist der Kampf um ökonomische Macht durch Tauschregeln etc. festgelegt.[80]

Die zweite Konfliktsphäre wird von Weber in der *sozialen Ordnung* ausgemacht, wo ein Kampf um soziale Macht, oder, in Webers Terminologie, um Ehre und Prestige stattfindet. War der ökonomische Kampf ein Klassenkonflikt, so bilden hier die Stände oder Statusgruppen die Akteure.[81] Die Konflikte entstehen zum einen aus dem Streben nach knapper Ehre, denn Weber nimmt gleichsam einen dem ökonomischen analogen Markt für Ehre an, auf dem um soziale Macht gekämpft wird. Zum anderen aber läßt das Abgrenzungsbedürfnis sozialer Gemeinschaften, die als solche eine gewisse Standes- oder Gemeinschaftsehre oder -kultur haben, woraus unterschiedliche Werte, Erziehungsstile, Arten der Lebensführung und ein Distinktionsbedürfnis erwachsen, Konflikte zwischen den Gemeinschaften ausbrechen. Beispielsweise sind religiöse Konflikte hier zu verorten, wobei die Macht berücksichtigt werden muß, die bestimmte religiöse Weltbilder auf andere gesellschaftliche Sphären wie z.B. die Organisation der Ökonomie haben können, was Weber am Beispiel der protestantischen Ethik für die Entwicklung des rationalistischen Weltbildes und des kapitalistischen Geistes gezeigt hat. [82]

Der dritte Bereich sozialer Konflikte ist die von Weber mit der größten Aufmerksamkeit bedachte *politische Ordnung*, also der Kampf um politische

---

78 Max Weber 1980, S. 531.

79 Dem ließe sich noch hinzufügen, daß ein Kampf um ökonomische Macht solange legitim ist, wie die Regeln der Konfliktaustragung anerkannt werden, solange also Vergesellschaftung und Vergemeinschaftung sich mit der Konfliktaustragung die Waage halten. So ist zum Beispiel der direkte Kampf Mensch gegen Mensch heute kein legitimes Mittel der Konfliktaustragung mehr, sondern es wird auf die friedliche und häufig kommunikative Vermittlung zurückgegriffen.

80 Vgl. dazu auch Richard Münch 1982, S. 465ff.

81 "Stände sind, im Gegensatz zu den Klassen, normalerweise Gemeinschaften, wenn auch solche amorpher Art. Im Gegensatz zur rein ökonomisch bestimmten 'Klassenlage' wollen wir als 'ständische Lage' bezeichnen jede typische Komponente des Lebensschicksals von Menschen, welche durch eine spezifische, positive oder negative, soziale Einschätzung der 'Ehre' bedingt ist, die sich an irgendeine gemeinsame Eigenschaft vieler knüpft" (Max Weber 1980, S. 534).

82 Vgl. Reinhard Bendix 1964, S. 204.

Macht, und das heißt gleichzeitig um den Einfluß auf alle anderen gesellschaftlichen Sphären, denn wer politische Macht besitzt, der kann z.B. durch Einwirkung auf die Rechtsordnung die Regeln der anderen Sozialsphären beeinflussen.[83] Die Akteure des politischen Kampfes sind vor allem Parteien, ihre Repräsentanten und die in Parteien organisierten aktiven Mitglieder. Webers Definition für Politik fällt dementsprechend weit aus: "'Politik' würde für uns also heißen: Streben nach Machtanteil oder nach Einflußnahme auf die Machtverteilung, sei es zwischen Staaten, sei es innerhalb eines Staates zwischen den Menschengruppen, die er umschließt."[84] Der Verweis auf den Staat führt zu einer wichtigen Voraussetzung modernen politischen Handelns, der staatlichen Monopolisierung von Gewalt, so daß Konfliktaustragungsformen innerhalb eines Staates, wenn die Regeln der Konfliktaustragung von den Parteien anerkannt sind, ohne die Anwendung physischer Gewalt auskommen müssen.

Der Wille zur Macht tritt hier gleichsam in seiner reinsten Form hervor, denn politisches Handeln ist für Weber primär Machthandeln.[85] Der Kampf um politische Macht tendiert zur äußersten Härte, weil er den wichtigsten und umfassendsten Bereich des Machtkampfes bildet und zudem noch sehr schnell die für eine geordnete Konfliktaustragung grundsätzliche Regelanerkennung verletzen kann, wenn der Kampf sich gegen die Grundgesetze des politischen Systems, wie zum Beispiel im Fall des Terrorismus, richtet. Der legitime politische Konflikt wird heute nach den Regeln der parlamentarischen Demokratie ausgetragen.

Das Handeln innerhalb dieser drei für die Beschreibung gesellschaftlicher Verhältnisse besonders wichtigen Lebensordnungen läßt sich nach Weber nur zureichend verstehen, wenn es in Bezug zur jeweiligen Herrschaftsordnung und ihrer Legitimation gesetzt wird. Die Willensdurchsetzung, mit der Weber den Machtbegriff verbindet, muß vor dem Hintergrund einer spezifischen Herrschaftsordnung gesehen werden, denn wer Macht erlangen will, der muß sein Handeln an der geltenden Herrschaftsordnung orientieren. Die Unterscheidung von legitimen und illegitimen Kämpfen bekommt hier ihren eigentlichen Sinn, denn ein Konfliktaustrag bzw. ein Konflikt überhaupt kann in der einen Herrschaftsordnung als legitim gelten, während er in einer anderen für illegitim erklärt wird.

Mit der modernen Herrschaft setzt sich auch ein bestimmter Typus der Herrschaftsorganisation, nämlich die Herrschaft durch Organisation, das

---

83 Vgl. Max Weber 1980, S. 539.

84 Max Weber 1992, S. 159.

85 In diesem Zusammenhang zeichnet Weber auch ein bewußt normativ gestimmtes Bild von Politik und unterscheidet zwei Arten einer ethischen Grundlegung politischen Handelns: die Gesinnungsethik und die Verantwortungsethik.

heißt durch eine bürokratische Verwaltung durch. Das von Weber so genannte "stählernde Gehäuse der Hörigkeit", das von der zunehmenden Bürokratisierung errichtet wird, führt, und hier kommt Webers vielzitierter Pessimismus ins Spiel, zu einer tendenziellen Stillstellung dynamischer gesellschaftlicher Elemente, kurz: zum Absterben des Kampfes bzw. Konfliktes, da die sozialen Verhältnisse durch bürokratische Verwaltung aller Lebenssphären festgefügt sind. Gegen diese Tendenzen der modernen gesellschaftlichen Entwicklung setzt Weber sein "Evangelium des Kampfes [...] als einer Pflicht der Nation, als ökonomisch unvermeidliche Aufgabe wie des Einzelnen so der Gesamtheit."[86]

Zusammenfassend läßt sich sagen, daß Weber den Kampf als spezifische Form sozialen Handelns (gegenüber der Vergesellschaftung und Vergemeinschaftung) an den Willen zur Macht - als Durchsetzung des eigenen Willens - knüpft, wobei dieser Wille sich jeweils nach den Lebensordnungen richtet, in denen gekämpft wird. Aufgrund der modernen Regelstruktur der Konfliktaustragung, die den aufreibenden Kampf in friedliche Konkurrenz transformiert, kommt es zu sozial produktiven Konflikten innerhalb einer bestimmten Herrschaftsordnung. Generell dienen Konflikte, hier scheint Weber an den Diskurs der Sozialdarwinisten anzuknüpfen, zur "'Auslese' derjenigen, welche die für den Sieg im Kampf durchschnittlich wichtigen persönlichen Qualitäten in stärkerem Maße berücksichtigen"[87]. Die zunehmende Bürokratisierung tendiert jedoch zur Verhinderung umfassender Konkurrenz, so daß die Gesellschaft Gefahr läuft, träge zu werden. Weber betont somit die nützliche Funktion von Konflikten für die gesellschaftliche Entwicklung, allerdings mit dem Hinweis, daß jene sich im Rahmen einer umfassenden Vergesellschaftung und Vergemeinschaftung, die in der Regelanerkennung ihren Ausdruck findet, vollziehen müssen.

5.3. Herrschaftskonflikte und sozialer Wandel: Ralf Dahrendorf

Mit Ralf Dahrendorf (*1929) konstituiert sich eine Tradition soziologischer Theoriebildung mit dem Namen Konflikttheorie, die für ein Projekt und Paradigma steht, welches Gesellschaft radikal unter der Perspektive ihrer Konflikthaftigkeit betrachtet.

86 Max Weber, zitiert nach Wolfgang Mommsen 1974, S. 78.
87 Max Weber 1980, S. 20.

Dahrendorf betont dabei den Doppelcharakter der sozialen Realität, der selbst zu zwei entgegengesetzten theoretischen Strängen in der Soziologie geführt habe. Dazu führt er die Unterscheidung von Integration und Konflikt ein und zwar sowohl in die Theoriediskussion durch die Auseinandersetzung mit dem Struktur-Funktionalismus Talcott Parsons' als auch in der sozialen Welt durch den Hinweis, daß jene beide Vergesellschaftungsformen in sich trage. Parsons Frage, wie soziale Ordnung in funktional differenzierten Gesellschaften möglich sei, müsse, so Dahrendorf, ergänzt werden durch die Wiederbelebung der Frage, wie denn aus geordneten sozialen Verhältnissen ungeordnete werden könnten, anders gesagt: wie sich sozialer Wandel erklären lasse. Um dieser Aufgabe nachzukommen, bedarf es seiner Ansicht nach vier unterstellter Prämissen: Erstens unterliegt jede Gesellschaft einem permanenten und allgegenwärtigem Wandel (*Ubiquität, das heißt Allgemeinheit des Wandels*), zweitens kennt jede Gesellschaft soziale Konflikte (*Ubiquität des Konflikts*), drittens leistet jedes Gesellschaftsmitglied einen stetigen Beitrag zur gesellschaftlichen Veränderung (*Ubiquität der Produktivität*) und viertens schließlich beruht jede Gesellschaft auf einem Zwang einiger Mitglieder durch andere, das heißt jede Gesellschaft beruht auf Herrschaft (*Ubiquität der Herrschaft*).[88]

Damit sind bereits die wichtigsten Eckpfeiler von Dahrendorfs Konflikttheorie genannt. Ihr genuin soziologischer Charakter zeigt sich an den Thesen der gesellschaftlichen Immanenz von sozialen Konflikten, das heißt der Entstehungsursache von Konflikten *in* der Gesellschaft und der Abhängigkeit der Konfliktarten von der jeweiligen Gesellschaftsstruktur, die für Dahrendorf in erheblichem und entscheidenem Maße von der historisch-spezifischen, aber für jede Gesellschaft unumgänglichen Herrschaftsstruktur geprägt ist. Mit dem Postulat der gesellschaftlichen Immanenz des Konflikts folgt Dahrendorf vor allem Karl Marx, der alle gesellschaftlichen zu antagonistischen Verhältnissen erklärt hatte, aus denen zwangsläufig Konflikte entstehen. Den Antagonismus als Ursache sozialer Konflikte verlagert er allerdings wie Weber in die Sphäre der Herrschaft: "(1) Herrschaft bezeichnet ein Verhältnis der Über- und Unterordnung zwischen je zwei Einzelnen bzw. Mengen. (2) Vom übergeordneten Teil (Einzelner, Menge) wird erwartet, daß er das Verhalten des untergeordneten Teils durch Befehle, Anordnungen, Warnungen, Verbote kontrolliert. (3) Diese Erwartung knüpft sich an soziale Positionen prinzipiell unabhängig vom Charakter ihrer Träger. Herrschaft bezeichnet insofern ein institutionalisiertes Verhältnis zwischen Einzelnen bzw. Mengen. (4) Herrschaft ist stets auf bestimmte Inhalte und angebbare Personen begrenzt; sie ist (im Gegensatz zu Macht) niemals absolute Kontrolle über andere. (5) Die Nichtbefolgung

88 Vgl. Ralf Dahrendorf 1969, S. 112 und 1972, S. 30.

von Vorschriften [wird] aufgrund von Herrschaft [...] sanktioniert; ein Rechtssystem (bzw. ein System quasi-rechtlicher Normen) wacht über die Effektivität der Herrschaft."[89]

Generell kann Herrschaft nicht nur in einer Gesellschaft, sondern auch in kleineren sozialen Einheiten ausgeübt werden, weshalb Dahrendorf in erneuter Anlehnung an Weber vom Herrschaftsverband spricht, in dem eine bestimmte Herrschaftsordnung gilt. Diese Ordnung strukturiert durch das Aufstellen sozialer Normen die Verhaltenserwartung der Mitglieder. Normen, als Wirklichkeit gewordene Werte, sollen die Integration der Mitglieder leisten.[90] Der Sinn einer Herrschaftsordnung liegt summa summarum im Garantieren einer Verhaltenserwartungssicherheit durch das Zuweisen bestimmter Handlungsmuster an die jeweiligen Rollen, die im Herrschaftsverband ausgefüllt werden müssen. Definiert werden diese Rollen durch die Herrschenden, weshalb sie, grob gesagt, in zwei Bereiche zerfallen: in jene, die herrschen und so, mit Dahrendorf gesagt, positive Autoritätsrollen übernehmen, und jene, die beherrscht werden und negative Autoritätsrollen ausfüllen müssen. Rollen sind also das der sozialen Position innerhalb eines Herrschaftsverbandes gemäße Verhalten, was noch nicht heißt, daß dieses Verhalten tatsächlich vollzogen wird.

Die Teilung in positive und negative Autoritätsrollen verbindet Dahrendorf mit dem Besitz legitimer Macht, deren Ausübung zur Herrschaft führt. Das Doppelgesicht der Sozialstruktur zeigt sich hier erneut, denn während auf der einen Seite die funktionale Rollendifferenzierung Stabilität ermöglicht, braucht sie auf der anderen Seite eine Zwangsordnung, die die Rollenträger in Herrscher und Beherrschte teilt. Um diese in einem Herrschaftsverband bestimmen zu können, differenziert Dahrendorf die jeweiligen und sich entgegenstehenden Rollenträger in *Quasi-Gruppen* und *Interessengruppen*. Er unterstellt dabei, daß die Rollenpositionen mit einem Interesse korrelieren, entweder den status quo der Herrschaft zu erhalten oder die Herrschaftsordnung zu eigenen Gunsten zu verändern. Wenn dieses Interesse nur latent vorhanden und nicht offensichtlich, also nur ein theoretisches Konstrukt, ist, dann handelt es sich um Quasi-Gruppen, während sich bei manifesten Interessen, deren man sich nach innen versichert hat und die nach außen getragen werden, Interessengruppen bilden, die durch das Formulieren von Forderungen und Programmen eine bewußte Verhaltensorientierung für ihre Mitglieder bieten.

---

89 Ralf Dahrendorf 1972, S. 33. Er modifiziert hier außerdem den Weberschen Herrschaftsbegriff durch Überlegungen im Anschluß an John Locke (vgl. ebd., S. 14).

90 "Normen schaffen verläßliche Muster des Handels nur, wenn sie selbst verläßlich, also verbindlich sind. Diese Verbindlichkeit aber wird erzwungen durch ein System von Strafen und [...] Belohungen" (Ralf Dahrendorf 1974, S. 60).

Den grundsätzlichen Antagonismus in einer Herrschaftsordnung sieht Dahrendorf in der Teilung von Gruppen, die sozusagen ein konservatives Interesse am Bestehen der Ordnung oder ein progressives Interesse am Wandel der Ordnung haben. Hier liegt die Quelle jedes sozialen Konflikts, "jene als systematisch erzeugt nachweisbare (das heißt nicht beliebige, z.B. nicht bloß individualpsychologisch motivierte) Gegensatzbeziehung sozialer Gruppen"[91]. Je nach Organisationsgrad der Interessenverfolgung läßt sich hier zwischen latenten (zwischen Quasi-Gruppen anzunehmenden) und manifesten (zwischen Interessengruppen ausgetragenen) sozialen Konflikten unterscheiden.

Damit sind die strukturellen Ursachen der Entstehung sozialer Konflikte für Dahrendorf geklärt, und er geht zu einer *Phänomenologie des Konflikts* über, die Konflikte je nach der sozialen Einheit, den Rangverhältnissen und Bedingungen differenziert und daraus die Intensität und den Verlauf des Konflikts bestimmen kann. Auf der Seite der Einheiten können Rollen, Gruppen, Sektoren, Gesellschaften oder übergesellschaftliche Verbindungen die Akteure bilden, auf der Seite des Ranges geht es um die Frage, ob die Konfliktparteien gleich- oder verschiedenrangig sind.[92]

Dahrendorf hat sich aufgrund seiner theoretischen Auseinandersetzung mit Marx von Anfang an besonders für den Klassenkonflikt und seine Genese interessiert. Allerdings weicht seine Darstellung des Klassenkonfliktes von der Marxschen Beschreibung wesentlich ab. So ist in den jüngsten Publikationen der moderne soziale Konflikt für Dahrendorf von einer *marktwirtschaftlichen Angebotsstruktur* geprägt, die allen den freien Tausch auf dem Markt ermöglicht, und von einer *parlamentarisch-demokratischen Anrechtsstruktur*, die allen eine politische Mitbestimmung sichert. Der Klassenkampf wird also unnötig, weil die von Marx mit ihm verbundene prekäre soziale Lage von Großgruppen (Klassen) nicht mehr gegeben ist. Dennoch bleibt der Konflikt zwischen Kapital und Arbeit bestehen und im Rahmen unserer Herrschaftsordnung, die von Dahrendorf mit dem Begriff der "Bürgergesellschaft" bezeichnet wird, auch bedeutsam. "Es hat seinen guten Sinn zu unterscheiden zwischen den großen Kämpfen für Anrechte, insbesondere für Bürgerrechte, und der Forderung nach einer schrittweisen Umverteilung für diejenigen, die bereits den Status voller Bürger genießen. Da die Spuren tieferer Gegensätze jedoch nach wie vor erkennbar sind, bleibt es sinnvoll, auch für die demokratische Rivalität am Klassenbegriff festzuhalten."[93]

91 Ralf Dahrendorf 1957, S. 203.
92 Vgl. Ralf Dahrendorf 1974, S. 27.
93 Ralf Dahrendorf 1994, S. 162f.

Dahrendorfs Überlegungen zum "demokratischen Klassenkampf"[94] führen schließlich zurück zur eigentlichen Aufgabe seiner Konflikttheorie, nämlich der Erklärung sozialen Wandels. Jeder soziale Konflikt kann zum Strukturwandel einer Herrschaftsordnung führen, denn die Veränderung dieser Ordnung ist das erklärte Ziel der progressiven Interessengruppen. Ob dies gelingt, hängt weitgehend von den sozialen Kräften und den Rahmenbedingungen ab, die es so zu gestalten gilt, daß der "Elan zur Verbesserung der Dinge"[95] fortbesteht.

Soziale Konflikte sind für Dahrendorf unumgänglich und unbedingt sozial nützlich, wenn sie institutionalisiert werden können. Die ständige Betonung dieser Perspektive läßt sich nicht nur aus seiner theoretischen Frontstellung gegen integrationistische Theorien erklären, sondern auch mit dem Verweis auf seine politische Präferenz für ein liberales Gesellschaftsmodell, im politischen wie im ökonomischen Sinn. Konflikte bedeuten für ihn die institutionalisierte Chance, anderer Meinung zu sein oder sich im Streit über die Legitimation von Herrschaft zu befinden. Jede Herrschaftsordnung hat, wie Weber es formulierte, einen inneren Zwang, sich ständig selbst zu legitimieren. Deshalb ist jede Herrschaft prekär und kann durch entsprechende Interessengruppen, die in den Besitz legitimer Macht und damit Herrschaft kommen wollen, delegitimiert werden. Die Existenz sozialer Konflikte wird für Dahrendorf somit zu einem probaten Mittel, um sich vor einer totalitären Gesellschaft zu schützen. "Geregelter Konflikt ist Freiheit, denn er bedeutet, daß niemand seine Position zum Dogma erheben kann. Es gibt Institutionen, die es erlauben, nein zu sagen, und mehr, die jeweils Regierenden abzulösen."[96]

5.4. Die Funktion sozialer Konflikte: Lewis A. Coser

Daß die Linien in der Diskussion zwischen Integrations- und Konflikttheorie als gesellschaftstheoretische Perspektive nicht so eindeutig verliefen, wie es häufig behauptet wird, zeigt sich am Beispiel Lewis A. Cosers (*1913), der innerhalb einer funktionalistischen Argumentation den sozialen Konflikt zu thematisieren versuchte und sich dabei vor allem an Georg Simmel orientierte.

94 Ralf Dahrendorf 1994, S. 161ff.
95 Ralf Dahrendorf 1994, S. 295.
96 Ralf Dahrendorf 1994, S. 39.

Coser behauptet mit Simmel, daß soziale Konflikte eine Form der Vergesellschaftung (oder der Sozialisation, wie es etwas mißverständlich in der Übersetzung heißt) sind, die nur unter bestimmten unwahrscheinlichen sozialstrukturellen Bedingungen zum sozialen Wandel führen, den Coser als Wandel des Systems ("change of the system") und Wandel im System ("change in the system") differenziert und im Anschluß nach der Funktionalität bzw. Dysfunktionalität des Konfliktes für das Sozialsystem fragt.

Zunächst geht Coser von ähnlichen Prämissen wie Dahrendorf aus, wenn er behauptet, eine Gesellschaft bestehe prinzipiell aus einer ungleichen Verteilung von Reichtum, Macht und Status: "Für den Zweck unserer Studie wollen wir [den sozialen Konflikt] vorläufig verstehen als einen Kampf um Werte und um Anrecht auf mangelnden Status, auf Macht und Mittel, einen Kampf, in dem einander zuwiderlaufende Interessen notwendig einander entweder neutralisieren oder verletzen oder ganz ausschalten".[97] Der Konflikt selbst entsteht für Coser aus den *Frustrationen* über die Distributionsverhältnisse, also aus dem Wunsch nach Verbesserung der eigenen bzw. aus der Erfahrung der eigenen benachteiligten Lage. Ziel des Konfliktes ist es, die gesellschaftliche oder internationale Stellung zu verbessern. Diese Art von Konflikt nennt Coser "echte Konflikte" und unterscheidet sie von "unechten Konflikten", die sich aus einer psychischen Frustration entwickeln. Er dreht gewissermaßen die Argumentationsfigur des anthropologischen Diskurses um und behauptet, daß die sozialen den psychischen Konflikten in vorangegangenen Konfliktbetrachtungen stets untergeordnet wurden, wohingegen es jetzt an der Zeit sei, die *gesellschaftliche Bedeutung* des sozialen Konflikts zu beachten. Psychisch motivierte Konflikte sind nach Coser reiner Selbstzweck und können nicht durch Maßnahmen der Institutionalisierung oder Regelung sozial-produktiv transformiert werden. "Echte Konflikte entstehen, wenn Menschen aneinandergeraten in der Verfolgung von Forderungen, die auf der Versagung von Wünschen und Gewinnerwartungen beruhen. Unechte Konflikte entstehen aus Versagungen und Frustrationen durch den Sozialisierungsprozeß und später durch Verpflichtungen aus der Erwachsenenrolle [...]. Während die erste Art des Konflikts sich gegen diejenigen wendet, die die Versagung verursachen, in der Erwartung, bestimmte Ergebnisse zu erzielen, besteht die zweite Art in der Entladung von Spannung in einer aggressiven Handlung, die gegen wechselnde Objekte gerichtet wird."[98]. Unechte Konflikte sind für Coser stets dysfunktional, weil sie die Stabilität sozialer Beziehungen, mithin also die Stabilität des Sozialsystems, gefährden.

97 Lewis A. Coser 1972, S. 8.
98 Lewis A. Coser 1972, S. 64.

Wie bereits Simmel, Marx und Dahrendorf rückt auch Coser die Gruppenbildung in Konfliktprozessen in den Mittelpunkt der Konflikttheorie. Alle konflikttheoretischen Hypothesen, die er unter Bezugnahme auf Simmel rekonstruiert und für die heutige soziale Realität reformuliert[99] beziehen sich auf die Konstituierung und Wirkung des Konflikts in Gruppen und zwischen Gruppen. Das Phänomen der Gruppenbildung führt Coser auf die Übereinstimmung in spezifischen sozialen Interessen, wie zum Beispiel die Durchsetzung bestimmter Werte, die Umverteilung des gesellschaftlichen Reichtums oder die Veränderung der Machtverteilung, zurück. Der Konflikt zwischen Gruppen bindet die Gegner aneinander, so daß er vergesellschaftend und damit funktional für das Sozialsystem 'Gesellschaft' wirkt. Dadurch kann es nach Coser zu einer Modifikation oder Reaktivierung sozialer Normen, wie zum Beispiel solidarischem Verhalten, und zu Vereinigungen und Koalitionen kommen, so daß die Vergesellschaftung und die gesellschaftliche Integration durch soziale Konflikte umfassender werden. Die Funktion sozialer Konflikte - unter 'sozial' wird hier der Konflikt innerhalb eines System menschlicher Interaktionen verstanden - liegt auf der Ebene des Intergruppenkonflikts für Coser in der Konstitution einer sozialen (konfligierenden) Beziehung, die Gruppen zur wechselseitigen Interaktion zwingt und so zur Sozialisierung führen *kann.*

Noch größeren Wert legt Coser auf die innere Gruppenstruktur in sozialen Konflikten. Zunächst zeigt er, daß Konflikte nicht unbedingt zur Zerstörung, sondern auch zur Erhaltung (Reproduktion) von Gruppen durch die Freilassung unterdrückter Aggressionen und die Institutionalisierung von Konflikten führen. Dazu kann die Gruppenkohäsion gestärkt werden, da sich der innere Zusammenhalt der Gruppenmitglieder und die Identifikation mit der Gruppe in Freund-Feind-Situationen festigt. Allerdings ist auch die Möglichkeit einer Veränderung der Gruppenstruktur hin zu einer repressiven Organisation der Gruppe in konfligierenden Situationen gegeben. Hier lassen sich die Herausbildung totalitärer Strukturen beobachten, wenn der Intergruppenkonflikt zu intensiv ist.[100]

Ob Konflikte funktional oder dysfunktional für ein soziales System sind, läßt sich lediglich empirisch feststellen und so will Coser seine Hypothesen nicht deduktiv verstanden wissen, sondern lediglich als Versuch, eine empirische Betrachtung der Funktionalität von Konflikten theoretisch abzusichern. Für die Wirkung des Konflikts auf gesellschaftliche Strukturen bzw.

---

99 Das entspricht dem Theorieverständnis Cosers, von dem Powell sagt, daß "for Coser [...] the task of contemporary sociological theory is to extend the arc of that development, to maintain a living inventory of the traditional and the new" (Walter W. Powell 1984, S. 13).

100 Auch hier ist zu beachten, daß Coser nicht behauptet, Konflikte seien per se für die Beschaffenheit von Gruppen funktional, sondern daß er sich lediglich gegen die pauschale negative Einschätzung des Konflikts für das Sozialsystem wehrt.

auf das Sozialsystem 'Gesellschaft' formuliert er die Vermutung, daß jene von der Beschaffenheit eben dieser Strukturen abhinge. Greift ein Konflikt die integrativen Grundlagen einer sozialen Ordnung an, stellt er den gesellschaftlichen Konsens infrage, so ist er dysfunktional. Dies wird, so Coser, um so eher der Fall sein, wenn es sich um ein starres Sozialsystem handelt, das Konflikte aufgrund der institutionellen Grundlagen nicht zuläßt. Für flexible Systeme ist der Konflikt dagegen nützlich, da ihre Grundlagen gerade auf der durch Konflikte entstehenden Dynamik aufbauen. Hier trifft sich Coser wieder mit Dahrendorf und Weber, die ja gerade vor den starren gesellschaftlichen Verhältnissen, die sich aus der zunehmenden Bürokratisierung entwickeln, gewarnt haben. Konflikttheorie ist hier mit einem normativen Plädoyer für eine "offene Gesellschaft" (Karl Popper) verbunden, die den "change within the system" garantiert, damit es nicht zu einem "change of the system" kommt. Die Funktion des sozialen Konflikts liegt, und dies ist sozusagen gleichzeitig die Pointe von Cosers Konflikttheorie, in der Stabilisierung sozialer Verhältnisse.

Cosers Bemühungen lassen sich dahingehend zusammenfassen, daß er im soziologischen Diskurs seiner Zeit - also in den 50er und 60er Jahren in den USA, in der dieser Diskurs von der Hegemonie des Parsonsschen Struktur-Funktionalismus beherrscht war - die Möglichkeit einer positiven Konfliktbetrachtung im Rahmen einer funktionalistischen, das heißt am Systemerhalt ausgerichteten Theorie etablieren wollte. Der soziale Konflikt wird von ihm unter dem Vorzeichen der Optimierung der Anpassungsfähigkeit des Systems betrachtet, die aus der erfolgreichen Institutionalisierung und der Transformation des Konfliktes resultiert. Beispielsweise können in einer offenen Gesellschaft Konflikte über die Machtverteilung, also politische Konflikte, im Rahmen der Institutionen der demokratischen Verfassung ausgetragen werden, ohne daß das politische System als solches in Frage steht. Im Gegenteil beruht dieses Politiksystem gerade auf dem Konflikt um Regierungsmacht, so daß der Konflikt ausschließlich positiv für die Systemerhaltung ist. Allerdings muß hierbei berücksichtigt werden, daß Konflikte nur dann sozial nützlich sind, wenn sie auf einem Konsens beruhen.[101] Darüber hinaus ist festzuhalten, daß gesellschaftliche Integration nicht, wie Parsons behauptet, ausschließlich über Konsens, sondern auch über Konflikt hergestellt werden kann. Gerade wenn die Soziologie über gelungene Vergesellschaftung reflektiert, muß sie, so Coser, den Konflikt und den Konsens gleichberechtigt berücksichtigten. Dies führt zu der programmatischen Formel, die den Ausgangspunkt von

101 Diese Einschätzung der Funktionalität von Konflikten findet sich später sowohl bei Jürgen Habermas als auch, in etwas anderer Variante, bei Niklas Luhmann (vgl. Kapitel 9).

Cosers' Konflikttheorie zusammenfaßt: "Concede the centrality of conflict! Let consensus not be forgotten!"[102]

Literatur

- Angell, Robert C.: The Sociology of Human Conflict. In: The Nature of Conflict. Hrsg. von Elton B. Mc Neil. Prentice Hall 1965. S. 91-115.
- Baumgarten, Eduard: Max Weber. Werk und Person. Tübingen 1964.
- Bendix, Reinhard: Max Weber. Das Werk. München 1964.
- Collins, Randall: Three Sociological Traditions. New York 1985.
- Coser, Lewis A.: Continuties in the Study of Social Conflict. New York 1967.
- Coser, Lewis A.: Theorie sozialer Konflikte. Neuwied, Berlin 1972.
- Dahrendorf, Ralf: Soziale Klassen und Klassenkonflikt in der industriellen Gesellschaft. Stuttgart 1957.
- Dahrendorf, Ralf: Zu einer Theorie des sozialen Konflikts. In: Theorien sozialen Wandels. Hrsg. von Wolfgang Zapf. Berlin 1968. S. 108-123.
- Dahrendorf, Ralf: Konflikt und Freiheit. Auf dem Weg zur Dienstklassengesellschaft. München 1972.
- Dahrendorf, Ralf: Pfade aus Utopia. Zur Theorie und Methode der Soziologie. München, Zürich 1974.
- Dahrendorf, Ralf: Der moderne soziale Konflikt. Essays zur Politik der Freiheit. München 1994.
- Duke, James T.: Conflict and Power in Social Life. Brigham 1976.
- Eden, Robert: Weber and Nietzsche: Questioning the Liberation of Social Science from Historicism. In: Max Weber: Rationality and Modernity. Hrsg. von Sam Whimster und Scott Lash. London 1987. S. 405-421.
- Epstein, Cynthia F.: Paradigms and Politics: Continuities in the Function of Social Conflict. In: Conflict and Consensus. A Festschrift in Honor of Lewis A. Coser. New York 1984. S. 287-302.
- Frisby, David: The Ambiguity of Modernity: Georg Simmel and Max Weber. In: Max Weber: Rationality and Modernity. Hrsg. von Sam Whimster und Scott Lash. London 1987. S. 422-433.
- Hennis, Wilhelm: Max Webers Fragestellung. Tübingen 1987.
- Käsler, Dirk: Max Weber. Eine Einführung in Leben, Werk und Wirkung. Frankfurt 1995.
- Kißler, Leo: Parlament und gesellschaftliche Interessen. In: Parlamentslehre. Das paralamentarische Regierungssystem im technischen Zeitalter. Hrsg. von Jürgen Bellers u.a. München, Wien 1993. S. 315-346.
- Lockwood, David: Soziale Integration und Systemintegration. In: Theorien sozialen Wandels. Hrsg. von Wolfgang Zapf. Berlin 1969. S. 124-137.
- Mommsen, Wolfgang J.: Max Weber und die deutsche Politik 1890-1920. Tübingen 1974.

102 Walter W. Powell 1984, S. 11.

- Münch, Richard: Theorie des Handelns. Zur Rekonstruktion der Beiträge von Talcott Parsons, Emile Durkheim und Max Weber. Frankfurt 1982.
- Neuenhaus, Petra: Max Weber und Michel Foucault: Über Macht und Herrschaft in der Moderne. Pfaffenweiler 1993.
- Powell, Walter W.; Robbins, Richard: Lewis Coser: Intellectual and Political Commitments. In: Conflict and Consensus. A Festschrift in Honor of Lewis A. Coser. New York 1984. S. 3-23.
- Schrader-Klebert, Karin: Der Begriff der Gesellschaft als regulative Idee. Zur transzendentalen Begründung der Soziologie bei Georg Simmel. In: Soziale Welt, Heft 2, 1968. S. 97-118.
- Schrape, Klaus: Theorien normativer Strukturen und ihres Wandels. Basel 1978.
- Simmel, Georg: Der Krieg und die geistigen Erscheinungen. München, Leipzig 1917.
- Simmel, Georg: Der Konflikt der modernen Kultur. München, Leipzig 1918.
- Simmel, Georg: Soziologie. Untersuchungen über die Formen der Vergesellschaftung. Gesamtausgabe Band 11. Frankfurt 1992.
- Simmel, Georg: Der Mensch als Feind. Zwei Fragmente einer Soziologie. In: Gesamtausgabe Band 8. Frankfurt 1993. S. 335-343.
- Weber, Max: Wirtschaft und Gesellschaft. Tübingen 1980.
- Weber, Max: Die protestantische Ethik und der Geist des Kapitalismus. In: Gesammelte Aufsätze zur Religionssoziologie Band I. Tübingen 1988.
- Weber, Max: Politik als Beruf. In: Max-Weber-Gesamtausgabe Band I/17. Hrsg. von Wolfgang J. Mommsen und Wolfgang Schluchter. Tübingen 1992.

6. Der feministische Diskurs und der Geschlechterkonflikt

Zu den in den letzten dreißig Jahren meistdiskutierten gesellschaftlichen Konflikten gehört ohne Zweifel der Konflikt zwischen den Geschlechtern. Wie schon in anderen konflikttheoretischen Diskursen, so herrscht auch im feministischen eine Heterogenität der Perspektiven und Positionen vor, in denen sich unterschiedliche konflikttheoretisch relevante Argumentationen finden. Im folgenden sollen - selbstverständlich ohne Anspruch auf Vollständigkeit - drei solcher Perspektiven unterschieden werden: die marxistische, die ethnomethodologische und die diskurstheoretische.[103]

Die Frage nach dem Geschlechterkonflikt führt zunächst zu der Frage nach Macht und Herrschaft im Verhältnis der Geschlechter zueinander. Die *marxistisch-feministische* Kritik an der These des Nebenwiderspruchs der Frauenunterdrückung und -ausbeutung im Gegensatz zum ökonomischen Hauptwiderspruch zwischen Kapital und Arbeit begegnet der von ihr festgestellten Tatsache männlicher Herrschaft über Frauen mit dem Hinweis auf die geschlechtliche Arbeitsteilung, die im Zusammenhang mit den jeweiligen Produktionsverhältnissen gesehen werden muß. Marx hatte die gesellschaftliche Arbeitsteilung, sozusagen die Ausdifferenzierung bestimmter Produktionsbereiche und Berufe wie z.B. die Trennung von geistiger und materieller Arbeit, als zentral für die Entstehung des Kapitalismus und der modernen Entfremdung des Menschen angenommen. Als Folge der Arbeitsteilung entsteht die Entfremdung durch die Trennung der Produzenten von ihren Produktionsmitteln und den produzierten Waren. Dabei verortet Marx selbst schon den Beginn der Arbeitsteilung im Geschlechtsakt: "Damit entwickelt sich die Teilung der Arbeit, die ursprünglich nichts anderes war als die Teilung der Arbeit im Geschlechtsakt, dann Teilung der Arbeit, die sich vermöge der natürlichen Anlage (z.B. Körperkraft), Bedürfnisse, Zufälle etc. etc. von selbst oder 'naturwüchsig' macht. Die Teilung der Arbeit wird erst wirklich Teilung von dem Augen-

103 Mit dieser Einordnung folge ich weitgehend Annette Treibel (1994).

blicke an, wo eine Teilung der materiellen und geistigen Arbeit eintritt."[104] Darüber hinaus allerdings kommt es zu einer geschlechtlichen Arbeitsteilung, die Frauen im Kapitalismus bestimmte Berufe bzw. gerade keine Berufe, sondern Haus- und Erziehungsarbeit, sogenannte "Subsistenzproduktionsbereiche" (Claudia von Werlhof) zuweist.

Der Kapitalismus zeichnet sich also durch eine strukturell begründete Benachteiligung, Ausbeutung und Unterdrückung von Frauen aus bzw. gründet selbst auf geschlechtlicher Arbeitsteilung. Kapitalismus und patriarchale Herrschaft sind in jedem Fall notwendigerweise miteinander verknüpft.

Der Geschlechterkonflikt ist in dieser Perspektive, die als der Bielefelder Ansatz in die feministische Theoriediskussion eingegangen ist, Ausdruck der ökonomisch-strukturellen Diskriminierung von Frauen, deren Emanzipationskampf sich gegen die patriarchalen und kapitalistischen Gesellschaftsstrukturen richtet.

Ein zweiter feministischer Blickwinkel auf das Geschlechterverhältnis verläßt die Makroebene der Betrachtung gesamtgesellschaftlicher Zusammenhänge und wendet sich den Interaktionen der Geschlechter zu. Dabei gehen Autorinnen wie Regine Gildemeister (*1949) und Carol Hagemann-White (*1942) nicht mehr vom biologischen Geschlecht aus, sondern unterscheiden zwischen dem biologischen und dem kulturell geformten Geschlecht (zwischen 'sex' und 'gender'). Das Geschlechterverhältnis erscheint jetzt wesentlich sozio-kulturell strukturiert, da im jeweiligen kulturellen und gesellschaftlichen Kontext dem Geschlecht bestimmte Merkmale zugewiesen werden. "Die 'Natur der Zweigeschlechtlichkeit' stellt eine soziale Konstruktion dar, ein generatives Muster der Herstellung sozialer Ordnung. Angesprochen ist damit die grundlegende Ebene der interaktiven Herstellung sozialer Wirklichkeit"[105] In diesem Sinn werden Geschlechter nicht einfach präsozial vorgefunden, sondern sozial durch Handlungen und Attributionen konstruiert und inszeniert. Letzteres trägt besonders dem Umstand Rechnung, daß biologisches und dargestelltes Geschlecht wie im Fall der Travestie differieren kann.

Der Geschlechterkonflikt kommt hier besonders als Rollenkonflikt im Kontext von Geschlechtsattributionen zum Ausdruck. Der Emanzipationskampf richtet sich gegen die Zuschreibungen und gegen die Rollenanforderungen, die mit ihnen verbunden sind, und wird in alltäglichen Interaktionen ausgetragen.

Die dritte konflikttheoretische Perspektive läßt sich in einer diskurstheoretischen und sprachanalytischen Argumentationsweise finden,

---

104 Karl Marx: Die deutsche Ideologie, in: MEW Band 3, S. 31.
105 Regine Gildemeister 1992, S. 230.

die im Gegensatz zu den vorherigen nicht mehr nur das Geschlechterverhältnis, sondern alle sozialen Beziehungen in den Blick zu bekommen versucht. Es handelt sich also um eine feministische Konflikttheorie als eine Sicht auf Konflikte oder Konfliktbereiche, die zum einen zwar die symbolische Ordnung der Geschlechter berücksichtigt, zum anderen aber gesellschaftliche und internationale Konflikte mit der Frage nach den geschlechtsspezifischen Wirklichkeitskonstruktionen verknüpft. Das Patriarchat erscheint als das Vorherrschen androzentrischer Wirklichkeitskonstruktionen, die die Welt sozusagen durch die männliche Brille beschreiben.[106]

Sprache ist der Ort der Formierung von Geschlecht und der Ort des Konflikts in einer phallozentrischen symbolischen Ordnung, deren Eigenart auch in den Konflikten zum Ausdruck kommt. "Phallozentrismus bezeichnet eine spezifisch diskursive Serie von Prozeduren, eine Strategie, die Repräsentationen der beiden Geschlechter in einem Modell zusammenzufassen, das 'menschlich' oder 'human' genannt wird, tatsächlich aber nur mit dem Maskulinen kongruent ist. [...] Als textuelle oder diskursive Strategie untermauert der Phallozentrismus patriarchale Verhältnisse."[107]

Konflikte treten in dieser Perspektive in einer symbolisch strukturierten Ordnung auf, die das Geschlecht und damit den sozialen Raum als geschlechtlichen produziert, normiert und hierarchisiert. Sie sind deshalb immer mit dem Geschlecht und der geschlechtlichen Ordnung verbunden. Während in der marxistischen Perspektive der Geschlechterkonflikt als Kampf der Frauen gegen ihre Unterdrückung (bzw. Unterdrücker) und der ethnomethodologischen Argumentation gegen patriarchale Geschlechtszuschreibungen von zentraler Bedeutung war, so ist das Interesse des diskurstheoretischen Ansatzes von der geschlechtlichen Ausrichtung *aller* Konflikte geprägt. Dabei wird zum Beispiel gezeigt, daß die Darstellung eines Konfliktes und möglicher Konfliktlösungen phallozentrisch sein kann, also der im Sinne der vorherrschenden Geschlechtszuschreibungen männlichen Sichtweise folgt.

---

106 Vgl. Suzanne Kessler und Wendy McKenna 1978.

107 Grosz, zitiert nach Gudrun-Axeli Knapp 1992, S. 312.

Literatur

- Amstutz, Nathalie; Kuoni, Martina (Hrsg.): Theorie - Geschlecht - Fiktion. Basel, Frankfurt 1994.
- Beer, Ursula: Geschlecht, Struktur, Geschichte. Soziale Konstituierung des Geschlechterverhältnisses. Frankfurt 1990.
- Benhabib, Seyla u.a.: Der Streit um die Differenz. Feminismus und Postmoderne in der Gegenwart. Frankfurt 1993.
- Butler, Judith: Körper von Gewicht. Die diskursiven Grenzen des Geschlechts. Berlin 1995.
- Chafetz, Janet Saltzman: Feminist Sociology. An Overwiew of Contemporary Theories. Itasca, Illinois 1988.
- Ferguson, Kathy E.: Politischer Feminismus und Dekonstruktionstheorien. In: Das Argument, Heft 6, 1992. S. 873-886.
- Gildemeister, Regine: Die soziale Konstruktion von Geschlechtlichkeit. In: Feministische Vernunftkritik. Hrsg. von Ilona Ostner und Klaus Lichtblau. Frankfurt, New York 1992. S. 220-239.
- Heise, Hildegard: Flucht vor Widersprüchlichkeit. Kapitalistische Produktionsweise und Geschlechterbeziehung. Frankfurt, New York 1986.
- Kessler, Suzanne; McKenna, Wendy: Gender - An Ethnomethodological Approach. New York 1978.
- Knapp, Gudrun-Axeli: Macht und Geschlecht. Neuere Entwicklungen in der feministischen Macht- und Herrschaftsdiskussion. In: Traditionen. Brüche. Hrsg. von Gudrun-Axeli Knapp. Freiburg 1992. S. 287-324.
- List, Elisabeth; Studer, Herlinde (Hrsg.): Denkverhältnisse. Feminismus und Kritik. Frankfurt 1989.
- Müller-Funk, Wolfgang (Hrsg.): Macht - Geschlecht - Differenz. Wien 1994.
- Seifert, Ruth: Männlichkeitskonstruktionen. Das Militär als diskursive Macht. In: Das Argument, Heft 6, 1992. S. 859-872.
- Treibel, Annette: Einführung in soziologische Theorien der Gegenwart. Opladen 1994.
- Werlhof, Claudia von: Männliche Natur und Künstliches Geschlecht. Wien 1991.
- Wobbe, Theresa; Lindemann, Gesa (Hrsg.): Denkachsen. Zur theoretischen und institutionellen Rede vom Geschlecht. Frankfurt 1994.

7. Theorien internationaler Konflikte

7.1. Internationale Konflikte als Machtkonflikte: Der politische Realismus

In der geistesgeschichtlichen Tradition der politischen Philosophie und einer pessimistischen Anthropologie stehend, verbindet der politische Realismus eine normative Theorie der internationalen Beziehungen mit einer politischen Praxis, die insbesondere in den Vereinigten Staaten zum vorherrschenden Modell erfolgversprechender Außenpolitik wurde. Der politische Realismus richtet sein Augenmerk auf die konflikthaftige Faktizität der zwischenstaatlichen Beziehungen.

Besonders die anthropologischen Prämissen zum Menschen als einem nach Selbsterhaltung durch Machtgewinn strebenden Lebewesen zeigt die Verbindung zu Hobbes und Nietzsche. Die existentielle menschliche Lage ist demnach von Unsicherheit und menschlichem Unvermögen geprägt, die zu einem ständigen Streben nach Sicherheit führt. Dieses Ziel kann nur im Prozeß der permanenten Machtakkumulation erreicht werden, einer Macht, die die Sicherheit in der ebenso existentiellen Freiheit garantieren soll. Dem Menschen hilft in dieser Situation der permanenten Gefahr aufgrund natürlicher Mängel, des Strebens nach Sicherheit und seiner schlechten Natur nur der Wille zur Macht, der ihn dazu verleitet, in seiner Freiheit - frei ist er, insofern er einen Willen hat - Macht gegenüber anderen zu erlangen.

Für den politischen Realismus fällt diese anthropologische Bestimmung mit der Aufgabe der Politik zusammen, denn Politik ist nichts anderes als der Wille zur Macht, wie es Weber und Nietzsche bereits formulierten. "Wenn von Macht gesprochen wird, ist die Herrschaft von Menschen über das Denken und Handeln anderer Menschen gemeint."[108] Folgende fünf Verbindungen sind für die realistisch verstandene Macht und den Konflikt entscheidend[109]: Erstens die *Allgegenwärtigkeit von Macht* und deshalb auch von Konflikt. Zweitens ihre tragische Verschwisterung mit dem *Mißbrauch von Macht*. Drittens ist ihr unbedingter *Expansionsdrang* charakteristisch, was zu einem Verständnis der Eskalation von internationalen Konflikten beiträgt. Viertens sind Macht und damit die Ziele der Konfliktparteien im internationalen System grundsätzlich auf *nationale*

108 Hans J. Morgenthau 1963, S. 71.

109 Vgl. Gottfried-Karl Kindermann 1963, S. 25f.

Sicherheit, Herrschaft und Prestige gerichtet, und fünftens ergibt sich im Kampf um Macht häufig eine Tendenz zur *ideologischen Verschleierung* des Selbstzweckes der Macht. Machtkonflikte können demnach entweder als Konflikte anderer Natur oder überhaupt nicht als Konflikt wahrgenommen werden, was über ihre eigentliche Ursache nicht hinwegtäuschen sollte.

Die zentrale Argumentationsfigur des politischen Realismus berührt das Verhältnis von Individuum und Staat, denn dieses wird analog gesehen, das heißt der Staat als "individuelle Totalität" (Hegel) betrachtet. Alle menschlichen Eigenschaften überträgt der Realismus auf den Staat als Akteur im System internationaler Beziehungen, das sich also aus den Handlungen der Nationalstaaten mit den daraus resultierenden Konsequenzen, zum Beispiel der Schaffung internationaler Organisationen, zusammensetzt. Wie das Individuum so trachtet auch der Staat nach dem Erringen von Sicherheit und Schutz durch politische Macht, die er gegen andere Staaten erringen muß.[110] Neben dem Machtbegriff ist der Begriff des "nationalen Interesses" von besonderer Bedeutung für den politischen Realismus. Dieser setzt sich aus der Schutzfunktion, der territorialen Souveränität und dem nach innen gerichteten Monopol der Anwendung physischer Gewalt zusammen. Während auf der gesellschaftlichen Ebene der Machtkonflikt durch den Staat relativ ruhig gehalten werden kann, fehlt eine solche Instanz auf internationaler Ebene, was einen permanenten Machtkampf zur Folge hat. Das anarchische, weil nicht mit Steuerunginstanzen versehene internationale System ist deshalb weitgehend identisch mit dem internationalen Konflikt, der zwischen den Versuchen seiner Abschwächung und dem Krieg oszilliert. Die je nach Kultur und Position im internationalen Beziehungsgefüge unterschiedlichen nationalen Interessen determinieren als jeweilige Außenpolitik der Staaten die internationalen Beziehungen. Dabei lassen sich nach Hans J. Morgenthau (1904-1980), dem bekanntesten Vertreter des politischen Realismus, drei Arten der Außenpolitik und der Konfliktgestaltung ausmachen: das Streben nach dem Erhalt, dem Erwerb und das Demonstrieren von Macht gegen andere Staaten. Grundsätzlich erscheint der Konflikt hier als Nullsummenspiel, so daß der Machtgewinn der einen Partei einen Machtverlust der anderen bedeutet und eine Konfliktlösung bzw. -transformation fast unmöglich ist.

Besonders durch die schwindende Bedeutung des Nationalstaats[111] hat sich in den letzten Jahren die realistische Konflikttheorie anderen, besonders

110 "Unter politischer Macht verstehen wir die wechselseitigen Machtbeziehungen zwischen den Inhabern der öffentlichen Gewalt [...]" (Hans J. Morgenthau 1963, S. 71).

111 Allerdings wird um die jahrelang konsensuell geteilte Annahme dieses Verschwindens jetzt im Kontext der Debatten um die Auswirkungen der Globalisierung wieder heftig gestritten. Vgl. zum Beispiel Karl-Heinz Bohrer 1994.

empirisch-analytischen Theorien des internationalen Konflikts geöffnet. Die zunehmende Komplexität internationaler Beziehungen[112], die heute keineswegs auf das Interagieren von Nationalstaaten beschränkt ist, führte zur Variante des "Neorealismus", der die Integration von System- und Spieltheorie in das Gebäude einer praxisorientierten empirisch-analytischen Konflikttheorie versucht.[113] Dem neorealistischen Forschungsansatz, häufig auch "Münchner Schule der Internationalen Politik" genannt, geht es um die Modifikation zentraler realistischer Prämissen bei gleichzeitiger Fortsetzung der realistischen Forschungstradition. So erlangt der Politikbegriff im Gegensatz zum Machtbegriff einer größere Bedeutung, da die internationalen Beziehungen nicht mehr nur als Staatenbeziehungen, sondern als Verbindungen zwischen Institutionen oder Angehörigen verschiedener Staaten und überstaatlicher Vereinigungen gesehen werden. Dementsprechend rückt Politik als Entscheidungshandeln gegenüber Macht als Durchsetzungsvermögen in den Vordergrund. Auch das nationale Interesse von Staaten ist neorealistischen Autoren und Autorinnen zufolge nicht einfach durch bloßen Expansionsdrang gekennzeichnet. Vielmehr definieren sie außenpolitische Interessen "als situations-, perzeptions- und wertbedingte Zielsetzungen bzw. Zielorientierungen des Wollens von Verhaltensträgern, insbesondere Führungszentren, zur Regelung der Außenbeziehungen ihrer Staaten oder sonstigen Systeme zu anderen Staaten oder anderen Systemen ihrer jeweiligen internationalen Umwelt, wobei diese potentiell oder tatsächlich verhaltenssteuernden Zielbestimmungen im Falle konkreter Planung zumeist unter Mitberücksichtigung innersystemischer und internationaler Determinanten und erwarteter Folgen sowie eines zu ihrer Verwirklichung als notwendig erachteten Mitteleinsatzes formuliert werden"[114]. Hier tritt die enge Verbindung von analytischer Systemtheorie und Neorealismus zutage. Tatsächlich setzt der Neorealismus für die Analyse konkreter Konstellationen internationaler politischer Situationen auf System-, Führungs- und Entscheidungstheorie, um zu einem komplexen Bild der jeweiligen Lage zu gelangen.

Trotz der weitreichenden theoretischen Reform des Realismus hält der Neorealismus weiter an kausalistischen Formulierungen und an einem Wissenschaftsverständnis fest, das die Forschung sehr eng an die politische Praxis auf der Führungsebene von Staaten bindet. Auch der Konfliktbegriff bleibt weitgehend gleich. Der politische Realismus sieht insgesamt den

---

112 Vgl. dazu u.a. Kalevi J. Holsti 1988.

113 Für einen Überblick vgl. Gottfried-Karl Kindermann 1986, S. 81f. Der Begriff praxisorientiert meint in diesem Zusammenhang, daß der Realismus wie auch der Neorealismus für die politisch Handelnden - insbesondere für Funktionsträger und -trägerinnen von Staaten - Handlungsvorschläge erarbeiten, also praktisch verwertbares Wissen produzieren wollen.

114 Gottfried-Karl Kindermann 1986, S. 20f.

Konflikt als die dominierende, wenn auch nicht ausschließliche, faktische Beziehungsform zwischen Staaten. Konflikte als Folge politischer Entscheidungen sind deshalb immer Machtkonflikte zwischen Staaten, die als individuelle Akteure gesehen werden, was bei Morgenthau in der Betonung der Rolle des "Staatsmannes" und seiner "Staatskunst" deutlich zum Ausdruck kommt. Der Konflikt kann grundsätzlich nicht gelöst oder transformiert werden, auch wenn moralische und kulturelle Faktoren häufig zu Kompromissen oder Stillegungen führen. Politische Praxis erscheint hier vor allem als ein an Motiven der Zweckrationalität orientiertes Handeln, das heißt ein Suchen und Praktizieren der geeigneten Mittel für den Zweck unbedingter Machtsteigerung. Dabei sind strategische und historische Kenntnisse von besonderer Bedeutung. Die realistische Konflikttheorie entwirft somit ein Politik(er)modell, das dem von Machiavelli und Clausewitz nicht unähnlich ist, auch wenn der Realismus andere politische Werthaltungen mit ihm verbindet. Friede und Stabilität gehören zwar auch für die Realisten zu den höchsten Werten, doch soll ihre Durchsetzung mit den Mitteln der Macht und nicht gegen sie erreicht werden.

7.2. Macht, Gewalt und der Wille zum Frieden: Die Kritische Friedensforschung

Dem politischen Realismus als Theorie und Modell politischer Praxis in internationalen Beziehungen diametral entgegengesetzt und sich bewußt von diesem abgrenzend hat sich - besonders als Reaktion auf die weltpolitisch gespannte Lage zwischen den Machtblöcken des Westens unter der Hegemonie der USA und des sowjetisch geführten Osteuropas zu Beginn des Kalten Krieges - die Kritische Friedensforschung entwickelt, deren Ausgangspunkt und Verpflichtung in der Orientierung wissenschaftlicher Forschung am Erreichen und Durchsetzen eines globalen Friedens der Menschheit liegt. Grundsätzlich läßt sich feststellen, daß die normative Verpflichtung der Kritischen Friedensforschung eng mit dem geistesgeschichtlichen Projekt der Aufklärung und insbesondere mit ihrem philosophischen Begründer Immanuel Kant (1724-1804) verbunden ist[115], während sich der politische Realismus auf eine macht- und nicht vernunfttheoretische Begründung menschlicher Praxis beruft.

115 Immanuel Kant 1984.

Nach Kants berühmten Diktum soll Aufklärung der Ausgang des Menschen aus seiner selbstverschuldeten Unmündigkeit sein. Die Kritische Friedensforschung wendet sich in ihrem Kontext einem Bereich zu, der sich mit dem Begriff der Unmündigkeit bezeichnen läßt, nämlich dem "Zustand organisierter Friedlosigkeit" (Dieter Senghaas), das heißt der Frage, aus welchem strukturellen Grund Menschen unvernünftigerweise Kriege führen und wie diese Unvernunft (oder Unmündigkeit) zu überwinden ist. Während der Realismus behauptet, daß Kriege und Konflikte in der menschlichen Natur tendenziell angelegt und deshalb auch eine relativ normale Erscheinung in zwischenmenschlichen und zwischenstaatlichen Interaktionen sind, geht die Kritische Friedensforschung davon aus, daß der Mensch ein nach den Maßgaben der Vernunft menschenwürdiges Leben für alle durchsetzen will. Der Krieg erscheint in dieser Perspektive als Anomalie bzw. als systemisch bedingter Effekt - der Frieden hingegen als zu erreichendes Ziel, wobei die Vertreter und Vertreterinnen der Kritischen Friedensforschung zwischen zwei Friedensbegriffen unterscheiden.

Während der *negative Friedensbegriff* unter Frieden die Abwesenheit von Krieg versteht, betont die Kritische Friedensforschung, daß Friede mehr sei und differenziert zur näheren Bestimmung personale und strukturelle Gewalt. Ein *positiver Friedensbegriff* läßt sich dann nach Johan Galtung (*1930) über die Abwesenheit struktureller Gewalt bestimmen, wobei unter struktureller Gewalt ein ungleiches und damit ungerechtes Verhältnis, das in den Konstitutionsprinzipien einer Gesellschaft oder eines sozialen Subsystems verankert ist, verstanden wird. Strukturelle Gewalt ist die unpersönliche, abstrakte, in den Macht- und Besitzverhältnissen eines Sozialsystems begründete Beeinflussung, aufgrund derer sich ungleiche Lebenschancen (als Unterschied zwischen dem Möglichen und dem Gegenwärtigen) herausbilden.[116] Beispielhaft läßt sich dies an der Struktur der internationalen Verhältnisse zeigen.

Allgemein läßt sich dabei feststellen, daß das internationale System nicht einfach nur als ein Interaktionsfeld formal souveräner Nationalstaaten gesehen wird, sondern verschiedene Allianzen, Regionen und Interessensphären in den Blick kommen. Ein von den Autoren der Kritischen Friedensforschung immer wieder in den Mittelpunkt gerücktes Verhältnis ist das zwischen dem Zentrum und der Peripherie innerhalb des internationalen Systems, das hier als ein geschichtetes oder hierarchisches System gedeutet wird: "Die hierarchische Strukturierung der internationalen Gesellschaft mit einem eindeutigen Oben und Unten und relativ klar umrissenen Mittelpositionen dokumentieren sich gleichermaßen in allen wesentlichen politischen, ökonomischen, militärischen, wissenschaftlichen und technolo-

116 Vgl. Johan Galtung 1975.

gischen Dimensionen, legt man gebräuchliche Rangindikatoren einer deskriptiv-statistischen Analyse zugrunde."[117] Das Verhältnis der reichen zu den armen Ländern, das von Abhängigkeit und Ausbeutung geprägt ist, wird von Johan Galtung mit der für die gesamte Kritische Friedensforschung konstitutiven Unterscheidung von struktureller und personeller Gewalt in Verbindung gebracht. Dieses Verhältnis von Zentrum und Peripherie ist von struktureller Gewalt gekennzeichnet, da im System der internationalen Beziehungen aufgrund der internationalen Arbeitsteilung, der Isolation der Peripherie und der relativen Interessenharmonie der Zentrumsnationen strukturell begründete Ungleichheiten der Lebenschancen verankert sind, die die Peripherie benachteiligen. Der Konflikt entsteht an dieser Stelle der Interessenkollision von Zentrum und Peripherie, denn für Galtung ist "ein Konflikt per definitionem eine Unvereinbarkeit zwischen zwei oder mehreren Zielen in einem zielsuchenden System"[118], hier also dem System der internationalen Beziehungen, das von diesem Konflikt geprägt ist.

Ähnlich argumentiert auch Ernst-Otto Czempiel (*1927), der dezidiert auf die Problematik einer Unterscheidung von Konflikt und Frieden eingeht, da es seiner Ansicht nach nicht um eine Entgegensetzung der beiden Zustände gehen kann. Vielmehr sollten Konflikte nach der Art ihrer Austragung und ihrer Prozeßmuster differenziert und Frieden darauf bezogen, Konflikte also nicht abgeschafft, wohl aber durch das Prozeßmuster der Integration in friedliche Bahnen gelenkt werden. Czempiel definiert den Konflikt als eine Differenz zwischen verschiedenen im Extremfall individuellen Positionen, die antagonistisch sind: "Konflikte, verstanden als Positionsdifferenzen über Werte, charakterisieren die gesellschaftliche Existenz schlechthin. Jedes Individuum hat seinen eigenen Interessen- und Wertkatalog, der von den Katalogen anderer Individuen unterschieden ist."[119] Im System internationaler Beziehungen, das Czempiel als funktional differenziertes System von unterschiedlichen Austauschbeziehungen bestimmt, lassen sich Konflikte je nach den Modi ihrer Austragung, die von der Anwendung physischer Gewalt bis zur rechtlichen und rechtmäßigen Austragung reichen, dem Objekt und dem Prozeßmuster, das das Konfliktverhältnis zwischen Feindschaft, Macht, Koexistenz, Kooperation, Harmonisation und Integration oszillieren läßt, differenzieren.

Einen weiteren Aspekt hat Dieter Senghaas (*1940) mit seinem Autismus-Konzept in die Kritische Friedensforschung eingebracht, das das Verhältnis

---

117 Dieter Senghaas 1974a, S. 21.
118 Johan Galtung 1993, S. 153.
119 Ernst-Otto Czempiel 1981, S. 199.

eines Gesellschaftssystems zum internationalen Konflikt beleuchtet.[120] Als Autismus bezeichnet Senghaas die Strukturierung der gesellschaftlichen Wahrnehmung nach den Maßgaben der innergesellschaftlichen Verhältnisse, so daß die internationale Realität systematisch verzerrt beobachtet wird. Tatsächlich entwickeln sich gesellschaftliche Diskurse, die die internationalen Beziehungen in irgendeiner Weise zum Thema haben, nicht in ständiger Außenorientierung, sondern es entsteht ein autistisches Milieu, in dem Diskurse aufeinanderbezogen reagieren und so Wirklichkeiten 'erfinden', die von den eigenen gesellschaftlichen Verhältnissen und Problemen, die für Senghaas vor allem aus den antagonistischen Besitzverhältnissen resultierten, geprägt sind. Im Zusammenhang mit der Abschreckungspolitik, die Senghaas mit der sich aus dem politischen Realismus ergebenden Macht- und Realpolitik in Verbindung bringt, erscheint es bedeutsamer, die autistischen Prozesse der Feind(bild)konstitution zu analysieren als die realen Differenzen zwischen den Machtblöcken. Die Bedrohung erscheint als gesellschaftsimmanentes Produkt bzw. als Resultat gesellschaftlicher Selbstbewegung, das Freund-Feind-Schema ist in dieser Perspektive nichts anderes als der Ausfluß einer autistischen Milieutheorie der internationalen Beziehungen.

Radikaler als Galtung, Czempiel und Senghaas bestimmt Ekkehart Krippendorf (*1934) die Gründe für internationale Konflikte. Ihm geht es um einen Ursachenkomplex von Staat, Kapitalismus und Militär, der sich historisch entwickelt hat und für den Krieg als Extremform internationaler Konflikte verantwortlich ist. Der bürgerliche Staat, so Krippendorf, vereinigt militärische, politische und ökonomische Macht, so daß seine garantierte Souveränität nach außen durch das Demonstrieren dieser Macht gezeigt werden kann. Dadurch sind zwischenstaatliche Kriege schon in der Idee - und erst recht in der Realität - des Staates angelegt, die überdies noch mit einer sich entwickelnden Militärtechnologie, dem "militärisch-industriellen Komplex", einhergeht und so zu den großen Verwüstungen des 20. Jahrhunderts geführt habe. Die "strukturelle Verwandtschaft zwischen den Prinzipien kapitalistisch-industrieller Organisation (Hierarchie, Disziplin, Autorität) und denen des Militärs (Hierarchie, Disziplin, Gehorsam, Effizienz und Rationalität der Mittel zu Zwecken, die selbst nicht rationalen Kriterien unterworfen werden) [...]"[121] läßt eine moderne Kriegführung

120 Ich vernachlässige hier aus Platzgründen die neueren Arbeiten und anderen Aspekte von Senghaas' sehr umfangreicher Theorie und konzentriere mich auf seinen ursprünglichen Beitrag zur sozialwissenschaftlichen Konflikttheoriediskussion.

121 Ekkehart Krippendorf 1988, S.198.

entstehen, die sowohl die internationalen[122] als auch die innergesellschaftlichen Beziehungen beherrscht. Die soziale Funktion des Militärs und der militaristischen Tradition bestimmt Krippendorf als Sicherung der nationalen Integration trotz gesellschaftlicher Konflikte und als repressive Disziplinierung, die gleichzeitig ein kapitalistisches Arbeitsethos aufrechterhält. In gewisser Weise übernimmt Krippendorf so die Argumentation von Hobbes und des politischen Realismus, bezweifelt allerdings gleichzeitig, daß der Staat in irgendeiner Weise friedenssichernd wirken kann. Vielmehr scheint das Überleben der Menschheit angesichts der Möglichkeit eines Nuklearkrieges, die auch nach dem Zerfall des sogenannten Ostblocks nicht kleiner, sondern aufgrund der Vielzahl potentieller Aggressoren eher größer geworden ist[123], gerade durch die staatliche Organisation des menschlichen Zusammenlebens gefährdet.

7.3. Ökonomische Abhängigkeit und internationaler Klassenkampf: Dependenz- und Weltsystemtheorie

Kann die Kritische Friedensforschung als Antwort auf den politischen Realismus im Bereich der Theorien internationaler Politik gesehen werden, so läßt sich die Dependenz- und Weltsystemtheorie als Reaktion auf Modernisierungstheorien verstehen, die die Struktur der internationalen Beziehungen weitgehend von den konstatierten unterschiedlichen Entwicklungsniveaus der Nationen und Regionen her betrachten. Internationale Konflikte erscheinen hier durch die Unterschiede der Entwicklungs- oder Modernisierungsphasen begründet.

Zwar greift die dagegen opponierende Dependenztheorie auch auf die Unterscheidung von Entwicklung und Unterentwicklung zurück, doch nur unter Zuhilfenahme eines Erklärungskonzepts der Entstehung ökonomischer Abhängigkeit bestimmter Staaten von anderen. Gegen die idealistische Kulturkonzeption der Modernisierungstheorie gerichtet greift die Dependenztheorie auf eine marxistisch orientierte Analyse sozialer Konflikte zurück, indem sie die innergesellschaftliche antagonistische

122 Krippendorf verweist auch auf die große Zahl von Kriegen in der Zeit des sogenannten Kalten Krieges und der internationalen Entspannungsphase, um den Eindruck eines stabilen Friedens zu dieser Zeit zu relativieren.

123 Die Vermehrung kriegerischer Aktivitäten und die Ausbreitung des Besitzes nuklearer Waffen sind Indikatoren dafür. Staaten, deren Machtstreben vormals noch durch den Ost-West-Konflikt im Zaum gehalten wurde, scheinen jetzt kaum noch zu bremsen zu sein.

Struktur zwischen Proletariat und Bourgeoisie im Rahmen einer weltgesellschaftlichen Betrachtung als Widerstreit zwischen peripheren und zentralen Interessen rekonstruiert. Wie die Kritische Friedensforschung geht die Dependenz- und Weltsystemtheorie von einer asymmetrischen und hierarchischen Struktur der internationalen Gemeinschaft aus, deren Gründe in der ökonomischen Abhängigkeit der Peripherien vom Zentrum, die für die Peripheriestaaten weder vorteilhaft noch notwendig erscheint, zu suchen sind.[124] Um also die internationalen Beziehungen, die nach der Dependenztheorie vornehmlich durch die antagonistische Position von Zentrum und Peripherie strukturiert sind, verstehen zu können, ist eine Analyse der internationalen Vergesellschaftung vonnöten.

Hier wird zwischen der ökonomischen und der politischen Vergesellschaftung der Staaten und anderer internationaler Akteure unterschieden. Während die politische Vergesellschaftung die Integration der Staaten aufgrund einer formal-rechtlichen Gleichheit - die auf gegenseitiger und prinzipieller Anerkennung der territorialen Souveränität beruht - sichert, begründet die ökonomische internationale Vergesellschaftung die Ungleichheit zwischen den Staaten und Regionen. Drei Funktionsprinzipien garantieren die Reproduktion des kapitalistischen Weltsystems, das nach Immanuel Wallerstein (*1930) aus der Weltwirtschaft und dem Staatensystem besteht. Zunächst entfaltet der Kapitalismus eine *innere Dynamik*, die nicht nur eine umfassende Reproduktion ermöglicht, sondern darüber hinaus durch einen historisch unvergleichbaren Expansionsdrang gekennzeichnet ist. Ausgehend von Europa überzieht dieses neuartige System nach und nach den Rest der Welt - allerdings mit sehr unterschiedlichen Effekten. Kapitalismus ist für Wallerstein ein soziales System, in dem "diejenigen, die nach solchen [kapitalistischen] Regeln vorgingen, einen derart großen Einfluß auf das Ganze hatten, daß sie Bedingungen schaffen konnten, in denen die anderen gezwungen wurden, sich entweder den Normen anzupassen oder die Folgen auszubaden. Es ist dieses soziale System, in dem die Reichweite dieser Regeln (das Wertgesetz) immer größer wurde, in dem die Vollstrecker dieser Regeln immer unnachgiebiger wurden, in dem das Eindringen dieser Gesetze in das soziale Gefüge immer größer wurde, selbst als die soziale Opposition gegen diese Regeln immer lauter und immer organisierter wurde"[125].

Die heutige Struktur der Weltwirtschaft als ökonomische internationale Vergesellschaftung besteht aufgrund einer historisch entstandenen *internationalen Arbeitsteilung*. In den unterschiedlichen Regionen differieren die Arbeitsformen derart, daß sich eine Spezialisierung und Differenzierung des

124 Vgl. André Gunder Frank 1975, S. 173.
125 Immanuel Wallerstein 1984, S. 14.

weltweiten Produktionsprozesses ergibt, die sich den Erfordernissen des Weltmarktes und den geographischen Bedingungen anpaßt und die Optimierung weltweiter Ausbeutung leistet. Wie schon Marx so stellt auch Wallerstein die unterschiedliche und ungleiche Entlohnung der Produzenten im Weltmaßstab heraus. Ferner setzen die multinationalen Konzerne eine Hierarchisierung der Arbeitsformen und so eine schlechtere Entlohnung der Rohstoffproduktion der Peripherien durch.[126]

Zu dieser internationalen kommt eine *geschlechtliche Arbeitsteilung*, in deren Folge Frauen durch sexistische Mechanismen wie der Zuweisung unterprivilegierter und unterbezahlter Arbeiten diskriminiert werden. Das internationale kapitalistische System ist für Wallerstein deshalb für die Ideologien des Rassismus und Sexismus verantwortlich, weil es damit die politische Unterdrückung und ökonomische Ausbeutung tarnen will.

Des weiteren basiert die Beziehung zwischen Zentren und Peripherien bzw. die Abhängigkeit der letztgenannten vom Zentrum nach Wallerstein und anderen Dependenztheoretikern auf einem *ungleichen Tausch*, der aus dem Tausch von Gütern, die auf der Grundlage ungleicher Produktivitätsniveaus hergestellt worden sind, resultiert. Da ungleiche Mengen an Arbeit in die Güterproduktion eingehen, müssen in Relation gesehen die Staaten der Peripherie mehr für Produkte aus den Staaten des Zentrums zahlen, während umgekehrt die Produkte aus den Peripheriestaaten für das Zentrum billiger sind. Verantwortlich dafür ist zum einen ein künstlich erzeugter Mangel bzw. ein relativer Überschuß und als Konsequenz letztlich politisch beeinflußte oder, schärfer formuliert, politisch gesetzte Preise, die für eine strukturelle Benachteiligung der Peripherie sorgen.[127] Zum anderen sind die effizienteren Produktionstechniken des Zentrums und generelle Entwicklungsunterschiede der Grund für den nicht-äquivalenten Tausch.

Die drei Funktionsprinzipien (Expansion, Arbeitsteilung, ungleicher Tausch) führen schließlich zu der asymmetrischen Strukturierung der Weltwirtschaft und der strukturellen Abhängigkeit der Peripherie, die von der Dependenztheorie auch als "Deformation der Peripherie" bezeichnet wird.[128] Hinsichtlich der sozialstrukturellen Auswirkungen ist die Lage der Peripherie dabei von einer strukturellen Heterogenität gekennzeichnet, das heißt dem Nebeneinander unterschiedlicher Arbeits-, Tausch- und Produktionsverhältnisse, die die Herausbildung einer demokratischen Staatsverfassung erschweren.[129]

---

126 Vgl. Immanuel Wallerstein 1984, S. 25.
127 Vgl. Dieter Senghaas 1972, S. 18f.
128 Vgl. Hartmut Elsenhans 1975, S. 155ff.
129 Vgl. Dan Diner 1988.

Für eine Konflikttheorie der internationalen Beziehungen aus der normativ-peripherieorientierten, dependenztheoretischen Sicht lassen sich zusammenfassend folgende Perspektiven formulieren: Erstens ist die internationale Gesellschaft in ökonomischer Hinsicht asymmetrisch strukturiert, woraus sich die grundsätzliche Konfliktformation zwischen Zentrum und Peripherie ergibt. Durch die politische Vergesellschaftung sollen Staaten zwar integriert werden, jedoch unterminiert sowohl die relative Bedeutungslosigkeit der politischen Vergesellschaftung für die Gestaltung der internationalen Beziehungen als auch die innergesellschaftliche Trennung von Politik und Ökonomie eine gelungene Integration. Zweitens kann diese Konfliktformation durch eine andere Formation überlagert werden, deren Logik sich die Akteure wie im Fall des Ost-West-Konfliktes zu eigen machen, dessen bipolare Konfliktstruktur und Globalität beispielsweise für regionale und lokale Konflikte integrierend und rationalisierend wirkte.[130] Drittens haben internationale Konflikte Auswirkungen auf innergesellschaftliche Konfliktformationen. Als politische Strategie entwirft die Dependenztheorie hier vor allem die Instrumentalisierung des antiimperialistischen Kampfes für innergesellschaftliche Konflikte.

Internationale Konflikte bleiben in dieser Theorie ökonomisch fundierte Konflikte zwischen antagonistischen Polen der Weltgesellschaft, die zwar politisch ausgetragen werden, ihre Abschaffung aber entweder nur durch die Veränderung der Struktur der Weltwirtschaft oder durch die Abkoppelung der Peripherie vom kapitalistischen Weltmarkt gelingen kann.

Literatur

- Azar, Edward; Burton, John (Hrsg.): International Conflict Resolution: Theory and Practice. Brighton 1986.
- Boeckh, Andreas: Entwicklungstheorien: Eine Rückschau. In: Handbuch der Dritten Welt. Band 1. Hrsg. von Dieter Nohlen und Franz Nuscheler. Bonn 1992. S. 110-130.
- Bohrer, Karl Heinz und Kurt Scheel (Hrsg.): Deutschland in der Welt. Über Außenpolitik und Nationalstaat. Merkur, Sonderheft 9/10, 1994.
- Boulding, Kenneth E.: Three Faces of Power. Newbury Park 1990.
- Czempiel, Ernst-Otto: Friede und Konflikt in den internationalen Beziehungen. In: Theorie der internationalen Politik. Hrsg. von Helga Haftendorn. Hamburg 1975. S. 89-113.
- Czempiel, Ernst-Otto: Internationale Politik. Paderborn u.a. 1981.

130 Vgl. Dan Diner 1988.

- Czempiel, Ernst-Otto: Das Internationale System. In: Politikwissenschaft: eine Grundlegung, Band 3: Außenpolitik und internationale Politik. Hrsg. von Klaus von Beyme u.a. Stuttgart 1987, S. 3-37.
- Czempiel, Ernst-Otto; Rosenau, James N. (Hrsg.): Global Change and Theoretical Challanges. Approaches to World Politics for the 1990s. Lexington 1989.
- Deutsch, Karl W.: Analyse internationaler Beziehungen. Konzeptionen und Probleme der Friedensfroschung. Frankfurt 1968.
- Diner, Dan: Internationale Beziehungen. In: Frieden. Ein Handwörterbuch. Hrsg. von Ekkehard Lippert und Günther Wachtler. Opladen 1988. S. 182-192.
- Elsenhans, Hartmut: Nord-Süd-Beziehungen. Geschichte - Politik - Wirtschaft. Stuttgart u.a. 1984.
- Frank, André Gunder: Die Entwicklung der Unterentwicklung. In: Theorien der internationalen Politik. Hamburg 1975. S. 171-182.
- Galtung, Johan: Gewalt, Frieden und Friedensforschung, In: Strukturelle Gewalt. Beiträge zur Friedens- und Konfliktforschung. Hrsg. von Dieter Senghaas. Reinbek 1975. S. 55-105.
- Galtung, Johan: Peace and World Structure. Kopenhagen 1980.
- Galtung, Johan: Eurotopia. Die Zukunft eines Kontinents. Wien 1993.
- Gilpin, Robert: War and Change in World Politics. Cambridge, Mass. 1981.
- Haftendorn, Helga: Bemühungen um eine Theorie Internationaler Beziehungen. Eine wissenschaftstheoretische Einführung. In: Theorie der internationalen Politik. Hrsg. von Helga Haftendorn. Hamburg 1975. S. 9-36.
- Holsti, Kalevi J.: International Politics. A Framework for Analysis. New Jersey 1988.
- Imbusch, Peter: 'Das moderne Weltsystem'. Eine Kritik der Weltsystemtheorie Immanuel Wallersteins. Marburg 1990.
- Joas, Hans; Steiner, Helmut (Hrsg.): Machtpolitischer Realismus und pazifistische Utopie. Krieg und Frieden in der Geschichte der Sozialwissenschaften. Frankfurt 1989.
- Kant, Immanuel: Zum ewigen Frieden. Stuttgart 1984.
- Keohane, Robert O.: Realism, Neorealism and the Study of World Politics. In: Neorealism and Its Critics. Hrsg. von Robert O. Keohane. New York 1986. S. 1-26.
- Kindermann, Gottfried-Karl: H.J. Morgenthau und die theoretischen Grundlagen des politischen Realismus. In: Hans J. Morgenthau: Macht und Frieden. Freiburg 1963. S. 19-47.
- Kindermann, Gottfried-Karl (Hrsg.): Grundelemente der Weltpolitik. München 1986.
- Kindermann, Gottfried-Karl: Zum Selbstverständnis des neorealistischen Ansatzes - Einleitung zur dritten Auflage. In: Grundelemente der Weltpolitik. Hrsg. von Gottfried-Karl Kindermann. München 1986. S. 11-47.
- Krippendorff, Ekkehart: Internationale Politik. Geschichte und Theorie. Frankfurt, New York 1986.

- Krippendorff, Ekkehart: Die Rolle des Krieges im kapitalistischen Weltsystem. In: Perspektiven des Weltsystems. Hrsg. von Joachim Blaschke. Frankfurt, New York 1988. S. 189-214.
- Menzel, Ulrich: Geschichte der Entwicklungstheorie. Hamburg 1993.
- Meyers, Reinhard: Grundbegriffe, Strukturen und theoretische Perspektiven der Internationalen Beziehungen. In: Grundwissen Politik. Hrsg. von der Bundeszentrale für politische Bildung. Bonn 1991. S. 220-316.
- Meyers, Reinhard: Begriff und Probleme des Friedens. Opladen 1994.
- Morgenthau, Hans J.: Macht und Frieden. Grundlegung einer Theorie der internationalen Politik. Freiburg 1963.
- Niebuhr, Reinhold: Staaten und Großmächte. Probleme staatlicher Ordnung in Vergangenheit und Gegenwart. Gütersloh 1960.
- Schmidt, Alfred: Ungleicher Tausch. In: Handbuch der Dritten Welt, Band 1: Unterentwicklung und Entwicklung. Hrsg. von Dieter Nohlen und Franz Nuscheler. Hamburg 1982. S. 117-132.
- Senghaas, Dieter: Abschreckung und Frieden. Studien zur Kritik organisierter Friedlosigkeit. Frankfurt 1969.
- Senghaas, Dieter: Kompositionsprobleme der Friedensforschung. In: Kritische Friedensforschung. Hrsg. von Dieter Senghaas. Frankfurt 1971a. S. 313-361.
- Senghaas, Dieter (Hrsg.): Imperialismus und strukturelle Gewalt. Analysen über abhängige Reproduktion. Frankfurt 1972.
- Senghaas, Dieter: Friedensforschung: Theoretische Fragestellungen und praktische Probleme. In: Ders.: Gewalt, Konflikt, Frieden. Essays zur Friedensforschung. Hamburg 1974. S. 165-182.
- Senghaas, Dieter (Hrsg.): Peripherer Kapitalismus. Analysen über Abhängigkeit und Unterentwicklung. Frankfurt 1974a.
- Snyder, Richard; Bruck, H.W.; Sapin, Burton: Entscheidungsanalyse und internationale Beziehungen. In: Theorie der internationalen Politik. Hrsg. von Helga Haftendorn. Hamburg 1975. S. 227-242.
- Wallerstein, Immanuel: Der historische Kapitalismus. Hamburg, Berlin 1984.
- Wallerstein, Immanuel: Das moderne Weltsystem. Frankurt, New York 1986.
- Weede, Erich: Weltpolitik und Kriegsursachen im 20. Jahrhundert. München 1975.

8. Analytische Konflikttheorien: Entscheidungstheorie, Spieltheorie und Systemtheorie

Eine Konflikttheorie kann so strukturiert sein, daß sie versucht, die Realität abzubilden und gleichzeitig zu erklären. In diesen Fällen, die von der politischen Philosophie bis zur Dependenztheorie reichen, läßt sie sich als synthetisch bezeichnen[131]. Davon grenzen sich jene 'Theorien' ab, die den Forschern und Forscherinnen Werkzeuge an die Hand geben wollen, um Konflikte zu analysieren. Die soziale Tatsache des Konflikts wird dabei soziologisch vorausgesetzt. Eine Konflikttheorie ist analytisch, wenn sie die Instrumente der Konflikterfassung (also -konstruktion) zum Thema macht. Sie unterscheidet sich insofern von genuinen Konflikttheorien, indem sie sich primär mit den Methoden der Erfassung von Konflikten und nicht mit ihren Ursachen befassen.

Im folgenden werden drei analytische Theorien vorgestellt, die vielleicht die größte Reichweite und Verbreitung erzielt haben: die Spieltheorie, die Entscheidungstheorie und die Systemtheorie.

In gewissem Sinn elementar ist dabei die *Entscheidungstheorie*, bei der es um die möglichen und günstigsten Entscheidungen von Akteuren in mehr oder weniger komplexen Situationen geht. Die Entscheidungstheorie unternimmt den Versuch einer methodisch-systematischen Ausarbeitung von Entscheidungsalternativen und -strategien, vor die sich ein individueller oder kollektiver Akteur - zum Beispiel eine politische Partei oder der Staat - gestellt sieht. Der grundsätzlichen Annahme einer individuellen oder kollektiven Rationalität, die den Entscheidungsprozeß als Wahl zwischen Alternativen steuert, kommt besondere Bedeutung zu. Unter einer rationalen Entscheidung versteht die Theorie ein Abwägen zwischen dem Ziel, das erreicht werden soll, und den Mitteln, die dafür zur Verfügung stehen. Die Optimierung des Zweck-Mittel-Verhältnisses stellt somit die Grundlage rationalen Handelns dar.

131 Vgl. Werner von der Ohe 1988.

Zusätzlich finden Entscheidungen in sozialen Kontexten, das heißt Situationen statt, die Einwirkungen auf Entscheidungsprozesse haben. Anatol Rapoport (*1911) unterscheidet in diesem Zusammenhang Entscheidungen unter Gewißheit und unter Risiko[132], wobei die Entscheidungstheorie den letzteren Fall für besonders interessant hält. Die Rationalität einer Entscheidung bzw. deren Erfassung hängt in Risikosituationen vor allem von den Einschätzungen der Entscheidungsträger und -trägerinnen ab, die versuchen, die Folgen der Entscheidungen zu kalkulieren.[133]

Wer also Konflikte mit entscheidungstheoretischen Modellen, die im wesentlichen Annahmen über die Rationalität von Akteuren in bestimmten Situationen sind, untersuchen will, muß zum einen die beteiligten Akteure - die Konfliktparteien - identifizieren und die Struktur der Akteure in den Blick bekommen. Zum anderen ist die Struktur der Situation, der Einflüsse auf Entscheidungen und der möglichen Folgen von Entscheidungen im Hinblick auf die zu erwartenden Einflüsse auf Entscheidungen zu analysieren.

Für die *Spieltheorie* sind die Annahmen der Entscheidungstheorie grundlegend. Die enge Verwandtschaft der beiden Theorien läßt sich an der zentralen Fragestellung beider ablesen: Welche Handlungsstrategien verfolgen Akteure in bestimmten Situationen?

Die Spieltheorie geht über die Entscheidungsanalyse insofern hinaus, als daß sie sich stärker der Situation als solcher zuwendet. Daraus entwickelt sich die für die Konflikttheorie interessante Frage nach dem bewußten Kalkulieren von Konfrontationen, um ein gewünschtes Ziel zu erreichen. Anders gesagt geht es der Spieltheorie um die Darstellung und Erklärung von Interaktionsverhältnissen und -strategien in einer spezifischen Situation. Vier Grundannahmen kennzeichnen die Spieltheorie:

Die Annahme der Interdependenz unterstellt, daß die Ergebnisse - die in Analogie zu positiv verlaufenen Glücksspielen "Auszahlungen" genannt werden - aus dem Zusammenwirken, der Interdependenz, aller Parteien resultieren. Eine Situation erscheint als ein Netzwerk von Entscheidungen und Interaktionen, die sich immer wieder aufeinander beziehen.

Zweitens können nach der *Quantifizierungsannahme* die Ergebnisse von Interaktionen und Entscheidungen quantitativ, also mengenmäßig angegeben werden, um dadurch den Grad der negativen und positiven Interessen bzw. der Interessendurchsetzung jeder Partei aufzuzeigen.

Jedes mögliche Ergebnis, das aus einer Reihe von interdependenten Interaktionen der Parteien zustandekommt, ist drittens zu beobachten und

132 Anatol Rapoport 1990, S. 277ff.
133 Vgl. Anatol Rapoport 1990, S. 283.

einzuschätzen. Nach der *Erschöpfungs- oder Vollständigkeitsannahme* lassen sich also alle Handlungsmöglichkeiten erfassen.

Schließlich handelt jede Partei - hier wiederholt sich die zentrale entscheidungstheoretische Prämisse - viertens nach der *Maximierungsannahme* und strebt nach der Optimierung des Ergebnisses. Entscheidungskonflikte entstehen so aus dem Wunsch der Parteien, die beste Verhaltensposition einzunehmen, wenn beiderseitige Nutzenmaximierung ausgeschlossen ist.[134]

Das Ziel einer spieltheoretischen Modellierung sozialer Situationen besteht in der Reduktion der sozialen Komplexität, um bestimmte Strukturen und Prozesse des Konfliktverlaufs zu verdeutlichen. Diese Grundannahmen lassen sich allerdings auch noch dahingehend interpretieren, daß die Akteure selbst durch eine spieltheoretische Analyse der Konfliktsituation die bestmögliche Alternative unter strategisch-rationalen Gesichtspunkten wählen.[135] Um Konfliktsituationen analytisch als Extrakt sozial komplexer Konstellationen zu entwerfen, konstruiert die Spieltheorie Spiele, die die Entscheidungsalternativen der Akteure und die Eingriffsmöglichkeiten zur Lösung von Konflikten zu verdeutlichen suchen. Dazu gehören zum Beispiel das "Gefangenendilemma" und das "Feiglingsspiel", bei dem ein individuell-rationales Verhalten zu einem kollektiv unbefriedigenden Ergebnis bzw. zur Katastrophe führt, oder das "Nullsummenspiel", bei dem eine Seite nur gewinnen kann, wenn die andere Seite verliert.

Die Spieltheorie versucht also, die Konfliktstrukturen durch die aus der Anwendung ihrer Prämissen entstehenden Modellierung sozialer Konflikte transparenter zu machen. Konflikte erscheinen hier vor allem als rational einkalkulierte Konfrontationen zwischen differierenden Interessengruppen, die in unterschiedlicher Art und Weise (nach Spielmustern und -logiken) interagieren können. *Systemtheoretische Ansätze* verlassen in der Regel die Analyseebene des Individuums bzw. der Interaktion zugunsten einer Focussierung auf Systemstrukturen und -prozesse. Allgemein wird dabei unter einem System eine Einheit von Teilen verstanden, die aufgrund von Rückkoppelungsmechanismen auf interne und externe Prozesse reagieren und sie steuern kann. Dieser der Kybernetik entstammende Systembegriff führt wenigstens zu vier unterschiedlichen konflikttheoretischen Orientierungen in der Systemtheorie.

---

134 Vgl. Kenneth Boulding 1962, S. 41ff.

135 Insofern ist es nicht verwunderlich, wenn besonders der politische Realismus in der Form des Neorealismus und andere Interventions- und Strategietheorien sich diese Überlegungen zunutze machen.

Die einfachste und rudimentärste konflikttheoretische Annahme bezeichnet den *Konflikt zwischen der Informationsaufnahme (Input) eines Systems und der Systemerhaltung.* Dieser Konflikt, bei dem die Menge der eigentlich für das System relevanten Informationen die Informationsverarbeitungsmöglichkeiten übersteigt, ist stets systemgefährdend. Die Grenze zwischen dem System und seiner Umwelt droht zusammenzubrechen. "Nehmen wir als Beispiel die politische Hochschulgruppe G. Sie kann als soziales System bezeichnet werden, weil sie durch ihre Ideologie, ihre spezifischen Werte, Normen und Handlungsmuster sich von ihrer Umwelt - den anderen Studenten, Gruppen, den Hochschulorganen etc. - abgrenzen und unterscheiden läßt und weil die politischen Handlungen der Mitglieder von G kontext-sensitiv, das heißt nur aus dem Gruppenzusammenhang, den Gruppenbeziehungen und den Kontrollprozessen der Gruppe heraus zu verstehen sind. Die Komplexität ihrer universitären und politischen Umwelt stellt die Gruppe vor den Zwang, aus der Unmenge von Informationen, Ereignissen, Problemen und Beziehungen auszuwählen. G kann nicht auf allen Parties gleichzeitig tanzen, an allen Fronten kämpfen, sich um alle Probleme kümmern. Da die Mitglieder von G unterschiedliche Menschen mit unterschiedlichen Perzeptionen und Präferenzen sind, entsteht ein Konflikt darüber, welche Ausschnitte und Aspekte der Umwelt für G relevant sind und welche nicht."[136]

Die zweite Konfliktlinie entsteht auf der *Outputseite* bei der Frage, welche Handlungsalternativen oder Strategien gewählt werden sollen. War der Input-Konflikt eine Folge der Komplexität, so ist der Output-Konflikt die Konsequenz von Kontingenz, also widerstreitender Möglichkeiten, ein Ziel zu erreichen. "Auf der anderen, der output-Seite, stehen G unterschiedliche Handlungsmöglichkeiten oder 'Strategien' zur Verfügung, je nachdem, welche Eigenkomplexität sie entwickelt, welche Ressourcen sie ansammelt und welche Umweltbeziehungen sie aufgebaut hat. [...] Hohe Kontingenz aber erzeugt Konflikte darüber, welche von den vielen Möglichkeiten unter Knappheitsbedingungen vorgezogen werden soll."[137] In dieser Variante der systemtheoretischen Argumentation lassen sich Konflikte über Relevanzen und Konflikte über Strategien unterscheiden.

Des weiteren kann drittens die *Relation von Input und Output* durch eine systeminterne Rückkoppelung in den systemtheoretischen Blick geraten. Dabei geht es um eine Korrektur systemischer Prozesse, um das Gleichgewicht des Systems wiederherzustellen. Positive Anreize und negative Sanktionen können im System einen derartigen Widerspruch auslösen, daß die Programmierung - zum Beispiel die Art der Informationsverarbeitung -

136 Helmuth Willke 1993, S. 34f.
137 Ebd.

geändert werden muß. Karl W. Deutsch (1912-1993) faßt diesen Umstand im Zusammenhang der politischen Theorie als einen Konflikt zwischen den negativen Sanktionen und einer bloßen Machtdurchsetzung auf der einen und den positiven Anreizen und einer Lernbereitschaft auf der anderen Seite. Letztlich läßt sich diese Konfliktlinie auch als ein Konflikt um die Steuerung des Systems beschreiben, bei dem im Konfliktfall die interne Steuerungsprogrammierung geändert werden muß.

Eine vierte Konfliktlinie entsteht bei der Beobachtung von verschiedenen Systemen bzw. Systemebenen. Hier streiten sich Systeme um die gleichen knapp verteilten Ressourcen. Es sind nach der Systemtheorie in jedem hochkomplexen Sozialsystem Konflikte in und zwischen Systemen zu erkennen - beispielsweise innerhalb des politischen Systems zwischen Parteien und/oder außerparlamentarischen Gruppen, im Rechtssystem zwischen der richtigen Art, Recht zu sprechen oder im internationalen System zwischen Staaten als Akteuren im Kampf um Ressourcen -, die gelöst werden müssen, um die Handlungsfähigkeit des Gesamtsystems zu sichern. Ein prominenter Vorschlag, dieser Problematik zu begegnen, liegt im Postulat einer "aktiven Gesellschaft" als Möglichkeit der Verstärkung der Kommunikation und damit der Erhöhung der Eigenkomplexität. Spontaneität und Innovationsfreudigkeit sollen gesteigert werden, damit die Handlungsmöglichkeiten und -alternativen zunehmen, um so Konflikte kreativer und besser lösen zu können.[138]

Entscheidungs-, Spiel- und Systemtheorie weisen einige Analogien auf und unterscheiden sich vor allem durch die spezifische Focussierung des Problems der Rationalität von Konflikten. Während die Entscheidungstheorie vor allem eine individuell-strategische Rationalität der Akteure annimmt, untersucht die Spieltheorie bei gleicher Prämisse die Situationen, in denen rationale Entscheidungen getroffen werden müssen. Hier wird aus der individuellen Rationalität häufig eine nach den Folgen differenzierte Rationalität der kalkulierenden Akteure unterstellt. Die Systemtheorie verändert die Rationalitätsprämisse dahingehend, daß unter ihr nur noch systemspezifische Rationalität verstanden wird. Entscheidungsprozesse lassen sich hier im Systemkontext als Kommunikationsnetzwerke beschreiben.

138 Vgl. Amitai Etzioni 1975.

Literatur

- Bellers, Jürgen; Woyke, Wichard (Hrsg.): Analyse internationaler Beziehungen. Opladen 1989.
- Boulding, Kenneth E.: Conflict and Defense. A General Theory. New York 1962.
- Bremer, Stuart A.: The Globus Model. Computer Simulation of Worldwide Political and Economical Developments. Frankfurt u.a. 1987.
- Deutsch, Karl W.: Ein einfaches kybernetisches Modell. In: Theorie der internationalen Politik. Hrsg. von Helga Haftendorn. Hamburg 1975. S. 271-296.
- Etzioni, Amitai: Die aktive Gesellschaft. Köln 1975.
- Isard, Walter: Individual and Group Behavior: Economic and Game Theory Approaches. In: Understandig Conflict and the Science of Peace. Cambridge 1992. S. 25-46.
- McClelland, Charles A.: Systemtheorie und Konflikt. In: Konflikt und Strategie. Hrsg. von Walter L. Bühl. München 1973. S. 206-235.
- Rapoport, Anatol: Kataklysmische und strategische Konfliktmodelle. In: Konflikt und Strategie. Hrsg. von Walter L. Bühl. München 1973. S. 264-291.
- Rapoport, Anatol: Kämpfe, Spiele und Debatten. Drei Konfliktmodelle. Darmstadt 1976.
- Rapoport, Anatol: Ursprünge der Gewalt. Darmstadt 1990.
- Rosenau, James N.: The Scientific Study of Foreign Policy. New York, London 1971.
- Schelling, Thomas C.: Versuch über das Aushandeln. In: Konflikt und Strategie. Hrsg. von Walter L. Bühl. München 1973. S. 235-263.
- Snyder, Richard; Bruck, H.W.; Sapin, Burton: Entscheidungsanalyse und internationale Beziehungen. In: Theorie der internationalen Politik. Hrsg. von Helga Haftendorn. Hamburg 1975. S. 227-242.
- Zürn, Michael: Interessen und Institutionen in der internationalen Politik. Opladen 1992.

9. Soziale Konflikte in neueren gesellschaftstheoretischen Diskursen: Kritische Theorie und Systemtheorie

Innerhalb der neueren gesellschaftstheoretischen Diskussion stehen zwei Entwürfe aus unterschiedlichen theoretischen Traditionen im Zentrum: zum einen die Weiterentwicklung einer kritischen Gesellschaftstheorie in der Folge der von Adorno und Horkheimer gegründeten Frankfurter Schule, die vor allem mit Jürgen Habermas (*1929) in Verbindung gebracht wird, und zum anderen die von seinem Kontrahenten Niklas Luhmann (*1927) entwickelte, vom Funktionalismus ausgehende Theorie sozialer Systeme. War in den 50er und 60er Jahren der Streit dieser beiden Theoriekonzeptionen dadurch gekennzeichnet, daß Vertreter einer im weitesten Sinne kritischen Gesellschaftstheorie dem Funktionalismus dessen Vernachlässigung der Beschäftigung mit sozialen Konflikten zugunsten einer harmonistischen Vorstellung von Gesellschaft vorwarfen, so reagierte Luhmann darauf mit einer theoretischen Wende, die Gesellschaft auch unter konflikttheoretischen Gesichtspunkten zu erfassen versucht. Andererseits übernahm Jürgen Habermas einige funktionalistische und systemtheoretische Argumentationen, um dem Phänomen gesellschaftlicher Stabilität trotz umfassender sozialer Konflikte gerecht zu werden. Es ist deshalb im Theorienstreit zwischen Kritischer Theorie (in der Version von Habermas) und Systemtheorie (als Theorie geschlossener sozialer Systeme von Luhmann) eine gewisse Umkehrung der Erkenntnisinteressen festzustellen.[139]

9.1. Kommunikativer Konsens und sozialer Konflikt: Jürgen Habermas

Für Habermas fällt die moderne Gesellschaft in zwei unterschiedliche Logiken auseinander, die die gesellschaftliche Reproduktion, also den Fortbestand einer Gesellschaft, in unterschiedlichem Maße sichern. Da er zunächst

139 Im folgenden verzichte ich weitgehend auf die theoriegeschichtlichen Einordungen und Herleitungen der Habermasschen Theorie. Grob gesagt versucht er eine Konvergenz der systemtheoretischen Argumentation der Durkheim-Parsons-Linie und der handlungs- und interaktionstheoretischen Argumentation der Weber-Mead-Tradition herzustellen.

vor allem handlungstheoretisch argumentiert, das heißt Gesellschaft aus der Perspektive des sozial handelnden Individuums betrachtet, geht es ihm um die jeweilige Art der Koordinierung von Handlungen. Ähnlich wie Marx nimmt Habermas an, daß sich eine Gesellschaft materiell durch Ausbildung von Mechanismen selbst erhält, die den ökonomischen und politischen Verkehr zwischen den Individuen leiten. Diesem "System" genannten gesellschaftlichen Bereich ordnet Habermas ein an Erfolg orientiertes Handeln zu, das in einer sozialen Handlungssituation - wenn also ein Handeln an anderen Individuen oder Handlungen seinem Sinn nach orientiert ist - als strategisches Handeln bezeichnet werden kann: "Strategisch nennen wir eine erfolgsorientierte Handlung, wenn wir sie unter dem Aspekt der Befolgung von Regeln rationaler Wahl betrachten und den Wirkungsgrad der Einflußnahme auf die Entscheidungen eines rationalen Gegenspielers bewerten."[140] Erfolgsorientiertes strategisches Handeln ist eingebunden in zweckrationale Handlungssysteme, die nach ihren Maßgaben strategische Handlungstypen entwickeln. Dabei sind vor allem zwei Subsysteme zweckrationalen Handelns zu unterscheiden: das ökonomische System mit einem interessegeleiteten Wirtschaftshandeln und das politische System mit einem interessegeleiteten Verwaltungshandeln.

Diese *zwecktätige* Koordination von Handlungen, das heißt der nach den Maßgaben einer Zweck-Mittel-Rationalität getroffene Anschluß an Handlungen, wird durch zwei Möglichkeiten jedes sozialen Handelns (ob erfolgsorientiert oder nicht) hergestellt. Zum einen kann es ein sprachliches Handeln, ein durch Sprechen vollzogenes Handeln, zum anderen ein durch symbolische Medien koordiniertes Handeln sein, wobei die Medien die ursprünglich sprachliche Interaktion ersetzen. Im ökonomischen Subsystem werden Handlungen durch das Medium 'Geld' vermittelt bzw. aufeinander bezogen, im politischen Subsystem geschieht dies durch das Medium 'Macht'. Dem entsprechen die Institutionen des Marktes und des Staates. Systemische Handlungskontexte wären demnach zum Beispiel jeder Kauf von Waren, jede Art des (politischen) Wählens als Übertragung von Macht, und der Vertreter, der unter Einsatz sprachlicher Mittel den Kunden zum Kauf eines Produktes zu bewegen versucht.

Der strategische Einsatz von Sprache als Mittel, um ein Ziel zu erreichen, ist für Habermas allerdings ein äußerst problematisches Phänomen und verweist auf den zweiten Bereich gesellschaftlicher Reproduktion, die Lebenswelt, in der die sprachliche Interaktion sozusagen zu Hause ist. Während in systemisch-reproduktiven Zusammenhängen (ökonomisches und politisches System) Handlungen gleichsam hinter dem Rücken der Akteure zwecktätig koordiniert werden, übernimmt im symbolisch vermittelten und inter-

140 Jürgen Habermas 1988/1, S. 385.

subjektiv geteilten Lebenszusammenhang (Lebenswelt) allein die Sprache die Koordination von Handlungen. Das soziale Handeln ist demgemäß ein rein sprachliches Handeln, das nicht mehr erfolgs-, sondern verständigungsorientiert ist und von Habermas als kommunikatives Handeln bezeichnet wird. Die Koordination von Handlungen als Abstimmung zwischen Akteuren läuft nicht über Medien oder Zweck-Mittel-Kalkulationen, die die nichtintendierten Handlungsfolgen vernetzen, denn in lebensweltlichen Kontexten ist es das Ziel der Akteure, sich über etwas und miteinander kommunikativ und argumentativ zu verständigen.

Die Lebenswelt ist gleichsam unser naives Vertrauen, daß die Welt für alle so ist, wie sie sich für uns darstellt. Die gelegentliche Enttäuschung dieser Erwartung, der auftretende Dissens als Ausdruck kommunizierter Widersprüche, läßt uns dann die Geltungsansprüche einer Aussage thematisieren, um das gewünschte Einverständnis doch zu erreichen. Für Habermas ist jeder Sprachgebrauch an drei Geltungsanprüche geknüpft.[141] Die Thematisierung eines Geltungsanspruches bei einer auftretenden Uneinigkeit führt zur diskursiven Überprüfung der Ansprüche. Die argumentativen Begründungen einer Äußerung werden ausgetauscht und das Einverständnis dadurch erzielt, daß sich eine der Argumentationen als tragfähiger erweist. Der hier wirkende "zwanglose Zwang des besseren Arguments" ist dem Mechanismus der systemischen Reproduktion diametral entgegengesetzt. Hier geht es um Einverständnis durch Behauptungsüberprüfungen, dort um Überredung durch den Einsatz manipulativer sprachlicher Mittel.

Die Lebenswelt, die den symbolischen Reproduktionsbereich als Gesamtheit der kommunikativen Äußerungen einer Gesellschaft ausmacht, fungiert dabei als "Hintergrundkonsens" der Individuen: "Der Hintergrundkonsens betrifft alle die [...] selbstverständlichen Gegebenheiten, als welche sich die Grundstrukturen der gemeinsamen Welt vergesellschafteter Individuen darstellen. Er betrifft Erfahrungen, von denen wir mit völliger Gewißheit annehmen, daß sie von anderen geteilt werden, und die wir für unrevidierbar halten. Erst auf dem Hintergrund dieser fraglos geltenden und intersubjektiv geteilten Überzeugungen können sich Dissense herausbilden."[142] Der diskursive Verständigungsprozeß im Falle eines kommunikativen Dissenses, also des durch einen kommunizierten Widerspruchs zustandegekommenen Konflikts, setzt voraus, daß die Sprechsituation nicht gestört sein darf und allgemeine Verständigungs*bereitschaft* vorhanden sein muß. Diese "ideale

141 Den drei Ansprüchen Wahrheit, Richtigkeit, Wahrhaftigkeit fügt er noch die Verständlichkeit hinzu, also die Tatsache, daß wir uns, wenn wir mit anderen ein kommunikatives Einverständnis erzielen wollen, für andere verständlich ausdrücken müssen. Ist dies nicht der Fall, wird uns der oder die andere darauf hinweisen, und wir müssen unsere Ausdruckweise korrigieren oder erklären.

142 Hans-Joachim Giegel 1992, S. 9.

Sprechsituation" ist zudem durch eine allgemeine Chancengleichheit zu reden und zu argumentieren und durch die Anerkennung der sprechenden Subjekte gekennzeichnet. Habermas glaubt nicht, daß die ideale Sprechsituation etwas Außergewöhnliches sei, die bei einem Diskurs über Geltungsansprüche erst gewissermaßen installiert werden müsse. Vielmehr verortet er die mit der idealen Sprechsituation verbundenen Bedingungen in jede verständigungsorientierte Kommunikation, der selbst nicht nur die Chancengleichheit der Teilnehmer und ihre gegenseitige Anerkennung, sondern auch die Verständigung selbst innewohnt.[143] "Verständigung ist also ein Prozeß, der Unverständnis und Mißverständnis, Unwahrhaftigkeit sich und anderen gegenüber, schließlich Nicht-Übereinstimmungen auf der gemeinsamen Basis von Geltungsansprüchen zu überwinden sucht, die auf reziproke Anerkennung angelegt sind."[144]

Nun ist es freilich nicht so, daß Habermas, wie häufig unterstellt, den Bereich der Lebenswelt als völlig konfliktfreie Sphäre der Vergesellschaftung entwirft. Aber Konflikte im Sinne kommunizierter Widersprüche sind in lebensweltlichen Kontexten, in denen sich Individuen verständigungsorientiert begegnen, für Habermas prinzipiell lösbar, weil der Sprache die Verständigung als Ziel, die Anerkennung und die ideale Sprechsituation immanent sind. Wenn nur lange genug diskutiert wird, lassen sich Konflikte durch das Finden der besten Argumentation lösen, solange die Individuen ihre Handlungen verständigungsorientiert koordinieren. "Die kontinuierliche Beunruhigung durch Erfahrung und Widerspruch, Kontingenz und Kritik bricht sich in der Alltagspraxis an einem breiten, unerschütterlichen, aus der Tiefe herausragenden Fels konsentierter Deutungsmuster, Loyalitäten und Fertigkeiten."[145] Dem Konfliktrisiko wird durch die lebensweltliche Integration und die Anerkennungsstruktur des kommunikativen Handelns vorgebeugt, damit Konflikte nicht sozial destruktiv wirken. Tatsächlich auftretende Konflikte, wie zum Beispiel der Konflikt in einer Wohngemeinschaft über den jetzt auszuführenden Putzdienst - wobei unter Bezugnahme auf die ursprüngliche Idee des gemeinschaftlichen Lebens unterstellt wird, daß die Mitglieder in Wohngemeinschaften in der Regel verständigungsorientiert handeln -, sind durch die Ebenenverlagerung von faktischen Aussagen zu ihren Geltungsansprüchen zu lösen. Mit dem Verweis darauf, daß Peter erst letzte Woche geputzt hat und der Überprüfung, daß dies tatsächlich der Fall war, läßt sich

143 Die Struktur einer kommunikativen Handlung sichert für Habermas die intersubjektive Anerkennung, die Unterstellung der genannten Geltungsansprüche, die bei einem Dissens in der kommunikativen Alltagspraxis im Diskurs thematisiert werden können, um Verständigung doch noch zu erreichen.

144 Jürgen Habermas 1984, S. 233.

145 Jürgen Habermas 1994, S. 38.

schließlich ein Einverständnis darüber erzielen, daß Peter heute nicht putzen muß.[146]

Die von den meisten bisher eingeführten Konflikttheorien behandelten Konflikte sind in der Habermasschen Theorie freilich nicht in lebensweltlichen Kontexten angesiedelt, sondern sind Ausdruck eines interessengeleiteten Handelns im Bereich zwecktätiger Koordination. Die typischen sozialen Konflikte zwischen antagonistischen Interessen beziehen sich auf den Bereich der systemischen Reproduktion, die durch die zweckrationalen Handlungssysteme der Ökonomie und Politik gesichert wird. Die Institutionen dieser Systeme lassen sich dabei als Konfliktregulierungsmechanismen begreifen, die die systemische Integration ausmachen. Markt und Staat organisieren und regulieren sozusagen das Konkurrenzhandeln zwischen Individuen. Konflikte werden hier *systemintegrativ bearbeitet*, das heißt institutionalisiert und nicht *sozialintegrativ gelöst*, weil die Lösung von Konflikten Einverständnis erfordert, das aber nur erreicht werden kann, wenn die Handlungsorientierung von Erfolg auf Verständigung umgestellt wird. Die wirkliche Lösung großer sozialer Konflikte ist deshalb unwahrscheinlich, weil die Handlungskoordination nicht mehr normativ, sondern zweckrational gestaltet ist. Verschiedene Ziele sind aber gerade die Ausgangspunkte von Konflikten. Es gibt jedoch die Möglichkeit, Situationen zu schaffen, in denen verständigungsorientiert kommuniziert wird, und das Ergebnis als Konfliktlösung in das System zurückfließt, wie beispielsweise bei der Einrichtung sogenannter "Runder Tische".

In den evolutionären Differenzierungsprozessen hat nun, so Habermas, eine *Entkoppelung von System und Lebenswelt* stattgefunden, die ausgehend von einer sozial-gemeinschaftlichen Integration durch mythischen Autoritätsglauben die Lebenswelt rationalisiert und strategisches Handeln ermöglicht. Das stellt aber gleichzeitig die Frage nach einer Art sozialer Integration, die nicht mehr durch religiöse Gewißheiten gekennzeichnet, sondern kontingent und gestaltbar geworden ist. Dabei erscheint es einsichtig, daß die systemische Integration nicht umfassend sein kann, denn in ihr können Konflikte nicht wirklich gelöst werden. Integration zielt aber, so Habermas, gerade auf eine relativ konfliktlose Vernetzung von Interaktionen.[147] Demnach muß das umfassende Dissens- oder Konfliktrisiko, das für Habermas gesellschaftliche Integration bedroht, durch Verständigungsprozesse und kommunikative Konfliktlösung gemindert werden.

146 Wenn Britta allerdings nachweist, daß Peter gelogen und nur sehr oberflächlich geputzt hat, werden die Geltungsansprüche von Peters Aussage gegen seine Aussage ins Feld geführt, mit der Konsequenz, daß Peter doch putzen muß.

147 Vgl. Jürgen Habermas 1994, S. 43.

Die Lösung dieser Problematik sieht Habermas in einer *Verständigung über die normative Regelung strategischer Interaktionen*, wie sie im modernen Rechtssystem institutionalisiert ist. Durch den faktischen Zwangscharakter des Rechts bei gleichzeitiger legitimer Geltung aufgrund der intern ablaufenden Verständigungsprozesse, die die Folgebereitschaft und die subjektive Handlungsfreiheit garantieren, können Konflikte in rechtsstaatlich organisierten Gesellschaften friedlich und integrativ geregelt werden. Das Recht sorgt zum einen für die notwendige Verankerung systemischer Mechanismen in der Lebenswelt, was ihre Legitimation sichert, und gewährt zum anderen eine prinzipielle Selbstbestimmungspraxis, "die von den Bürgern die gemeinsame Ausübung ihrer kommunikativen Freiheiten erfordert". So "speist das Recht seine sozialintegrative Kraft letztlich aus Quellen der gesellschaftlichen Solidarität. Die Institutionen des privaten und des öffentlichen Rechts ermöglichen andererseits die Einrichtung von Märkten und die Organisation einer Staatsgewalt; denn die Operationen des aus der Gesellschaftskomponente der Lebenswelt ausdifferenzierten Wirtschafts- und Verwaltungssystems vollziehen sich in den Formen des Rechts."[148]

Das Recht übernimmt in Habermas' Konzeption also die Funktion einer Institutionalisierung von Konfliktregelungsmechanismen (Staat und Markt) und einer Legitimation durch die Garantie einer kommunikativen Autonomie, die in der Privatsphäre und der Öffentlichkeit ihren Ausdruck findet und durch die Solidarität erst zustandekommt. Hier zeigt sich, nach Habermas, gerade die Ambivalenz des Rechts, denn durch die Verankerung der systemischen Mechanismen in der Lebenswelt dringen systemische Kontexte in lebensweltliche Handlungszusammenhänge ein und bedrohen die kommunikative, auf Verständigung orientierte Alltagspraxis durch die Systemimperative der kapitalistischen Ökonomie und des bürokratischen Verwaltungsstaates. Es kommt zu einer innergesellschaftlichen *Kolonialisierung der Lebenswelt* durch das System bzw. zu einer Verrechtlichung: "Die These der inneren Kolonialisierung besagt, daß die Subsysteme Wirtschaft und Staat infolge des kapitalistischen Wachstums immer komplexer werden und immer tiefer in die symbolische Reproduktion der Lebenswelt eindringen."[149] Durch die rechtliche Institutionalisierung der Konfliktregelung, besonders der klassischen Großkonflikte wie dem zwischen Kapital und Arbeit, sind die Konflikte der Klassengesellschaft zum einen entschärft und zum anderen ist die Beziehung zwischen Lebenswelt und System so geregelt, daß systemische Imperative in die Lebenswelt zum Beispiel in Form einer umfassenden Entfremdung der Menschen eingreifen.

148 Jürgen Habermas 1994, S. 59.
149 Jürgen Habermas 1988/2, S. 539.

Die neuen Protestbewegungen rebellieren gegen diese systemischen Eingriffe, und Konflikte entstehen an dem Schnittpunkt von System und Lebenswelt, wobei das Recht in diesem Fall nicht helfen kann. Dem entsprechen die u.a. von Habermas diagnostizierten "Legitimationsprobleme des Spätkapitalismus", da die systemischen Mechanismen der Legitimation durch lebensweltliche Ressourcen bedürfen, die sie aber gleichzeitig unterminieren, weil die Austauschbeziehungen zwischen System und Lebenswelt Akteursrollen produzieren, die lebensweltlichen Selbstverständnissen zuwiderlaufen. Die Individuen werden zu Beschäftigten und Konsumenten, zu Klienten und Staatsbürgern. Ihre Mündigkeit, also ihre kommunikative Selbstbestimmungspraxis, scheint systematisch in Frage gestellt und ihre kommunikative Rationalität einer kapitalistischen und bürokratischen, kurz: einer funktionalistischen Vernunft untergeordnet zu sein.

Der soziale Konflikt im Spätkapitalismus ist für Habermas geprägt von den zentralen Problemlagen der Umweltgefährdung, der Überkomplexität und Überlastung kommunikativer Strukturen und der kulturell verarmten und einseitig rationalisierten Alltagspraxis. Es bilden sich Gruppen heraus, die sich dieser Problemlagen annehmen, wie zum Beispiel die Alternativ-, Jugendbewegungen und Bürgerrechtsgruppierungen, die das verbriefte Recht auf kommunikative Selbstbestimmung gegen die systemischen Imperative der Zweckrationalität verteidigen.

Zusammenfassend lassen sich bei Habermas drei Ebenen der Thematisierung des Verhältnisses von sozialem Konflikt und gesellschaftlicher Integration unterscheiden. Zum einen beobachtet Habermas eine Konfliktregulierung von Interessenkonflikten durch die rechtlich institutionalisierten Medien Macht und Geld, die den Subsystemen Staat und Ökonomie zuzuordnen sind. Es kommt auf dieser Ebene zu einer Pazifizierung des Klassenkonflikts und zu einer Regulierung des Konkurrenzhandelns. Zweitens können innerhalb verständigungsorientierter Handlungszusammenhänge kommunikative Konflikte (Dissense) auftreten, die aber grundsätzlich aufgrund der Überprüfung der mit den Äußerungen implizit erhobenen Geltungsansprüchen zu lösen sind. Dieser Bereich sichert aufgrund der normativen Handlungskoordinierung, die sich auf die Erzielung eines Einverständnisses stützt, *letztlich* die gesellschaftliche Integration. Drittens kommt es im Austausch zwischen Lebenswelt und System und durch die rechtliche Verankerung systemischer Medien in der Lebenswelt zu Konflikten zwischen lebensweltlichen Verständigungsorientierungen und systemischen Imperativen der Zweckrationalität. Diese Konflikte können nicht unmittelbar gelöst und reguliert werden, da sie fundamental sind. Gesellschaftliche Gesamtintegration ist also im Spätkapitalismus insofern prekär, als daß sie von Konflikten zwischen den zu integrierenden Sphären begleitet ist. Dabei kann eine offene Integration und eine Sensibilisierung für die Anliegen der Protestbewegungen die Konflikte zumindest entschärfen.

9.2. Die Funktion des parasitären sozialen Konflikts: Niklas Luhmann

Während Talcott Parsons als Vertreter der klassischen soziologischen Systemtheorie gesellschaftliche Integration trotz sozialer Konflikte durch gemeinsam geteilte Normen gesichert sah, geht für Luhmann dem Handeln Kommunikation voraus, die zunächst einmal immer eine negative Haltung, eine Ablehnung, ein 'Nein' zuläßt. Für Luhmann ist der Konflikt, das mögliche Nein, damit strukturell in der Kommunikation verankert und der normativen Integration vorgelagert.

Bevor es allerdings zur Ablehnung kommt, muß der Bedarf an Kommunikation erklärt werden. Warum ist gerade Kommunikation für das Entstehen sozialer Beziehungen fundamental? Luhmann geht, um zum Grundbegriff seiner Theorie sozialer Systeme zu gelangen, von einer Situation doppelter Unsicherheit aus, wenn sich zwei Menschen gegenübertreten. Die Situation bzw. die Einschätzung der Situation des einen ist dem anderen nicht bekannt und die einzige Möglichkeit herauszufinden, wie mein Gegenüber mich und die Beziehung zwischen mir und ihm sieht, besteht in einem kommunizierten Vorschlag der Situationsdefinition. Der doppelten, das heißt von beiden eingebrachten Unsicherheit, die Luhmann "doppelte Kontingenz" nennt, wird mit Kommunikation begegnet, um die undurchsichtige überkomplexe Situation gleichsam in den Griff zu bekommen. In einer solchen Situation doppelter Kontingenz wird als Situationsvorschlag Sinn in der Form einer Selektion kommuniziert.[150] Die Situation könnte aber auch anders definiert werden - vielleicht wird sie sogleich von meinem Gegenüber anders definiert. Aber gewöhnlich folgt auf die erste Kommunikation ein zweite, die auf die Selektion der ersten reagiert. Mein Gegenüber schließt an meine Selektion in irgendeiner Form an, und so kann sich eine gewisse Stabilität herausbilden, die Luhmann dann als soziales System bezeichnet, in dem Erwartungen aufgrund von Sinn strukturiert sind.

Ein soziales System besteht also aus Kommunikation[151] und mithin aus Sinn. Diesen Sinn stellt es selbst her, indem es die Selektion operationali-

150 Vgl. Niklas Luhmann 1984, S. 194.
151 Im Unterschied dazu besteht ein psychisches System aus Bewußtsein.

siert und sich so von einer nicht näher bestimmten Umwelt abgrenzen kann. In der Situation doppelter Kontingenz, die den Anlaß einer Systemgründung bildet, kann sich zum Beispiel zwischen zwei Menschen ein Gespräch entwickeln, das auf der einen Seite die Komplexität reduziert, weil sich relativ stabile Erwartungen herausbilden, andererseits wird Komplexität auch erhöht, weil im Gespräch Möglichkeiten geschaffen werden, die es zuvor nicht gab. Das Sozialsystem hat solange Bestand, wie die Kommunikation fortgesetzt werden kann. Um den Fortbestand zu sichern, könnte es zum Beispiel notwendig sein, das Gespräch an einem anderen fest vereinbarten Zeitpunkt weiterzuführen. So entstehen dann Freundschaften, Kaffeekränzchen, Stammtische, Ehen, Geheimbünde etc., die aus Kommunikationen (Sinn) bestehen und in denen Erwartungen stabilisiert werden. Luhmanns vollzogener Paradigmenwechsel setzt an diesem Punkt an, wenn er behauptet, daß ein Sozialsystem seinen Bestand nicht nur selbst sichert, sondern auch alle Elemente, aus denen es besteht, selbst hervorbringt und damit sich von der Umwelt unterscheidet.

Luhmann nennt diese Selbstherstellung eines Systems "Autopoiesis". Die Autopoiesis eines Systems sichert die Verknüpfung von Kommunikationen, das heißt, den Anschluß von Kommunikationen an vorausgegangene Kommunikationen, so daß sich Sinn als prozessierte Unterscheidung und Erwartungsstrukturen stabilisieren. Allerdings ist es möglich, daß Erwartungen zurückgewiesen werden: "Soziale Systeme haben ihre Existenz als Kommunikationssysteme, sie erzeugen Widersprüche daher durch Kommunikation von *Ablehnung*."[152] Eine Ablehnung, ein 'Nein', widerspricht einer geäußerten oder vermuteten Erwartung. Ein Widerspruch, besser: ein Widersprechen einer Kommunikation, führt zu zwei unterschiedlichen Konsequenzen. Zum einen sieht sich ein Beobachter, der den Widerspruch wahrnimmt, vor eine Situation der Unentscheidbarkeit gestellt. Die Eltern sagen dem Kind, es solle sein Zimmer aufräumen, woraufhin es mit trotziger Miene ein 'Nein' erwidert. Was tun? Es scheint, als sei das Sozialsystem Familie in seinem Fortbestand gefährdet. Tatsächlich wäre dies natürlich eine vorschnelle Annahme, denn - und hier zeigt sich die zweite Konsequenz - auch ein Widersprechen ist eine Kommunikation, die an eine vorherige anknüpft und deshalb die Autopoiesis eines Sozialsystems fortführt, freilich nicht mehr als positiven Anschluß, sondern als Konflikt. Was wird geschehen, wenn das Kind 'Nein' antwortet? In jedem Fall ist die Erwartungssicherheit passé, denn zwei Erwartungen, die sich ausschließen, sind jetzt im System als Möglichkeit Wirklichkeit geworden. Die Eltern erwarten, daß das Kind seine Erwartung revidiert, daß die Eltern ihre Erwartung revidieren. Die Reduktion der Komplexität doppelter Kontingenz

152 Niklas Luhmann 1984, S. 497. Hervorhebung von mir.

ist in einem solchen Fall zurückgenommen. Alles ist möglich. "Man sieht so auch deutlich, wie der Widerspruch eine alarmierende Funktion erfüllt. Er zerstört für einen Augenblick die Gesamtrepräsentation des Systems: geordnete, reduzierte Komplexität zu sein. Für einen Augenblick ist dann unbestimmte Komplexität wieder hergestellt, ist alles möglich. Aber zugleich hat der Widerspruch genug Form, um die Anschlußfähigkeit des kommunikativen Prozessierens von Sinn doch noch zu garantieren. Die Reproduktion des Systems wird nur auf andere Bahnen gelenkt. Sinnformen erscheinen als inkonsistent, und das alarmiert. Aber die Autopoiesis des Systems wird nicht unterbrochen. Es geht weiter."[153]

Hier liegt eine Argumentationsfigur vor, die wir schon von Coser und Simmel kennen, die ebenfalls die Funktionalität von Konflikten für ein System betont haben. Coser und Simmel haben allerdings gemeint, die Funktion beschränke sich mehr oder weniger auf den inneren Zusammenhalt eines Systems. Luhmann behauptet dagegen, daß die Funktion gerade in der Auflösung von Erwartungsstrukturen, also der Systemstabilität liegt. Dennoch kann das System weiterbestehen, weil ein Widersprechen immer noch ein Sprechen und damit Kommunikation ist. Erst wenn nicht mehr kommuniziert werden kann, hört das System auf zu existieren.[154] Statt Kommunikation einzustellen, wird mit anderen Mitteln weiter kommuniziert. Der festgestellte Dissens verweist freilich auf zwei Probleme, die jedem System eigen sind. Zum einen scheinen alle Verhaltenserwartungen, das heißt jede Art von Normen, riskant, denn angesichts doppelter Kontingenz kann jede Erwartung enttäuscht werden. Zum anderen lassen sich Erwartungen aber trotz Kontingenz aufrechterhalten, und zwar durch den strukturellen Einbau von Instabilitäten in ein System mit der Funktionsinstallation eines geordneten Reagierens auf einen kommunizierten Widerspruch. Der Konflikt selbst erfüllt diese Funktion nach Luhmann, weil er die Autopoiesis weiterführt. Er übernimmt sozusagen das Regiment und das Sozialsystem wird jetzt alle Kräfte darauf verwenden, den Konflikt zu bearbeiten. Die Verunsicherung von Erwartungen durch die strukturelle Möglichkeit des Dissenses versetzt das System in die Lage, die Erwartungsstrukturen gegebenenfalls zu ändern.[155]

Zunächst aber bildet sich in dem betreffenden System der Konflikt und verlagert den Kontext der systemischen Handlungen in einen konflikthaftigen Zusammenhang, so daß die Erwartung jetzt im "Kontext

153 Niklas Luhmann 1984, S. 508f.

154 Allerdings darf das Einstellen von Kommunikation nicht mit Schweigen gleichgesetzt werden. Vielmehr ist das Schweigen selbst eine Art der Kommunikation.

155 Hier liegt die Verbindung von Konflikttheorie und einer Theorie sozialen Wandels bei Luhmann, der Wandel als "Emergenz" bezeichnet.

der Gegnerschaft"[156] stabilisiert wird. Der ersten Verunsicherung (als doppelte Kontingenz im System) folgt durch den Konflikt eine erneute Erwartungsstabilisierung, weil das 'Nein' einen entsprechenden Anschluß heraufbeschwört, wie zum Beispiel ein von den Eltern des unwilligen Kindes ebenso trotziges 'Doch'. Jetzt geht es nicht mehr um das familiäre Zusammenleben im Kontext eines harmonischen Abends, sondern um einen Konflikt zwischen Eltern und Kind, der von hoher Integration gekennzeichnet ist, da die konfligierenden Parteien in dem Sozialsystem Familie voneinander nach dem kommunizierten Widerspruch weitere Widersprüche erwarten, was hier noch durch den typischen elterlichen Vorwurf der permanenten rebellierenden Haltung des Kindes - zusammengezogen in dem Ausdruck 'Widerwort' - und der folgenden Entschuldigung, daß es ja auch gerade in einem schwierigen Alter sei, reflektiert werden kann.

So gesehen entwickelt sich in einem System ein Konflikt als System, das, wie jedes andere System auch, die Tendenz hat, seine Operationen endlos fortzuführen. Hier liegt die Gefahr des Konflikts, der zwar den Erhalt sichert, aber als systemischer Parasit alle Energien auf sich zieht.[157] Deshalb muß es im System Einrichtungen geben, die den Konflikt zwar zulassen, denn seine Warnfunktion ist durch nichts anderes zu ersetzen, ihn aber gleichzeitig in bestimmte Bahnen und auf Entscheidungen hin lenken.

Nach Luhmann beziehen sich gesellschaftliche Konflikte auf jene Systeme, die in einer funktional ausdifferenzierten, also nur aus je autonomen Teilsystemen bestehenden Gesellschaft eine spezifische Funktion erfüllen, wie das Wirtschafts-, Wissenschafts-, Rechtssystem, das politische System, die Religion und das Erziehungssystem. Gesellschaftliche Konflikte entstehen immer in diesen Systemen und stellen die Erwartung eines positiven kommunikativen Anschlusses infrage. Die Warnfunktion des Konflikts würde verpuffen, wenn es bei gesellschaftlichen Konflikten in bezug auf das Sozialsystem 'Gesellschaft' keine Instanz gäbe, die das Signal wahrnehmen könnte. Im Falle der Gesellschaft als Summe autonomer Teilsysteme, die sich voneinander durch Funktionscodes unterscheiden, nimmt das Rechtssystem diese Funktion als "Immunsystem" einer Gesellschaft wahr. Weil es die Welt mit dem Code Recht/Unrecht beobachtet, *können* konfligierende Parteien ihre Erwartungen an das Rechtssystem richten. So werden zwar nicht alle Konflikte erfolgreich auf den Weg der rechtlichen Entscheidung gebracht, aber das Recht selbst ist in der funktio-

156 Niklas Luhmann 1984, S. 532.
157 Vgl. Niklas Luhmann 1984, S. 533.

nal bedeutsamen Lage, durch seine Existenz schon gesellschaftlich relevante und irrelevante Konflikte zu unterscheiden.[158]

Die Funktion eines Immunsystems - ein Begriff, den Luhmann ebenso wie den der Autopoiesis aus der Biologie übernommen hat - besteht zunächst in der Regulierung gesellschaftlicher Konflikte. Diese sehr traditionelle Annahme wird bei Luhmann allerdings paradox formuliert, weil das Recht, wie jedes andere Funktionssystem auch, selbst strukturell anfällig für Konflikte ist und, nach Luhmann, auch sein muß. So reguliert das Recht Konflikte, indem es die Unsicherheit doppelt erhöht, einmal als Komplexität, weil es sich in einen Konflikt als dritte Partei (zum Beispiel in der Figur des Richters) einmischt, und zudem auch als Erhöhung der Kontingenz, da der Ausgang des Konfliktes für die Parteien völlig ungewiß ist. Allein der Umstand, *daß* entschieden wird, kann und muß vorausgesetzt werden. Die Regulierung von gesellschaftlichen Konflikten - Luhmann spricht von "Konditionierung" - wird folglich mit einer Steigerung der Komplexität und Erhöhung der Kontingenz des Sozialsystems Gesellschaft erreicht. Das Recht sichert als Immunsystem diese funktionalen Erfordernisse einer modernen Gesellschaft dadurch ab, daß es die Neinsagepotenz und die Kommunizierbarkeit von Widersprüchen erhöht. Jede/r kann es sich unter den formalen Bedingungen des Rechts leisten, einen Widerspruch zu formulieren, Kritik zu äußern, einen Konflikt auszulösen. "Das Recht gibt dem Interaktionskonflikt ein allgemeines, auch für Außenstehende einsichtiges Interesse und nimmt ihnen das Odium einer bloß lokalen Unerfreulichkeit. Und es entzieht damit zugleich die Kriterien der Entscheidung des Streits den Interaktionspartnern. Sie dürfen sich streiten, wenn sie darauf verzichten, die Entscheidung über den Streit eigenmächtig herbeizuführen."[159] Ein modernes Rechtssystem konstruiert, so Luhmann, gerade erst Konflikte, um sie danach zu lösen.

Dem Immunsystem Recht fällt infolgedessen die Funktion zu, Konflikte zu ermöglichen, damit die Gesellschaft zu ihren eigenen Instabilitäten ein stabiles Verhältnis, das heißt die generalisierte Verhaltenserwartung, daß alles kontingent ist, gewinnen kann. Dabei setzt "jeder Konflikt [...] eine strukturierte Gesellschaft voraus"[160], so daß nicht der Kampf aller gegen alle zu gesellschaftlicher bzw. staatlicher Ordnung führt, sondern der Konflikt erst unter stabilen gesellschaftlichen Bedingungen Instabilität produzieren kann und soll. Es ließe sich demnach auch sagen: Jede Gesellschaft

158 Konflikte, die keine gesellschaftliche Relevanz haben, erreichen das Rechtssystem nicht, sondern werden im ursprünglichen System ausgetragen. Dabei ist es wahrscheinlich, daß das System intern Mechanismen herausgebildet hat, die Konflikte entschärfen. In der Familie wäre dies zum Beispiel eine relativ stabile Akzeptanz der elterlichen Autorität durch die Kinder.

159 Niklas Luhmann 1981, S. 57.

160 Niklas Luhmann 1983, S. 101.

produziert ihre eigenen Konflikte - die funktional ausdifferenzierte Gesellschaft sogar in besonders hohem Maße, was zu einer verstärkten - auch theoretischen - Beschäftigung mit Konflikten führen sollte.

Literatur

- Bergmann, Werner: Was bewegt die soziale Bewegung? Überlegungen zur Selbstkonstitution der 'neuen' sozialen Bewegung. In: Theorie als Passion. Hrsg. von Dirk Baecker. Frankfurt 1987. S. 362-393.
- Giegel, Hans-Joachim (Hrsg.): Kommunikation und Konsens. Frankfurt 1992.
- Habermas, Jürgen: Legitimationsprobleme im Spätkapitalismus. Frankfurt 1973.
- Habermas, Jürgen: Zur Rekonstruktion des Historischen Materialismus. Frankfurt 1976.
- Habermas, Jürgen: Vorstudien und Ergänzungen zur Theorie des kommunikativen Handelns. Frankfurt 1984.
- Habermas, Jürgen: Theorie des kommunikativen Handelns. Zwei Bände. Frankfurt 1988.
- Habermas, Jürgen: Faktizität und Geltung. Frankfurt 1994.
- Haferkamp, Hans; Schmidt, Michael: Sinn, Kommunikation und soziale Differenzierung. Frankfurt 1987.
- Honneth, Axel: Kampf um Anerkennung. Frankfurt 1992.
- Kneer, Georg: Bestandserhaltung und Reflexion. Zur kritischen Reformulierung gesellschaftlicher Rationalität. In: Kritik der Theorie sozialer Systeme. Hrsg. von Werner Krawietz und Michael Welker. Frankfurt 1992. S. 86-112.
- Krawietz, Werner; Welker, Michael (Hrsg.): Kritik sozialer Systeme. Frankfurt 1992.
- Luhmann, Niklas: Konflikt und Recht. In: Ausdifferenzierung des Rechts. Frankfurt 1981. S. 92-112.
- Luhmann, Niklas: Legitimation durch Verfahren. Frankfurt 1983.
- Luhmann, Niklas: Soziale Systeme. Frankfurt 1984.
- Luhmann, Niklas: Ökologische Kommunikation. Opladen 1986.
- Luhmann, Niklas: Das Recht der Gesellschaft. Frankfurt 1993.
- Stark, Carsten: Autopoiesis und Integration. Hamburg 1994.
- Willke, Helmut: Systemtheorie entwickelter Gesellschaften. Weinheim, München 1989.
- Willke, Helmut: Systemtheorie. Stuttgart, Jena 1993[4].

Teil II: Ausgewählte Texte

Von den Bedingungen der Menschen in bezug auf das Glück ihres Erdenlebens

Die Natur hat die Menschen sowohl in Hinsicht der Körperkräfte als der Geistesfähigkeiten einen wie den andern gleichmäßig begabt; und wenngleich einige mehr Kraft oder Verstand als andere besitzen, so ist der hieraus entstehende Unterschied im Ganzen betrachtet dennoch nicht so groß, daß der eine sich diesen oder jenen Vorteil versprechen könne, welchen der andere nicht auch zu hoffen berechtigt sei. In Ansehung der körperlichen Kraft wird man gewiß selten einen so schwachen Menschen finden, der nicht durch List, oder in Verbindung mit andern, die mit ihm in gleicher Gefahr sind, auch den stärksten zu töten fähig sein sollte. Eine noch größere Gleichheit findet sich aber bei den Geistesfähigkeiten, wovon jedoch die auszunehmen sind, welche im künstlichen Gebrauch der Sprache und in allgemeinen Wissenschaften bestehen, also nicht uns angeboren, noch durch Nachdenken und Anstrengung uns zu eigen wurden und diese werden nur wenigen Menschen und zwar in wenigen Fächern zuteil. Alles Nachdenken gründet sich auf Erfahrung, und wird von Natur einem jeden zu einerlei Zeit bei einerlei und gleich aufmerksam betrachteten Gegenständen auch gleichmäßig mitgeteilt. Nur daß einige eine höhere Meinung von sich haben, als sie sollten, scheint diese Gleichheit zweifelhaft zu machen; denn beinahe jedweder dünkt sich viel weiser als alle übrigen, die wenigen ausgenommen, welche diese Gleichheit entweder wegen des allgemeinen Rufes, oder wegen der Übereinstimmung ihrer Meinungen mit den ihrigen hochschätzen. Wenn auch der Mensch geneigt ist, einem andern in der Beredsamkeit oder Gelehrsamkeit den Vorzug vor sich selbst zuzugestehen, so wird er doch nicht einräumen wollen, daß jemand klüger sei als er. Jeder sieht seinen eigenen Verstand gleichsam aus der Nähe, den eines andern aber aus der Ferne an. Übrigens gibt die Zufriedenheit eines jeden mit seinem Verstande von der gleichmäßigen Verteilung der Verstandeskräfte den besten Beweis ab.

Hierauf gründet sich nun auch die Hoffnung, die ein jeder zur Befriedigung seiner Wünsche hegt. So oft daher zwei ein und dasselbe wünschen, dessen sie aber beide nicht zugleich teilhaftig werden können, so wird einer des andern Feind und um die vorgesetzte Absicht, welche mit der Selbsterhaltung immer verbunden ist, zu erreichen, werden beide dahin trachten, sich den andern entweder unterwürfig zu machen oder ihn zu töten. So oft daher jemand ein etwas einträglicheres Stück Land besitzt, es besät, bepflanzt und bebaut hat, und sein Nachbar Lust bekommt, ihn anzugreifen, weil er nur den Widerstand dieses einzigen und sonst nichts zu fürchten hat, so darf er nur die freiwillige Beihilfe anderer abwarten, um jenem nicht bloß die ganze Frucht seiner Arbeit, sondern auch Leben und Freiheit zu rauben: indes werden sie, sobald Stärkere über sie kommen, ein Gleiches erleiden müssen.

Bei dieser großen Furcht, welche die Menschen allgemein gegeneinander hegen, können sie sich nicht besser sichern, als dadurch, daß einer dem andern zuvorkommt oder so lange fortfährt, durch List und Gewalt sich alle anderen zu unterwerfen, als noch andere da sind, vor denen er sich zu fürchten hat. Dies ist aber nicht mehr, als was durch die Selbsterhaltung nötig gemacht und von jedermann zugegeben wird. Wenn diejenigen, welche mit mäßigen Besitzungen zufrieden sind, nur sich und das ihrige zu verteidigen, nicht aber ihre Macht dadurch zu vermehren suchen, daß sie andere selbst angreifen, so würden sie nicht lange bestehen können, weil es Menschen gibt, die entweder aus Gefühl ihrer Macht oder aus Ruhmsucht die ganze Erde sogar sich gern unterwürfig machen möchten. Deshalb muß jedem auch die gewaltsame Vermehrung seiner Besitzungen um der nötigen Selbsterhaltung willen zugestanden werden.

Wäre folglich keine Macht da, welche allen das Gleichgewicht halten könnte, so würde alsdann das Leben der Menschen nebeneinander natürlich nicht bloß freudenlos, sondern vielmehr auch höchst beschwerlich sein müssen. Ein jeder würde von anderen ebenso hoch geschätzt sein wollen, als er sich selbst schätzt, und jeden Beweis einer Geringschätzung nach Möglichkeit, wenn nämlich keine allgemeine Macht da ist, die jeden Totschlag zu hindern vermag, rächen, und bei andern durch dieses Beispiel der genommenen Rache eine höhere Achtung gegen sich zu erzwingen.

Mitbewerbung (Competitio), Verteidigung und Ruhm sind die drei hauptsächlichsten Veranlassungen, daß sich die Menschen miteinander veruneinigen. Mitbewerbung zielt auf Herrschaft und veranlaßt Streit über Gewinn; Verteidigung hat Sicherheit zur Absicht und streitet für Wohlfahrt; Ruhm strebt nach einem guten Namen und bewirkt oft über geringfügige Dinge Uneinigkeiten wie z. B. über ein Wort, ein Lächeln, eine Äußerung und über jeden Beweis der Geringschätzung entweder unserer selbst, oder unserer Freunde und Anverwandten, oder unseres Vaterlandes, Gewerbes und Namens.

Hieraus ergibt sich, daß ohne eine einschränkende Macht der Zustand der Menschen ein solcher sei, wie er zuvor beschrieben wurde, nämlich ein Krieg aller gegen alle. Denn der Krieg dauert ja nicht etwa nur so lange, als tätige Feindseligkeiten geübt werden, sondern so lange der Vorsatz herrscht, Gewalt mit Gewalt zu vertreiben. Beim Kriege kommt es wie bei der

Witterung allein auf die Dauer desselben an. So wenig ein heftiger Regen schon eine nasse Witterung ist, ebenso wenig wird irgend ein einzelnes Gefecht ein Krieg genannt werden können. Die Zeit aber in der kein Krieg herrscht, heißt F r i e d e n .

Was auch nur mit dem Kriege aller gegen alle verbunden ist, das findet sich auch bei den Menschen, die ihre Sicherheit einzig auf ihren Verstand und auf ihre körperlichen Kräfte gründen müssen. Da findet sich aber auch kein Fleiß (Industria), weil kein Vorteil davon zu erwarten ist; es gibt keinen Ackerbau, keine Schiffahrt, keine bequemen Wohnungen, keine Werkzeuge höherer Art, keine Länderkenntnis, keine Zeitrechnung, keine Künste, keine gesellschaftlichen Verbindungen; statt alles dessen ein tausendfaches Elend; Furcht, gemordet zu werden, stündliche Gefahr, ein einsames, kümmerliches, rohes und kurz dauerndes Leben.

Wer hierüber noch niemals nachdachte, dem muß es allerdings auffallen, daß die Natur die Menschen so ungesellig gemacht und sogar einen zu des andern Mörder bestimmt habe: und doch ergibt sich dies offenbar aus der Beschaffenheit ihrer Leidenschaften, und wird durch die Erfahrung bekräftigt. Man denke nur, warum mühen wir uns um Begleiter? Warum versehen wir uns mit Waffen, wenn wir eine Reise antreten? Warum verschließen wir Türen und Schränke, sobald wir uns schlafen legen? Wozu sind Gesetze und Männer, die jede Gewaltsamkeit zu rächen befugt sind? - Was hegen wir also für Gedanken von unsern Mitbürgern, Nachbarn und Hausgenossen? Klagt man durch solche Vorsichtsmaßregeln das Menschengeschlecht nicht ebenso hart an als dich? Die Natur selbst ist hierbei außer Schuld. Die Leidenschaften der Menschen sind ebenso wenig wie die daraus entstehenden Handlungen Sünde, so lange keine Macht da ist, welche sie hindert, solange ein Gesetz noch nicht gegeben ward, ist es auch nicht vorhanden, und solange der Gesetzgeber nicht einmütig ernannt worden, kann auch kein Gesetz gegeben werden. Doch wozu noch mehr Beweise für verständige Menschen in einer Sache, wovon auch die Hunde ein Gefühl zu haben scheinen; wer kommt, den bellen sie an, bei Tage jeden Unbekannten, des Nachts aber jedweden.

Aber, möchte jemand sagen: es hat niemals einen Krieg aller gegen alle gegeben! Wie, hat nicht Kain seinen Bruder aus Neid ermordet? Würde er das wohl gewagt haben, wenn schon damals eine allgemein anerkannte Macht, die eine solche Greueltat hätte rächen können, dagewesen wäre? Wird nicht selbst zu unseren Zeiten noch an vielen Orten ein solches Leben geführt? Die Amerikaner leben zum Teil so, bloß daß sie sich in kleinen Familien gewissen väterlichen Gesetzen unterworfen haben, und die Eintracht dieser Familien dauert nur so lange, als sie von einerlei Absichten beseelt werden. Aus jedem Bürgerkriege erhellt, wie das menschliche Leben ohne einen allgemeinen Oberherrn beschaffen sein würde.

Gab es auch gleich niemals eine Zeit, in der ein jeder eines jeden Feind war, so leben doch die Könige, und die, welche die höchste Gewalt haben, miteinander in beständiger Feindschaft. Sie haben sich wechselseitig in stetem Verdacht; wie Fechter stehen sie gegeneinander, beobachten sich genau, und halten ihre Waffen in Bereitschaft, nämlich ihre Festungen und Kriegsheere an den Grenzen und ihre geheimen Kundschafter im Feindeslande. Ist das nicht wirklicher Krieg? - Freilich wird hierbei nicht alles das Elend wahrgenommen, welches die allgemeine Freiheit einzelner Menschen mit sich führen würde; indes konnte dennoch auf keine andere Art für das Wohl der Untertanen gesorgt werden.

Bei dem Kriege aller gegen alle kann auch nichts ungerecht genannt werden. In einem solchen Zustande haben selbst die Namen Gerecht und Ungerecht keinen Platz. Im Kriege sind Gewalt und List Haupttugenden; und weder Gerechtigkeit noch Ungerechtigkeit sind notwendige Eigenschaften des Menschen; weil, wenn sie dies wären, so müßten sie auch bei demjenigen angetroffen werden, der einsam und allein auf der Welt lebt. Sie sind Eigenschaften des Menschen, aber nicht insofern er Mensch überhaupt, sondern insofern er Bürger ist. Eben daraus fließt ferner, daß es in einem solchen Zustande keinen Besitz, kein Eigentum, kein Mein und Dein gibt, sondern was jemand erworben hat, gehört ihm, so lange er es sich zu sichern imstande ist. Genug von dem bloßen Naturstande des Menschen, aus dem er nur durch Vernunft und gewissermaßen auch durch seine Leidenschaften gerettet werden konnte.

Die Leidenschaften, die die Menschen zum Frieden unter sich geneigt machen können, sind: die Furcht überhaupt und insbesondere die Furcht vor einem gewaltsamen Tod; ferner, das Verlangen nach den zu einem glücklichen Leben erforderlichen Bedürfnissen, und endlich die Hoffnung, diese sich durch Anstrengung wirklich zu verschaffen. Die Vernunft aber liefert uns einige zum Frieden führende Grundsätze und das sind die natürlichen Gesetze, von welchen in den nächstfolgenden beiden Kapiteln umständlicher gehandelt werden wird.

Was ist der Krieg?

1. Einleitung

Wir denken die einzelnen *Elemente* unseres Gegenstandes, dann *die einzelnen Teile* oder Glieder desselben und zuletzt *das Ganze* in seinem inneren Zusammenhange zu betrachten, also vom Einfachen zum Zusammengesetzten fortzuschreiten. Aber es ist hier mehr als irgendwo nötig, mit einem Blick auf das Wesen des Ganzen anzufangen, weil hier mehr als irgendwo mit dem Teile auch zugleich immer das Ganze gedacht werden muß.

2. Definition

Wir wollen hier nicht erst in eine schwerfällige publizistische Definition des Krieges hineinsteigen, sondern uns an das Element desselben halten, an den Zweikampf. Der Krieg ist nichts als ein erweiterter Zweikampf. Wollen wir uns die Unzahl der einzelnen Zweikämpfe, aus denen er besteht, als Einheit denken, so tun wir besser, uns zwei Ringende vorzustellen. Jeder sucht den anderen durch physische Gewalt zur Erfüllung seines Willens zu zwingen; sein *nächster* Zweck ist, den Gegner *niederzuwerfen* und dadurch zu jedem ferneren Widerstand unfähig zu machen.

Der Krieg ist also ein Akt der Gewalt, um den Gegner zur Erfüllung unseres Willens zu zwingen.

Die Gewalt rüstet sich mit den Erfindungen der Künste und Wissenschaften aus, um der Gewalt zu begegnen. Unmerkliche, kaum nennenswerte Beschränkungen, die sie sich selbst setzt unter dem Namen völkerrechtlicher Sitte, begleiten sie, ohne ihre Kraft wesentlich zu schwächen. Gewalt, d. h. die physische Gewalt (denn eine moralische gibt es außer dem Begriffe des Staates und Gesetzes nicht), ist also *das Mittel*, dem Feinde unseren Willen aufzudringen, *der Zweck*. Um diesen Zweck sicher zu erreichen, müssen wir den Feind wehrlos machen, und dies ist dem Begriff nach das eigentliche Ziel der kriegerischen Handlung. Es vertritt den Zweck und verdrängt ihn gewissermaßen als etwas nicht zum Kriege selbst Gehöriges.

3. *Äußerste Anwendung der Gewalt*

Nun könnten menschenfreundliche Seelen sich leicht denken, es gebe ein künstliches Entwaffnen oder Niederwerfen des Gegners, ohne zuviel Wunden zu verursachen, und das sei die wahre Tendenz der Kriegskunst. Wie gut sich das auch ausnimmt, so muß man doch diesen Irrtum zerstören, denn in so gefährlichen Dingen, wie der Krieg eins ist, sind die Irrtümer, welche aus Gutmütigkeit entstehen, gerade die schlimmsten. Da der Gebrauch der physischen Gewalt in ihrem ganzen Umfange die Mitwirkung der Intelligenz auf keine Weise ausschließt, so muß der, welcher sich dieser Gewalt rücksichtslos, ohne Schonung des Blutes bedient, ein Übergewicht bekommen, wenn der Gegner es nicht tut. Dadurch gibt er dem anderen das Gesetz, und so steigern sich beide bis zum äußersten, ohne daß es andere Schranken gäbe als die der innewohnenden Gegengewichte[1].

So muß man die Sache ansehen, und es ist ein unnützes, selbst verkehrtes Bestreben, aus Widerwillen gegen das rohe Element die Natur desselben außer acht zu lassen.

Sind die Kriege gebildeter Völker viel weniger grausam und zerstörend als die der ungebildeten, so liegt das in dem gesellschaftlichen Zustande, sowohl der Staaten in sich als unter sich. Aus diesem Zustande und seinen Verhältnissen geht der Krieg hervor, durch ihn wird er bedingt, eingeengt, ermäßigt: aber diese Dinge gehören ihm nicht selbst an, sind ihm nur ein Gegebenes, und nie kann in die Philosophie des Krieges selbst ein Prinzip der Ermäßigung hineingetragen werden, ohne eine Absurdität zu begehen.

Der Kampf zwischen Menschen besteht eigentlich aus zwei verschiedenen Elementen, dem feindseligen Gefühl und der feindseligen Absicht. Wir haben das letztere dieser beiden Elemente zum Merkmal unserer Definition gewählt, weil es das allgemeine ist. Man kann sich auch die roheste, an Instinkt grenzende Leidenschaft des Hasses nicht ohne feindliche Absicht denken, dagegen gibt es viele feindselige Absichten, die von gar keiner oder wenigstens von keiner vorherrschenden Feindschaft der Gefühle begleitet sind. Bei rohen Völkern herrschen die dem Gemüt, bei Gebildeten die dem Verstande angehörenden Absichten vor; allein dieser Unterschied liegt nicht in dem Wesen von Roheit und Bildung selbst, sondern in den sie begleitenden Umständen, Einrichtungen usw.: er ist also nicht notwendig in jedem einzelnen Fall, sondern er beherrscht nur die Mehrheit der Fälle, mit einem Wort: auch die gebildetsten Völker können gegeneinander leidenschaftlich entbrennen.

Man sieht hieraus, wie unwahr man sein würde, wenn man den Krieg der Gebildeten auf einen bloßen Verstandesakt der Regierungen zurückführen und ihn sich immer mehr als von aller Leidenschaft loslassend denken wollte, so daß er zuletzt die physischen Massen der Streitkräfte nicht wirklich mehr brauchte, sondern nur ihre Verhältnisse, eine Art Algebra des Handelns.

Die Theorie fing schon an, sich in dieser Richtung zu bewegen, als die Erscheinungen der letzten Kriege sie eines Besseren belehrten. Ist der Krieg ein Akt der Gewalt, so gehört er notwendig auch dem Gemüt an. Geht er nicht davon aus, so führt er doch darauf mehr oder weniger zurück, und dieses Mehr oder Weniger hängt nicht von dem Grade der Bildung, sondern von der Wichtigkeit und Dauer der feindseligen Interessen ab.

Finden wir also, daß gebildete Völker den Gefangenen nicht den Tod geben, Stadt und Land nicht zerstören, so ist es, weil sich die Intelligenz in ihre Kriegführung mehr mischt und ihnen wirksamere Mittel zur Anwendung der Gewalt gelehrt hat als diese rohen Äußerungen des Instinkts.

Die Erfindung des Pulvers, die immer weitergehende Ausbildung des Feuergewehrs zeigen schon hinreichend, daß die in dem Begriff des Krieges liegende Tendenz zur Vernichtung des Gegners auch faktisch durch die zunehmende Bildung keineswegs gestört oder abgelenkt worden ist.

Wir wiederholen also unseren Satz: der Krieg ist ein Akt der Gewalt, und es gibt in der Anwendung derselben keine Grenzen; so gibt jeder dem anderen das Gesetz, es entsteht eine Wechselwirkung, die dem Begriff nach zum äußersten führen muß. Dies ist die erste Wechselwirkung und das erste Äußerste, worauf wir stoßen.

(Erste Wechselwirkung.)

4. Das Ziel ist, den Feind wehrlos zu machen

Wir haben gesagt: den Feind wehrlos zu machen sei das Ziel des kriegerischen Aktes, und wir wollen nun zeigen, daß dies wenigstens in der theoretischen Vorstellung notwendig ist. Wenn der Gegner unseren Willen erfüllen soll, so müssen wir ihn in eine Lage versetzen, die nachteiliger ist als das Opfer, welches wir von ihm fordern; die Nachteile dieser Lage dürfen aber natürlich, wenigstens dem Anscheine nach, nicht vorübergehend sein, sonst würde der Gegner den besseren Zeitpunkt abwarten und nicht nachgeben. Jede Veränderung dieser Lage, welche durch die fortgesetzte kriegerische Tätigkeit hervorgebracht wird, muß also zu einer noch nachteiligeren führen, wenigstens in der Vorstellung. Die schlimmste Lage, in die ein Kriegführender kommen kann, ist die gänzlicher Wehrlosigkeit. Soll also der Gegner zur Erfüllung unseres Willens durch den kriegerischen Akt gezwungen werden, so müssen wir ihn entweder faktisch wehrlos machen oder in einen Zustand versetzen, daß er nach Wahrscheinlichkeit damit bedroht sei. Hieraus folgt: daß die Entwaffnung oder das Niederwerfen des Feindes, wie man es nennen will, immer das Ziel des kriegerischen Aktes sein muß.

Nun ist der Krieg nicht das Wirken einer lebendigen Kraft auf eine tote Masse, sondern, weil ein absolutes Leiden kein Kriegführen sein würde, so ist er immer der Stoß zweier lebendiger Kräfte gegeneinander, und was wir von dem letzten Ziel der kriegerischen Handlung gesagt haben, muß von beiden Teilen gedacht werden. Hier ist also wieder Wechselwirkung. Solange ich den Gegner nicht niedergeworfen habe, muß ich fürchten, daß er mich niederwirft, ich bin also nicht mehr Herr meiner, sondern er gibt mir das Gesetz, wie ich es ihm gebe. Dies ist die zweite Wechselwirkung, die zum zweiten Äußersten führt.

(Zweite Wechselwirkung.)

5. Äußerste Anstrengung der Kräfte

Wollen wir den Gegner niederwerfen, so müssen wir unsere Anstrengung nach seiner Widerstandskraft abmessen; diese drückt sich durch ein Produkt aus, dessen Faktoren sich nicht trennen lassen, nämlich: die Größe der vorhandenen Mittel und die Stärke der Willenskraft.

Die Größe der vorhandenen Mittel würde sich bestimmen lassen, da sie (wiewohl doch nicht ganz) auf Zahlen beruht, aber die Stärke der Willenskraft läßt sich viel weniger bestimmen und nur etwa nach der Stärke des Motivs schätzen. Gesetzt, wir bekämen auf diese Weise eine erträgliche Wahrscheinlichkeit für die Widerstandskraft des Gegners, so können wir danach unsere Anstrengungen abmessen und diese entweder so groß machen, daß sie überwiegen, oder, im Fall dazu unser Vermögen nicht hinreicht, so groß wie möglich. Aber dasselbe tut der Gegner; also neue gegenseitige Steigerung, die in der bloßen Vorstellung wieder das Bestreben zum Äußersten haben muß. Dies ist die dritte Wechselwirkung und ein drittes Äußerstes, worauf wir stoßen.

(Dritte Wechselwirkung.)

6. Modifikationen in der Wirklichkeit

So findet in dem abstrakten Gebiet des bloßen Begriffs der überlegende Verstand nirgends Ruhe, bis er an dem Äußersten angelangt ist, weil er es mit einem Äußersten zu tun hat, mit einem Konflikt von Kräften, die sich selbst überlassen sind, und die keinen anderen Gesetzen folgen als ihren inneren; wollten wir also aus dem bloßen Begriffe des Krieges einen absoluten Punkt für das Ziel, welches wir aussetzen, und für die Mittel, welche wir anwenden sollen, ableiten, so würden wir bei den beständigen Wechselwirkungen zu Extremen geraten, die nichts als ein Spiel der Vorstellungen wären, hervorgebracht durch einen kaum sichtbaren Faden logischer Spitzfindigkeit. Wenn man, fest an das Absolute haltend, alle Schwierigkeiten mit einem Federstrich umgehen und mit logischer Strenge darin beharren wollte, daß man sich jederzeit auf das Äußerste gefaßt machen und jedesmal die äußerste Anstrengung daransetzen müsse, so würde ein solcher Federstrich ein bloßes Büchergesetz sein und keins für die wirkliche Welt.

Gesetzt auch, jenes Äußerste der Anstrengungen wäre ein Absolutes, was leicht gefunden werden könnte, so muß man doch gestehen, daß der menschliche Geist sich dieser logischen Träumerei schwerlich unterordnen würde. Es würde in manchen Fällen ein unnützer Kraftaufwand entstehen, welcher in anderen Grundsätzen der Regierungskunst ein Gegengewicht finden müßte; eine Anstrengung des Willens würde erfordert werden, die mit dem vorgesetzten Zweck nicht im Gleichgewicht stände und also nicht ins Leben gerufen werden könnte, denn der menschliche Wille erhält seine Stärke nie durch logische Spitzfindigkeiten.

Anders aber gestaltet sich alles, wenn wir aus der Abstraktion in die Wirklichkeit übergehen[2]. Dort mußte alles dem Optimismus unterworfen bleiben, und wir mußten uns den einen wie den anderen denken, nicht bloß nach dem Vollkommenen strebend, sondern auch es erreichend. Wird dies jemals in der Wirklichkeit auch so sein? Es würde so sein, wenn:

1. der Krieg ein ganz isolierter Akt wäre, der urplötzlich entstünde und nicht mit dem früheren Staatsleben zusammenhinge,
2. wenn er aus einer einzigen oder aus einer Reihe gleichzeitiger Entscheidungen bestünde,
3. wenn er eine in sich vollendete Entscheidung enthielte und nicht der politische Zustand, welcher ihm folgen wird, durch den Kalkül schon auf ihn zurückwirkte.

7. Der Krieg ist nie ein isolierter Akt

Was den ersten Punkt betrifft, so ist jeder der beiden Gegner dem anderen keine abstrakte Person, auch für denjenigen Faktor im Widerstandsprodukt, der nicht auf äußere Dinge beruht, nämlich den Willen. Dieser Wille ist kein ganz Unbekanntes; er tut sich kund für das, was er morgen sein wird, in dem, was er heute war. Der Krieg entsteht nicht urplötzlich; seine Verbreitung ist nicht das Werk eines Augenblicks, es kann also jeder der beiden Gegner den anderen großenteils schon aus dem beurteilen, was er ist, was er tut, nicht nach dem, was er, strenge genommen, sein und tun müßte. Nun bleibt aber der Mensch mit seiner unvollkommenen Organisation immer hinter der Linie des Absolut-Besten zurück, und so werden diese von beiden Seiten in Wirksamkeit tretenden Mängel ein ermäßigendes Prinzip.

8. Er besteht nicht aus einem einzigen Schlag ohne Dauer

Der zweite Punkt gibt uns zu folgenden Betrachtungen Veranlassung.

Wäre die Entscheidung im Kriege eine einzige oder eine Reihe gleichzeitiger, so müßten natürlich alle Vorbereitungen zu derselben die Tendenz zum Äußersten bekommen, denn ein Versäumnis ließe sich auf keine Weise wieder einbringen; es würden also aus der wirklichen Welt höchstens die Vorbereitungen des Gegners, soweit sie uns bekannt sind, einen Maßstab für uns abgeben können, und alles übrige fiele wieder der Abstraktion anheim. Besteht aber die Entscheidung aus mehreren sukzessiven Akten, so kann natürlich der vorhergehende mit allen seinen Erscheinungen am nachfolgenden ein Maß werden, und auf diese Weise tritt auch hier die wirkliche Welt an die Stelle des Abstrakten und ermäßigt so das Bestreben nach dem Äußersten.

Nun würde aber jeder Krieg notwendig in einer einzigen Entscheidung oder in einer Reihe gleichzeitiger enthalten sein müssen, wenn die zum Kampf bestimmten Mittel alle zugleich aufgeboten würden oder sich aufbieten ließen; denn da eine n a c h t e i l i g e Entscheidung die Mittel notwendig vermindert, so kann, wenn sie in der ersten a l l e angewendet worden sind, eine zweite eigentlich nicht mehr gedacht werden. Alle kriegerischen Akte, die nachfolgen könnten, gehörten dem ersten wesentlich zu und bildeten eigentlich nur seine Dauer.

Allein wir haben gesehen, daß schon bei den Vorbereitungen zum Kriege die wirkliche Welt an die Stelle des bloßen Begriffs, ein wirkliches Maß an die Stelle einer äußersten Voraussetzung tritt; also schon darum werden beide Gegner in ihrer Wechselwirkung hinter der Linie einer äußersten Anstrengung zurückbleiben und also nicht sogleich alle Kräfte aufgeboten werden.

Aber es liegt auch in der Natur dieser Kräfte und ihrer Anwendung, daß sie nicht alle zugleich in Wirksamkeit treten k ö n n e n . Diese Kräfte sind: d i e e i g e n t l i c h e n S t r e i t k r ä f t e , d a s L a n d mit seiner Oberfläche und Bevölkerung und die B u n d e s g e n o s s e n .

Das Land mit seiner Oberfläche und Bevölkerung macht nämlich, außerdem daß es der Quell aller eigentlichen Streitkräfte ist, auch noch für sich einen integrierenden Teil der im Kriege wirksamen Größen aus, und zwar nur mit dem Teile, der zum Kriegstheater gehört oder einen merklichen Einfluß darauf hat.

Nun kann man wohl alle beweglichen Streitkräfte gleichzeitig wirken lassen, aber nicht alle Festungen, Ströme, Gebirge, Einwohner usw., kurz nicht das ganze Land, wenn dieses nicht so klein ist, daß es von dem ersten Akt des Krieges ganz umfaßt wird. Ferner ist die Mitwirkung der Bundesgenossenschaft nicht von dem Willen der Kriegführenden abhängig, und es liegt in der Natur der Staatenverhältnisse, daß sie häufig erst später eintritt oder sich verstärkt zur Herstellung des verlorenen Gleichgewichts.

Daß dieser Teil der Widerstandskräfte, welche nicht sogleich in Wirksamkeit gesetzt werden können, in manchen Fällen einen viel größeren Teil des Ganzen ausmacht, als man auf den ersten Blick glauben sollte, und daß dadurch selbst da, wo die erste Entscheidung mit einer großen Gewalt gegeben und also das Gleichgewicht der Kräfte sehr gestört worden ist, dieses doch wieder hergestellt werden kann, wird in der Folge näher entwickelt werden. Hier genügt es uns zu zeigen, daß der Natur des Krieges eine vollkommene Vereinigung der Kräfte in der Zeit entgegen ist. Nun könnte dies an und für sich kein Grund sein, die Steigerung der Anstrengungen für die erste Entscheidung zu ermäßigen, weil eine ungünstige Entscheidung immer ein Nachteil ist, dem man sich nicht absichtlich aussetzen wird, und weil die erste Entscheidung, wenn sie auch nicht die einzige bleibt, doch um so mehr Einfluß auf die folgenden haben wird, je größer sie gewesen ist; allein die Möglichkeit einer späteren Entscheidung macht, daß der menschliche Geist sich in seiner Scheu vor allzugroßen Anstrengungen dahinein flüchtet, also bei der ersten Entscheidung die Kräfte nicht in dem Maß sammelt und anstrengt, wie sonst geschehen sein würde. Was jeder der beiden Gegner aus Schwäche unterläßt, wird für den anderen ein wahrer objektiver Grund der Ermäßigung, und so wird durch diese Wechselwirkung wieder das Streben nach dem Äußersten auf ein bestimmtes Maß der Anstrengung zurückgeführt.

9. Der Krieg ist mit seinem Resultat nie etwas Absolutes

Endlich ist selbst die Totalentscheidung eines ganzen Krieges nicht immer für eine absolute anzusehen, sondern der erliegende Staat sieht darin oft nur ein vorübergehendes Übel, für welches in den politischen Verhältnissen späterer Zeiten noch eine Abhilfe gewonnen werden kann. Wie sehr auch dies die Gewaltsamkeit der Spannung und die Heftigkeit der Kraftanstrengung mäßigen muß, versteht sich von selbst.

10. Die Wahrscheinlichkeiten des wirklichen Lebens treten an die Stelle des Äußersten und Absoluten der Begriffe

Auf diese Weise wird dem ganzen kriegerischen Akte das strenge Gesetz der nach dem Äußersten getriebenen Kräfte genommen. Wird das Äußerste nicht mehr gefürchtet und nicht mehr gesucht, so bleibt dem Urteil überlassen, statt seiner die Grenzen für die Anstrengungen festzustellen, und dies kann nur aus den Daten, welche die Erscheinungen der wirklichen Welt darbieten, nach Wahrscheinlichkeitsgesetzen geschehen. Sind die beiden Gegner nicht mehr bloße Begriffe, sondern individuelle

Staaten und Regierungen, ist der Krieg nicht mehr ein idealer, sondern ein sich eigentümlich gestaltender Verlauf der Handlung, so wird das wirklich Vorhandene die Daten abgeben für das Unbekannte, zu Erwartende, was gefunden werden soll.

Aus dem Charakter, den Einrichtungen, dem Zustande, den Verhältnissen des Gegners wird jeder der beiden Teile nach Wahrscheinlichkeitsgesetzen auf das Handeln des anderen schließen und danach das seinige bestimmen.

11. Nun tritt der politische Zweck wieder hervor

Hier drängt sich nun von selbst ein Gegenstand von neuem in die Betrachtung, den wir (s. Nr. 2) daraus entfernt hatten: es ist der politische Zweck des Krieges. Das Gesetz des Äußersten, die Absicht, den Gegner wehrlos zu machen, ihn niederzuwerfen, hatte diesen Zweck bisher gewissermaßen verschlungen. Sowie dieses Gesetz in seiner Kraft nachläßt, diese Absicht von ihrem Ziel zurücktritt, muß der politische Zweck des Krieges wieder hervortreten. Ist die ganze Betrachtung ein Wahrscheinlichkeitskalkül, aus bestimmten Personen und Verhältnissen hervorgehend, so muß der politische Zweck als das ursprüngliche Motiv ein sehr wesentlicher Faktor in diesem Produkt werden. Je kleiner das Opfer ist, welches wir von unserem Gegner fordern, um so geringer dürfen wir erwarten, daß seine Anstrengungen sein werden, es uns zu versagen. Je geringer aber diese sind, um so kleiner dürfen auch die unsrigen bleiben. Ferner, je kleiner unser politischer Zweck ist, um so geringer wird der Wert sein, den wir auf ihn legen, um so eher werden wir uns gefallen lassen, ihn aufzugeben: also um so kleiner werden auch aus diesem Grunde unsere Anstrengungen sein. So wird also der politische Zweck als das ursprüngliche Motiv des Krieges das Maß sein, sowohl für das Ziel, welches durch den kriegerischen Akt erreicht werden muß, als für die Anstrengungen, die erforderlich sind. Aber er wird dies nicht an und für sich sein können, sondern, weil wir es mit wirklichen Dingen zu tun haben und nicht mit bloßen Begriffen, so wird er es in Beziehung auf die beiderseitigen Staaten sein. Ein und derselbe politische Zweck kann bei verschiedenen Völkern, oder selbst bei ein und demselben Volk, zu verschiedenen Zeiten ganz verschiedene Wirkungen hervorbringen. Wir können also den politischen Zweck nur so als das Maß gelten lassen, indem wir uns ihn in Einwirkungen auf die Massen denken, die er bewegen soll, so daß also die Natur dieser Massen in Betrachtung kommt. Daß dadurch das Resultat ein ganz anderes werden kann, je nachdem sich in den Massen Verstärkungs- oder Schwächungsprinzipe für die Handlung finden, ist leicht einzusehen. Es können in zwei Völkern und

Staaten sich solche Spannungen, eine solche Summe feindseliger Elemente finden, daß ein an sich sehr geringes politisches Motiv des Krieges eine weit über seine Natur hinausgehende Wirkung, eine wahre Explosion hervorbringen kann.

Dies gilt für die Anstrengungen, welche der politische Zweck in beiden Staaten hervorrufen, und für das Ziel, welches er der kriegerischen Handlung stecken soll. Zuweilen wird er selbst dieses Ziel sein können, z. B. die Eroberung einer gewissen Provinz. Zuweilen wird der politische Zweck selbst sich nicht dazu eignen, das Ziel der kriegerischen Handlung abzugeben; dann muß ein solches genommen werden, welches als ein Äquivalent für ihn gelten und beim Frieden ihn vertreten kann. Aber auch hierbei ist immer die Rücksicht auf die Eigentümlichkeit der wirkenden Staaten vorausgesetzt. Es gibt Verhältnisse, wo das Äquivalent viel größer sein muß als der politische Zweck, wenn dieser damit errungen werden soll. Der politische Zweck wird als Maß um so mehr vorherrschen und selbst entscheiden, je gleichgültiger sich die Massen verhalten, je geringer die Spannungen sind, die auch außerdem in beiden Staaten und ihren Verhältnissen sich finden, und so gibt es Fälle, wo er fast allein entscheidet.

Ist nun das Ziel des kriegerischen Aktes ein Äquivalent für den politischen Zweck, so wird er im allgemeinen mit diesem heruntergehen, und zwar um so mehr, je mehr dieser Zweck vorherrscht; und so erklärt es sich, wie ohne inneren Widerspruch es Kriege mit allen Graden von Wichtigkeit und Energie geben kann, von dem Vernichtungskriege hinab bis zur bloßen bewaffneten Beobachtung. Dies führt uns aber zu einer Frage anderer Art, die wir noch zu entwickeln und zu beantworten haben.

12. Ein Stillstand im kriegerischen Akt ist dadurch noch nicht erklärt

Wie unbedeutend auch die politischen Forderungen beider Gegner sein mögen, wie schwach die aufgebotenen Mittel, wie gering das Ziel, welches sie dem kriegerischen Akte stecken, kann dieser Akt je einen Augenblick stillstehen? Dies ist eine in das Wesen der Sache tief eindringende Frage.

Jede Handlung braucht zu ihrer Vollziehung eine gewisse Zeit, die wir ihre Dauer nennen. Diese kann größer oder kleiner sein, je nachdem der Handelnde mehr oder weniger Eile hineinlegt.

Um dieses Mehr oder Weniger wollen wir uns hier nicht bekümmern. Jeder macht die Sache auf seine Weise; der Langsame aber macht sie nicht darum langsamer, weil er mehr Zeit darauf verbringen will, sondern weil er seiner Natur nach mehr Zeit braucht und sie bei größerer Eile weniger gut machen würde. Diese Zeit hängt also von inneren Gründen ab und gehört zur eigentlichen D a u e r der Handlung.

Lassen wir nun im Kriege einer jeden Handlung diese ihre Dauer, so müssen wir wenigstens auf den ersten Blick dafürhalten, daß jeder Zeitaufwand außer dieser Dauer, d. h. jeder Stillstand im kriegerischen Akt widersinnig erscheint. Wir müssen immer dabei nicht vergessen, daß nicht von dem Fortschreiten des einen oder anderen der beiden Gegner, sondern von dem Fortschreiten des ganzen kriegerischen Aktes die Rede ist.

13. Es gibt nur einen Grund, welcher das Handeln aufhalten kann, und dieser scheint immer nur auf einer Seite sein zu können

Haben beide Teile sich zum Kampf gerüstet, so muß ein feindseliges Prinzip sie dazu vermocht haben; solange sie nun gerüstet bleiben, d. h. nicht Frieden schließen, muß dieses Prinzip vorhanden sein, und es kann bei jedem der beiden Gegner nur unter einer einzigen Bedingung ruhen, nämlich: einen günstigeren Zeitpunkt des Handelns abwarten zu wollen. Nun scheint es auf den ersten Blick, daß diese Bedingung immer nur auf einer Seite vorhanden sein könne, weil sie eo ipso auf der anderen zum Gegenteil wird. Hat der eine das Interesse des Handelns, so muß der andere das Interesse des Abwartens haben.

Ein völliges Gleichgewicht der Kräfte kann einen Stillstand nicht hervorbringen, denn bei einem solchen müßte der, welcher den positiven Zweck hat (der Angreifende), der Vorschreitende bleiben.

Wollte man sich aber das Gleichgewicht so denken, daß derjenige, welcher den positiven Zweck, also das stärkere Motiv hat, zugleich über die geringeren Kräfte gebietet, so daß die Gleichung aus dem Produkt von Motiv und Kräften entstände, so müßte man immer noch sagen: wenn für diesen Zustand des Gleichgewichts keine Veränderung vorher zu sehen ist, so müssen beide Teile Frieden machen; ist sie aber vorher zu sehen, so wird sie nur dem einen günstig sein und dadurch also der andere zum Handeln bewogen werden müssen. Wir sehen, daß der Begriff des Gleichgewichts den Stillstand nicht erklären kann, sondern daß es doch wieder auf das Abwarten eines günstigeren Augenblicks hinausläuft. Gesetzt also, von zwei Staaten habe der eine einen positiven Zweck: er will eine Provinz des Gegners erobern, um sie beim Frieden geltend zu machen. Nach dieser Eroberung ist sein politischer Zweck erfüllt, das Bedürfnis des Handelns hört auf, für ihn tritt Ruhe ein. Will der Gegner sich auch bei diesem Erfolg beruhigen, so muß er Frieden schließen, will er dies nicht, so muß er handeln; nun läßt sich denken, daß er in vier Wochen mehr dazu organisiert sein wird, er hat also einen hinlänglichen Grund, das Handeln zu verschieben.

Von dem Augenblick an aber, so scheint es, fällt die logische Verpflichtung des Handelns dem Gegner zu, damit dem Besiegten nicht Zeit gelassen werde, sich zum Handeln auszurüsten. Es versteht sich, daß hierbei eine vollkommene Einsicht des Falles von beiden Seiten vorausgesetzt wird.

14. Dadurch würde eine Kontinuität in das kriegerische Handeln kommen, die alles wieder steigerte

Wäre diese Kontinuität des kriegerischen Aktes wirklich vorhanden, so würde durch sie wieder alles zum Äußersten getrieben werden, denn abgesehen davon, daß eine solche rastlose Tätigkeit die Gemütskräfte mehr entflammen und dem Ganzen einen höheren Grad von Leidenschaft, eine größere Elementarkraft geben würde, so würde auch durch die Kontinuität des Handelns eine strengere Folge, eine ungestörtere Kausalverbindung entstehen und damit jede einzelne Handlung bedeutender und also gefahrvoller werden.

Aber wir wissen, daß die kriegerische Handlung selten oder nie diese Kontinuität hat, und daß es eine Menge von Kriegen gibt, wo das Handeln bei weitem den geringsten Teil der angewendeten Zeit einnimmt und der Stillstand den ganzen übrigen. Dies kann unmöglich immer eine Anomalie, und der Stillstand im kriegerischen Akt muß möglich, d. h. kein Widerspruch in sich sein. Daß und wie es so ist, wollen wir jetzt zeigen.

15. Hier wird also ein Prinzip der Polarität in Anspruch genommen

Indem wir das Interesse des einen Feldherrn immer in entgegengesetzter Größe bei dem anderen gedacht haben, haben wir eine wahre P o l a r i t ä t angenommen. Wir behalten uns vor, diesem Prinzip in der Folge ein eigenes Kapitel zu widmen, müssen aber hier folgendes darüber sagen.

Das Prinzip der Polarität ist nur gültig, wenn diese an ein und demselben Gegenstand gedacht wird, wo die positive Größe und ihr Gegensatz, die negative, sich genau vernichten. In einer Schlacht will jeder der beiden Teile siegen; das ist wahre Polarität, denn der Sieg des einen vernichtet den des anderen. Wenn aber von zwei verschiedenen Dingen die Rede ist, die eine gemeinschaftliche Beziehung außer sich haben, so haben nicht d i e s e D i n g e , sondern ihre Beziehungen die Polarität.

16. Angriff und Verteidigung sind Dinge von verschiedener Art und von ungleicher Stärke, die Polarität kann also nicht auf sie angewendet werden

Gäbe es nur eine Form des Krieges, nämlich den Anfall des Gegners, also keine Verteidigung, oder mit anderen Worten, unterschiede sich der Angriff von der Verteidigung bloß durch das positive Motiv, welches jener hat und diese entbehrt, der Kampf wäre aber immer ein und derselbe: so würde in diesem Kampfe jeder Vorteil des einen immer ein ebenso großer Nachteil des anderen sein, und es wäre Polarität vorhanden.

Allein die kriegerische Tätigkeit zerfällt in zwei Formen, Angriff und Verteidigung, die, wie wir in der Folge sächlich dartun werden, sehr verschieden und von ungleicher Stärke sind. Die Polarität liegt also in dem, worauf sich beide beziehen, in der Entscheidung, aber nicht im Angriff und der Verteidigung selbst. Will der eine Feldherr die Entscheidung später, so muß der andere sie früher wollen, aber freilich nur bei derselben Form des Kampfes. Hat A das Interesse, seinen Gegner nicht jetzt, sondern vier Wochen später anzugreifen, so hat B das Interesse, nicht vier Wochen später, sondern jetzt von ihm angegriffen zu werden. Dies ist der unmittelbare Gegensatz; daraus folgt aber nicht, daß B das Interesse hätte, A jetzt gleich anzugreifen, welches offenbar etwas ganz Verschiedenes ist.

17. Die Wirkung der Polarität wird oft durch die Überlegenheit der Verteidigung über den Angriff vernichtet, und so erklärt sich der Stillstand des kriegerischen Aktes

Ist die Form der Verteidigung stärker als die des Angriffs, wie wir in der Folge zeigen werden, so frägt es sich, ob der Vorteil der späteren Entscheidung bei dem einen so groß ist wie der Vorteil der Verteidigung bei dem anderen; wo das nicht ist, da kann er auch nicht vermittelst seines Gegensatzes diesen aufwiegen und so auf das Fortschreiten des kriegerischen Aktes wirken. Wir sehen also, daß die anregende Kraft, welche die Polarität der Interessen hat, sich in dem Unterschied der Stärke von Angriff und Verteidigung verlieren und dadurch unwirksam werden kann.

Wenn also derjenige, für welchen die Gegenwart günstig ist, zu schwach ist, um den Vorteil der Verteidigung entbehren zu können, so muß er sich gefallen lassen, der ungünstigeren Zukunft entgegenzugehen; denn es kann immer noch besser sein, sich in dieser ungünstigen Zukunft verteidigend zu schlagen, als jetzt angreifend, oder als Frieden zu schließen. Da nun nach unserer Überzeugung die Überlegenheit der Verteidigung (richtig verstanden) sehr groß und viel größer ist, als man sich beim ersten Anblick denkt, so erklärt sich daraus ein sehr großer Teil der Stillstandsperioden, welche im Kriege vorkommen, ohne daß man genötigt ist, dabei auf einen inneren Widerspruch zu schließen. Je schwächer die Motive des Handelns sind, um so mehr werden ihrer von diesem Unterschied von Angriff und Verteidigung verschlungen und neutralisiert werden, um so häufiger also wird der kriegerische Akt innehalten, wie die Erfahrung dies auch lehrt.

18. Ein zweiter Grund liegt in der unvollkommenen Einsicht des Falles

Aber es gibt noch einen anderen Grund, welcher den kriegerischen Akt zum Stehen bringen kann, nämlich die unvollkommene Einsicht des Falles. Jeder Feldherr übersieht nur seine eigene Lage genau, die des Gegners nur nach ungewissen Nachrichten; er kann sich also in seinem Urteil darüber irren und infolge dieses Irrtums glauben, das Handeln sei am Gegner, wenn es eigentlich an ihm ist. Dieser Mangel an Einsicht könnte nun zwar ebensooft ein unzeitiges Handeln wie ein unzeitiges Innehalten veranlassen und würde also an sich nicht mehr zur Verzögerung als zur Beschleunigung des kriegerischen Aktes beitragen; aber immer wird es als eine der natürlichen Ursachen betrachtet werden müssen, welche den kriegerischen Akt ohne inneren Widerspruch zum Stehen bringen können. Wenn man aber bedenkt, daß man immer vielmehr geneigt und veranlaßt ist, die Stärke seines Gegners zu hoch, als sie zu gering zu schätzen, weil es so in der menschlichen Natur ist, so wird man auch zugeben, daß die unvollkommene Einsicht des Falles im allgemeinen sehr dazu beitragen muß, die kriegerische Handlung aufzuhalten und das Prinzip derselben zu ermäßigen.

Die Möglichkeit eines Stillstandes führt eine neue Ermäßigung in den kriegerischen Akt, indem sie denselben gewissermaßen mit Zeit verdünnt, die Gefahr in ihrem Schritte hemmt und die Mittel zur Herstellung eines verlorenen Gleichgewichts vermehrt. Je größer die Spannungen sind, aus denen der Krieg hervorgegangen, je größer also seine Energie ist, um so kürzer werden diese Stillstandsperioden sein; je schwächer das kriegerische Prinzip ist, um so länger; denn die stärkeren Motive vermehren die Willenskraft, und diese ist, wie wir wissen, jedesmal ein Faktor, ein Produkt der Kräfte.

19. Der häufige Stillstand im kriegerischen Akt entfernt den Krieg noch mehr vom Absoluten, macht ihn noch mehr zum Wahrscheinlichkeitskalkül

Je langsamer aber der kriegerische Akt abläuft, je häufiger und länger er zum Stehen kommt, um so eher wird es möglich, einen Irrtum gutzumachen, um so dreister wird also der Handelnde in seinen Voraussetzungen, um so eher wird er damit hinter der Linie des Äußersten zurückbleiben und alles auf Wahrscheinlichkeiten und Vermutungen bauen. Was also die Natur des konkreten Falles an sich schon erfordert, einen Wahrscheinlichkeitskalkül nach den gegebenen Verhältnissen, dazu läßt der mehr oder weniger langsame Verlauf des kriegerischen Aktes mehr oder weniger Zeit.

20. Es fehlt also nur noch der Zufall, um ihn zum Spiel zu machen, und dessen entbehrt er am wenigsten

Wir sehen hieraus, wie sehr die objektive Natur des Krieges ihn zu einem Wahrscheinlichkeitskalkül macht; nun bedarf es nur noch eines einzigen Elementes, um ihn zum Spiel zu machen, und dieses Elementes entbehrt er gewiß nicht: es ist der Zufall. Es gibt keine menschliche Tätigkeit, welche mit dem Zufall so beständig und so allgemein in Berührung stände als der Krieg. Mit dem Zufall aber nimmt das Ungefähr und mit ihm das Glück einen großen Platz in ihm ein.

21. Wie durch seine objektive Natur, so wird der Krieg auch durch die subjektive zum Spiel

Werfen wir nun einen Blick auf die subjektive Natur des Krieges, d. h. auf diejenigen Kräfte, womit er geführt werden muß, so muß er uns noch mehr als ein Spiel erscheinen. Das Element, in welchem die kriegerische Tätigkeit sich bewegt, ist Gefahr; welche aber ist in der Gefahr die vornehmste aller Seelenkräfte? Der Mut. Nun kann zwar Mut sich wohl mit kluger Berechnung vertragen, aber sie sind doch Dinge von verschiedener Art, gehören verschiedenen Seelenkräften an; dagegen sind Wagen, Vertrauen auf Glück, Kühnheit, Verwegenheit nur Äußerungen des Mutes, und alle diese Richtungen der Seele suchen das Ungefähr, weil es ihr Element ist.

Wir sehen also, wie von Hause aus das Absolute, das sogenannte Mathematische, in den Berechnungen der Kriegskunst nirgends einen festen Grund findet, und daß gleich von vornherein ein Spiel von Möglichkeiten, Wahrscheinlichkeiten, Glück und Unglück hineinkommt, welches in allen großen und kleinen Fäden seines Gewebes fortläuft und von allen Zweigen des menschlichen Tuns den Krieg dem Kartenspiel am nächsten stellt.

22. Wie dies dem menschlichen Geiste im allgemeinen am meisten zusagt

Obgleich sich unser Verstand immer zur Klarheit und Gewißheit hingedrängt fühlt, so fühlt sich doch unser Geist oft von der Ungewißheit angezogen. Statt sich mit dem Verstande auf dem engen Pfade philosophischer Untersuchung und logischer Schlußfolgen durchzuwinden, um, seiner selbst sich kaum bewußt, in Räumen anzukommen, wo er sich fremd fühlt, und wo ihn alle bekannten Gegenstände zu verlassen scheinen, weilt er lieber mit der Einbildungskraft im Reiche der Zufälle und des Glücks. Statt jener dürftigen Notwendigkeit schwelgt er hier im Reichtum von Möglichkeiten; begeistert davon, beflügelt sich der Mut, und so wird Wagnis und Gefahr das Element, in welches er sich wirft wie der mutige Schwimmer in den Strom.

Soll die Theorie ihn hier verlassen, sich in absoluten Schlüssen und Regeln selbstgefällig fortbewegen? Dann ist sie unnütz fürs Leben. Die Theorie soll auch das Menschliche berücksichtigen, auch dem Mut, der Kühnheit, selbst der Verwegenheit soll sie ihren Platz gönnen. Die Kriegskunst hat es mit lebendigen und mit moralischen Kräften zu tun, daraus folgt, daß sie nirgends das Absolute und Gewisse erreichen kann; es bleibt also überall dem Ungefähr ein Spielraum, und zwar ebenso groß bei dem Größten wie bei dem Kleinsten. Wie dieses Ungefähr auf der einen Seite steht, muß Mut und Selbstvertrauen auf die andere treten und die Lücke ausfüllen. So groß wie diese sind, so groß darf der Spielraum für jenes werden. Mut und Selbstvertrauen sind also dem Kriege ganz wesentliche Prinzipe; die Theorie soll folglich nur solche Gesetze aufstellen, in welchen sich jene notwendigen und edelsten der kriegerischen Tugenden in allen ihren Graden und Veränderungen frei bewegen können. Auch im Wagen gibt es noch eine Klugheit und ebensogut eine Vorsicht, nur daß sie nach einem anderen Münzfuß berechnet sind.

23. Aber der Krieg bleibt doch immer ein ernsthaftes Mittel für einen ernsthaften Zweck. Nähere Bestimmungen desselben

So ist der Krieg, so der Feldherr, der ihn führt, so die Theorie, die ihn regelt. Aber der Krieg ist kein Zeitvertreib, keine bloße Lust am Wagen und Gelingen, kein Werk einer freien Begeisterung; er ist ein ernstes Mittel für einen ernsten Zweck. Alles, was er von jenem Farbenspiel des Glückes an sich trägt, was er von den Schwingungen der Leidenschaften, des Mutes, der Phantasie, der Begeisterung in sich aufnimmt, sind nur Eigentümlichkeiten dieses Mittels.

Der Krieg einer Gemeinheit - ganzer Völker - und namentlich g e b i l d e t e r Völker geht immer von einem politischen Zustande aus und wird nur durch ein politisches Motiv hervorgerufen. Er ist also ein politischer Akt. Wäre er nun ein vollkommener, ungestörter, eine absolute Äußerung der Gewalt, wie wir ihn uns aus seinem bloßen Begriff ableiten mußten, so würde er von dem Augenblicke an, wo er durch die Politik hervorgerufen ist, an ihre Stelle treten als etwas von ihr ganz Unabhängiges, sie verdrängen und nur seinen eigenen Gesetzen folgen, so wie eine Mine, die sich entladet, keiner anderen Richtung und Leitung mehr fähig ist, als die man ihr durch vorbereitende Einrichtungen gegeben. So hat man sich die Sache bisher auch wirklich gedacht, sooft ein Mangel an Harmonie zwischen der Politik und Kriegführung zu theoretischen Unterscheidungen der Art geführt hat. Allein so ist es nicht, und diese Vorstellung ist eine grundfalsche. Der Krieg der wirklichen Welt ist, wie wir gesehen haben, kein solches Äußerstes, was seine Spannung in einer einzigen Entladung löst, sondern er ist das Wirken von Kräften, die nicht vollkommen gleichartig und gleichmäßig sich entwickeln, sondern die jetzt hinreichend aufschwellen, um den Widerstand zu überwinden, den die Trägheit und die Friktion ihr entgegenstellen, ein anderes Mal aber zu schwach sind, um eine Wirkung zu äußern; so ist er gewissermaßen ein Pulsieren der Gewaltsamkeit, mehr oder weniger heftig, folglich mehr oder weniger schnell die Spannungen lösend und die Kräfte erschöpfend; mit anderen Worten: mehr oder weniger schnell ans Ziel führend, immer aber lange genug dauernd, um auch noch in seinem Verlauf

Einfluß darauf zu gestatten, damit ihm diese oder jene Richtung gegeben werden könne, kurz, um dem Willen einer leitenden Intelligenz unterworfen zu bleiben. Bedenken wir nun, daß der Krieg von einem politischen Zweck ausgeht, so ist es natürlich, daß dieses erste Motiv, welches ihn ins Leben gerufen hat, auch die erste und höchste Rücksicht bei seiner Leitung bleibt. Aber der politische Zweck ist deshalb kein despotischer Gesetzgeber, er muß sich der Natur des Mittels fügen und wird dadurch oft ganz verändert, aber immer ist er das, was zuerst in Erwägung gezogen werden muß. Die Politik also wird den ganzen kriegerischen Akt durchziehen und einen fortwährenden Einfluß auf ihn ausüben, soweit es die Natur der in ihm explodierenden Kräfte zuläßt.

24. Der Krieg ist eine bloße Fortsetzung der Politik mit anderen Mitteln

So sehen wir also, daß der Krieg nicht bloß ein politischer Akt, sondern ein wahres politisches Instrument ist, eine Fortsetzung des politischen Verkehrs, ein Durchführen desselben mit anderen Mitteln[3]. Was dem Kriege nun noch eigentümlich bleibt, bezieht sich bloß auf die eigentümliche Natur seiner Mittel. Daß die Richtungen und Absichten der Politik mit diesen Mitteln nicht in Widerspruch treten, das kann die Kriegskunst im allgemeinen und der Feldherr in jedem einzelnen Falle fordern[4], und dieser Anspruch ist wahrlich nicht gering; aber wie stark er auch in einzelnen Fällen auf die politischen Absichten zurückwirkt, so muß dies doch immer nur als eine Modifikation derselben gedacht werden, denn die politische Absicht ist der Zweck, der Krieg ist das Mittel, und niemals kann das Mittel ohne Zweck gedacht werden.

25. Verschiedenartigkeit der Kriege

Je großartiger und stärker die Motive des Krieges sind, je mehr sie das ganze Dasein der Völker umfassen, je gewaltsamer die Spannung ist, die dem Kriege vorhergeht, um so mehr wird der Krieg sich seiner abstrakten Gestalt nähern, um so mehr wird es sich um das Niederwerfen des Feindes handeln, um so mehr fallen das kriegerische Ziel und der politische Zweck zusammen, um so reiner kriegerisch, weniger politisch scheint der Krieg zu sein[5]. Je schwächer aber Motive und Spannungen sind, um so weniger wird die natürliche Richtung des kriegerischen Elementes, nämlich der Gewalt, in die Linie fallen, welche die Politik gibt, um so mehr muß also der Krieg von seiner natürlichen Richtung abgelenkt werden, um so verschiedener ist der politische Zweck von dem Ziel eines idealen Krieges, um so mehr scheint der Krieg p o l i t i s c h zu werden.

Wir müssen aber hier, damit der Leser nicht falsche Vorstellungen unterlege, bemerken, daß mit dieser n a t ü r l i c h e n T e n d e n z des

Krieges nur die philosophische, die eigentlich logische gemeint ist und keineswegs die Tendenz der wirklich im Konflikt begriffenen Kräfte, so daß man sich z. B. darunter alle Gemütskräfte und Leidenschaften der Kämpfenden denken sollte. Zwar könnten in manchen Fällen auch diese in solchem Maße angeregt sein, daß sie mit Mühe in dem politischen Wege zurückgehalten werden könnten; in den meisten Fällen aber wird solcher Widerspruch nicht entstehen, weil durch das Dasein so starker Bestrebungen auch ein großartiger, damit zusammenstimmender Plan bedingt sein wird. Wo dieser Plan nur auf Kleines gerichtet ist, da wird auch das Streben der Gemütskräfte in der Masse so gering sein, daß diese Masse immer eher eines Anstoßes als einer Zurückhaltung bedürfen wird.

26. Sie können alle als politische Handlungen betrachtet werden

Wenn es also, um zur Hauptsache zurückzukehren, auch wahr ist, daß bei der einen Art Krieg die Politik ganz zu verschwinden scheint, während sie bei der anderen Art sehr bestimmt hervortritt, so kann man doch behaupten, daß die eine so politisch sei wie die andere; denn betrachtet man die Politik wie die Intelligenz des personifizierten Staates, so muß unter allen Konstellationen, die ihr Kalkül aufzufassen hat, doch auch diejenige begriffen sein können, wo die Natur aller Verhältnisse einen Krieg der ersten Art bedingt. Nur insofern man unter Politik nicht eine allgemeine Einsicht, sondern den konventionellen Begriff einer der Gewalt abgewendeten, behutsamen, verschlagenen, auch unredlichen Klugheit versteht, könnte die letzte Art des Krieges ihr mehr angehören als die erstere.

27. Folgen dieser Ansicht für das Verständnis der Kriegsgeschichte und für die Grundlagen der Theorie

Wir sehen also erstens: daß wir uns den Krieg unter allen Umständen als kein selbständiges Ding, sondern als ein politisches Instrument zu denken haben; und nur mit dieser Vorstellungsart ist es möglich, nicht mit der sämtlichen Kriegsgeschichte in Widerspruch zu geraten. Sie allein schließt das große Buch zu verständiger Einsicht auf. - Zweitens: zeigt uns ebendiese Ansicht, wie verschieden die Kriege nach der Natur ihrer Motive und der Verhältnisse, aus denen sie hervorgehen, sein müssen.

Der erste, der großartigste, der entschiedenste Akt des Urteils nun, welchen der Staatsmann und Feldherr ausübt, ist der, daß er den Krieg, welchen er unternimmt, in dieser Beziehung richtig erkenne, ihn nicht für etwas nehme oder zu etwas machen wolle, was er der Natur der Verhältnisse nach nicht sein kann. Dies ist also die erste, umfassendste aller strategischen Fragen; wir werden sie in der Folge beim Kriegsplan näher in Betrachtung ziehen.

Hier begnügen wir uns, den Gegenstand bis auf diesen Punkt geführt und dadurch den Hauptgesichtspunkt festgestellt zu haben, aus welchem der Krieg und seine Theorie betrachtet werden müssen.

28. Resultat für die Theorie

Der Krieg ist also nicht nur ein wahres Chamäleon, weil er in jedem konkreten Falle seine Natur etwas ändert, sondern er ist auch seinen Gesamterscheinungen nach, in Beziehung auf die in ihm herrschenden Tendenzen eine wunderliche Dreifaltigkeit, zusammengesetzt aus der ursprünglichen Gewaltsamkeit seines Elementes, dem Haß und der Feindschaft, die wie ein *blinder Naturtrieb* anzusehen sind, aus dem Spiel der Wahrscheinlichkeiten und des Zufalls, die ihn zu einer *freien Seelentätigkeit* machen, und aus der untergeordneten Natur eines politischen Werkzeuges, wodurch er *dem bloßen Verstande* anheimfällt.

Die erste dieser drei Seiten ist mehr dem Volke, die zweite mehr dem Feldherrn und seinem Heer, die dritte mehr der Regierung zugewendet. Die Leidenschaften, welche im Kriege entbrennen sollen, müssen schon in den Völkern vorhanden sein; der Umfang, welchen das Spiel des Mutes und Talents im Reiche der Wahrscheinlichkeiten des Zufalls bekommen wird, hängt von der Eigentümlichkeit des Feldherrn und des Heeres ab, die politischen Zwecke aber gehören der Regierung allein an.

Diese drei Tendenzen, die als ebenso viele verschiedene Gesetzgebungen erscheinen, sind tief in der Natur des Gegenstandes gegründet und zugleich von veränderlicher Größe. Eine Theorie, welche eine derselben unberücksichtigt lassen oder zwischen ihnen ein willkürliches Verhältnis feststellen wollte, würde augenblicklich mit der Wirklichkeit in solchen Widerspruch geraten, daß sie dadurch allein schon wie vernichtet betrachtet werden müßte.

Die Aufgabe ist also, daß sich die Theorie zwischen diesen drei Tendenzen wie zwischen drei Anziehungspunkten schwebend erhalte.

Auf welchem Wege dieser schwierigen Aufgabe noch am ersten genügt werden könnte, wollen wir in dem Buche von der Theorie des Krieges untersuchen. In jedem Fall wird die hier geschehene Feststellung des Begriffs vom Kriege der erste Lichtstrahl, der für uns in den Fundamentalbau der Theorie fällt, der zuerst die großen Massen sondern und sie uns unterscheiden lassen wird.

Anmerkungen des Herausgebers Hahlweg (entsprechender Auszug)

1 Über Wesen und Probleme der "Gegengewichte" vgl. u. a. die Untersuchung von Friedrich von Cochenhausen: Der Wille zum Sieg. Clausewitz' Lehre von den dem Krieg innewohnenden Gegengewichten und ihrer Überwindung, erläutert am Feldzug 1814 in Frankreich. Berlin 1943.

2 Zu diesen und den folgenden Ausführungen von Clausewitz vgl. auch seine entsprechenden, allerdings in gedrängterer Form gehaltenen Äußerungen in seinem Brief an den Major i. G. von Roeder vom 22. 12. 1827: "Wir dürfen uns also nicht verleiten lassen, den Krieg wie einen bloßen Akt der Gewalt und der Vernichtung zu betrachten und aus diesem einfachen Begriff mit logischer Konsequenz eine Reihe von Folgerungen zu ziehen, die mit den Erscheinungen der wirklichen Welt gar nicht mehr zusammentreffen, sondern wir müssen darauf zurückkommen, daß der Krieg ein politischer Akt ist, der sein Gesetz nicht ganz in sich selbst trägt, ein wahres politisches Instrument, was nicht selbst wirkt, sondern von einer Hand geführt wird. Diese Hand ist die Politik . . . Nach diesen Entwicklungen brauche ich nicht zu beweisen, daß es Kriege geben kann, wo das Ziel ein noch geringfügigeres ist, eine bloße Drohung, eine bewaffnete Unterhandlung oder, in Fällen von Bündnissen, eine bloße Scheinhandlung. Es wäre ganz unphilosophisch, zu behaupten, diese Kriege gingen die Kriegskunst nichts mehr an. Sobald die Kriegskunst sich einmal genötigt sieht, einzuräumen, daß es vernünftigerweise Kriege geben kann, die nicht das Äußerste, das Niederwerfen und Vernichten des Feindes, zum Ziele haben, so muß sie auch zu allen möglichen Abstufungen hinuntersteigen, die das Interesse der Politik fordern kann"; vgl. Zwei Briefe des Generals von Clausewitz. Gedanken zur Abwehr (Militärwissenschaftliche Rundschau, 2. Jg. 1937, Sonderheft), S. 8. Über den Zusammenhang der Ausführungen dieser Briefe mit dem Werk "Vom Kriege" vgl. ebenda S. 2.

3 Vgl. hierzu unten Anmerkung 375.

4 Vgl. hierzu die entsprechende Äußerung Clausewitz' in seinem Brief an den Major i. G. von Roeder vom 22. 12. 1827 a. a. O. S. 8: "Die Aufgabe und das Recht der Kriegskunst der Politik gegenüber ist hauptsächlich zu verhüten, daß die Politik Dinge fordere, die gegen die Natur des Krieges sind, daß sie aus Unkenntnis über die Wirkungen des Instruments Fehler begeht in dem Gebrauch desselben"; vgl. auch unten Anmerkung 375.

5 Vgl. hierzu die entsprechenden Äußerungen von Clausewitz in seinem Brief an den Major i. G. von Roeder vom 22. 12. 1827 a. a. O. S. 8: "Je mehr die Politik von großartigem, das Ganze und sein Dasein umfassendem Interesse ausgeht, je mehr die Frage gegenseitig auf Sein und Nichtsein gestellt ist, um so mehr fällt Politik und Feindschaft zusammen, um so mehr geht jene in dieser auf, um so einfacher wird der Krieg, um so mehr geht er aus dem bloßen Begriff der Gewalt und Vernichtung hervor, um so mehr entspricht er allen Forderungen, die man aus diesen Begriffen logisch entwickeln kann, um so mehr Zusammenhang einer Notwendigkeit haben alle seine Teile. Ein solcher Krieg sieht ganz unpolitisch aus und darum hat man ihn für den Normalkrieg gehalten. Aber offenbar fehlt das politische Prinzip hier ebensowenig als bei anderen Kriegen, nur fällt es mit dem Begriff der Gewalt und Vernichtung ganz zusammen und verschwindet unserem Auge."

(...)

375 Vgl. hierzu auch die entsprechenden Ausführungen von Clausewitz in seinem Brief an den Major i. G. von Roeder vom 22. 12. 1827 (a. a. O. S. 6), in denen er nachdrücklich die enge Verbundenheit des Krieges mit der Politik und das absolute Vorherrschen des politischen Elementes im Kriegs- und Feldzugsplan betont: "Der Krieg ist kein selbständiges Ding, sondern die Fortsetzung der Politik mit veränderten Mitteln, daher sind die Hauptlineamente aller großen strategischen Entwürfe größtenteils politischer

N a t u r , und immer um so mehr, je mehr sie das Ganze des Krieges und Staates umfassen. Der ganze Kriegsplan geht unmittelbar aus dem politischen Dasein der beiden kriegsführenden Staaten sowie aus ihren Verhältnissen zu anderen hervor. Aus dem Kriegsplan geht der Feldzugsplan hervor, und ist sogar, wenn nämlich sich alles auf ein Kriegstheater beschränkt, oft identisch mit demselben. Aber auch in die einzelnen Teile eines Feldzuges zieht sich das politische Element hinein, und es ist wohl selten irgendein großer Akt des Krieges, wie eine Schlacht usw., wo sich nicht noch einiger Einfluß davon zeigte. Nach dieser Ansicht kann von einer r e i n m i l i t ä r i s c h e n Beurteilung eines großen strategischen Ganzen sowie von einem rein militärischen Entwurf desselben nicht die Rede sein. Daß diese Ansicht eine ganz notwendige ist, die, wenn man nur die Kriegsgeschichte im Auge hat, g a n z n a h e l i e g t , bedarf wohl keines Beweises. Daß sie aber dennoch bis jetzt nicht festgestellt worden ist, zeigt sich eben darin, daß man bis jetzt immer noch das rein Militärische eines großen strategischen Entwurfes von dem Politischen hat trennen und das letztere wie etwas Ungehöriges hat betrachten wollen. D e r K r i e g i s t n i c h t s a l s d i e F o r t s e t z u n g d e r p o l i t i s c h e n B e s t r e b u n g e n m i t v e r ä n d e r t e n M i t t e l n . Diese Ansicht lege ich der ganzen Strategie zugrunde und glaube, daß, wer sich weigert, ihre Notwendigkeit anzuerkennen, noch nicht recht einsieht, worauf es ankommt. Durch diesen Grundsatz wird die ganze Kriegsgeschichte verständlich, ohne ihn ist alles voll der größten Absurditäten." Darüber hinaus betont Clausewitz in einer unveröffentlichten Studie "Deutsche Streitkräfte" (Hs., im Besitz des Herausgebers): "Es ist ein großer Irrthum . . ., daß der Krieg ein selbständiges Ding sey . . . Der Krieg ist vielmehr nichts als eine Aeußerung der Politik mit andern Mitteln . . . ". Die nach 1815 niedergeschriebene Studie beschäftigt sich kritisch mit dem Heereswesen des Deutschen Bundes. - Insbesondere sind Clausewitz' Gedanken über die Relationen von Politik und Krieg von Lenin beachtet worden; vgl. W. I. Lenin, Clausewitz' Werk "Vom Kriege". Auszüge und Randglossen a. a. O. S. 35 ff.

Vorwort zur Kritik der Politischen Ökonomie

Ich betrachte das System der bürgerlichen Ökonomie in dieser Reihenfolge: *Kapital, Grundeigentum, Lohnarbeit; Staat, auswärtiger Handel, Weltmarkt.* Unter den drei ersten Rubriken untersuche ich die ökonomischen Lebensbedingungen der drei großen Klassen, worin die moderne bürgerliche Gesellschaft zerfällt; der Zusammenhang der drei andern Rubriken springt in die Augen. Die erste Abteilung des ersten Buchs, das vom Kapital handelt, besteht aus folgenden Kapiteln: 1. die Ware; 2. das Geld oder die einfache Zirkulation; 3. das Kapital im allgemeinen. Die zwei ersten Kapitel bilden den Inhalt des vorliegenden Heftes. Das Gesamtmaterial liegt vor mir in Form von Monographien, die in weit auseinanderliegenden Perioden zu eigner Selbstverständigung, nicht für den Druck niedergeschrieben wurden, und deren zusammenhängende Verarbeitung nach dem angegebenen Plan von äußern Umständen abhängen wird.

Eine allgemeine Einleitung[1], die ich hingeworfen hatte, unterdrücke ich, weil mir bei näherem Nachdenken jede Vorwegnahme erst zu beweisender Resultate störend scheint, und der Leser, der mir überhaupt folgen will, sich entschließen muß, von dem einzelnen zum allgemeinen aufzusteigen. Einige Andeutungen über den Gang meiner eignen politisch-ökonomischen Studien mögen dagegen hier am Platz scheinen.

Mein Fachstudium war das der Jurisprudenz, die ich jedoch nur als untergeordnete Disziplin neben Philosophie und Geschichte betrieb. Im Jahr 1842/43, als Redakteur der "Rheinischen Zeitung" [2], kam ich zuerst in die Verlegenheit, über sogenannte materielle Interessen mitsprechen zu müssen. Die Verhandlungen des Rheinischen Landtags über Holzdiebstahl und Parzellierung des Grundeigentums, die amtliche Polemik, die Herr von Schaper, damals Oberpräsident der Rheinprovinz, mit der "Rheinischen Zeitung" über die Zustände der Moselbauern eröffnete, Debatten endlich über Freihandel und Schutzzoll, gaben die ersten Anlässe zu meiner Beschäftigung mit ökonomischen Fragen.[2] Andererseits hatte zu jener Zeit, wo der gute Wille "weiterzugehen" Sachkenntnis vielfach aufwog, ein schwach philosophisch gefärbtes Echo des französischen Sozialismus und Kommunismus

---

1 Siehe vorl. Band, S. 615-642

2 Siehe Band 1 unserer Ausgabe, S. 109-147 und 172-199

sich in der "Rheinischen Zeitung" hörbar gemacht. Ich erklärte mich gegen diese Stümperei, gestand aber zugleich in einer Kontroverse mit der "Allgemeinen Augsburger Zeitung" [3] rund heraus, daß meine bisherigen Studien mir nicht erlaubten, irgendein Urteil über den Inhalt der französischen Richtungen selbst zu wagen. Ich ergriff vielmehr begierig die Illusion der Geranten der "Rheinischen Zeitung", die durch schwächere Haltung des Blattes das über es gefällte Todesurteil rückgängig machen zu können glaubten, um mich von der öffentlichen Bühne in die Studierstube zurückzuziehn.

Die erste Arbeit, unternommen zur Lösung der Zweifel, die mich bestürmten, war eine kritische Revision der Hegelschen Rechtsphilosophie, eine Arbeit, wovon die Einleitung in den 1844 in Paris herausgegebenen "Deutsch-Französischen Jahrbüchern" [4] erschien.[3] Meine Untersuchung mündete in dem Ergebnis, daß Rechtsverhältnisse wie Staatsformen weder aus sich selbst zu begreifen sind noch aus der sogenannten allgemeinen Entwicklung des menschlichen Geistes, sondern vielmehr in den materiellen Lebensverhältnissen wurzeln, deren Gesamtheit Hegel, nach dem Vorgang der Engländer und Franzosen des 18. Jahrhunderts, unter dem Namen "bürgerliche Gesellschaft" zusammenfaßt, daß aber die Anatomie der bürgerlichen Gesellschaft in der politischen Ökonomie zu suchen sei. Die Erforschung der letztern, die ich in Paris begann, setzte ich fort zu Brüssel, wohin ich infolge eines Ausweisungsbefehls des Herrn Guizot übergewandert war. Das allgemeine Resultat, das sich mir ergab und, einmal gewonnen, meinen Studien zum Leitfaden diente, kann kurz so formuliert werden: In der gesellschaftlichen Produktion ihres Lebens gehen die Menschen bestimmte, notwendige, von ihrem Willen unabhängige Verhältnisse ein, Produktionsverhältnisse, die einer bestimmten Entwicklungsstufe ihrer materiellen Produktivkräfte entsprechen. Die Gesamtheit dieser Produktionsverhältnisse bildet die ökonomische Struktur der Gesellschaft, die reale Basis, worauf sich ein juristischer und politischer Überbau erhebt, und welcher bestimmte gesellschaftliche Bewußtseinsformen entsprechen. Die Produktionsweise des materiellen Lebens bedingt den sozialen, politischen und geistigen Lebensprozeß überhaupt. Es ist nicht das Bewußtsein der Menschen, das ihr Sein, sondern umgekehrt ihr gesellschaftliches Sein, das ihr Bewußtsein bestimmt. Auf einer gewissen Stufe ihrer Entwicklung geraten die materiellen Produktivkräfte der Gesellschaft in Widerspruch mit den vorhandenen Produktionsverhältnissen oder, was nur ein juristischer Ausdruck dafür ist, mit den Eigentumsverhältnissen, innerhalb deren sie sich bisher bewegt hatten. Aus Entwicklungsformen der Produktivkräfte schlagen diese Verhältnisse in Fesseln derselben um. Es tritt dann eine Epoche sozialer Revolution ein. Mit der Veränderung der ökonomischen Grundlage wälzt sich der ganze ungeheure

---

3 Siehe Band 1 unserer Ausgabe, S. 378-391

Überbau langsamer oder rascher um. In der Betrachtung solcher Umwälzungen muß man stets unterscheiden zwischen der materiellen, naturwissenschaftlich treu zu konstatierenden Umwälzung in den ökonomischen Produktionsbedingungen und den juristischen, politischen, religiösen, künstlerischen oder philosophischen, kurz, ideologischen Formen, worin sich die Menschen dieses Konflikts bewußt werden und ihn ausfechten. Sowenig man das, was ein Individuum ist, nach dem beurteilt, was es sich selbst dünkt, ebensowenig kann man eine solche Umwälzungsepoche aus ihrem Bewußtsein beurteilen, sondern muß vielmehr dies Bewußtsein aus den Widersprüchen des materiellen Lebens, aus dem vorhandenen Konflikt zwischen gesellschaftlichen Produktivkräften und Produktionsverhältnissen erklären. Eine Gesellschaftsformation geht nie unter, bevor alle Produktivkräfte entwickelt sind, für die sie weit genug ist, und neue höhere Produktionsverhältnisse treten nie an die Stelle, bevor die materiellen Existenzbedingungen derselben im Schoß der alten Gesellschaft selbst ausgebrütet worden sind. Daher stellt sich die Menschheit immer nur Aufgaben, die sie lösen kann, denn genauer betrachtet wird sich stets finden, daß die Aufgabe selbst nur entspringt, wo die materiellen Bedingungen ihrer Lösung schon vorhanden oder wenigstens im Prozeß ihres Werdens begriffen sind. In großen Umrissen können asiatische, antike, feudale und modern bürgerliche Produktionsweisen als progressive Epochen der ökonomischen Gesellschaftsformation bezeichnet werden. Die bürgerlichen Produktionsverhältnisse sind die letzte antagonistische Form des gesellschaftlichen Produktionsprozesses, antagonistisch nicht im Sinn von individuellem Antagonismus, sondern eines aus den gesellschaftlichen Lebensbedingungen der Individuen hervorwachsenden Antagonismus, aber die im Schoß der bürgerlichen Gesellschaft sich entwickelnden Produktivkräfte schaffen zugleich die materiellen Bedingungen zur Lösung dieses Antagonismus. Mit dieser Gesellschaftsformation schließt daher die Vorgeschichte der menschlichen Gesellschaft ab.

Friedrich Engels, mit dem ich seit dem Erscheinen seiner genialen Skizze zur Kritik der ökonomischen Kategorien[4] (in den "Deutsch-Französischen Jahrbüchern") einen steten schriftlichen Ideenaustausch unterhielt, war auf anderm Wege (vergleiche seine "Lage der arbeitenden Klasse in England"[5]) mit mir zu demselben Resultat gelangt, und als er sich im Frühling 1845 ebenfalls in Brüssel niederließ, beschlossen wir, den Gegensatz unsrer Ansicht gegen die ideologische der deutschen Philosophie gemeinschaftlich auszuarbeiten, in der Tat mit unserm ehemaligen philosophischen Gewissen abzurechnen. Der Vorsatz ward ausgeführt in der Form einer Kritik der nachhegelschen Philosophie. Das Manuskript[6], zwei starke Oktavbände, war längst an seinem Verlagsort in Westphalen angelangt, als wir die Nachricht

---

4 Siehe Band 1 unserer Ausgabe, S. 499-524
5 Siehe Band 2 unserer Ausgabe, S. 225 bis 506
6 "Die deutsche Ideologie", siehe Band 3 unserer Ausgabe, S. 9-530

erhielten, daß veränderte Umstände den Druck nicht erlaubten. Wir überließen das Manuskript der nagenden Kritik der Mäuse um so williger, als wir unsern Hauptzweck erreicht hatten - Selbstverständigung. Von den zerstreuten Arbeiten, worin wir damals nach der einen oder andern Seite hin unsre Ansichten dem Publikum vorlegten, erwähne ich nur das von Engels und mir gemeinschaftlich verfaßte "Manifest der Kommunistischen Partei"[7] und einen von mir veröffentlichten "Discours sur le libre échange"[8]. Die entscheidenden Punkte unsrer Ansicht wurden zuerst wissenschaftlich, wenn auch nur polemisch, angedeutet in meiner 1847 herausgegebenen und gegen Proudhon gerichteten Schrift "Misère de la philosophie etc."[9] Eine deutsch geschriebene Abhandlung über die "Lohnarbeit"[10], worin ich meine über diesen Gegenstand im Brüsseler Deutschen Arbeiterverein [5] gehaltenen Vorträge zusammenflocht, wurde im Druck unterbrochen durch die Februarrevolution und meine infolge derselben stattfindende gewaltsame Entfernung aus Belgien.

Die Herausgabe der "Neuen Rheinischen Zeitung" [6] 1848 und 1849 und die später erfolgten Ereignisse unterbrachen meine ökonomischen Studien, die erst im Jahr 1850 in London wiederaufgenommen werden konnten. Das ungeheure Material für Geschichte der politischen Ökonomie, das im British Museum aufgehäuft ist, der günstige Standpunkt, den London für die Beobachtung der bürgerlichen Gesellschaft gewährt, endlich das neue Entwicklungsstadium, worin letztere mit der Entdeckung des kalifornischen und australischen Goldes einzutreten schien, bestimmten mich, ganz von vorn wieder anzufangen und mich durch das neue Material kritisch durchzuarbeiten. Diese Studien führten teils von selbst in scheinbar ganz abliegende Disziplinen, in denen ich kürzer oder länger verweilen mußte. Namentlich aber wurde die mir zu Gebot stehende Zeit geschmälert durch die gebieterische Notwendigkeit einer Erwerbstätigkeit. Meine nun achtjährige Mitarbeit an der ersten englisch-amerikanischen Zeitung, der "New-York Tribune" [7], machte, da ich mit eigentlicher Zeitungskorrespondenz mich nur ausnahmsweise befasse, eine außerordentliche Zersplitterung der Studien nötig. Indes bildeten Artikel über auffallende ökonomische Ereignisse in England und auf dem Kontinent einen so bedeutenden Teil meiner Beiträge, daß ich genötigt ward, mich mit praktischen Details vertraut zu machen, die außerhalb des Bereichs der eigentlichen Wissenschaft der politischen Ökonomie liegen.

7 Siehe Band 4 unserer Ausgabe, S. 459-493
8 "Rede über den Freihandel", siehe Band 4 unserer Ausgabe, S. 444-458
9 "Das Elend der Philosophie", siehe Band 4 unserer Ausgabe, S. 63-182
10 "Lohnarbeit und Kapital", siehe Band 6 unserer Ausgabe, S. 397-423

Diese Skizze über den Gang meiner Studien im Gebiet der politischen Ökonomie soll nur beweisen, daß meine Ansichten, wie man sie immer beurteilen mag und wie wenig sie mit den interessierten Vorurteilen der herrschenden Klassen übereinstimmen, das Ergebnis gewissenhafter und langjähriger Forschung sind. Bei dem Eingang in die Wissenschaft aber, wie beim Eingang in die Hölle, muß die Forderung gestellt werden:

Qui si convien lasciare ogni sospetto
Ogni viltà convien che qui sia morta.[11]

London, im Januar 1859

Karl Marx

11 Hier mußt du allen Zweifelmut ertöten,
Hier ziemt sich keine Zagheit fürderhin. (Dante, "Göttliche Komödie".)

ANMERKUNGEN (Auszug, ohne Verweis auf die Original-Seitenzahlen)

[2] "*Rheinische Zeitung für Politik, Handel und Gewerbe*" - Tageszeitung, die vom 1. Januar 1842 bis zum 31. März 1843 in Köln erschien. Die Zeitung war von Vertretern der rheinischen Bourgeoisie gegründet worden, die dem preußischen Absolutismus gegenüber oppositionell eingestellt waren. Zur Mitarbeit wurden auch einige Junghegelianer herangezogen. Ab April 1842 wurde Karl Marx Mitarbeiter der "Rheinischen Zeitung" und ab Oktober des gleichen Jahres ihr Chefredakteur. Die Zeitung veröffentlichte auch eine Reihe Artikel von Friedrich Engels. Unter der Redaktion von Karl Marx begann die Zeitung einen immer ausgeprägteren revolutionär-demokratischen Charakter anzunehmen. Diese Richtung der "Rheinischen Zeitung", deren Popularität in Deutschland ständig wuchs, rief Besorgnis und Unzufriedenheit in Regierungskreisen und eine wütende Hetze der reaktionären Presse gegen sie hervor. Am 19. Januar 1843 erließ die preußische Regierung eine Verordnung, die die "Rheinische Zeitung" mit dem 1. April 1843 verbot und bis dahin eine besonders strenge Zensur über sie verhängte.

[3] "*Allgemeine Zeitung*" - konservative Tageszeitung, die 1798 gegründet wurde; sie erschien von 1810 bis 1882 in Augsburg. 1842 verfälschte sie die Ideen des utopischen Kommunismus und Sozialismus, wogegen sich Marx in seinem im Oktober 1842 in der "Rheinischen Zeitung" veröffentlichten Artikel "Der Kommunismus und die Augsburger 'Allgemeine Zeitung'" wandte (siehe Band 1 unserer Ausgabe, S. 105-108).

[4] Die "*Deutsch-Französischen Jahrbücher*" wurden unter der Redaktion von Karl Marx und Arnold Ruge in deutscher Sprache in Paris herausgegeben. Es erschien nur die erste Doppellieferung im Februar 1844; sie enthielt Karl Marx' Schriften "Zur Judenfrage" und "Zur Kritik der Hegelschen Rechtsphilosophie. Einleitung", ferner Friedrich Engels' Arbeiten "Umrisse zu einer Kritik der Nationalökonomie" und "Die Lage Englands. 'Past and Present' by Thomas Carlyle. London 1843" (siehe Band 1 unserer Ausgabe). Diese Arbeiten kennzeichnen den vollzogenen Übergang von Marx und Engels zum Materialismus und Kommunismus. Die Hauptursache dafür, daß die Zeitschrift ihr Erscheinen einstellte, waren die prinzipiellen Meinungsverschiedenheiten zwischen Marx und dem bürgerlichen Radikalen Ruge.

[5] Der *Deutsche Arbeiterverein* wurde von Marx und Engels Ende August 1847 in Brüssel mit dem Ziel gegründet, die in Belgien lebenden deutschen Arbeiter politisch aufzuklären und mit den Ideen des wissenschaftlichen Kommunismus bekannt zu machen. Unter der Leitung von Marx und Engels sowie deren Kampfgefährten entwickelte sich der Verein zu einem legalen Zentrum der deutschen revolutionären Arbeiter. Der Deutsche Arbeiterverein stand in direkter Verbindung mit den flämischen und wallonischen Arbeitervereinen. Die fortschrittlichsten Mitglieder des Vereins traten der Brüsseler Gemeinde des Bundes der Kommunisten bei. Der Verein spielte eine hervorragende Rolle bei der Gründung der Brüsseler Association démocratique. Bald nach der Februarrevolution 1848 in Frankreich, als die belgische Polizei die meisten Mitglieder des Deutschen Arbeitervereins verhaftete und auswies, stellte der Verein seine Tätigkeit ein.

[6] "*Neue Rheinische Zeitung. Organ der Demokratie*" - Tageszeitung, die unter der Redaktion von Karl Marx vom 1. Juni 1848 bis zum 19. Mai 1849 in Köln herausgegeben wurde. Zur Redaktion gehörten Friedrich Engels, Wilhelm Wolff, Georg Weerth, Ferdinand Wolff, Ernst Dronke, Ferdinand Freiligrath und Heinrich Bürgers.
Als Kampforgan des proletarischen Flügels der Demokratie wurde die "Neue Rheinische Zeitung" zum Erzieher der Volksmassen im Kampf gegen die Konterrevolution. Die wegweisenden Leitartikel zu den wichtigsten Fragen der deutschen und europäischen Revolution wurden in der Regel von Marx und Engels verfaßt.
Die entschlossene und unversöhnliche Haltung der "Neuen Rheinischen Zeitung", ihr kämpferischer Internationalismus, ihre politischen Enthüllungen riefen bereits in den ersten

Monaten ihres Erscheinens eine Hetze von seiten der feudal-monarchistischen und bürgerlich-liberalen Presse sowie Verfolgungen durch die preußische Regierung hervor, die sich nach dem konterrevolutionären Umsturz in Preußen im November/Dezember 1848 noch verstärkten. Ungeachtet aller Verfolgungen und polizeilichen Maßregelungen verteidigte die "Neue Rheinische Zeitung" mutig die Interessen der revolutionären Demokratie und damit die Interessen des Proletariats. Im Mai 1849, als die Konterrevolution allgemein zum Angriff überging, erließ die preußische Regierung, nachdem sie Marx bereits die Staatsbürgerschaft verweigert hatte, den Befehl, ihn aus Preußen auszuweisen. Seine Ausweisung und die Repressalien gegen die anderen Redakteure der "Neuen Rheinischen Zeitung" zwangen die Redaktion, das Erscheinen des Blattes einzustellen. Die letzte Nummer der "Neuen Rheinischen Zeitung" (Nr. 301 vom 19. Mai 1849) erschien in rotem Druck. In ihrem Abschiedsaufruf an die Arbeiter Kölns erklärten die Redakteure, "ihr letztes Wort wird überall und immer sein: *Emanzipation der arbeitenden Klasse!*" Die "Neue Rheinische Zeitung" war "das beste, unübertroffene Organ des revolutionären Proletariats" (Lenin).

[7] "*New-York Daily Tribune*" - eine amerikanische Zeitung, die von 1841 bis 1924 erschien. Sie ist von dem bekannten amerikanischen Journalisten und Politiker Horace Greeley gegründet worden und war bis Mitte der fünfziger Jahre das Organ des linken Flügels der amerikanischen Whigs, danach das Organ der Republikanischen Partei. In den vierziger und fünfziger Jahren nahm die Zeitung eine fortschrittliche Haltung ein und trat gegen die Sklaverei auf. An der Zeitung arbeiteten mehrere bedeutende amerikanische Schriftsteller und Journalisten; einer ihrer Redakteure war seit Ende der vierziger Jahre der von den Ideen des utopischen Sozialismus beeinflußte Charles Dana. Marx' Mitarbeit an der Zeitung begann im August 1851 und währte bis März 1862; eine große Anzahl Artikel für die "New-York Daily Tribune" wurde auf Marx' Bitte von Engels geschrieben. Die Artikel von Marx und Engels in der "New-York Daily Tribune" behandeln wichtige Fragen der Arbeiterbewegung, der Innen- und Außenpolitik und der ökonomischen Entwicklung der europäischen Länder, Fragen der kolonialen Expansion und der nationalen Befreiungsbewegung in den unterdrückten und abhängigen Ländern, und andere mehr. In der Periode der in Europa wieder aufkommenden Reaktion benutzten Marx und Engels diese weitverbreitete fortschrittliche amerikanische Zeitung, um an Hand von Tatsachen die Gebrechen der kapitalistischen Gesellschaft anzuprangern, die dieser Gesellschaft innewohnenden unversöhnlichen Widersprüche aufzudecken sowie auf den beschränkten Charakter der bürgerlichen Demokratie hinzuweisen.
Die Redaktion der "New-York Daily Tribune" nahm in vielen Fällen willkürliche Änderungen am Text der Artikel vor; einige wurden, ohne Unterschrift des Verfassers, als redaktionelle Leitartikel veröffentlicht. Ab Mitte 1855 veröffentlichte die Zeitung alle Artikel von Marx und Engels ohne Unterschrift. Diese Übergriffe gaben Marx wiederholt Anlaß zu Protesten. Ab Herbst 1857 war Marx infolge der Wirtschaftskrise in den USA, die sich auch auf die Finanzlage der Zeitung auswirkte, gezwungen, die Anzahl seiner Artikel für die "New-York Daily Tribune" einzuschränken. Endgültig aufgehört hat seine Mitarbeit an der Zeitung zu Beginn des Bürgerkrieges in den USA. Eine entscheidende Rolle beim Abbruch der Beziehungen zwischen der "New-York Daily Tribune" und Marx spielte die verstärkte Besetzung der Redaktion mit Anhängern eines Kompromisses mit den Sklavenhalterstaaten sowie die Aufgabe ihrer fortschrittlichen Positionen.

Verkehr und Produktivkraft

Die größte Teilung der materiellen und geistigen Arbeit ist die Trennung von Stadt und Land. Der Gegensatz zwischen Stadt und Land fängt an mit dem Übergange aus der Barbarei in die Zivilisation, aus dem Stammwesen in den Staat, aus der Lokalität in die Nation, und zieht sich durch die ganze Geschichte der Zivilisation bis auf den heutigen Tag (die Anti-Corn-Law League [17]) hindurch. - Mit der Stadt ist zugleich die Notwendigkeit der Administration, der Polizei, der Steuern usw., kurz des Gemeindewesens und damit der Politik überhaupt gegeben. Hier zeigte sich zuerst die Teilung der Bevölkerung in zwei große Klassen, die direkt auf der Teilung der Arbeit und den Produktionsinstrumenten beruht. Die Stadt ist bereits die Tatsache der Konzentration der Bevölkerung, der Produktionsinstrumente, des Kapitals, der Genüsse, der Bedürfnisse, während das Land gerade die entgegengesetzte Tatsache, die Isolierung und Vereinzelung, zur Anschauung bringt. Der Gegensatz zwischen Stadt und Land kann nur innerhalb des Privateigentums existieren. Er ist der krasseste Ausdruck der Subsumtion des Individuums unter die Teilung der Arbeit, unter eine bestimmte, ihm aufgezwungene Tätigkeit, eine Subsumtion, die den Einen zum bornierten Stadttier, den Andern zum bornierten Landtier macht und den Gegensatz der Interessen Beider täglich neu erzeugt. Die Arbeit ist hier wieder die Hauptsache, die Macht *über* den Individuen, und solange diese existiert, solange muß das Privateigentum existieren. Die Aufhebung des Gegensatzes von Stadt und Land ist eine der ersten Bedingungen der Gemeinschaft, eine Bedingung, die wieder von einer Masse materieller Voraussetzungen abhängt und die der bloße Wille nicht erfüllen kann, wie Jeder auf den ersten Blick sieht. (Diese Bedingungen müssen noch entwickelt werden.) Die Trennung von Stadt und Land kann auch gefaßt werden als die Trennung von Kapital und Grundeigentum, als der Anfang einer vom Grundeigentum unabhängigen Existenz und Entwicklung des Kapitals, eines Eigentums, das bloß in der Arbeit und im Austausch seine Basis hat.

In den Städten, welche im Mittelalter nicht aus der früheren Geschichte fertig überliefert waren, sondern sich neu aus den freigewordnen Leibeignen bildeten, war die besondre Arbeit eines Jeden sein einziges Eigentum außer dem kleinen, fast nur im nötigsten Handwerkszeug bestehenden Kapital, das er mitbrachte. Die Konkurrenz der fortwährend in die Stadt kommenden entlaufenen Leibeigenen, der fortwährende Krieg des Landes gegen die Städte und damit die Notwendigkeit einer organisierten städtischen Kriegsmacht, das Band des gemeinsamen Eigentums an einer bestimmten Arbeit, die Notwendigkeit gemeinsamer Gebäude zum Verkauf ihrer Waren zu einer Zeit, wo die Handwerker zugleich commerçants[1], und die damit gegebene Ausschließung Unberufener von diesen Gebäuden, der Gegensatz der Interessen der einzelnen Handwerke unter sich, die Notwendigkeit eines Schutzes der mit Mühe erlernten Arbeit und die feudale Organisation des ganzen Landes waren die Ursachen der Vereinigung der Arbeiter eines jeden Handwerks in Zünften. Wir haben hier auf die vielfachen Modifikationen des Zunftwesens, die durch spätere historische Entwicklungen hereinkommen, nicht weiter einzugehen. Die Flucht der Leibeignen in die Städte fand während des ganzen Mittelalters ununterbrochen statt. Diese Leibeignen, auf dem Lande von ihren Herren verfolgt, kamen einzeln in die Städte, wo sie eine organisierte Gemeinde vorfanden, gegen die sie machtlos waren und worin[2] sie sich der Stellung unterwerfen mußten, die ihnen das Bedürfnis nach ihrer Arbeit und das Interesse ihrer organisierten städtischen Konkurrenten anwies. Diese einzeln hereinkommenden Arbeiter konnten es nie zu einer Macht bringen, da, wenn ihre Arbeit eine zunftmäßige war, die erlernt werden mußte, die Zunftmeister sie sich unterwarfen und nach ihrem Interesse organisierten, oder, wenn ihre Arbeit nicht erlernt werden mußte, daher keine zunftmäßige, sondern Taglöhnerarbeit war, nie zu einer Organisation kamen, sondern unorganisierter Pöbel blieben. Die Notwendigkeit der Taglöhnerarbeit in den Städten schuf den Pöbel.

Diese Städte waren wahre "Vereine", hervorgerufen durch das unmittelbare Bedürfnis, die Sorge um den Schutz des Eigentums, und um die Produktionsmittel und Verteidigungsmittel der einzelnen Mitglieder zu multiplizieren. Der Pöbel dieser Städte war dadurch, daß er aus einander fremden, vereinzelt hereingekommenen Individuen bestand, die einer organisierten, kriegsmäßig gerüsteten, sie eifersüchtig überwachenden Macht unorganisiert gegenüberstanden, aller Macht beraubt. Die Gesellen und Lehrlinge waren in jedem Handwerk so organisiert, wie es dem Interesse der Meister am besten entsprach; das patriarchalische Verhältnis, in dem sie zu ihren Meistern standen, gab diesen eine doppelte Macht, einerseits in ihrem direkten Einfluß auf das ganze Leben der Gesellen und dann, weil es für die Gesellen, die bei demselben Meister arbeiteten, ein wirkliches Band war, das sie gegenüber den Gesellen der übrigen Meister zusammenhielt und sie von diesen trennte; und endlich waren die Gesellen schon durch das Interesse, das sie hatten, selbst Meister zu werden, an die bestehende Ordnung geknüpft. Während daher der Pöbel es wenigstens zu Emeuten gegen die

1 Kaufleute
2 MEGA: gegen die sie machtlos waren, worin

ganze städtische Ordnung brachte, die indes bei seiner Machtlosigkeit ohne alle Wirkung blieben, kamen die Gesellen nur zu kleinen Widersetzlichkeiten innerhalb einzelner Zünfte, wie sie zur Existenz des Zunftwesens selbst gehören. Die großen Aufstände des Mittelalters gingen alle vom Lande aus, blieben aber ebenfalls wegen der Zersplitterung und der daraus folgenden Roheit der Bauern total erfolglos.

Die Teilung der Arbeit war in den Städten zwischen den einzelnen Zünften noch [ganz naturwüchsig] und in den Zünften selbst zwischen den einzelnen Arbeitern gar nicht durchgeführt. Jeder Arbeiter mußte in einem ganzen Kreise von Arbeiten bewandert sein, mußte Alles machen können, was mit seinen Werkzeugen zu machen war; der beschränkte Verkehr und die geringe Verbindung der einzelnen Städte unter sich, der Mangel an Bevölkerung und die Beschränktheit der Bedürfnisse ließen keine weitere Teilung der Arbeit aufkommen, und daher mußte Jeder, der Meister werden wollte, seines ganzen Handwerks mächtig sein. Daher findet sich bei den mittelalterlichen Handwerkern noch ein Interesse an ihrer speziellen Arbeit und an der Geschicklichkeit darin, das sich bis zu einem gewissen bornierten Kunstsinn steigern konnte. Daher ging aber auch jeder mittelalterliche Handwerker ganz in seiner Arbeit auf, hatte ein gemütliches Knechtschaftsverhältnis zu ihr und war viel mehr als der moderne Arbeiter, dem seine Arbeit gleichgültig ist, unter sie subsumiert.

Das Kapital in diesen Städten war ein naturwüchsiges Kapital, das in der Wohnung, den Handwerkszeugen und der naturwüchsigen, erblichen Kundschaft bestand und sich wegen des unentwickelten Verkehrs und der mangelnden Zirkulation als unrealisierbar vom Vater auf den Sohn forterben mußte. Dies Kapital war nicht, wie das moderne, ein in Geld abzuschätzendes, bei dem es gleichgültig ist, ob es in dieser oder jener Sache steckt, sondern ein unmittelbar mit der bestimmten Arbeit des Besitzers zusammenhängendes, von ihr gar nicht zu trennendes, und insofern *ständisches* Kapital.

Die nächste Ausdehnung der Teilung der Arbeit war die Trennung von Produktion und Verkehr, die Bildung einer besondern Klasse von Kaufleuten, eine Trennung, die in den historisch überlieferten Städten (u. a. mit den Juden) mit überkommen war und in den neugebildeten sehr bald eintrat.

Hiermit war die Möglichkeit einer über den nächsten Umkreis hinausgehenden Handelsverbindung gegeben, eine Möglichkeit, deren Ausführung von den bestehenden Kommunikationsmitteln, dem durch die politischen Verhältnisse bedingten Stande der öffentlichen Sicherheit auf dem Lande (im ganzen Mittelalter zogen bekanntlich die Kaufleute in bewaffneten Karawanen herum) und von den durch die jedesmalige Kulturstufe bedingten roheren oder entwickelteren Bedürfnissen des dem Verkehr zugänglichen Gebietes abhing.

Mit dem in einer besonderen Klasse konstituierten Verkehr, mit der Ausdehnung des Handels durch die Kaufleute über die nächste Umgebung der Stadt hinaus, tritt sogleich eine Wechselwirkung zwischen der Produktion und dem Verkehr ein. Die Städte treten *miteinander* in Verbindung, es werden neue Werkzeuge aus einer Stadt in die andre gebracht, und die Teilung zwischen Produktion und Verkehr ruft bald eine neue Teilung der Produktion zwischen den einzelnen Städten hervor, deren Jede bald einen vorherrschenden Industriezweig exploitiert. Die anfängliche Beschränkung auf die Lokalität fängt an, allmählich aufgelöst zu werden.

Die Bürger in jeder Stadt waren im Mittelalter gezwungen, sich gegen den Landadel zu vereinigen, um sich ihrer Haut zu wehren; die Ausdehnung des Handels, die Herstellung der Kommunikationen führte die einzelnen Städte dazu, andere Städte kennenzulernen, die dieselben Interessen im Kampfe mit demselben Gegensatz durchgesetzt hatten. Aus den vielen lokalen Bürgerschaften der einzelnen Städte entstand erst sehr allmählich die Bürger*klasse*. Die Lebensbedingungen der einzelnen Bürger wurden durch den Gegensatz gegen die bestehenden Verhältnisse und durch die davon bedingte Art der Arbeit zugleich zu Bedingungen, welche ihnen allen gemeinsam und von jedem einzelnen unabhängig waren. Die Bürger hatten diese Bedingungen geschaffen, insofern sie sich von dem feudalen Verbande losgerissen hatten, und waren von ihnen geschaffen, insofern sie durch ihren Gegensatz gegen die Feudalität, die sie vorfanden, bedingt waren. Mit dem Eintreten der Verbindung zwischen den einzelnen Städten entwickelten sich diese gemeinsamen Bedingungen zu Klassenbedingungen. Dieselben Bedingungen, derselbe Gegensatz, dieselben Interessen mußten im Ganzen und Großen auch überall gleiche Sitten hervorrufen. Die Bourgeoisie selbst entwickelt sich erst mit ihren Bedingungen allmählich, spaltet sich nach der Teilung der Arbeit wieder in verschiedene Fraktionen und absorbiert endlich alle vorgefundenen besitzenden Klassen in sich* (während sie die Majorität der vorgefundenen besitzlosen und einen Teil der bisher besitzenden Klassen[3] zu einer neuen Klasse, dem Proletariat, entwickelt), in dem Maße, als alles vorgefundene Eigentum in industrielles oder kommerzielles Kapital umgewandelt wird. Die einzelnen Individuen bilden nur insofern eine Klasse, als sie einen gemeinsamen Kampf gegen eine andre Klasse zu führen haben; im übrigen stehen sie einander selbst in der Konkurrenz wieder feindlich gegenüber. Auf der andern Seite verselbständigt sich die Klasse wieder gegen die Individuen, so daß diese ihre Lebensbedingungen prädestiniert vorfinden, von der Klasse ihre Lebensstellung und damit ihre Persönliche Entwicklung angewiesen bekommen, unter sie subsumiert werden. Dies ist dieselbe Erscheinung wie die Subsumtion der einzelnen Individuen unter die

---

* [Randbemerkung von Marx:] Sie absorbiert zunächst die dem Staat direkt angehörigen Arbeitszweige, dann alle ± [mehr oder weniger] ideologischen Stände.

3 MEGA: Klasse

Teilung der Arbeit und kann nur durch die Aufhebung des Privateigentums und der Arbeit[4] selbst beseitigt werden. Wie diese Subsumtion der Individuen unter die Klasse sich zugleich zu einer Subsumtion unter allerlei Vorstellungen pp. entwickelt, haben wir bereits mehrere Male angedeutet.

Es hängt lediglich von der Ausdehnung des Verkehrs ab, ob die in einer Lokalität gewonnenen Produktivkräfte, namentlich Erfindungen, für die spätere Entwicklung verlorengehen oder nicht. Solange noch kein über die unmittelbare Nachbarschaft hinausgehender Verkehr existiert, muß jede Erfindung in jeder Lokalität besonders gemacht werden, und bloße Zufälle, wie Irruptionen barbarischer Völker, selbst gewöhnliche Kriege, reichen hin, ein Land mit entwickelten Produktivkräften und Bedürfnissen dahin zu bringen, daß es wieder von vorne anfangen muß. In der anfänglichen Geschichte mußte jede Erfindung täglich neu und in jeder Lokalität unabhängig gemacht werden. Wie wenig ausgebildete Produktivkräfte selbst bei einem verhältnismäßig sehr ausgedehnten Handel vor dem gänzlichen Untergange sicher sind, beweisen die Phönizier, deren Erfindungen zum größten Teil durch die Verdrängung dieser Nation aus dem Handel, die Eroberung Alexanders und den daraus folgenden Verfall auf lange Zeit verlorengingen. Ebenso im Mittelalter die Glasmalerei z.B. Erst wenn der Verkehr zum Weltverkehr geworden ist und die große Industrie zur Basis hat, alle Nationen in den Konkurrenzkampf hereingezogen sind, ist die Dauer der gewonnenen Produktivkräfte gesichert.

Die Teilung der Arbeit zwischen den verschiedenen Städten hatte zur nächsten Folge das Entstehen der Manufakturen, der dem Zunftwesen entwachsenen Produktionszweige. Das erste Aufblühen der Manufakturen - in Italien und später in Flandern - hatte den Verkehr mit auswärtigen Nationen zu seiner historischen Voraussetzung. In andern Ländern - England und Frankreich z.B. - beschränkten die Manufakturen sich anfangs auf den inländischen Markt. Die Manufakturen haben außer den angegebenen Voraussetzungen noch eine schon fortgeschrittene Konzentration der Bevölkerung - namentlich auf dem Lande - und des Kapitals, das sich teils in den Zünften trotz der Zunftgesetze, teils bei den Kaufleuten in einzelnen Händen zu sammeln anfing, zur Voraussetzung.

Diejenige Arbeit, die von vornherein eine Maschine, wenn auch noch in der rohsten Gestalt, voraussetzte, zeigte sich sehr bald als die entwicklungsfähigste. Die Weberei, bisher auf dem Lande von den Bauern nebenbei betrieben, um sich ihre nötige Kleidung zu verschaffen, war die erste Arbeit, welche durch die Ausdehnung des Verkehrs einen Anstoß und eine weitere Ausbildung erhielt. Die Weberei war die erste und blieb die hauptsächlichste Manufaktur. Die mit der steigenden Bevölkerung steigende Nachfrage nach Kleidungsstoffen, die beginnende Akkumulation und Mobilisation des

4 Über die Bedeutung des Ausdrucks: "Aufhebung der Arbeit" siehe vorl. Bd. S. 65-70, 77, 186

naturwüchsigen Kapitals durch die beschleunigte Zirkulation, das hierdurch hervorgerufene und durch die allmähliche Ausdehnung des Verkehrs überhaupt begünstigte Luxusbedürfnis gaben der Weberei quantitativ und qualitativ einen Anstoß, der sie aus der bisherigen Produktionsform herausriß. Neben den zum Selbstgebrauch webenden Bauern, die fortbestehen blieben und noch fortbestehen, kam eine neue Klasse von Webern in den Städten auf, deren Gewebe für den ganzen heimischen Markt und meist auch für auswärtige Märkte bestimmt waren.

Die Weberei, eine in den meisten Fällen wenig Geschicklichkeit erfordernde und bald in unendlich viele Zweige zerfallende Arbeit, widerstrebte ihrer ganzen Beschaffenheit nach den Fesseln der Zunft. Die Weberei wurde daher auch meist in Dörfern und Marktflecken ohne zünftige Organisation betrieben, die allmählich zu Städten, und zwar bald zu den blühendsten Städten jedes Landes wurden.

Mit der zunftfreien Manufaktur veränderten sich sogleich auch die Eigentumsverhältnisse. Der erste Fortschritt über das naturwüchsig-ständische Kapital hinaus war durch das Aufkommen der Kaufleute gegeben, deren Kapital von vornherein mobil, Kapital im modernen Sinne war, soweit davon unter den damaligen Verhältnissen die Rede sein kann. Der zweite Fortschritt kam mit der Manufaktur, die wieder eine Masse des naturwüchsigen Kapitals mobilisierte und überhaupt die Masse des mobilen Kapitals gegenüber der des naturwüchsigen vermehrte.

Die Manufaktur wurde zugleich eine Zuflucht der Bauern gegen die sie ausschließenden oder schlecht bezahlenden Zünfte, wie früher die Zunftstädte den Bauern als Zuflucht gegen [den sie bedrückenden Landadel gedient] hatten.

Mit dem Anfange der Manufakturen gleichzeitig war eine Periode des Vagabundentums, veranlaßt durch das Aufhören der feudalen Gefolgschaften, die Entlassung der zusammengelaufenen Armeen, die den Königen gegen die Vasallen gedient hatten, durch verbesserten Ackerbau und Verwandlung von großen Streifen Ackerlandes in Viehweiden. Schon hieraus geht hervor, wie dies Vagabundentum genau mit der Auflösung der Feudalität zusammenhängt. Schon im dreizehnten Jahrhundert kommen einzelne Epochen dieser Art vor, allgemein und dauernd tritt dies Vagabundentum erst mit dem Ende des 15. und Anfang des 16. Jahrhunderts hervor. Diese Vagabunden, die so zahlreich waren, daß u. a. Heinrich VIII. von England ihrer 72000 hängen ließ, wurden nur mit den größten Schwierigkeiten und durch die äußerste Not und erst nach langem Widerstreben dahin gebracht, daß sie arbeiteten. Das rasche Aufblühen der Manufakturen, namentlich in England, absorbierte sie allmählich.

Mit der Manufaktur traten die verschiedenen Nationen in ein Konkurrenzverhältnis, in den Handelskampf, der in Kriegen, Schutzzöllen und Prohibitionen durchgekämpft wurde, während früher die Nationen, soweit sie in Verbindung waren, einen harmlosen Austausch miteinander verführt[5] hatten. Der Handel hat von nun an politische Bedeutung.

Mit der Manufaktur war zugleich ein verändertes Verhältnis des Arbeiters zum Arbeitgeber gegeben. In den Zünften existierte das patriarchalische Verhältnis zwischen Gesellen und Meister fort; in der Manufaktur trat an seine Stelle das Geldverhältnis zwischen Arbeiter und Kapitalist; ein Verhältnis, das auf dem Lande und in kleinen Städten patriarchalisch tingiert blieb, in den größeren, eigentlichen Manufakturstädten jedoch schon früh fast alle patriarchalische Färbung verlor.

Die Manufaktur und überhaupt die Bewegung der Produktion erhielt einen enormen Aufschwung durch die Ausdehnung des Verkehrs, welche mit der Entdeckung Amerikas und des Seeweges nach Ostindien eintrat. Die neuen, von dort importierten Produkte, namentlich die Massen von Gold und Silber, die in Zirkulation kamen, die Stellung der Klassen gegeneinander total veränderten und dem feudalen Grundeigentum und den Arbeitern einen harten Stoß gaben, die Abenteurerzüge, Kolonisation und vor Allem die jetzt möglich gewordene und täglich sich mehr und mehr herstellende Ausdehnung der Märkte zum Weltmarkt riefen eine neue Phase der geschichtlichen Entwicklung hervor, auf welche im Allgemeinen hier nicht weiter einzugehen ist. Durch die Kolonisation der neuentdeckten Länder erhielt der Handelskampf der Nationen gegeneinander neue Nahrung und demgemäß größere Ausdehnung und Erbitterung.

Die Ausdehnung des Handels und der Manufaktur beschleunigten die Akkumulation des mobilen Kapitals, während in den Zünften, die keinen Stimulus zur erweiterten Produktion erfuhren, das naturwüchsige Kapital stabil blieb oder gar abnahm. Handel und Manufaktur schufen die große Bourgeoisie, in den Zünften konzentrierte sich die Kleinbürgerschaft, die nun nicht mehr wie früher in den Städten herrschte, sondern der Herrschaft der großen Kaufleute und Manufacturiers[6] sich beugen mußte.* Daher der Verfall der Zünfte, sobald sie mit der Manufaktur in Berührung kam[en].

Das Verhältnis der Nationen untereinander in ihrem Verkehr nahm während der Epoche, von der wir gesprochen haben, zwei verschiedene Gestalten an. Im Anfange bedingte die geringe zirkulierende Quantität des Goldes und Silbers das Verbot der Ausfuhr dieser Metalle; und die durch die Notwendigkeit der Beschäftigung für die wachsende städtische Bevölkerung nötig gewordene, meist vom Auslande importierte Industrie konnte der Privilegien nicht entbehren, die natürlich nicht nur gegen inländische, sondern hauptsächlich gegen auswärtige Konkurrenz gegeben werden konnten. Das lokale Zunftprivilegium wurde in diesen ursprünglichen Prohibitionen auf die ganze Nation erweitert. Die Zölle entstanden aus den Abgaben, die

5 MEGA: vollführt
6 Besitzer eines Manufakturbetriebes
* [Randbemerkung von Marx:] Kleinbürger - Mittelstand - Große Bourgeoisie.

die Feudalherren den ihr Gebiet durchziehenden Kaufleuten als Abkauf der Plünderung auflegten, Abgaben, die später von den Städten ebenfalls auferlegt wurden und die beim Aufkommen der modernen Staaten das zunächstliegende Mittel für den Fiskus waren, um Geld zu bekommen.

Die Erscheinung des amerikanischen Goldes und Silbers auf den europäischen Märkten, die allmähliche Entwicklung der Industrie, der rasche Aufschwung des Handels und das hierdurch hervorgerufene Aufblühen der nichtzünftigen Bourgeoisie und des Geldes gab diesen Maßregeln eine andre Bedeutung. Der Staat, der des Geldes täglich weniger entbehren konnte, behielt nun das Verbot der Gold- und Silberausfuhr aus fiskalischen Rücksichten bei; die Bourgeois, für die diese neu auf den Markt geschleuderten Geldmassen der Hauptgegenstand des Akkaparements[7] war, waren damit vollständig zufrieden; die bisherigen Privilegien wurden eine Einkommenquelle für die Regierung und für Geld verkauft; in der Zollgesetzgebung kamen die Ausfuhrzölle auf, die, der Industrie nur ein Hindernis in den Weg [legend], einen rein fiskalischen Zweck hatten.

Die zweite Periode trat mit der Mitte des siebzehnten Jahrhunderts ein und dauerte fast bis zum Ende des achtzehnten. Der Handel und die Schifffahrt hatten sich rascher ausgedehnt als die Manufaktur, die eine sekundäre Rolle spielte; die Kolonien fingen an, starke Konsumenten zu werden, die einzelnen Nationen teilten sich durch lange Kämpfe in den sich öffnenden Weltmarkt. Diese Periode beginnt mit den Navigationsgesetzen [18] und Kolonialmonopolen. Die Konkurrenz der Nationen untereinander wurde durch Tarife, Prohibitionen, Traktate möglichst ausgeschlossen; und in letzter Instanz wurde der Konkurrenzkampf durch Kriege (besonders Seekriege) geführt und entschieden. Die zur See mächtigste Nation, die Engländer, behielten das Übergewicht im Handel und der Manufaktur. Schon hier die Konzentration auf Ein Land.

Die Manufaktur war fortwährend durch Schutzzölle im heimischen Markte, im Kolonialmarkte durch Monopole und im auswärtigen möglichst viel durch Differentialzölle [19] geschützt. Die Bearbeitung des im Lande selbst erzeugten Materials wurde begünstigt (Wolle und Leinen in England, Seide in Frankreich), die Ausfuhr des im Inlande erzeugten Rohmaterials verboten (Wolle in England) und die [Bearbeitung] des importierten vernachlässigt oder unterdrückt (Baumwolle in England). Die im Seehandel und der Kolonialmacht vorherrschende Nation sicherte sich natürlich auch die größte quantitative und qualitative Ausdehnung der Manufaktur. Die Manufaktur konnte überhaupt des Schutzes nicht entbehren, da sie durch die geringste Veränderung, die in andern Ländern vorgeht, ihren Markt verlieren und ruiniert werden kann; sie ist leicht in einem Lande unter einigermaßen günstigen Bedingungen eingeführt und ebendeshalb leicht zerstört. Sie

7 wucherischen Aufkaufs

ist zugleich durch die Art, wie sie, namentlich im 18. Jahrhundert auf dem Lande, betrieben wurde, mit den Lebensverhältnissen einer großen Masse von Individuen so verwachsen, daß kein Land wagen darf, ihre Existenz durch Zulassung der freien Konkurrenz aufs Spiel zu setzen. Sie hängt daher, insofern sie es bis zum Export bringt, ganz von der Ausdehnung oder Beschränkung des Handels ab und übt eine verhältnis[mäßig] sehr geringe Rückwirkung [auf ihn] aus. Daher ihre sekundäre [Bedeutung] und daher der Einfluß [der Kauf]leute im achtzehnten Jahrhundert. Die Kaufleute und besonders die Reeder waren es, die vor allen Andern auf Staatsschutz und Monopolien drangen; die Manufacturiers verlangten und erhielten zwar auch Schutz, standen aber fortwährend hinter den Kaufleuten an politischer Bedeutung zurück. Die Handelsstädte, speziell die Seestädte, wurden einigermaßen zivilisiert und großbürgerlich, während in den Fabrikstädten die größte Kleinbürgerei bestehen blieb. Vgl. Aikin pp. Das achtzehnte Jahrhundert war das des Handels. Pinto sagt dies ausdrücklich [20]: "Le commerce fait la marotte du siècle"[8], und: "Depuis quelque temps il n'est plus question que de commerce, de navigation et de marine."[9]*

Diese Periode ist auch bezeichnet durch das Aufhören der Gold- und Silberausfuhrverbote, das Entstehen des Geldhandels, der Banken, der Staatsschulden, des Papiergeldes, der Aktien- und Fondsspekulation, der Agiotage in allen Artikeln und der Ausbildung des Geldwesens überhaupt. Das Kapital verlor wieder einen großen Teil der ihm noch anklebenden Naturwüchsigkeit .

Die im siebzehnten Jahrhundert unaufhaltsam sich entwickelnde Konzentration des Handels und der Manufaktur auf ein Land, England, schuf für dieses Land allmählich einen relativen Weltmarkt und damit eine Nachfrage für die Manufakturprodukte dieses Landes, die durch die bisherigen industriellen Produktivkräfte nicht mehr befriedigt werden konnte. Diese den Produktionskräften über den Kopf wachsende Nachfrage war die treibende Kraft, welche die dritte Periode des Privateigentums seit dem Mittelalter hervorrief, indem sie die große Industrie - die Anwendung von Elementarkräften zu industriellen Zwecken, die Maschinerie und die ausgedehnteste Teilung der Arbeit - erzeugte. Die übrigen Bedingungen dieser neuen Phase

8 "Der Handel ist das Steckenpferd des Jahrhunderts"

9 "Seit einiger Zeit ist nur noch von Handel, Seefahrt und Marine die Rede."

* Die Bewegung des Kapitals, obwohl bedeutend beschleunigt, blieb doch noch stets verhältnismäßig langsam. Die Zersplitterung des Weltmarkts in einzelne Teile, deren Jeder von einer besondern Nation ausgebeutet wurde, die Ausschließung der Konkurrenz der Nationen unter sich, die Unbehülflichkeit der Produktion selbst und das aus den ersten Stufen sich erst entwickelnde Geldwesen hielten die Zirkulation sehr auf. Die Folge davon war ein krämerhafter, schmutzig-kleinlicher Geist, der allen Kaufleuten und der ganzen Weise des Handelsbetriebs noch anhaftete. Im Vergleich mit den Manufacturiers und vollends den Handwerkern waren sie allerdings Großbürger, Bourgeois, im Vergleich zu den Kaufleuten und Industriellen der nächsten Periode bleiben sie Kleinbürger. Vgl. A. Smith. [21]

- die Freiheit der Konkurrenz innerhalb der Nation, die Ausbildung der theoretischen Mechanik (die durch Newton vollendete Mechanik war überhaupt im 18. Jahrhundert in Frankreich und England die populärste Wissenschaft) pp. - existierten in England bereits. (Die freie Konkurrenz in der Nation selbst mußte überall durch eine Revolution erobert werden - 1640 und 1688 in England, 1789 in Frankreich.) Die Konkurrenz zwang bald jedes Land, das seine historische Rolle behalten wollte, seine Manufakturen durch erneuerte Zollmaßregeln zu schützen (die alten Zölle halfen gegen die große Industrie nicht mehr) und bald darauf die große Industrie unter Schutzzöllen einzuführen. Die große Industrie universalisierte trotz dieser Schutzmittel die Konkurrenz (sie ist die praktische Handelsfreiheit, der Schutzzoll ist in ihr nur ein Palliativ, eine Gegenwehr *in* der Handelsfreiheit), stellte die Kommunikationsmittel und den modernen Weltmarkt her, unterwarf sich den Handel, verwandelte alles Kapital in industrielles Kapital und erzeugte damit die rasche Zirkulation (die Ausbildung des Geldwesens) und Zentralisation der Kapitalien. Sie zwang durch die universelle Konkurrenz alle Individuen zur äußersten Anspannung ihrer Energie. Sie vernichtete möglichst die Ideologie, Religion, Moral etc., und wo sie dies nicht konnte, machte sie sie zur handgreiflichen Lüge. Sie erzeugte insoweit erst die Weltgeschichte, als sie jede zivilisierte Nation und jedes Individuum darin in der Befriedigung seiner Bedürfnisse von der ganzen Welt abhängig machte und die bisherige naturwüchsige Ausschließlichkeit einzelner Nationen vernichtete. Sie subsumierte die Naturwissenschaft unter das Kapital und nahm der Teilung der Arbeit den letzten Schein der Naturwüchsigkeit. Sie vernichtete überhaupt die Naturwüchsigkeit, soweit dies innerhalb der Arbeit möglich ist, und löste alle naturwüchsigen Verhältnisse in Geldverhältnisse auf. Sie schuf an der Stelle der naturwüchsigen Städte die modernen, großen Industriestädte, die über Nacht entstanden sind. Sie zerstörte, wo sie durchdrang, das Handwerk und überhaupt alle früheren Stufen der Industrie. Sie vollendete den Sieg [der] Handelsstadt über das Land. [Ihre erste Voraussetzung] ist das automatische System. [Ihre Entwicklung er]zeugte eine Masse von Pro[duktivkr]äften, für die das Privat[eigentum] ebensosehr eine Fessel wurde wie die Zunft für die Manufaktur und der kleine, ländliche Betrieb für das sich ausbildende Handwerk. Diese Produktivkräfte erhalten unter dem Privateigentum eine nur einseitige Entwicklung, werden für die Mehrzahl zu Destruktivkräften, und eine Menge solcher Kräfte können im Privateigentum gar nicht zur Anwendung kommen. Sie erzeugte im Allgemeinen überall dieselben Verhältnisse zwischen den Klassen der Gesellschaft und vernichtete dadurch die Besonderheit der einzelnen Nationalitäten. Und endlich, während die Bourgeoisie jeder Nation noch aparte nationale Interessen behält, schuf die große Industrie eine Klasse, die bei allen Nationen dasselbe Interesse hat und bei der die Nationalität schon vernichtet ist, eine Klasse, die wirklich die ganze alte Welt los ist und zugleich ihr gegenübersteht. Sie macht dem Arbeiter nicht bloß das Verhältnis zum Kapitalisten, sondern die Arbeit selbst unerträglich.

Es versteht sich, daß die große Industrie nicht in jeder Lokalität eines Landes zu derselben Höhe der Ausbildung kommt. Dies hält indes die Klassenbewegung des Proletariats nicht auf, da die durch die große Industrie erzeugten Proletarier an die Spitze dieser Bewegung treten und die ganze Masse mit sich fortreißen, und da die von der großen Industrie ausgeschlossenen Arbeiter durch diese große Industrie in eine noch schlechtere Lebenslage versetzt werden als die Arbeiter der großen Industrie selbst. Ebenso wirken die Länder, in denen eine große Industrie entwickelt ist, auf die plus ou moins[10] nichtindustriellen Länder, sofern diese durch den Weltverkehr in den universellen Konkurrenzkampf hereingerissen sind.*

Diese verschiedenen Formen sind ebensoviel Formen der Organisation der Arbeit und damit des Eigentums. In jeder Periode fand eine Vereinigung der existierenden Produktivkräfte statt, soweit sie durch die Bedürfnisse notwendig geworden war.

ANMERKUNGEN (Auszug, ohne Verweis auf die Original-Seitenzahlen)

[17] Die *Anti-Corn-Law League* (Anti-Korngesetz-Liga) - eine freihändlerische Vereinigung, die 1838 von den Fabrikanten Cobden und Bright in Manchester gegründet wurde. Die sogenannten Korngesetze, die die Einschränkung bzw. das Verbot des Getreideimports zum Ziele hatten, waren in England im Interesse der dortigen Großgrundbesitzer, der Landlords eingeführt worden. Die Liga erhob die Forderung nach völliger Handelsfreiheit und kämpfte für die Abschaffung der Korngesetze mit dem Ziel, die Löhne der Arbeiter zu senken und die ökonomischen und politischen Positionen der Landaristokratie zu schwächen. In ihrem Kampf gegen die Grundbesitzer versuchte die Liga, die Arbeitermassen auszunutzen. Aber gerade zu dieser Zeit betraten die fortgeschrittensten Arbeiter Englands den Weg der selbständigen, politisch ausgeprägten Arbeiterbewegung (Chartismus, siehe Anmerkung 94).

Der Kampf zwischen der industriellen Bourgeoisie und der Landaristokratie endete 1846 mit der Annahme des Gesetzes über die Aufhebung der Korngesetze; es sah noch eine vorübergehende Beibehaltung niedrigerer Zölle für die Einfuhr von Getreide bis 1849 vor. Die Liga löste sich nach der Annahme des Gesetzes von 1846 auf.

---

10 mehr oder weniger

* Die Konkurrenz isoliert die Individuen, nicht nur die Bourgeois, sondern noch mehr die Proletarier gegeneinander, trotzdem daß sie sie zusammenbringt. Daher dauert es eine lange Zeit, bis diese Individuen sich vereinigen können, abgesehn davon, daß zu dieser Vereinigung - wenn sie nicht bloß lokal sein soll - die nötigen Mittel, die großen Industriestädte und die wohlfeilen und schnellen Kommunikationen durch die große Industrie erst hergestellt sein müssen, und daher ist jede organisierte Macht gegenüber diesen isolierten und in Verhältnissen, die die Isolierung täglich reproduzieren, lebenden Individuen erst nach langen Kämpfen zu besiegen. Das Gegenteil verlangen, hieße ebensoviel wie zu verlangen, daß die Konkurrenz in dieser bestimmten Geschichtsepoche nicht existieren soll oder daß die Individuen Verhältnisse, über die sie als Isolierte keine Kontrolle haben, sich aus dem Kopf schlagen sollen.

[18]*Navigationsgesetze* - von Cromwell 1651 erlassene und später mehrmals erneuerte bzw. ergänzte Schiffahrtsgesetze, die sich besonders gegen den holländischen Zwischenhandel richteten und das Ziel verfolgten, die englische Kolonialherrschaft zu festigen. Sie bestimmten, daß die wichtigsten Waren aus Europa sowie alle Waren aus Rußland und der Türkei nur auf englischen Schiffen oder auf denen des Ursprungslandes eingeführt werden durften, und daß die englische Küstenschiffahrt gänzlich den englischen Schiffen vorbehalten bliebe. Die Gesetze wurden zwischen 1793 und 1854 aufgehoben.

[19]*Differentialzölle* belasteten die Waren derselben Gattung unterschiedlich nach ihren Herkunftsländern; sie dienten dazu, die Schiffahrt, die Industrie und den Handel des eigenen Landes zu begünstigen.

[20] Marx und Engels zitieren hier aus "Lettre sur la Jalousie du Commerce" [Brief über die Mißgunst des Handels] in I. Pintos Buch "Traité de la Circulation et du Credit" [Abhandlung über Zirkulation und Kredit]; Amsterdam 1771.

[21] Marx und Engels benutzten die französische Übersetzung von Adam Smiths "Recherches sur la Nature et les Causes de la Richesse des Nations" [Untersuchungen über das Wesen und die Ursachen des Reichtums der Nationen]; der englische Originaltitel lautet: "An Inquiry into the Nature and Causes of the Wealth of Nations".

Die entfremdete Arbeit

‖XXII| Wir sind ausgegangen von den Voraussetzungen der Nationalökonomie. Wir haben ihre Sprache und ihre Gesetze akzeptiert. Wir unterstellten das Privateigentum, die Trennung von Arbeit, Kapital und Erde, ebenso von Arbeitslohn, Profit des Kapitals und Grundrente wie die Teilung der Arbeit, die Konkurrenz, den Begriff des Tauschwertes etc. Aus der Nationalökonomie selbst, mit ihren eignen Worten, haben wir gezeigt, daß der Arbeiter zur Ware und zur elendesten Ware herabsinkt, daß das Elend des Arbeiters im umgekehrten Verhältnis zur Macht und zur Größe seiner Produktion steht, daß das notwendige Resultat der Konkurrenz die Akkumulation des Kapitals in wenigen Händen, also die fürchterlichere Wiederherstellung des Monopols ist, daß endlich der Unterschied von Kapitalist und Grundrentner wie von Ackerbauer und Manufakturarbeiter verschwindet und die ganze Gesellschaft in die beiden Klassen der *Eigentümer* und eigentumslosen *Arbeiter* zerfallen muß.

Die Nationalökonomie geht vom Faktum des Privateigentums aus. Sie erklärt uns dasselbe nicht. Sie faßt den *materiellen* Prozeß des Privateigentums, den es in der Wirklichkeit durchmacht, in allgemeine, abstrakte Formeln, die ihr dann als *Gesetze* gelten. Sie *begreift* diese Gesetze nicht, d.h., sie zeigt nicht nach, wie sie aus dem Wesen des Privateigentums hervorgehn. Die Nationalökonomie gibt uns keinen Aufschluß über den Grund der Teilung von Arbeit und Kapital, von Kapital und Erde. Wenn sie z. B. das Verhältnis des Arbeitslohns zum Profit des Kapitals bestimmt, so gilt ihr als letzter Grund das Interesse der Kapitalisten; d. h., sie unterstellt, was sie entwickeln soll. Ebenso kömmt überall die Konkurrenz hinein. Sie wird aus äußeren Umständen erklärt. Inwiefern diese äußeren, scheinbar zufälligen Umstände nur der Ausdruck einer notwendigen Entwicklung sind, darüber lehrt uns die Nationalökonomie nichts. Wir haben gesehn, wie ihr der Austausch selbst als ein zufälliges Faktum erscheint.

Die einzigen Räder, die der Nationalökonom in Bewegung setzt, sind die *Habsucht* und der *Krieg* unter den *Habsüchtigen, die Konkurrenz.*[1]

1 Nach diesem Absatz in der Handschrift gestrichen: Wir haben uns jetzt nach dem Wesen der geschilderten *materiellen* Bewegung des Eigentums umzusehn.

Eben weil die Nationalökonomie den Zusammenhang der Bewegung nicht begreift, darum konnte sich z. B. die Lehre von der Konkurrenz der Lehre vom Monopol, die Lehre von der Gewerbfreiheit der Lehre von der Korporation, die Lehre von der Teilung des Grundbesitzes der Lehre vom großen Grundeigentum wieder entgegenstellen, denn Konkurrenz, Gewerbfreiheit, Teilung des Grundbesitzes waren nur als zufällige, absichtliche, gewaltsame, nicht als notwendige, unvermeidliche, natürliche Konsequenzen des Monopols, der Korporation und des Feudaleigentums entwickelt und begriffen.

Wir haben also jetzt den wesentlichen Zusammenhang zwischen dem Privateigentum, der Habsucht, der Trennung von Arbeit, Kapital und Grundeigentum, von Austausch und Konkurrenz, von Wert und Entwertung der Menschen, von Monopol und Konkurrenz etc., von dieser ganzen Entfremdung mit dem *Geldsystem* zu begreifen.

Versetzen wir uns nicht wie der Nationalökonom, wenn er erklären will, in einen nur erdichteten Urzustand. Ein solcher Urzustand erklärt nichts. Er schiebt bloß die Frage in eine graue, nebelhafte Ferne. Er unterstellt in der Form der Tatsache, des Ereignisses, was er deduzieren soll, nämlich das notwendige Verhältnis zwischen zwei Dingen, z.B. zwischen Teilung der Arbeit und Austausch. So erklärt die Theologie den Ursprung des Bösen durch den Sündenfall, d. h., er unterstellt als ein Faktum, in der Form der Geschichte, was er erklären soll.

Wir gehn von einem nationalökonomischen, *gegenwärtigen* Faktum aus.

Der Arbeiter wird um so ärmer, je mehr Reichtum er produziert, je mehr seine Produktion an Macht und Umfang zunimmt. Der Arbeiter wird eine um so wohlfeilere Ware, je mehr Waren er schafft. Mit der *Verwertung* der Sachenwelt nimmt die *Entwertung* der Menschenwelt in direktem Verhältnis zu. Die Arbeit produziert nicht nur Waren; sie produziert sich selbst und den Arbeiter als eine *Ware*, und zwar in dem Verhältnis, in welchem sie überhaupt Waren produziert.

Dies Faktum drückt weiter nichts aus als: Der Gegenstand, den die Arbeit produziert, ihr Produkt, tritt ihr als ein *fremdes Wesen*, als eine von dem Produzenten *unabhängige Macht* gegenüber. Das Produkt der Arbeit ist die Arbeit, die sich in einem Gegenstand fixiert, sachlich gemacht hat, es ist die *Vergegenständlichung* der Arbeit. Die Verwirklichung der Arbeit ist ihre Vergegenständlichung. Diese Verwirklichung der Arbeit erscheint in dem nationalökonomischen Zustand als *Entwirklichung* des Arbeiters, die Vergegenständlichung als *Verlust und Knechtschaft des Gegenstandes*, die Aneignung als *Entfremdung*, als *Entäußerung*.

Die Verwirklichung der Arbeit erscheint so sehr als Entwirklichung, daß der Arbeiter bis zum Hungertod entwirklicht wird. Die Vergegenständlichung erscheint so sehr als Verlust des Gegenstandes, daß der Arbeiter der notwendigsten Gegenstände, nicht nur des Lebens, sondern auch der

Arbeitsgegenstände, beraubt ist. Ja, die Arbeit selbst wird zu einem Gegenstand, dessen er nur mit der größten Anstrengung und mit den unregelmäßigsten Unterbrechungen sich bemächtigen kann. Die Aneignung des Gegenstandes erscheint so sehr als Entfremdung, daß, je mehr Gegenstände der Arbeiter produziert, er um so weniger besitzen kann und um so mehr unter die Herrschaft seines Produkts, des Kapitals, gerät.

In der Bestimmung, daß der Arbeiter zum *Produkt seiner Arbeit* als einem *fremden* Gegenstand sich verhält, liegen alle diese Konsequenzen. Denn es ist nach dieser Voraussetzung klar: Je mehr der Arbeiter sich ausarbeitet, um so mächtiger wird die fremde, gegenständliche Welt, die er sich gegenüber schafft, um so ärmer wird er selbst, seine innre Welt, um so weniger gehört ihm zu eigen. Es ist ebenso in der Religion. Je mehr der Mensch in Gott setzt, je weniger behält er in sich selbst. Der Arbeiter legt sein Leben in den Gegenstand; aber nun gehört es nicht mehr ihm, sondern dem Gegenstand. Je größer also diese Tätigkeit, um so gegenstandsloser ist der Arbeiter. Was das Produkt seiner Arbeit ist, ist er nicht. Je größer also dieses Produkt, je weniger ist er selbst. Die *Entäußrung* des Arbeiters in seinem Produkt hat die Bedeutung, nicht nur, daß seine Arbeit zu einem Gegenstand, zu einer *äußern* Existenz wird, sondern daß sie *außer ihm*, unabhängig, fremd von ihm existiert und eine selbständige Macht ihm gegenüber wird, daß das Leben, was er dem Gegenstand verliehn hat, ihm feindlich und fremd gegenübertritt.

‖XXIII| Betrachten wir nun näher die *Vergegenständlichung,* die Produktion des Arbeiters und in ihr die *Entfremdung,* den *Verlust* des Gegenstandes, seines Produkts.

Der Arbeiter kann nichts schaffen ohne die *Natur,* ohne die *sinnliche Außenwelt.* Sie ist der Stoff, an welchem sich seine Arbeit verwirklicht, in welchem sie tätig ist, aus welchem und mittelst welchem sie produziert.

Wie aber die Natur [die] *Lebensmittel* der Arbeit darbietet, in dem Sinn, daß die Arbeit nicht *leben* kann ohne Gegenstände, an denen sie ausgeübt wird, so bietet sie andrerseits auch d[ie] *Lebensmittel* in dem engern Sinn dar, nämlich d[ie] Mittel der physischen Subsistenz des *Arbeiters* selbst.

Je mehr also der Arbeiter die Außenwelt, die sinnliche Natur, durch seine Arbeit sich *aneignet*, um so mehr entzieht er sich *Lebensmittel* nach der doppelten Seite hin, erstens, daß immer mehr die sinnliche Außenwelt aufhört, ein seiner Arbeit angehöriger Gegenstand, ein *Lebensmittel* seiner Arbeit zu sein; zweitens, daß sie immer mehr aufhört, *Lebensmittel* im unmittelbaren Sinn, Mittel für die physische Subsistenz des Arbeiters zu sein.

Nach dieser doppelten Seite hin wird der Arbeiter also ein Knecht seines Gegenstandes, erstens, daß er einen *Gegenstand der Arbeit,* d. h., daß er *Arbeit* erhält, und zweitens, daß er *Subsistenzmittel* erhält. Erstens also, daß er als *Arbeiter,* und zweitens, daß er als *physisches Subjekt* existieren kann. Die Spitze dieser Knechtschaft ist, daß er nur mehr als *Arbeiter* sich als *physisches Subjekt* erhalten [kann] und nur mehr als *physisches Subjekt* Arbeiter ist.

(Die Entfremdung des Arbeiters in seinem Gegenstand drückt sich nach nationalökonomischen Gesetzen so aus, daß, je mehr der Arbeiter produziert, er um so weniger zu konsumieren hat, daß, je mehr Werte er schafft, er um so wertloser, und so unwürdiger wird, daß, je geformter sein Produkt, um so mißförmiger der Arbeiter, daß, je zivilisierter sein Gegenstand, um so barbarischer der Arbeiter, daß, um so mächtiger die Arbeit, um so ohnmächtiger der Arbeiter wird, daß, je geistreicher die Arbeit, um so mehr geistloser und Naturknecht der Arbeiter wird.)

Die *Nationalökonomie verbirgt die Entfremdung in dem Wesen der Arbeit dadurch, daß sie nicht das* **unmittelbare** *Verhältnis zwischen dem* **Arbeiter** (der Arbeit) *und der Produktion betrachtet.* Allerdings. Die Arbeit produziert Wunderwerke für die Reichen, aber sie produziert Entblößung für den Arbeiter. Sie produziert Paläste, aber Höhlen für den Arbeiter. Sie produziert Schönheit, aber Verkrüppelung für den Arbeiter. Sie ersetzt die Arbeit durch Maschinen, aber sie wirft einen Teil der Arbeiter zu einer barbarischen Arbeit zurück und macht den andren Teil zur Maschine. Sie produziert Geist, aber sie produziert Blödsinn, Kretinismus für den Arbeiter.

Das unmittelbare Verhältnis der Arbeit zu ihren Produkten ist das Verhältnis des Arbeiters zu den Gegenständen seiner Produktion. Das Verhältnis des Vermögenden zu den Gegenständen der Produktion und zu ihr selbst ist nur eine *Konsequenz* dieses ersten Verhältnisses. Und bestätigt es. Wir werden diese andre Seite später betrachten. Wenn wir also fragen: Welches ist das wesentliche Verhältnis der Arbeit, so fragen wir nach dem Verhältnis des *Arbeiters* zur Produktion.

Wir haben bisher die Entfremdung, die Entäußerung des Arbeiters nur nach der einen Seite hin betrachtet, nämlich sein *Verhältnis zu den Produkten seiner Arbeit.* Aber die Entfremdung zeigt sich nicht nur im Resultat, sondern im *Akt der Produktion,* innerhalb der *produzierenden Tätigkeit* selbst. Wie würde der Arbeiter dem Produkt seiner Tätigkeit fremd gegenübertreten können, wenn er im Akt der Produktion selbst sich nicht sich selbst entfremdete? Das Produkt ist ja nur das Resümee der Tätigkeit, der Produktion. Wenn also das Produkt der Arbeit die Entäußerung ist, so muß die Produktion selbst die tätige Entäußerung, die Entäußerung der Tätigkeit, die Tätigkeit der Entäußerung sein. In der Entfremdung des Gegenstandes der Arbeit resümiert sich nur die Entfremdung, die Entäußerung in der Tätigkeit der Arbeit selbst.

Worin besteht nun die Entäußerung der Arbeit?

Erstens, daß die Arbeit dem Arbeiter *äußerlich* ist, d. h. nicht zu seinem Wesen gehört, daß er sich daher in seiner Arbeit nicht bejaht, sondern verneint, nicht wohl, sondern unglücklich fühlt, keine freie physische und geistige Energie entwickelt, sondern seine Physis abkasteit und seinen Geist ruiniert. Der Arbeiter fühlt sich daher erst außer der Arbeit bei sich und in der Arbeit außer sich. Zu Hause ist er, wenn er nicht arbeitet, und wenn er arbeitet, ist er nicht zu Haus. Seine Arbeit ist daher nicht freiwillig, sondern gezwungen, *Zwangsarbeit.* Sie ist daher nicht die Befriedigung eines Bedürfnisses, sondern sie ist nur ein *Mittel,* um Bedürfnisse außer ihr zu befriedigen. Ihre Fremdheit tritt darin rein hervor, daß, sobald kein physischer oder sonstiger Zwang existiert, die Arbeit als eine Pest geflohen wird. Die äußerliche Arbeit, die Arbeit, in welcher der Mensch sich entäußert, ist eine Arbeit der Selbstaufopferung, der Kasteiung. Endlich erscheint die Äußerlichkeit der Arbeit für den Arbeiter darin, daß sie nicht sein eigen, sondern eines andern ist, daß sie ihm nicht gehört, daß er in ihr nicht sich selbst, sondern einem andern angehört. Wie in der Religion die Selbsttätigkeit der menschlichen Phantasie, des menschlichen Hirns und des menschlichen Herzens unabhängig vom Individuum, d. h. als eine fremde, göttliche oder teuflische Tätigkeit, auf es wirkt, so ist die Tätigkeit des Arbeiters nicht seine Selbsttätigkeit. Sie gehört einem andren, sie ist der Verlust seiner selbst.

Es kömmt daher zu dem Resultat, daß der Mensch (der Arbeiter) nur mehr in seinen tierischen Funktionen, Essen, Trinken und Zeugen, höchstens noch Wohnung, Schmuck etc., sich als freitätig fühlt und in seinen menschlichen Funktionen nur mehr als Tier. Das Tierische wird das Menschliche und das Menschliche das Tierische.

Essen, Trinken und Zeugen etc. sind zwar auch echt menschliche Funktionen. In der Abstraktion aber, die sie von dem übrigen Umkreis menschlicher Tätigkeit trennt und zu letzten und alleinigen Endzwecken macht, sind sie tierisch.

Wir haben den Akt der Entfremdung der praktischen menschlichen Tätigkeit, die Arbeit, nach zwei Seiten hin betrachtet. 1. Das Verhältnis des Arbeiters zum *Produkt der Arbeit* als fremden und über ihn mächtigen Gegenstand. Dies Verhältnis ist zugleich das Verhältnis zur sinnlichen Außenwelt, zu den Naturgegenständen als einer fremden, ihm feindlich gegenüberstehenden Welt. 2. Das Verhältnis der Arbeit zum *Akt der Produktion* innerhalb der *Arbeit.* Dies Verhältnis ist das Verhältnis des Arbeiters zu seiner eignen Tätigkeit als einer fremden, ihm nicht angehörigen, die Tätigkeit als Leiden, die Kraft als Ohnmacht, die Zeugung als Entmannung, die *eigne* physische und geistige Energie des Arbeiters, sein persönliches Leben - denn was ist Leben [anderes] als Tätigkeit - als eine wider ihn selbst gewendete, von ihm unabhängige, ihm nicht gehörige Tätigkeit. Die *Selbstentfremdung,* wie oben die Entfremdung der *Sache.*

‖XXIV| Wir haben nun noch eine dritte Bestimmung der *entfremdeten Arbeit* aus den beiden bisherigen zu ziehn.

Der Mensch ist ein Gattungswesen, nicht nur indem er praktisch und theoretisch die Gattung, sowohl seine eigne als die der übrigen Dinge, zu seinem Gegenstand macht, sondern - und dies ist nur ein andrer Ausdruck für dieselbe Sache -, sondern auch indem er sich zu sich selbst als der gegenwärtigen, lebendigen Gattung verhält, indem er sich zu sich als einem *universellen,* darum freien Wesen verhält.

Das Gattungsleben, sowohl beim Menschen als beim Tier, besteht physisch einmal darin, daß der Mensch (wie das Tier) von der unorganischen Natur lebt, und um so universeller der Mensch als das Tier, um so universeller ist der Bereich der unorganischen Natur, von der er lebt. Wie Pflanzen, Tiere, Steine, Luft, Licht etc. theoretisch einen Teil des menschlichen Bewußtseins, teils als Gegenstände der Naturwissenschaft, teils als Gegenstände der Kunst bilden - seine geistige unorganische Natur, geistige Lebensmittel, die er erst zubereiten muß zum Genuß und zur Verdauung -, so bilden sie auch praktisch einen Teil des menschlichen Lebens und der menschlichen Tätigkeit. Physisch lebt der Mensch nur von diesen Naturprodukten, mögen sie nun in der Form der Nahrung, Heizung, Kleidung, Wohnung etc. erscheinen. Die Universalität des Menschen erscheint praktisch eben in der Universalität, die die ganze Natur zu seinem *unorganischen* Körper macht, sowohl insofern sie 1. ein unmittelbares Lebensmittel, als inwiefern sie [2.] die Materie, der Gegenstand und das Werkzeug seiner Lebenstätigkeit ist. Die Natur ist der *unorganische Leib* des Menschen, nämlich die Natur, soweit sie nicht selbst menschlicher Körper ist. Der Mensch *lebt* von der Natur, heißt: Die Natur ist sein *Leib*, mit dem er in beständigem Prozeß bleiben muß, um nicht zu sterben. Daß das physische und geistige Leben des Menschen mit der Natur zusammenhängt, hat keinen andren Sinn, als daß die Natur mit sich selbst zusammenhängt, denn der Mensch ist ein Teil der Natur.

Indem die entfremdete Arbeit dem Menschen 1. die Natur entfremdet, 2. sich selbst, seine eigne tätige Funktion, seine Lebenstätigkeit, so entfremdet sie dem Menschen die *Gattung*; sie macht ihm das *Gattungsleben* zum Mittel des individuellen Lebens. Erstens entfremdet sie das Gattungsleben und das individuelle Leben, und zweitens macht sie das letztere in seiner Abstraktion zum Zweck des ersten, ebenfalls in seiner abstrakten und entfremdeten Form.

Denn erstens erscheint dem Menschen die Arbeit, die *Lebenstätigkeit,* das *produktive Leben* selbst nur als ein *Mittel* zur Befriedigung eines Bedürfnisses, des Bedürfnisses der Erhaltung der physischen Existenz. Das produktive Leben ist aber das Gattungsleben. Es ist das Leben erzeugende Leben. In der Art der Lebenstätigkeit liegt der ganze Charakter einer species, ihr Gattungscharakter, und die freie bewußte Tätigkeit ist der Gattungscharakter des Menschen. Das Leben selbst erscheint nur als *Lebensmittel.*

Das Tier ist unmittelbar eins mit seiner Lebenstätigkeit. Es unterscheidet sich nicht von ihr. Es ist *sie.* Der Mensch macht seine Lebenstätigkeit selbst zum Gegenstand seines Wollens und seines Bewußtseins. Er hat bewußte

Lebenstätigkeit. Es ist nicht eine Bestimmtheit, mit der er unmittelbar zusammenfließt. Die bewußte Lebenstätigkeit unterscheidet den Menschen unmittelbar von der tierischen Lebenstätigkeit. Eben nur dadurch ist er ein Gattungswesen. Oder er ist nur ein bewußtes Wesen, d. h., sein eignes Leben ist ihm Gegenstand, eben weil er ein Gattungswesen ist. Nur darum ist seine Tätigkeit freie Tätigkeit. Die entfremdete Arbeit kehrt das Verhältnis dahin um, daß der Mensch eben, weil er ein bewußtes Wesen ist, seine Lebenstätigkeit, sein *Wesen* nur zu einem Mittel für seine *Existenz* macht.

Das praktische Erzeugen einer *gegenständlichen Welt,* die *Bearbeitung* der unorganischen Natur ist die Bewährung des Menschen als eines bewußten Gattungswesens, d. h. eines Wesens, das sich zu der Gattung als seinem eignen Wesen oder zu sich als Gattungswesen verhält. Zwar produziert auch das Tier. Es baut sich ein Nest, Wohnungen, wie die Biene, Biber, Ameise etc. Allein es produziert nur, was es unmittelbar für sich oder sein Junges bedarf; es produziert einseitig, während der Mensch universell produziert; es produziert nur unter der Herrschaft des unmittelbaren physischen Bedürfnisses, während der Mensch selbst frei vom physischen Bedürfnis produziert und erst wahrhaft produziert in der Freiheit von demselben; es produziert nur sich selbst, während der Mensch die ganze Natur reproduziert; sein Produkt gehört unmittelbar zu seinem physischen Leib, während der Mensch frei seinem Produkt gegenübertritt. Das Tier formiert nur nach dem Maß und dem Bedürfnis der species, der es angehört, während der Mensch nach dem Maß jeder species zu produzieren weiß und überall das inhärente Maß dem Gegenstand anzulegen weiß; der Mensch formiert daher auch nach den Gesetzen der Schönheit.

Eben in der Bearbeitung der gegenständlichen Welt bewährt sich der Mensch daher erst wirklich als ein *Gattungswesen*. Diese Produktion ist sein werktätiges Gattungsleben. Durch sie erscheint die Natur als *sein* Werk und seine Wirklichkeit. Der Gegenstand der Arbeit ist daher die *Vergegenständlichung des Gattungslebens des Menschen:* indem er sich nicht nur wie im Bewußtsein intellektuell, sondern werktätig, wirklich verdoppelt und sich selbst daher in einer von ihm geschaffnen Welt anschaut. Indem daher die entfremdete Arbeit dem Menschen den Gegenstand seiner Produktion entreißt, entreißt sie ihm sein *Gattungsleben*, seine wirkliche Gattungsgegenständlichkeit und verwandelt seinen Vorzug vor dem Tier in den Nachteil, daß sein unorganischer Leib, die Natur, ihm entzogen wird.

Ebenso indem die entfremdete Arbeit die Selbsttätigkeit, die freie Tätigkeit, zum Mittel herabsetzt, macht sie das Gattungsleben des Menschen zum Mittel seiner physischen Existenz.

Das Bewußtsein, welches der Mensch von seiner Gattung hat, verwandelt sich durch die Entfremdung also dahin, daß das Gattungs[leben] ihm zum Mittel wird.

Die entfremdete Arbeit macht also:

3. das *Gattungswesen des Menschen,* sowohl die Natur als sein geistiges Gattungsvermögen, zu einem ihm *fremden* Wesen, zum *Mittel* seiner *individuellen Existenz.* Sie entfremdet dem Menschen seinen eignen Leib, wie die Natur außer ihm, wie sein geistiges Wesen, sein *menschliches* Wesen.

4. Eine unmittelbare Konsequenz davon, daß der Mensch dem Produkt seiner Arbeit, seiner Lebenstätigkeit, seinem Gattungswesen entfremdet ist, ist die *Entfremdung des Menschen* von dem *Menschen.* Wenn der Mensch sich selbst gegenübersteht, so steht ihm der *andre* Mensch gegenüber. Was von dem Verhältnis des Menschen zu seiner Arbeit, zum Produkt seiner Arbeit und zu sich selbst, das gilt von dem Verhältnis des Menschen zum andren Menschen, wie zu der Arbeit und dem Gegenstand der Arbeit des andren Menschen.

Überhaupt, der Satz, daß der Mensch seinem Gattungswesen entfremdet ist, heißt, daß ein Mensch dem andern, wie jeder von ihnen dem menschlichen Wesen entfremdet ist.

Die Entfremdung des Menschen, überhaupt jedes Verhältnis, in dem der Mensch zu sich selbst [steht], ist erst verwirklicht, drückt sich aus in dem Verhältnis, in welchem der Mensch zu d[em] andren Menschen steht.

Also betrachtet in dem Verhältnis der entfremdeten Arbeit jeder Mensch den andren nach dem Maßstab und dem Verhältnis, in welchem er selbst als Arbeiter sich befindet.

‖XXV| Wir gingen aus von einem nationalökonomischen Faktum, der Entfremdung des Arbeiters und seiner Produktion. Wir haben den Begriff dieses Faktums ausgesprochen: die *entfremdete, entäußerte* Arbeit. Wir haben diesen Begriff analysiert, also bloß ein nationalökonomisches Faktum analysiert.

Sehn wir nun weiter, wie sich der Begriff der entfremdeten, entäußerten Arbeit in der Wirklichkeit aussprechen und darstellen muß.

Wenn das Produkt der Arbeit mir fremd ist, mir als fremde Macht gegenübertritt, wem gehört es dann?

Wenn meine eigne Tätigkeit nicht mir gehört, eine fremde, eine erzwungne Tätigkeit ist, wem gehört sie dann?

Einem *andern* Wesen als mir.

Wer ist dies Wesen?

Die *Götter*? Allerdings erscheint in den ersten Zeiten die Hauptproduktion, wie z. B. der Tempelbau etc. in Ägypten, Indien, Mexiko, sowohl im Dienst der Götter, wie auch das Produkt den Göttern gehört. Allein, die Götter allein waren nie die Arbeitsherrn. Ebensowenig die *Natur.* Und welcher Widerspruch wäre es auch, daß, je mehr der Mensch die Natur durch seine Arbeit sich unterwirft, je mehr die Wunder der Götter überflüssig werden durch die Wunder der Industrie, der Mensch diesen Mächten zulieb auf die Freude an der Produktion und auf den Genuß des Produktes verzichten sollte.

Das *fremde* Wesen, dem die Arbeit und das Produkt der Arbeit gehört, in dessen Dienst die Arbeit und zu dessen Genuß das Produkt der Arbeit steht, kann nur der *Mensch* selbst sein.

Wenn das Produkt der Arbeit nicht dem Arbeiter gehört, eine fremde Macht ihm gegenüber ist, so ist dies nur dadurch möglich, daß es einem *andern Menschen außer dem Arbeiter* gehört. Wenn seine Tätigkeit ihm Qual ist, so muß sie einem andern *Genuß* und die Lebensfreude eines andern sein. Nicht die Götter, nicht die Natur, nur der Mensch selbst kann diese fremde Macht über d[en] Menschen sein.

Man bedenke noch den vorher aufgestellten Satz, daß das Verhältnis des Menschen zu sich selbst ihm erst *gegenständlich, wirklich* ist durch sein Verhältnis zu dem andern Menschen. Wenn er sich also zu dem Produkt seiner Arbeit, zu seiner vergegenständlichten Arbeit, als einem *fremden, feindlichen,* mächtigen, von ihm unabhängigen Gegenstand verhält, so verhält er sich zu ihm so, daß ein andrer, ihm fremder, feindlicher, mächtiger, von ihm unabhängiger Mensch der Herr dieses Gegenstandes ist. Wenn er sich zu seiner eignen Tätigkeit als einer unfreien verhält, so verhält er sich zu ihr als der Tätigkeit im Dienst, unter der Herrschaft, dem Zwang und dem Joch eines andern Menschen.

Jede Selbstentfremdung des Menschen von sich und der Natur erscheint in dem Verhältnis, welches er sich und der Natur zu andern, von ihm unterschiednen Menschen gibt. Daher die religiöse Selbstentfremdung notwendig in dem Verhältnis des Laien zum Priester erscheint, oder auch, da es sich hier von der intellektuellen Welt handelt, zu einem Mittler etc. In der praktischen wirklichen Welt kann die Selbstentfremdung nur durch das praktische, wirkliche Verhältnis zu andern Menschen erscheinen. Das Mittel, wodurch die Entfremdung vorgeht, ist selbst ein *praktisches.* Durch die entfremdete Arbeit erzeugt der Mensch also nicht nur sein Verhältnis zu dem Gegenstand und dem Akt der Produktion als fremden und ihm feindlichen Mächten[2]; er erzeugt auch das Verhältnis, in welchem andre Menschen zu seiner Produktion und seinem Produkt stehn, und das Verhältnis, in welchem er zu diesen andern Menschen steht. Wie er seine eigne Produktion zu seiner Entwirklichung, zu seiner Strafe, wie er sein eignes Produkt zu dem Verlust, zu einem ihm nicht gehörigen Produkt, so erzeugt er die Herrschaft dessen, der nicht produziert, auf die Produktion und auf das Produkt. Wie er seine eigne Tätigkeit sich entfremdet, so eignet er dem Fremden die ihm nicht eigne Tätigkeit an.

Wir haben bis jetzt das Verhältnis nur von seiten des Arbeiters, und wir werden es später auch von seiten des Nichtarbeiters betrachten.

---

2 In der Handschrift: Menschen

Also durch die *entfremdete, entäußerte Arbeit* erzeugt der Arbeiter das Verhältnis eines der Arbeit fremden und außer ihr stehenden Menschen zu dieser Arbeit. Das Verhältnis des Arbeiters zur Arbeit erzeugt das Verhältnis des Kapitalisten zu derselben, oder wie man sonst den Arbeitsherrn nennen will. Das *Privateigentum* ist also das Produkt, das Resultat, die notwendige Konsequenz der *entäußerten Arbeit,* des äußerlichen Verhältnisses des Arbeiters zu der Natur und zu sich selbst.

Das *Privateigentum* ergibt sich also durch Analyse aus dem Begriff der *entäußerten Arbeit,* d. i. des *entäußerten Menschen,* der entfremdeten Arbeit, des entfremdeten Lebens, des *entfremdeten* Menschen.

Wir haben allerdings den Begriff der *entäußerten Arbeit* (des *entäußerten Lebens)* aus der Nationalökonomie als Resultat aus *der Bewegung des Privateigentums* gewonnen. Aber es zeigt sich bei Analyse dieses Begriffes, daß, wenn das Privateigentum als Grund, als Ursache der entäußerten Arbeit erscheint, es vielmehr eine Konsequenz derselben ist, wie auch die Götter *ursprünglich* nicht die Ursache, sondern die Wirkung der menschlichen Verstandesverirrung sind. Später schlägt dies Verhältnis in Wechselwirkung um.

Erst auf dem letzten Kulminationspunkt der Entwicklung des Privateigentums tritt dieses sein Geheimnis wieder hervor, nämlich einerseits, daß es das *Produkt* der entäußerten Arbeit, und zweitens, daß es das *Mittel* ist, durch welches sich die Arbeit entäußert, die *Realisation dieser Entäußerung.*

Diese Entwicklung gibt sogleich Licht über verschiedne bisher ungelöste Kollisionen.

1. Die Nationalökonomie geht von der Arbeit als der eigentlichen Seele der Produktion aus, und dennoch gibt sie der Arbeit nichts und dem Privateigentum alles. Proudhon hat aus diesem Widerspruch zugunsten der Arbeit wider das Privateigentum geschlossen. Wir aber sehn ein, daß dieser scheinbare Widerspruch der Widerspruch der *entfremdeten Arbeit* mit sich selbst ist und daß die Nationalökonomie nur die Gesetze der entfremdeten Arbeit ausgesprochen hat.

Wir sehn daher auch ein, daß *Arbeitslohn* und *Privateigentum* identisch sind: denn der Arbeitslohn, wo das Produkt, der Gegenstand der Arbeit, die Arbeit selbst besoldet, ist nur eine notwendige Konsequenz von der Entfremdung der Arbeit, wie denn im Arbeitslohn auch die Arbeit nicht als Selbstzweck, sondern als der Diener des Lohns erscheint. Wir werden dies später ausführen und ziehen jetzt nur noch einige Konse‖XXVI|quenzen.

Eine gewaltsame *Erhöhung des Arbeitslohns* (von allen andren Schwierigkeiten abgesehn, abgesehn davon, daß sie als eine Anomalie auch nur gewaltsam aufrechtzuerhalten wäre) wäre also nichts als eine bessere *Salairierung der Sklaven* und hätte weder dem Arbeiter noch der Arbeit ihre menschliche Bestimmung und Würde erobert.

Ja selbst die *Gleichheit der Salaire,* wie sie Proudhon fordert, verwandelt nur das Verhältnis des jetzigen Arbeiters zu seiner Arbeit in das Verhältnis aller Menschen zur Arbeit. Die Gesellschaft wird dann als abstrakter Kapitalist gefaßt.

Arbeitslohn ist eine unmittelbare Folge der entfremdeten Arbeit, und die entfremdete Arbeit ist die unmittelbare Ursache des Privateigentums. Mit der einen muß daher auch die andere Seite fallen.

2. Aus dem Verhältnis der entfremdeten Arbeit zum Privateigentum folgt ferner, daß die Emanzipation der Gesellschaft vom Privateigentum etc., von der Knechtschaft, in der *politischen* Form der *Arbeiteremanzipation* sich ausspricht, nicht als wenn es sich nur um ihre Emanzipation handelte, sondern weil in ihrer Emanzipation die allgemein menschliche enthalten ist, diese ist aber darin enthalten, weil die ganze menschliche Knechtschaft in dem Verhältnis des Arbeiters zur Produktion involviert ist und alle Knechtschaftsverhältnisse nur Modifikationen und Konsequenzen dieses Verhältnisses sind.

Wie wir aus dem Begriff der *entfremdeten, entäußerten Arbeit* den Begriff des *Privateigentums* durch *Analyse* gefunden haben, so können mit Hülfe dieser beiden Faktoren alle nationalökonomischen *Kategorien* entwickelt werden, und wir werden in jeder Kategorie, wie z. B. dem Schacher, der Konkurrenz, dem Kapital, dem Geld, nur einen *bestimmten* und *entwickelten Ausdruck* dieser ersten Grundlagen wiederfinden.

Bevor wir jedoch diese Gestaltung betrachten, suchen wir noch zwei Aufgaben zu lösen.

1. Das allgemeine *Wesen* des *Privateigentums,* wie es sich als Resultat der entfremdeten Arbeit ergeben hat, in seinem Verhältnis zum *wahrhaft menschlichen* und *sozialen Eigentum* zu bestimmen.

2. Wir haben die *Entfremdung der Arbeit,* ihre *Entäußrung* als ein Faktum angenommen und dies Faktum analysiert. Wie, fragen wir nun, kömmt der *Mensch* dazu, seine *Arbeit zu entäußern, zu* entfremden? Wie ist diese Entfremdung im Wesen der menschlichen Entwicklung begründet? Wir haben schon viel für die Lösung der Aufgabe gewonnen, indem wir die Frage nach dem *Ursprung* des *Privateigentums* in die Frage nach dem Verhältnis der *entäußerten Arbeit* zum Entwicklungsgang der Menschheit *verwandelt* haben. Denn wenn man von *Privateigentum* spricht, so glaubt man es mit einer Sache außer dem Menschen zu tun zu haben. Wenn man von der Arbeit spricht, so hat man es unmittelbar mit dem Menschen selbst zu tun. Diese neue Stellung der Frage ist inklusive schon ihre Lösung.

ad 1. Allgemeines Wesen des Privateigentums und sein Verhältnis zum wahrhaft menschlichen Eigentum.

In zwei Bestandteile, die sich wechselseitig bedingen oder die nur verschiedne Ausdrücke eines und desselben Verhältnisses sind, hat sich uns die entäußerte Arbeit aufgelöst, die *Aneignung* erscheint als *Entfremdung,* als

Entäußerung, und die *Entäußerung als Aneignung,* die *Entfremdung* als die wahre *Einbürgerung.*

Wir haben die eine Seite betrachtet, die *entäußerte* Arbeit in bezug auf den *Arbeiter* selbst, d.h. das *Verhältnis der entäußerten Arbeit zu sich selbst.* Als Produkt, als notwendiges Resultat dieses Verhältnisses haben wir das *Eigentumsverhältnis des Nichtarbeiters* zum *Arbeiter und der Arbeit* gefunden. Das *Privateigentum,* als der materielle, resümierte Ausdruck der entäußerten Arbeit, umfaßt beide Verhältnisse, das *Verhältnis des Arbeiters zur Arbeit und zum Produkt seiner Arbeit* und zum *Nichtarbeiter* und das Verhältnis des *Nichtarbeiters zum Arbeiter* und *dem Produkt seiner Arbeit.*

Wenn wir nun gesehn haben, daß in bezug auf den Arbeiter, welcher sich durch die Arbeit die Natur *aneignet,* die Aneignung als Entfremdung erscheint, die Selbsttätigkeit als Tätigkeit für einen andern und als Tätigkeit eines andern, die Lebendigkeit als Aufopferung des Lebens, die Produktion des Gegenstandes als Verlust des Gegenstandes an eine fremde Macht, an einen *fremden* Menschen, so betrachten wir nun das Verhältnis dieses der Arbeit und dem Arbeiter *fremden* Menschen zum Arbeiter, zur Arbeit und ihrem Gegenstand.

Zunächst ist zu bemerken, daß alles, was bei dem Arbeiter als *Tätigkeit der Entäußerung, der Entfremdung,* bei dem Nichtarbeiter als *Zustand der Entäußerung, der Entfremdung,* erscheint.

Zweitens, daß das *wirkliche, praktische Verhalten* des Arbeiters in der Produktion und zum Produkt (als Gemütszustand) bei dem ihm gegenüberstehenden Nichtarbeiter als *theoretisches* Verhalten erscheint.

‖XXVII| *Drittens.* Der Nichtarbeiter tut alles gegen den Arbeiter, was der Arbeiter gegen sich selbst tut, aber er tut nicht gegen sich selbst, was er gegen den Arbeiter tut.

Betrachten wir näher diese drei Verhältnisse.[3] |XXVII‖

---

3 Hier bricht der Text des unvollendet gebliebenen ersten Manuskripts ab

Herrschafts-Gewinnung, -Ordnung und -Erhaltung

Was die heterogenen ethnischen Elemente von Uranfang an und die heterogenen sozialen Bestandteile in der weiteren Entwicklung der Geschichte zusammenführt, was sie aufeinander anweist und bezieht und auf diese Weise den sozialen Naturprozeß in Bewegung setzt: das ist, wie wir gesehen haben, die ewige Ausbeutungs- und Herrschsucht der Stärkeren und Überlegeneren. Der Rassenkampf um Herrschaft in allen seinen Formen, in den offenen und gewalttätigen, wie in den latenten und friedlichen, ist daher das eigentlich treibende Prinzip, die bewegende Kraft der Geschichte. Die Herrschaft selbst aber ist das Pivot, an dem alle die Vorgänge des Geschichtsprozesses hängen, die Achse, um die sie sich drehen. Denn soziale Amalgamierungen, Kultur, Nationalität und alle die höchsten Erscheinungen der Geschichte, sie treten nur zutage infolge und durch das Mittel von Herrschaftsorganisationen.

Wollen wir daher alle diese Erscheinungen sozusagen von hinter den Kulissen betrachten, ihre innere Struktur und Entstehung kennen lernen, so müssen wir das Wesen der Herrschaft, die Modalitäten ihrer Begründung, Ordnung und Einrichtung, endlich ihrer Erhaltung ins Auge fassen.

Jede Herrschaft ist immer das Resultat eines Krieges - denn jeder Krieg, wenn er nicht ein bloßer Raubzug ist, hat den Zweck, dauernde Herrschaft zu begründen[1]. In der Herrschaft gelangen die Kräfte des Krieges zum Gleichgewicht, indem die Sieger Herrscher bleiben und die Besiegten vom kriegerischen Widerstand ablassen. Aber der Kampf, das Essenzielle des Krieges, hat in der Herrschaft nur die Form des Krieges abgelegt, um latent zu werden - und dieser latente Zustand des Kampfes ist es, der zwischen Herrschenden und Beherrschten eine ewige Spannung der Kräfte hervorbringt, die in Ruhe und Gleichgewicht zu erhalten, die höchste Kunst jeder Regierung ist.

Nun liegt es im Wesen jeder Herrschaft, daß sie nur von einer Minderheit geübt werden kann. Die Herrschaft einer Mehrheit über eine

1 Auch der Raubzug begründet eine Herrschaft doch nur über die geraubten Personen und Sachen. Der Krieg bezweckt dagegen eine dauernde Abhängigkeit der besiegten Menschengruppe, des besiegten Volkes.

Minderheit ist undenkbar, weil ein Widersinn. Ebenso wie es in der Natur der Sache liegt, daß eine Pyramide auf einer breiten Basis ruhen muß, von der sie immer sich verjüngend zur Spitze sich erhebt, und wie es ein Ding der Unmöglichkeit wäre, eine Pyramide auf die Spitze zu stellen und die Basis in der Luft schweben zu lassen: ebenso liegt es in der Natur der Herrschaft, daß sie nur bestehen kann als eine Machtübung einer Minderheit über eine Mehrheit. Diese Natur schöpft die Herrschaft aus der Natur der Menschen - daher ist sie überall die gleiche und waren und sind immer und überall die Herrschaften nach denselben Prinzipien organisiert.

In dieser ihrer Modalität zeigt sich auch die innere wesentliche Verwandtschaft der Herrschaft mit dem Kriege. Denn auch der Krieg kann seiner Natur nach nur unter Anführung eines einzelnen oder sehr weniger unternommen werden; und diesem dringenden Gebote seiner Natur unterliegen die Kriegszüge immer und überall, auch bei den wildesten Horden - ja sogar bei den Tieren. Wie aber die Herrschaft nur das Resultat eines Krieges sein kann, ein weiteres Stadium und friedlicher Schluß desselben, so geht meist die Organisation des Krieges unmittelbar in die Organisation der Herrschaft über. Daraus erklärt sich das gleiche Vorkommen der Einherrschaft, welche Namen und Formen sie auch hat, und der Herrschaftshierarchie, in allen Zeiten und bei allen Völkern.

Nun hat es oft Lehrmeinungen gegeben, daß die Herrschaft nicht durchaus mittels des Krieges und kriegsähnlicher Organisation einer Minderheit gegenüber einer Mehrheit, sondern auch durch freiwillige Übereinkunft zwischen den Mitgliedern eines Gemeinwesens begründet werden könnte - ja, und was noch mehr, man wollte sogar aus der Geschichte Tatsachen zur Unterstützung dieser Meinung beigebracht haben. Als auf eine eklatante Tatsache berief man sich insbesondere auf die Gründung der Nordamerikanischen Staaten. Diese Meinungen sind ebenso falsch wie die angeführten Tatsachen; bleiben wir, um dieselben noch einmal zu widerlegen bei der Gründung der Nordamerikanischen Union. Sehen wir ganz davon ab, daß die europäischen Einwanderer die amerikanischen Völkerschaften systematisch ausbeuteten, um sich im neuen Lande Subsistenzmittel zu verschaffen; sehen wir davon ab, daß, als sich die amerikanischen Völkerschaften zur stabilen Beherrschung nicht eigneten, sie von den Europäern verdrängt und fast ganz ausgerottet wurden; sehen wir endlich davon ab, daß man infolgedessen, um eine arbeitende Bevölkerung zu haben (als Basis der Pyramide) seit 1620 sich Negersklaven aus Afrika importieren mußte. Betrachten wir nur, unter welchen Modalitäten denn die Kolonisation und Besiedlung des neuen Kontinents durch die Europäer vor sich ging?

Die Europäer übertrugen einfach ihre heimischen Herrschafts-Organisationen auf den neuen Kontinent; sie kamen bereits hin als Befehlende und Abhängige, als Herrschende und Beherrschte - und nur auf diese Weise konnten sie dort eine dauernde Herrschaft gründen. Ja! die

Formen, in denen sie dort die neuen Herrschaften gründeten, unterschieden sie im Wesen gar nicht von denjenigen, in denen überhaupt bei Eroberungen und Landnahmen Herrschaft begründet wurde[2] und in denen einige Jahrhunderte früher die Normannen ihre Herrschaft in England gründeten - nur daß die neuen Herrschaftsbegründer in Amerika sich ihre Untergebenen nicht mit dem Degen in der Hand erst unterwarfen, sondern dieselben als bereits kraft der heimischen Herrschaftsorganisation von ihnen Abhängige, und zwar als Schuldner mit hinüber brachten und daß statt der mittelalterlichen Ritter mächtige Kaufherrn und Verwaltungsräte der von den englischen Königen konzessionierten Gesellschaften an der Spitze dieser Herrschaftsorganisation standen.

Hören wir z. B. wie Friedrich Ratzel diese erste Herrschaftsbegründung und Organisation in Amerika schildert: "Die Konzession für Ausbeutung und Besiedlung Virginiens erhielt eine Londoner Gesellschaft, an deren Spitze unter anderen der bekannte Geograph Richard Hakluyt stand ... Diese Konzession schuf übrigens weiter nichts als eine Gesellschaft für Handel, Pflanzung und Fischerei, die das Land, das sie in Besitz nahm, vom König zum Lehen hatte, der ein Direktor und ein Rat der Aktionäre in London und ein Präsident nebst Rat am Ort der Ansiedlung vorstand, und welche vollkommen freie Hand hatte in allem, was nicht den Gesetzen des Mutterlandes widersprach; sie hatte das Recht, alle Untertanen des Königs, die auswandern wollten, als Ansiedler aufzunehmen und dieselben sollten derselben Freiheiten sich erfreuen, wie die Engländer des Mutterlandes; schwere Vergehen durften nicht an Ort und Stelle, sondern mußten in England abgeurteilt werden; aber die politischen Rechte waren den Ansiedlern vorenthalten, sie hatten keinen Einfluß auf die Zusammensetzung weder des Kolonial- noch des obern Rates ... Auch zahlreiche weiße Einwanderer kamen nach Virginien, welche nicht die Mittel hatten, ihre Überfahrt zu zahlen und daher bis zur Tilgung der für dieselbe eingegangenen Schuld in einer zeitlichen, der Sklaverei übrigens sehr ähnlichen Gebundenheit (intended servants nannte man sie) für einen Herrn arbeiten mußten, und es geschah auf diese Weise, daß eine starke Arbeiterbevölkerung sich in der Kolonie ansammelte, aus welcher verhältnismäßig wenig größere Landbesitzer sich hervorhoben. Unter diesen letzteren waren jüngere Angehörige englischer Adelshäuser nicht selten und der reiche Pflanzer, der auf seiner weiten Domäne saß, wo er

2 Vgl. "Rechtsstaat und Sozialismus" §§ 12-30.

nur Diener und Sklaven um sich sah, während Tagreisen ihn von seinesgleichen trennten, fast selbstverständlich Vertreter in der Legislatur, Friedensrichter, Führer der Miliz seines Bezirkes, wurde das Ebenbild des altenglischen Squires"[3].

Wir sehen also, wie die Natur der Herrschaft sich immer gleich bleibt und wie die letztere, in welch verschiedenen Formen sie auch gewonnen, erworben und begründet wird, im wesentlichen immer und überall diejenige Gestalt und Organisation erlangt, die ihrem innersten Wesen entsprechend ist.

Anders, wie sie hier geschildert ist, konnte auch bei gewaltsamer Eroberung und Landnahme keine Herrschaft sich gestalten, und welche "konstitutionellen" und "republikanischen" Formen auch die nordamerikanischen Gemeinwesen später annahmen, es wäre naiv zu glauben, daß unter diesen Formen das Wesen der Herrschaft sich je und bis heutzutage im mindesten änderte.

Aus diesem überall gleichen Wesen der Herrschaft als einer Abhängigkeit vieler von wenigen erklärt sich die im Prinzip und in den Grundzügen überall gleiche Art und Weise der Einrichtung, die Organisation derselben. Überall nämlich erfordert es die Natur der Sache, daß zwischen den obersten Wenigen und der untersten Masse sich eine Mittelschichte solcher herausbildet, die im Interesse der Obersten, die Untersten in den Kadres der Organisation festhalten und nach oben und unten vermittelnd die kräftigsten Stützen des ganzen Baues werden. Möge sich ein solcher "Mittelstand" auf welche Art und Weise immer nach wechselnden Verhältnissen und Umständen herausbilden, aus inneren oder äußeren Elementen, aus einheimischen oder heterogenen, in welch letzterem Falle er sich oft in mehrere Stände und Berufe kristallisiert, immer wird er dieselbe für die ganze Organisation heilsame Aufgabe erfüllen; der Mangel aber dieser heilsamen Zwischenbildung würde sich durch häufige Erschütterungen, durch eine gewisse Gebrechlichkeit und Gefährlichkeit des ganzen Baues kundgeben und oft den allzufrühen Zusammensturz desselben verschulden.

Denn der schwächste Punkt jeder Organisation der Herrschaft besteht eben darin, daß der notwendige Gegensatz zwischen Herrschenden und Beherrschten, auch abgesehen von jedem koinzidierenden ethnischen, wirtschaftlichen, intellektuellen, sittlichen oder sonst welchen Gegensatz sehr leicht zu jeder Zeit den Krieg, dem die Herrschaft seinerzeit ein Ende machte, wieder entzündet und die ganze Herrschaftsorganisation wieder in Frage stellt.

Diese in der Natur der Suche liegende und sie stets bedrohende Gefahr ist den Herrschenden instinktiv immer mehr oder weniger bekannt und dieses

3 Ratzel, Amerika II 53.

instinktive Gefühl der drohenden Gefahr führt die Herrschenden immer und überall zu einer sozusagen reflexiven Handlungsweise, welche dieser Gefahr vorzubeugen bestimmt ist und die den Inhalt all und jeder Regierungspolitik der herrschenden Minorität gegenüber der beherrschten Majorität bildet.

So wie aber diese ganze Handlungsweise und die Gesamtheit der zu derselben gehörenden Maßregeln im großen und ganzen reflexivisch erfolgt, d. h. in der Art von Reflexbewegungen, so ist es klar, daß dieselbe uns immer und überall ein und denselben eigenartigen Naturprozeß darstellt, der den Gegenstand eines besonderen Teiles der Staatswissenschaft und zwar die Verwaltungswissenschaft bildet. In diesem Sinne haben wir das Wesen und den Charakter dieses Teiles des großen sozialen Naturprozesses in einem Buche darzustellen versucht, auf das wir hier nur verweisen, indem wir uns begnügen zur Charakterisierung der Tendenz dieser "Verwaltung" einiges hervorzuheben, was ihren Zusammenhang mit dem großen sozialen Naturprozeß in besseres Licht setzen soll (s. Verwaltungslehre 1882*).

Wenn man häufig den Satz wiederholt, daß jede Herrschaft durch dieselben Mittel erhalten wird, durch die sie gegründet wurde, so ist daran soviel richtig, daß keine Herrschaft ihre wahre Abstammung, die Gewalt, verleugnen darf und daß sie durch fortwährende Pflege und Aufrechthaltung und eventuell Geltendmachung ihrer Macht dieser ihrer Herkunft und ihrem Ursprunge immer treu bleiben muß. Andererseits aber besagt obiger Satz zu wenig, insoferne die Anwendung b l o ß materieller Gewalt keineswegs hinreicht eine gewonnene Herrschaft auch zu e r h a l t e n und dazu vielmehr ein System von Maßregeln und die Entwicklung einer Tätigkeit erforderlich ist, von der bei der Gründung der Herrschaft nicht die Rede sein konnte. Und damit sind wir bei dem Punkte angelangt, wo der Strom jeder einzelnen Herrschaftsentwicklung durch das von ihm hervorgebrachte, ihm eigentümliche K u l t u r g e b i e t hindurchfließend in das Meer der Geschichte mündet.

Die Tendenz nämlich jener Maßregeln und Tätigkeiten der die Herrschaft Übenden geht ganz reflexivisch dahin, den ursprünglichen ethnischen Gegensatz zwischen ihnen und den Beherrschten zu mildern und dadurch jene ewige Gefahr des wiederausbrechenden Krieges zu beseitigen. Am handgreiflichsten und erkennbarsten tritt aber dieser Gegensatz in der Verschiedenheit der Sprache auf. Die Sieger sprechen eine andere als die Besiegten. Diese Verschiedenheit muß weichen, wenn die Last der Herrschaft nicht unnötigerweise durch den auf jedem Schritt und Tritt sich entgegendrängenden ethnischen Gegensatz noch vergrößert und verbittert werden soll. Eine der Sprachen muß der anderen den Platz räumen und Herrscher und Beherrschte müssen im Interesse der ersteren in e i n e r Sprache verkehren und durch die Gemeinsamkeit der Sprache verbunden werden. W e l c h e

* L. Gumplowicz, Verwaltungslehre, Innsbruck 1882. (Anm. d. Autors)

Sprache siegt nun ob? Die der herrschenden Minderheit oder die der beherrschten Mehrheit? Nach vielen Beispielen zu urteilen, scheint das Letztere der Fall zu sein. So haben, um nur einige Fälle zu zitieren, die erobernden Warägen die Sprache des unterjochten russischen Volkes, die erobernden Normannen zuerst die Sprache der unterjochten Franzosen, sodann die der unterjochten Angelsachsen angenommen. Dieser Vorgang ist auch sonst am leichtesten zu erklären. Denn erstens ist es begreiflich, daß die Minorität die Sprache der Majorität annimmt, insbesondere da die Organisation der Herrschaft es mit sich bringt, daß die einzelnen Familien aus der herrschenden Klasse im täglichen Leben räumlich weit von einander entfernt in stetem Kontakt und in der Umgebung ihrer anderssprachigen Untergebenen sich befinden, und daß sie auf diese Weise in ihrer angestammten Sprache wenig, in derjenigen ihrer Untergebenen viel verkehren. So gerät langsam die angestammte Sprache der herrschenden Minorität außer Übung und in Vergessenheit und die Sprache der beherrschten Majorität siegt ob. Und noch ein zweiter Grund trägt dazu bei. Die Herrschenden kennen nur e i n Interesse - das der Erhaltung ihrer Herrschaft. - D i e s e s geht ihnen über alles. Daß sie praktische, geistig überlegene Leute sind, das bewiesen sie durch die T a t . Sie kennen in der Politik keine Sentimentalität; d i e überlassen sie den Beherrschten und haben an derselben ihre Freude. Sprache ist ihnen nur ein Mittel der Verständigung - sie erlernten leicht die Sprache des unterjochten Volkes und ihrer geistigen Überlegenheit kommt es auf die Formen des Ausdruckes, in denen sie sich offenbart, nicht an. Die praktischen Interessen also des täglichen Lebens und das Interesse der Herrschaft einerseits, eine überlegene Nonchalance, die das Gefühlsmoment der Anhänglichkeit an die angestammte Sprache überwindet - führen zur Annahme der Sprache der beherrschten Majorität.

Es gibt aber auch Beispiele des umgekehrten Vorganges, wo eine siegreiche Minorität der unterworfenen Majorität ihre Sprache aufoktroyierte. -

Ebenso instinktiv und reflexivisch wie die Beseitigung der Verschiedenheit der Sprache, erfolgt, wenn auch in längerem auf zäheren Widerstand stoßenden Prozesse die Beseitigung der Verschiedenheit der Religion.

Während der Mensch an der Sprache seiner Gemeinschaft als an etwas Liebgewordenem hängt, woran ihn nur das Gefühlsmoment der Anhänglichkeit festhält: ist es mit den angestammten Religionsvorstellungen schon etwas ganz anderes. Das Festhalten an der Religion wird durch Momente der Furcht und des Aberglaubens unterstützt. Den Abfall von den angestammten Göttern betrachtet man als schwere Versündigung, die nicht ohne Strafe bleiben kann. Gegen die neuen Götter hegt man tiefes Mißtrauen. Da geht nun die Verschmelzung schwerer vor sich. Doch ist auch hier die herrschende Minorität zu Kompromissen geneigter,[4] läßt auch wohl dem unter-

4 Diesen gesunden Herrschaftsinstinkt findet man nicht nur bei Herrschenden unter Kulturvölkern, sondern auch unter Halbwilden. So erzählt H o l u b von dem König des

worfenen Volke seine Götter als untergeordnete Mächte und begnügt sich mit der Proklamierung der eigenen als der o b e r e n und m ä c h t i g e r e n . So entsteht denn langsam eine gemeinsame Religion, in der man noch lange die ursprünglichen Elemente unterscheiden kann. Und auch die mit den religiösen Vorstellungen in Verbindung stehenden Sitten und Gebräuche vermischen sich zu einem gemeinsamen Komplex. Das Ende aber dieses Prozesses ist meist das Schwinden der Verschiedenheit der Religion zwischen Herrschenden und Beherrschten, und nur da, wo dies erfolgt, können die ersteren ihre Herrschaft auch an die festen Pfeiler der Religion anlehnen - was immer für jede Herrschaft ein mächtiges Element der Erhaltung, eine starke Gewähr des Bestandes bildet.

Die Gemeinsamkeit dieser zwei Momente, der Sprache und der Religion, ist die unerläßlichste Vorbedingung jedes weiteren gedeihlichen Aufbaues und immer größerer Befestigung der Herrschaft - erst auf diesen Grundlagen können einheitliches Recht, eine gewisse Gemeinsamkeit wirtschaftlicher, politischer und nationaler Interessen sich entwickeln und die ursprünglichen heterogenen ethnischen Elemente, die sich in dem Gegensatz von Herrschenden und Beherrschten fortsetzten, sich in eine bis zu einem gewissen Punkte nicht nur scheinbare Einheit verwandeln, die als solche ihre in der Natur der menschlichen Gemeinschaften tiefwurzelnden Bedürfnisse der kriegerischen und ausbeutenden Bewegung nach auswärts, auf Kosten anderer ähnlicher und auch ähnlich zu Stande gekommener Einheiten, zu befriedigen sucht.

Damit will offenbar nicht gesagt sein, daß mit der Beseitigung dieser zwei wichtigsten trennenden Momente, mit der Herstellung politischer, sprachlicher und religiöser Einheit jene Gefahr der innern Kämpfe und Erschütterungen für immer beseitigt ist; es bleiben der trennenden Gegensätze zwischen Herrschenden und Beherrschten noch immer genug, Gegensätze, die nicht nur in der Tatsache der Herrschaft selbst, sondern in unvermeidlichen, wirtschaftlichen, gesellschaftlichen, intellektuellen und kulturellen Unterschieden wurzeln: doch ist ohne jene sprachliche und religiöse Einheit der

---

Bakwenastammes S e s c h e l e : Derselbe wurde in seiner Jugendzeit Christ, "als er aber bemerkte, daß die Mehrzahl seines Stammes am Heidentum hielt, sein Bruder Khosilintschi von dem Volke sehr geachtet wurde und durch seine (Sescheles) Bekehrung die von ihm aufgegebenen heidnischen Gebräuche, deren Leitung dem jeweiligen Könige zufielen und mit dem Genuß der ersten Feldfrüchte und der Regenmacherei etc. verbunden waren, nunmehr von seinem Bruder geleitet und vollstreckt wurden und dieser in der Gunst des Volkes stieg, entschloß sich Seschele wohl bis zu einem gewissen Punkte, so z. B. den Besuch der Kirche, der Taufe seiner Kinder u. s. w. Christ zu bleiben, sonst aber, so weit dies mit seiner Macht als Herrscher zusammenhing, die heidnischen Gebräuche auszuüben und teilweise auch zu leiten" (Afrika I, 405).

feste Ausbau der Herrschaft und die ruhige Entwicklung des Staates noch viel schwieriger, wenn nicht vielleicht ganz unmöglich.[5]

---

5 Wenn es eines Beispieles bedarf, daß auch in den ausgesprochensten "Nationalstaaten" der einstige tiefe, auf ethnischer Heterogeneität beruhende Gegensatz gleichsam unter der Asche fortglimmt und noch immer nicht aufgehört hat, ein Element der Gefahr zu sein, das bei sozialen Umwälzungen und Revolutionen immer noch mächtig hervorbrechen kann, so möge das höchst interessante Zeugnis Gobineaus über das Verhältnis des französischen Landvolkes zum französischen Adel und Bürgertum hier Platz finden. Nachdem Gobineau den weiten Abstand zwischen den "zivilisierten" Ständen Frankreichs und dem Landvolke hervorgehoben, von der tiefen Kluft gesprochen, die zwischen den obern 10 Millionen und den untern 26 Millionen in Frankreich herrscht, von dieser "tacurnité qui dans toutes nos provinces, est le caractère les plus marqué du paysan vis-à-vis de ce qu'il appelle 'le bourgeois'" und von der "ligne de demarcation si infranchissable entre lui et les propriétaires les plus aimés de son canton" fährt er fort: "Et enfin avec quelle ténacité ils continuent à regarder tout ce qui n'est pas, comme eux, paysan, sous le même aspect que les hommes de la plus lointaine antiquité consideraient l'étranger! A la vérité, ils ne les tuent pas, grâce à la terreur, même singulière et mystérieuse, que leur inspirent des lois qu'ils n'ont point faites: mais ils le haïssent franchement, s'en défient, et, quant à ce qui est de le rançonner, s'en donnent à coeur joie, lorsqu'is le peuvent sans trop de risque. Sont ils donc méchants? Non, pas entre eux; on les voit échanger de bons procédés et des complaisances. Seulement ils se regardent comme une autre espèce, espèce, à les en croire, opprimée, faible, qui doit avoir son recours à la ruse, mais qui garde aussi son orgueil très-tenace, très-méprisant. Dans quelqes-uns de nos provinces, le laboureur s'estime de beaucoup meilleur sang et de plus vieille souche que son ancien seigneur ... Qu'on n'en doute pas, le fond de la population française n'a que peu de points communs avec sa surface; c'est un abîme au-dessus duquel la civilisation est suspendue et les eaux profondes et immobiles, dormant au fond du gouffre, se montreront quelque jour, irrésistiblement dissolvantes. Les événements les plus tragiques ont ensanglanté le pays, sans que la nation agricole y ait cherché une autre part que celle qu'on la forçait d'y prendre. Là, où son intérêt personnel et direct ne s'est pas trouvé en jeu, elle a laissé passer les orages sans s'y mêler, même par la sympathie. Effrayées et scandalisées à ce spectacle, beaucoup de personnes ont prononcé que les paysans étaient essentiellement pervers; c'est tout à la fois une injustice et une très-fausse appréciation. Les paysans nous regardent presque comme des ennemis. Il n'entendent rien à notre civilisation, ils n'y contribuent pas de leur gré, et, en tant qu'ils le peuvent, ils se croient autorisés à profiter de ses désastres. Si on les considère en dehors de cet antagonisme, quelque fois actif, le plus souvent inerte, on ne révoque plus en doute que de hautes qualités morales, quoique souvent très-singulièrement appliquées ne résident chez eux. J'applique à toute Europe ce que je viens de dire de la France ..." (Gobineau 1. c. I, 165 ff.) Wir stimmen in letzterem Gobineau vollkommen bei und, wenn er seine obigen Behauptungen auf eigene Beobachtungen in den westlichen Ländern Europas stützt, so können wir aus unsern Beobachtungen im Osten Europas denselben vollkommen beitreten. Doch glauben wir noch mehr sagen zu können; wir glauben, daß es nur genauer Beobachtungen in den Staaten der andern Weltteile bedürfte, um diese Verhältnisse als die überall gleichen zu konstatieren. Es sind das eben Verhältnisse, die aus der überall gleichen Natur des sozialen Prozesses entspringen.

Literatur: Gobineau, Essai sur l'inégalité des Races, 165 ff., ohne Ort und Jahr zitiert (Anm. d. Verf.)

Nur diese von uns als Vorbedingung jeder gedeihlichen staatlichen Entwicklung hingestellte sprachliche und religiöse Gemeinsamkeit zwischen Herrschenden und Beherrschten gibt die Möglichkeit einer Entwicklung der Gesamtheit z u n a t i o n a l e r Einheit - ein Faktor, der von unberechenbarer moralischer Tragweite ist, zum Zwecke der Erhaltung der einheitlichen Herrschafts-Organisation und zur moralischen Kräftigung derselben für die unvermeidlichen und jedem politischen Gemeinwesen auch notwendigen Kämpfe nach außen, sei es in Angriff oder Vertheidigung.

In weiterer Linie scheint aber eine solche Einigung und Herstellung einer großen, auf Gemeinsamkeit der Kultur gegründeten Nationalität in dem Zuge des menschlichen Geschichtsprozesses zu liegen, der auf diesem Wege, und, wie es scheint, n u r auf diesem Wege, zur Herstellung eigenartiger, großer Kulturgebiete gelangt.

Bekenntnis zur Hoffnung

Bilde mir nicht ein, ich könnte was lehren,
Die Menschen zu bessern und zu bekehren.
Goethe

Im Gegensatz zu Faust bilde ich mir ein, ich könnte was lehren, die Menschen zu bessern und zu bekehren. Mir scheint diese Meinung nicht überheblich, weniger jedenfalls, als die gegenteilige es dann ist, wenn sie nicht der Überzeugung von der eigenen Lehr-Unfähigkeit entspringt, sondern der Annahme, daß "die Menschen" nicht imstande seien, die neuen Lehren zu verstehen. Dies trifft nur in dem Sonderfalle zu, in dem ein Geistesriese seiner Zeit Jahrhunderte voraus ist. Er bleibt unverstanden und läuft Gefahr, totgemartert oder zumindest totgeschwiegen zu werden. Wenn die Zeitgenossen jemandem zuhören und gar seine Bücher lesen, darf man mit Sicherheit annehmen, daß er k e i n Geistesriese ist. Er darf sich günstigenfalls schmeicheln, er habe etwas zu sagen, was gerade "fällig" sei. Die beste Wirkung dessen, was man sagen kann, ist dann zu erwarten, wenn man den Angesprochenen mit seinen neuen Einsichten gerade nur um eine Nasenlänge voraus ist. Dann reagieren sie mit dem Gedanken: "Tatsächlich ja, da hätte ich eigentlich selbst draufkommen können!"

Es ist also wirklich das Gegenteil von Überheblichkeit, wenn ich ehrlich davon überzeugt bin, daß in einer nahen Zukunft sehr viele, ja vielleicht die Mehrzahl aller Menschen für selbstverständliche und für bereits banale Wahrheit halten werden, was in diesem Buche über die intraspezifische Aggression und über die Gefahren gesagt wurde, die ihre Fehlleistungen für die Menschheit heraufbeschwören.

Wenn ich nun hier die Folgerungen aus dem Inhalt dieses Buches ziehe und ähnlich, wie die altgriechischen Weisen es zu tun pflegten, zu praktischen Verhaltens-Vorschriften zusammenfasse, habe ich gewiß mehr den Vorwurf der Banalität zu befürchten als begründeten Widerspruch. Nach dem, was im letzten Kapitel über die gegenwärtige Lage der Menschheit steht, werden die Vorschläge zu Abwehrmaßnahmen gegen die drohenden Gefahren dürftig erscheinen. Dies spricht indessen durchaus nicht gegen die Richtigkeit des Gesagten. Dramatische Änderungen des Weltgeschehens bewirkt die Forschung selten, es sei denn im Sinne der Zerstörung, denn es ist leicht, Macht zu mißbrauchen. Die Ergebnisse der Forschung schöpferisch und segensreich anzuwenden, erfordert dagegen meist nicht weniger Scharfsinn und mühevolle Kleinarbeit als ihre Gewinnung.

Die erste und selbstverständlichste Vorschrift ist schon im Γνῶθι σαυτόν ausgesprochen: es ist die Forderung nach Vertiefung unserer Einsicht in die Ursachenketten unseres eigenen Verhaltens. Die Richtungen, in denen eine angewandte Verhaltenslehre sich wahrscheinlich entwickeln wird, beginnen sich schon abzuzeichnen. Die eine ist die objektiv-physiologische Erforschung der Möglichkeit, die Aggression in ihrer ursprünglichen Form an Ersatzobjekten abzureagieren, wir wissen jetzt schon, daß es bessere gibt als leere Karbid-Kanister. Die zweite ist die Untersuchung der sogenannten Sublimierung mit den Methoden der Psychoanalyse; man darf erwarten, daß auch diese spezifisch menschliche Form der Katharsis viel zur Entspannung gestauten Aggressionstriebes beitragen wird.

Auch auf seinem heutigen, bescheidenen Stande ist unser Wissen über die Natur der Aggression nicht ganz ohne Anwendungswert. Als solcher ist es schon zu werten, wenn wir mit Sicherheit zu sagen vermögen, was n i c h t geht. Zwei naheliegende Versuche, die Aggression zu steuern, sind nach allem, was wir über Instinkte im allgemeinen und die Aggression im besonderen wissen, völlig hoffnungslos. Man kann sie erstens ganz sicher nicht dadurch ausschalten, daß man auslösende Reizsituationen vom Menschen fernhält, und man kann sie zweitens nicht dadurch meistern, daß man ein moralisch motiviertes Verbot über sie verhängt. Beides wäre ebenso gute Strategie, als wollte man dem Ansteigen des Dampfdruckes in einem dauernd geheizten Kessel dadurch begegnen, daß man am Sicherheitsventil die Verschlußfeder fester schraubt.

Eine weitere Maßnahme, die ich für zwar theoretisch möglich, aber für höchst unratsam halte, wäre der Versuch, den Aggressionstrieb durch gezielte Eugenik wegzuzüchten. Wir wissen aus dem vorhergehenden Kapitel, daß intraspezifische Aggression in der menschlichen Reaktion der Begeisterung steckt, die, obzwar gefährlich, dennoch unerläßlich zur Erreichung höchster Menschheitsziele ist. Wir wissen aus dem Kapitel über das Band, daß Aggression bei sehr vielen Tieren und wahrscheinlich auch beim Menschen ein unentbehrlicher Bestandteil der persönlichen Freundschaft ist. Schließlich steht im Kapitel über das große Parlament der Instinkte sehr ausführlich, wie komplex die Wechselwirkung verschiedener Triebe ist. Die Folgen wären unvoraussagbar, fiele einer von ihnen - noch dazu einer der stärksten - ganz aus. Wir wissen nicht, in wie vielen und wie wichtigen Verhaltensweisen des Menschen Aggression als motivierender Faktor mit enthalten ist. Ich vermute, daß deren sehr viele sind. Das "Aggredi" im ursprünglichsten und weitesten Sinne, das Anpacken einer Aufgabe oder eines Problems, die Selbstachtung, ohne die vom täglichen Rasieren bis hinauf zum sublimsten künstlerischen oder wissenschaftlichen Schaffen so ziemlich alles wegfallen würde, was ein Mann von morgens bis abends tut, alles, was mit Ehrgeiz, Rangordnungsstreben zu tun hat und unzählige andere ebenso unentbehrliche würden wahrscheinlich mit der Ausschaltung des Aggressionstriebes aus dem menschlichen Leben verschwinden. Ebenso verschwände sehr wahrscheinlich eine sehr wichtige und spezifische menschliche Fähigkeit, nämlich das Lachen!

Meiner Aufzählung dessen, was ganz sicher nicht geht, vermag ich leider nur Vorschläge solcher Maßnahmen gegenüberzustellen, deren Erfolg ich für wahrscheinlich halte.

Am sichersten ist dies von jener Katharsis zu erwarten, die durch Abreagieren der Aggression am Ersatzobjekt bewirkt wird. Dieser Weg wurde ja, wie im Kapitel über "Das Band" steht, auch von den beiden großen Konstrukteuren eingeschlagen, als es darum ging, das Kämpfen bestimmter Individuen zu verhindern. Grund zum Optimismus ist es ferner, daß jeder einigermaßen der Selbstbeobachtung fähige Mensch imstande ist, willkürlich seine aufquellende Aggression gegen ein geeignetes Ersatzobjekt umzuorientieren. Wenn ich, wie im Kapitel über die Spontaneität der Aggression erzählt, damals im Gefangenenlager trotz schwerster Polarkrankheit nicht meinen Freund geschlagen, sondern einen leeren Karbid-Kanister zerstampft habe, so war dies ganz sicher meinem Wissen um die Symptome der Instinkt-Stauung zu danken. Und wenn meine im selben Kapitel geschilderte Tante von der abgründigen Verworfenheit ihres armen Hausmädchens so felsenfest überzeugt war, so beharrte sie in diesem Irrtum nur deshalb, weil sie von den in Rede stehenden physiologischen Vorgängen nichts wußte. Die Einsicht in die Ursachenketten unseres eigenen Verhaltens kann unserer Vernunft und Moral tatsächlich die Macht verleihen, dort lenkend einzugreifen, wo der kategorische Imperativ, auf sich allein gestellt, hoffnungslos scheitert.

Neu-Orientierung der Aggression ist der nächstliegende und hoffnungsvollste Weg, sie unschädlich zu machen. Leichter als die meisten anderen Instinkte nimmt sie mit Ersatzobjekten vorlieb und findet an ihnen volle Befriedigung. Schon die alten Griechen kannten den Begriff der Katharsis, des reinigenden Abreagierens, und die Psychoanalytiker wissen sehr genau, wieviele höchst lobenswerte Handlungen aus "sublimierter" Aggression ihren Antrieb gewinnen und zusätzlich Nutzen durch deren Minderung stiften. Sublimierung ist selbstverständlich durchaus nicht nur einfache Neuorientierung. Es besteht ein erheblicher Unterschied zwischen dem Manne, der mit der Faust auf den Tisch, statt dem Gesprächspartner ins Gesicht haut, und jenem anderen, der aus unausgelebtem Zorne gegen seinen Vorgesetzten begeisterte Streitschriften mit edelster Zielsetzung verfaßt.

Eine im menschlichen Kulturleben entwickelte, ritualisierte Sonderform des Kampfes ist der S p o r t . Wie phylogenetisch entstandene Kommentkämpfe verhindert er sozietätsschädigende Wirkungen der Aggression und erhält gleichzeitig ihre arterhaltenden Leistungen unverändert aufrecht. Außerdem aber vollbringt diese kulturell ritualisierte Form des Kämpfens auch die unvergleichlich wichtige Aufgabe, den Menschen zur bewußten und verantwortlichen Beherrschung seiner instinktmäßigen Kampfreaktion zu erziehen. Die "Fairness" oder Ritterlichkeit des Sports, die auch unter stark aggressionsauslösenden Reizwirkungen aufrecht erhalten wird, ist eine wichtige kulturelle Errungenschaft der Menschheit. Außerdem wirkt der Sport segensreich, indem er wahrhaft begeisterten Wettstreit zwischen überindividuellen Gemeinschaften ermöglicht. Er öffnet nicht nur ein ausgezeichnetes Ventil für gestaute Aggression in der Form ihrer gröberen, mehr individuellen und egoistischen Verhaltensweisen, sondern gestattet ein volles Ausleben auch ihrer höher differenzierten kollektiven Sonderform. Kampf um die Rangordnung innerhalb der Gruppe, gemeinsamer harter Einsatz für ein begeisterndes Ziel, mutiges Bestehen großer Gefahren und gegenseitige Hilfe unter Mißachtung des eigenen Lebens usw. usf. sind Verhaltensweisen, die in der Vorgeschichte der Menschheit hohen Selektionswert besaßen. Unter der schon geschilderten Wirkung intraspezifischer Selektion (S. 55) wurde sie weiter hochgezüchtet, und bis in die jüngste Zeit waren sie sämtlich in gefährlicher Weise geeignet, vielen mannhaften und naiven Menschen den Krieg als etwas keineswegs ganz Verabscheuenswürdiges erscheinen zu lassen. Deshalb ist es ein großes Glück, daß sie sämtlich in den härteren Formen des Sports, wie Bergsteigen, Tauchen oder Expeditionen und dergl., ihre volle Befriedigung finden. Die Suche nach weiteren, möglichst internationalen und möglichst gefährlichen Wettbewerben ist nach Ansicht Erich von Holst's das wichtigste Motiv für die Raumflüge, die eben deshalb so sehr im Zentrum des öffentlichen Interesses stehen. Mögen sie das auch weiterhin tun!

Wettkämpfe zwischen Nationen stiften indes nicht nur dadurch Segen, daß sie ein Abreagieren nationaler Begeisterung ermöglichen, sie rufen noch zwei weitere Wirkungen hervor, die der Kriegsgefahr entgegenwirken: sie schaffen erstens persönliche Bekanntschaft zwischen Menschen verschiedener Nationen und Parteien, und zweitens rufen sie die einigende Wirkung der Begeisterung dadurch hervor, daß sie Menschen, die sonst wenig gemeinsam hätten, für dieselben Ideale begeistern. Dies sind zwei machtvoll der Aggression entgegentretende Kräfte, und es muß kurz besprochen werden, in welcher Weise sie ihre segensreiche Wirkung entfalten und durch welche weiteren Mittel sie auf den Plan gerufen werden können.

Aus dem Kapitel über das Band wissen wir schon, daß persönliches Sich-Kennen nicht nur die Voraussetzung für komplexere, aggressionshemmende Mechanismen ist, sondern an sich schon dazu beiträgt, dem Aggressionstrieb die Spitze zu nehmen. Anonymität trägt viel dazu bei, die Auslösung aggressiven Verhaltens zu erleichtern. Der Naive empfindet besonders echte und warme Gefühle des Zornes und der Wut für "die" Preißen, "die" chaibe Schwobe, "die" Katzelmacher, "die" Juden und wie die freundlichen, meist mit der Vorsilbe "Sau-" kombinierbaren Bezeichnungen für

Nachbarvölker alle heißen. Er mag am Stammtisch gegen sie wettern, aber er denkt gar nicht daran, auch nur unhöflich zu sein, wenn er einem Einzelwesen der gehaßten Nation von Angesicht zu Angesicht gegenübersteht. Der Demagoge kennt die aggressionshemmende Wirkung der persönlichen Bekanntschaft selbstverständlich ganz genau und trachtet daher folgerichtig, jeden persönlichen Kontakt zwischen den Einzelmenschen jener Sozietäten zu verhindern, die er in treuer Feindschaft erhalten will. Auch der Stratege weiß, wie gefährlich alles "Fraternisieren" zwischen den Gräben für die Aggressionslust der Soldaten ist.

Ich habe schon gesagt, wie hoch ich das praktische Wissen der Demagogen über das menschliche Instinktverhalten einschätze. Ich weiß nichts Besseres vorzuschlagen als die Nachahmung der von ihnen erprobten Methoden zur Erreichung unseres Zieles der Befriedung. Wenn Freundschaft zwischen Individuen feindlicher Nationen dem Nationalhaß so abträglich ist, wie die Demagogen - offensichtlich mit gutem Grunde - annehmen, so müssen wir eben alles tun, um individuelle, inter-nationale Freundschaften zu fördern. Kein Mensch kann ein Volk hassen, von dem er mehrere Einzelmenschen zu Freunden hat. Wenige "Stichproben" dieser Art genügen auch, um ein gebührendes Mißtrauen gegen jene Abstraktionen zu erwecken, die "dem" Deutschen, Russen oder Engländer typische Nationaleigenschaften - in erster Linie natürlich hassenswerte - anzudichten pflegen. Meines Wissens ist mein Freund Walter Robert Corti der erste gewesen, der den ernstgemeinten Versuch unternahm, internationale Aggression durch internationale persönliche Freundschaften unter Hemmung zu setzen. Er hat in seinem berühmten Kinderdorf in Trogen in der Schweiz junge Menschen aller nur erreichbaren Nationen in freundschaftlichem Beisammensein vereinigt. Möge er in größtem Stil Nachahmer finden!

Die dritte Maßnahme, die sofort ergriffen werden könnte und müßte, um verheerende Auswirkungen eines der edelsten menschlichen Instinkte zu verhindern, ist die einsichtige und kritische Beherrschung der im vorangehenden Kapitel besprochenen Reaktion der B e g e i s t e r u n g . Auch hier brauchen wir uns durchaus nicht zu schämen, die Erfahrungen herkömmlicher Demagogie zu nutzen und zum Guten und Friedlichen zu verwenden, was jener zur Kriegshetze diente. Wie wir bereits wissen, gehören zu der begeisterungs-auslösenden Reizsituation drei unabhängig voneinander veränderliche Gegebenheiten. Erstens etwas zu Verteidigendes, in dem man einen Wert sieht, zweitens ein Feind, der diesen Wert bedroht und drittens soziale Kumpane, mit denen man sich eins fühlt und zur Verteidigung der bedrohten Werte einsetzt. Als weniger unentbehrlicher Faktor kann dazu noch ein Führer kommen, der zum "heiligen" Kampfe aufruft.

Wie ebenfalls schon gesagt, können diese Rollen des Dramas von sehr verschiedenen konkreten und abstrakten, belebten und unbelebten Figuren gespielt werden. Wie die Auslösung vieler instinktmäßiger Reaktionen gehorcht auch die der Begeisterung der sogenannten Reiz-Summen-Regel. Diese besagt, daß die verschiedenen auslösenden Reize sich in ihrer Wirkung addieren, so daß die Schwäche oder selbst das Fehlen des einen durch vergrößerte Wirksamkeit anderer wettgemacht werden kann. Daher ist es möglich, echte Begeisterung für etwas Wertvolles auszulösen, ohne daß notwendigerweise Feindseligkeit g e g e n einen wirklichen oder fingierten Feind wachgerufen wird.

Die Funktion der Begeisterung gleicht in mehreren Hinsichten derjenigen des Triumphgeschreis der Graugänse und analog entstandener Reaktionsweisen, die aus der Wirkung eines starken sozialen Bandes zum Bundesgenossen und aus Aggression gegen den Feind zusammengesetzt sind. Ich habe im XI. Kapitel dargestellt, wie bei geringerer Differenziertheit jener Instinkthandlungen, etwa bei Buntbarschen und Brandenten, die Feindfigur noch unentbehrlich ist, während sie auf höherer Entwicklungsstufe, wie bei den Graugänsen, nicht mehr nötig ist, um die Zusammengehörigkeit und das Zusammenwirken der Freunde aufrechtzuerhalten. Ich möchte glauben und hoffen, daß die Begeisterungsreaktion des Menschen gleiche Unabhängigkeit von der urtümlichen Aggression erlangt hat oder doch zu erlangen im Begriffe ist.

Immerhin ist die Feind-Attrappe heute noch ein sehr wirksames Mittel des Demagogen, um Einigung und begeistertes Gefühl der Zusammengehörigkeit zu erzeugen, immerhin sind militante Religionen stets die politisch erfolgreichsten gewesen. Es ist also keine ganz leichte Aufgabe, die Begeisterung vieler Menschen für die friedlichen Ideale o h n e Benützung einer Feindattrappe ebenso stark zu aktivieren wie die Brandstifter es mit ihrer Hilfe zu tun vermögen.

Der naheliegende Gedanke, gewissermaßen den Teufel als Feindattrappe zu benutzen und die Menschen auf "das Böse" schlechthin zu hetzen, wäre selbst bei geistig hochstehenden Menschen bedenklich. Das Böse ist ja per definitionem dasjenige, was das Gute, also das, was man als Wert empfindet, in Gefahr bringt. Da nun für den Wissenschaftler Erkenntnisse die höchsten aller Werte darstellen, sieht er die tiefsten aller Unwerte in allem, was sich ihrer Verbreitung hindernd in den Weg stellt. Mir selbst würden die bösen Einflüsterungen meines Aggressionstriebes daher nahelegen, in den geisteswissenschaftlichen Verächtern der Naturforschung, besonders in den Gegnern der Abstammungslehre, die Verkörperung des zu bekämpfenden Prinzips zu sehen. Wenn ich nicht um die Physiologie der Begeisterungs-Reaktion und die reflexähnliche Zwangsläufigkeit ihres Ansprechens wüßte, wäre ich vielleicht in Gefahr, mich in einen Religionskrieg gegen jene Meinungsgegner hineinhetzen zu lassen. Man wird also besser auf jede Personifizierung des Bösen verzichten. Aber auch ohne sie kann die gruppenvereinigende Wirkung der Begeisterung zur Feindschaft zwischen zwei Gruppen führen, dann nämlich, wenn sich jede von ihnen für ein bestimmtes, scharf umschriebenes Ideal einsetzt und sich *nur* mit ihm "identifiziert", wobei ich dieses Wort hier im herkömmlichen und nicht im psychoanalytischen Sinne gebrauche. J. Hollo hat mit Recht darauf hingewiesen, daß in unserer Zeit nationale Identifizierungen deshalb so gefährlich sind, weil sie so scharfe Grenzen haben. Man kann sich "dem Russen" gegenüber "ganz als Amerikaner" fühlen und vice versa. Wenn einer *viele* Werte kennt und sich kraft seiner Begeisterung für sie mit allen Menschen eins fühlt, die gleich ihm für Musik, Poesie, Naturschönheit, Wissenschaft und vieles andere begeistert sind, kann er mit ungehemmten Kampfreaktionen nur auf Menschen ansprechen, die an *keiner* dieser Gruppen teilhaben. Es gilt also, die Zahl solcher Identifizierungen zu vermehren, und das kann nur durch eine Hebung der allgemeinen Bildung der Jugend bewirkt werden. Liebevolle Beziehung zu Menschheitswerten hat Lernen und Erziehung in Schule und Elternhaus zur Voraussetzung. Sie allein machen den Menschen zum Menschen, und nicht ohne Grund nennt sich eine bestimmte Art von Bildung humanistisch: Werte, die von Lebenskampf und Politik himmelweit entfernt scheinen, können Rettung bringen. Dazu ist es nicht notwendig, ja vielleicht nicht einmal wünschenswert, daß die Menschen verschiedener Sozietäten, Nationen und Parteien dazu erzogen werden, den gleichen Idealen nachzustreben. Schon ein bescheidenes Überlappen der Ansichten darüber, was begeisternde und zu verteidigende Werte seien, kann Völkerhaß vermindern und Segen stiften.

Diese Werte können im Einzelfall sehr spezieller Art sein. Ich bin z. B. überzeugt, daß jene Männer, die beiderseits des großen Vorhangs ihr Leben für das große Abenteuer der Weltraumeroberung einsetzen, einander nur Hochachtung entgegenbringen. Ganz sicher billigt hier jede Seite der anderen zu, daß sie für wirkliche Werte kämpft. Ganz sicher stiftet der Raumflug in dieser Hinsicht großen Segen.

Es gibt aber noch zwei größere und im wahrsten Sinn des Wortes kollektive Unternehmen der Menschheit, denen in einem um sehr viel weiter gespannten Rahmen die Aufgabe zufällt, bisher beziehungslose oder feindliche Parteien oder Nationen in gemeinsamer Begeisterung für die gleichen Werte zu vereinen. Das sind die Kunst und die Wissenschaft. Beider Wert ist unbestritten, und selbst den tollkühnsten Demagogen ist es bisher noch nie eingefallen, die gesamte Kunst der Parteien oder Kulturen, gegen die sie hetzten, als wertlos oder "entartet" zu bezeichnen. Die Musik und die bildenden Künste wirken außerdem noch unbehindert durch sprachliche Schranken und sind schon deshalb dazu berufen, den Menschen auf einer Seite eines Vorhanges zu sagen, daß auch auf der anderen solche wohnen, die dem Guten und Schönen dienen. Eben um dieser Aufgabe willen *muß Kunst unpolitisch bleiben*. Das maßlose Grauen, das uns bei politisch tendenziös gesteuerter Kunst befällt, ist voll berechtigt.

Wissenschaft hat mit Kunst das eine gemeinsam, daß sie wie diese einen unbestrittenen, in sich gegründeten Wert darstellt, der unabhängig von der Parteizugehörigkeit des sie betreibenden Menschen ist. Im Gegensatz zur Kunst ist sie nicht unmittelbar allgemeinverständlich und vermag daher eine Brücke gemeinsamer Begeisterung zunächst nur zwischen einigen wenigen Individuen zu schlagen, zwischen diesen aber um so besser. Über den relativen Wert von Kunstwerken kann man verschiedener Meinung sein, obwohl auch hier Wahres und Falsches unterscheidbar ist. In der Naturwissenschaft aber haben diese Worte eine engere Bedeutung. Nicht die Meinungsäußerung von Individuen, sondern die Ergebnisse weiterer Forschung entscheiden, ob eine Aussage wahr oder falsch ist.

Auf den ersten Blick scheint es aussichtslos, große Zahlen moderner Menschen für den abstrakten Wert der wissenschaftlichen Wahrheit zu begeistern. Sie scheint ein allzu weltfremder und blutleerer Begriff, um mit jenen Attrappen in erfolgreichen Wettbewerb zu treten, die, wie die Fiktion einer Bedrohung der eigenen Sozietät und eines sie bedrohenden Feindes, in den Händen sachkundiger Demagogen bisher stets erfolgreiche Schlüssel zur Entfesselung von Massenbegeisterung waren. Bei näherem Zusehen wird man an dieser pessimistischen Meinung zweifeln. Die Wahrheit ist, im Gegensatz zu den genannten Attrappen, keine Fiktion. Naturwissenschaft ist durchaus nichts anderes als der Gebrauch des gesunden Menschenverstandes und alles andere als weltfremd. Es ist viel leichter, die Wahrheit zu erzählen als ein Gewebe von Lügen zu spinnen, das sich nicht durch innere Widersprüche als solches verrät. "Es trägt Verstand und rechter Sinn mit wenig Kunst sich selber vor."

Mehr als jedes andere Kulturgut ist die wissenschaftliche Wahrheit das k o l l e k t i v e Eigentum der g a n z e n Menschheit. Sie ist es deshalb, weil sie nicht von Menschenhirnen gemacht ist, wie die Kunst und die Philosophie, denn auch diese ist "Poesie", wenn auch im höchsten und edelsten Sinne des griechischen Wortes ποιειν - erzeugen, schaffen. Die wissenschaftliche Wahrheit ist etwas, was Menschenhirne nicht erschaffen, sondern der umgebenden, außer-subjektiven Wirklichkeit abgerungen haben. Weil diese Wirklichkeit für alle Menschen dieselbe ist, kommt auch bei der Naturforschung auf allen Seiten aller politischen Vorhänge in verläßlicher Übereinstimmung immer wieder dasselbe heraus. Wenn ein Forscher - was unbewußt und völlig bona fide geschehen kann - seine Ergebnisse auch nur im geringsten im Sinne seiner politischen Überzeugung verfälscht, sagt die Wirklichkeit schlicht nein dazu: Die betreffenden Resultate versagen beim Versuch der praktischen Anwendung. Im Osten hat sich z. B. vorübergehend eine Schule der Erbforschung entwickelt, die aus offensichtlich politischen und hoffentlich unbewußten Motiven die Vererbung erworbener Eigenschaften behauptete. Für denjenigen, der an die Einheit der wissenschaftlichen Wahrheit glaubt, war dies zutiefst beunruhigend. Es ist still um diese Behauptung geworden, die Genetiker aller Welt meinen wieder dasselbe. Es ist dies sicherlich nur ein kleiner Teilsieg, aber ein Sieg der Wahrheit und damit Grund zu hoher Begeisterung.

Viele beklagen die Nüchternheit unserer Zeit und die tiefe Skepsis unserer Jugend. Beides entspringt indessen, wie ich fest glaube und hoffe, einer an sich gesunden Abwehr gegen gemachte Ideale, gegen begeisterung-auslösende Attrappen, denen die Menschen, insbesondere die jungen, in letzter Zeit so gründlich auf den Leim gegangen sind. Ich glaube, daß man gerade diese Nüchternheit benutzen sollte, jene Wahrheiten zu predigen, die sich, wenn sie auf harten Unglauben stoßen, durch Zahlen beweisen lassen, vor denen jede Skepsis kapitulieren muß. Wissenschaft ist kein Mysterium und keine schwarze Magie, sondern in einfacher Methodik lehrbar. Ich glaube, daß man gerade die Nüchternen und Skeptischen für die nachweisbare Wahrheit und für alles, was sie mit sich bringt, begeistern könnte.

Ganz gewiß kann man sich für die abstrakte Wahrheit begeistern, doch ist sie immerhin ein etwas trockenes Ideal, und es ist gut, daß man zu ihrer Verteidigung eine andere Verhaltensweise des Menschen heranziehen kann, die alles andere als trocken ist - das L a c h e n . Es ist der Begeisterung in mehrfacher Hinsicht ähnlich, sowohl in seiner Eigenschaft als Instinktverhalten als in seiner stammesgeschichtlichen Herkunft aus der Aggression, vor allem aber in seiner sozialen Funktion. Wie die Begeisterung für denselben Wert, so schafft das Lachen über dieselbe Sache ein Gefühl brüderlicher Zusammengehörigkeit. Zusammen lachen können ist nicht nur eine Voraussetzung für wahre Freundschaft, sondern beinahe schon ein erster Schritt zu ihrer Entstehung. Wie wir aus dem Kapitel "Gewohnheit, Zeremonie und Zauber" wissen, ist das Lachen wahrscheinlich durch Ritualisierung aus einer neuorientierten Drohbewegung entstanden, ganz wie das Triumphgeschrei der Gänse. Wie dieses und wie auch die Begeisterung erzeugt das Lachen neben der Verbundenheit der Teilnehmenden eine aggressive Spitze gegen Außenstehende. Wenn man nicht mitlachen kann, fühlt man sich ausgeschlossen, selbst wenn das Gelächter sich ganz und gar nicht gegen einen selbst oder überhaupt gegen irgend etwas richtet. Wo das der Fall ist, wie beim Auslachen, wird der Gehalt an Aggression und gleichzeitig die Analogie zu gewissen Formen des Triumphgeschreis noch deutlicher.

Und doch ist das Lachen in einem höheren Sinne als die Begeisterung spezifisch menschlich. Es hat sich formal und funktionell höher über die Drohgebärde hinausentwickelt, die in beiden Verhaltensweisen noch enthalten ist. Im Gegensatz zur Begeisterung besteht auch bei den höchsten Intensitätsgraden des Lachens nicht die Gefahr, daß die ursprüngliche Aggression durchbricht und zum tätlichen Angriff führt. Hunde, welche bellen, beißen immerhin manchmal, aber Menschen, welche lachen, schießen n i e ! Und wenn auch die Motorik des Lachens spontaner und instinkthafter ist als die der Begeisterung, so sind auf der anderen Seite die Mechanismen seiner Auslösung selektiver und besser von der menschlichen Vernunft kontrollierbar. Lachen macht nie unkritisch.

Trotz aller dieser Eigenschaften ist das Lachen eine grausame Waffe, die bösen Schaden stiften kann, wenn sie unverdientermaßen einen Wehrlosen trifft; ein Kind auszulachen ist ein Verbrechen. Immerhin aber erlaubt die verläßliche Herrschaft der Vernunft über das Gelächter, mit ihm etwas zu tun, was mit der Begeisterung wegen ihrer Kritiklosigkeit und ihres tierischen Ernstes höchst gefährlich wäre: man darf es bewußt und gezielt auf einen Feind hetzen. Dieser Feind ist eine ganz bestimmte Form der Lüge. Es gibt wenig auf dieser Welt, was so uneingeschränkt als böse und vernichtenswert gelten darf, wie die Fiktion einer Sache, die künstlich gemacht ist, um Verehrung und Begeisterung auszulösen, und es gibt wenig, was so zwerchfellerschütternd komisch wirkt, wie ihre plötzliche Entlarvung. Wenn gemachtes Pathos von seinen angemaßten Kothurnen jählings herabstürzt, wenn der Ballon der Aufgeblasenheit unter dem Stich des Humors mit lautem Knall platzt, so dürfen wir uns dem befreienden Gelächter ungehemmt hingeben, was von dieser besonderen Art plötzlicher Entspannung so wundervoll ausgelöst wird. Es ist eine der wenigen Instinkthandlungen des Menschen, die von der kategorischen Selbstbefragung uneingeschränkt bejaht werden.

Der katholische Philosoph und Schriftsteller G. K. Chesterton hat die überraschende Meinung ausgesprochen, die Religion der Zukunft werde sich zu erheblichem Teile auf eine höher entwickelte, subtile Form des Humors gründen. Das mag etwas überspitzt sein, aber ich glaube - um meinerseits ein Paradoxon von mir zu geben -, daß wir heute den Humor noch nicht ernst genug nehmen. Ich glaube, daß er eine Segensmacht ist, die der in der heutigen Zeit schwer überforderten verantwortlichen Moral als starker Bundesgenosse zur Seite steht. Ich glaube, daß diese Macht nicht nur in kultureller Entwicklung, sondern auch stammesgeschichtlich im Wachsen ist.

Von der Darstellung dessen, was ich weiß, bin ich in stufenweisem Übergang zur Schilderung dessen übergegangen, was ich für sehr stark wahrscheinlich halte, und schließlich, auf den letzten Seiten, zum Bekenntnis dessen, was ich glaube. Das ist auch dem Naturforscher erlaubt.

Ich glaube, kurz gesagt, an den Sieg der Wahrheit. Ich glaube, daß das Wissen um die Natur und ihre Gesetze mehr und mehr zum Allgemeingut der Menschen werden wird, ja ich bin überzeugt, daß es heute schon auf dem besten Wege dazu ist. Ich glaube, daß zunehmendes Wissen den Menschen echte Ideale geben und die ebenfalls zunehmende Macht des Humors ihnen helfen wird, unechte zu verlachen. Ich glaube, daß beides zusammen schon hinreicht, um in wünschenswerter Richtung Selektion zu treiben. Manche Eigenschaften des Mannes, die vom Palaeolithikum bis in die jüngste Vergangenheit als höchste Tugenden galten, manche Wahlsprüche, wie "right or wrong, my country", die eben noch in hohem Maße begeisterungsauslösend wirkten, scheinen heute schon jedem Denkenden gefährlich und jedem Humorbegabten komisch. Dies m u ß günstig wirken! Wenn bei den Utes, diesem unglücklichsten aller Völker, die Zuchtwahl binnen weniger Jahrhunderte eine verderbliche Hypertrophie des Aggressionstriebes herbeigeführt hat, darf man ohne übertriebenem Optimismus hoffen, daß er bei den Kulturmenschen unter der Wirkung dieser neuen Art von Selektion auf ein erträgliches Maß zurückgehen wird.

Ich glaube keineswegs, daß die großen Konstrukteure des Artenwandels das Problem der Menschheit dadurch lösen werden, daß sie deren intraspezifische Aggression g a n z abbauen. Dies entspräche gar nicht ihren bewährten Methoden. Wenn ein Trieb beginnt, in einer bestimmten, neu auftretenden Lebenslage Schaden zu stiften, so wird er nie als Ganzes beseitigt, dies hieße auf alle seine unentbehrlichen Leistungen verzichten. Es wird vielmehr stets ein besonderer Hemmungsmechanismus geschaffen, der, an jene neue Situation angepaßt, die schädliche Auswirkung des Triebes verhindert. Als in der Stammesgeschichte mancher Wesen die Aggression gehemmt werden mußte, um das friedliche Zusammenwirken zweier oder mehrerer Individuen zu ermöglichen, entstand das Band der persönlichen Liebe und Freundschaft, auf dem auch unsere menschliche Gesellschaftsordnung aufgebaut ist. Die heute neu auftretende Lebenslage der Menschheit macht unbestreitbar einen Hemmungsmechanismus nötig, der tätliche Aggression nicht nur gegen unsere persönlichen Freunde, sondern gegen alle Menschen verhindert. Daraus leitet sich die selbstverständliche, ja geradezu der Natur abgelauschte Forderung ab, alle unsere Menschenbrüder, ohne Ansehen der Person, zu lieben. Die Forderung ist nicht neu, unsere Vernunft vermag ihre Notwendigkeit, unser Gefühl ihre hehre Schönheit voll zu erfassen, aber dennoch vermögen wir sie, so wie wir beschaffen sind, nicht zu erfüllen. Das volle und warme Gefühl von Liebe und Freundschaft können wir nur für Einzelmenschen empfinden, daran kann der beste und stärkste Wille nichts ändern! Doch die großen Konstrukteure können es. Ich glaube, daß sie es tun werden, denn ich glaube an die Macht der menschlichen Vernunft, ich glaube an die Macht der Selektion und ich glaube, daß die Vernunft vernünftige Selektion treibt. Ich glaube, daß dies unseren Nachkommen in einer nicht allzu fernen Zukunft die Fähigkeit verleihen wird, jene größte und schönste Forderung wahren Menschentums zu erfüllen.

Zwischengruppenaggression - Krieg

1. Definition

Wir definieren den Krieg, Q. WRIGHT (1965) folgend, als bewaffneten Konflikt zwischen Gruppen. Während die individualisierte Aggression zwischen Gruppenmitgliedern auch beim Menschen durch stammesgeschichtliche Anpassungen so geregelt wird, daß eine Eskalation in Destruktion vermieden wird, ist es geradezu ein Kennzeichen der Zwischengruppenaggression, daß sie unter Einsatz von Waffen auf die Verletzung, ja Tötung von Feinden abzielt. Dazu müssen die biologischen Aggressionshemmungen ausgeschaltet werden, die auf Signale der Submission und verschiedene Appelle der Beschwichtigung, Bandstiftung und Mitleidserweckung ansprechen.

Das geschieht durch den Einsatz schneller und auf Distanz tötender Waffen, ferner durch Indoktrinierung, die die Auseinandersetzung auf das Niveau zwischenartlicher Aggression verschiebt. Man erniedrigt dazu den Gegner zum Menschen minderer Art. Insofern ist der Krieg ein Ergebnis der kulturellen Evolution, auch wenn dabei einige angeborene Dispositionen genützt werden. Das heißt aber auch, daß der Krieg kultureller Formung in besonderem Maße zugänglich ist.

Die beim Kriegführen zum Tragen kommenden angeborenen Dispositionen sind:

1. Die Neigung, einander in geschlossenen Gruppen loyal beizustehen.
2. Die Bereitschaft, bei Bedrohung von Gruppenmitgliedern aggressiv zu reagieren.
3. Die Motivation, insbesondere des Mannes, zu kämpfen und zu dominieren.
4. Die Neigung, Reviere zu besetzen und zu verteidigen.
5. Die Fremdenscheu, d. h. das Ansprechen auf agonale Signale des Mitmenschen (S. 216).
6. Die Intoleranz gegen Abweichungen von der Gruppennorm.

All dies würde zwar zum Streit, nicht aber zum Krieg führen. Ein Krieg setzt zunächst Planung und Führung voraus. Selbst in einer Kleingruppe muß sich die Bereitschaft, auf Kriegszug zu gehen, durchsetzen, meist unter dem Einfluß einiger Wortführer. In Kleingruppen kann allerdings die allgemeine Bereitschaft aufgrund eines vorangegangenen Ereignisses bereits vorhanden sein. Sollen größere Verbände in den Krieg ziehen, dann muß die Bereitschaft im allgemeinen erst propagandistisch aufgebaut werden, und sehr oft sind es der Ehrgeiz und das Machtstreben einzelner, die die Gruppe in Bewegung setzen. Viele der modernen Staaten wurden auf diese Weise durch Stammesfürsten begründet.

Zur Planung und Führung kommen noch die Indoktrination und der destruktive Einsatz von Waffen. Die Erfindung schnell tötender Waffen erlaubt es, den Gegner auszuschalten, bevor er aggressionshemmende Appelle sendet. Diese werden ferner dadurch abgeschwächt, daß Menschen von ihren Feinden so sprechen, als wären sie Jagdwild, Ungeziefer oder mit Mängeln behaftete Menschen minderer Art. Zivilisierte folgen dem Brauch ebenso wie Vertreter der verschiedensten Naturvölker. Eipo beschimpfen z. B. ihre Gegner als Dungfliegen, Eidechsen, Würmer oder, auf körperliche oder psychische Mängel anspielend, als Kleingewachsene oder Feige.

Hand in Hand mit dieser Dehumanisierung des Gegners geht eine Überhöhung der eigenen Selbsteinschätzung einher. Das kann sich zu elitärer und zugleich unmenschlicher Selbstüberschätzung steigern. Autoritätsgefälle entbindet zugleich von der Verantwortung, die überdies noch mit anderen geteilt und so verdünnt wird. Wie sich der Gefolgsgehorsam in Experimenten auswirkt, zeigten wir bereits. Zur Wirkung der Dehumanisierung und zur Wirkung verteilter Verantwortung gibt es neuere aufschlußreiche Experimente (A. BANDURA und Mitarbeiter 1975).

Dreiergruppen von Versuchspersonen erhielten die Aufgabe, im Rahmen eines fingierten Lernexperiments anderen Personen elektrische Strafreize zu erteilen, wann immer sie Fehler machten. Glaubte jede Person für sich, für die Stärke des Strafreizes verantwortlich zu sein, dann gab sie niedere Strafreize. War jedoch mitgeteilt worden, aus den Strafreizen der drei in der Gruppe zusammenarbeitenden Personen würde automatisch ein Mittelwert errechnet, dann verleitete diese Verdünnung der Verantwortung zum Austeilen höherer Strafreize. Noch stärker wirkten sich allerdings dehumanisierende Kommentare aus. Hörten die Versuchspersonen über ein "wie zufällig" angeschaltetes Mikrophon abfällige Bemerkungen über ihre Opfer, dann gaben sie ihnen später stärkere Strafreize - und umgekehrt geringere, wenn die Opfer zuvor als verständnisvoll und sympathisch geschildert worden waren. Die aggressive Bereitschaft der Versuchspersonen nahm im Verlauf einer Versuchsreihe zu. Die mittlere Schockstärke nahm weniger stark zu, wenn eine Rückmeldung über die Wirksamkeit erfolgte. Blieb eine solche aus, dann eskalierte die Strafreizstärke, aber nur für die Gruppe, die Dehumanisierendes gehört hatte.

(...)

2. Konventionen und die Frage der Tötungshemmung

Aus der uns bekannten Geschichte und aus den Beobachtungen der Völkerkundler können wir entnehmen, daß der Mensch dazu neigt, auch die kriegerischen Auseinandersetzungen über Konventionen verschiedenster Art so zu regeln, daß der Verlierer die Möglichkeit erhält, sich zu unterwerfen und damit der völligen Vernichtung zu entgehen. Schon bei den Naturvölkern entwickeln sich verschiedene Formen des Waffenstillstandes und schließlich auch die Möglichkeit, Frieden zu schließen. Wir beobachten ferner die Ausbildung von Regeln der Kriegsführung, die unnötiges Blutvergießen vermeiden helfen, und insbesondere auch das Bemühen, die bewaffnete Auseinandersetzung auf die kämpfende männliche Bevölkerung zu beschränken. Hier phänokopiert die kulturelle Evolution in ganz auffälliger Weise jene Ritualisierungen, die im Tierreich wiederholt von Beschädigungskämpfen zu Turnierkämpfen führten. Beim Menschen findet eine analoge Entwicklung zweimal statt - bei den Zweikämpfen mit Waffen und dann beim Kriegführen zwischen Gruppen. Hier sind vermutlich ähnliche Selektionsdrucke wirksam.

Bei dieser kulturellen Entschärfung des Krieges dürfte die uns angeborene Aggressionshemmung eine wichtige Rolle spielen. Wir sprechen nämlich auf bestimmte Signale des Mitmenschen mit Aggressionshemmungen an; z. B. wenn wir in persönlicher Auseinandersetzung gewisse Signale der Unterwerfung und bestimmte Appelle der Sympathie-(Mitleids-)Erweckung wahrnehmen können. Ich darf daran erinnern, daß beispielsweise das Weinen bereits bei Neugeborenen Mitweinen auslöst - also im Sinne einer Sympathieerweckung eine gleiche Stimmung induziert. Die Kindergartenerhebungen von K. GRAMMER (1982) ergaben, daß weinende Kinder immer recht haben; d. h. bisher nicht am Konflikt Beteiligte ergreifen deren Partei. Auch die Aggressoren, die Weinen auslösten, erweisen sich als gehemmt, allerdings nicht immer. Sie können den Weinenden unter Umständen weiterhin hänseln.

Des weiteren beschwichtigen Appelle der Unterwerfung, die, wie das Wort bereits ausdrückt, die Antithese zum Drohverhalten sind. Man macht sich dazu kleiner und unauffälliger. Das geschieht bei milden Konflikten zwischen Kindern häufig allein durch Senken des Kopfes, der dann oft auch seitlich geneigt wird, sowie durch Blickvermeidung und Schmollen (S. 619). Längerer Blickkontakt erregt negative Impulse, dementsprechend entschärft Blickvermeidung, ebenso wie das Schrägstellen des Kopfes, die Situation. Darüber hinaus signalisiert Blickvermeidung Androhung des Kontaktabbruches. Unklar ist der Ursprung des Schmollmundes. Er sieht dem kindlichen Saugmund ähnlich und wirkt auch kindlich rührend. Ich neige daher dazu, ihn als Infantilismus zu deuten. Kindliche Appelle beschwichtigen generell, und sie werden deshalb oft mit jenen der Unterwerfung kombiniert. Auch die betreuenden Appelle wirken in diesem Sinne. In "Liebe und Haß" berichtete ich über Vorfälle, die die beschwichtigende Funktion des Nahrunganbietens belegen (siehe oben). Ferner haben Appelle über das Kind, z. B. durch Vorzeigen von Fotografien eigener Kinder, Gefangene vor Mißhandlungen geschützt.

Dem Töten eines Mitmenschen stehen primär starke Hemmungen entgegen, die, wie ich annehme, eine biologische Grundlage haben (S. 246). Das hat bereits S. FREUD (1913) vermutet, als er bei Durchsicht völkerkundlicher Literatur darauf kam, daß bei einer Vielzahl von Natur- und Kulturvölkern Krieger, die getötet haben, zunächst als unrein gelten. Um wieder voll von der Gesellschaft, in der sie leben, akzeptiert zu werden, müssen sie eine Reihe von Ritualen der Reinigung erdulden, die man als Sühnerituale interpretieren kann. "Wir schließen aus all diesen Vorschriften", schreibt FREUD, "daß im Benehmen gegen Feinde noch andere als bloß feindliche Regungen zum Ausdruck kommen. Wir erblicken in ihnen Äußerungen der Reue, des bösen Gewissens, ihn ums Leben gebracht zu haben. Es will uns scheinen, als wäre auch in diesen Wilden das Gebot lebendig: 'Du sollst nicht töten'" (S. 330).

Bei den paranilotischen Stämmen Südwest-Äthiopiens (Nyangatom) muß ein Krieger, der getötet hat, sich in eine Hütte einschließen. Frauen tanzen in einer besonderen Zeremonie um die Hütte und verhelfen so dem Mann zur Wiedergeburt in ein normales soziales Leben. Der erfolgreiche Krieger übernimmt den Namen des Getöteten, der auf diese Weise symbolisch weiterlebt. Einige Wochen später wird ihm eine Ziernarbe auf der Brust beigebracht (S. TORNAY 1979). Dies ist eine Art Auszeichnung, zugleich eine beruhigende Versicherung seitens der Gemeinschaft, daß sie die Tat billigt, was mithilft, die Schuldgefühle zu überwinden. Die Prozedur des Narbenschneidens ist aber schmerzhaft, so daß auch hier eine Komponente der Sühne zum Ausdruck kommt. Vielleicht hatte das Ritual auch darin seinen Ursprung. Die Gefühle, die einen erfolgreichen Krieger bewegen, sind hier wie in anderen Kulturen ein Gemisch von Schuld, Stolz auf die Tat, bekräftigt durch die Anerkennung seitens der Gruppe, aber auch Angst vor dem Geist des Getöteten und der Revanche seitens der Angehörigen des Feindes. Eine Vielzahl von Praktiken hat sich herausgebildet, um mit diesen Ängsten fertigzuwerden.

Wenn W. SCHIEFENHÖVEL die Eipo des Dorfes, in dem er arbeitete, danach fragte, wer diesen oder jenen Feind im Krieg gegen die Bewohner eines Nachbartales getötet habe, dann wurde ihm der Name Babyal genannt, des Anführers zu diesem Krieg. Das waren zuletzt unwahrscheinlich viele. SCHIEFENHÖVEL entdeckte schließlich, daß die Dorfbewohner grundsätzlich jeden Toten in diesem Krieg Babyal zuschrieben, auch jene, die ein anderer Kämpfer getötet hatte. Damit wird, der anderen Gruppe gegenüber, *ein* Mann verantwortlich gemacht. Er nimmt die Schuld - aber auch die Auszeichnung, ein mutiger Mann zu sein - auf sich mit allen Folgen, denn er ist auch die Zielscheibe der Rache. Die anderen sind von Blutschuld dem Feinde gegenüber entlastet, was eine Versöhnung erleichtert (W. SCHIEFENHÖVEL 1979).

Ein weiteres interessantes Ritual der Entlastung entdeckten VOLKER HEESCHEN und ich, als wir 1979 in Dingerkon die Eipo über den Kannibalismus befragten. Wir erfuhren im Verlauf des Gespräches, daß die Männer der Gemeinschaft praktisch verpflichtet sind, an dem Mahl teilzunehmen, auch wenn sie es gar nicht schätzen. Dadurch werden alle mitschuldig - was im Widerspruch zum vorher geschilderten Brauch der Schuldzuweisung an einen einzelnen steht. Der Widerspruch löst sich aber auf, wenn man sich darüber klar wird, daß hier wahrscheinlich die moralische Schuld gegenüber den Toten verteilt und damit gemeinsam getragen wird. Es erfolgt eine Entlastung oder Entschuldung auf einer moralischen Ebene.

Verschiedentlich wurde eingewendet, unsere Annahme einer angeborenen Tötungshemmung wäre eine Art romantischer Illusion. Man könne ja u. a. wahrnehmen, daß Mütter bei Naturvölkern "leichten Herzens" ihre Kinder umbringen. Wir haben auf die Unbegründetheit dieser Behauptung bereits hingewiesen (S. 246). Sie entspringt herzloser ethnozentrischer Überheblichkeit, gepaart mit Ignoranz. In Wirklichkeit können wir feststellen, daß das Töten von Mitmenschen selbst dann als Konflikt erlebt wird, wenn es sich um Feindestötung handelt. Ich habe dafür in meinem Buch "Krieg und Frieden aus der Sicht der Verhaltensforschung" eine größere Anzahl von eindrucksvollen Beispielen zusammengestellt. Wir können zwar den uns angeborenen Normenfilter, der zu töten verbietet, durch einen kulturellen Normenfilter überlagern, der Feinde zu töten gebietet. Das schaltet aber den biologischen Normenfilter nicht gänzlich ab. Wir können gar nicht umhin, beim Feinde mitmenschliche Züge zu entdecken, wenn wir ihm persönlich gegenübertreten. So kommt es automatisch zu einem Normenkonflikt, der als schlechtes Gewissen erlebt wird.

Um ein vom Gewissen weniger belastetes Kriegführen zu ermöglichen, entwickelten die sogenannten zivilisierten Völker eine Vielzahl von Strategien der Abschirmung. Dazu gehören die sogenannten "Nonfraternisierungs"-Gesetze, durch die man verhindern will, daß über persönliche Kontakte der sorgsam geschürte Haß abgebaut wird. Auch bedient man sich in zunehmendem Maße der Fernwaffen. Man verbietet das Abhören feindlicher Sender, kurz: baut Barrieren auf und distanziert sich. Aber wenn dann Menschen doch in persönliche Berührung mit dem Feind kommen, entwickeln sie ihre eigenen Konventionen der Menschlichkeit und hören schließlich sogar auf, aufeinander zu schießen. Das spielte sich im Ersten Weltkrieg wiederholt im Stellungskrieg an der Westfront ab. Solche Verbrüderungen stehen natürlich den weiteren Kriegszielen entgegen. Man verschiebt daher in einem solchen Falle die Truppen. Beispiele dieser Art lehren uns jedoch viel über die Ambivalenz menschlichen Verhaltens. Einerseits stürmen die Krieger mit Emotionen der Kampfbereitschaft gegeneinander, bewegt sowohl von archaischen Impulsen als auch von den über Indoktrination erworbenen Idealen, andererseits geraten sie aber in Konflikt, wenn das Töten im körpernahen Gegenüber persönlich erlebt wird, denn dann sprechen die biologischen Aggressionsbremsen an. Daß sie nicht voll greifen, hat Gründe, die wir bereits besprochen haben (S. 510).

Unter anderem wirkt sich hier die Loyalität zur eigenen Gruppe und die erstaunliche Gehorsamsbereitschaft des Menschen so aus, daß er sich dem Mitleid verschließt. MILGRAMS Experimente, die wir ja bereits erörterten (S. 403 ff.) sind in dieser Hinsicht erschreckend aufschlußreich.

In einer bemerkenswerten Untersuchung zum Frieden vertritt THOMAS SCHULTZE-WESTRUM (1974) die These, das agonale Verhältnis zwischen Artgenossen stelle beim Menschen den Primärzustand dar. Das Aussetzen agonaler Beziehung sei das Ergebnis des sekundären Prozesses der Kommunalbindung. Daher sei auch der Kriegszustand der Normalzustand zwischen getrennten Sozietäten. Artgenossen, die keine kommunale Bindung zueinander aufgebaut haben, würden einander ohne Hemmungen bekämpfen. Das ist etwas überzeichnet, beschreibt jedoch richtig die enorme Bedeutung der Bindung als Aggressionsblocker. Werden Menschen miteinander bekannt, dann verschiebt sich ihr Verhalten vom Mißtrauen zum Vertrauen, und das agonale System wird weniger stark aktiviert. Wie wir bereits ausführten (S. 216), reagiert jedoch bereits der Säugling Fremden gegenüber nicht nur agonal, sondern auch mit Verhaltensweisen der Zuwendung. Man kann daher nicht sagen, das agonale Verhalten zwischen Artgenossen sei der Primärzustand, der erst durch Kommunalisierung überwunden werde, wohl aber, daß er in den Beziehungen zwischen nicht kommunalisierten Artgenossen zunächst überwiegt. Das Bedürfnis nach freundlicher Beziehung, man könnte von Binde- oder Kommunalisierungsappetenz sprechen, führt jedoch auch zwischen Nichtkommunalisierten zu Annäherung. Das ist ein Grund, weshalb kriegführende Parteien Kommunikationsbarrieren errichten.

Unverständlich für den normalen Menschen ist das Überschießen der Aggressionen in Ausnahmezuständen der Raserei. Mit Schrecken und Grauen liest man von Massakern an den Besiegten, von Orgien des Blutrausches, die einen an Tötungshemmungen zweifeln lassen. Früher versetzten sich Krieger durch Tanz und Gesang in einen Zustand der Euphorie und Gruppenraserei (Dementia pugnax). D. M. WARBURTON (1975) vermutet, daß dabei halluzinogene hypothalamische Hormone freigesetzt wurden. Das plötzliche Wegfallen der Angst nach der endgültigen Überwindung des gegnerischen Widerstandes mag dann zu einer nicht mehr beherrschbaren Freisetzung aggressiver Impulse führen. Wir scheinen besonders anfällig für ekstatische Zustände, für Besessenheit, Trance und Rauschzustände. Gerade deswegen bedürfen wir der Disziplinierung durch Kultur. Dieses Überschießen der Aggression ist von jenen pathologischen Aggressionsformen zu unterscheiden, die zu kaltblütigem oder sadistischem Mord, zu Folter und KZ-Verbrechen führen. Ihre Behandlung würde den Rahmen unserer Untersuchung sprengen.

3. Zur Geschichte des Krieges

Über Geschichte und Erscheinungsformen des Krieges gibt es eine Reihe von vorzüglichen Abhandlungen und Sammelwerken (L. FROBENIUS 1903, W. E. MÜHLMANN 1940, H. H. TURNEY-HIGH 1949, Q. WRIGHT 1965, P. BOHANNAN 1967, M. FRIED, M. HARRIS und R. MURPHY 1968, K. F. OTTERBEIN 1970, M. A. NETTLESHIP, R. DALEGIVENS und A. NETTLESHIP 1975).

Das Alter des Krieges ist umstritten. In den Sozialwissenschaften hält sich mit großer Hartnäckigkeit die These, der Krieg sei erst mit der Feldbestellung (Garten- und Ackerbau) in die Welt gekommen. Der altsteinzeitliche Jäger und Sammler sei dagegen friedfertig gewesen und habe in offenen, nichtterritorialen Verbänden gelebt. Das sei bei Jäger- und Sammlervölkern auch heute noch so und entspreche der Natur des Menschen. Zur Stützung dieser These wird noch hinzugefügt, daß dieses Muster auch für die Menschenaffen gelte.

Nun zeigen die neueren Untersuchungen über freilebende Schimpansen und Gorillas zwar, daß diese Aussage falsch ist, was nicht verhindert, daß man sie weiter kolportiert. Bei Schimpansen stellte man sogar destruktive Zwischengruppenaggression fest (S. 419). Wir haben ferner in unserem Abschnitt über Territorialität gezeigt, daß die These von der aggressionslosen, nichtterritorialen Urgesellschaft ein freundlicher Mythos ist. Kennt man die völkerkundliche Literatur, dann ist man überrascht, daß die These vom friedfertigen Jäger und Sammler je ernsthaft diskutiert wurde, denn sie wird durch keinerlei Daten gestützt. Die angeblich so friedfertigen Buschleute der Kalahari haben sich sogar in Felsmalereien bei kriegerischen Auseinandersetzungen mit ihresgleichen und Stammesfremden abgebildet (D. F. BLEEK 1930).

Buschleute kannten aber nicht nur den bewaffneten Konflikt. Sie praktizierten als ritualisierte Form der Aggression auch schwarze Magie. Die Naron und !Kung schossen z. B. mit winzigen Pfeilen aus dem Horn der Oryx-Antilope in die Richtung der Feinde, wenn sie diesen Schaden zufügen wollten. Noch heute zeigen die !Kung-Buschleute eine deutliche Geringschätzung für Buschleute, die andere Sprachen sprechen, ja selbst für !Kung anderer Gruppen; sie unterscheiden also zwischen Gruppenangehörigen und Gruppenfremden - eine der emotionellen Voraussetzungen zum Kriege.

MELVIN KONNER (1982:204), einer der besten !Kung-Kenner, formuliert dies wie folgt:

"While the !Kung, like most hunter-gatherers, do not have war or other organized group conflicts, their explicitly stated contempt for non-San people, for San people speaking languages other than !Kung, and even for !Kung in other village-camps, who are not relatives, makes it perfectly clear that if they had the technological opportunity and the ecological necessity to make war, they would probably be capable of the requisite emotions, despite of their oft-stated opposition to and fear of war."[1]

Neuerlich werden die Anfang der siebziger Jahre auf der Insel Mindanao entdeckten Tasaday von A. MONTAGU (1976:164) als Kronzeugen für die Friedfertigkeit der Jäger und Sammler bemüht: "People like the Tasaday who are primarily food gatherers live as close to nature as it is possible for human beings to live. They are, if anyone is, natural men. And they are peaceful. And friendly. And cooperative. They share their food and their belongings with each others and with strangers."[2]

Nun, die einzigen "Fremden" waren in diesem Fall jene, die die Gruppe zum erstenmal kontaktierten. Über die Zwischengruppenbeziehungen weiß man so gut wie nichts, denn man kennt nur diese eine, kleine, in einer Höhle lebende Menschengruppe. Sie zählte 1971 25 Personen, Kinder und Säuglinge inbegriffen (J. NANCE 1975). Würde ein Beobachter in einer so kleinen Tiroler Gemeinschaft leben, dann würde er kaum je ernste Auseinandersetzungen oder gar Totschlag und bewaffneten Kampf beobachten. Wollte ich aus der beobachteten Verträglichkeit einer kleinen Tiroler Gemeinschaft schließen, die Tiroler seien ganz besonders friedliche Leute, dann wäre dies ein vorschneller Schluß. Möglich, daß die Tasaday ihre Gebiete wirklich nicht gegen gebietsfremde Eindringlinge verteidigen - aber wir wissen es nicht. Wäre es so, dann wäre das eine interessante Ausnahme, nicht aber ein Beispiel für die typische Friedfertigkeit der Jäger- und Sammlerkulturen.

Die meisten führten sogar Kriege oder taten dies, bis sie durch die Verwaltung pazifiziert wurden (S. 421). Unter den Jägern und Sammlern gibt es mehr oder weniger friedliche, aber auch ausgesprochen kriegerische

1 "Während die !Kung, wie fast alle Jäger und Sammler, keinen Krieg oder andere organisierte Gruppenkonflikte führen, macht doch ihre ausdrücklich erklärte Verachtung gegenüber den Nicht-San-Leuten, solchen San-Leuten, die eine andere Sprache sprechen als die !Kung, und sogar gegenüber !Kung aus anderen Dörfern, mit denen sie nicht verwandt sind, ganz deutlich, daß, wenn sie die technologische Möglichkeit und das ökologische Bedürfnis zur Kriegführung hätten, sie die notwendigen Emotionen entwickeln würden - trotz ihrer oft zitierten Ablehnung des Krieges und der Furcht vor solchen Auseinandersetzungen."

2 "Leute wie die Tasaday, die vor allem Sammler sind, leben so naturverbunden, wie es für den Menschen nur möglich ist. Sie sind, wenn es überhaupt jemand ist, Naturmenschen. Und sie sind friedlich, freundlich und kooperativ. Sie teilen ihre Nahrung und ihr Hab und Gut mit jedem, auch mit Fremden."

Völker. Das gilt ebenso für Kulturen mit anderen Wirtschaftsformen.

Auch die archäologischen Befunde belegen keineswegs eine besondere Friedfertigkeit des steinzeitlichen Menschen. R. A. DART (1949, 1953) wies darauf hin, daß viele der Australopithecinen Schädelverletzungen haben, die auf Gewalteinwirkung schließen lassen. Die Deutung hat man allerdings auch angezweifelt. M. K. ROPER (1969) untersuchte daraufhin einmal kritisch das gesamte bisher gesammelte Schädelmaterial von Australopithecinen, ferner Material über Knochenverletzungen von Angehörigen der Pithecanthropus-Gruppe, von europäischen Menschen der Vor-Würm- und Würmperiode und kam zum Schluß, daß auch bei Anlegung sehr kritischer Maßstäbe ein erheblicher Teil der Verletzungen nur auf Kampfeinwirkungen zurückgeführt werden könne. Im gleichen Sinne äußert sich A. MOHR (1971), die 158 Knochenverletzungen aus der Alt- und Jungsteinzeit untersuchte. Von diesen waren 63 Prozent verheilt. Die Verletzungen betrafen den Schädel (47 Fälle), die oberen (16) und unteren (14) Extremitäten, die Wirbelsäule (16), das Brustbein (3) und das Becken (1). An Wirbelknochen und an den Knochen der unteren Extremitäten fand sie Pfeilverletzungen zum Teil mit eingeheilten Steinspitzen. Die Mehrzahl der Schädelverletzungen rührte von Steinäxten her. Das Bild wird durch steinzeitliche Felsmalereien ergänzt, die Kampfszenen darstellen (S. 423). Beim Anblick einer solchen Szene in der spanischen Valtora-Schlucht schrieb H. KÜHN (1958:105): "In einer solchen Nische sehe ich das Bild eines Jägers, der von Pfeilen getroffen zu Boden sinkt. Das eine Bein ist vorgestellt, die Hand ist auf das Knie gestützt. Ein Kopfputz wie eine Krone[3] fällt vom Kopf, in der rechten Hand hält er noch einen Bogen, aber die Pfeile seines Gegners haben ihn schon durchbohrt, sein Leben ist zu Ende. Also haben sich die Menschen schon in frühester Vorzeit getötet. Das Paradies, wo flieht es hin? Ein Traum der Menschheit? Ist der Krieg, das Kämpfen ihr Sinn? Ist dies so ewig wie das Leben? Hier sind uralte Bilder der Menschheit auf dieser Erde. Uralte Bilder vor aller Erinnerung, vor allen Sagen, vor allen Märchen - und schon das Töten des Menschen durch den Menschen, schon der Kampf, schon der Krieg."

Bereits der Mensch der Steinzeit konkurrierte kriegerisch mit seinesgleichen um Jagd- und Sammelgebiete, was nicht entschuldigt, daß er heute noch immer nach diesem alten Muster verfährt. "Zu keinem Zeitpunkt der Menschengeschichte gab es ein goldenes Zeitalter des Friedens", schreibt Q. WRIGHT (1965:22), einer der führenden Experten auf dem Gebiete der Kriegsforschung. Nur dann, wenn man den Krieg mit KARL VON CLAUSEWITZ (1937) viel enger, nämlich als rational eingesetztes Mittel einer Außenpolitik definiert, mit dem Ziel, dem Gegner seinen Willen aufzuzwin-

---

3 Die südafrikanischen Buschleute steckten ihre Pfeile wie einen Kopfputz ins Stirnband, damit sie sie zum schnellen Schießen griffbereit hatten. Ich vermute, daß der von KÜHN erwähnte kronenähnliche Kopfputz ein solches Stirnband mit Pfeilen ist.

gen, kann man ihn als Erfindung der Zivilisation bezeichnen. Er ist dann eine "Fortsetzung des politischen Verkehrs mit anderen Mitteln". Der Krieg als bewaffneter Konflikt zwischen Gruppen ist so alt wie die Menschheit.

4. Formen der kriegerischen Auseinandersetzung

Die Kriegführung der Naturvölker beschränkt sich vielfach auf Überfälle. Man beschleicht den Gegner mit einer an die Jagd erinnernden Taktik und umstellt ihn. Überfälle auf Siedlungen werden oft in den frühen Morgenstunden durchgeführt, wenn die Gegner fest schlafen. H. J. WILHELM (1953) hat einen solchen Überfall von den !Kung San geschildert. Es handelte sich um einen Racheakt. Beim Streit um die Jagdbeute hatte einer der anderen Gruppe einen Mann getötet. In den frühen Morgenstunden wurde die Gruppe überfallen. Man tötete mit Keulen und Pfeilen auch Frauen und Kinder. Überfälle dieser Art kennt man von Australiern, südamerikanischen Urwaldindianern, Papuas, afrikanischen Hirtenkriegern, Polynesiern und vielen anderen mehr. Man ging dabei schnell zu Werke und gab im allgemeinen kein Pardon. C. STREHLOW (1915) schilderte die erbarmungslosen Überfälle der Aranda Australiens. Von den Maoris war bekannt, daß sie so viele wie nur möglich zu töten suchten (F. E. MANING).

". . . when once the enemy broke and commenced to run, the combattants being so close together, a fast runner would knock a dozen on the head in a short time; and the great aim of these fast-running warriors . . . was to chase straight on and never stop, only striking one blow at one man, so as to cripple him, so that these behind should be sure to overtake and finish him. It was not uncommon for one man, strong and swift on foot, when the enemy was fairly routed, to stab with a light spear ten or a dozen men in such a way as to ensure their being overtaken and killed" (Bericht eines alten Maori aus F. E. MANING 1876:14)[4]. Die getöteten Feinde wurden verspeist.

Allerdings überlebten bei solchen Auseinandersetzungen immer noch ein großer Teil der Geschlagenen, da die Waffen nicht weit reichten und der Gegner daher fliehen konnte. Das änderte sich mit der Einfuhr von Gewehren. Nunmehr rotteten sich die Maoris gegenseitig praktisch aus. Die alte

---

4 ". . . war der Feind erst einmal geschlagen und flüchtete und waren die Kämpfenden dicht beieinander, konnte ein schneller Läufer in kurzer Zeit ein Dutzend Gegner bewußtlos schlagen; das Hauptziel dieser schnellfüßigen Krieger war, den Gegner ständig zu verfolgen, nicht mit dem Rennen aufzuhören und immer nur einen Schlag pro Mann zu führen, um ihn zum Krüppel zu machen, damit die Nachfolgenden ihn dann einholen und restlos erledigen konnten. Es war nicht ungewöhnlich für einen Mann, der kräftig und schnell zu Fuß war, zehn oder ein Dutzend Männer des etwa in eine Richtung fliehenden Gegners mit einem leichten Speer so zu verwunden, daß sie auf jeden Fall eingeholt und getötet wurden."

Art der Kriegsführung paßte nicht zu der von den Weißen eingeführten Bewaffnung (A. P. VAYDA 1970).

Ähnlich erging es den Bewohnern der Neuen Hebriden. Auch da gab es nach Einführung der Gewehre Massenmassaker. Selbst die normalerweise formalisierten Konflikte zwischen Bewohnern benachbarter Dörfer eskalierten (J. LAYARD 1942:603).

Von den Yanomami beschrieb H. VALERO (in E. BIOCCA 1970) blutige Überfälle, bei denen auch Frauen und Kinder getötet wurden. Allerdings folgten dem Vorfall bemerkenswerte Gespräche der Krieger, in denen der Häuptling den Kriegern vorwarf, daß sie auch Kinder getötet hätten. VALERO berichtet:

"Der Schamatari-tuschua (= Häuptling der Schamatari, Ref.) aber war kein schlechter Mensch. Unterwegs sagte er: 'Warum habt ihr alle diese Leute umgebracht? So viele hättet ihr nicht töten sollen!' Die Männer antworteten: 'Du hast uns selber gesagt, daß wir sie alle töten sollen!' 'Das habe ich nur so hingesagt. Es waren ja nur wenige Männer da.' Die anderen aber meinten: 'Es sind nur wenige. Es waren eine ganze Menge, die auf der Jagd waren. Sie haben ja noch Frauen, und von denen werden sie andere Kinder bekommen und dann wieder sehr zahlreich sein'" (S. 62). Sie beschreibt dann, daß diejenigen, die getötet hatten, eine Zeitlang abgesondert waren, nur bestimmtes Essen bekamen und mit niemandem reden durften. Später bei den Namoeterie - einem anderen Waika-Stamm - sah sie, daß die Krieger sich täglich badeten und mit rauhen scharfen Blättern abrieben, "um sich schneller von ihrem Vergehen zu reinigen".

Wir wiesen bereits darauf hin, daß vergleichbare Sühnerituale wiederholt beschrieben worden sind und von S. FREUD als Ausdruck des schlechten Gewissens gedeutet wurden.

Die Haltung dem Feinde gegenüber ist in solchen Fällen deutlich zwiespältig, und je näher der Gegner einem steht, desto mehr bemüht man sich, die Auseinandersetzungen durch Konventionen etwas zu mildern. Das gilt vor allem für die "internen Kriege" (K. F. OTTERBEIN 1970). Man versteht darunter bewaffnete Konflikte zwischen Menschengruppen, die sich in gewisser Weise als zusammengehörig empfinden, etwa weil sie dem gleichen Stamm oder Volk angehören.

Bei den Paraniloten Süd-Äthiopiens gibt es Überfälle mit dem Ziel, möglichst viele Gegner umzubringen, und Kriege, die durch Konventionen gemildert werden. Zwischen den Mursi und Hamar besteht z. B. ein Zustand permanenten Krieges. Friedensschluß ist nicht vorgesehen, und man gibt dem Erzfeind auch kein Pardon. Zwischen den Mursi und Bodi wechseln Krieg und Frieden; es besteht eine Reihe von Konventionen, die das Blutvergießen in Grenzen halten, insbesondere werden Frauen und Kinder geschont. Noch mehr konventionalisiert sind Auseinandersetzungen zwischen verschiedenen lokalen Gruppen der Mursi. In diesem Falle treten die jungen unverheirateten Männer der verfeindeten Gruppen zu Stockduellen an (D. TURTON 1979). Von den ebenfalls zu den Paraniloten Süd-Äthiopiens gehörenden Dassanetsch berichtet U. ALMAGOR (1977), daß man bei Überfällen dem Gegner nur eine "vernünftige" Anzahl von Rindern raubte, so daß ihnen eine Existenzbasis verbleibt. Erzfeinden nimmt man dagegen alles.

Die Melanesier der San-Cristobal-Inseln unterscheiden zwischen zwei Kriegsformen. Als "heremae" bezeichnen sie den traditionellen Krieg zwischen zwei Nachbarn, die einen gemeinsamen Kampfplatz besitzen. Dort treffen sie sich nach beidseitiger Übereinkunft. Als "surumae" bezeichnet man dagegen die geheimen Überfälle, die ohne jede Ankündigung erfolgen und bei denen man jedermann, auch Frauen, Kinder und Alte tötet und anschließend verzehrt. Diese beiden Formen der Auseinandersetzung findet man im ganzen Gebiet Melanesiens und Neuguineas (C. H. WEDGWOOD 1930).

Die Eipo unterscheiden ganz scharf zwischen bewaffnetem Innergruppenkonflikt (abala) und Krieg (ise mal), obwohl es auch beim erstgenannten zu Todesfällen kommt (W. SCHIEFENHÖVEL 1979). Die Schilderung eines solchen Streits, die ein Einheimischer meinem Mitarbeiter WULF SCHIEFENHÖVEL gab, möchte ich hier wiedergeben:

Beispiel der Schilderung eines *abala* (Kampf innerhalb der politischen Einheit), Kwengkweng, West-Neuguinea, 26. 4. 1980:

Der Kampf wegen Tinteningdes Hund

Tinteningde (T.*) dachte, sein Hund, der die Angewohnheit hatte, allein in den Bergwald zu laufen, sei von Beteb (B.), einem Mann aus Talim, erschossen worden. T. nahm daraufhin ein Schwein von B., stahl es also, und zwar in der Nähe des Dorfes Talim und sagte: "Beteb hat meinen Hund getötet, dafür nehme ich das Schwein." Das Schwein wurde geschlachtet und von allen Leuten aus Dingerkon aufgegessen.

B. rief vom Steilufer des Baknanye-Baches (unweit Dingerkon), er habe den Hund nicht getötet. T. rief: "Du hast es doch getan!" Der Wortstreit wurde heftiger. T. schoß den ersten Pfeil, darauf schoß B., der Krieger aus Talim bei sich hatte. Die Männer aus Talim zogen ab und schlugen auf dem Rückweg, in der Nähe des großen Ba-Baumes im Gartengelände der Dingerkon-Leute, die Taropflanzen ab und zerstörten die Taroknollen, so daß man aus ihnen kein Pflanzgut mehr gewinnen konnte. Außerdem zogen sie Süßkartoffeln, Zuckerrohr, Bananenpflanzen und bace-Gemüsepflanzen aus der Erde oder zerstörten sie mit Füßen und Steinen. Die Dingerkon-Männer schauten sich das an und gingen in die Talim-Gärten am Ufer des Mabun-Baches, sie gingen auf zwei verschiedenen Wegen dorthin und zerstörten alle Taro- und Süßkartoffelpflanzen und andere Gartenpflanzen. T. rief: "Beteb, meine Taro, Süßkartoffeln, alles, die Bananen, hast du mir umgestoßen, auch deine stoße ich um!" B. rief: "Nein, du hast mein Schwein gegessen, so ist es!" T. antwortete: "Ohne Grund habe ich dein Schwein nicht gegessen!" B. rief: "Den Hund habe ich nicht getötet!" So stritten sie weiter mit Worten.

Am nächsten Tag kämpften sie wieder mit Pfeil und Bogen. Drei oder vier Tage kämpften sie. Auf jeder Seite gab es zwei Verletzte. Am 5. Tag kam der Hund ganz ohne Verletzung zurück nach Dingerkon.

---

* Ein Mann aus Dingerkon.

T. rief: "Der Hund ist zu mir zurückgekommen, nicht weiterkämpfen!" B. antwortete: "Nein, mein Schwein hast du gestohlen, ohne aufzuhören werden wir beide kämpfen!" Dann kämpften sie wieder. Die Männer von Londinin und von Kolmumdama und Lyandama waren auf der Dingerkon-Seite, die von Lalekon und Sirabum kämpften auf Talims Seite. Urwo kämpfte sehr heftig. Eines Nachmittags rief er: "Es dämmert, laßt uns aufhören und nach Hause gehen!" In diesem Augenblick schoß Ginyang Urwo einen Pfeil in den Bauch. Die Dingerkon-Männer zogen den Pfeil heraus, sie brachten Urwo ins Eglo-aik-Männerhaus und führten die "kamkamuna"-Pfeilbehandlungszeremonie aus. Der Kampf hatte auf dem Westufer des Eipo stattgefunden.

Danach wurden die Dingerkon-Leute sehr wütend. Als der Kampf wieder auf die Ostseite des Eipo verlagert war, töteten sie Ebnal, als er gerade über eine Baumstammbrücke über den Eipo ging. Buwungde hatte sich auf dem diesseitigen (Ost-)Ufer hinter einem Felsen versteckt und Ebnal mit einem einzigen Schuß, einem Pfeil getötet. Ebnal starb bald danach. Buwungde lief hinter den anderen Talim-Männern her. Er ergriff Ginyang und hielt ihn fest, der riß sich aber los. Buwungde schoß viele Pfeile in Ginyangs Körper, der konnte aber weglaufen und genas. Sie kämpften weiter. Buwungde hatte nicht gesehen, daß Ebnal tödlich verwundet war, er hatte gedacht, Ebnal sei entkommen, daher hatte er den Männern aus Dingerkon nichts von seinem Schuß gesagt.

Die Dingerkon-Leute kamen an die Stelle, wo Buwungde Ebnal getötet hatte. Sie sahen viel Blut. Sie suchten und fanden Ebnal, der da lag, als sei er in tiefem Schlaf. T. rief daraufhin B. zu: "Ich habe einen von Deinen getötet!" Da weinten die Talim-Männer sehr.

Buwungdes Name wurde nicht erwähnt, erst viel später wurde bekannt, wer den tödlichen Schuß auf Ebnal getan hatte.

Die Talim-Leute holten die Leiche Ebnals. Dabei zogen sich die Kämpfer aus Dingerkon zurück. Es wird nicht gekämpft in einem "abala", wenn eine Leiche geholt wird. Die Talim-Leute bestatteten Ebnal auf einem Baum. Dann kämpften sie wieder und töteten Melase, direkt am Eipo-Ufer, der allein dort auf der Ostseite war. Der Schütze war Lingban. Der Schuß ging ins Knie. Melase versteckte sich, aber die Talim-Männer fanden ihn und spickten ihn mit Pfeilen. Die Dingerkon-Männer wußten nichts von Melases Verwundung und konnten sein Rufen auch nicht hören, da sie ziemlich weit von ihm entfernt waren und der Fluß so laut rauschte.

Die Leute von Dingerkon holten und bestatteten Melase. Der Kampf dauerte schon etwa zwei Monate. Die Talim-Männer legten einen Hinterhalt mit vielen Kriegern, wurden dabei von den Männern aus Lalekon und den anderen Verbündeten unterstützt, als die Dingerkon-Männer über den Erdrutsch in der Nähe des Minmin-Baches nach Hause gingen. Somson traf Lekwoleb zuerst in die Brust, dann spickten sie ihn mit Pfeilen. Lekwoleb stürzte einen Felsabsturz hinunter, war aber schon durch die Pfeile getötet worden. Die Dingerkon-Leute brachten Lekwoleb in ihr Dorf und bestatteten ihn. Danach ging der Kampf noch etwa 1½ Monate weiter. Dann schlossen sie Frieden.

T. sagte zu B.: "Du hast zwei von Meinen getötet, ich habe nur einen von Deinen getötet, also jetzt haben wir beide genug gekämpft, laß uns beide Frieden schließen." Alle schlossen Frieden am Eipo-Ufer. Dort wird immer Frieden geschlossen. Auch nach einem Krieg gegen die Leute aus Marikla.

Die Schilderung ist ein Beispiel für die Mechanismen der Eskalation, die dazu führt, daß die ohnehin niedrige Schwelle für aggressive Akte überschritten wird. - Die seit 1974 erfaßten Todesfälle (jeder 4. starb eines gewaltsamen Todes!) und die Berichte über Intra-Gruppen- und Inter-Gruppen-Kämpfe legen den Schluß nahe, daß hohe Aggressivität ein kulturelles (möglicherweise auch genetisches) Merkmal der Eipo ist; sie wird durch Ritualisierung (Turniercharakter der Kämpfe) so weit gezügelt, daß noch größere Verluste vermieden werden.

Aber auch bei Überfällen gibt es Abstufungen und Regeln. So gilt es bei den Melanesiern von San Cristobal als unstatthaft, einen Mann, der gerade auf einen Baum klettert, anzugreifen oder einen, der gerade fischt. Auf dem Boden konnte man jedoch auch einen einzelnen aus dem Hinterhalt anfallen und töten. Ferner waren nächtliche Überfälle verboten, und schließlich war es untersagt, den Häuptling der Gegenpartei zu töten.

Die Murngin des Arnhem-Landes (Australien) unterschieden sogar namentlich sechs verschiedene Formen bewaffneten Konfliktes (W. L. WARNER 1930). Alle unterliegen bestimmten Regeln. Eine Form gestattet es, feindliche Gruppen zu bestrafen, ohne auf Gegenwehr zu stoßen. Die beleidigte Gruppe lädt dazu ein. Diejenigen Männer der gegnerischen Gruppe, die die Krieger zum Kampfe ermunterten, dürfen nun von der gegnerischen Gruppe mit Speeren beworfen werden. Sie dürfen aber durch Zickzack-Laufen das Zielen erschweren. Außerdem laufen ihre Freunde unter ihnen, was die anderen daran hindert, die Speere mit zu großer Wucht zu schleudern, da sie ja sonst einen Unschuldigen treffen könnten. Zur Sicherheit entfernt man von den Speeren die Steinspitzen. Nachdem alle, die sich beleidigt fühlten, Speere geworfen haben, dürfen sie die Gegner noch ungestraft beschimpfen.

Wenn die "Kriegstreiber" auf diese Weise bestraft worden sind, kommen diejenigen an die Reihe, die getötet haben. Auch sie müssen sich Speerwürfen stellen, und diesmal entfernen ihre Feinde die Steinspitzen nicht von den Speeren. Aber die alten Männer beider Seiten laufen bei ihren Männern auf und ab. Die einen ermahnen die Rächer, nicht zu aggressiv zu sein, die anderen, nicht ärgerlich zu werden und die Beleidigungen geduldig zu ertragen, da sie ja im Unrecht seien. Haben die Rächer schließlich ihren Ärger als Gruppe abreagiert, werfen die Männer noch eine Weile einzeln Speere. Zum Abschluß speeren die Rächer die Mörder in den Oberschenkel. Damit wird ihnen vergeben. Unterbleibt dieser Akt oder wird ein Mörder nur ganz leicht verletzt, dann ist ihnen nicht vergeben worden, und die Gruppe schließt nur einen vorübergehenden Waffenstillstand.

Bei den stammesinternen Kämpfen nordaustralischer Stämme pflegen die Männer der verfeindeten Gruppen einen turnierartigen Schlagabtausch mit ihren wie Holzschwerter benützten Bumerangs. Kommt einer der Männer zu Fall, dann scharen sich die alten Frauen um den Gefallenen, halten ihre Stöcke schützend über ihn und rufen: "Töte ihn nicht, töte ihn nicht!" (C. LUMHOLTZ 1890). Wenn sich bei den Tsembaga Neuguineas zwei Gruppen zerstritten haben, die durch zahlreiche Heiratsbindungen verschwägert sind, setzt man zunächst alles daran, eine Eskalation zum Krieg zu vermeiden. Dabei treten befreundete Dritte als Vermittler auf. Schlagen die Versuche fehl, dann säubern beide Parteien den gemeinsamen traditionellen Kampfplatz und laden einander formell zu einem "kleinen" Kampf ein (R. A. RAPPAPORT 1968). Die Gruppen stehen sich dann am vereinbarten Tag gegenüber, beschimpfen einander und machen ihrem Ärger Luft, und das kann zu einer friedlichen Lösung des Konfliktes führen. Während dieser Phase schießen sie wohl auch mit Pfeilen aufeinander. Aber man entfernt vorher die stabilisierenden Federn, so daß die Pfeile nicht gut die Zielrichtung halten. Kommt es im Verlauf dieser Auseinandersetzung zu keiner Einigung, eskaliert der Krieg zum formal erklärten "Axtkrieg". Ihm gehen eine Reihe von Zeremonien voraus. Jede Partei ruft ihre Ahnen um Beistand an, und die sakralen Kampfsteine, die man in Netzen am Boden der Hütten aufbewahrte, werden nun am mittleren Pfahl der Hütte aufgehängt. Von nun an fordert man einen völligen Abbruch der persönlichen Beziehungen zum Gegner. Man darf dem Gegner nicht mehr ins Gesicht schauen, man darf ihn nur im Kampf berühren und nicht mehr seine Feldfrüchte essen. War man mit ihm freundschaftlich verbunden und nannte man ihn Bruder, dann ändert sich das. Die ehemaligen Freunde werden zu "Axtmännern". In vielem erinnert das an die Kommunikationsbarrieren, die zivilisierte Nationen errichten, wenn es zum Kriege kommt. Ist man einmal so weit, dann ist mit einer schnellen Beilegung des Konfliktes nicht zu rechnen.

Dennoch gibt es eine Reihe von Einrichtungen, die eine allzu gefährliche Eskalation verhindern. So benennt der Medizinmann jene Feinde, die nach Auskunft der Geister leicht zu töten seien, und ebenso jene der eigenen Gruppe, die gefährdet scheinen. Damit wird gewissermaßen festgelegt, wie viele man töten soll, eine Art "killing quota" (R. A. RAPPAPORT). Die Krieger müssen außerdem Nahrungstabus beachten. Sie müssen stark gesalzenen Speck verzehren. Das macht Durst und zwingt sie, Kampfpausen einzulegen. Verbündete, die man eingeladen hat, werden, auch wenn sie einen Gegner töten, nicht dafür verantwortlich gemacht. Die Konvention verhindert weitere Eskalationen durch Einbeziehung von Nachbargruppen.

Wird schließlich eine Gruppe geschlagen, dann nimmt der Sieger nicht gleich das vom Gegner verlassene Gebiet in Besitz. Es wird ja von den Ahnen der Gegnergruppe bewacht (eine Vorstellung, die wir auch bei den Australiern finden, S. 431). Erst wenn die Gegner in ihrem neuen Zufluchtsgebiet die sakralen Cordylinen gepflanzt und ein Schwein geschlachtet haben, was die Geister der Ahnen herbeiruft, kann das nunmehr formal aufgegebene Gebiet von den Siegern übernommen werden. Auch gibt es Möglichkeiten, Kampfpausen, Waffenstillstand und schließlich sogar Frieden zu vereinbaren (S. 532).

In der völkerkundlichen Literatur gibt es zahlreiche ausgezeichnete Beschreibungen von Kriegen, die auch die Entwicklung von Konventionen zur teilweisen Entschärfung der Auseinandersetzungen belegen. R. GARDNER und K. G. HEIDER (1968) beschrieben solche für die kriegerischen Auseinandersetzungen der Dani. Interessante Angaben über die Jale verdanken wir K. F. KOCH (1970, 1974). Weitere Beispiele: F. L. BELL (1934), R. F. FERGUSON (1918), R. F. FORTUNE (1939), W. W. HILL (1936), R. KARSTEN (1923), J. KEEGAN (1976), J. KEEGAN und J. DARRAGOTT (1981),

N. KNOWLES (1940), B. MALINOWSKI (1920), L. MONTROSS (1944), G. S. SNYDERMAN (1948), M. SWADESH (1948) und A. P. VAYDA (1960, 1971).

In Europa lassen sich entsprechende Konventionen bereits im Altertum nachweisen. Es gab römische Gesetze, welche die Schonung der Nichtkämpfer, Fliehender und der sich Ergebenden bestimmten und durch die bestimmte Waffen wie Lanzen mit Widerhaken, vergiftete und brennende Pfeile verboten waren, die auch festlegten, daß nur Gleichbewaffnete gegeneinander kämpften (W. E. MÜHLMANN 1940). Auch das mohammedanische Kriegsrecht hatte Züge der Ritterlichkeit. Es verbot Angriffe auf Betende, Tötung von Nichtkämpfern und Wortbruch dem Feinde gegenüber.

Die Entwicklung der Konventionen hielt mit der Entwicklung der Waffentechnik nicht immer Schritt; genau genommen hinkte sie immer hinterher. Das Bedürfnis, die kriegerischen Auseinandersetzungen so zu ritualisieren, daß unnötiges Blutvergießen vermieden wird, ist jedoch offensichtlich. Unser Gewissen drängt uns dazu (S. 534). Darüber hinaus vermindert es das Risiko für beide Parteien.

Angesichts der Vernichtungskriege vom Altertum bis in die jüngste Gegenwart mag das hier präsentierte Bild manchen als zu optimistisch erscheinen. Man hat sicher nicht immer den Eindruck, daß Kriegführende ein schlechtes Gewissen haben. Aber die Tatsache, daß die Eroberer des Alten Testaments sich auf Gottes Gebot berufen, belegt ebenso das Bedürfnis nach Rechtfertigung, und damit einen Gewissenskonflikt, wie die Rechtfertigungsbemühungen moderner Staaten, wenn sie einen anderen Staat angreifen.

5. Ideologische und psychologische Kriegsführung

Der Mensch kämpft nicht nur mit Waffen. Er ringt auch geistig mit dem Gegner, und diese Art der Kriegführung gewinnt zunehmend an Bedeutung. Es ist leicht einzusehen, daß man zu ungeheuren Erfolgen kommen kann, wenn es einem gelingt, im Gehirn des Feindes Überzeugungen und Denkweisen aufzubauen, die den Gegner schließlich überzeugt das tun lassen, was man von ihm gerne will. Diesem Zweck dient die ideologische Kriegführung, von der offenen Propaganda bis zu den subtilen Formen der Überredung und Beeinflussung. Meist kombiniert man diese Methode mit psychologischen Methoden des Hofierens, der Einschüchterung und des Angsterweckens.

Ideologische und psychologische Kriegführung sind die Mittel des "kalten Krieges". Ziele sind Aufweichung des Widerstandswillens beim Gegner, Aufbau einer Aufnahmebereitschaft für die Ideologie seines Feindes und letztlich deren Übernahme unter gleichzeitiger Aufgabe des eigenen Wertsystems, was einer Unterwerfung gleichkommt. Dazu müssen zunächst jene

Traditionen zersetzt werden, die das Rückgrat der gegnerischen Gesellschaft bilden. Der überall vorhandene latente Konflikt zwischen individuellem Freiheitsstreben und der Staatsmacht - eine der Wurzeln liegt sicher im Rangstreben und der damit verbundenen Rebellion gegen Dominanz - kann dabei ausgenutzt werden. Man kann Menschen leicht zur Gehorsamsverweigerung ermuntern, wenn man ihnen nur eine andere Autorität als sicheren Rückhalt anbietet, denn einen solchen sucht er. Selbst antiautoritäre Propheten heben Vorbilder zur Verehrung aufs Podest.

Wir können heute beobachten, wie verschiedene Wertsysteme miteinander kämpfen. Sie propagieren in der ersten Phase Gegenwerte: statt Gehorsam etwa Gehorsamsverweigerung, statt Fleiß und Arbeitswillen Leistungsverweigerung, statt Ordnung und Selbstbeherrschung Sich-Gehen-Lassen - kurz, zu leben, wie es einem gefällt. Freiheit in allen Bereichen, auch Befreiung vom Zwang der Ehe, der Autorität der Eltern. Eine solche Freiheitsideologie spricht an, und dementsprechend ist das Schlagwort Freiheit wohl das von Politikern am häufigsten gebrauchte. Diktatoren oder Demokraten verwenden es in gleicher Weise. In den Kampfliedern des Nationalsozialismus z. B. wurde das Wort unentwegt mißbraucht. Daß sich mit dem Freiheitsappell die Forderung nach blindem Gefolgsgehorsam verband, merkten die wenigsten. Und genausowenig durchschauen viele der Heutigen, wie Ideologen das Schlagwort mißbrauchen, um sich als Befreier anzubieten.

Gelingt es so einer Menschengruppe, in die Gehirne ihrer Gegner die eigene Denkweise und Ideologie einzupflanzen und sie schließlich zur Aufgabe der eigenen Gruppenwerte zu bringen, dann hat sie zweifellos einen unblutigen Sieg errungen. Das heißt nicht, daß man sich deshalb anderen Gedanken und Ideen grundsätzlich verschließen sollte, wohl aber, daß man ihnen aus Kenntnis der Zusammenhänge kritisch gegenüberstehen muß. Schlagworte sind, wie der Name klar ausdrückt, Waffen im Kampf der Ideologien. Die ideologische Auseinandersetzung mit dem Gegner ist sicher die menschlichste Form kämpferischer Auseinandersetzung. In der Austragung von Innergruppenkonflikten spielt sie in der parlamentarischen Demokratie eine entscheidende Rolle. Argumente des Gegners sollte man anhören und kritisch prüfen. Das setzt einen eigenen Standpunkt voraus, insbesondere ein grundsätzliches Bekenntnis zur eigenen Kultur. Dieses ergibt sich aber nicht von selbst. Eine Erziehung zu kritischer Sympathie für die jeweilige Gemeinschaft, in der Menschen leben, ist dafür Voraussetzung. Und nur so kann auch die Pluralität der Kulturen erhalten werden, die eine Voraussetzung für die heute so oft beschworene gegenseitige Befruchtung der Kulturen ist.

6. Kriegsgründe und Kriegsfolgen: Die Frage nach der Funktion

Bei der Frage nach den Ursachen und Motiven kriegerischer Auseinandersetzung muß man unterscheiden, ob man nach den subjektiven Motiven der an diesem Geschehen Beteiligten fragt oder ob man die Frage im Hinblick auf einen vermuteten Beitrag zur Gesamteignung der Kriegführenden stellt. Beide Fragen sind vernünftig. Wenn N. A. CHAGNON (1968, 1971) feststellt, die Yanomami würden Kriege führen, um ihren Feinden Frauen zu rauben, dann hat er eine interessante Feststellung gemacht, die wohl ebenso richtig ist wie die Behauptung von M. HARRIS (1979), die Yanomami würden so andere auf Abstand halten, um sich damit ein genügend großes Gebiet für die Jagd zu sichern (S. 141). Bei einer gewissen Dichte der Besiedlung bzw. bei einer gewissen Größe des Dorfes würden die Männer immer mehr Zeit für die Jagd aufwenden müssen, und das führe zu Irritation, Streit und in der Folge zur Spaltung von Dörfern und zu Fehden mit Nachbarn. - Zwei Erklärungen also für das gleiche Geschehen. Sie stimmen, geben aber Antwort auf verschiedener Ebene. Unverständlich ist daher, daß es über diese "verschiedenen" Ansichten zu akademischen Auseinandersetzungen kommen kann, denn man fragt nach Verschiedenem und erhält demnach auch eine unterschiedliche Antwort.

So schreibt N. A. CHAGNON (1971:132): "Territoriale Gewinne werden beim Austragen der Konflikte weder beabsichtigt noch erzielt. Das hat gewisse Konsequenzen für die Aggressionstheorien, die sich am Territorialverhalten ausrichten, vor allem in der Form, wie sie in den in der letzten Zeit erschienenen Büchern von Ardrey und Lorenz entwickelt worden sind."

Was immer Menschen als subjektive Gründe für ihr Handeln angeben, es hat feststellbare Folgen: Durch Kriege wird ein Druck auf die Nachbarn ausgeübt und territoriales Abstandhalten bewirkt. Und dieses Ergebnis zählt letztlich. Kriegerische Tüchtigkeit bestimmt auf diesem Wege unmittelbar die Eignung einer Gruppe, ganz unabhängig von der Intention des einzelnen.

Bei den Tsembaga kommt es durch den Schaden, den die sich vermehrenden Schweine in den Gärten der Nachbarn anrichten, zu zunehmender Unrast und Konfliktbereitschaft, die sich schließlich im zwischendörflichen Konflikt entlädt, lange bevor es zu einer Übervölkerung kommt (R. A. RAPPAPORT 1968). Kopfjagd war für die Mundurucu der Grund zum Kriegführen, und sie holten sich die Trophäen von fremden Stämmen. Andere Kriegsgründe konnten sie nicht angeben, außer daß jeder Nicht-Mundurucu ihr Feind war[5] (R. F. MURPHY 1957, 1960). Aber dadurch, daß sie diese bekämpften, schalteten sie Konkurrenten um Jagdbeute aus, und tierisches Ei-

5 Sie bezeichnen alle Nicht-Mundurucu als Pariwat. Unter dem gleichen Namen fassen sie Peccaris und Tapire zusammen. Er kann also frei als Jagdwild übersetzt werden. Siehe dazu auch das über die Dehumanisierung des Feindes Gesagte (S. 511).

weiß ist in diesem Gebiet der limitierende Faktor. In diesem Zusammenhang weist W. H. DURHAM (1976) auf ein bemerkenswertes Detail hin, dessen Bedeutung MURPHY entgangen war. Der erfolgreiche Kopfjäger erhält den Titel "Dajeboisi", was übersetzt "Mutter der Peccaris" heißt. Und Peccaris sind wichtiges Jagdwild.

Die Gründe, die den einzelnen motivieren, am Krieg teilzunehmen, sind sicher recht verschiedener Art. Von großer Bedeutung ist die Bereitschaft zu gehorchen aus empfundener Verpflichtung der Gemeinschaft gegenüber. Sie resultiert aus einer emotionell erlebten Verbundenheit mit der Gruppe, die als erweiterte Familie betrachtet wird. Wenn wir die Indoktrinierbarkeit des Menschen in bezug auf Gruppenwerte diskutieren, werden wir auf diesen Punkt noch besonders eingehen (S. 766). Hier dürften alte Reaktionen der Familienverteidigung ansprechen, die auf die Gruppe übertragen werden. Dazu paßt, daß der Bezug auf die Sicherheit der Familie, die durch einen Feind bedroht wird, auch in der Kriegspropaganda moderner Staaten eine Rolle spielt. Daß sich mit dem begeisterten kämpferischen Einsatz für die Gruppe recht archaische Reaktionen verbinden, hebt bereits K. LORENZ hervor, wenn er darauf hinweist, daß der "heilige" Schauer nationaler Ergriffenheit, der die Personen bei bestimmten politischen Massenveranstaltungen überläuft, seine physiologische Entsprechung in einer Kontraktion der Haaraufrichter hat. Wir sträuben gewissermaßen einen nicht mehr vorhandenen Pelz und empfinden das als Schauer der Ergriffenheit (S. 87).

Wo Krieger Ansehen genießen, ist das Streben nach Prestigegewinn ein weiterer Beweggrund des einzelnen, sich kriegerisch zu exponieren. Angst vor sozialer Kritik (Angst, als Feigling zu gelten), Gewinnsucht, Haß und schließlich auch Rauflust sind weitere Motive. An einem Kampf der Eipo des Weilers Talim gegen die Marikla nahm Kelum aus dem Dorfe Dingerkon teil, das gar nicht in den Konflikt verwickelt war. Kelum wurde verwundet, und wir fragten ihn, weshalb er überhaupt teilgenommen habe. Er meinte, aus "Fatan" - Kampflust. Und wenn man Fußballfans zusieht, dann wird einem klar, daß diese Motivation auch uns keineswegs fremd ist.

Was immer die Gründe sein mögen, die den einzelnen kriegerisch motivieren - als letztes Ergebnis führt die kriegerische Gruppenaggression zur Dominanz einer Gruppe über eine andere, was früher oft zur Vernichtung der unterlegenen Gruppe und heute noch häufig zu deren Vertreibung führt. Landnahme und territoriale Abgrenzung sind geschichtlich nachweisbare Konsequenzen. Gruppen sichern sich damit ihre Existenzgrundlagen. Oft ist diese Aufgabe der Ressourcensicherung den Kämpfenden durchaus bewußt. Die Rinderhirtenvölker kämpfen gezielt um den Zugang zu Wasserlöchern, um Weiden, und sie rauben einander schließlich auch Rinder (K. FUKUI und D. TURTON 1979). Die territoriale Funktion (Ressourcensicherung) des Krieges wird von vielen Anthropologen klar gesehen (Q. WRIGHT 1964, A. P. VAYDA 1960, 1961, 1967 und 1971, dort auch weitere Literatur).

Kriege um kultivierbares Land führten z. B. die Stämme der südamerikanischen Flachlandindianer (R. V. MOREY und J. P. MARWITT 1973), ebenso die Yuma im Gebiet des Colorado- und Gila-Flusses (USA). Es ging dabei nur um die Ebenen, die die Flüsse umgaben. Die in angrenzenden Gebieten lebenden Gruppen, die eine andere Lebensweise führten, sah man nicht als Konkurrenten an (E. F. CASTETTER und W. H. BELL 1951, E. E. GRAHAM 1973).

C. R. HALLPIKE (1973) sprach sich gegen eine funktionalistische Deutung des Krieges aus, mit dem Hinweis, nicht alles, was existiere, erfülle Aufgaben. Ihn wundert es geradezu, daß man selbst bei einer Institution wie dem Krieg nach der Funktion fragt. Mich wundert es, daß er gerade ein so weltweit verbreitetes Phänomen, das in der Menschengeschichte überdies eine so große Rolle spielt, nicht weiter auf mögliche Funktionen hinterfragen möchte. Nur dann nämlich, wenn man erkannt hat, welche Aufgaben Kriege erfüllen, kann man sich die Frage stellen, wie man diese Funktionen auf unblutige Weise wahrnehmen könnte. Vermutlich gibt es bessere Alternativen.

Nach M. J. MEGITT (1962, 1965), die 41 Kriege der Enga analysierte, war der Kampfgrund "encroachment on land" (Übergriffe auf das eigene Territorium) doppelt so häufig wie Schweinediebstahl oder Mord. Weitere Beispiele für Kampf um Land finden wir bei H. C. BROOKFIELD und P. BROWN (1963). Daß auch bei den modernen Staaten das Motiv der Landnahme eine bedeutende Rolle spielt, dürfte bekannt sein. Es kann sich aber auch, wie gesagt, um andere Ressourcen handeln. Bei den Beduinen geht es um Kamele (L. SWEET 1965), bei den Irokesen um Felle (G. T. HUNT 1940). Um Ölfelder und Erzlagerstätten geht es u. a. in den modernen Kriegen. Wer diesen instrumentellen Charakter des Krieges nicht wahrnehmen will, wird keine konstruktiven Beiträge zur Pazifizierung der Welt leisten können; denn solche setzen nun einmal voraus, daß man die Aufgaben, die der Krieg bisher erfüllte, klar erkennt, um sie auf andere Weise zu lösen.

Die Kriege der Naturvölker können recht verlustreich sein. W. L. WARNER (1930) berichtet, daß bei den Murngin von 700 erwachsenen Männern 200 oder 28 Prozent im Kampf gefallen waren. Eine ähnlich hohe Todesrate stellte CHAGNON bei den Yanomami fest. Nach J. H. BENNETT, F. A. RHODES und H. N. ROBSON (1959) sterben 14 Prozent der Männer bei den Fore (Neuguinea) im Krieg. Bei den Eipo (West-Neuguinea) fallen nach Schätzungen von W. SCHIEFENHÖVEL etwa ebenso viele. Das hohe Risiko macht es unwahrscheinlich, daß das Individuum durch das Kriegführen selektionistische Vorteile einhandelt[6]. Es ist offensichtlich die Gruppe, die sich in der Auseinandersetzung mit der anderen zu bewähren hat.

---

6 Bei den Mundurucu muß der erfolgreiche Krieger, der eine Kopftrophäe erbeutete, sich drei Jahre des Geschlechtsverkehrs enthalten. Er fördert dadurch auf magische Weise das Gedeihen der Peccaris. Für seine individuelle "reproduktive Fitness" scheint mir das eher von Nachteil.

Angesichts der hohen Menschenverluste haben verschiedene Autoren (z. B. W. T. DIVALE 1971) auch die Ansicht vertreten, der Krieg könnte einen Mechanismus der Bevölkerungskontrolle darstellen. Aber dafür würden Verluste der männlichen Bevölkerung nie ausreichen. Für die Bevölkerungskontrolle müßten Frauen getötet werden; und das geschieht auch, allerdings durch Infantizid. Man tötet dabei so gut wie ausschließlich weibliche Säuglinge, männliche nur dann, wenn sie verbildet sind. Ein weiterer Mechanismus der Bevölkerungskontrolle sind ferner Tabus, die Enthaltsamkeit nach der Geburt vorschreiben, oft über drei Jahre. Der Krieg selbst hat, da er nur Männer trifft, keinen nennenswerten Einfluß auf den Nachwuchs.

Äußerungen, in denen der Krieg als pathologisches Phänomen bezeichnet wird, tragen mehr den Charakter eines Glaubensbekenntnisses als den einer wissenschaftlichen Aussage: "War is pathological but it is the expression of a sickness in human society itself which arises from the cherishing of ideas hurtful to the general welfare of mankind"[7], lautet das Statement der "Medical Association for the Prevention of War" 1963. M. A. NETTLESHIP und Mitarbeiter (1975:190) zitierten diesen Satz und antworteten treffend: "A major criticism of the concept of the pathological nature of war is that it is seldom more than an assumption, and the results of holding the assumption are not explored or integrated with the remainder of an author's work. How, for instance, would it have been possible for war to continue to be passed on to new generations of man for millenia if it was a heritable pathological condition? Would not the mutation or invention of war have been deadly? In most circumstances until recent times it seems instead that war has been positively adaptive and contributory to continued existence and dominance of warlike groups over peaceful groups. Similarly, no matter how unpleasant war is to the losers and the dead, it is difficult to support a conception of war as a social disease of a kind of pathological thinking within or between participating cultures."[8]

---

7 "Der Krieg ist krankhaft, aber er ist der Ausdruck einer Krankheit in der menschlichen Gesellschaft selbst, die durch das Festhalten an Ideen, die für das Allgemeinwohl schädlich sind, entsteht."

8 "Eine ernst zu nehmende Kritik an dem Begriff der pathologischen Natur des Krieges ist, daß dahinter selten mehr als eine Behauptung steckt und daß die Ergebnisse, die aus einer solchen Behauptung entstehen, nicht untersucht oder integriert werden mit den anderen Aussagen der Autoren. Wie wäre es für den Krieg möglich gewesen, über Tausende von Jahren von Generation zu Generation zu überleben, wenn er ein ererbter. pathologischer Zustand gewesen wäre? Wären nicht die Mutation oder die Erfindung des Krieges tödlich gewesen? Bis in die jüngste Zeit scheint es in den meisten Fällen doch so zu sein, daß der Krieg im positiven Sinne adaptiv war und zum Fortbestand und der Dominanz kriegerischer Gruppen über friedliche Gruppen beigetragen hat. Ebenso ist es schwierig - gleichgültig, wie scheußlich der Krieg für die Verlierer und Toten ist -, das Konzept des Krieges als einer sozialen Krankheit und pathologischer Ideen, die innerhalb oder zwischen zwei beteiligten Kulturen entstehen, aufrechtzuerhalten."

Mit anderen Worten: Der Krieg erfüllt Aufgaben. Es handelt sich bei ihm um eine kulturelle Erfindung, die sich unglücklicherweise in der Zwischengruppenauseinandersetzung selektionistisch bewährte, indem sie dem Sieger eindeutige Vorteile verschaffte. Das heißt nicht, daß wir ihn weiterhin in dieser Funktion akzeptieren müssen. Es handelt sich gewiß nicht um den einzigen und besten der möglichen Wege, um bestimmte Probleme zu lösen. Aber damit wir überhaupt zu einer Lösung kommen, müssen wir uns darüber klargeworden sein, daß der Krieg eben zunächst einmal Aufgaben erfüllt, die wir, wenn wir Frieden wollen, nun auf andere Weise bewältigen müssen (I. EIBL-EIBESFELDT 1975).

7. Friedensschluß und Koexistenz

> "Irgendein Vertrauen auf die Denkensart des Feindes muß mitten im Krieg übrig bleiben, weil sonst kein Friede geschlossen werden kann."
>
> IMMANUEL KANT: Zum ewigen Frieden

Die kulturellen Ausdifferenzierungen aggressiver Interaktionen kopieren in vielem stammesgeschichtliche Anpassungen mit ähnlicher Aufgabe. Dies gilt nicht allein für die Ritualisierung des Kampfes im engeren Sinne. Vielfach haben Tiere Einrichtungen entwickelt, die es ihnen ermöglichen, sich zu unterwerfen, seltener sogar, sich zu versöhnen, so daß die Kontrahenten z. B. weiterhin im Verband miteinander leben können. Für die Beziehungen zwischen Menschengruppen entwickelten sich funktionell vergleichbare Konventionen kultureller Art. Sie erlauben es, Waffenstillstand zu schließen; sie ermöglichen es dem Verlierer, sich zu unterwerfen, und schließlich können die zerstrittenen Parteien auch Frieden schließen und damit wieder normale Beziehungen aufnehmen. Voraussetzung für das Funktionieren solcher Vereinbarungen ist, daß beide Parteien sich daran halten. Verstößt einer gegen die Regeln, dann schadet er sich mit einiger Wahrscheinlichkeit selbst. Durch die einseitige Ausrichtung der Deutschen unter dem Nationalsozialismus auf die Tugenden des Mutes bei gleichzeitiger Verachtung der Tugenden der Menschlichkeit verschlossen sie sich im Zweiten Weltkrieg zuletzt die Möglichkeit, einen ehrenhaften Frieden zu schließen. So wie das Kampfsystem erst im Zusammenwirken der alternativen Verhaltensstrategien von Angriff, Unterwerfung und Flucht ein funktionelles, adaptives System ergibt (S. 468), so müssen auch im Krieg die Alternativen Angriff (Sieg), Flucht und Unterwerfung (Niederlage) und schließlich der formelle Frieden als Voraussetzung nachbarschaftlicher Koexistenz vorgesehen sein. Hat man sich durch sein Verhalten die Alternativen verbaut, dann kann dies höchst verhängnisvoll sein. Unmenschlichkeit ist nicht adaptiv. Eine Basis des Vertrauens muß, wie bereits KANT sagte, erhalten bleiben, damit ein Friede wiederhergestellt werden kann.

Bereits die Naturvölker kennen komplizierte Rituale des Friedensschlusses. Wir referierten die Beschreibungen RAPPAPORTS über die Kriegführung der Tsembaga. Die Kämpfe können sich über Wochen hinziehen. Hat aber eine Gruppe einen Gegner der anderen Gruppe getötet, dann bricht sie den Kampf ab, um den Feinden Gelegenheit zu geben, die Trauer- und Begräbnisrituale zu befolgen - ein durchaus ritterlicher Zug. Man hält meist mehrere Tage Waffenruhe und benützt die Gelegenheit, um die Gärten wieder in Ordnung zu bringen. Auch wenn ein Krieger ernsthaft verwundet ist, macht man eine Kampfpause. Die Gemüter können sich dabei beruhigen, und man kann schließlich Verhandlungen aufnehmen.

Ein formeller Waffenstillstand wird durch das Pflanzen von Cordylinen eingeleitet. Jede Partei pflanzt sie für sich, und solange diese rituelle Pflanze wächst, darf der Kampf nicht wieder aufgenommen werden. Die Kampfsteine bleiben allerdings noch hängen, und eine Reihe von Tabus der Kontaktmeidung bleibt. So ein Waffenstillstand kann Jahre dauern. Ihn nützen beide Parteien zur Schweinezucht, und haben sie genügend Schweine, dann veranstalten sie ein gemeinsames Schweinefest, das einige Monate dauern kann. Man absolviert eine größere Zahl von Ritualen, bereitet einen Tanzplatz, legt die heiligen Steine wieder auf den Boden, was die Kontaktaufnahme mit den Feinden gestattet, und schließlich tanzt man. Auf dem Höhepunkt des Festes löst man weitere Tabus, die den Verkehr mit dem Feinde eingeschränkt hatten. Das ist der erste Schritt zum Frieden. Bis dahin müssen aber noch mehr Schweine gezüchtet werden; denn der Vorrat ist nunmehr verbraucht, und dazu bedarf es noch zweier oder dreier Jahre. Zum Friedensschluß treffen sich die Parteien mit Frauen und Kindern an der Grenze. Schweineleber wird ausgetauscht. Man tauscht ferner Frauen oder verspricht solche den ehemaligen Feinden. Für jeden Toten soll eine Frau gegeben werden. Das bedeutet, daß um so mehr Verwandtschaftsbindungen hergestellt werden, je höher die Verluste waren - eine gute Absicherung gegen allzubaldige weitere Kriege.

Vermittler spielen beim Friedenstiften eine große Rolle. Bemerkenswert sind ihre moralisierenden Appelle. Es sei schlecht, wenn Brüder einander bekämpfen, rufen die Vermittler, die nicht den kriegführenden Parteien angehören und die von einem Hügel das Kampfgeschehen beobachten.

Bei den Hagenberg-Stämmen (Papua-Neuguinea) waren Männer von hohem Ansehen die Friedensmacher. Sie mahnten die Parteien, nicht zu kämpfen, da sie alle Schwestersöhne und Brüder seien, auch verteilten sie Geschenke (A. STRATHERN 1971). Wenn es allerdings Tote gegeben hatte, dann konnte erst nach Herstellung des Ausgleichs, also wenn die Zahl der Toten auf beiden Seiten gleich war, eine Versöhnung zustande kommen. Erst die australische Verwaltung führte das Sühnegeld in Form von Schweinen ein, und das empfindet man als gut. "Früher bekämpften wir uns und töteten uns gegenseitig, und das war schlecht. Nun ist die Zeit gekommen, und wir können für Getötete zahlen" (A. STRATHERN 1971:54).

Der Friedenswille und die negative Bewertung des kriegerischen Geschehens bei diesen an sich kriegerischen Papuas sind bemerkenswert. Sie drükken sich in vielen Texten aus. Bei den Jalémó singt die friedensuchende Partei folgende Standardstrophe (K. F. KOCH 1974):

> Kämpfen ist eine schlechte Sache,
> und so ist der Krieg.
> Wie Bäume werden wir zusammenstehen,
> wie die Bäume bei Fungfung,
> wie die Bäume bei Jelen.

Der dem Menschen innewohnende Friedenswille ist aufrichtig und auch die Beteuerungen, die er beim Friedensschluß abgibt. Bei den Hagenberg-Stämmen hat das Gelübde die Form eines Zwiegespräches (C. F. VICEDOM und H. TISCHNER 1943, 1948; zitiert in I. EIBL-EIBESFELDT 1975). Anschließend werden Geschenke getauscht. Sie spielen als Mittel der Bandstiftung auch beim Friedensschluß generell eine große Rolle.

Die Texte, die ich anläßlich einer Totentrauer für die Gefallenen bei den Medlpa (Papua-Neuguinea) aufnahm, belegen die gleiche Einstellung (Übersetzung in EIBL-EIBESFELDT 1975 und 1981). Der Krieg wird als etwas Schlechtes, Schuldhaftes empfunden, was nicht der Aussage widerspricht, daß man an ihm mit Enthusiasmus und einer gewissen sportlichen Begeisterung teilnehmen kann. Schuldgefühle und Begeisterung können zugleich aktiviert werden. Wohl aus diesem Grunde gibt ein Angreifer, um sich vor sich selbst zu entschuldigen, gerne vor, die anderen hätten die Feindseligkeit eröffnet, und man sei praktisch zum eigenen Schutz gezwungen, Verteidigung zu üben. Das halten Naturvölker ebenso wie die Vertreter zivilisierter Nationen, gleich welchen Regierungsstils.

Die uns vorgegebenen Aggressionsbremsen sind stark. Der Friede wird uns nicht nur aus Angst diktiert, wie H. PORTISCH (1970) meint. Das Bemühen um ihn entspricht einem genuinen Bedürfnis. Voraussetzung, diesem entsprechen zu können, ist allerdings die Lösung der ökologischen Probleme der Bevölkerungskontrolle sowie jener des Wettstreites, die bisher der Krieg wirksam, aber auf schreckliche Weise erfüllte.

Eine psychologische Voraussetzung kommt dazu. Die Basis gegenseitigen Vertrauens muß gefunden werden. Die Kontrahenten müssen sich an Übereinkünfte halten, damit ein Friedensschluß möglich wird. Dazu gehört auch, daß man die Friedensanträge so akzeptiert, daß ein allzugroßer Gesichtsverlust des Gegners vermieden wird. Eine Forderung nach unbedingter Kapitulation steht dem Friedensschluß ebenso im Wege wie Kriegsverbrechen. Die

Angst vor dem Gesichtsverlust treibt den Gegner zum Kampf bis zur Selbstvernichtung und vermehrt damit unnötig das Leid der Menschen.

Der Zuwachs angstgeborenen Mißtrauens wirkt sich gegenwärtig auf die zwischenstaatlichen Beziehungen katastrophal aus und schlägt sich in dem geradezu wahnwitzigen Rüstungswettlauf nieder. Nach einer Aufstellung der Zeitschrift "Der Spiegel" (27/1982) gab es von 1945 bis Sommer 1982 130 Kriege, Bürgerkriege, Aufstände, Terrorfeldzüge, von denen fast 100 Länder betroffen waren und bei denen etwa 35 Millionen Menschen umkamen. Die Militärausgaben haben sich von 1960 bis 1978 in den Entwicklungsländern vervierfacht, in den Industrieländern stiegen sie im gleichen Zeitraum um 44 Prozent. 1960 wurden 230 Milliarden Dollar in der Welt für Rüstung ausgegeben, 1980 bereits 465 Milliarden (Angaben des Stockholm International Peace Research Institute, SIPRI Yearbook 1981, World Armourments, London 1981). Die Angaben in anderen Statistiken sind höher. Das Stockholmer Institut glich in seinen Berechnungen die Inflationsrate aus, so daß die Zahlen direkt vergleichbar werden. Das Zerstörungspotential hat unvorstellbare Ausmaße erreicht, und wenn auch jeder hofft, es bleibe beim gegenseitigen Drohen: die Gefahr, dieses Ritual des Drohens könne entgleiten, ist groß. Sollte in dem immer hektischeren Wettlauf neuer raffinierterer Angriffswaffen einmal die Entwicklung entsprechender Verteidigungswaffen nicht Schritt halten, dann könnte einer versucht sein, seinen augenblicklichen Vorteil zum Angriff zu nutzen; ja, es besteht sogar eine gewisse Wahrscheinlichkeit, daß er so handelt (C. FR. VON WEIZSÄCKER 1977). Das Gleichgewicht des Schreckens ist labil und die Fähigkeit zur Zerstörung so groß, daß die Gefahr einer Selbstzerstörung der Zivilisationen in weltweitem Ausmaß durchaus gegeben ist. "Auf der Welt gibt es in Kilogramm pro Person mehr Sprengstoff als Nahrungsmittel" (R. L. SIVARD 1980:5).

Es wäre jedoch naiv anzunehmen, der Friedenswunsch allein würde hinreichen. Die gegenwärtig besonders gefährliche Weltlage kommt durch das Zusammentreffen einer Reihe von Faktoren zustande, deren Existenz wir nicht aus unserem Bewußtsein verdrängen dürfen, wenn wir den Frieden anstreben:

1. Die Dynamik der Waffentechnik macht es immer schwerer, die passenden Konventionen zur Humanisierung ihres Einsatzes und damit ihrer wenigstens teilweisen Entschärfung zu finden. Obgleich alle Seiten akzeptieren, daß der Einsatz von Massenvernichtungsmitteln gegen Zivilisten den Konventionen zivilisierter Nationen entgegensteht, werden sie gebaut, mit der Entschuldigung, der Gegner habe sie ja auch; man müsse gerüstet sein.

2. Rüstung und Gegenrüstung schaukeln sich aneinander auf. Ein Verhaltensfaktor führt dazu, daß jeder im Versuch, mit seinem potentiellen Gegner gleichzuziehen, immer etwas überzieht, so daß es zu einer eskalierenden Spirale des "Gleichziehens" kommt. Da man den Gegner fürchtet, nimmt

man dessen Waffen stets als gefährlicher wahr als die eigenen, über die man ja Kontrolle hat. Die Dynamik der gegenwärtigen Raketenrüstung wird u. a. von dieser Art der Wahrnehmung gespeist.

3. Das Vertrauen in die Voraussagbarkeit gegnerischen Handelns ist durch die Ereignisse des Zweiten Weltkrieges empfindlich gestört. Das Mißtrauen fördert die Angst und damit auch die Bereitschaft, den Gegner zu verteufeln und Kommunikationsbarrieren aufzurichten. Ihr Abbau gehört zu den wichtigsten friedensfördernden Maßnahmen.

4. Die Menschheit hat den ökologischen Krisenpunkt erreicht. Die Massenvermehrung führte zu Umweltzerstörungen globalen Ausmaßes. Die Erschöpfung der Ressourcen zeichnet sich ab. Das kann zur Flucht nach vorne, zum Kampf um die letzten Ressourcen führen.

In den meisten der gutgemeinten Schriften wird auf den Irrsinn der Rüstungsausgaben hingewiesen, auf das Potential zur Selbstzerstörung und auf den Hunger in der Welt. So in FRANZ ALT (1983), der ausführt, daß in den vier Stunden, die man zum Lesen seines Büchleins brauche, 500 Millionen Mark für die Rüstung ausgegeben würden, während gleichzeitig etwa 7000 Kinder verhungerten. Das erschreckt und suggeriert, man möge doch das Geld für die Hungernden verwenden, dann wäre alles in Ordnung und der Friede auf Erden. Daß es ja die Übervölkerung ist, die unsere Erde zerstört und die die Angstrüstung anheizt, wird nicht angesprochen. Frieden ist möglich, aber es braucht dazu mehr als den Hinweis auf die Schrecken des Atomkrieges und die hoffnungsvolle Botschaft der Bergpredigt, um ihn zu erreichen.

Zusammenfassung

Der Krieg, als destruktive Gruppenaggression definiert, ist das Ergebnis der kulturellen Entwicklung, er kann daher auch kulturell überwunden werden. Er nutzt einige universale Anlagen des Menschen, wie seine aggressive Emotionalität und die Bereitschaft zur Gruppenverteidigung, sein Dominanzstreben, seine territoriale Neigung, seine Bereitschaft, auf agonale Signale ihm fremder Menschen anzusprechen, und anderes mehr. All dies würde jedoch nie zum Kriege führen. Dieser setzt vielmehr Planung, Führung, destruktive Waffen und die Überwindung des Mitleids durch Dehumanisierung des Gegners voraus. Der Mensch erweist sich in diesem Punkte als leicht indoktrinierbar.

Einige basale Normen wie die der Tötungshemmung und die Besitznorm wirken dem entgegen. Sie werden durch kulturelle Normenfilter überlagert, aber nicht ausgeschaltet. Der Normenkonflikt wird als Gewissenskonflikt erlebt. Er ist sicher eine der Haupttriebfedern für die Humanisierung der Konfliktaustragung durch Ausbildung von Konventionen und letztlich für die Herstellung und Erhaltung friedlicher Beziehungen. Sie würden der Motivationsstruktur des Menschen entsprechen, der somit seiner Anlage nach friedensfähig ist. Friede setzt jedoch voraus, daß man die Aufgaben erkennt, die der Krieg erfüllt, und ihn nicht einfach als pathologische Entartung abtut. Will man den Frieden, dann muß man die Funktionen der territorialen Abgrenzung und der Sicherung der Ressourcen, die bislang der Krieg erfüllte, auf andere, unblutige Weise wahrnehmen.

ANMERKUNG DES AUTORS
Aufgrund der enormen Fülle an Literatur, die von I. Eibl-Eibesfeldt angegeben wird, erlaube ich mir, es bei der Wiedergabe jener Hinweise zu belassen, die im Text genannt werden. Bei Interesse bitte ich den Leser / die Leserin, die Angaben aus der knappen amerikanischen Zitierweise zu entnehmen oder im Original nachzusehen.

Warum Krieg?

Im Jahre 1931 hat das "Comité permanent des Lettres et des Arts de la Societé des Nations" die Internationale Kommission für geistige Zusammenarbeit aufgefordert, "einen Briefwechsel zwischen den repräsentativen Vertretern des Geisteslebens anzuregen, ähnlich jenem Gedankenaustausch, der in dieser Form stets, vor allem in den großen Epochen der europäischen Geschichte stattgefunden hat; dafür Themen auszuwählen, die am besten geeignet sind, den gemeinsamen Interessen des Völkerbundes und des geistigen Lebens zu dienen; und diesen Briefwechsel periodisch zu veröffentlichen."

In Ausführung dieses Beschlusses gab das Völkerbundsinstitut für geistige Zusammenarbeit (Institut International de Coopération Intellectuelle) in Paris eine Serie "Correspondance", "Open letters" heraus. Den Inhalt des zweiten Bandes dieser Serie, der Anfang 1933 unter dem Titel "Warum Krieg?", "Pourquoi la guerre?", "Why war?" zugleich in deutscher, französischer und englischer Sprache in Paris erschienen ist (Copyright by Institut International de Coopération Intellectuelle) bilden ein Brief Albert Einsteins und der nachfolgende Brief des Verfassers. Die Übersetzung des deutschen Urtextes ins Französische hat Blaise Briod, die Übersetzung ins Englische Stuart Gilbert besorgt.

Albert Einstein hat in seinem vom 30. Juli 1932 datierten Brief an den Verfasser den Gegenstand des Briefaustausches in der Frage umrissen: "Gibt es einen Weg, die Menschen vom Verhängnis des Krieges zu befreien?" Hier entstünden Probleme, die nur der Psychologe beleuchten kann. Albert Einstein entwickelt sodann seine Gedanken zur Aufgabe der Kriegsverhütung; er führt aus, daß ihm "die äußere, bzw. organisatorische Seite des Problems" einfach erscheine: "Die Staaten schaffen eine legislative und gerichtliche Behörde zur Schlichtung aller zwischen ihnen entstehenden Konflikte" und übernehmen die Verpflichtung, sich der Autorität dieser Behörde zu fügen. Hier begegne man der ersten Schwierigkeit: das Gericht, als menschliche Einrichtung, sei außerrechtlichen Einrichtungen umso zugänglicher, je weniger Macht es besitze. Wir seien aber derzeit weit davon entfernt, eine überstaatliche Organisation zu besitzen, die der Exekution ihres Erkenntnisses absoluten Gehorsam zu erzwingen imstande wäre. Im einzelnen formuliert Einstein folgende Fragen: "Wie ist es möglich, daß die soeben genannte " (sc. der Herrschenden) "die Masse des Volkes ihren Gelüsten dienstbar machen kann, die durch einen Krieg nur zu leiden und zu verlieren hat?" . . . "Wie ist es möglich, daß sich die Masse durch die genannten Mittel" (i.e. die Minderheit der jeweils Herrschenden habe vor allem die Schule, die Presse und meistens auch die religiösen Organisationen in ihrer Hand) "bis zur Raserei und Selbstaufopferung entflammen läßt?" . . . "Gibt es eine Möglichkeit, die psychische Entwicklung der Menschen so zu leiten, daß sie den Psychosen des Hasses und des Vernichtens gegenüber widerstandsfähiger werden?"

Wien, im September 1932

Lieber Herr Einstein!

Als ich hörte, daß Sie die Absicht haben, mich zum Gedankenaustausch über ein Thema aufzufordern, dem Sie Ihr Interesse schenken und das Ihnen auch des Interesses Anderer würdig erscheint, stimmte ich bereitwillig zu. Ich erwartete, Sie würden ein Problem an der Grenze des heute Wißbaren wählen, zu dem ein jeder von uns, der Physiker wie der Psycholog, sich seinen besonderen Zugang bahnen könnte, so daß sie sich von verschiedenen Seiten her auf demselben Boden träfen. Sie haben mich dann durch die Fragestellung überrascht, was man tun könne, um das Verhängnis des Krieges von den Menschen abzuwehren. Ich erschrak zunächst unter dem Eindruck meiner - fast hätte ich gesagt: unserer - Inkompetenz, denn das erschien mir als eine praktische Aufgabe, die den Staatsmännern zufällt. Ich verstand dann aber, daß Sie die Frage nicht als Naturforscher und Physiker erhoben haben, sondern als Menschenfreund, der den Anregungen des Völkerbunds gefolgt war, ähnlich wie der Polarforscher *Fridtjof Nansen* es auf sich genommen hatte, den Hungernden und den heimatlosen Opfern des Weltkrieges Hilfe zu bringen. Ich besann mich auch, daß mir nicht zugemutet wird, praktische Vorschläge zu machen, sondern daß ich nur angeben soll, wie sich das Problem der Kriegsverhütung einer psychologischen Betrachtung darstellt.

Aber auch hierüber haben Sie in Ihrem Schreiben das meiste gesagt. Sie haben mir gleichsam den Wind aus den Segeln genommen, aber ich fahre gern in Ihrem Kielwasser und bescheide mich damit, alles zu bestätigen, was Sie vorbringen, indem ich es nach meinem besten Wissen - oder Vermuten - breiter ausführe.

Sie beginnen mit dem Verhältnis von Recht und Macht. Das ist gewiß der richtige Ausgangspunkt für unsere Untersuchung. Darf ich das Wort "Macht" durch das grellere, härtere Wort "Gewalt" ersetzen? Recht und Gewalt sind uns heute Gegensätze. Es ist leicht zu zeigen, daß sich das eine aus dem anderen entwickelt hat, und wenn wir auf die Uranfänge zurückgehen und nachsehen, wie das zuerst geschehen ist, so fällt uns die Lösung des Problems mühelos zu. Entschuldigen Sie mich aber, wenn ich im folgenden allgemein Bekanntes und Anerkanntes erzähle, als ob es neu wäre; der Zusammenhang nötigt mich dazu.

Interessenkonflikte unter den Menschen werden also prinzipiell durch die Anwendung von Gewalt entschieden. So ist es im ganzen Tierreich, von dem der Mensch sich nicht ausschließen sollte; für den Menschen kommen allerdings noch Meinungskonflikte hinzu, die bis zu den höchsten Höhen der Abstraktion reichen und eine andere Technik der Entscheidung zu fordern scheinen. Aber das ist eine spätere Komplikation. Anfänglich, in einer kleinen Menschenhorde, entschied die stärkere Muskelkraft darüber, wem etwas gehören oder wessen Wille zur Ausführung gebracht werden sollte. Muskelkraft verstärkt und ersetzt sich bald durch den Gebrauch von Werkzeugen; es siegt, wer die besseren Waffen hat oder sie geschickter verwendet. Mit der Einführung der Waffe beginnt bereits die geistige Überlegenheit die Stelle der rohen Muskelkraft einzunehmen; die Endabsicht des Kampfes bleibt die nämliche, der eine Teil soll durch die Schädigung, die er erfährt, und durch die Lähmung seiner Kräfte gezwungen werden, seinen Anspruch oder Widerspruch aufzugeben. Dies wird am gründlichsten erreicht, wenn die Gewalt den Gegner dauernd beseitigt, also tötet. Es hat zwei Vorteile, daß er seine Gegnerschaft nicht ein andermal wieder aufnehmen kann und daß sein Schicksal andere abschreckt, seinem Beispiel zu folgen. Außerdem befriedigt die Tötung des Feindes eine triebhafte Neigung, die später erwähnt werden muß. Der Tötungsabsicht kann sich die Erwägung widersetzen, daß der Feind zu nützlichen Dienstleistungen verwendet werden kann, wenn man ihn eingeschüchtert am Leben läßt. Dann begnügt sich also die Gewalt damit, ihn zu unterwerfen, anstatt ihn zu töten. Es ist der Anfang der Schonung des Feindes, aber der Sieger hat von nun an mit der lauernden Rachsucht des Besiegten zu rechnen, gibt ein Stück seiner eigenen Sicherheit auf.

Das ist also der ursprüngliche Zustand, die Herrschaft der größeren Macht, der rohen oder intellektuell gestützten Gewalt. Wir wissen, dies Regime ist im Laufe der Entwicklung abgeändert worden, es führte ein Weg von der Gewalt zum Recht, aber welcher? Nur ein einziger, meine ich. Er führte über die Tatsache, daß die größere Stärke des Einen wettgemacht werden konnte durch die Vereinigung mehrerer Schwachen. "L'union fait la force." Gewalt wird gebrochen durch Einigung, die Macht dieser Geeinigten stellt nun das Recht dar im Gegensatz zur Gewalt des Einzelnen. Wir sehen, das Recht ist die Macht einer Gemeinschaft. Es ist noch immer Gewalt, bereit sich gegen jeden Einzelnen zu wenden, der sich ihr widersetzt, arbeitet mit denselben Mitteln, verfolgt dieselben Zwecke; der Unterschied liegt wirklich nur darin, daß es nicht mehr die Gewalt eines Einzelnen ist, die sich durchsetzt, sondern die der Gemeinschaft. Aber damit sich dieser Übergang von der Gewalt zum neuen Recht vollziehe, muß eine psychologische Bedingung erfüllt werden. Die Einigung der Mehreren muß eine beständige, dauerhafte sein. Stellte sie sich nur zum Zweck der Bekämpfung des einen Übermächtigen her und zerfiele nach seiner Überwältigung, so wäre nichts erreicht. Der nächste, der sich für stärker hält, würde wiederum eine Gewaltherrschaft anstreben, und das Spiel würde sich endlos wiederholen. Die Gemeinschaft muß permanent erhalten werden, sich organisieren, Vorschriften schaffen, die den gefürchteten Auflehnungen vorbeugen, Organe bestimmen, die über die Einhaltung der Vorschriften - Gesetze - wachen und die Ausführung der rechtmäßigen Gewaltakte besorgen. In der

Anerkennung einer solchen Interessengemeinschaft stellen sich unter den Mitgliedern einer geeinigten Menschengruppe Gefühlsbindungen her, Gemeinschaftsgefühle, in denen ihre eigentliche Stärke beruht.

Damit, denke ich, ist alles Wesentliche bereits gegeben: die Überwindung der Gewalt durch Übertragung der Macht an eine größere Einheit, die durch Gefühlsbindungen ihrer Mitglieder zusammengehalten wird. Alles Weitere sind Ausführungen und Wiederholungen. Die Verhältnisse sind einfach, solange die Gemeinschaft nur aus einer Anzahl gleich starker Individuen besteht. Die Gesetze dieser Vereinigung bestimmen dann, auf welches Maß von persönlicher Freiheit, seine Kraft als Gewalt anzuwenden, der Einzelne verzichten muß, um ein gesichertes Zusammenleben zu ermöglichen. Aber ein solcher Ruhezustand ist nur theoretisch denkbar, in Wirklichkeit kompliziert sich der Sachverhalt dadurch, daß die Gemeinschaft von Anfang an ungleich mächtige Elemente umfaßt, Männer und Frauen, Eltern und Kinder, und bald infolge von Krieg und Unterwerfung Siegreiche und Besiegte, die sich in Herren und Sklaven umsetzen. Das Recht der Gemeinschaft wird dann zum Ausdruck der ungleichen Machtverhältnisse in ihrer Mitte, die Gesetze werden von und für die Herrschenden gemacht werden und den Unterworfenen wenig Rechte einräumen. Von da an gibt es in der Gemeinschaft zwei Quellen von Rechtsunruhe, aber auch von Rechtsfortbildung. Erstens die Versuche Einzelner unter den Herren, sich über die für alle gültigen Einschränkungen zu erheben, also von der Rechtsherrschaft auf die Gewaltherrschaft zurückzugreifen, zweitens die ständigen Bestrebungen der Unterdrückten, sich mehr Macht zu verschaffen und diese Änderungen im Gesetz anerkannt zu sehen, also im Gegenteil vom ungleichen Recht zum gleichen Recht für alle vorzudringen. Diese letztere Strömung wird besonders bedeutsam werden, wenn sich im Inneren des Gemeinwesens wirklich Verschiebungen der Machtverhältnisse ergeben, wie es infolge mannigfacher historischer Momente geschehen kann. Das Recht kann sich dann allmählich den neuen Machtverhältnissen anpassen, oder, was häufiger geschieht, die herrschende Klasse ist nicht bereit, dieser Änderung Rechnung zu tragen, es kommt zu Auflehnung, Bürgerkrieg, also zur zeitweiligen Aufhebung des Rechts und zu neuen Gewaltproben, nach deren Ausgang eine neue Rechtsordnung eingesetzt wird. Es gibt noch eine andere Quelle der Rechtsänderung, die sich nur in friedlicher Weise äußert, das ist die kulturelle Wandlung der Mitglieder des Gemeinwesens, aber die gehört in einen Zusammenhang, der erst später berücksichtigt werden kann.

Wir sehen also, auch innerhalb eines Gemeinwesens ist die gewaltsame Erledigung von Interessenkonflikten nicht vermieden worden. Aber die Notwendigkeiten und Gemeinsamkeiten, die sich aus dem Zusammenleben auf demselben Boden ableiten, sind einer raschen Beendigung solcher Kämpfe günstig und die Wahrscheinlichkeit friedlicher Lösungen unter diesen Bedingungen nimmt stetig zu. Ein Blick in die Menschheitsgeschichte zeigt uns aber eine unaufhörliche Reihe von Konflikten zwischen einem Gemeinwesen und einem oder mehreren anderen, zwischen größeren und kleineren Einheiten, Stadtgebieten, Landschaften, Stämmen, Völkern, Reichen, die fast immer durch die Kraftprobe des Krieges entschieden werden. Solche Kriege gehen entweder in Beraubung oder in volle Unterwerfung, Eroberung des einen Teils, aus. Man kann die Eroberungskriege nicht einheitlich beurteilen. Manche, wie die der Mongolen und Türken, haben nur Unheil gebracht, andere im Gegenteil zur Umwandlung von Gewalt in Recht beigetragen, indem sie größere Einheiten herstellten, innerhalb deren nun die Möglichkeit der Gewaltanwendung aufgehört hatte und eine neue Rechtsordnung die Konflikte schlichtete. So haben die Eroberungen der Römer den Mittelmeerländern die kostbare pax romana gegeben. Die Vergrößerungslust der französischen Könige hat ein friedlich geeinigtes, blühendes Frankreich geschaffen. So paradox es klingt, man muß doch zugestehen, der Krieg wäre kein ungeeignetes Mittel zur Herstellung des ersehnten "ewigen" Friedens, weil er imstande ist, jene großen Einheiten zu schaffen, innerhalb deren eine starke Zentralgewalt weitere Kriege unmöglich macht. Aber er taugt doch nicht dazu, denn die Erfolge der Eroberung sind in der Regel nicht dauerhaft; die neu geschaffenen Einheiten zerfallen wieder, meist infolge des mangelnden Zusammenhalts der gewaltsam geeinigten Teile. Und außerdem konnte die Eroberung bisher nur partielle Einigungen, wenn auch von größerem Umfang, schaffen, deren Konflikte die gewaltsame Entscheidung erst recht herausforderten. So ergab sich als die Folge all dieser kriegerischen Anstrengungen nur, daß die Menschheit zahlreiche, ja unaufhörliche Kleinkriege gegen seltene, aber umsomehr verheerende Großkriege eintauschte.

Auf unsere Gegenwart angewendet ergibt sich das gleiche Resultat, zu dem Sie auf kürzerem Weg gelangt sind. Eine sichere Verhütung der Kriege ist nur möglich, wenn sich die Menschen zur Einsetzung einer Zentralgewalt einigen, welcher der Richtspruch in allen Interessenkonflikten übertragen wird. Hier sind offenbar zwei Forderungen vereinigt, daß eine solche übergeordnete Instanz geschaffen und daß ihr die erforderliche Macht gegeben werde. Das eine allein würde nicht nützen. Nun ist der Völkerbund als solche Instanz gedacht, aber die andere Bedingung ist nicht erfüllt; der Völkerbund hat keine eigene Macht und kann sie nur bekommen, wenn die Mitglieder der neuen Einigung, die einzelnen Staaten, sie ihm abtreten. Dazu scheint aber derzeit wenig Aussicht vorhanden. Man stünde der Institution des Völkerbundes nun ganz ohne Verständnis gegenüber, wenn man nicht wüßte, daß hier ein Versuch vorliegt, der in der Geschichte der Menschheit nicht oft - vielleicht noch nie in diesem Maß - gewagt worden ist. Es ist der Versuch, die Autorität, - d. i. den zwingenden Einfluß, - die sonst auf dem Besitz der Macht ruht, durch die Berufung auf bestimmte ideelle Einstellungen zu erwerben. Wir haben gehört, was eine Gemeinschaft zusammenhält, sind zwei Dinge: der Zwang der Gewalt und die Gefühlsbindungen - Identifizierungen heißt man sie technisch - der Mitglieder. Fällt das eine Moment weg, so kann möglicherweise das andere die Gemeinschaft aufrecht halten. Jene Ideen haben natürlich nur dann eine Bedeutung, wenn sie wichtigen Gemeinsamkeiten der Mitglieder Ausdruck geben. Es fragt sich dann, wie stark sie sind. Die Geschichte lehrt, daß sie in der Tat ihre Wirkung geübt haben. Die panhellenische Idee z. B., das Bewußtsein, daß man etwas Besseres sei als die umwohnenden Barbaren, das in den Amphiktyonien, den Orakeln und Festspielen so kräftigen Ausdruck fand, war stark genug, um die Sitten der Kriegsführung unter Griechen zu mildern, aber selbstverständlich nicht imstande, kriegerische Streitigkeiten zwischen den Partikeln des Griechenvolkes zu verhüten, ja nicht einmal, um eine Stadt oder einen Städtebund abzuhalten, sich zum Schaden eines Rivalen mit dem Perserfeind zu verbünden. Ebensowenig hat das christliche Gemeingefühl, das doch mächtig genug war, im Renaissancezeitalter christliche Klein- und Großstaaten daran gehindert, in ihren Kriegen miteinander um die Hilfe des Sultans zu werben. Auch in unserer Zeit gibt es keine Idee, der man eine solche einigende Autorität zumuten könnte. Daß die heute die Völker beherrschenden nationalen Ideale zu einer gegenteiligen Wirkung drängen, ist ja allzu deutlich. Es gibt Personen, die vorhersagen, erst das allgemeine Durchdringen der bolschewistischen Denkungsart werde den Kriegen ein Ende machen können, aber von solchem Ziel sind wir heute jedenfalls weit entfernt, und vielleicht wäre es nur nach schrecklichen Bürgerkriegen erreichbar. So scheint es also, daß der Versuch, reale Macht durch die Macht der Ideen zu ersetzen, heute noch zum Fehlschlagen verurteilt ist. Es ist ein Fehler in der Rechnung, wenn man nicht berücksichtigt, daß Recht ursprünglich rohe Gewalt war und noch heute der Stützung durch die Gewalt nicht entbehren kann.

Ich kann nun daran gehen, einen anderen Ihrer Sätze zu glossieren. Sie verwundern sich darüber, daß es so leicht ist, die Menschen für den Krieg zu begeistern, und vermuten, daß etwas in ihnen wirksam ist, ein Trieb zum Hassen und Vernichten, der solcher Verhetzung entgegenkommt. Wiederum kann ich Ihnen nur uneingeschränkt beistimmen. Wir glauben an die Existenz eines solchen Triebes und haben uns gerade in den letzten Jahren bemüht, seine Äußerungen zu studieren. Darf ich Ihnen aus diesem Anlaß ein Stück der Trieblehre vortragen, zu der wir in der Psychoanalyse nach vielem Tasten und Schwanken gekommen sind? Wir nehmen an, daß die Triebe des Menschen nur von zweierlei Art sind, entweder solche, die erhalten und vereinigen wollen, - wir heißen sie erotische, ganz im Sinne des Eros im Symposion Platos, oder sexuelle mit bewußter Überdehnung des populären Begriffs von Sexualität, - und andere, die zerstören und töten wollen; wir fassen diese als Aggressionstrieb oder Destruktionstrieb zusammen. Sie sehen, das ist eigentlich nur die theoretische Verklärung des weltbekannten

Gegensatzes von Lieben und Hassen, der vielleicht zu der Polarität von Anziehung und Abstoßung eine Urbeziehung unterhält, die auf Ihrem Gebiet eine Rolle spielt. Nun lassen Sie uns nicht zu rasch mit den Wertungen von Gut und Böse einsetzen. Der eine dieser Triebe ist ebenso unerläßlich wie der andere, aus dem Zusammen- und Gegeneinanderwirken der Beiden gehen die Erscheinungen des Lebens hervor. Nun scheint es, daß kaum jemals ein Trieb der einen Art sich isoliert betätigen kann, er ist immer mit einem gewissen Betrag von der anderen Seite verbunden, wie wir sagen: legiert, der sein Ziel modifiziert oder ihm unter Umständen dessen Erreichung erst möglich macht. So ist z. B. der Selbsterhaltungstrieb gewiß erotischer Natur, aber gerade er bedarf der Verfügung über die Aggression, wenn er seine Absicht durchsetzen soll. Ebenso benötigt der auf Objekte gerichtete Liebestrieb eines Zusatzes vom Bemächtigungstrieb, wenn er seines Objekts überhaupt habhaft werden soll. Die Schwierigkeit, die beiden Triebarten in ihren Äußerungen zu isolieren, hat uns ja solange in ihrer Erkenntnis behindert.

Wenn Sie mit mir ein Stück weitergehen wollen, so hören Sie, daß die menschlichen Handlungen noch eine Komplikation von anderer Art erkennen lassen. Ganz selten ist die Handlung das Werk einer einzigen Triebregung, die an und für sich bereits aus Eros und Destruktion zusammengesetzt sein muß. In der Regel müssen mehrere in der gleichen Weise aufgebaute Motive zusammentreffen, um die Handlung zu ermöglichen. Einer Ihrer Fachgenossen hat das bereits gewußt, ein Prof. G. Ch. L i c h t e n b e r g , der zur Zeit unserer Klassiker in Göttingen Physik lehrte; aber vielleicht war er als Psycholog noch bedeutender denn als Physiker. Er erfand die Motivenrose, indem er sagte: "Die Bewegungsgründe[1] woraus man etwas tut, könnten so wie die 32 Winde geordnet und ihre Namen auf eine ähnliche Art formiert werden, z. B. Brot-Brot-Ruhm oder Ruhm-Ruhm-Brot". Wenn also die Menschen zum Krieg aufgefordert werden, so mögen eine ganze Anzahl von Motiven in ihnen zustimmend antworten, edle und gemeine, solche, von denen man laut spricht, und andere, die man beschweigt. Wir haben keinen Anlaß sie alle bloßzulegen. Die Lust an der Aggression und Destruktion ist gewiß darunter; ungezählte Grausamkeiten der Geschichte und des Alltags bekräftigen ihre Existenz und ihre Stärke. Die Verquickung dieser destruktiven Strebungen mit anderen, erotischen und ideellen, erleichtert natürlich deren Befriedigung. Manchmal haben wir, wenn wir von den Greueltaten der Geschichte hören, den Eindruck, die ideellen Motive hätten den destruktiven Gelüsten nur als Vorwände gedient, andere Male, z. B. bei den Grausamkeiten der heiligen Inquisition, meinen wir, die ideellen Motive hätten sich im Bewußtsein vorgedrängt, die destruktiven ihnen eine unbewußte Verstärkung gebracht. Beides ist möglich.

1 Wir sagen heute: Beweggründe.

Ich habe Bedenken, Ihr Interesse zu mißbrauchen, das ja der Kriegsverhütung gilt, nicht unseren Theorien. Doch möchte ich noch einen Augenblick bei unserem Destruktionstrieb verweilen, dessen Beliebtheit keineswegs Schritt hält mit seiner Bedeutung. Mit etwas Aufwand von Spekulation sind wir nämlich zu der Auffassung gelangt, daß dieser Trieb innerhalb jedes lebenden Wesens arbeitet und dann das Bestreben hat, es zum Zerfall zu bringen, das Leben zum Zustand der unbelebten Materie zurückzuführen. Er verdiente in allem Ernst den Namen eines Todestriebes, während die erotischen Triebe die Bestrebungen zum Leben repräsentieren. Der Todestrieb wird zum Destruktionstrieb, indem er mit Hilfe besonderer Organe nach außen, gegen die Objekte, gewendet wird. Das Lebewesen bewahrt sozusagen sein eigenes Leben dadurch, daß es fremdes zerstört. Ein Anteil des Todestriebes verbleibt aber im Innern des Lebewesens tätig und wir haben versucht, eine ganze Anzahl von normalen und pathologischen Phänomenen von dieser Verinnerlichung des Destruktionstriebes abzuleiten. Wir haben sogar die Ketzerei begangen, die Entstehung unseres Gewissens durch eine solche Wendung der Aggression nach innen zu erklären. Sie merken, es ist gar nicht so unbedenklich, wenn sich dieser Vorgang in allzu großem Ausmaß vollzieht, es ist direkt ungesund, während die Wendung dieser Triebkräfte zur Destruktion in der Außenwelt das Lebewesen entlastet, wohltuend wirken muß. Das diene zur biologischen Entschuldigung all der häßlichen und gefährlichen Strebungen, gegen die wir ankämpfen. Man muß zugeben, sie sind der Natur näher als unser Widerstand dagegen, für den wir auch noch eine Erklärung finden müssen. Vielleicht haben Sie den Eindruck, unsere Theorien seien eine Art von Mythologie, nicht einmal eine erfreuliche in diesem Fall. Aber läuft nicht jede Naturwissenschaft auf eine solche Art von Mythologie hinaus? Geht es Ihnen heute in der Physik anders?

Aus dem Vorstehenden entnehmen wir für unsere nächsten Zwecke soviel, daß es keine Aussicht hat, die aggressiven Neigungen der Menschen abschaffen zu wollen. Es soll in glücklichen Gegenden der Erde, wo die Natur alles, was der Mensch braucht, überreichlich zur Verfügung stellt, Völkerstämme geben, deren Leben in Sanftmut verläuft, bei denen Zwang und Aggression unbekannt sind. Ich kann es kaum glauben, möchte gern mehr über diese Glücklichen erfahren. Auch die Bolschewisten hoffen, daß sie die menschliche Aggression zum Verschwinden bringen können dadurch, daß sie die Befriedigung der materiellen Bedürfnisse verbürgen und sonst Gleichheit unter den Teilnehmern an der Gemeinschaft herstellen. Ich halte das für eine Illusion. Vorläufig sind sie auf das sorgfältigste bewaffnet und halten ihre Anhänger nicht zum mindesten durch den Haß gegen alle Außenstehenden zusammen. Übrigens handelt es sich, wie Sie selbst bemerken, nicht darum, die menschliche Aggressionsneigung völlig zu beseitigen; man kann versuchen, sie so weit abzulenken, daß sie nicht ihren Ausdruck im Kriege finden muß.

Von unserer mythologischen Trieblehre her finden wir leicht eine Formel für die indirekten Wege zur Bekämpfung des Krieges. Wenn die Bereitwilligkeit zum Krieg ein Ausfluß des Destruktionstriebs ist, so liegt es nahe, gegen sie den Gegenspieler dieses Triebes, den Eros, anzurufen. Alles, was Gefühlsbindungen unter den Menschen herstellt, muß dem Krieg entgegenwirken. Diese Bindungen können von zweierlei Art sein. Erstens Beziehungen wie zu einem Liebesobjekt, wenn auch ohne sexuelle Ziele. Die Psychoanalyse braucht sich nicht zu schämen, wenn sie hier von Liebe spricht, denn die Religion sagt dasselbe: Liebe Deinen Nächsten wie Dich selbst. Das ist nun leicht gefordert, aber schwer zu erfüllen. Die andere Art von Gefühlsbindung ist die durch Identifizierung. Alles was bedeutsame Gemeinsamkeiten unter den Menschen herstellt, ruft solche Gemeingefühle, Identifizierungen, hervor. Auf ihnen ruht zum guten Teil der Aufbau der menschlichen Gesellschaft.

Einer Klage von Ihnen über den Mißbrauch der Autorität entnehme ich einen zweiten Wink zur indirekten Bekämpfung der Kriegsneigung. Es ist ein Stück der angeborenen und nicht zu beseitigenden Ungleichheit der Menschen, daß sie in Führer und in Abhängige zerfallen. Die letzteren sind die übergroße Mehrheit, sie bedürfen einer Autorität, welche für sie Entscheidungen fällt, denen sie sich meist bedingungslos unterwerfen. Hier wäre anzuknüpfen, man müßte mehr Sorge als bisher aufwenden, um eine Oberschicht selbständig denkender, der Einschüchterung unzugänglicher, nach Wahrheit ringender Menschen zu erziehen, denen die Lenkung der unselbständigen Massen zufallen würde. Daß die Übergriffe der Staatsgewalten und das Denkverbot der Kirche einer solchen Aufzucht nicht günstig sind, bedarf keines Beweises. Der ideale Zustand wäre natürlich eine Gemeinschaft von Menschen, die ihr Triebleben der Diktatur der Vernunft unterworfen haben. Nichts anderes könnte eine so vollkommene und widerstandsfähige Einigung der Menschen hervorrufen, selbst unter Verzicht auf die Gefühlsbindungen zwischen ihnen. Aber das ist höchst wahrscheinlich eine utopische Hoffnung. Die anderen Wege einer indirekten Verhinderung des Krieges sind gewiß eher gangbar, aber sie versprechen keinen raschen Erfolg. Ungern denkt man an Mühlen, die so langsam mahlen, daß man verhungern könnte, ehe man das Mehl bekommt.

Sie sehen, es kommt nicht viel dabei heraus, wenn man bei dringenden praktischen Aufgaben den weltfremden Theoretiker zu Rate zieht. Besser, man bemüht sich in jedem einzelnen Fall, der Gefahr zu begegnen mit den Mitteln, die eben zur Hand sind. Ich möchte aber noch eine Frage behandeln, die Sie in Ihrem Schreiben nicht aufwerfen und die mich besonders interessiert. Warum empören wir uns so sehr gegen den Krieg, Sie und ich und so viele andere, warum nehmen wir ihn nicht hin wie eine andere der vielen peinlichen Notlagen des Lebens? Er scheint doch naturgemäß, biologisch wohl begründet, praktisch kaum vermeidbar. Entsetzen Sie sich nicht über meine Fragestellung. Zum Zweck einer Untersuchung darf man vielleicht die Maske einer Überlegenheit vornehmen, über die man in Wirklichkeit nicht verfügt. Die Antwort wird lauten, weil jeder Mensch ein Recht auf sein eigenes Leben hat, weil der Krieg hoffnungsvolle Menschenleben vernichtet, den einzelnen Menschen in Lagen bringt, die ihn entwürdigen, ihn zwingt, andere zu morden, was er nicht will, kostbare materielle Werte, Ergebnis von Menschenarbeit, zerstört, und anderes mehr. Auch daß der Krieg in seiner gegenwärtigen Gestaltung keine Gelegenheit mehr gibt, das alte heldische Ideal zu erfüllen, und daß ein zukünftiger Krieg infolge der Vervollkommnung der Zerstörungsmittel die Ausrottung eines oder vielleicht beider Gegner bedeuten würde. Das ist alles wahr und scheint so unbestreitbar, daß man sich nur verwundert, wenn das Kriegführen noch nicht durch allgemeine menschliche Übereinkunft verworfen worden ist. Man kann zwar über einzelne dieser Punkte diskutieren. Es ist fraglich, ob die Gemeinschaft nicht auch ein Recht auf das Leben des Einzelnen haben soll; man kann nicht alle Arten von Krieg in gleichem Maß verdammen; solange es Reiche und Nationen gibt, die zur rücksichtslosen Vernichtung anderer bereit sind, müssen diese anderen zum Krieg gerüstet sein. Aber wir wollen über all das rasch hinweggehen, das ist nicht die Diskussion, zu der Sie mich aufgefordert haben. Ich ziele auf etwas anderes hin; ich glaube, der Hauptgrund, weshalb wir uns gegen den Krieg empören, ist, daß wir nicht anders können. Wir sind Pazifisten, weil wir es aus organischen Gründen sein müssen. Wir haben es dann leicht, unsere Einstellung durch Argumente zu rechtfertigen.

Das ist wohl ohne Erklärung nicht zu verstehen. Ich meine das Folgende: Seit unvordenklichen Zeiten zieht sich über die Menschheit der Prozeß der Kulturentwicklung hin. (Ich weiß, andere heißen ihn lieber: Zivilisation.) Diesem Prozeß verdanken wir das Beste, was wir geworden sind, und ein gut Teil von dem, woran wir leiden. Seine Anlässe und Anfänge sind dunkel, sein Ausgang ungewiß, einige seiner Charaktere leicht ersichtlich. Vielleicht führt er zum Erlöschen der Menschenart, denn er beeinträchtigt die Sexualfunktion in mehr als einer Weise, und schon heute vermehren sich unkultivierte Rassen und zurückgebliebene Schichten der Bevölkerung stärker als hochkultivierte. Vielleicht ist dieser Prozeß mit der Domestikation gewisser Tierarten vergleichbar; ohne Zweifel bringt er körperliche Veränderungen mit sich; man hat sich noch nicht mit der Vorstellung vertraut gemacht, daß die Kulturentwickelung ein solcher organischer Prozeß sei. Die mit dem Kulturprozeß einhergehenden psychischen Veränderungen sind auffällig und unzweideutig. Sie bestehen in einer fortschreitenden Verschiebung der Triebziele und Einschränkung der Triebregungen. Sensationen, die unseren Vorahnen lustvoll waren, sind für uns indifferent oder selbst unleidlich geworden; es hat organische Begründungen, wenn unsere ethischen und ästhetischen Idealforderungen sich geändert haben. Von den psychologischen Charakteren der Kultur scheinen zwei die wichtigsten: die Erstarkung des Intellekts, der das Triebleben zu beherrschen beginnt, und die Verinnerlichung der Aggressionsneigung mit all ihren vorteilhaften und gefährlichen Folgen. Den psychischen Einstellungen, die uns der Kulturprozeß aufnötigt, widerspricht nun der Krieg in der grellsten Weise, darum müssen wir uns gegen ihn empören, wir vertragen ihn einfach nicht mehr, es ist nicht bloß eine intellektuelle und affektive Ablehnung, es ist bei uns Pazifisten eine konstitutionelle Intoleranz, eine Idiosynkrasie gleichsam in äußerster Vergrößerung. Und zwar scheint es, daß die ästhetischen Erniedrigungen des Krieges nicht viel weniger Anteil an unserer Auflehnung haben als seine Grausamkeiten.

Wie lange müssen wir nun warten, bis auch die Anderen Pazifisten werden? Es ist nicht zu sagen, aber vielleicht ist es keine utopische Hoffnung, daß der Einfluß dieser beiden Momente, der kulturellen Einstellung und der berechtigten Angst vor den Wirkungen eines Zukunftskrieges, dem Kriegführen in absehbarer Zeit ein Ende setzen wird. Auf welchen Wegen oder Umwegen, können wir nicht erraten. Unterdes dürfen wir uns sagen: Alles, was die Kulturentwicklung fördert, arbeitet auch gegen den Krieg.

Ich grüße Sie herzlich und bitte Sie um Verzeihung, wenn meine Ausführungen Sie enttäuscht haben.

Ihr

Sigm. Freud

Anmerkungen zum sozialen Konflikt heute

*Nach zwei Seminaren**

Vor einiger Zeit wurden im Institut für Sozialforschung zwei Seminare abgehalten, eines über das Lachen, das andere über sozialen Konflikt heute. Eine doppelte Absicht wurde verfolgt. Die Studenten sollten bestimmte Situationen unmittelbar beobachten. Deren präzise Beschreibung, und Versuche zur Interpretation, sollten verdeutlichen, daß, wo mehrere Menschen zusammen lachen oder feindselig aneinander geraten, soziale Momente sich ausdrücken, die über den direkten Anlaß hinausgehen, zuweilen in diesem sich verstecken. Mit der, wenn man will, pädagogischen Absicht verband sich das sachliche Interesse an der gesellschaftlichen Relevanz scheinbar individueller Aggression. Sie wurde als Konstituens des Lachens vorausgesetzt und durch die Analyse der Beobachtungen oft bestätigt. Die Seminare hätten bezeichnet werden können als Übung zur Entwicklung jenes bösen Blicks, ohne den kaum ein zureichendes Bewußtsein von der contrainte sociale zu gewinnen ist. Einige Überlegungen der Seminardiskussionen zum Verhältnis von Theorie und Erfahrung seien aufgegriffen.

Der Begriff des sozialen Konflikts, der Thematik der amerikanischen Soziologie entnommen, ebnet positivistisch die Marx'sche Lehre vom Klassenkampf ein. Diese war, wie in der Politik, auch wissenschaftlich in Amerika nie voll rezipiert worden; vorweg wurde bei social conflict dort wohl an die Spannungen der scharf voneinander abgegrenzten ethnischen Gruppen gedacht, und an Sozialreformen. Während der letzten Dezennien war der Begriff in der gesamten Gelehrtendiskussion zurückgetreten. Der 1958 von René König herausgegebene Band "Soziologie" führte zwar die benachbarten Stichwörter Herrschaft, Mobilität, Schichtung, soziale Kontrolle auf, nicht aber: Klasse, Unterdrückung, sozialer Konflikt. Von diesem war in der Soziologie erst wieder bei Coser in Amerika, bei Dahrendorf in Deutschland die Rede, und zwar pointiert sowohl gegen die Marx'sche wie gegen die wesentlich konservative, strukturell-funktionale Theorie von Talcott Parsons. Soziale Konflikte seien nicht als dysfunktional und für das soziale System desintegrativ, nicht ausschließlich unter dem Aspekt ihrer Anomalie, sondern als Motoren zu betrachten, die für die "Erhaltung, Angleichung oder

* *Der Text wurde gemeinsam von Adorno und Ursula Jaerisch geschrieben. (Anm. d. Hrsg.)*

Anpassung der sozialen Beziehungen und der sozialen Strukturen"[1] sorgten. Das greift zurück auf Georg Simmels Abhandlung über den Streit. Der war dort schon, als eine Form der Vergesellschaftung, zur positiven soziologischen Kategorie geworden, solange nur die Streitenden innehielten vor der baren Ausrottung des Gegners. Sie ist für Simmel, im Geist argloser Liberalität, ein "Grenzfall". Der Kampf selbst jedoch sei "die Abhülfsbewegung gegen den auseinanderführenden Dualismus"[2], die sich a priori nur im Medium gemeinsam anerkannter Normen realisiere. Simmel neigt, aus formalsoziologischen Motiven, dazu, die Kategorie des Streits zu hypostasieren. Was inhaltlich entscheidet: daß Streit notwendig und legitim ist, um über einen schlechten antagonistischen Zustand hinauszugelangen, also als Mittel radikalen Friedens, in dem die Antagonismen material aufgehoben wären; nicht aber, daß er an sich, einer abstrakten und losgelassenen Idee von Dynamik zuliebe, zu bejahen sei - all das bleibt bei Simmel peripher. Seine Lehre zieht ihre Invarianten insgesamt von dem antagonistischen Zustand ab. Diesen akzeptiert sie, durch Unterstellung von Grundstrukturen des Gesellschaftlichen, als unveränderlich. Coser knüpft soweit an Simmel an, wie seine Apologie des Gruppenkonflikts, mit Recht kritisch gegen harmonistische Analysen der bestehenden Gesellschaft, die Funktion des Dysfunktionalen betont. Dabei opfert er aber nicht das Modell stabiler, durch Consensus im Gleichgewicht gehaltener sozialer Systeme. Erst in einem späteren Aufsatz, "Gewalt und gesellschaftlicher Wandel"[3], treiben ihn Einsichten in die Struktur gemeinhin als irrational gebrandmarkter Revolten darüber hinaus. Ihnen, schon der Maschinenstürmerei, erkennt er ein höheres Maß an gesellschaftlicher Rationalität zu, als das Modell einer möglichst reibungslos sich reproduzierenden Gesellschaft konzedieren möchte. Von ihrem Gegenstand wird Soziologie zur Wiederentdeckung von Dialektik genötigt.

Dahrendorfs "Theorie des sozialen Konflikts"[4] verwendet ausdrücklich ein Modell, das auf den "Annahmen der Geschichtlichkeit, der Explosivität, der Dysfunktionalität und des Zwangscharakters menschlicher Gesellschaften" beruht. Was dem Strukturschema von Parsons Akzidens war, wird von neuem essentiell. "Auf einer solchen Basis erscheint der Konflikt als notwendiger Faktor in allen Prozessen des Wandels. Darüber hinaus schließt eine solche Orientierung den utopischen Gedanken des gleichgewichtig funktionierenden, stabilen Sozialsystems, der 'klassenlosen Gesellschaft', des 'Paradieses auf Erden' aus - und ist damit sowohl der Wirklichkeit der Gesellschaft als auch (auf der Ebene der politischen Theorie) der Idee der Frei-

1 Lewis A. Coser, Theorie sozialer Konflikte, Neuwied und Berlin 1965, S. 180.

2 Georg Simmel, Soziologie, Leipzig 1908, S. 247.

3 Lewis A. Coser, Gewalt und gesellschaftlicher Wandel, in: Atomzeitalter, Information und Meinung, Heft 11, November 1966, S. 321 ff.

4 Ralf Dahrendorf, Elemente einer Theorie des sozialen Konflikts, in: Gesellschaft und Freiheit, München 1961, S. 197 f.

heit näher als die Consensus-Theorie."[5] Der antagonistische Charakter der Gesellschaft, der sozialen Konflikt produziert, wird unverhüllt zugestanden, freilich wiederum zur Invariante gemacht, damit es bei einem gezähmten, seinerseits nicht auf seine Legitimität befragten sozialen Wandel bleibe. Max Webers idealtypische Methode ebenso wie seine Vorstellung von Gesellschaft nimmt Dahrendorf auf. Sie sei notwendig durch Über- und Unterordnung strukturiert, die sich offenbaren in der Befehlsgewalt von Herrschaftsverbänden. Sozialer Konflikt wäre danach einer, der "sich aus der Struktur sozialer Einheiten ableiten läßt, also überindividuell ist ... Einmal gibt es in sehr kleinen sozialen Einheiten (Rollen, Gruppen) häufiger Gegensätze, die keinerlei strukturelle Relevanz haben, für die also eine Theorie des sozialen Konfliktes nicht gilt; zum anderen läßt sich vermuten, daß auch Auseinandersetzungen zwischen sehr umfassenden sozialen Einheiten zuweilen eher psychologischer als soziologischer Erklärung bedürfen. Eine gewisse soziale Willkür scheint manchen Kriegen der Geschichte nicht fremd zu sein."[6] Ist indessen einmal die Präponderanz der Gesellschaftsstruktur über alles partikulare und individuelle Handeln eingesehen, so wird die Annahme von Konflikten, die keinerlei strukturelle Relevanz hätten, fragwürdig, eine Transposition der wissenschaftlichen Arbeitsteilung auf den Gegenstand soziologischer Erkenntnis. Die Vermutung gar, soziale Konflikte größten Ausmaßes, wie manche Kriege, könnten eher psychologisch als gesellschaftlich erklärt werden, ist uneinsichtig. Die primären psychologischen Reaktionen der Einzelnen, Führer oder Geführter, sind irrelevant vor den übermächtigen Verhältnissen, in die sie eingespannt sind und die ihnen ihr Verhalten weithin aufnötigen, obwohl die objektiven Tendenzen kaum so furchtbar sich durchzusetzen vermöchten, okkupierten sie nicht auch das psychische Leben wider die Interessen der Lebenden. Aber im geschichtlichen Bereich ist Psychologie vermöge der Vergegenständlichung der Institutionen ein Sekundäres. Zumal die vielberufenen Verhaltensweisen und Abweichungen der Führer werden, aus ideologischen Motiven, maßlos überschätzt. Noch der Diktator, der tatsächlich über Leben und Tod entscheiden kann, ist in seinen politischen Entscheidungen an die Chancen und Alternativen gebunden, mit denen er konfrontiert wird. Just psychologische Beobachtung läßt vermuten, daß er seine Instinkte und Triebregungen eher in den Dienst politischer Ziele stellt, als daß diese im Ernst davon abhingen. Dahrendorfs Unterscheidung sozial-struktureller und bloß psychologischer Konflikte gestattet elegante wissenschaftspraktische Selektion des von der Soziologie zu Behandelnden, läuft aber Gefahr, Phänomene zu ignorieren, an denen gesellschaftlich Wesentliches sich ablesen ließe.

Die Integration des Klassenkampfes zur Institutionalisierung miteinander wetteifernder Verbände und Parteien begründet das den Konflikt bejahende

5 a. a. O., S. 212.
6 a. a. O., S. 202 f.

und zugleich entschärfende Schema der zeitgenössischen Konflikttheorien. Coser überträgt die von Simmel am Konkurrenzkampf entwickelte, urliberale These von der Einheit stiftenden Wirkung des Konflikts auf die pluralistisch genannten Gesellschaften der Gegenwart. Die Konflikte vielfältiger interdependenter Gruppen sollen, indem sie sich gegenseitig aufheben, das soziale System ebensowohl verklammern wie seine Erstarrung verhindern[7]. Unbesehen wird die These Spencers restauriert, der zufolge fortschreitende Integration mit fortschreitender Differenzierung zusammenginge. Unterdessen ist die Quantität der Integration in die entgegengesetzte Qualität umgeschlagen: sie hat emphatische Differenzierung, die sich erst in der freien Entfaltung der Individuen bewährte, inhibiert. Die scheinbare Vielfalt offiziell ermutigter, gleichsam von einem Dach überwölbter Kämpfe, sozialer Konflikte, die vom eingeschliffenen Schema vorgesehen sind, travestiert einen stets noch um der Erhaltung der bestehenden Verhältnisse willen entzweiten Zustand. Die gängigen Theorien vom sozialen Konflikt, die seine Realität nicht länger verleugnen können, treffen nur das an ihm, was diesseits der perennierenden Gewalt, die hinter der Reproduktion der Gesellschaft sich verbirgt, in Rollen und Institutionen artikuliert und versachlicht ist. Implizit wird bereits die soziale Kontrolle der Konflikte mitgedacht, die zu "regeln", "eingreifend" zu "steuern" und zu "kanalisieren" wären[8]. Wohl verschweigt Dahrendorf keineswegs, daß "die erfolgreiche Regelung von Konflikten ... allerdings eine Reihe von Voraussetzungen" hätte. Die Beteiligten müßten Sinn und Unvermeidlichkeit von Konflikten eingesehen und vorweg über Spielregeln der Schlichtung sich geeinigt haben - eine Bedingung, die operationell den kritischen Fall ausschaltet, in dem die Konflikte die geltenden Spielregeln umwerfen. Diese sind denn auch keineswegs Spielregeln, nämlich frei vereinbart, sondern ihrerseits Sedimente gesellschaftlicher Prozesse. Eben solche Objektivität des Konflikts jedoch entgleitet Dahrendorf; auch er hypostasiert die Gesellschaftsstrukturen, welche Konflikte hervorbringen, als überhistorisch und erwartet die Bändigung der Konflikte von der subjektiven Vernunft, dadurch, "daß jeder Eingriff in Konflikte sich auf die Regelung seiner Formen beschränkt und auf den vergeblichen Versuch der Beseitigung ihrer Ursachen verzichtet"[9]. Die aprioristisch dekretierte These von der Vergeblichkeit eines solchen Versuchs dürfte mit positivistischem Offensein, etwa mit Deweys Experimentalismus, schwer vereinbar sein. Die "Zwangstheorie der Gesellschaft", die Dahrendorf der vom Consensus entgegenhält, ist jener nur so weit konträr, wie sie das traditionell-liberalistische Einverständnis mit der normativen Ordnung durch Berücksichtigung postliberaler Züge, solcher der verwalteten Welt, modifiziert. Als soziologische Kategorie taucht der Konflikt erst mit dem

7 Vgl. Lewis A. Coser, Theorie sozialer Konflikte, a. a. O., S. 97, S. 182 ff.

8 Dahrendorf, a. a. O., S. 200, S. 228.

9 a. a. O., S. 227 f.

Verschwinden der Konkurrenz in ihrer alten Form und des manifesten Klassenkampfes auf; insofern ist sie adäquat. Die jüngste Theorie des sozialen Konflikts schirmt sich durch ihre Begriffsbestimmungen dagegen ab, wahrzunehmen, was der Lebensphilosoph Simmel noch an der Transformation des gewalttätigen Kampfes von einst zur Konkurrenz als "Grausamkeit aller Objektivität" durchschaute, "die nicht aus einer Lust am fremden Leide, sondern gerade darin besteht, daß die subjektiven Faktoren aus der Rechnung ausscheiden"[10]. Aus jener Grausamkeit hat mittlerweile der Schreibtischmord als fait social sich entwickelt.

Das Wort sozialer Konflikt lenkt ab von dessen tödlichem Schrecken wie von seiner objektiven Basis in ökonomischen Antagonismen. Diese werden neutralisiert entweder zu Verhaltensweisen einzelner Individuen - etwa an die sogenannte Kultur, in der sie sich finden, nicht Angepaßter - oder zum Handel zwischen Gruppen, Organisationen und was immer es sei. Solche Verschiebung fügt sich den überwiegenden Tendenzen der gegenwärtigen Soziologie ein. Sie widerstrebt einer kritischen Theorie der Gesellschaft. Konstatierbare und klassifizierbare soziale Phänomene werden, weil sie dem Zugriff empirischer Forschung umstandslos sich darbieten, mit deren letztem Substrat verwechselt. Die Frage nach ihrer Vermittlung durch die Klassenstruktur ist eskamotiert. Gemäß der alten Distinktion der Aristotelischen Ontologie jedoch ist das dem Betrachter Nächste, das ihm als Erstes erscheint, auch gesellschaftlich keineswegs an sich das Erste. Priorität kommt ihm nicht darum zu, weil die Totalität mit verfügbaren spezifischen Methoden nicht ebenso sich dingfest machen läßt wie ihre Derivate. Gleichwohl hätte die Klassenkampftheorie nicht so blank in Erhebungen über soziale Konflikte und daran etwa anschließende Verallgemeinerungen sich transformieren lassen, begünstigten es nicht die Phänomene. Der Klassenkampf alten Stils, im Sinn des Marx'schen Manifests, ist, einem Wort von Brecht zufolge, virtuell unsichtbar geworden. Seine Unsichtbarkeit selber ist nicht zu trennen von den Strukturproblemen. Tatsächlich sind die Manifestationen des Klassenverhältnisses in weitem Maß in den Funktionszusammenhang der Gesellschaft eingebaut worden, ja als Teil ihres Funktionierens bestimmt. Das allerdings ist insofern kein Novum, als die Gesellschaft sich nicht nur trotz des Klassenverhältnisses am Leben erhielt, sondern durch es hindurch. Die Entwicklung war teleologisch in der objektiven Doppelstellung des Proletariats zur bürgerlichen Gesellschaft präformiert. Einerseits waren die Proletarier in der Periode, die Marx und Engels vor Augen stand, Objekte der Ausbeutung, nicht autonome Subjekte des gesellschaftlichen Gesamtprozesses. Sie existierten außerhalb des Begriffs einer Gesellschaft, die eine von Freien und Mündigen sein wollte. Ohnehin rekrutierten sie sich in der Zeit der industriellen Revolution und den ersten Dezennien danach

10 Simmel, a. a. O., S. 305.

aus enteigneten Handwerkern und Bauern, die ihren gesellschaftlichen Ort verloren hatten, gleichsam aus Exterritorialen. Dennoch war das Proletariat, als Produzent des gesellschaftlichen Reichtums, der Gesellschaft immanent, Inbegriff ihrer Produktivkraft. Reaktiv zur revolutionären Drohung, aber auch nach eigner geschichtlicher Logik, hat das Gewicht des immanenten Elements im Begriff des Proletariats sich verstärkt. So hat die gewerkschaftliche Bewegung, die den Arbeitern innerhalb des bestehenden Systems einen höheren Anteil am Sozialprodukt als das prekäre Minimum verschaffte, mit Notwendigkeit, nämlich durchs materielle Interesse der Arbeiter, in der Richtung ihrer Integration gewirkt. Der Antagonismus, der die Arbeiter zur Organisation verhielt und insofern bereits "integrierte", hat sie anwachsend mit dem verbunden, wogegen ihre Cadres in den frühen und wildwüchsigen Zeiten des beginnenden Hochkapitalismus stritten. Nicht bloß gelangten sie materiell in eine Lage, in der sie mehr zu verlieren hatten als ihre Ketten. Sondern komplementär dazu hat die Tendenz des Kapitals, sich in die Bereiche von Geist und öffentlicher Meinung hinein zu expandieren, auch das Bewußtsein und Unbewußtsein des vierten Standes von ehedem okkupiert. Marx bereits und vollends spätere Marxisten gaben sich Rechenschaft davon, daß das Klassenbewußtsein nicht mechanisch mit der Existenz von Klassen verbunden, sondern erst herzustellen sei. Allgemein war, im Gegensatz zur verbreiteten Ansicht, das Klassenbewußtsein der Oberklassen entwickelter als das der unteren. Geschichtliche Erben der feudalen Herrschaft, innervierten jene, vielfach weit über die Intelligenz der einzelnen Individuen hinaus, Gefahren nicht nur der politischen Praxis, sondern noch des von der Praxis entfernten Gedankens. Die Unterklasse dagegen, stets real im Bann der hierarchischen Verhältnisse, mußte diesen sich anpassen, um zu leben. Der Zwang dazu wurde planmäßiger stets in Regie genommen, waltete aber auch automatisch. Bezweifeln dürfte man, ob das Klassenbewußtsein selbst in den Glanzzeiten der deutschen Sozialdemokratie während des Wilhelminischen Zeitalters so substantiell war, wie die Funktionäre sich schmeichelten. Fraglos hat es seitdem, zumal im Hinblick auf den sichtbar niedrigeren Lebensstandard der östlichen Länder, sich abgeschwächt. Kampf indessen, auch Klassenkampf, postuliert Bewußtsein auf beiden Seiten. Sonst verflüchtigt sich sein Begriff zu einer Abstraktion objektiver und undurchschauter Klassengegensätze, die nicht Subjekt und deshalb fürs Handeln gleichgültig werden. Die gegenwärtige Lehre vom sozialen Konflikt kann sich darauf stützen, daß subjektiv der Klassenkampf vergessen ist, wofern er je die Massen ergriffen hatte. Das tangiert auch, zumindest zeitweilig, seinen objektiven Sinn.

Aber durch die Integration ist der objektive Antagonismus nicht verschwunden. Nur seine Manifestation im Kampf ist neutralisiert. Die ökonomischen Grundprozesse der Gesellschaft, die Klassen hervorbringen, haben aller Integration der Subjekte zum Trotz sich nicht geändert. Gesellschaftliche Erkenntnis, die weder die Theorie noch die Epiphänomene fetischisieren möchte, muß der Gestalt sich versichern, in welcher die objektiv vorhandenen, aber im doppelten Sinn verdrängten Klassengegensätze sich manifestieren. Unabweisbar die Vermutung, das geschehe im privaten Bereich. Er ist, als gesellschaftlich durchaus Vermitteltes, ebenso Schein, wie andererseits die Zuflucht von Regungen wider den Druck der gesellschaftlichen Totalität, deren Male sie doch ihrerseits wieder tragen. Den Konflikten, die hier seit je stattfinden, geht meist das Bewußtsein vom Klassenverhältnis ab; sie dürften sozial um so mehr anzeigen, je weiter sie vom gleichsam offiziellen Gegensatz Kapital - Arbeit abliegen. Dem, sei's in den vielberufenen zwischenmenschlichen Beziehungen, sei's selbst innerpsychologisch, nachzugehen, wäre eine der fälligen Aufgaben von Soziologie. Sie hat ihren Stachel daran, daß die unmittelbar gegebenen Daten nicht weniger verhüllen als offenbaren, während die Grundstrukturen nicht mehr drastisch im Großen erscheinen. Zu erwarten steht, daß im einzelnen Moment die Struktur und ihre Veränderungen sichtbar werden, die als ganze nicht zu greifen sind, als allherrschende jedoch das Gesetz jeglicher Konkretion bilden. Gelange es nicht, Gesellschaft aus ihren Phänomenen zu interpolieren, so wäre ihr Begriff wahrhaft der Aberglaube, als den manche Positivisten ihn verfemen.

Das legitimiert die Insistenz auf ungesteuerter subjektiver Erfahrung. Die Einsicht in ihre Unzulänglichkeit und Willkür ist nicht ideologisch zu mißbrauchen. Wie problematisch auch angesichts der universal vermittelten Gesellschaft Thesen über jene geworden sein mögen, die allein auf die unmittelbare Erfahrung von Einzelnen sich stützen - unmittelbar gerade im Sinn der Protokollsätze der gängigen Wissenschaftstheorie -: ohne das Moment primärer soziologischer Erfahrung bildet sich überhaupt keine Einsicht. Szientifische Verantwortung, die unverantwortlichem Elan erst abzuzwingen wäre, scheint ihn verdrängt zu haben. Sie ist sich zum Selbstzweck geworden; eingeschüchtert sind die Impulse, an denen allein sie sich bewähren würde. Wissenschaftliche Selbstkontrolle möchte Empirie, verglichen mit der offenen Fülle, die der Begriff einmal meinte, so einengen, daß schließlich nur noch registriert wird, was von Methodologie zugerüstet, auf sie eingerichtet ist. Gegenüber der überwertigen Methode hat, was sie als Ausschweifung und philosophisches Relikt anschwärzt, zunehmend die Funktion des Korrektivs. Einzig eine theoretisch schwer zu antezipierende Kombination von Phantasie und Flair für die Fakten reicht ans Ideal der Erfahrung heran. Gleichwohl ist die Kluft zwischen Theorie und fact finding, welche die gegenwärtige Soziologie markiert, nicht nach einem abstrakten Entwurf, etwa der ungebrochen festgehaltenen These vom Primat der Theorie, zu überbrücken. Zu visieren wäre die Wechselwirkung von Theorie und Erfahrung. Unvermeidlich dabei der Zirkel: keine Erfahrung, die nicht vermittelt wäre durch - oft unartikulierte - theoretische Konzeption, keine

Konzeption, die nicht, wofern sie etwas taugt, in Erfahrung fundiert ist und stets wieder an ihr sich mißt. Der Zirkel ist nicht zu verschweigen; keineswegs jedoch mangelnder Besinnung, unklarem Denken zur Last zu legen. Bedingt wird er dadurch, daß in der Trennung von Erfahrung und Begriff selbst Willkür steckt. Einem möglichst sauberen Instrumentarium zuliebe werden unreflektiert die beiden Momente arbeitsteilig einander entgegengesetzt. Aber keines von ihnen wäre ohne das andere. Der Zirkel ist identisch mit dem der totalen, durchaus vergesellschafteten Gesellschaft, die, indem sie alles Einzelne durchdringt, eine Art negativer Identität von Allgemeinem und Besonderem erzwingt. Nur von den Extremen, ihren beiden Polen her ist sie zu fassen. Theorie und gesellschaftliche Physiognomik fusionieren sich.

Bis hinab zu ebenso läppischen wie affektiv besetzten privaten Zänkereien präsentiert die Gesellschaft den Lebendigen die Rechnung für ihre verkehrte Gestalt, an der sie mitschuldig sind, und für das, was sie aus ihnen gemacht hat. In den blinden, sich selbst verhängten Konflikten gelangt das gesellschaftliche Wesen an die Subjekte zurück, ohne daß sie dessen gewahr würden. Die Parolen, die der Faschismus in stürmischer Vorwegnahme gegen das Klassenbewußtsein lancierte, sind mittlerweile, außerhalb des faschistischen Systems, doch nicht minder ideologisch, zur realen Gewalt geworden. Vermutlich allerdings ist die Harmonie nicht so dauerhaft, wie vorgespiegelt wird durch die Beteuerung vom Überholtsein jener kritischen Theorie, deren man endgültig ledig zu sein hofft, indem man sie zur Metaphysik relegiert. In Krisensituationen mag der soziale Konflikt als einer von Klassen sich aktualisieren; ob abermals in den Formen der verwalteten Welt, bleibt abzuwarten. Bis zur Stunde wird dem sozialen Konflikt auch anderswo nachzugehen sein. Trifft zu, daß die Gesellschaft zur antagonistischen Totalität sich entfaltete, so ist fast jeder nach gängiger Rede partikulare Konflikt deren Deckbild. Die gegenwärtige Soziologie des Konflikts unterscheidet durchaus zwischen formellen und informellen, manifesten und umgeleiteten, "echten" und "unechten" Konflikten[11]. So wird die "letzte Ursache" umgeleiteter Konflikte im Industriebetrieb von Dahrendorf in der Herrschaftsstruktur aufgesucht. Diese kann jedoch nur aus der als notwendig postulierten Arbeitsteilung industrieller Gesellschaften - präziser: der Trennung von Organisation und unmittelbar produktiver Arbeit - erklärt und gerechtfertigt werden. Daß diese Trennung stets noch - in den kapitalistischen wie den östlichen Ländern, erst recht in den sogenannten unterentwickelten - besteht, ist aber selbst kein Letztes, sondern wäre als konstitutives und zwanghaftes Moment der gegenwärtigen Entwicklung der Produktivkräfte abzuleiten.

---

11 Vgl. Ralf Dahrendorf, Industrie- und Betriebssoziologie, 2. umgearbeitete und erweiterte Auflage, Berlin 1962, S. 94 ff.; Lewis A. Coser, Theorie sozialer Konflikte, a. a. O., S. 57 ff.

Der Marx'schen Theorie dünkte noch selbstverständlich, daß der objektive Antagonismus zwischen Produktivkräften und Produktionsverhältnissen kraß dort sich äußere, wo der Druck derer, die über die Produktionsmittel verfügen, auf die, welche ihre Arbeitskraft verkaufen, am härtesten fühlbar war, in der Ökonomie. Jene Selbstverständlichkeit ist in den höchstindustrialisierten Ländern zergangen. Wie die Proletarier kaum mehr als solche sich fühlen, existiert auch der Fabrikant der "Weber" nicht mehr. Nicht länger tritt der Unternehmer als leibhafte Verkörperung der Kapitalinteressen den Arbeitern entgegen. Mit fortschreitender technischer Rationalisierung, mit der Versachlichung der Autoritätsstruktur sehen die Arbeiter im Betrieb keinen greifbaren Gegner mehr vor sich. Allenfalls reiben sie sich an Vorarbeitern, Meistern, Vorgesetzten in einer nach oben unabsehbaren Hierarchie[12]. Die Streitigkeiten mit jenen sind Prototypen von sozialem Konflikt heute und von dessen Verschiebung. Sie ereignen sich an falscher Stelle; die präsumtiven Gegner stehen ihrerseits unter dem Druck, für das Soll der Produktion zu sorgen. Eigentlich sind sie Phantome, Personalisierungen, durch welche die Abhängigen das Abstrakte und Undurchdringliche der Verhältnisse in ihre lebendige Erfahrung zurückzuübersetzen trachten. Die institutionalisierten Konflikte zwischen Kapital und Arbeit bleiben ideologisch, solange sie in vorentschiedene Machtverhältnisse eingespannt sind. Grund der vielberufenen politischen Apathie ist schwerlich, daß es keine Unterdrückung mehr gäbe. Eher mag er in dem, sei es auch unartikulierten, bloß vorbewußten Bewußtsein der Menschen liegen, daß, was heutzutage als Sphäre des Politischen gilt, mit ihren wahrhaften eigenen Interessen kaum etwas zu tun hat. Ist jeder Lohnkonflikt latent stets noch Klassenkampf, so wird dieser doch durch die an der Verfügung teilhabenden integralen Organisationen sistiert. Das aber kann nicht bruchlos gelingen. Der Konflikt, unsichtbar unter der Oberfläche des Partnertums, äußert sich in gesellschaftlichen Randphänomenen; entweder dort, wo die Integration noch nicht ganz hinreicht, oder in jenem "Abhub der Erscheinungswelt", den der antagonistische Prozeß nach wie vor aus sich ausscheidet; vielfach in den irrationalen Ausbrüchen derer, die weder als Arbeitskräfte noch als Konsumenten der Gesellschaft voll immanent sind. Mangel und Not sind in der gepriesenen affluent society nicht mehr das Schicksal der beschäftigten Arbeiter, sondern das von Kleinrentnern und gewissen schwer faßbaren, nicht organisierten Zwischengruppen. Bei jenen Gruppen werden Neid, Gezänk, verdrückte und fehlgeleitete Aggression, alte Erbschaft des Kleinbürgertums, am zähesten sich behaupten. Nicht sowohl für die Ordnung als für mißliebige Minderheiten oder politisch nicht Konformierende bilden sie ein gefährliches Potential: gegen sie mag im Krisenfall die ihrem primären Ziel entfremdete Klassenkampfenergie nutzbar gemacht werden. Dies Potential

12 Vgl. Ludwig von Friedeburg, Soziologie des Betriebsklimas, Frankfurt a. M. 1963, S. 106 ff.

ist eines von Desintegration. Der Zerfall in zentrifugale Partikeln ist die Kehrseite sozialer Integration. Je rücksichtsloser sie das Verschiedene unter sich begräbt, desto mehr zersetzt unterirdisch sich das soziale Gefüge. An den Cliquenkämpfen der Nationalsozialisten war das zu beobachten. Wird eine Fußballweltmeisterschaft vom Radio übertragen, deren jeweiligen Stand die gesamte Bevölkerung aus allen Fenstern und durch die dünnen Wände der Neubauten hindurch zur Kenntnis zu nehmen gezwungen ist, so mögen selbst spektakulär verschlampte Gammler und wohlsituierte Bürger in ihren Sakkos einträchtig um Kofferradios auf dem Bürgersteig sich scharen. Für zwei Stunden schweißt der große Anlaß die gesteuerte und kommerzialisierte Solidarität der Fußballinteressenten zur Volksgemeinschaft zusammen. Der kaum verdeckte Nationalismus solcher scheinbar unpolitischen Anlässe von Integration verstärkt den Verdacht ihres destruktiven Wesens. Tatsächlich haben makrokosmisch die sozialen Zündstellen sich vorab in die außen- und quasi-kolonialpolitischen Konflikte verlagert. Mikrokosmisch manifestiert der Antagonismus sich durch den gesamten Sozialkörper hindurch in exzentrischen Situationen, Parodie gleichsam dessen, was einmal Spontaneität hieß. Noch verinnerlichte, "psychologische" Konflikte haben zumindest auch ihre soziale Dimension, so wenig im übrigen psychologische und gesellschaftliche Determinanten unmittelbar zusammenfallen. Zwischen beiden läßt nur willkürlich sich scheiden, wo mittlerweile Schemata individueller Reaktionsweisen zugleich gesellschaftliche Aggressivität kanalisieren. Derlei Schemata reichen vom hämischen Lachen und vom Schimpfen, dem verbalen Zuschlagen, über den practical joke zu jener Art physischer Gewalttätigkeit, wie sie, in einem der Seminarprotokolle, als Bestandstück des herzlichen, aber rauhen Tons gegenwärtiger Autositten beschrieben wurde. Da die soziale Entwicklung die psychologische Kategorie des festgefügten, mit sich identischen Ichs zu überholen sich anschickt, ist es fraglich, wie weit solche Verhaltensweisen überhaupt noch der Psychologie zugerechnet werden können. Vielleicht sind gerade sie heute zu den Charaktermasken objektiv vorgegebener sozialer Konflikte geworden. Daß die Individuen sie nicht durchschauen, ist mitbedingt von ihrer zunehmenden psychischen Diskontinuität und Inkohärenz, der von "Menschen also, die von den situativen Bedingungen ihre Impulse entlehnen und sich ebenso wie diese proteushaft ändern, ohne daß die einzelnen Momente zu einer einheitlichen Geschichte zusammenwüchsen. Geschichte setzt Gedächtnis voraus; dieses scheint unter den extremen Anforderungen unserer Großzivilisation auf das Fachwissen beschränkt zu sein; es entspricht ihm kein ebenso geschärftes Gedächtnis für die eigene Affektgestalt, für das Selbst, für die unumgänglichen Krisen und Brüche seiner Entwicklung."[13] Diese Menschen, bei denen die Ichkontrollen geschwächt sind und die überwachsam auf Situationen

13 Alexander Mitscherlich, Auf dem Weg zur vaterlosen Gesellschaft, München 1963, S. 344 f.

einschnappen, dürften die gleichen sein, die besonders zu verkappt-sozialen Streitigkeiten neigen.

Vermittelt werden die pseudoprivaten Konflikte zur gesellschaftlichen Objektivität durch die Sprache. In deren Wendungen und Stereotypen haben sich historische und soziale Verhältnisse und Spannungen niedergeschlagen; auf diese sind sie interpretierbar. Macht der Straßenbahnschaffner seinem Ärger über Studenten Luft mit einer Bemerkung über deren allzu üppige Freizeit, so ist daran weniger erheblich die durchsichtige psychologische Motivation als der gesellschaftliche Gehalt des Gesagten, etwa der Neid des fest, aber schlecht besoldeten, reglementierten, an starre Arbeitszeiten gebundenen Beamten auf die nach seiner Ansicht später einmal in freieren Berufen mit besseren materiellen Chancen Tätigen. Der Schaffner, der die recht komplexen Ursachen dieser Gruppendifferenz verkennt, wird seine Rancune an denen auslassen, die, selber Objekt der sozialen Prozesse, weit weniger begünstigt sind, als er es sich vorstellt. - Ein altes Weib herrscht Kinder, die auf einer ohnehin lauten Straße spielen, wegen Lärmens an. Noch nachdem sie längst verschwunden sind, schimpft es weiter. Das Keifen ersetzt physische Gewalt, bereit, in diese überzugehen; unter der Rationalisierung notwendiger Erziehung - einer der beliebtesten im Klima der deutschen Reaktion - läßt die Frau die aufgestaute Wut über die eigene armselige Existenz und die allgemeine über den Verkehrslärm an denen aus, die sich ihr schutzlos darbieten, den Kindern. Daß ihr Affekt gegen den Anlaß sich verselbständigt, zeigt, wie irrelevant dieser für ihren Sozialcharakter ist. Protest wider die Brutalität von Autofahrern jedoch käme ihr schwerlich in den Sinn; verhaßt ist ihr vielmehr, aus zweiter Natur, was sie als ungebändigte erste irritiert; sie an das mahnt, was sie in sich unterdrücken mußte: der Radau. Nicht selten allerdings entfachen sich gerade an den Maschinen und Apparaten der Konsumsphäre Konflikte, sobald einmal etwas nicht, nach neudeutscher Sprache, "in Ordnung geht". In der jüngsten Triebökonomie dürfte Libido weniger lebendigen Menschen denn fabrizierten Schemen von Lebendigem und den Konsumgütern selbst, den Waren gelten[14]. Der Familienkrach bricht aus, weil der Fernsehapparat nicht funktioniert, vor dem die wiedervereinigte Primärgruppe den längst entschiedenen Boxkampf noch einmal verfolgen will. Denen, die um ihr synthetisches Vergnügen geprellt wurden, bietet der Familienkreis den willkommenen Anlaß, abzureagieren, was mit den anwesenden Personen gar nichts zu tun hat. Diese werden für die anderen zu Objekten - von den an der Oberfläche unschuldigen Tauschbeziehungen zwischen Verkäufern und Konsumenten, über mehr oder minder verborgene Mechanismen von Herrschaft und Verwaltung, über Kliniken und Kasernen bis zu Gefängnissen und Konzentrationslagern. An Nuancen läßt das sich feststellen. Äußert der Schuhe probierende Kunde,

14 Vgl. Theodor W. Adorno, Dissonanzen, 3. Aufl., Göttingen 1963, S. 26.

dieser Schuh sei ihm zu weit, so empfindet das Ladenmädchen das bereits als Affront und antwortet gereizt: "Da muß ich Ihnen recht geben." So völlig ist sie mit dem Vertrieb der Standardprodukte identifiziert, daß sie im Individuum, dessen Bedürfnisse vom Standard abweichen, a priori den Gegner wittert.

An einer Straßenkreuzung springt bei grünem Licht der Motor des ersten, von einer Dame gesteuerten Autos nicht an. Nach gedämpftem Hupkonzert kommt beim nächsten Rotlicht der Fahrer des folgenden Wagens nach vorn, sagt deutlich und sachlich, nicht einmal drohend: "Dumm' Sau!", und die Dame antwortet ebenso sachlich und ernst: "Entschuldigen Sie mich." Kein Konflikt mehr: unangefochten dominiert die Sachlogik, welche die Unverschämtheit des Mannes ebenso legitimiert wie die Demut, mit der die Frau sich selbst als nicht ganz produktgemäße Agentin des Autos und als Sünderin wider die sanktionierte Verkehrsordnung einstuft. Daß die Konsumenten eigentlich Anhängsel der Produktion sind, verhält sie dazu, sich ihrerseits der Warenwelt gleichzuschalten und danach auch ihre Beziehungen zu anderen Individuen zu vergegenständlichen. - Wer gegen kodifizierte Verbote und fachmännische Anweisungen aufmuckt oder auch nur durch sein Verhalten deren Sinn in Frage stellt, fordert erst recht die Schikane heraus; nicht nur die der Ordnungshüter, sondern auch die jener, die mit diesen und der Ordnung übertrieben sich identifizieren. In der automatisierten Sektion eines Rußwerks ist den Arbeitern, welche die Maschinen lediglich zu kontrollieren und zu reinigen haben, verboten, während der Arbeitszeit zu sitzen oder zu rauchen, obwohl das ihre Tätigkeit keineswegs behinderte. Die Ideologie duldet nicht einmal den Schein von Faulheit. Einen, der beim Auftritt des Obermeisters die brennende Pfeife in der Tasche versteckt, verwickelt dieser ausdauernd in ein nichtssagendes Gespräch und zwingt ihn zum schmerzhaften Eingeständnis der Übertretung. Parasitär siedeln sich an den technischen Rationalisierungen von Produktions- wie Konsumsphäre Relikte archaischer sozialer Formen an. Die Autorität des Fachmanns dünkt noch dort unentbehrlich, wo er offensichtlich überflüssig wäre. - Unter den Indizien dafür, daß es in mesquinen Konflikten solcher Art um verkappt gesellschaftliche Fehlleistungen sich handelt, ist nicht das unerheblichste ihre Irrationalität. Der Grund ist Vorwand, nicht der Grund. Wohl setzt jeder Versuch, unsystematische subjektive Beobachtungen derart zu deuten, dem Verdacht sich aus, nur fertig Bezogenes nachzubeten und einzig der selbstgerechten Genugtuung zu dienen, man habe es immer schon gewußt. Die lässige Härte jedoch, die sich weigert, scheinbar zufällige Konflikte als Indizien eines objektiven Antagonismus zwischen vergegenständlichter Arbeit und lebendigen Menschen zu erkennen, beschneidet die Erfahrungsfähigkeit, führt zu Dogmatismus und zu sturer Praxis. Die Verdinglichung des Bewußtseins hat keine Grenze am Bewußtsein derer, an denen es wäre, sie erkennend zu sprengen.

Im kollektiven Grinsen über einen Alten, der in die automatischen Türen der Straßenbahn eingeklemmt ist, im abschließenden Kommentar: "Der hot Angst um sei' Rüb'!" wird Brutalität gesellschaftlich ritualisiert. Die Rationalisierung dafür ist die fiktive Notwendigkeit reibungslosen Funktionierens, eine gesunde Menschenvernunft, die auf die Menschen keine Rücksicht nehmen kann; schon daß sie noch da sind, wirkt potentiell wie Sand im Getriebe. Als soziales Phänomen stellt, nach diesem Schema, Lachen sich ein, wo das Besondere gleichsam seiner logischen Form nach als Störenfried des Allgemeinen verurteilt wird. Nach Bergsons Theorie sollte das Lachen, von ihm bereits soziologisch eingeschätzt, das von Konvention verzerrte Leben im Verhältnis der Menschen zueinander wiederherstellen. Vielleicht war das damals schon die Ideologie einer Oberschicht, die, ihrerseits Nutznießer der Verdinglichung, freies Benehmen und désinvolture, große Weltmanieren sich leisten konnte und ihrer bedurfte, um die eigene Überlegenheit zu repräsentieren. Heute jedenfalls sagt das Lachen als Symptom das Gegenteil: es restituiert nicht das Leben gegenüber seinen Verhärtungen, sondern die Verhärtung, wenn nach den Spielregeln allzu anarchische Regungen des Lebendigen jene Lügen zu strafen drohen. Wie, worüber gelacht wird, hat teil an der historischen Dynamik der Gesellschaft. Gegenwärtig integriert Lachen zwangshaft, was aus dem sozial gesteckten Rahmen herausfällt. Einer redet mit einem Betrunkenen und sucht zugleich, durch Einverständnis heischendes Lächeln, das er an andere richtet, von jenem sich zu distanzieren. Unterwürfig nimmt er die mögliche Mißbilligung seiner Humanität vorweg. Leicht verbünden die von sozialem Druck Deformierten sich mit der Gewalt, die sie zurichtete. Sie halten sich schadlos für den gesellschaftlichen Zwang, der ihnen selbst widerfuhr: an denen, die ihn offenbar zur Schau tragen. Unbewußt giriert das Gelächter über den komischen Kauz die Unterdrückung, die dessen Absonderlichkeit zeitigte. Von solcher Sündenbock-Mentalität ist alles kollektive Lachen durchwachsen, Kompromiß zwischen der Lust, die eigene Aggression loszuwerden, und den hemmenden Zensurmechanismen, die das nicht dulden. Das kulminiert in dem der Wut verwandten schallenden Gelächter, mit dem die Meute den Abweichenden zum Schweigen bringt, einem Verhalten, das, wenn die Bedingungen es gestatten, in die physische Gewalttat umschlägt und dabei noch diese zivilisatorisch rechtfertigt, indem sie sich gebärdet, als wäre alles nur Spaß. Der Intention auf eine bessere Gesamtverfassung geben soziale Konflikte mehr noch an ihren Narben, dem Ausdruck der Beschädigten, sich zu erkennen, als an ihren Äußerungen. Verlangt man darum strenge soziologische Definition dessen, was nun sozialer Konflikt sei, so blockiert man den Zugang zu diesem. Soll Erfahrung wieder gewinnen, was sie vielleicht einmal vermochte und wessen die verwaltete Welt sie enteignet: theoretisch ins Unerfaßte zu dringen, so müßte sie Umgangsgespräche, Haltungen, Gesten und Physiognomien bis ins verschwindend Geringfügige hinein entziffern, das Erstarrte und Verstummte zum Sprechen bringen, dessen Nuancen ebenso Spuren von Gewalt sind wie Kassiber möglicher Befreiung.

Wenn Theorie und Erfahrung auseinanderweisen, stehen beide zur Kritik. Wo die gesellschaftliche Erfahrung Herrschaft wahrnimmt, ist deren historische Erklärung an der kritischen Theorie. Nur eine Erfahrung, der es, ohne daß sie sich vorschnell durch vorhandene Theoreme absicherte und verblendete, noch gelingt an der Physiognomie der Gesellschaft Veränderungen wahrzunehmen, kann zum Ansatz ihrer fälligen Theorie helfen. Sozialwissenschaftlicher Erkenntniskritik ständen Besinnungen darüber an, wie der durch Reglementierung einschrumpfende Begriff des Empirischen seine Breite und Offenheit sich zurückerobern könnte. Allzuleicht nähert das empirische Verhalten des Soziologen sich dem des Kindes, das die Fabel vom Fuchs und vom Storch mit der Weisheit quittiert, es gäbe gar keinen Storch. Die Unfähigkeit zur Erfahrung läßt sich keineswegs nur als Resultat individueller oder gar durch Gesetze der Gattung determinierter Entwicklungen begreifen. Die Abblendung des erkennenden Bewußtseins gegen das Unterschwellige rührt selbst her von der objektiven Struktur einer Gesellschaft, deren lückenlos gefügte Totalität den Blick auf das versperrt, was fortwest unter dem Schein eines versöhnten Zustands, den sie willentlich und unwillentlich bereitet. Daß die theoretische Erkenntnis der Gesellschaft und die soziologische Empirie divergieren, deutet darauf zurück, und noch der Widerspruch von beidem, und der Streit der Schulen, sind Ausdruck der antagonistischen Struktur, der von Beziehungen, die vergegenständlicht sind und gleichwohl solche lebendiger Subjekte. Die Illusion, welche diesen alles zurechnet, ist nicht nur Illusion, soweit sie auch unter den gegenwärtigen Bedingungen das Substrat alles Sozialen bleiben; Illusion jedoch, weil sie jenen Substratcharakter der vergesellschafteten Subjekte unmittelbar, jetzt und hier bei ihnen aufsucht. Dazu verleitet das Unerträgliche des entfremdeten Lebens. Wie die Tendenz zur Personalisierung, bis zum antisemitischen Wahn, der einer faßbaren Gruppe die in Wahrheit anonyme Schuld aufbürdet, ist auch der Typ Wissenschaft, der, bei allem Fanatismus seiner Objektivität, an Menschen, Subjekte sich hält, ein seiner selbst unbewußter Versuch, was der Erfahrung spottet, dieser zuzubringen mit Methoden, die ihrerseits verdinglicht und den Techniken der verdinglichten Welt abgeborgt sind. Gesellschaftliche Dialektik reicht in die Formen der gesellschaftlichen Erkenntnis hinein. Eben das wäre dieser bewußt zu machen. Sie muß lernen, das Unerfahrbare zu erfahren: solche Paradoxie ist dem Gegenstand gemäß. Dazu bedarf sie des theoretischen Vorgriffs, eines Organs für das, was die Phänomene prägt und zugleich von ihnen verleugnet wird. Es zu entwikkeln, genügt nicht methodische Schulung allein: hinzutreten muß, als Konstituens der Erkenntnis, der praktische Wille zur Veränderung, der einmal die soziologische Wissenschaft inspirierte, bis über ihn das wissenschaftliche Tabu erging. Er ist aber nichts der Wissenschaft Äußerliches, sondern wird von ihrem physiognomischen Vermögen verinnerlicht, und berichtigt sich ebenso an der fortschreitenden Erfahrung wie an der Theorie. Keine dieser Kategorien allein ist ein Universalschlüssel; die Momente sind ineinander und arbeiten kritisch aneinander sich ab. Irgendeines zu isolieren verblendet die Wissenschaft - selbst Teilstück des gesellschaftlichen Prozesses - mit dem Schein, den sie tilgen soll und tilgen kann bloß, wofern sie die dialektische Komplexität ihres Gegenstandes trifft durch die eigene.

1968

Der Streit

Wenn nun wirklich ein formaler Feindseligkeitstrieb als Gegenstück des Sympathiebedürfnisses im Menschen besteht, so scheint er mir doch historisch einem jener seelischen Destillationsprozesse zu entstammen, in denen innere Bewegungen schließlich die ihnen gemeinsame Form als einen selbständigen Trieb in der Seele zurücklassen. Interessen jeder Art zwingen so häufig zum Kampf um bestimmte Güter, zur Opposition gegen bestimmte Persönlichkeiten, daß als Residuum davon sehr wohl ein Reizzustand, von sich aus zu antagonistischen Äußerungen drängend, in das vererbliche Inventar unsrer Gattung mag übergegangen sein. Das gegenseitige Verhältnis primitiver Gruppen ist bekanntlich und aus oft erörterten Gründen fast durchgehends ein feindseliges. Das entschiedenste Beispiel geben vielleicht die Indianer, bei denen jeder Stamm prinzipiell als im Kriegszustande mit jedem andern befindlich galt, mit dem er keinen ausdrücklichen Friedensvertrag geschlossen hatte. Es ist aber nicht zu vergessen, daß in früheren Kulturzuständen der Krieg fast die einzige Form bildet, in der es überhaupt zu einer Berührung mit fremden Gruppen kommt. Solange der interterritoriale Handelsverkehr unentwickelt, individuelle Reisen unbekannt waren, geistige Gemeinsamkeiten noch nicht über die Gruppengrenzen hinausgriffen, gab es außer dem Krieg gar keine soziologische Beziehung zwischen den verschiedenen Gruppen. Hier zeigt das Verhältnis der Gruppenelemente zueinander und das der - primitiven - Gruppen zueinander völlig entgegengesetzte Form. Innerhalb des geschlossenen Kreises bedeutet Feindschaft in der Regel den *Abbruch* von Beziehungen, das Sichzurückziehen und Vermeiden von Berührungen; von diesen negativen Erscheinungen wird hier selbst die leidenschaftliche Wechselwirkung des offenen Kampfes begleitet. Dagegen liegen die charakterisierten Gruppen als ganze gleichgültig nebeneinander, solange Frieden ist, und gewinnen erst im Kriege eine aktive Bedeutung füreinander. Deshalb kann ebenderselbe Expansions- und Wirksamkeitstrieb, der im Innern einen unbedingten Frieden als Grundlage der Interessenverschlingung und unbehinderten Wechselwirkungen fordert, nach außen hin als kriegerische Tendenz auftreten.

Trotz der Selbständigkeit in der Seele, die man dem antagonistischen Triebe so zubilligen mag, reicht er doch nicht etwa aus, die Gesamterscheinungen der Feindseligkeit zu begründen. Denn zunächst schränkt doch auch der spontanste Trieb seine Souveränität so weit ein, daß er sich nicht an jedes beliebige, sondern nur an irgendwie zusagende Objekte wendet: der Hunger entsteht gewiß vom Subjekt aus, ohne erst vom Objekt her aktualisiert zu sein, und doch wird er sich nicht auf Steine und Holz, sondern nur auf irgendwie eßbare Gegenstände stürzen. So wird auch Liebe und Haß, so wenig ihre Triebe auf äußere Erregung zurückgehen mögen, doch irgend einer, ihnen entgegenkommenden Struktur ihrer Gegenstände bedürfen und erst unter dieser Mitwirkung die Gesamterscheinung ergeben. Von der andern Seite her ist es mir wahrscheinlich, daß der Feindseligkeitstrieb, wegen seines formalen Charakters, im allgemeinen nur zu material veranlaßten Kontroversen verstärkend, gleichsam als Pedal, hinzutritt. Und wo ein Kampf aus reiner, formaler Lust am Kampfe, die also ganz unpersönlich, gegen den Inhalt wie gegen den Gegner prinzipiell gleichgültig ist, entspringt - da wächst seinem Verlaufe doch unvermeidlich Haß und Wut gegen den Gegner als Person, wennmöglich auch das Interesse an einem Kampfpreis zu, weil diese Affekte die seelische Kraft des Kämpfens nähren und steigern. Es ist *zweckmäßig,* den Gegner, mit dem man aus irgend einem Grunde kämpft, auch zu hassen, wie es zweckmäßig ist, denjenigen zu lieben, an den man gebunden ist und mit dem man auskommen muß. Die Wahrheit, die ein Berliner Gassenhauer ausspricht: "Was man aus Liebe tut, - Das geht noch mal so gut" - gilt auch für das, was man aus Haß tut. Das gegenseitige Verhalten der Menschen ist häufig nur dadurch begreiflich, daß eine innere Anpassung uns diejenigen Gefühle anzüchtet, die für die gegebene Situation, zu ihrer Ausnutzung oder zu ihrem Durchfechten, zum Ertragen oder zum Abkürzen ihrer, eben die zweckmäßigsten sind, die uns durch seelische Zusammenhänge die Kräfte zuführen, wie sie die Durchführung der momentanen Aufgabe und die Paralysierung der inneren Gegenstrebungen erfordert. So dürfte kein ernsthafter Kampf länger andauern, ohne von einem - wenn auch erst allmählich erwachsenden - *Komplex* seelischer Antriebe getragen zu werden. Dies ist von großer soziologischer Bedeutung: die Reinheit des Kampfes nur um des Kampfes willen erfährt so Beimischungen teils objektiver Interessen, teils solcher Impulse, denen auch auf andere Weise als durch den Kampf genügt werden kann und die in der Praxis die Brücke zwischen dem Streit und andern Wechselwirkungsformen schlagen. Ich kenne eigentlich nur einen einzigen Fall, in dem der Reiz des Kampfes und Sieges an und für sich, sonst nur ein Element inhaltlich veranlaßter Antagonismen, das ausschließliche Motiv bildet: das Kampfspiel, und zwar dasjenige, das ohne einen, außerhalb des Spieles selbst gelegenen Siegespreis stattfindet. Hier kombiniert sich die rein soziologische Attraktion des Herrwerdens und Sichdurchsetzens gegen den Andern in den Geschicklichkeitskämpfen: mit dem rein individuellen Genuß der zweckmäßigen und geglückten Bewegung; bei den Hazardspielen: mit der Gunst des Schicksals, die uns mit einem mystisch harmonischen Verhältnis zu den Mächten jenseits der individuellen wie der sozialen Ereignisse beglückt. Jedenfalls enthält das Kampfspiel in seiner *soziologischen Motivierung* absolut nichts als den Kampf selbst. Die wertlose Spielmarke, um die oft mit derselben Leidenschaft gerungen wird, wie um Goldstücke, bezeichnet den Formalismus dieses Triebes, der auch in dem Kampf um Goldstücke das materielle Interesse oft weit überwiegt. Nun ist aber das Bemerkenswerte, daß gerade dieser vollkommenste Dualismus zu seiner Verwirklichung soziologische Formen des engeren Sinnes, Vereinheitlichungen, voraussetzt: man *vereinigt* sich, um zu kämpfen, und man kämpft unter der beiderseitig anerkannten Herrschaft von Normen und Regeln. In die *Motivierung* der ganzen Vornahme treten, wie gesagt, diese Vereinheitlichungen nicht ein, in deren Formen doch jene sich ausgestaltet; sie bieten die Technik dar, ohne die ein solcher, alle heterogenen oder objektiven Begründungen ausscheidender Kampf nicht ausführbar wäre. Ja, die Normierung des Kampfspieles ist oft eine so rigorose, unpersönliche, beiderseitig mit der Strenge eines Ehrenkodex beobachtete, wie Vereinigungen zu Kooperationen sie kaum aufweisen.

Das Kampfprinzip und das der Vereinigung, das die Gegensätze einheitlich zusammenhält, stellt dieses Beispiel fast mit der Reinheit abstrakter Begriffe nebeneinander und enthüllt so, wie eines erst an dem andern zu seinem vollen soziologischen Sinn und Wirksamkeit gelangt. Die gleiche Form beherrscht, wenn auch nicht in dieser Sauberkeit und Unvermischtheit der Elemente, den Rechtsstreit. Hier liegt freilich ein Streitobjekt vor, durch dessen freiwillige Konzedierung der Streit befriedigend beendet werden kann, was bei dem Kampfe aus Lust am Kampf eben nicht stattfindet; und was man auch bei Prozeßparteien die Lust und Leidenschaft des Streites selbst nennt, dürfte in den meisten Fällen etwas ganz andres sein: nämlich das energische Rechtsgefühl, die Unmöglichkeit, einen wirklichen oder vermeintlichen Eingriff in die Rechtssphäre, mit der das Ich sich solidarisch fühlt, zu ertragen. Die ganze Hartnäckigkeit und der kompromißlose Eigensinn, durch die sich Parteien so oft an Prozessen verbluten, hat selbst bei dem Kläger kaum den Charakter der Offensive, sondern den der Defensive in einem tieferen Sinne: es handelt sich eben um die Selbsterhaltung der Persönlichkeit, die sich in ihren Besitz und ihre Rechte so hineinerstreckt, daß jede Antastung dieser sie vernichtet und der Kampf darum mit Einsetzung der ganzen Existenz nur konsequent ist. Dieser individualistische Trieb und nicht der soziologische des Kämpfens wird also derartige Fälle bestimmen. Auf die Streitform selbst angesehen aber, ist der gerichtliche Streit allerdings ein absoluter; d. h. die beiderseitigen Ansprüche werden mit reiner Sachlichkeit und mit allen zulässigen Mitteln durchgeführt, ohne durch personale oder irgendwie außerhalb gelegene Momente abgelenkt oder gemildert zu sein; der Rechtsstreit ist insofern der Streit schlechthin, als in die ganze Aktion nichts eintritt, was nicht in den Streit *als solchen* hineingehörte und nicht dem Streitzweck diente. Während sonst selbst in den wildesten Kämpfen noch irgend etwas Subjektives, irgend eine bloß schicksalsmäßige Wendung, ein Eingriff von dritter Seite mindestens möglich ist, wird all solches hier durch die Sachlichkeit ausgeschlossen, mit der eben der Kampf und sonst absolut nichts vor sich geht. Diese Ausscheidung alles dessen, was nicht Streit ist, aus dem Rechtsstreit kann freilich zu einem Formalismus des Kampfes führen, der sich dem Inhalt gegenüber selbständig macht. Dies geschieht einerseits in der juristischen Rabulistik, in der überhaupt nicht mehr sachliche Momente sich gegeneinander abwägen, sondern nur noch Begriffe einen ganz abstrakten Kampf aufführen. Andrerseits wird der Streit manchmal auf Elemente übertragen, die zu dem, was durch ihren Kampf entschieden werden soll, überhaupt keine Beziehung haben. Wenn Rechtsstreite in höheren Kulturen durch berufsmäßige Sachwalter ausgefochten werden, so dient dies zwar der reinlichen Herauslösung des Streites aus allen persönlichen Assoziationen, die mit ihm nichts zu tun haben; wenn aber Otto der Große bestimmt, eine rechtliche Streitfrage solle durch gottesgerichtlichen Zweikampf, und zwar zwischen berufsmäßigen Fechtern entschieden werden - so ist hier von dem ganzen Interessenkonflikt die bloße Form, daß überhaupt gekämpft und gesiegt wird, übrig geblieben; nur diese ist noch das Gemeinsame zwischen dem Kampf, der entschieden werden soll, und dem, der ihn entscheidet. Dieser Fall drückt in karikierender Übertreibung die hier fragliche Reduktion und Limitierung des Rechtsstreites auf das bloße Streitmoment aus. Aber gerade durch seine reine Sachlichkeit wird dieser unbarmherzigste Streittypus - weil er eben ganz jenseits der subjektiven Gegensätze von Barmherzigkeit und Grausamkeit steht - doch als ganzer auf die Voraussetzung einer Einheit und Gemeinsamkeit der Parteien gestellt, wie sie so streng und gleichmäßig kaum irgend ein andres Verhältnis bedingt. Die gemeinsame Unterordnung unter das Gesetz, die beiderseitige Anerkennung, daß die Entscheidung nur nach dem objektiven Gewicht der Gründe erfolgen soll, die Einhaltung von Formen, die für beide Parteien undurchbrechlich gelten, das Bewußtsein, bei dem ganzen Verfahren von einer sozialen Macht und Ordnung umfaßt zu sein, die ihm erst Sinn und Sicherheit gibt - all dies läßt den Rechtsstreit auf einer breiten Basis von Einheitlichkeiten und Übereinstimmungen zwischen den Feinden ruhen; so bilden, nur in geringerem Maße, die Parteien einer Verhandlung, eines kaufmännischen Geschäftes eine Einheit, indem sie, bei aller Entgegengesetztheit der Interessen, gemeinsam verbindende - verbindliche - Normen anerkennen. Die *gemeinsamen* Voraussetzungen, die alles bloß Persönliche von dem Rechtsstreit ausschließen, tragen jenen Charakter der reinen Sachlichkeit, dem nun seinerseits die Unerbittlichkeit, die Schärfe, die Unbedingtheit des Streitcharakters entspricht. Die Wechselbeziehung zwischen der Dualistik und der Einheit des soziologischen Verhältnisses zeigt so der Rechtsstreit nicht weniger als das Kampfspiel; gerade das Äußerste und Unbedingte des Kampfes kommt zustande, indem es von der strengen Einheit gemeinsamer Normen und Bedingtheiten umgeben und getragen ist.

Endlich tritt dies allenthalben hervor, wo die Parteien von einem objektiven Interesse erfüllt sind, d. h. wo das Streitinteresse und damit der Streit selbst gegen die Persönlichkeit selbst differenziert ist. Hier ist nun das Doppelte möglich: der Streit kann sich um rein sachliche Entscheidungen drehen und alles Persönliche außerhalb seiner und im Friedenszustand lassen; oder er kann gerade die Personen nach ihren subjektiven Seiten ergreifen, ohne daß gleichzeitige objektive Interessen, die den Parteien gemeinsam sind, dadurch Alterierung oder Entzweiung erführen. Den letzteren Typus charakterisiert die Äußerung von Leibniz: er würde selbst seinem Todfeind nachlaufen, wenn er etwas von ihm lernen könnte. Daß dies die Feindschaft selbst beruhigen und dämpfen kann, ist so selbstverständlich, daß hier nur der entgegengesetzte Erfolg in Frage stehen kann. Und allerdings hat die Feindschaft, die neben einer Verbundenheit und Verständigung im Objektiven herläuft, sozusagen eine Sauberkeit und Sicherheit ihres Rechtes, die Bewußtheit einer solchen Sonderung vergewissert uns, daß wir die persönliche Abneigung nicht dahin übergreifen lassen, wohin sie nicht gehört, und dies gute Gewissen, das wir uns mit jener Differenzierung erkaufen, kann unter Umständen gerade zu einer Verschärfung der Feindschaft führen. Denn wo sie so auf ihren wirklichen Herd, der zugleich das Subjektivste der Persönlichkeit ist, beschränkt ist, überlassen wir uns ihr manchmal weitergehend, leidenschaftlicher, gesammelter, als wenn ihr Impuls noch einen Ballast sekundärer Animositäten auf Gebieten, die eigentlich nur von jener zentralen angesteckt sind, mitzutragen hat. Wo die gleiche Differenzierung den Streit umgekehrt nur auf der Seite unpersönlicher Interessen übrig läßt, werden gleichfalls zwar die unnützen Verschärfungen und Erbitterungen wegfallen, mit denen sich die Verpersönlichung sachlicher Kontroversen zu rächen pflegt; andrerseits aber kann das Bewußtsein, nur der Vertreter überindividueller Ansprüche zu sein, nicht für sich, sondern nur für die Sache zu kämpfen, dem Kampfe einen Radikalismus und eine Schonungslosigkeit geben, die ihre Analogie an dem gesamten Verhalten mancher sehr selbstloser, sehr ideal gesonnener Menschen findet: weil sie auf sich selbst keine Rücksicht nehmen, so nehmen sie sie auch nicht auf Andere und halten sich für durchaus berechtigt, der Idee, der sie sich selbst opfern, auch jeden Anderen zu schlachten. Ein solcher Kampf, in den zwar alle Kräfte der Person eingesetzt werden, während der Sieg nur der Sache zugute kommen soll, wird den Charakter der Vornehmheit tragen: denn der vornehme Mensch ist der ganz persönliche, der doch seine Persönlichkeit ganz zu reservieren weiß; darum wirkt Objektivität als Noblesse. Aber nachdem einmal diese Differenzierung vollbracht und der Kampf objektiviert ist, wird er, ganz konsequent, nicht einer abermaligen Reserve unterworfen, ja, dies würde eine Versündigung gegen das sachliche Interesse sein, auf das man ihn lokalisiert hat. Über dieser Gemeinsamkeit der Parteien: daß jede nur die Sache und ihr Recht verteidigt, und auf alles Persönlich-Selbstische verzichtet - wird der Kampf nun, ohne die Zuspitzungen, aber auch ohne die Milderungen durch personale Instanzen und nur seiner immanenten Logik gehorsam, mit der absoluten Schärfe ausgefochten. Der so geformte Gegensatz zwischen Einheit und Antagonismus spannt sich vielleicht da am fühlbarsten, wo beide Parteien wirklich eines und dasselbe Ziel verfolgen, also etwa die Ergründung einer wissenschaftlichen Wahrheit. Hier würde jede Nachgiebigkeit, jeder höfliche Verzicht auf die unbarmherzige Bloßstellung des Gegners, jeder Friedensschluß vor völlig entschiedenem Sieg ein Verrat an derjenigen Sachlichkeit sein, um derentwillen die Personalität des Kampfes ausgeschlossen worden ist. Zu der gleichen Form entwickeln sich, bei unendlicher sonstiger Verschiedenheit, die sozialen Kämpfe seit Marx. Indem erkannt ist, daß die Lage der Arbeiter durch die objektiven Produktionsbedingungen und -formen bestimmt ist, unabhängig von dem Wollen und Können der Einzelpersonen, geht die persönliche Erbitterung der prinzipiellen wie der lokalen Kämpfe sichtlich zurück. Der Unternehmer ist nicht mehr als solcher schon ein Blutsauger und verdammungswürdiger Egoist, der Arbeiter nicht mehr unter allen Umständen von sündhafter Begehrlichkeit, beide Parteien beginnen zum mindesten, sich ihre Forderungen und Taktiken nicht mehr als persönliche Böswilligkeiten ins Gewissen zu schieben. Diese Versachlichung ist in Deutschland eigentlich auf theoretischem Wege, in England durch das Gewerkvereinswesen in die Wege geleitet worden, indem das Persönlich-Individualistische des Antagonismus bei uns durch die abstraktere Allgemeinheit der geschichtlichen und Klassenbewegung, dort durch die strenge überindividuelle Einheit in den Aktionen der Gewerkvereine und der Unternehmerverbände überwunden wurde. Die Heftigkeit des Kampfes aber hat darum nicht abgenommen, ja, sie wurde im Gegenteil zielbewußter, konzentrierter und zugleich weiter ausgreifend durch dies Bewußtsein der Einzelnen, nicht nur und oft überhaupt nicht für sich, sondern für ein großes überpersönliches Ziel zu kämpfen. Ein interessantes Symptom dieser Korrelation lieferte etwa die Boykottierung der Berliner Brauereien durch die Arbeiterschaft im Jahre 1894. Dies war einer der heftigsten örtlichen Kämpfe der letzten Jahrzehnte, von beiden Seiten mit äußerster Energie geführt, aber ohne irgendwelche - eigentlich sehr nahe liegende - persönliche Gehässigkeit der Boykottleiter gegen die Brauereien oder der Direktoren gegen jene. Ja, zwei der Parteiführer haben mitten im Kampf ihre Meinungen über ihn in einer und derselben Zeitschrift niedergelegt, beide in der Darstellung des Tatsächlichen objektiv und also übereinstimmend, und nur in den praktischen Folgerungen parteimäßig abweichend. Indem der Kampf alles Unsachlich-Persönliche aus sich herausdifferenziert und damit den Antagonismus quantitativ einschränkt, einen gegenseitigen Respekt, eine Verständigung in allem Persönlichen ermöglicht, eine Anerkennung, gemeinsam von historischen Notwendigkeiten getrieben zu werden, erzeugt - hat diese einheitliche Basis doch die Intensität, Unversöhnlichkeit und ausharrende Konsequenz des Kampfes nicht gemindert, sondern gesteigert.

Daß die Gegner ein Gemeinsames haben, über dem sich erst ihr Kampf erhebt, kann sich freilich in viel weniger edlen Erscheinungen als in den oben berührten einstellen: wenn nämlich das Gemeinsame nicht eine objektive Norm, ein über dem Kampf-Egoismus der Parteien gelegenes Interesse ist, sondern ein geheimes Sich-Verstehen der Parteien in einem ihnen beiden gemeinsamen egoistischen Zweck. In einem gewissen Grade ist das bei den beiden großen englischen Parteien im 18. Jahrhundert der Fall gewesen. Eine Gegensätzlichkeit von politischen Überzeugungen, die bis auf den Grund gegangen wäre, bestand zwischen ihnen nicht, da es sich für beide gleichmäßig um die Aufrechterhaltung des aristokratischen Regimes handelte. Es war das Merkwürdige, daß zwei Parteien, die den Boden des politischen Kampfes vollständig unter sich aufteilten, sich dennoch nicht radikal bekämpften - weil sie einen stillschweigenden Pakt miteinander schlossen, gegen etwas, was garnicht politische Partei war. Man hat mit dieser eigenartigen Beschränkung des Kampfes die parlamentarische Bestechlichkeit jener Periode in Zusammenhang gebracht: seine Überzeugung zu Gunsten der Gegenpartei zu verkaufen, erschien niemandem gar zu schlimm, da die Überzeugung dieser Gegenpartei ja mit der seinigen eine ziemlich breite, wenn auch versteckte Basis gemein hatte, jenseits deren erst ihr Kampf begann! Die Leichtigkeit der Korruption zeigte, daß die Einschränkung des Antagonismus durch eine vorhandene Gemeinsamkeit ihn hier nicht prinzipieller und sachlicher gemacht, sondern ihn umgekehrt verflaut und seinen sachlich notwendigen Sinn verunreinigt hatte.

In andern, reineren Fällen kann die Synthese von Monismus und Antagonismus der Beziehungen den entgegengesetzten Erfolg haben, wenn die Einheit der Ausgangspunkt und das Fundament des Verhältnisses ist und über sie nun der Streit sich erhebt. Dieser pflegt leidenschaftlicher und radikaler zu sein, als wo er keinerlei vorhergehende oder gleichzeitig bestehende Zusammengehörigkeit der Parteien vorfindet. Wo das altjüdische Gesetz Bigamie gestattet, verbietet es doch die Ehe mit zwei Schwestern (obgleich man nach dem Tode der einen die andre heiraten darf); denn diese wäre besonders dazu angetan, Eifersucht zu erregen! Es wird also ohne weiteres als Erfahrungstatsache vorausgesetzt, daß auf dem Boden der verwandtschaftlichen Gemeinsamkeiten ein stärkerer Antagonismus naheliegt, als unter Fremden. Der gegenseitige Haß ganz kleiner Nachbarstaaten, deren ganzes Weltbild, deren lokale Beziehungen und Interessen unvermeidlich höchst ähnlich sind, ja vielfach zusammenfallen müssen, ist oft viel leidenschaftlicher und unversöhnlicher, als der zwischen großen Nationen, die räumlich wie sachlich einander völlig fremd sind. Das war das Verhängnis von Griechenland und dem nachrömischen Italien, und noch eine Steigerung davon erschütterte England, bevor es nach der normannischen Eroberung zur Verschmelzung beider Rassen kam. Der Haß dieser beiden, die auf demselben Territorium durcheinander wohnten, durch fortwährend wirksame Lebensinteressen aneinander gebunden, von einem einheitlichen Staatsgedanken zusammengehalten - und doch innerlich sich völlig fremd, in der ganzen Wesensart ohne gegenseitiges Verständnis und in den Machtinteressen einander absolut feindlich - dieser Haß war, wie man mit Recht betonte, erbitterter, als er zwischen äußerlich und innerlich getrennten Stämmen überhaupt aufkommen kann. Kirchliche Verhältnisse geben mit die stärksten Beispiele, weil in ihnen die kleinste Divergenz wegen ihrer dogmatischen Fixierung sogleich eine logische Unversöhnlichkeit erhält: wenn überhaupt Abweichung da ist, so ist es begrifflich gleichgültig, ob sie groß oder klein ist. So in den konfessionalistischen Streitigkeiten zwischen Lutheranern und Reformierten, namentlich im 17. Jahrhundert. Kaum war die große Absonderung gegen den Katholizismus geschehen, so spaltet sich das Ganze um der nichtigsten Dinge willen in Parteien, die man öfters äußern hört, man könnte eher mit den Papisten Gemeinschaft halten als mit denen von der andern Konfession! Und als 1875 in Bern eine Schwierigkeit über den Ort des katholischen Gottesdienstes entstand, erlaubte der Papst nicht, daß er in der Kirche, die die Altkatholiken benutzten, abgehalten würde, wohl aber in einer reformierten Kirche.

Zwei Arten von Gemeinsamkeit kommen als Fundamente eines ganz besonders gesteigerten Antagonismus in Betracht: die Gemeinsamkeit der Qualitäten und die Gemeinsamkeit durch Befaßtsein in *einem* sozialen Zusammenhang. Das erstere geht ausschließlich auf die Tatsache zurück, daß wir Unterschiedswesen sind. Eine Gegnerschaft muß das Bewußtsein um so tiefer und heftiger erregen, von einer je größeren Gleichheit unter den Parteien sie sich abhebt. Bei friedlicher oder liebevoller Gesinnung ist dies eine ausgezeichnete Schutzvorrichtung der Vereinigung, vergleichbar der Warnungsfunktion des Schmerzes innerhalb des Organismus; denn gerade die energische Bewußtheit, mit der sich die Dissonanz bei sonst durchgehender Harmonie des Verhältnisses geltend macht, mahnt sogleich zur Beseitigung des Streitgrundes, so daß er nicht erst im Halbbewußten sich weiter und bis zu dem Fundament der Beziehung durchnage. Wo es aber an dieser Grundabsicht, sich unter allen Umständen schließlich zu vertragen, fehlt, wird das an der sonstigen Gleichheit geschärfte Bewußtsein des Antagonismus ihn selbst verschärfen. Menschen, die viel Gemeinsames haben, tun sich oft schlimmeres, ungerechteres Unrecht, als ganz Fremde. Manchmal, weil das große gemeinsame Gebiet zwischen ihnen selbstverständlich geworden ist und deshalb nicht dies, sondern das momentan Differente ihre gegenseitige Stellung bestimmt; hauptsächlich aber, weil eben nur weniges zwischen ihnen different ist, so daß jeder kleinste Antagonismus eine ganz andre relative Bedeutung hat als zwischen Fremderen, die beiderseitig von vornherein auf alle möglichen Differenzen gefaßt sind. Daher die Familienkonflikte um die wunderlichsten Kleinigkeiten, daher die Tragik der "Lappalie", um die völlig zusammenstimmende Menschen manchmal auseinanderkommen. Dies beweist keineswegs immer, daß die harmonisierenden Kräfte schon vorher in Verfall geraten sind; es kann gerade aus einer so großen Gleichheit der Eigenschaften, Neigungen, Überzeugungen hervorgehen, daß das Auseinandergehen an einem ganz unbedeutenden Punkte sich durch die Schärfe des Gegensatzes als etwas ganz Unerträgliches fühlbar macht. Es kommt dies dazu: dem Fremden, mit dem man weder Qualitäten noch weitere Interessen teilt, steht man objektiv gegenüber, man reserviert die eigene Persönlichkeit, deshalb nimmt die einzelne Differenz nicht so leicht den ganzen Menschen mit. Mit dem sehr Verschiedenen begegnet man sich eben gerade nur an den Punkten einer einzelnen Verhandlung oder Interessenkoinzidenz, und deshalb wird die Austragung eines Konflikts auch auf jene selbst beschränkt. Je mehr wir als ganze Menschen mit einem andern gemein haben, desto leichter wird sich unsere Ganzheit jeder einzelnen Beziehung zu ihm assoziieren. Daher die ganz unverhältnismäßige Heftigkeit, zu der sich sonst durchaus beherrschte Menschen manchmal gerade ihren Intimsten gegenüber fortreißen lassen. Das ganze Glück und die Tiefe in den Beziehungen zu einem Menschen, mit dem wir uns sozusagen identisch fühlen: daß keine einzelne Beziehung, kein einzelnes Wort, kein einzelnes gemeinsames Tun oder Leiden wirklich einzeln bleibt, sondern jedes ein Gewand für die ganze Seele ist, die sich in ihm ohne Rest gibt und empfangen wird - eben dies macht unter solchen einen entstehenden Zwist oft so leidenschaftlich expansiv und gibt das Schema zu dem verhängnisvollen: "Du - überhaupt." Einmal so verbundene Menschen sind zu sehr gewöhnt, in die Seiten, die sie sich gerade zuwenden, die Totalität ihres Seins und Fühlens hineinzulegen, um nicht auch den Streit mit Akzenten und gleichsam mit einer Peripherie auszustatten, durch die er weit über seine Veranlassung und ihre objektive Bedeutung hinauswächst und die Gesamtpersönlichkeiten in die Entzweiung hineinreißt. Auf der höchsten geistigen Ausbildungsstufe mag dies vermieden werden; denn dieser ist es eigen, die völlige Hingabe der Seele an eine Person doch mit einer völligen gegenseitigen Sonderung der Elemente der Seele zu verbinden; während die undifferenzierte Leidenschaft die Totalität des Menschen mit der Erregung eines Teiles oder Momentes verschmilzt, läßt die Bildung keinen solchen über sein eigenes, fest umschriebenes Recht hinausgreifen und gewährt dadurch der Beziehung harmonischer Naturen den Vorteil, daß sie sich gerade an dem Konflikt bewußt werden, wie geringfügig er im Verhältnis zu den verbindenden Kräften ist. Abgesehen hiervon wird aber besonders bei tiefen Naturen die verfeinerte Unterschiedsempfindlichkeit Zu- und Abneigungen dadurch um so leidenschaftlicher machen, daß sie sich von der entgegengesetzt gefärbten Vergangenheit abheben; und zwar bei einmaligen, unwiderruflichen Entscheidungen ihres Verhältnisses, ganz unterschieden von dem Hin- und Herpendeln in den Alltäglichkeiten eines im ganzen unfraglichen Zusammengehörens. Zwischen Männern und Frauen ist eine ganz elementare Aversion, ja ein Haßgefühl, nicht auf bestimmte Gründe hin, sondern als die gegenseitige Repulsion des ganzen Seins der Personen - manchmal ein erstes Stadium von Beziehungen, dessen zweites leidenschaftliche Liebe ist. Man könnte auf die paradoxe Vermutung kommen, daß bei Naturen, die zu dem allerengsten Gefühlsverhältnis bestimmt sind, dieser Turnus durch eine instinktive Zweckmäßigkeit hervorgerufen wäre, um dem definitiven Gefühl durch sein entgegengesetztes Präludium - wie durch einen Anlaufrückschritt - die leidenschaftlichste Zuspitzung und Bewußtsein dessen, was man nun gewonnen hat, zu verschaffen. Die gleiche Form zeigt die entgegengesetzte Erscheinung: der tiefste Haß wächst aus gebrochener Liebe. Hier ist wohl nicht nur die Unterschiedsempfindlichkeit entscheidend, sondern vor allem das Dementi der eigenen Vergangenheit, das in einem solchen Gefühlswechsel liegt. Eine tiefe Liebe - und zwar nicht nur eine sexuelle - als einen Irrtum und eine Instinktlosigkeit zu erkennen, ist eine solche Bloßstellung vor uns selbst, ein solcher Bruch durch die Sicherheit und Einheit unseres Selbstbewußtseins, daß wir unvermeidlich den Gegenstand dieser Unerträglichkeit für sie büßen lassen. Das geheime Gefühl der eigenen Schuld an ihr überdecken wir sehr zweckmäßigerweise durch den Haß, der es uns leicht macht, die ganze Schuld dem andern zuzuschieben.

Diese besondere Bitternis von Konflikten in Verhältnissen, in denen ihrem Wesen nach Burgfrieden zu herrschen hätte, scheint eine positive Verstärkung der Selbstverständlichkeit zu sein: daß Verhältnisse ihre Enge und Kraft eben an dem Ausbleiben von Differenzen zeigen. Allein diese Selbstverständlichkeit ist garnicht ausnahmslos gültig. Daß in sehr intimen, den ganzen Lebensinhalt beherrschenden oder wenigstens berührenden Gemeinsamkeiten, wie etwa die Ehe ist, überhaupt keine Veranlassungen zu Konflikten auftreten, ist ganz ausgeschlossen. Ihnen niemals nachzugeben, sondern ihnen schon von weitem vorzubauen, sie von vornherein durch gegenseitige Nachgiebigkeit abzuschneiden, ist keineswegs immer Sache der echtesten und tiefsten Zuneigung, kommt vielmehr gerade bei Gesinnungen vor, die zwar liebevoll, sittlich, treu sind, denen aber die letzte, unbedingteste Hingebung des Gefühls fehlt. Das Individuum, im Bewußtsein, dieses nicht aufzubringen, ist um so ängstlicher bemüht, die Beziehung von jedem Schatten rein zu erhalten, durch die äußerste Freundlichkeit, Selbstbeherrschung, Rücksicht den Anderen für jenen Mangel zu entschädigen, besonders aber das eigene Gewissen über die leisere oder stärkere Unwahrhaftigkeit seines Verhaltens zu beruhigen, die auch der aufrichtigste, ja oft leidenschaftlichste Wille nicht in Wahrheit verwandeln kann - weil es sich hier um Gefühle handelt, die dem Willen nicht zugängig sind, sondern wie Schicksalsmächte kommen oder ausbleiben. Die empfundene Unsicherheit in der Basis solcher Verhältnisse bewegt uns, bei dem Wunsche, sie um jeden Preis aufrechtzuerhalten, oft zu ganz übertriebenen Selbstlosigkeiten, zu einer gleichsam mechanischen Sicherung ihrer durch prinzipielles Vermeiden jeder Konfliktsmöglichkeit. Wo man der Unwiderruflichkeit und Vorbehaltlosigkeit des eigenen Gefühles gewiß ist, bedarf es dieser unbedingten Friedfertigkeit garnicht, man weiß, daß keine Erschütterung bis zu dem Fundament des Verhältnisses dringen kann, auf dem man sich immer wieder zusammenfinden wird. Die stärkste Liebe kann am ehesten einen Stoß aushalten, und die Befürchtung der geringeren, die Folgen eines solchen garnicht absehen zu können, und daß man ihn deshalb unter jeder Bedingung vermeiden müsse, kommt jener garnicht in den Sinn. So sehr also auch der Zwist unter intimen Menschen tragischere Folgen als unter fremderen haben kann, so läßt aus diesen Zusammenhängen heraus gerade das tiefstgegründete Verhältnis es viel eher einmal auf einen solchen ankommen, während manches zwar gute und moralische, aber in geringeren Gefühlstiefen wurzelnde, der Erscheinung nach viel harmonischer und konfliktloser verläuft.

Eine besondere Nuance der soziologischen Unterschiedsempfindlichkeit und der Betonung des Konflikts auf der Basis der Gleichheit ergibt sich da, wo die Sonderung ursprünglich homogener Elemente bewußter Zweck ist, wo nicht eigentlich das Auseinandergehen aus dem Konflikt, sondern der Konflikt aus dem Auseinandergehen folgt. Der Typus hierfür ist der Haß des Renegaten und gegen den Renegaten. Die Vorstellung des ehemaligen Übereinstimmens wirkt hier noch so stark, daß der jetzige Gegensatz unendlich viel schärfer und erbitterter ist, als wenn von vornherein überhaupt keine Beziehung bestanden hätte. Es kommt hinzu, daß beide Teile den Unterschied gegenüber der nachklingenden Gleichheit - dessen Unzweideutigkeit für sie vom äußersten Belang ist, - oft nur so gewinnen werden, daß sie ihn über seinen ursprünglichen Herd hinauswachsen und alle überhaupt vergleichbaren Punkte ergreifen lassen; um dieses Zweckes der Positionssicherung willen führt der theoretische oder religiöse Abfall zu einer gegenseitigen Verketzerung in jeglicher ethischen, persönlichen, inneren oder äußeren Hinsicht, deren es garnicht bedarf, wenn die genau gleiche Differenz sich zwischen Fremden abspielt. Ja, daß überhaupt eine Differenz der *Überzeugungen* in Haß und Kampf ausartet, findet meistens nur bei wesentlichen und ursprünglichen Gleichheiten der Parteien statt. Die soziologisch sehr bedeutsame Erscheinung der "Achtung vor dem Feinde" pflegt da auszubleiben, wo die Feindschaft sich über früheren Zusammengehörigkeiten erhoben hat. Wo nun gar noch so viel Gleichheit weiter besteht, daß Verwechslungen und Grenzverwischungen möglich sind, da müssen die Differenzpunkte mit einer Schärfe herausgehoben werden, die oft garnicht durch die Sache selbst, sondern nur durch jene Gefahr gerechtfertigt wird. Dies wirkte z. B. in dem oben herangezogenen Fall des Katholizismus in Bern. Der römische Katholizismus braucht nicht zu fürchten, daß durch eine äußere Berührung mit einer so völlig heterogenen Kirche, wie der reformierten, seine Eigenheit bedroht werde, wohl aber durch die mit einer immerhin noch so nahe verwandten, wie dem Altkatholizismus.

Dieses Beispiel berührt schon den zweiten hier fraglichen Typus, der freilich in der Praxis mit dem andern mehr oder weniger zusammenfällt: die Feindschaft, deren Zuspitzung sich auf Zusammengehörigkeit und Einheit - die keineswegs immer auch Gleichheit ist - gründet. Die Veranlassung für ihre gesonderte Behandlung ist, daß hier statt der Unterschiedsempfindlichkeit ein ganz neues Grundmotiv auftaucht, die eigentümliche Erscheinung des sozialen Hasses, d. h. des Hasses gegen einen Gruppenangehörigen, nicht aus persönlichen Motiven, sondern weil von ihm eine Gefahr für den Bestand der Gruppe ausgeht. Insofern eine solche durch den Zwist innerhalb der Gruppe droht, haßt die eine Partei die andere nicht nur aus dem materialen Grunde, der den Zwist eben entfacht hat, sondern auch aus dem soziologischen: daß wir eben den Feind der Gruppe als solchen hassen. Indem dies gegenseitig geschieht, und jeder die Schuld an der Bedrohung des Ganzen dem anderen zuschiebt, wächst dem Antagonismus eine Verschärfung gerade durch die Zugehörigkeit seiner Parteien zu *einer* Gruppeneinheit zu. Am bezeichnendsten sind hier die Fälle, in denen es zur eigentlichen Sprengung der Gruppe nicht kommt; denn ist diese erst geschehen, so bedeutet das eine gewisse Lösung des Konfliktes, die personale Differenz hat ihre soziologische Entladung gefunden und der Stachel immer erneuter Reizung ist entfernt. Zu jenem Erfolge muß vielmehr gerade die Spannung zwischen Antagonismus und dennoch bestehender Einheit wirken. Wie es fürchterlich ist, mit einem Menschen entzweit zu sein, an den man doch gebunden ist - äußerlich, aber, in den tragischsten Fällen, auch innerlich gebunden ist - von dem man nicht los *kann,* auch wenn man es wollte, so steigert sich die Verbitterung auch dann, wenn man sich aus der Gemeinschaft nicht lösen *will,* weil man die Werte der Zugehörigkeit zu der umfassenden Einheit nicht aufopfern mag, oder weil man diese Einheit als einen objektiven Wert fühlt, dessen Bedrohung Kampf und Haß verdient. Aus diesen Konstellationen entspringt die Heftigkeit, mit der z. B. Streitigkeiten innerhalb einer politischen Fraktion oder eines Gewerkvereins oder einer Familie ausgefochten werden. Die Einzelseele bietet hierzu eine Analogie. Das Gefühl, daß ein Konflikt zwischen sinnlichen und asketischen, oder selbstsüchtigen und sittlichen, oder praktischen und intellektualistischen Strebungen in uns nicht nur die Ansprüche einer oder beider Parteien herabsetzt und keine zu einem ganz freien Sich-Ausleben kommen läßt, sondern auch die Einheit, das Gleichgewicht und das Kraftmaß der Seele als ganzer oft genug bedroht - dieses Gefühl mag in manchen Fällen den Konflikt von vornherein niederhalten; wo es aber dazu nicht zureicht, gibt es dem Kampf umgekehrt etwas Erbittertes und Verzweifeltes, einen Akzent, als ob hier eigentlich noch um viel Wesentlicheres gekämpft werde, als um den unmittelbar fraglichen Streitgegenstand; die Energie, mit der eine jede jener Tendenzen die andere unterjochen möchte, wird nicht nur von ihrem sozusagen egoistischen Interesse genährt, sondern von dem darüber weit hinausgreifenden an der Einheit des Ich, für die dieser Kampf ein Zerreißen und ein Zerfallen bedeutet, wenn er nicht mit einem eindeutigen Siege endet. So wächst der Streit innerhalb einer eng verbundenen Gruppe oft genug über das Maß hinaus, das sein Gegenstand und dessen unmittelbares Interesse für die Parteien rechtfertigen würde; denn an dieses heftet sich jetzt noch das Gefühl, daß der Streit nicht nur eine Angelegenheit der Parteien, sondern der Gruppe als ganzer ist, daß jede Partei sozusagen in dem Namen dieser kämpft, und in dem Gegner nicht nur *ihren* Gegner, sondern zugleich den ihrer höheren soziologischen Einheit zu hassen hat.

Endlich gibt es eine scheinbar ganz individuelle, in Wirklichkeit soziologisch sehr bedeutsame Tatsache, die die äußerste Heftigkeit der antagonistischen Erregung an die Enge des Zusammengehörens knüpfen kann: die Eifersucht. Der Sprachgebrauch verfährt mit diesem Begriff nicht eindeutig und unterscheidet ihn vielfach nicht vom Neide. Beide Affekte sind zweifellos für die Gestaltung menschlicher Verhältnisse von größter Bedeutung. Bei beiden handelt es sich um einen Wert, an dessen Erlangung oder dessen Bewahrung uns ein Dritter real oder symbolisch hindert. Wo es sich um Erlangen handelt, werden wir eher von Neid, wo um Bewahren, von Eifersucht sprechen; wobei natürlich die definierende Verteilung der Worte an sich ganz bedeutungslos und nur das Auseinanderhalten der psychisch-soziologischen Vorgänge wichtig ist. Dem als Eifersucht bezeichneten ist es eigen, daß das Subjekt auf jenen Besitz einen Rechtsanspruch zu haben meint, während der Neid nicht nach dem Recht, sondern einfach nach der Begehrbarkeit des Versagten fragt; ihm ist es auch gleichgültig, ob das Gut ihm deshalb versagt ist, *weil* jener Dritte es besitzt, oder ob selbst Verlust oder Verzicht seitens dieses ihm nicht dazu verhelfen würde. Die Eifersucht dagegen wird in ihrer inneren Richtung und Färbung gerade dadurch bestimmt, daß der Besitz uns vorenthalten ist, *weil* er in der Hand des Anderen ist, und daß er mit der Aufhebung hiervon sogleich uns zufallen würde: die Empfindung des Neidischen dreht sich mehr um den Besitz, die des Eifersüchtigen um den Besitzer. Man kann den Ruhm jemandes beneiden, auch wenn man selbst nicht den geringsten Anspruch auf Ruhm hat; man ist aber auf ihn eifersüchtig, wenn man der Meinung ist, ihn ebenso und eher zu verdienen, als jener. Das Verbitternde und Nagende für den Eifersüchtigen ist eine gewisse Fiktion des Gefühles - so unberechtigt, ja unsinnig sie sein mag -, daß jener ihm den Ruhm sozusagen weggenommen hat. Eifersucht ist eine Empfindung von so spezifischer Art und Stärke, daß sie, aus irgendwelcher exzeptionellen seelischen Kombination heraus entstanden, sich ihre typische Situation innerlich ergänzt.

Gewissermaßen in der Mitte zwischen den so bestimmten Erscheinungen von Neid und Eifersucht steht eine dritte, in diese Skala gehörige, die man als Mißgunst bezeichnen kann: das neidische Begehren eines Objektes, nicht weil es an sich für das Subjekt besonders begehrenswert ist, sondern nur weil der andere es besitzt. Diese Empfindungsweise entwickelt sich zu zwei Extremen, die in die Negation des eigenen Besitzes umschlagen. Einerseits die Form leidenschaftlicher Mißgunst, die auf das Objekt lieber selbst verzichtet, ja, es lieber zerstört, ehe sie es dem andern gönnt; und die zweite: völlige eigene Gleichgültigkeit oder Aversion gegen das Objekt und dennoch völlige Unerträglichkeit des Gedankens, daß der andre es besitze. Solche Formen des Nichtgönnens durchziehen in tausend Graden und Mischungen das gegenseitige Verhalten der Menschen. Das große Problemgebiet, auf dem sich die Beziehungen der Menschen zu den Dingen als Ursachen oder Wirkungen ihrer Beziehungen untereinander auftun, wird zu nicht kleinem Teil durch diesen Typus von Affekten gedeckt. Es handelt sich hier eben nicht nur darum, daß Geld oder Macht, Liebe oder soziale Stellung begehrt werden, so daß die Konkurrenz oder eine sonstige Überflügelung oder Beseitigung einer Person eine bloße Technik ist, in ihrem inneren Sinne nicht anders, als die Überwindung eines physischen Hindernisses. Vielmehr, die Gefühlsbegleitung, die sich an ein solches bloß äußerliches und sekundäres Verhältnis der Personen heftet, wächst in diesen Modifikationen des Nichtgönnens zu selbständigen soziologischen Formen aus, die an dem Begehren nach den Objekten nur ihren *Inhalt* haben; was sich daran herausstellt, daß die zuletzt erwähnten Stufen der Reihe das Interesse für den objektiven Zweckinhalt völlig abgestreift haben und ihn nur als das an sich ganz indifferente Material beibehalten, um das das personale Verhältnis sich kristallisiert. Auf diesem allgemeinen Grunde nun zeichnet sich die Bedeutung, die die Eifersucht für unser besonderes Problem hat, und zwar dann hat, wenn ihr Inhalt eine Person bezw. die Beziehung eines Subjektes zu ihr ist. Es scheint mir übrigens, als ob der Sprachgebrauch Eifersucht um eines rein unpersönlichen Objektes willen nicht anerkennte. Was uns hier angeht, ist das Verhältnis zwischen dem Eifersüchtigen und der Person, um derentwillen sich seine Eifersucht gegen einen Dritten richtet; das Verhältnis zu diesem Dritten hat einen ganz andern, viel weniger eigenartigen und komplizierten soziologischen Formcharakter. Denn gegen jenen erhebt sich eben Zorn und Haß, Verachtung und Grausamkeit gerade *auf der Voraussetzung der Zusammengehörigkeit,* eines äußeren oder inneren, wirklichen oder vermeinten Anspruches auf Liebe, Freundschaft, Anerkennung, Vereinigung irgendwelcher Art. Hier spannt sich der Antagonismus, mag er beiderseitig oder einseitig empfunden sein, um so stärker und weiter, von je unbedingterer Einheit er ausgegangen und je leidenschaftlicher seine Überwindung ersehnt ist. Wenn das Bewußtsein des Eifersüchtigen oft zwischen Liebe und Haß zu pendeln scheint, so bedeutet das, daß diese beiden Schichten, von denen die zweite über die erste in derer ganzen Breite gebaut ist, abwechselnd das stärkere Bewußtsein für sich gewinnen. Sehr wichtig ist die vorhin angedeutete Bedingung: das *Recht,* das man auf den seelischen oder physischen Besitz, auf die Liebe oder die Verehrung des Subjekts zu haben meint, das das Objekt der Eifersucht ist. Den Besitz einer Frau mag ein Mann einem andren *beneiden;* eifersüchtig aber ist nur der, der irgend einen *Anspruch* auf ihren Besitz hat. Dieser Anspruch kann allerdings in der bloßen Leidenschaft des Begehrens bestehen. Denn aus dieser ein Recht herzuleiten, ist ein allgemein menschlicher Zug: das Kind entschuldigt sich wegen der Übertretung eines Verbotes damit, daß es das Verbotene "doch so gern wollte"; der Ehebrecher würde, insoweit er nur eine Spur von Gewissen besitzt, auf den gekränkten Ehemann im Duell nicht anlegen können, wenn er nicht in seiner Liebe zu der Frau ein Recht auf sie erblickte, das er so gegen das bloß legale Recht des Gatten verteidigt; wie allenthalben der bloße Besitz schon als Recht des Besitzes gilt, so wächst schon sein Vorstadium, das Begehren, zu einem solchen Rechte aus, und der Doppelsinn des "Anspruchs": als einfaches Begehren und als rechtlich begründetes Begehren - weist darauf hin, daß das Wollen gern dem Rechte seiner Kraft von sich aus noch die Kraft eines Rechtes beigibt. Freilich wird gerade durch diesen Rechtsanspruch die Eifersucht oft zu dem erbarmungswürdigsten Schauspiel: auf Gefühle, wie Liebe und Freundschaft, *Rechts*ansprüche geltend zu machen, ist ein Versuch mit einem völlig untauglichen Mittel. Die Ebene, in die man vom Boden eines Rechtes, eines äußerlichen oder innerlichen, aus greifen kann, berührt sich überhaupt nicht mit der, in der jene Gefühle liegen; sie mit einem bloßen Rechte, so tief und wohlerworben dies auch nach andren Richtungen hin sein mag, erzwingen zu wollen, ist so sinnlos, wie wenn man den davongeflogenen Vogel, der längst außer Hör- und Sehweite ist, in seinen Käfig zurückbefehlen wollte. Diese Erfolglosigkeit des Rechtes auf Liebe erzeugt die für die Eifersucht charakteristische Erscheinung: daß sie sich schließlich an die *äußeren Erweise* des Gefühles klammert, die allerdings durch den Appell an das Pflichtgefühl erzwingbar sind, mit dieser armseligen Genugtuung und Selbstbetrug noch den Körper des Verhältnisses bewahrend, als ob sie an ihm noch etwas von seiner Seele hätte.

Der *Anspruch,* der zu der Eifersucht gehört, wird als solcher oft von der andren Seite voll anerkannt; er bedeutet oder stiftet, wie jedes Recht zwischen Personen, eine Art von Einheit, es ist der ideelle oder legale Bestand einer Verbindung, einer positiven Beziehung irgendwelcher Art, zum mindesten deren subjektive Antizipation. Über der so bestehenden und weiterwirkenden Einheit erhebt sich nun zugleich ihre Verneinung, die eben die Situation für die Eifersucht schafft. Hier ist nicht, wie bei mancher sonstigen Zusammenwirkung von Einheit und Antagonismus, beides auf verschiedene Gebiete verteilt und nur von dem Gesamtumfange der Persönlichkeiten zusammen- und gegeneinandergehalten; sondern gerade diejenige Einheit, die in irgend einer inneren oder äußeren Form noch besteht, mindestens von einer Seite als real oder ideell bestehend empfunden wird, wird verneint. Das Eifersuchtsgefühl legt eine ganz eigenartige, verblendende, unversöhnliche Verbitterung zwischen die Menschen, weil das Trennende zwischen ihnen sich hier genau des Punktes ihrer *Verbindung* bemächtigt hat und so die Spannung zwischen beiden dem negativen Moment das Äußerste verliehen hat, was an Schärfe und Akzentuierung möglich ist. Daraus, daß dieses formal-soziologische Verhältnis die innere Situation ganz beherrscht, erklärt sich die merkwürdige, eigentlich ganz unbegrenzte Weite der Motive, von denen die Eifersucht sich nähren läßt, und die häufige inhaltliche Sinnlosigkeit ihrer Entwicklung. Wo entweder die Struktur der Beziehung von vornherein auf solche Synthese von Synthese und Antithese angelegt ist oder wo die Seele des Einzelnen diese Struktur innerhalb ihrer eigenen Dispositionen darbietet, wird jede beliebige Veranlassung die Konsequenzen daraus entwickeln, und zwar werden diese begreiflich um so leichter ansprechen, je öfter sie schon wirksam geworden sind. Daß jedes menschliche Tun und Sagen eine mehrfache Deutung seiner Absicht und Gesinnung zuläßt, schafft der Eifersucht, die überall nur *eine* Deutung sehen will, ein völlig nachgiebiges Werkzeug. Indem die Eifersucht den leidenschaftlichsten Haß an den gleichzeitigen Fortbestand der leidenschaftlichsten Liebe knüpfen kann, an das Nachwirken der innigsten Zusammengehörigkeit die Vernichtung *beider* Teile - denn der Eifersüchtige zerstört das Verhältnis ebenso, wie es ihn zur Zerstörung des Andren reizt -, ist die Eifersucht vielleicht diejenige soziologische Erscheinung, in der der Aufbau des Antagonismus über der Einheit seine subjektiv radikalste Gestaltung erreicht.

Besondere Arten einer solchen Synthese zeigen die Erscheinungen, die man als Konkurrenzen zusammenfaßt. Für das soziologische Wesen der Konkurrenz ist es zunächst bestimmend, daß der Kampf ein indirekter ist. Wer den Gegner unmittelbar beschädigt oder aus dem Wege räumt, konkurriert insofern nicht mehr mit ihm. Der Sprachgebrauch verwendet vielmehr im allgemeinen das Wort nur für solche Kämpfe, die in den parallelen Bemühungen beider Parteien um einen und denselben Kampfpreis bestehen. Die Unterschiede derselben gegen andere Kampfarten lassen sich näher etwa so bezeichnen. Die reine Form des Konkurrenzkampfes ist vor allem nicht Offensive und Defensive - deshalb nicht, weil der Kampfpreis sich nicht in der Hand eines der Gegner befindet. Wer mit einem andern kämpft, um ihm sein Geld oder sein Weib oder seinen Ruhm abzugewinnen, verfährt in ganz andern Formen, mit einer ganz andern Technik, als wenn er mit einem andern darum *konkurriert,* wer das Geld des Publikums in seine Tasche leiten, wer die Gunst einer Frau gewinnen, wer durch Taten oder Worte sich den größeren Namen machen solle. Während in vielen andern Kampfarten deshalb die Besiegung des Gegners nicht nur den Siegespreis unmittelbar einträgt, sondern der Siegespreis selbst ist, treten bei der Konkurrenz zwei andre Kombinationen auf: wo die Besiegung des Konkurrenten die zeitlich erste Notwendigkeit ist, da bedeutet diese Besiegung an sich eben noch garnichts, sondern das Ziel der ganzen Aktion wird erst durch das Sich-Darbieten eines von jenem Kampf an sich ganz unabhängigen Wertes erreicht. Der Kaufmann, der seinen Konkurrenten erfolgreich beim Publikum der Unsolidität verdächtigt hat, hat damit noch nichts gewonnen, wenn die Bedürfnisse des Publikums etwa plötzlich von der Warensorte, die er selbst anbietet, abgelenkt werden; der Liebhaber, der seinen Nebenbuhler verscheucht oder unmöglich gemacht hat, ist damit noch keinen Schritt weiter, wenn die Dame nun auch ihm ihre Neigung vorenthält; einer Konfession, die um den Gewinn eines Proselyten streitet, braucht dieser noch lange nicht darum anzuhängen, daß sie die konkurrierende durch den Nachweis ihrer Unzulänglichkeit aus dem Felde geschlagen hat - wenn ihr nicht aus dem Gemüte jenes die Bedürfnisse entgegenkommen, die sie positiv befriedigen kann. Der Konkurrenzkampf erhält bei diesem Typus seine Färbung dadurch, daß die Entscheidung des Kampfes für sich noch nicht den Zweck des Kampfes realisiert, wie überall da, wo Zorn oder Rache, Strafe oder der ideale Wert des Sieges als solchen den Kampf motiviert. Noch mehr vielleicht unterscheidet sich der zweite Typus der Konkurrenz von andern Kämpfen. Bei diesem besteht der Kampf überhaupt nur darin, daß jeder der Bewerber für sich auf das Ziel zustrebt, ohne eine Kraft auf den Gegner zu verwenden. Der Wettläufer, der nur durch seine Schnelligkeit, der Kaufmann, der nur durch den Preis seiner Ware, der Proselytenmacher, der nur durch die innere Überzeugungskraft seiner Lehre wirken will, exemplifizieren diese merkwürdige Art des Kampfes, die an Heftigkeit und leidenschaftlichem Aufgebot aller Kräfte jeder andern gleichkommt, zu dieser äußersten Leistung auch nur durch das wechselwirkende Bewußtsein von der Leistung des Gegners gesteigert wird, und doch, äußerlich angesehen, so verfährt, als ob kein Gegner, sondern nur das Ziel auf der Welt wäre. Durch die unabgelenkte Richtung auf die Sache kann diese Konkurrenzform Inhalte aufnehmen, bei denen der Antagonismus ein rein formaler wird und nicht nur einem gemeinsamen Zweck beider dient, sondern sogar den Sieg des Siegers dem Besiegten zugute kommen läßt. Bei der Belagerung von Malta durch die Türken 1565 verteilte der Großmeister die Forts der Insel unter die verschiedenen Nationen, denen die Ritter angehörten, damit der Wettstreit, welche Nation die tapferste sei, für die Verteidigung des Ganzen ausgenützt würde. Hier liegt also eine echte Konkurrenz vor, während doch jede Schädigung des Gegners, die seine volle Kraftentfaltung im Wettstreit unterbinden könnte, von vornherein ausgeschlossen ist. Dies ist ein so sehr reines Beispiel, weil zwar vorausgesetztermaßen der Wunsch, im Kampf um die Ehre zu siegen, das ganz besondere Aufgebot der Kraft hervorgerufen hat, der Sieg aber nur so, daß sein Erfolg sich auch auf den Besiegten erstreckt, zu gewinnen ist. Ähnlich zeigt jede durch Ehrgeiz veranlaßte Konkurrenz auf wissenschaftlichem Gebiet einen Kampf, der sich nicht gegen den Gegner, sondern auf das gemeinsame Ziel richtet, wobei supponiert wird, daß die von dem Sieger gewonnene Erkenntnis auch für den Unterlegenen Gewinn und Förderung ist. Bei künstlerischen Konkurrenzen pflegt diese letzte Steigerung des Prinzips zu fehlen, weil der objektive Gesamtwert, der beide Parteien mit gleicher Beteiligung umfaßt, angesichts des individualistischen Wesens der Kunst nicht bewußt, wenn auch vielleicht ideell vorhanden ist. Noch entschiedener ist dieses Manko an der kaufmännischen Konkurrenz um den Abnehmer, die dennoch unter das gleiche formale Kampfprinzip gehört. Denn auch hier ist der Wettstreit unmittelbar auf die vollkommenste Leistung gerichtet und der Vorteil eines Dritten oder des Ganzen ist sein Ergebnis. So verschlingt sich in dieser Form aufs wunderbarste die Subjektivität des Endzieles mit der Objektivität des Endergebnisses, eine überindividuelle Einheit sachlicher oder sozialer Natur schließt die Parteien und ihren Kampf ein, man kämpft mit dem Gegner, ohne sich gegen ihn zu wenden, sozusagen ohne ihn zu berühren; so führt uns die subjektive antagonistische Triebfeder zur Verwirklichung objektiver Werte, und der Sieg im Kampfe ist nicht eigentlich der Erfolg eines *Kampfes,* sondern eben der Wertverwirklichungen, die jenseits des Kampfes stehen.

Darin liegt nun der ungeheure Wert der Konkurrenz für den sozialen Kreis, falls die Konkurrenten von einem solchen umfaßt sind. Während die anderen Kampftypen: bei denen entweder der Kampfpreis ursprünglich sich in den Händen der einen Partei befindet, oder wo die subjektive Feindseligkeit und nicht der Gewinn eines Preises das Kampfmotiv bildet - während diese Typen die Werte und Kräfte der Kämpfer sich gegenseitig verzehren lassen, und als Resultat für die Gesamtheit oft nur das verbleibt, was die einfache Subtraktion der schwächeren Kraft von der stärkeren übrig läßt, wirkt umgekehrt die Konkurrenz, wo sie sich von der Beimischung der anderen Kampfformen frei hält, durch ihre unvergleichliche Kombination meistens wertsteigernd: da sie, vom Standpunkt der Gruppe aus gesehen, subjektive Motive als Mittel darbietet, um objektive soziale Werte zu erzeugen und, vom Standpunkt der Partei, die Produktion des objektiv Wertvollen als Mittel benutzt, um subjektive Befriedigungen zu gewinnen[1].

1 Dies ist ein sehr reiner Fall des häufigen Typus: daß für die Gattung, für die Gruppe, kurz für das umfassende Gebilde Mittel ist, was für das Individuum Endzweck ist, und umgekehrt. Zuhöchst gilt dies in weitem Umfang für das Verhältnis des Menschen zu der metaphysischen Totalität, zu seinem Gott. Wo die Idee eines göttlichen Weltplanes aufwächst, da sind die Endzwecke des Einzelwesens nichts als Stufen und Mittel, die das absolute Endziel aller irdischen Bewegungen, wie es in dem göttlichen Geiste gesetzt ist, verwirklichen helfen; für das Subjekt aber, in der Unbedingtheit seines Ich-Interesses, ist nicht nur die empirische, sondern auch jene transszendente Wirklichkeit nur ein Mittel für seinen Zweck: sein Wohlergehen auf Erden oder sein Heil im Jenseits, das Glück ruhiger, erlöster Vollkommenheit oder ekstatischer Gotterfülltheit sucht es durch den Gott, der ihm dies alles vermittle; wie Gott als das absolute

Allein die inhaltliche Förderung, die der Konkurrenz durch ihre eigentümlich vermittelte Wechselwirkungsform gelingt, ist hier nicht so wichtig wie die unmittelbar soziologische. Indem der Zielpunkt, um den innerhalb einer Gesellschaft die Konkurrenz von Parteien stattfindet, doch wohl durchgängig die Gunst eines oder vieler dritter Personen ist - drängt sie jede der beiden Parteien, zwischen denen sie stattfindet, mit außerordentlicher Enge an jene Dritten heran. Man pflegt von der Konkurrenz ihre vergiftenden, zersprengenden, zerstörenden Wirkungen hervorzuheben und im übrigen nur jene inhaltlichen Werte als ihre Produkte zuzugeben. Daneben aber steht doch diese ungeheure vergesellschaftende Wirkung: sie zwingt den Bewerber, der einen Mitbewerber neben sich hat und häufig erst hierdurch eigentlicher Bewerber wird, dem Umworbenen entgegen- und nahezukommen, sich ihm zu verbinden, seine Schwächen und Stärken zu erkunden und sich ihnen anzupassen, alle Brücken aufzusuchen oder zu schlagen, die das eigne Sein und Leisten mit jenem verbinden könnten. Freilich geschieht dies oft um den Preis der persönlichen Würde und des sachlichen Wertes der Produktion; vor allem bewirkt die Konkurrenz zwischen den Produzenten der höchsten geistigen Leistungen, daß diejenigen, die zur Leitung der Masse bestimmt sind, sich ihr unterordnen; um über-

---

Sein auf dem Umwege über den Menschen zu sich selbst kommt, so der Mensch zu sich selbst auf dem Umwege über Gott. Für das Verhältnis zwischen dem Individuum und seiner Gattung im biologischen Sinn ist dies längst bemerkt; der erotische Genuß, für jenes ein sich selbst rechtfertigender Endzweck, ist für die Gattung nur ein Mittel, durch das sie sich ihre Fortsetzung über jeden momentanen Bestand hinaus sichere; diese Erhaltung der Gattung, die mindestens gleichnisweise als ihr Zweck gilt, ist für das Individuum oft genug nur das Mittel, sich selbst in seinen Kindern fortzusetzen, seinem Besitz, seinen Eigenschaften, seiner Vitalität eine Art Unsterblichkeit zu verschaffen. In den sozialen Beziehungen kommt das, was man als Harmonie der Interessen zwischen der Gesellschaft und dem Einzelnen bezeichnet, eben darauf hinaus. Das Tun des Einzelnen wird normiert und vorgespannt, um die rechtlichen und sittlichen, die politischen und kulturellen Verfassungen der Menschen zu tragen und zu entwickeln; was aber im ganzen nur dadurch gelingt, daß die eigenen eudämonistischen und sittlichen, materiellen und abstrakten Interessen des Individuums sich jener überindividuellen Werte als Mittel bemächtigen; so ist etwa die Wissenschaft ein Inhalt der objektiven Kultur und als solcher ein selbstgenugsamer Endzweck der gesellschaftlichen Entwicklung, der sich durch das Mittel des individuellen Erkenntnistriebes verwirklicht; für das Individuum aber ist die ganze vorliegende Wissenschaft samt dem von ihm selbst erarbeiteten Teile ihrer ein bloßes Mittel für die Befriedigung seines persönlichen Erkenntnistriebes. Nun sind allerdings diese Verhältnisse keineswegs immer von so harmonischer Symmetrie; sie beherbergen vielmehr oft genug den Widerspruch, daß zwar sowohl das Ganze wie der Teil sich als Endzweck und demnach den andern als Mittel behandeln, keines von beiden aber diese Rolle als Mittel akzeptieren will. Daraus ergeben sich Reibungen, die an jedem Punkte des Lebens fühlbar sind und die Zwecke des Ganzen wie der Teile nur unter gewissen Abzügen sich verwirklichen lassen. Das gegenseitige Sich-Aufreiben der Kräfte, das dem positiven Ergebnis nicht zugute kommt, und die Unbelohntheit und Ungenütztheit der als schwächer erwiesenen bilden derartige Abzüge innerhalb der Konkurrenz, die sonst jene Symmetrie einander entgegenlaufender Zweckreihen so deutlich zeigt.

haupt nur zur wirksamen Ausübung ihrer Funktion als Lehrer oder Parteiführer, als Künstler oder Journalist zu gelangen, bedarf es des Gehorsams gegen die Instinkte oder Launen der Masse, sobald diese auf Grund der Konkurrenz die Auswahl unter den Bewerbern hat. Dadurch wird freilich *inhaltlich* eine Umkehrung der Rangordnung und der sozialen Lebenswerte geschaffen, aber das vermindert nicht die formale Bedeutung der Konkurrenz für die Synthesis der Gesellschaft. Ihr gelingt unzählige Male, was sonst nur der Liebe gelingt: das Ausspähen der innersten Wünsche eines Andern, bevor sie ihm noch selbst bewußt geworden sind. Die antagonistische Spannung gegen den Konkurrenten schärft bei dem Kaufmann die Feinfühligkeit für die Neigungen des Publikums bis zu einem fast hellseherischen Instinkt für die bevorstehenden Wandlungen seines Geschmacks, seiner Moden, seiner Interessen; und doch nicht nur bei dem Kaufmann, sondern auch bei dem Zeitungsschreiber, dem Künstler, dem Buchhändler, dem Parlamentarier. Die moderne Konkurrenz, die man als den Kampf Aller gegen Alle kennzeichnet, ist doch zugleich der Kampf Aller um Alle. Niemand wird die Tragik davon in Abrede stellen, daß die Elemente der Gesellschaft gegen einander, statt mit einander arbeiten, daß unzählige Kräfte in dem Kampf gegen den Konkurrenten verschwendet werden, die zu positiver Arbeit verwendbar wären, daß endlich auch die positive und wertvolle Leistung ungenutzt und unbelohnt ins Nichts fällt, sobald eine wertvollere oder wenigstens anziehendere mit ihr konkurriert. Aber alle diese Passiva der Konkurrenz in der sozialen Bilanz stehen doch nur *neben* der ungeheuren synthetischen Kraft der Tatsache, daß die Konkurrenz in der Gesellschaft doch Konkurrenz um den Menschen ist, ein Ringen um Beifall und Aufwendung, um Einräumungen und Hingebungen jeder Art, ein Ringen der Wenigen um die Vielen wie der Vielen um die Wenigen; kurz, ein Verweben von tausend soziologischen Fäden durch die Konzentrierung des Bewußtseins auf das Wollen und Fühlen und Denken der Mitmenschen, durch die Adaptierung der Anbietenden an die Nachfragenden, durch die raffiniert vervielfältigten Möglichkeiten, Verbindung und Gunst zu gewinnen. Seit die enge und naive Solidarität primitiver und sozialer Verfassungen der Dezentralisation gewichen ist, die der unmittelbare Erfolg der quantitativen Erweiterung der Kreise sein mußte, scheint das Sich-Bemühen des Menschen um den Menschen, das Sich-Anpassen des einen an den andern eben nur um den Preis der Konkurrenz möglich, also des gleichzeitigen Kampfes gegen einen Nebenmann um den Dritten - gegen welch' letzteren man übrigens vielleicht in irgend einer andern Beziehung um jenen konkurriert. Vielerlei Interessen, die den Kreis schließlich von Glied zu Glied zusammenhalten, scheinen bei der Weite und Individualisierung der Gesellschaft nur lebendig zu sein, wenn die Not und die Hitze des Konkurrenzkampfes sie dem Subjekte aufdrängt. Auch zeigt sich die sozialisierende Kraft der Konkurrenz keineswegs nur in diesen gröberen, sozusagen öffentlichen Fällen. In unzähligen Kombinationen des Familienlebens wie der Erotik, der gesellschaftlichen Plauderei wie der auf Überzeugung gerichteten Disputation, der Freundschaft wie der Eitelkeitsbefriedigungen begegnet uns die Konkurrenz Zweier um den Dritten, oft freilich nur in Andeutungen, gleich fallen gelassenen Ansätzen, als Seiten- oder Teilerscheinungen eines Totalvorganges. Überall aber, wo sie auftritt, entspricht dem Antagonismus der Konkurrenten ein Darbieten oder Verlocken, ein Versprechen oder Sich-Anschließen, das jeden von beiden mit dem Dritten in eine Beziehung bringt; für den Sieger insbesondre gewinnt diese oft eine Intensität, zu der es ohne die eigentümliche, nur durch die Konkurrenz ermöglichte, fortwährende Vergleichung der eigenen Leistung mit einer andern und ohne die Erregung durch die Chancen der Konkurrenz nicht gekommen wäre. Je mehr der Liberalismus außer in die wirtschaftlichen und die politischen auch in die familiären und geselligen, die kirchlichen und freundschaftlichen, die Rangordnungs- und allgemeinen Verkehrsverhältnisse eingedrungen ist, das heißt also: je weniger diese vorbestimmt und durch allgemeine historische Normen geregelt, je mehr sie dem labilen, von Fall zu Fall sich herstellenden Gleichgewicht oder den Verschiebungen der Kräfte überlassen sind - desto mehr wird ihre Gestaltung von fortwährenden Konkurrenzen abhängen; und der Ausgang dieser wiederum in den meisten Fällen von dem Interesse, der Liebe, den Hoffnungen, die die Konkurrenten in verschiedenem Maße in dem oder den Dritten, den Mittelpunkten der konkurrierenden Bewegungen, zu erregen wissen. Das wertvollste Objekt für den Menschen ist der Mensch, unmittelbar wie mittelbar. Letzteres, weil in ihm die Energien der untermenschlichen Natur aufgespeichert sind, wie in dem Tiere, das wir verzehren oder für uns arbeiten lassen, die des Pflanzenreiches, und wie in diesem die von Sonne und Erdboden, Luft und Wasser. Der Mensch ist das kondensierteste und für die Ausnutzung ergiebigste Gebilde, und in dem Maße, in dem die Sklaverei, d.h. das mechanische Sich-seiner-Bemächtigen aufhört, wächst die Notwendigkeit, ihn seelisch zu gewinnen. Der Kampf *mit* dem Menschen, der ein Kampf um ihn und seine Versklavung war, wandelt sich deshalb in die kompliziertere Erscheinung der Konkurrenz, in der freilich auch ein Mensch mit dem andern, aber um einen Dritten kämpft. Und der Gewinn dieses Dritten, tausendfach nur durch die soziologischen Mittel der Überredung oder Überzeugung, der Über- und Unterbietung, der Suggestion oder Drohung, kurz, durch den seelischen Konnex zu erreichen, bedeutet auch in seinem Erfolge ebenso oft nur einen solchen, nur die Stiftung einer Verbindung, von der momentanen des Kaufes im Ladengeschäft bis zur Ehe. Mit der kulturellen Steigerung der Intensität und Kondensierung der Lebensinhalte muß der Kampf um dieses kondensierteste aller Güter, die menschliche Seele, immer größeren Raum einnehmen und damit die zusammenführenden Wechselwirkungen, die seine Mittel wie seine Ziele sind, ebenso vermehren wie vertiefen.

Hierin liegt schon angedeutet, wie sehr der soziologische Charakter der Kreise sich nach dem Maße und den Arten der Konkurrenz, die sie zulassen, unterscheidet. Dies ist ersichtlich ein Ausschnitt des Korrelationsproblems, zu dem jeder Teil der bisherigen Ausmachungen einen Beitrag lieferte: es besteht eine Beziehung zwischen der Struktur jedes sozialen Kreises und dem Maß von Feindseligkeiten, das er unter seinen Elementen gestatten kann. Für das politische Ganze gibt das Strafgesetz hier vielfach die Grenze an, bis zu der Streit und Rache, Gewalttat und Übervorteilung noch mit dem Bestande des Ganzen vereinbar ist. Wenn man den Inhalt des Strafgesetzes in diesem Sinn als das ethische Minimum bezeichnet hat, so ist das doch nicht völlig zutreffend. Denn ein Staat würde noch immer auseinanderbrechen, wenn bei strengster Vermeidung alles strafrechtlich Verbotenen alle diejenigen Attacken, Beschädigungen, Feindseligkeiten verwirklicht würden, die unter dieser Bedingung noch möglich sind. Jedes Strafgesetz rechnet damit, daß von diesen zersetzenden Energien der weit überwiegende Teil durch Hemmungen, zu denen es selbst nichts beiträgt, von der Entwicklung zurückgehalten wird. Das Minimum ethisch-friedlichen Verhaltens, ohne das die staatliche Gesellschaft nicht bestehen könnte, geht also über die vom Strafgesetz garantierten Kategorien desselben hinaus; es wird nur eben erfahrungsgemäß vorausgesetzt, daß diese straflos gelassenen Störungen schon von selbst nicht das sozial erträgliche Maß überschreiten. Je enger vereinheitlicht die Gruppe ist, desto mehr kann die Feindschaft zwischen ihren Elementen ganz entgegengesetzte Bedeutungen haben: einerseits kann die Gruppe, eben wegen ihrer Enge, einen inneren Antagonismus vertragen, ohne auseinanderzubrechen, die Stärke der synthetischen Kräfte ist der der antithetischen gewachsen; andrerseits ist eine Gruppe, deren Lebensprinzip eine erhebliche Einheitlichkeit und Zusammengehörigkeit ist, insofern gerade durch jede innere Zwistigkeit besonders bedroht. Eben dieselbe Zentripetalität der Gruppe macht sie gegen die Gefahren aus Gegnerschaften ihrer Mitglieder, je nach den sonstigen Umständen, entweder widerstandsfähiger oder widerstandsloser.

So enge Vereinigungen wie die Ehe zeigen beides gleichzeitig: es gibt wohl keine zweite Einung, die so wahnsinnigen Haß, so restlose Antipathie, so stündliche Zusammenstöße und Kränkungen ertragen könnte, ohne äußerlich auseinanderzubrechen; und andrerseits ist sie, wenn auch nicht die einzige, so doch eine von den ganz wenigen Verhältnisformen, die durch die äußerlich unmerkbarste, mit Worten garnicht faßbare Spaltung, ja durch ein einziges antagonistisches Wort die Tiefe und Schönheit ihres Sinnes so verlieren können, daß selbst der leidenschaftlichste Wille beider Teile sie nicht zurückgewinnt. In größeren Gruppen werden zwei Strukturen, scheinbar einander ganz entgegengesetzt, ein erhebliches Maß innerer Feindseligkeiten zulassen. Einmal, leicht ansprechende, eine gewisse Solidarität der Elemente bewirkende Verbindungen. Vermöge dieser können Schädigungen, die durch feindliche Zusammenstöße hier und dort erzeugt werden, relativ leicht gut gemacht werden, die Elemente geben so viele Kraft oder Werte an das Ganze ab, daß dieses den Einzelnen die Freiheit auch zu Antagonismen gewähren kann, sicher, daß die durch sie bewirkte Kraftausgabe gleichsam durch anderweitige Einnahme gedeckt wird. Dies ist ein Grund, weshalb sehr gut organisierte Gemeinwesen mehr innere Spaltungen und Reibungen vertragen können, als mehr mechanische, innerlich zusammenhangslose Konglomerate. Die Einheit, zu der eine größere Masse eben nur durch feinere Organisationen zusammenzubringen ist, kann die Aktiva und Passiva innerhalb des Gesamtlebens leichter in sich zur Ausgleichung bringen und irgendwo disponible Kräfte gerade an die Stelle bringen, wo durch Mißhelligkeiten zwischen den Elementen - ebenso gut wie durch irgendwelche andre Verlustarten - Schwächen entstanden sind. Den gleichen Gesamteffekt hat die gerade umgekehrte Struktur: vergleichbar der Zusammensetzung des Schiffsbodens aus vielen gegeneinander fest abgeschlossenen Kammern, so daß bei einer Verletzung des Bodens das Wasser sich doch nicht durch den ganzen Raum ergießen kann. Das Sozialprinzip ist hier also gerade eine gewisse Abschnürung der miteinander kollidierenden Parteien, die so, was sie sich gegenseitig antun, miteinander abzumachen, ihre Beschädigungen allein zu tragen haben, ohne daß der Bestand des Ganzen dadurch geschädigt würde. Die richtige Wahl oder Kombination zwischen den beiden Methoden: der organischen Solidarität, mit der das Ganze für die Schädigungen durch partielle Konflikte eintritt, oder der Isolierung, durch die es sich diesen Schädigungen gegenüber reserviert - ist natürlich eine Lebensfrage für jede Vereinigung, von der Familie bis zum Staat, von der wirtschaftlichen bis zu der nur geistig zusammengehaltenen. Die Extreme bezeichnet etwa einerseits der moderne Staat, der die Kämpfe der politischen Parteien, soviele Kräfte sich darin auch aufreiben, nicht nur ohne weiteres verträgt, sondern sie sogar für sein Gleichgewicht und seine Entwicklung ausnützt, andrerseits der antike und mittelalterliche Stadtstaat, der durch innere Parteikämpfe oft bis zur Vernichtung entkräftet wurde. Im ganzen wird eine Gruppe, je größer sie ist, um so eher beide Methoden vereinigen können, und zwar in der Form, daß die Parteien ihre primären, aus dem Streit erwachsenden Beeinträchtigungen mit sich abzumachen haben, die sekundären Folgen aber für das Leben des Ganzen aus dessen Reserven beglichen werden können - eine Kombination, die ersichtlich schwierig ist, wenn die Gruppe klein ist und damit alle ihre Elemente nahe aneinander gerückt sind.

Begriff des Kampfs

Kampf soll eine soziale Beziehung insoweit heißen, als das Handeln an der Absicht der Durchsetzung des eignen Willens gegen Widerstand des oder der Partner orientiert ist. "Friedliche" Kampfmittel sollen solche heißen, welche nicht in aktueller physischer Gewaltsamkeit bestehen. Der "friedliche" Kampf soll "Konkurrenz" heißen, wenn er als formal friedliche Bewerbung um eigne Verfügungsgewalt über Chancen geführt wird, die auch andre begehren. "Geregelte Konkurrenz" soll eine Konkurrenz insoweit heißen, als sie in Zielen und Mitteln sich an einer Ordnung orientiert. Der ohne sinnhafte Kampfabsicht *gegen* einander stattfindende (latente) Existenzkampf menschlicher Individuen oder Typen um Lebens- oder Überlebenschancen soll "Auslese" heißen: "soziale Auslese", sofern es sich um Chancen Lebender im Leben, "biologische Auslese", sofern es sich um Überlebenschancen von Erbgut handelt.

1. Vom blutigen, auf Vernichtung des Lebens des Gegners abzielenden, jede Bindung an Kampfregeln ablehnenden Kampf bis zum konventionell geregelten Ritterkampf (Heroldsruf vor der Schlacht von Fontenoy: "Messieurs les Anglais, tirez les premiers") und zum geregelten Kampfspiel (Sport), von der regellosen "Konkurrenz" etwa erotischer Bewerber um die Gunst einer Frau, dem an die Ordnung des Marktes gebundenen Konkurrenzkampf um Tauschchancen bis zu geregelten künstlerischen "Konkurrenzen" oder zum "Wahlkampf" gibt es die allerverschiedensten lückenlosen Übergänge. Die begriffliche Absonderung des gewaltsamen Kampfes rechtfertigt sich durch die Eigenart der ihm normalen Mittel und die daraus folgenden Besonderheiten der soziologischen Konsequenzen seines Eintretens (s. Kap. II und später).

2. Jedes typisch und massenhaft stattfindende Kämpfen und Konkurrieren führt trotz noch so vieler ausschlaggebender Zufälle und Schicksale doch auf die Dauer im Resultat zu einer "Auslese" derjenigen, welche die für den Sieg im Kampf durchschnittlich wichtigen persönliche Qualitäten in stärkerem Maße besitzen. Welches diese Qualitäten sind: ob mehr physische Kraft oder skrupelfreie Verschlagenheit, mehr Intensität geistiger Leistungs- oder Lungenkraft und Demagogentechnik, mehr Devotion gegen Vorgesetzte oder gegen umschmeichelte Massen, mehr originale Leistungsfähigkeit oder mehr soziale Anpassungsfähigkeit, mehr Qualitäten, die als außergewöhnlich oder solche, die als nicht über dem Massendurchschnitt stehend gelten: - darüber entscheiden die Kampf- und Konkurrenzbedingungen, zu denen, neben allen denkbaren individuellen und Massenqualitäten auch jene *Ordnungen*

gehören, an denen sich, sei es traditional, sei es wertrational oder zweckrational, das Verhalten im Kampf orientiert. *Jede* von ihnen beeinflußt die Chancen der sozialen Auslese. Nicht *jede* soziale Auslese ist in unsrem Sinn "Kampf". "Soziale Auslese" bedeutet vielmehr zunächst nur: daß bestimmte Typen des Sichverhaltens und also, eventuell, der persönlichen Qualitäten, bevorzugt sind in der Möglichkeit der Gewinnung einer bestimmten sozialen *Beziehung* (als "Geliebter", "Ehemann", "Abgeordneter", "Beamter", "Bauleiter", "Generaldirektor", "erfolgreicher Unternehmer" usw.). Ob diese soziale Vorzugschance durch "Kampf" realisiert wird, ferner aber: ob sie auch die biologische *Überlebenschance* des Typus verbessert oder das Gegenteil, darüber sagt sie an sich nichts aus.

Nur wo wirklich *Konkurrenz* stattfindet, wollen wir von "Kampf" sprechen. Nur im Sinn von "Auslese" ist der Kampf tatsächlich, nach aller bisherigen Erfahrung, und nur im Sinn von *biologischer* Auslese ist er *prinzipiell* unausschaltbar. "Ewig" ist die Auslese deshalb, weil sich kein Mittel ersinnen läßt, sie völlig auszuschalten. Eine pazifistische Ordnung strengster Observanz kann immer nur Kampfmittel, Kampfobjekte und Kampfrichtung im Sinn der Ausschaltung bestimmter von ihnen regeln. Das bedeutet: daß *andere* Kampfmittel zum Siege in der (offenen) Konkurrenz oder - wenn man sich (was nur utopistisch-theoretisch möglich wäre) auch diese beseitigt denkt - dann immer noch in der (latenten) Auslese um Lebens- und Überlebenschancen führen und diejenigen begünstigen, denen sie, gleichviel ob als Erbgut oder Erziehungsprodukt, zur Verfügung stehen. Die soziale Auslese bildet empirisch, die biologische prinzipiell, die Schranke der Ausschaltung des Kampfes.

3. Zu scheiden von dem Kampf der *Einzelnen* um Lebens- und Überlebenschancen ist natürlich "Kampf" und "Auslese" sozialer *Beziehungen*. Nur in einem übertragenen Sinn kann man hier diese Begriffe anwenden. Denn "Beziehungen" *existieren* ja nur als menschliches *Handeln* bestimmten Sinngehalts. Und eine "Auslese" oder ein "Kampf" zwischen ihnen bedeutet also: daß eine bestimmte Art von Handeln durch eine andere, sei es der gleichen oder anderer Menschen, im Lauf der Zeit *verdrängt* wird. Dies ist in verschiedener *Art* möglich. Menschliches Handeln kann sich a) *bewußt* darauf richten: bestimmte konkrete, oder: generell bestimmt geordnete, soziale Beziehungen, d. h. das ihrem Sinngehalt entsprechend ablaufende *Handeln* zu *stören* oder im Entstehen oder Fortbestehen zu verhindern (einen "Staat" durch Krieg oder Revolution oder eine "Verschwörung" durch blutige Unterdrückung, "Konkubinate" durch polizeiliche Maßnahmen, "wucherische" Geschäftsbeziehungen durch Versagung des Rechtsschutzes und Bestrafung), oder durch Prämierung des Bestehens der einen Kategorie zuungunsten der andern bewußt zu beeinflussen: Einzelne sowohl wie viele verbundene Einzelne können sich derartige Ziele setzen. Es kann aber auch b) der ungewollte Nebenerfolg des Ablaufs sozialen Handelns und der dafür maßgebenden Bedingungen aller Art sein: daß bestimmte konkrete, oder bestimmt geartete, Beziehungen (d. h. stets: das betreffende *Handeln)* eine abnehmende Chance haben, fortzubestehen oder neu zu entstehen. Alle natürlichen und Kultur-Bedingungen jeglicher Art wirken im Fall der Veränderung in irgendeiner Weise dahin, solche Chancen für die allerverschiedensten Arten sozialer Beziehungen zu verschieben. Es ist jedermann unbenommen, auch in solchen Fällen von einer "Auslese" der sozialen Beziehungen - z.B. der staatlichen Verbände - zu reden, in dem der "Stärkere" (im Sinn des "Angepaßteren") siege. Nur ist festzuhalten, daß

diese sog. "Auslese" mit der Auslese der Menschen*typen* weder im sozialen noch im biologischen Sinn etwas zu tun hat, daß in jedem einzelnen Fall nach dem *Grunde* zu fragen ist, der die Verschiebung der Chancen für die eine oder die andere Form des sozialen Handelns und der sozialen Beziehungen bewirkt, oder eine soziale Beziehung gesprengt, oder ihr die Fortexistenz gegenüber andern gestattet hat, und daß diese Gründe so mannigfaltig sind, daß ein einheitlicher Ausdruck dafür unpassend erscheint. Es besteht dabei stets die Gefahr: unkontrollierte *Wertungen* in die empirische Forschung zu tragen und vor allem: Apologie des im Einzelfall oft rein individuell bedingten, also in diesem Sinn des Wortes: "zufälligen", *Erfolges* zu treiben. Die letzten Jahre brachten und bringen davon mehr als zuviel. Denn das oft durch rein konkrete Gründe bedingte Ausgeschaltetwerden einer (konkreten oder qualitativ spezifizierten) sozialen Beziehung beweist ja an sich noch nicht einmal etwas gegen ihre *generelle* "Angepaßtheit".

Machtverteilung innerhalb der Gemeinschaft: Klassen, Stände, Parteien

Jede (nicht nur die "staatliche") Rechtsordnung wirkt durch ihre Gestaltung direkt auf die *Machtverteilung* innerhalb der betreffenden Gemeinschaft ein, die der ökonomischen Macht sowohl wie auch jeder anderen. Unter "Macht" wollen wir dabei hier ganz allgemein die Chance eines Menschen oder einer Mehrzahl solcher verstehen, den eigenen Willen in einem Gemeinschaftshandeln auch gegen den Widerstand anderer daran Beteiligten durchzusetzen. "Ökonomisch bedingte" Macht ist natürlich nicht identisch mit "Macht" überhaupt. Die Entstehung ökonomischer Macht kann vielmehr umgekehrt Folge der aus anderen Gründen vorhandenen Macht sein. Macht wird aber ihrerseits nicht nur zu ökonomischen (Bereicherungs-)Zwecken erstrebt. Sondern Macht, auch ökonomische, kann "um ihrer selbst willen" gewertet werden, und sehr häufig ist das Streben nach ihr mitbedingt durch die soziale "Ehre", die sie bringt. Aber nicht jede Macht bringt soziale Ehre. Der typische amerikanische Boß ebenso wie der typische Großspekulant verzichtet bewußt auf sie, und ganz allgemein ist insbesondere gerade die "bloß" ökonomische Macht, namentlich die "nackte" Geldmacht, keineswegs eine anerkannte Grundlage sozialer "Ehre". Und andererseits ist nicht nur Macht die Grundlage sozialer Ehre. Sondern umgekehrt kann soziale Ehre (Prestige) die Basis von Macht auch ökonomischer Art sein und war es sehr häufig. Die Rechtsordnung kann ebenso wie Macht, so auch Ehre garantieren. Aber sie ist wenigstens normalerweise nicht deren primäre Quelle, sondern auch hier ein Superadditum, welches die Chance ihres Besitzes steigert, ihn aber nicht immer sichern kann. Die Art, wie soziale "Ehre" in einer Gemeinschaft sich zwischen typischen Gruppen der daran Beteiligten verteilt, wollen wir die *"soziale Ordnung"* nennen. Zur "Rechtsordnung" verhält sie sich natürlich ähnlich, wie die Wirtschaftsordnung es tut. Mit dieser ist sie nicht identisch, denn die Wirtschaftsordnung ist uns ja lediglich die Art der Verteilung und Verwendung der ökonomischen Güter und Leistungen. Aber sie ist natürlich in hohem Maße durch sie bedingt und wirkt wieder auf sie zurück. -

Phänomene der Machtverteilung innerhalb einer Gemeinschaft sind nun die "Klassen", "Stände" und "Parteien".

"Klassen" sind keine Gemeinschaften in dem hier festgehaltenen Sinn, sondern stellen nur mögliche (und häufige) Grundlagen eines Gemeinschaftshandelns dar. Wir wollen da von einer "Klasse" reden, wo 1. einer Mehrzahl von Menschen eine spezifische ursächliche Komponente ihrer Lebenschancen gemeinsam ist, soweit 2. diese Komponente lediglich durch ökonomische Güterbesitz- und Erwerbsinteressen und zwar 3. unter den Bedingungen des (Güter- oder Arbeits-)*Markts* dargestellt wird ("Klassenlage"). Es ist die allerelementarste ökonomische Tatsache, daß die Art, wie die Verfügung über sachlichen *Besitz* innerhalb einer sich auf dem Markt zum Zweck des Tauschs begegnenden und konkurrierenden Menschenvielheit verteilt ist, schon für sich allein spezifische Lebenschancen schafft. Sie schließt die Nichtbesitzenden nach dem Grenznutzgesetz vom Mitkonkurrieren von allen Gütern hoher Bewertung zugunsten der Besitzenden aus und monopolisiert deren Erwerb faktisch für diese. Sie monopolisiert, unter sonst gleichen Umständen, die Tauschgewinnchancen für alle jene, welche, mit Gütern versorgt, auf den Tausch nicht schlechthin angewiesen sind, und steigert, generell wenigstens, ihre Macht im Preiskampf mit denen, welche besitzlos, nichts als ihre Arbeitsleistungen in Naturform oder in Form von Produkten eigener Arbeit anbieten können und diese unbedingt losschlagen müssen, um überhaupt ihre Existenz zu fristen. Sie monopolisiert die Möglichkeit, Besitz aus der Sphäre der Nutzung als "Vermögen" in die Sphäre der Verwertung als "Kapital" zu überführen, also die Unternehmerfunktion und alle Chancen direkter oder indirekter Teilnahme am Kapitalgewinn für die Besitzenden. Alles dies innerhalb der Sphäre des Geltens reiner Marktbedingungen. "Besitz" und "Besitzlosigkeit" sind daher die Grundkategorien aller Klassenlagen, einerlei, ob diese im Preiskampf oder im Konkurrenzkampf wirksam werden. Innerhalb dieser aber differenzieren sich die Klassenlagen weiter, je nach der Art des zum Erwerb verwertbaren Besitzes einerseits, der auf dem Markt anzubietenden Leistungen andererseits. Wohngebäudebesitz, Werkstätten- oder Lagerhaus- oder Verkaufslädenbesitz, landwirtschaftlich nutzbarer Grundbesitz, und innerhalb dieser wieder großer und kleiner - ein quantitativer Unterschied mit eventuell qualitativen Folgen -, Bergwerksbesitz, Viehbesitz, Menschen- (Sklaven-) Besitz, Verfügung über mobile Produktionswerkzeuge oder Erwerbsmittel aller Art, vor allem über Geld oder spezifisch leicht jederzeit gegen Geld auszutauschende Objekte, über Produkte eigener oder fremder Arbeit, verschieden je nach den verschiedenen Stadien der Genußreife, über verkehrsfähige Monopole irgendwelcher Art, - alle diese Unterschiede differenzieren die Klassenlagen der Besitzenden ebenso wie der "Sinn", welchen sie der Verwertung ihres Besitzes, vor allem ihres geldwerten Besitzes, geben können und geben, je nachdem sie also z. B. zur Rentnerklasse oder zur Unternehmerklasse gehören. Und ebenso stark differenzieren sich die besitzlosen Anbieter von Arbeitsleistungen je nach der Art dieser sowohl, wie je

nachdem sie diese in kontinuierlicher Beziehung zu einem Abnehmer oder von Fall zu Fall verwerten. Immer aber ist für den Klassenbegriff gemeinsam: daß die Art der Chance auf dem *Markt* diejenige Instanz ist, welche die gemeinsame Bedingung des Schicksals der Einzelnen darstellt. "Klassenlage" ist in diesem Sinn letztlich: "Marktlage". Nur Vorstufe wirklicher "Klassen"-Bildung ist jene Wirkung des nackten Besitzes rein als solchen, welche unter Viehzüchtern den Besitzlosen als Sklaven oder Hörigen in die Gewalt des Viehbesitzers gibt. Aber allerdings taucht hier, in der Viehleihe und der nackten Härte des Schuldrechts solcher Gemeinschaften, zum erstenmal der bloße "Besitz" als solcher als bestimmend für das Schicksal des Einzelnen auf, sehr im Gegensatz zu den auf der Arbeit ruhenden Ackerbaugemeinschaften. Zur Grundlage von "Klassenlagen" wurde das Gläubiger-Schuldner-Verhältnis erst in den Städten, wo sich ein - noch so primitiver - "Kreditmarkt" mit je nach der Notlage steigenden Zinsfüßen und faktischer Monopolisierung des Darleihens durch die Plutokratie entwickelte. Damit beginnen "Klassenkämpfe". Eine Vielheit von Menschen dagegen, deren Schicksal nicht durch die Chance der eigenen Verwertung von Gütern oder Arbeit auf dem Markt bestimmt wird - wie z. B. die Sklaven -, sind im technischen Sinn keine "Klasse" (sondern: ein "Stand").

Es sind nach dieser Terminologie eindeutig ökonomische Interessen und zwar an die Existenz des "Markts" gebundene, welche die "Klasse" schaffen. Gleichwohl aber ist der Begriff "Klassen*interesse*" ein vieldeutiger und zwar nicht einmal eindeutig empirischer Begriff, sobald man darunter etwas anderes versteht als: die aus der Klassenlage mit einer gewissen Wahrscheinlichkeit folgende faktische Interessenrichtung eines gewissen "Durchschnitts" der ihr Unterworfenen. Bei gleicher Klassenlage und auch sonst gleichen Umständen kann nämlich die Richtung, in welcher etwa der einzelne Arbeiter seine Interessen mit Wahrscheinlichkeit verfolgen wird, höchst verschieden sein, je nachdem er z. B. für die betreffende Leistung nach seiner Veranlagung hoch, durchschnittlich oder schlecht qualifiziert ist. Ebenso, je nachdem aus der "Klassenlage" ein Gemeinschaftshandeln eines mehr oder minder großen Teils der von ihr gemeinsam Betroffenen oder sogar eine Vergesellschaftung unter ihnen (z. B. eine "Gewerkschaft") erwachsen ist, von der sich der Einzelne bestimmte Resultate versprechen kann, oder nicht. Eine universelle Erscheinung ist das Herauswachsen einer Vergesellschaftung oder selbst eines *Gemeinschafts*handelns aus der gemeinsamen Klassenlage keineswegs. Vielmehr kann sich ihre Wirkung auf die Erzeugung eines im wesentlichen *gleich*artigen Reagierens, also (in der hier gewählten Terminologie): eines "Massenhandelns", beschränken oder nicht einmal dies zur Folge haben. Oft ferner entsteht nur ein amorphes Gemeinschaftshandeln. So etwa das in der altorientalischen Ethik bekannte "Murren" der Arbeiter: die sittliche Mißbilligung des Verhaltens des Arbeitsherrn, welche in seiner praktischen Bedeutung vermutlich einer gerade der neuesten gewerblichen Entwicklung wieder zunehmend typischen Erscheinung gleichkam: dem "Bremsen" (absichtliche Einschränkung der Arbeitsleistung) der Arbeiterschaft kraft stillschweigenden Einverständnisses. Der Grad, in welchem aus dem "Massenhandeln" der Klassenzugehörigen ein "Gemeinschaftshandeln" und eventuell "Vergesellschaftungen" entstehen, ist an allgemeine Kulturbedingungen, besonders intellektueller Art, und an den Grad der entstandenen Kontraste, wie namentlich an die *Durchsichtigkeit* des Zusammenhangs zwischen den Gründen und den Folgen der "Klassenlage" gebunden. Eine noch so starke Differenzierung der Lebenschancen an sich gebiert ein "Klassenhandeln" (Gemeinschaftshandeln der Klassenzugehörigen) nach allen Erfahrungen keineswegs. Es muß die Bedingtheit und Wirkung der Klassenlage deutlich erkennbar sein. Denn dann erst kann der Kontrast der Lebenschancen als etwas nicht schlechthin Gegebenes und Hinzunehmendes, sondern entweder 1. aus der gegebenen Besitzverteilung oder 2. aus der Struktur der konkreten Wirtschaftsordnung Resultierendes empfunden und dagegen nicht nur durch Akte eines intermittierenden und irrationalen Protestes, sondern in Form rationaler Vergesellschaftung reagiert werden. "Klassenlagen" der ersten Kategorie gab es in einer solchen spezifisch nackten und durchsichtigen Art in der Antike und im Mittelalter in den städtischen Zentren, namentlich dann, wenn große Vermögen durch faktisch monopolisierten Handel in gewerblichen Produkten des betreffenden Orts oder in Nahrungsmitteln angehäuft wurden, unter Umständen ferner in der Landwirtschaft der allerverschiedensten Zeiten bei anwachsender erwerbswirtschaftlicher Ausnutzung. Das wichtigste historische Beispiel der zweiten Kategorie ist die Klassenlage des modernen "Proletariats".

Jede Klasse kann also zwar Träger irgendeines, in unzähligen Formen möglichen "Klassenhandelns" sein, aber sie muß es nicht sein, und jedenfalls ist sie selbst keine Gemeinschaft, und führt es zu Schiefheiten, wenn man sie mit Gemeinschaften begrifflich gleichwertig behandelt. Und der Umstand, daß Menschen in gleicher Klassenlage auf so fühlbare Situationen, wie es die ökonomischen sind, regelmäßig durch ein Massenhandeln in der dem Durchschnitt adäquatesten Interessenrichtung reagieren - eine für das Verständnis geschichtlicher Ereignisse ebenso wichtige wie im Grund einfache Tatsache -, darf vollends nicht zu jener Art von pseudowissenschaftlichem Operieren mit dem Begriff der "Klasse", des "Klasseninteresses" führen, die heut vielfach üblich ist und ihren klassischsten Ausdruck in der Behauptung eines begabten Schriftstellers gefunden hat: daß zwar der Einzelne sich über seine Interessen irren könne, die "Klasse" über die ihrigen aber "unfehlbar" sei.

Wenn also die Klassen an sich keine Gemeinschaften "sind", so entstehen Klassenlagen doch nur auf dem Boden von Vergemeinschaftung. Nur ist das Gemeinschaftshandeln, welches sie zur Entstehung bringt, dem Schwerpunkt nach nicht ein solches der Zugehörigen der gleichen Klasse, sondern ein solches *zwischen* Angehörigen verschiedener Klassen. Dasjenige Gemeinschaftshandeln z. B., welches unmittelbar die Klassenlage der Arbeiter und Unternehmer bestimmt, sind: der Arbeitsmarkt, der Gütermarkt und der kapitalistische Betrieb. Die Existenz eines kapitalistischen Betriebes setzt ihrerseits aber wiederum das Bestehen eines sehr besonders gearteten, den Güterbesitz rein als solchen, insbesondere die prinzipiell freie Verfügungsmacht Einzelner über Produktionsmittel, schützenden Gemeinschaftshandelns: einer "Rechtsordnung", und zwar einer solchen von spezifischer Art, voraus. Jede Art von Klassenlage, als vor allem auf der Macht des Besitzes rein als solchen ruhend, kommt am reinsten dann zur Wirksamkeit, wenn alle anderen Bestimmungsgründe der gegenseitigen Beziehungen in ihrer Bedeutung möglichst ausgeschaltet sind und so die Verwertung der Macht des Besitzes auf dem Markt möglichst souverän zur Geltung gelangt. Zu den Hemmnissen einer konsequenten Durchführung des nackten Marktprinzips gehören nun die "Stände", welche uns vorerst nur unter diesem Gesichtspunkt in diesem Zusammenhang interessieren. Ehe wir sie kurz betrachten, sei nur noch bemerkt: Über die speziellere Art der Gegensätze der "Klassen" (in dem hier festgehaltenen Sinne) ist nicht viel Allgemeines zu sagen. Die große Verschiebung, welche von der Vergangenheit zur Gegenwart hin sich vollzogen hat, läßt sich mit Inkaufnahme einiger Ungenauigkeit wohl dahin zusammenfassen: daß der die Klassenlage auswirkende Kampf sich zunehmend vom Konsumtivkredit zunächst zum Konkurrenzkampf auf dem Gütermarkt und dann zum Preiskampf auf dem Arbeitsmarkt verschoben hat. Die "Klassenkämpfe" der Antike - soweit sie wirklich "Klassenkämpfe" und nicht vielmehr Ständekämpfe waren - waren zunächst Kämpfe bäuerlicher (und daneben wohl auch: handwerklicher), von der Schuldknechtschaft bedrohter Schuldner gegen stadtsässige Gläubiger. Denn die Schuldknechtschaft ist, wie bei den Viehzüchtern, so auch noch in den Handels-, zumal den Seehandelsstädten die normale Folge der Vermögensdifferenzierung. Das Schuldverhältnis als solches erzeugte Klassenhandeln noch bis in Catilinas Zeit. Daneben trat, mit zunehmender Versorgung der Stadt durch auswärtige Getreidezufuhren, der Kampf um die Nahrungsmittel, in erster Linie die Brotversorgung und der Brotpreis, welcher die Antike und das ganze Mittelalter hindurch andauert und die Besitzlosen als solche gegen die wirklichen und vermeintlichen Interessenten der Brotteuerung zusammenscharte und alle überhaupt für die Lebensführung, auch für die Handwerksproduktion wesentlichen Waren ergreift. Von Lohnkämpfen ist in der Antike und im Mittelalter und bis in die Neuzeit nur in langsam wachsenden Ansätzen die Rede; sie treten völlig nicht nur hinter den Sklavenaufständen, sondern auch hinter den Kämpfen auf dem Gütermarkt zurück.

Monopole, Vorkauf, Aufkauf, Zurückhaltung von Gütern vom Markt zwecks Preissteigerung sind das, wogegen in Antike und Mittelalter von den

Besitzlosen protestiert wurde. Lohnpreisbildung ist dagegen heute der zentrale Punkt. Den Übergang stellen jene Kämpfe um den Zutritt zum Markt und um die Produktenpreisbildung dar, welche zwischen Verlegern und hausindustriellen Handwerkern im Übergang zur Neuzeit vorkamen. Ein ganz allgemeines und daher hier zu erwähnendes Phänomen der durch die Marktlage bedingten Klassengegensätze ist es, daß sie am bittersten zwischen den wirklich direkt am Preiskampf als Gegner Beteiligten zu herrschen pflegen. Nicht der Rentner, Aktionär, Bankier ist es, welcher vom Groll der Arbeiter getroffen wird - obwohl doch gerade in seine Kasse teils mehr, teils "arbeitsloserer" Gewinn fließt als in die des Fabrikanten oder Betriebsdirektors -, sondern fast ausschließlich dieser selbst, als der direkte Preiskampfgegner. Dieser einfache Tatbestand ist für die Rolle der Klassenlage in der politischen Parteibildung sehr oft ausschlaggebend gewesen. Er hat z. B. die verschiedenen Spielarten des patriarchalen Sozialismus und die wenigstens früher häufigen Bündnisversuche bedrohter ständischer Schichten mit dem Proletariat gegen die "Bourgeoisie" ermöglicht.

Stände sind, im Gegensatz zu den Klassen, normalerweise Gemeinschaften, wenn auch oft solche von amorpher Art. Im Gegensatz zur rein ökonomisch bestimmten "Klassenlage" wollen wir als "ständische Lage" bezeichnen jede typische Komponente des Lebensschicksals von Menschen, welche durch eine spezifische, positive oder negative, soziale Einschätzung der *"Ehre"* bedingt ist, die sich an irgendeine gemeinsame Eigenschaft vieler knüpft. Diese Ehre kann sich auch an eine Klassenlage knüpfen: die Unterschiede der Klassen gehen die mannigfaltigsten Verbindungen mit ständischen Unterschieden ein, und der Besitz als solcher gelangt, wie schon bemerkt, nicht immer, aber doch außerordentlich regelmäßig auf die Dauer auch zu ständischer Geltung. Im eigenwirtschaftlichen Nachbarverband ist in der ganzen Welt sehr häufig einfach der reichste Mann rein als solcher "Häuptling", was oft einen reinen Ehrenvorzug bedeutet. In der sog. reinen, d. h. jeder ausdrücklich geordneten ständischen Privilegierung Einzelner entbehrenden, modernen "Demokratie" kommt es z. B. vor, daß nur die Familien von annähernd gleicher Steuerklasse miteinander tanzen (wie dies z. B. für einzelne kleinere Schweizer Städte erzählt wird). Aber die ständische Ehre *muß* nicht notwendig an eine "Klassenlage" anknüpfen, sie steht normalerweise vielmehr mit den Prätensionen des nackten Besitzes als solchen in schroffem Widerspruch. Auch Besitzende und Besitzlose können dem gleichen Stande angehören und tun dies häufig und mit sehr fühlbaren Konsequenzen, so prekär diese "Gleichheit" der sozialen Einschätzung auf die Dauer auch werden mag. Die ständische "Gleichheit" des amerikanischen "gentleman" kommt z. B. darin zum Ausdruck: daß außerhalb der rein sachlich bedingten Unterordnung im "Betrieb" es - wo noch die alte Tradition herrscht - für streng verpönt gelten würde, wenn auch der reichste "Chef" seinen "Kommis" etwa abends im Klub, am Billard, am Kartentisch, in irgendeinem Sinn nicht als voll ebenbürtig behandeln und ihm etwa jenes, den Unterschied der "Stellung" markierende herablassende "Wohlwollen" angedeihen lassen wollte, welches der deutsche Chef niemals aus seinem Empfinden verbannen kann, - einer der wichtigsten Gründe, aus denen dort das deutsche Klubwesen niemals die Anziehungskraft des amerikanischen Klubs hat erreichen können.

Inhaltlich findet die ständische Ehre ihren Ausdruck normalerweise vor allem in der Zumutung einer spezifisch gearteten *Lebensführung* an jeden, der dem Kreise angehören will. Damit zusammenhängend in der Beschränkung des "gesellschaftlichen", d. h. des nicht ökonomischen oder sonst geschäftlichen, "sachlichen" Zwecken dienenden Verkehrs, einschließlich namentlich des normalen Konnubium, auf den ständischen Kreis bis zu völliger endogamer Abschließung. Sobald nicht eine bloß individuelle und sozial irrelevante Nachahmung fremder Lebensführung, sondern ein einverständliches Gemeinschaftshandeln dieses Charakters vorliegt, ist die "ständische" Entwicklung im Gang. In charakteristischer Art entwickelt sich dergestalt die "ständische" Gliederung auf der Basis konventioneller Lebensführung zur Zeit in den Vereinigten Staaten aus der hergebrachten Demokratie heraus. Zum Beispiel so: daß nur der Einwohner einer bestimmten Straße ("the Street") als zur "society" gehörig und verkehrsfähig angesehen, besucht und eingeladen wird. Vor allem aber so, daß die strikte Unterwerfung unter die jeweils in der Society herrschende Mode in einem bei uns unbekannten Grade auch bei Männern als ein Symptom dafür, daß der Betreffende die Qualität als Gentleman *prätendiere*, gilt und infolgedessen darüber mindestens prima facie entscheidet, daß er auch als solcher behandelt wird, was z. B. für seine Anstellungschancen in "guten" Geschäften, vor allem aber für Verkehr und Konnubium mit "angesehenen" Familien ebenso wichtig wird, wie etwa die "Satisfaktionsfähigkeit" bei uns. Und im übrigen usurpieren etwa bestimmte, lange Zeit ansässige (und natürlich: entsprechend wohlhabende) Familien (so die "F. F. V." = "first families of Virginia") oder die wirklichen und angeblichen Abkömmlinge der "Indianerprinzessin" Pocahontas oder der Pilgerväter, Knickerbocker, die Zugehörigen einer schwer zugänglichen Sekte und allerhand durch irgendein anderes Merkmal sich abhebende Kreise "ständische" Ehre. In diesem Fall handelt es sich um rein konventionelle, wesentlich auf Usurpation (wie allerdings im Ursprung normalerweise fast alle ständische "Ehre") ruhende Gliederung. Aber der Weg von da zur rechtlichen Privilegierung (positiv und negativ) ist überall leicht gangbar, sobald eine bestimmte Gliederung der sozialen Ordnung faktisch "eingelebt" ist und, infolge der Stabilisierung der ökonomischen Machtverteilung, auch ihrerseits Stabilität erlangt hat. Wo die äußersten Konsequenzen gezogen werden, entwickelt sich der Stand zur geschlossenen *"Kaste"*. Das heißt: es findet neben der konventionellen und rechtlichen auch noch eine *rituelle* Garantie der ständischen Scheidung statt, dergestalt, daß jede physische Berührung mit einem Mitglied einer als "niedriger" geschätzten Kaste für Angehörige der "höheren" als rituell verunreinigender, religiös zu sühnender Makel gilt, und die einzelnen Kasten teilweise ganz gesonderte Kulte und Götter entwickeln.

Zu diesen Konsequenzen steigert sich die ständische Gliederung im allgemeinen allerdings nur da, wo ihr Differenzen zugrunde liegen, die als "ethnische" angesehen werden. Die "Kaste" ist geradezu die normale Form, in welcher ethnische, an Blutsverwandtschaft glaubende, das Konnubium und den sozialen Verkehr nach außen ausschließende Gemeinschaften miteinander "vergesellschaftet" zu leben pflegen. So in der gelegentlich schon erörterten, über die ganze Welt verbreiteten Erscheinung der "Paria"-Völker: Gemeinschaften, welche spezifische Berufstraditionen handwerklicher oder anderer Art erworben haben, den ethnischen Gemeinsamkeitsglauben pflegen und nun in der "Diaspora", streng geschieden von allem nicht unumgänglichen persönlichen Verkehr und in rechtlich prekärer Lage, aber kraft ihrer ökonomischen Unentbehrlichkeit geduldet und oft sogar privilegiert, [in] politischen Gemeinschaften eingesprengt leben: die Juden sind das großartigste historische Beispiel. Die zur "Kaste" gesteigerte "ständische" und die bloß "ethnische" Scheidung differieren in ihrer Struktur darin, daß die erstere aus dem horizontalen unverbundenen Nebeneinander der letzteren ein vertikales soziales Übereinander macht. Korrekt ausgedrückt: daß eine umgreifende Vergesellschaftung die ethnisch geschiedenen Gemeinschaften zu einem spezifischen, politischen Gemeinschaftshandeln zusammenschließt. In ihrer Wirkung differieren sie eben darin: daß das ethnische Nebeneinander, welches die gegenseitige Abstoßung und Verachtung bedingt, [zwar] jeder ethnischen Gemeinschaft gestattet, ihre eigene Ehre für die höchste zu halten, in der Kastengliederung [aber] ein soziales Untereinander, ein anerkanntes "Mehr" an "Ehre" zugunsten der privilegierten Kasten und Stände mit sich bringt, weil hier die ethnischen Unterschiede zu solchen der "Funktion" innerhalb der politischen Vergesellschaftung wurden (Krieger, Priester, politisch für Krieg und Bauten wichtige Handwerker usw.). Selbst das verachtetste Pariavolk pflegt irgendwie das den ethnischen und ständischen Gemeinschaften gleichmäßig Eigene: den Glauben an die eigene spezifische "Ehre", weiter zu pflegen (so die Juden). Nur nimmt bei den negativ privilegierten "Ständen" das "Würdegefühl" - der subjektive Niederschlag sozialer Ehre und der konventionellen Ansprüche, welche der positiv privilegierte "Stand" an die Lebensführung seiner Glieder stellt, - eine spezifisch abweichende Wendung. Das Würdegefühl der positiv privilegierten Stände bezieht sich naturgemäß auf ihr nicht über sich selbst hinausweisendes "Sein", ihre "Schönheit und Tüchtigkeit" (καλο-καγαθια). Ihr Reich ist "von dieser Welt" und lebt für die Gegenwart und von der großen Vergangenheit. Das Würdegefühl der negativ privilegierten Schichten kann sich naturgemäß [nur] auf eine jenseits der Gegenwart liegende, sei es diesseitige oder jenseitige Zukunft beziehen, es muß sich mit anderen Worten aus dem Glauben an eine providentielle "Mission", an eine spezifische Ehre vor Gott als "auserwähltes Volk", also daraus speisen, daß entweder in einem Jenseits "die letzten die ersten" sein werden oder daß im Diesseits ein Heiland erscheinen und die vor der Welt verborgene Ehre des von ihr verworfenen Pariavolkes (Juden) oder -standes an das Licht bringen werde. Dieser einfache Sachverhalt, dessen Bedeutung in anderem Zusammenhang zu besprechen ist[1], und nicht das in Nietzsches vielbewunderter Konstruktion (in der "Genealogie der Moral") so stark hervorgehobene "Ressentiment" ist die Quelle des - übrigens, wie wir sahen - nur begrenzt und für eins von Nietzsches Hauptbeispielen (Buddhismus) gar nicht zutreffenden Charakters der von den Pariaständen gepflegten Religiosität. Im übrigen ist der ethnische Ursprung der Ständebildung keineswegs die normale Erscheinung. Im Gegenteil. Und da keineswegs jedem subjektiv "ethnischen" Gemeinsamkeitsgefühl objektive "Rassenunterschiede" zugrunde liegen, so ist mit Recht die letztlich rassenmäßige Begründung ständischer Gliederungen durchaus eine Frage des konkreten Einzelfalls: sehr oft ist der "Stand", der ja gewiß in starkem Grade exklusiv wirkt und auf einer Auslese der persönlich Qualifizierten (beim Ritterstand: der kriegerisch physisch und psychisch Brauchbaren) beruht, seinerseits Mittel der Reinzüchtung eines anthropologischen Typus. Aber die persönliche Auslese ist weit davon entfernt, der einzige oder vorwiegende Weg der Ständebildung zu sein: die politische Zugehörigkeit oder Klassenlage entschied von jeher mindestens ebenso oft, und heute [entscheidet] die letztere weit überwiegend. Denn die Möglichkeit "ständischer" Lebensführung pflegt naturgemäß ökonomisch mitbedingt zu sein.

Praktisch betrachtet, geht die ständische Gliederung überall mit einer Monopolisierung ideeller und materieller Güter oder Chancen in der uns schon als typisch bekannten Art zusammen. Neben der spezifischen Standesehre, die stets auf Distanz und Exklusivität ruht, und neben Ehrenvorzügen wie dem Vorrecht auf bestimmte Trachten, auf bestimmte, durch Tabuierung anderen versagte Speisen, dem in seinen Folgen höchst fühlbaren Vorrecht des Waffentragens, dem Recht auf bestimmte nicht erwerbsmäßige, sondern dilettierende Arten der Kunstübung (bestimmte Musikinstrumente z. B.), stehen allerhand materielle Monopole. Selten ausschließlich, aber fast immer zu irgend einem Teil geben naturgemäß gerade sie die wirksamsten Motive für die ständische Exklusivität. Für das ständische Konnubium steht dem Monopol auf die Hand der Töchter des betreffenden Kreises das Interesse der Familien auf die Monopolisierung der ihm angehörigen potentiellen Freier zur Versorgung eben dieser Töchter mindestens gleichbedeutend zur Seite. Die konventionellen Vorzugschancen auf bestimmte Anstellungen

1 Vgl. oben Kap. V, § 7 (S. 384 f.).

steigern sich bei zunehmender ständischer Abschließung zu einem rechtlichen Monopol auf bestimmte Ämter für bestimmte ständisch abgegrenzte Gruppen. Bestimmte Güter, in typischer Art überall die "Rittergüter", oft auch der Leibeigenen- oder Hörigenbesitz, endlich bestimmte Erwerbszweige werden Gegenstand ständischer Monopolisierung. Sowohl positiv: so, daß der betreffende Stand *allein* sie besitzen und betreiben darf, wie negativ: so, daß er sie um der Erhaltung seiner spezifischen Lebensführung willen *nicht* besitzen und betreiben darf. Denn die maßgebende Rolle der "Lebensführung" für die ständische "Ehre" bringt es mit sich, daß die "Stände" die spezifischen Träger aller "Konventionen" sind: alle "Stilisierung" des Lebens, in welchen Äußerungen es auch sei, ist entweder ständischen Ursprungs oder wird doch ständisch konserviert. Bei aller großen Verschiedenheit zeigen die Prinzipien der ständischen Konventionen namentlich bei den höchstprivilegierten Schichten doch gewisse typische Züge. Ganz allgemein besteht die ständische Disqualifizierung ständisch privilegierter Gruppen für die gewöhnliche physische Arbeit, die, entgegen den alten gerade entgegengesetzten Traditionen, jetzt auch in Amerika einsetzt. Sehr häufig gilt jede rationale Erwerbstätigkeit, insbesondere auch "Unternehmertätigkeit" als ständisch disqualifizierend und gilt ferner als entehrende Arbeit auch die künstlerische und literarische, sobald sie zum Erwerb ausgenutzt wird oder mindestens dann, wenn sie mit harter physischer Anstrengung verbunden ist, wie z. B. der im Staubkittel, wie ein Steinmetz arbeitende Bildhauer im Gegensatz zum Maler mit seinem salonartigen "Atelier" und zu den ständisch akzeptierten Formen der Musikübung.

Die so sehr häufige Disqualifikation des "Erwerbstätigen" als solchen ist, neben später zu berührenden Einzelgründen, eine direkte Folge des "ständischen" Prinzips der sozialen Ordnung und seines Gegensatzes zur rein marktmäßigen Regulierung der Verteilung von Macht. Der Markt und die ökonomischen Vorgänge auf ihm kannte, wie wir sahen, kein "Ansehen der Person": "sachliche" Interessen beherrschen ihn. Er weiß nichts von "Ehre". Die ständische Ordnung bedeutet gerade umgekehrt: Gliederung nach "Ehre" und ständischer Lebensführung und ist als solche in der Wurzel bedroht, wenn der bloße ökonomische Erwerb und die bloße, nackte, ihren außerständischen Ursprung noch an der Stirn tragende, rein ökonomische Macht als solche jedem, der sie gewonnen hat, gleiche oder - da bei sonst gleicher ständischer Ehre doch überall der Besitz noch ein wenn auch uneingestandenes Superadditum darstellt - sogar dem Erfolg nach höhere "Ehre" verleihen könnte, wie sie die ständischen Interessenten kraft ihrer Lebensführung für sich prätendieren. Die Interessenten jeder ständischen Gliederung reagieren daher mit spezifischer Schärfe gerade gegen die Prätensionen des reinen ökonomischen Erwerbs als solchen und meist dann um so schärfer, je bedrohter sie sich fühlen: die respektvolle Behandlung des

Bauern etwa bei Calderon, im Gegensatz zu der gleichzeitigen ostensiblen Verachtung der "Kanaille" bei Shakespeare zeigt diese Unterschiede des Reagierens einer festgefügten, gegenüber einer ökonomisch ins Wanken geratenen ständischen Gliederung, und ist Ausdruck eines überall wiederkehrenden Sachverhalts. Die ständisch privilegierten Gruppen akzeptieren eben deshalb den "Parvenu" niemals persönlich wirklich vorbehaltlos - mag seine Lebensführung sich der ihrigen noch so völlig angepaßt haben -, sondern erst seine Nachfahren, welche in den Standeskonventionen ihrer Schicht erzogen sind und die ständische Ehre nie durch eigene Erwerbsarbeit befleckt haben. -

Als *Wirkung* ständischer Gliederung läßt sich demgemäß ganz allgemein nur ein allerdings sehr wichtiges Moment feststellen: die Hemmung der freien Marktentwicklung. Zunächst für diejenigen Güter, welche die Stände durch Monopolisierung dem freien Verkehr direkt entziehen, es sei rechtlich oder konventionell, wie z. B. das ererbte Gut in vielen hellenischen Städten der spezifisch ständischen Epoche und (wie die alte Entmündigungsformel für Verschwender zeigt) ursprünglich auch in Rom, ebenso die Rittergüter, Bauerngüter, Priestergüter und vor allem die Kundschaft eines zünftigen Gewerbes oder Gildehandels. Der Markt wird eingeschränkt, die Macht des nackten Besitzes rein als solchen, welche der "Klassenbildung" den Stempel aufdrückt, zurückgedrängt. Die Wirkungen davon können die allerverschiedensten sein und liegen natürlich keineswegs etwa notwendig in der Richtung einer Abschwächung der Kontraste der ökonomischen Situation; oft im Gegenteil. Jedenfalls aber ist von wirklich freier Marktkonkurrenz im heutigen Sinn überall da keine Rede, wo ständische Gliederungen eine Gemeinschaft so stark durchziehen, wie dies in allen politischen Gemeinschaften der Antike und des Mittelalters der Fall war. Aber eher noch weittragender als diese direkte Aussperrung gewisser Güter vom Markt ist der aus der erwähnten Gegensätzlichkeit der ständischen gegen die rein ökonomische Ordnung folgende Umstand, daß der ständische Ehrbegriff in den meisten Fällen gerade das Spezifische des Markts: das Feilschen, überhaupt perhorresziert, sowohl unter Standesgenossen, wie zuweilen für Mitglieder eines Standes überhaupt, und daß es daher überall Stände, und zwar meist die einflußreichsten, gibt, für welche fast jede Art von offener Beteiligung am Erwerb schlechthin als ein Makel gilt.

Man könnte also, mit etwas zu starker Vereinfachung, sagen: "Klassen" gliedern sich nach den Beziehungen zur Produktion und zum Erwerb der Güter, "Stände" nach den Prinzipien ihres Güter*konsums* in Gestalt spezifischer Arten von "Lebensführung". Auch ein "Berufsstand" ist "Stand", d. h. prätendiert mit Erfolg soziale "Ehre" normalerweise erst kraft der, eventuell durch den Beruf bedingten, spezifischen "Lebensführung". Die Unterschiede vermischen sich freilich oft, und gerade die nach ihrer "Ehre" am strengsten geschiedenen ständischen Gemeinschaften: die indischen Kasten, zeigen heute - allerdings innerhalb bestimmter, sehr fester Schranken - ein relativ hohes Maß von Indifferenz gegenüber dem "Erwerb", der namentlich seitens der Brahmanen in der allerverschiedensten Form gesucht wird.

Über die allgemeinen ökonomischen Bedingungen des Vorherrschens "ständischer" Gliederung läßt sich im Zusammenhang mit dem eben Festgestellten ganz allgemein nur sagen: daß eine gewisse (relative) Stabilität der Grundlagen von Gütererwerb und Güterverteilung sie begünstigt, während jede technisch-ökonomische Erschütterung und Umwälzung sie bedroht und die "Klassenlage" in den Vordergrund schiebt. Zeitalter und Länder vorwiegender Bedeutung der nackten Klassenlage sind der Regel nach technisch-ökonomische Umwälzungszeiten, während jede Verlangsamung der ökonomischen Umschichtungsprozesse alsbald zum Aufwachsen "ständischer" Bildungen führt und die soziale "Ehre" wieder in ihrer Bedeutung restituiert. -

Während die "Klassen" in der "Wirtschaftsordnung", die "Stände" in der "sozialen Ordnung", also in der Sphäre der Verteilung der "Ehre", ihre eigentliche Heimat haben und von hier aus einander gegenseitig und die Rechtsordnung beeinflussen und wiederum durch sie beeinflußt werden, sind *"Parteien"* primär in der Sphäre der "Macht" zu Hause. Ihr Handeln ist auf soziale "Macht", und das heißt: Einfluß auf ein Gemeinschaftshandeln gleichviel welchen Inhalts ausgerichtet: es kann Parteien prinzipiell in einem geselligen "Klub" ebensogut geben wie in einem "Staat". Das "parteimäßige" Gemeinschaftshandeln enthält, im Gegensatz zu dem von "Klassen" und "Ständen", bei denen dies nicht notwendig der Fall ist, stets eine Vergesellschaftung. Denn es ist stets auf ein planvoll erstrebtes Ziel, sei es ein "sachliches": die Durchsetzung eines Programms um ideeller oder materieller Zwecke willen, sei es ein "persönliches": Pfründen, Macht und, als Folge davon, Ehre für ihre Führer und Anhänger oder, und zwar gewöhnlich, auf dies alles zugleich gerichtet. Sie sind daher auch möglich nur innerhalb von Gemeinschaften, welche ihrerseits irgendwie vergesellschaftet sind, also irgendwelche rationale Ordnung und einen Apparat von Personen besitzen, welche sich zu deren Durchführung bereit halten. Denn eben diesen Apparat zu beeinflussen und womöglich aus Parteianhängern zusammenzusetzen, ist Ziel der Parteien. Sie können im Einzelfall durch "Klassenlage" oder "ständische Lage" bedingte Interessen vertreten und ihre Anhängerschaft entsprechend rekrutieren. Aber sie brauchen weder reine "Klassen"- noch rein "ständische" Parteien zu sein und sind es meist nur zum Teil, oft gar nicht. Sie können ephemere oder perennierende Gebilde darstellen, und ihre Mittel zur Erlangung der Macht können die allerverschiedensten sein, von nackter Gewalt jeder Art bis zum Werben um Wahlstimmen mit groben oder feinen Mitteln: Geld, sozialem Einfluß, Macht der Rede, Suggestion und plumper Übertölpelung, und bis zur mehr groben oder mehr kunstvollen Taktik der Obstruktion innerhalb parlamentarischer Körperschaften. Ihre soziologische Struktur ist notwendig grundverschieden je nach derjenigen des Gemeinschaftshandelns, um dessen Beeinflussung sie kämpfen, je nachdem die Gemeinschaft z. B. ständisch oder klassenmäßig gegliedert ist oder nicht, und vor allem je nach der Struktur der "Herrschaft" innerhalb derselben. Denn um deren Eroberung handelt es sich ja für ihre Führer normalerweise. Sie sind, in dem allgemeinen Begriff, den wir hier festhalten, nicht erst Erzeugnisse spezifisch moderner Herrschaftsformen: auch die antiken und mittelalterlichen Parteien wollen wir als solche bezeichnen, trotz ihrer von den modernen so grundverschiedenen Struktur. Aber allerdings läßt sich infolge dieser Strukturunterschiede der Herrschaft auch über die Struktur der Partei, die stets ein um Herrschaft kämpfendes Gebilde ist und daher selbst, oft sehr straff, "herrschaftlich" organisiert zu sein pflegt, nichts ohne Erörterung der Strukturformen der sozialen Herrschaft überhaupt aussagen. Diesem zentralen Phänomen alles Sozialen wenden wir uns daher jetzt zu. -

Vorher ist über die "Klassen", "Stände" und "Parteien" nur noch im allgemeinen zu sagen: Daraus, daß sie notwendig eine sie umgreifende Vergesellschaftung, speziell ein politisches Gemeinschaftshandeln, innerhalb deren sie ihr Wesen treiben, voraussetzen, ist nicht gesagt, daß sie selbst an die Grenzen je einer einzelnen politischen Gemeinschaft gebunden wären. Im Gegenteil ist es von jeher an der Tagesordnung gewesen, von der Interessensolidarität der Oligarchen und Demokraten in Hellas, der Guelfen und Ghibellinen im Mittelalter, der calvinistischen Partei in der Zeit der religiösen Kämpfe bis zur Solidarität der Grundbesitzer (internationaler Agrarierkongreß), Fürsten (heilige Allianz, Karlsbader Beschlüsse), sozialistischen Arbeiter, Konservativen (Sehnsucht der preußischen Konservativen nach russischer Intervention 1850), daß die Vergesellschaftung, und zwar auch eine auf gemeinsamen Gebrauch von militärischer Gewalt abzielende Vergesellschaftung, über die Grenzen der politischen Verbände hinausgreift. Nur ist ihr Ziel dabei nicht notwendig die Herstellung einer neuen internationalen, politischen, das heißt aber: *Gebiets*herrschaft, sondern meist die Beeinflussung der bestehenden.

Zu einer Theorie des sozialen Konflikts*[1]

I

Nach einem Intervall von fast 50 Jahren hat sich die Soziologie eines Themas wieder besonnen, das ihre Ursprünge mehr als irgendein anderer Gegenstandsbereich bestimmt hat. Von Marx und Comte bis zu Simmel und Sorel war sozialer Konflikt, waren insbesondere Revolutionen eines der Zentralthemen der Sozialforschung. Das gleiche gilt - obschon unter vielleicht symptomatischer Vernachlässigung des Problems der Revolution - auch für manche frühen angelsächsischen Soziologen: für die Webbs in England, für Sumner in den Vereinigten Staaten. Aber als Talcott Parsons 1937 eine gewisse Konvergenz in den soziologischen Theorien von Alfred Marshall, Emile Durkheim, Vilfredo Pareto und Max Weber feststellte[2], meinte er nicht mehr die Analyse sozialen Konflikts: ihm schwebte der Versuch vor, mit einem Organon zusammenhängender Kategorien das Problem der Integration sogenannter "sozialer Systeme" zu bewältigen. Die neue Frage hieß: "Was hält Gesellschaften zusammen?" - nicht mehr: "Was treibt sie voran?" Der Einfluß der Parsonschen Fragestellung auf die neuere (und keineswegs nur die amerikanische) Soziologie läßt sich schwerlich überschätzen. So konnte es geschehen, daß die Wiederbelebung des Studiums des sozialen Konflikts in den letzten zehn Jahren für viele weniger eine Anknüpfung an traditionelle Forschungsgegenstände als eine thematische Neuentdeckung ist - ein Stück dialektischer Ironie der Wissenschaftsentwicklung.

Noch heute sind die Ansätze zum systematischen Studium des sozialen Konflikts relativ vereinzelt - gemessen an den ungezählten Arbeiten über soziale Schichtung oder über die "Struktur und Funktion" bestimmter Institutionen, Organisationen, Gesellschaften. Immerhin läßt sich im Hinblick auf die Arbeiten von Aron, Philip, Brinton, Kerr, Coser, Brinkmann, Geiger, Gluckman und anderen[3] die These einer Wiederbelebung des Studiums des sozialen Konflikts ebenso rechtfertigen wie der Versuch, den systematischen Ort und die spezifische Gestalt einer Theorie des Konflikts in der soziologischen Analyse zu bestimmen.

Typen und Arten sozialen Konflikts

Um mit einem Gemeinplatz zu beginnen: Das Problem des Konflikts ist nicht minder komplex als das der Integration von Gesellschaften. Wir wissen heute, daß der Versuch, alle faktisch auftretenden Konflikte zwischen sozialen Gruppen auf ein gemeinsames Prinzip - etwa das der Klassen - zurückzuführen, unfruchtbar ist. Er führt entweder zu inhaltleeren Verallgemeinerungen (von der Form: "Jede Gesellschaft kennt soziale Konflikte") oder zu empirisch unhaltbaren Vereinfachungen (von der Form: "Die Geschichte aller bisherigen Gesellschaft ist die Geschichte von Klassenkämpfen"). Es empfiehlt sich, die Probleme, die sich unter dem Sammelbegriff "sozialer Konflikt" fassen lassen, zunächst zu sortieren und zu klassifizieren. Selbst oberflächliche und weitgehend unverbindliche Überlegung führt hier zur Unterscheidung einer Reihe von Typen und Arten.

Es gibt Kriege und es gibt Konflikte zwischen politischen Parteien - zwei offenbar unterschiedliche Arten von Auseinandersetzungen. Unter Bezug auf eine gegebene Gesellschaft A könnte man sagen, es gibt von außen an A heran- (oder in sie hinein-)getragene, *exogene Konflikte,* und es gibt in A selbst erzeugte, *endogene Konflikte.* Von beiden, zumindest analytisch relativ eindeutig unterscheidbaren Arten, gibt es wiederum verschiedene Typen. Beschränken wir uns zunächst - aus Gründen, die gleich noch anzugeben sein werden - auf endogene Konflikte, so fallen weitere Unterteilungen unmittelbar ins Auge: Sklaven und Freie in Rom, Neger und Weiße in den USA, Protestanten und Katholiken in den Niederlanden, Flamen und Wallonen in Belgien, Konservative und Labourpartei in England, Gewerkschaften und Unternehmerverbände in vielen Ländern. Dies alles sind gegnerische Gruppen in wohlbekannten Konflikten. Möglicherweise bezeichnet nicht jedes dieser Beispiele einen eigenen Typus; sicher aber lassen sie sich nicht alle unter einem und nur einem Typus des sozialen Konflikts begreifen. Welches Kriterium auch immer man für eine Klassifizierung wählt - z. B. Gegenstände des Konflikts, struktureller Ursprung der Konfliktgruppen, Formen des Konflikts -, es ergeben sich mehrere unterscheidbare Typen.

Grenzen und Ziele einer Theorie des sozialen Konflikts

Eine ideale Soziologie kann keine dieser Arten und Typen des Konfliktes prinzipiell aus ihren Analysen ausschließen. Dennoch haben nicht alle erwähnten Typen das gleiche Gewicht für die soziologische Analyse. Eine kurze Besinnung auf die Absicht einer soziologischen Theorie des Konflikts ergibt, daß der Beitrag der Soziologie zum Verständnis der Konflikte (und der Beitrag der Konflikte zum gesellschaftlichen Prozeß) in einigen Fällen zumindest der Möglichkeit nach größer ist als in anderen.

Absicht einer soziologischen Theorie des Konflikts ist es, die prinzipielle Zufälligkeit unerklärten historischen Geschehens durch dessen Reduktion auf soziale Strukturelemente zu überwinden; anders ausgedrückt: bestimmte Prozesse mit prognostischer Verbindlichkeit zu erklären. Gewiß ist es wichtig, den Konflikt zwischen Arbeitern und Unternehmern rein als solchen zu beschreiben; wichtiger aber ist der Nachweis, daß dieser Konflikt auf bestimmten sozialen Strukturarrangements beruht und daher mit Notwendigkeit überall dort auftritt, wo diese Strukturarrangements gegeben sind. Dabei kommt es in der Soziologie darauf an, Konflikte aus spezifisch sozialen Strukturen herzuleiten und sie nicht durch den Rückgriff auf psychologische ("Aggressivität") oder deskriptiv-historische Variablen (zum Beispiel Einwanderung der Neger in die USA) doch wieder dem Zufall auszuliefern. Im Sinne einer strengen soziologischen Analyse können nur solche Konflikte als erklärt gelten, die sich als unabhängig von der Zusammensetzung und Einstellung von Bevölkerungen und unabhängig von historischen *dei ex machina* aus der Struktur sozialer Positionen und Rollen erwachsend nachweisen lassen. Dies ist eine notwendig sehr abstrakte Formulierung; statt ihrer Kommentierung mag es sich empfehlen, ihren Sinn durch die folgende Behandlung einer Form sozialen Konfliktes zu illustrieren. Zuvor sei jedoch eine Ableitung aus dieser Formulierung gestattet, die zur Präzisierung unseres Problems beitragen kann.

Mit dem offenkundigen Ungenügen der Marx-Leninschen Imperialismustheorie ist die Erklärung exogener Konflikte aus der Struktur der betroffenen Gesellschaft wieder ein offenes Problem, zu dessen Behandlung noch kaum Ansätze vorliegen. Es scheint überdies, daß die Erklärung exogener Konflikte[4] mit den Werkzeugen soziologischer Strukturanalyse nur in einem metaphorischen Sinn möglich ist: dann nämlich, wenn ganze Gesellschaften (bzw. auch weniger umfassende "Sozialsysteme") als Einheiten einer neuen Struktur verstanden werden[5], wenn also C als Struktur der Elemente A, B ohne Rücksicht auf die innere Struktur von A und B analysiert wird. Aus diesem Grunde scheint es sinnvoll, exogene Konflikte vorerst von einer Theorie des sozialen Konflikts auszuschließen. Die oben angeführten Beispiele endogener Konflikte andererseits zerfallen unter dem Gesichtspunkt ihrer strukturellen Bedeutung in mindestens zwei Gruppen. Sie bezeichnen einerseits Konflikte, die nur in ganz bestimmten Gesellschaften auf Grund deren besonderer historischer Bedingungen auftreten (Neger und Weiße in den USA, Protestanten und Katholiken in den Niederlanden, Flamen und Wallonen in Belgien); andererseits aber Konflikte, die sich als Ausdruck allgemeiner Strukturzüge sämtlicher Gesellschaften bzw. sämtlicher Gesellschaften auf gleicher Entwicklungsstufe verstehen lassen (Konservative und Labourpartei in England, Gewerkschaften und Unternehmerverbände)[6]. Gewiß ist in beiden Fällen eine verallgemeinernde Analyse möglich; eine Theorie des Minoritäts- oder des Religionskonflikts ist so sinnvoll wie eine

Theorie des Klassenkonflikts. Indes ist das Gewicht beider innerhalb einer allgemeinen Theorie der Gesellschaft offenbar unterschiedlich. Es kann nicht überraschen, daß die "klassische" Theorie des Konflikts - und ich meine hier in erster Linie die Klassentheorie des Konflikts - vor allem solchen sozialen Auseinandersetzungen ihre Aufmerksamkeit gewidmet hat, die sich aus der Struktur von Gesellschaften unabhängig von strukturell zufälligen historischen Gegebenheiten ableiten lassen.

Auch die folgenden Ansätze zu einer Theorie des Konflikts beziehen sich auf strukturallgemeine Konflikte. Es handelt sich insofern keineswegs um eine allgemeine Theorie des sozialen Konflikts, wenn ich mich auch anheischig machen würde, die Behauptung zu verteidigen, daß hier einer der wichtigsten, wenn nicht der wichtigste Typus sozialer Strukturkonflikte in Frage steht. So bedeutend die Bartholomäusnacht, die Kristallnacht und Little Rock als Probleme des sozialen Konflikts sind: die Französische Revolution, der englische Generalstreik von 1926 und der 17. Juni 1953 scheinen mir zentralere Anliegen der Strukturanalyse. Weniger dramatisch ausgedrückt: Die soziologische Theorie des Konflikts mag gut daran tun, sich zunächst auf die Erklärung von Auseinandersetzungen zwischen Herrschenden und Beherrschten in gegebenen sozialen Strukturzusammenhängen zu beschränken.

II

Die Erklärung einer Bewegung verlangt zwei getrennte Ansätze; wir müssen den Ausgangspunkt und wir müssen die Bewegungsrichtung oder, besser noch, die bewegende Kraft kennen. Keine Theorie des sozialen Wandels oder Konflikts kann darauf verzichten, zunächst die Struktureinheit, die sich wandelt oder innerhalb derer sich Konflikte abspielen, zu beschreiben. Eine solche Beschreibung liefert uns die Integrationstheorie der Gesellschaft. Doch ist es irrig anzunehmen, daß die Beschreibung der Art und Weise, in der die Elemente einer Struktur zu einem gleichgewichtigen Ganzen verknüpft sind, uns als solche schon einen Ansatzpunkt zur Strukturanalyse von Konflikt und Wandel liefert. Insofern ist der Anspruch der sogenannten strukturell-funktionalen Theorie in der neueren Soziologie, eine allgemeine Theorie der Gesellschaft zu sein, nachweislich ungerechtfertigt.

Zur Kritik der strukturell-funktionalen Theorie

Dieser Nachweis ist in jüngerer Zeit mehrfach - am eindrucksvollsten von D. Lockwood[7] - geführt worden. Er beruht auf einem relativ einfachen Argument. Solange wir unsere Analysen an der Frage orientieren, in welcher Weise die Elemente einer Gesellschaft zu einem zusammenhängenden und funktionierenden Ganzen verknüpft sind, ist die Vorstellung der Gesellschaft als Sozialsystem letzter Bezugspunkt. Es geht uns darum, die Funktion bestimmter Assoziationen, Institutionen oder auch Prozesse innerhalb eines gleichgewichtigen Ganzen, das heißt - in Mertons Definition -, deren beabsichtigte oder unbeabsichtigte Konsequenzen für das Funktionieren und die Erhaltung des Systems, zu ermitteln. Auf diese Weise kommen wir zu Feststellungen wie: "Das Erziehungssystem fungiert als Zuordnungsmechanismus für soziale Positionen." oder: "Die Religion fungiert als Integrationsagent der herrschenden Werte." Die Mehrzahl soziologischer Untersuchungen der letzten Jahre bewegt sich in diesem Bereich der Analyse.

Ein solcher Ansatz gerät jedoch in Schwierigkeiten, wenn wir eine andere Art von Fragen stellen. Was war die Funktion der englischen Gewerkschaften im Generalstreik von 1926? Was war die Funktion der Bauarbeiter von der Stalinallee am 17. Juni 1953? Zweifellos läßt sich in vielen Fällen argumentieren, daß militante Gewerkschaften oder oppositionelle politische Gruppen und Parteien auch einen Beitrag zum Funktionieren des bestehenden Systems leisten[8]. Selbst wo dies gilt - und in den beiden zitierten Fällen läßt es sich schwerlich konstruieren -, würde eine solche Feststellung jedoch bedenklich wenig über die Rolle der in Frage stehenden Gruppen aussagen. Vielmehr ist deutlich, daß sowohl die beabsichtigte als auch die unbeabsichtigte Konsequenz solcher oppositionellen Gruppen darin liegt, einen Beitrag zur Beseitigung und Zerstörung des bestehenden Systems zu leisten. Der strukturell-funktionale Ansatz hat für solche Fälle ein bequemes Etikett: sie sind "dysfunktionale" Organisationen, Institutionen oder Prozesse. Aber diese Bezeichnung sagt uns weniger als nichts. Sie erklärt nicht nur nicht den Platz dieser Dinge im gesellschaftlichen Prozeß, sondern hindert eine solche Erklärung durch einen scheinbar systemkongruenten Terminus, der sich bei näherer Betrachtung als residuale Kategorie enthüllt. Was nicht in den analytischen Ansatz paßt, wird magisch durch ein Zauberwort aus der Welt geschafft.

Residuale Kategorien sind in jeder Wissenschaft ein fruchtbarer Ausgangspunkt neuer Entwicklungen. Mir scheint, daß die sorgsame Analyse der Probleme, die der Terminus "Dysfunktion" in der strukturell-funktionalen Theorie versteckt, wie von selbst auf die Spuren einer sinnvollen soziologischen Theorie des Konflikts führt. Sie offenbart zugleich eine merkwürdige Erkenntnissituation, in der wir uns bei dem Versuch einer wissenschaftlichen Analyse der Gesellschaft finden.

Zwei Gesellschaftsmodelle

Wenn wir die analytischen Ansätze der strukturell-funktionalen Theorie gewissermaßen über deren Grenzen hinaus verlängern und auf ihre impliziten Postulate hin untersuchen, so können wir ein Gesellschaftsmodell konstruieren, das dieser Theorie zugrundeliegt und ihre Perspektive bestimmt. Wesentliche Elemente dieses Gesellschaftsmodells sind:

1. Jede Gesellschaft ist ein relativ beharrendes, stabiles Gefüge von Elementen[9].
2. Jede Gesellschaft ist ein wohlintegriertes Gefüge von Elementen.
3. Jedes Element in einer Gesellschaft leistet einen Beitrag zu ihrem Funktionieren.
4. Jede Gesellschaft beruht auf einem Konsensus ihrer Mitglieder.

   Es dürfte deutlich sein, daß eine Theorie, die auf diesem Modell basiert, sich nicht dazu eignet, Phänomene des sozialen Konflikts und Wandels zu erklären oder auch nur zu beschreiben. Zu diesem Zweck ist vielmehr ein Modell erforderlich, das in allen vier Punkten die genau entgegengesetzte Position einnimmt:

1. Jede Gesellschaft unterliegt zu jedem Zeitpunkt dem Wandel; sozialer Wandel ist allgegenwärtig.
2. Jede Gesellschaft kennt zu jedem Zeitpunkt soziale Konflikte; sozialer Konflikt ist allgegenwärtig.
3. Jedes Element in einer Gesellschaft leistet einen Beitrag zu ihrer Veränderung.
4. Jede Gesellschaft beruht auf dem Zwang (constraint) einiger ihrer Mitglieder durch andere.

Das Doppelgesicht der Gesellschaft

Die Merkwürdigkeit unserer Erkenntnissituation wird offenbar, wenn wir uns die beiden Gruppen von Postulaten auf ihren Wahrheitsgehalt hin ansehen beziehungsweise uns fragen, welches der beiden Modelle größeren Nutzen bei der Erkenntnis der Wirklichkeit verspricht. Es hat nämlich den Anschein, daß die Gegensatzpaare von Postulaten sich im Hinblick auf die soziale Wirklichkeit keineswegs ausschließen. Es ist unmöglich, mit den Mitteln der empirischen Forschung zu entscheiden, welches der beiden Modelle richtiger ist; die Postulate sind keine Hypothesen. Darüber hinaus aber scheint es sinnvoll zu sagen, daß beide Modelle in gewisser Weise zutreffend und analytisch fruchtbar sind. Stabilität und Wandel, Integration und Konflikt, Funktion und "Dysfunktion", Konsensus und Zwang sind, so scheint es, zwei gleich gültige Aspekte jeder denkbaren Gesellschaft, dialektisch aneinandergekettet und nur in ihrer Kombination erschöpfend als Beschreibung des gesellschaftlichen Prozesses.

Möglicherweise ist eine allgemeine Theorie der Gesellschaft denkbar, die die Koexistenz des Unvereinbaren, die Gleich-Gültigkeit der beiden Modelle auf höherer Allgemeinheitsstufe aufhebt. Solange wir eine solche Theorie nicht haben, müssen wir uns mit der Feststellung begnügen, daß die Gesellschaft für das soziologische Verständnis ein Doppelgesicht hat, deren keines prinzipiell besser, richtiger oder gültiger ist als das andere. Daraus folgt, daß die Kritik an der Unbrauchbarkeit der strukturell-funktionalen Theorie für die Analyse von Konflikt und Wandel sich nur gegen den Allgemeinheitsanspruch dieser Theorie wenden kann, ihre Kompetenz im Hinblick auf Probleme der Integration aber unberührt läßt. Es folgt andererseits, daß auch eine Theorie des Konflikts und Wandels keine allgemeine Theorie ist. Vergleiche zwischen Natur- und Sozialwissenschaften laufen immer Gefahr, Mißverständnisse hervorzurufen. Ohne dieser Analogie mehr als logische Bedeutung beizumessen, läßt sich indes die Behauptung vertreten, daß die Situation des Soziologen der des Physikers in der Lichttheorie nicht unähnlich ist. Wie der Physiker gewisse Probleme nur mit der Annahme des Wellencharakters des Lichtes zu lösen vermag, für andere Probleme dagegen eine Korpuskel- oder Quantentheorie braucht, so gibt es in der Soziologie Probleme, die sich mit der Integrationstheorie adäquat erfassen lassen, und andere, zu deren sinnvoller Analyse eine Konflikttheorie erforderlich ist. Beide Theorien können weitgehend mit den gleichen Kategorien arbeiten; doch betonen sie verschiedene Aspekte. Während für die Integrationstheorie die Gesellschaft einer Ellipse, einer alle Elemente umschließenden, abgerundeten Einheit ähnelt, sieht die Konflikttheorie die Gesellschaft eher als Hyperbel, die zwar die gleichen Brennpunkte hat, aber in mehrere Richtungen hin offen ist und als Spannungsfeld zu bestimmender Kräfte erscheint.

Aufgaben der Theorie des sozialen Konflikts

Das Doppelgesicht der Gesellschaft und die Dialektik zweier Typen soziologischer Theorie ist selbst ein höchst fruchtbarer Gegenstand des Nachdenkens. Doch erscheint eine andere Aufgabe vorerst dringlicher. Die Integrationstheorie der Gesellschaft ist als strukturell-funktionaler Ansatz in Ethnologie und Soziologie bereits zu erheblicher Blüte entwickelt. Nur in sehr rudimentärer Form haben wir jedoch bislang eine Konflikttheorie, das heißt einen Ansatz, der auf den Voraussetzungen der Allgegenwart sozialen Wandels und sozialen Konflikts, der "Dysfunktionalität" aller Elemente der Sozialstruktur und des Zwangscharakters der Einheit von Gesellschaften beruht. Unsere Überlegungen setzen uns instand, einige Erfordernisse einer solchen Theorie zu formulieren: 1. Sie soll - wie die Integrationstheorie - eine wissenschaftliche Theorie sein, das heißt im Hinblick auf die plausible und prüfbare Erklärung empirischer Phänomene formuliert werden. 2. Ihre Elemente sollen dem Konflikt-Modell der Gesellschaft nicht widersprechen. 3. Die verwendeten Kategorien sollen nach Möglichkeit mit denen der Integrationstheorie übereinstimmen oder zumindest diesen entsprechen. 4. Die Konflikttheorie soll uns befähigen, soziale Konflikte auf strukturelle Arrangements zurückzuführen, sie also als systematisch erzeugt nachzuweisen.

5. Sie soll zugleich der empirischen Vielfalt von Formen und Intensitätsgraden des Konflikts Rechnung tragen.

Letztes Ziel der Gesellschaftstheorie ist die Erklärung sozialen Wandels. Die Integrationstheorie liefert uns das Werkzeug zur Bestimmung des Ausgangspunktes der Bewegung. Die Kräfte zu lokalisieren, die Bewegung und Wandel vorantreiben, ist Aufgabe der Konflikttheorie. Sie hat ein Modell zu entwickeln, das den strukturellen Ursprung sozialer Konflikte verständlich macht. Dies scheint nur dann möglich, wenn wir Konflikte als Auseinandersetzungen zwischen sozialen Gruppen verstehen, unsere Aufgabe also dahingehend präzisieren, daß es um die Strukturanalyse von Konfliktgruppen geht. Unter dieser Voraussetzung stellen sich insbesondere drei Fragen, die die Konflikttheorie zu bewältigen hat: 1. In welcher Weise entstehen konfligierende Gruppen aus der Struktur von Gesellschaften? 2. Welche Formen können die Auseinandersetzungen zwischen sozialen Gruppen annehmen? 3. Wie bewirkt der Konflikt solcher Gruppen den Wandel sozialer Strukturen?

III

Wo immer Menschen zusammenleben und soziale Organisationsformen begründen, gibt es Positionen, deren Träger innerhalb bestimmter Bereiche und für bestimmte Positionen Befehlsgewalt haben, und andere Positionen, deren Träger diesen Befehlen unterworfen sind. Die Unterscheidung zwischen "Oben" und "Unten" - im Englischen "Them" und "Us" - ist eine der grundlegenden Erfahrungen der meisten Menschen in der Gesellschaft[10]; und es hat überdies den Anschein, als sei diese Unterscheidung mit der ungleichen Verteilung von Machtbefugnissen auf das engste verknüpft. Die Hauptthese des folgenden Versuches, ein Modell zur Strukturanalyse sozialen Konflikts zu konstruieren, ist, daß wir den strukturellen Ursprung sozialer Konflikte in den Herrschaftsverhältnissen zu suchen haben, die innerhalb gewisser Einheiten sozialer Organisation obwalten. Für diese Einheiten werde ich Max Webers Begriff des "Herrschaftsverbandes" gebrauchen. Die These ist nicht neu; sie findet sich (mit allerdings oft erheblichen Abweichungen) bei vielen Sozialwissenschaftlern vor und nach Marx. Doch soll hier kein Versuch unternommen werden, ihre Geschichte aufzuspüren.

Herrschaft und Herrschaftsstrukturen

Die Begriffe der Macht und Herrschaft sind sehr komplexe Begriffe. Wer sie gebraucht, wird oft in dem Maße der Ungenauigkeit und Unklarheit beschuldigt, in dem er versucht, sie "erschöpfend" zu definieren. Sind die Einwirkung des Vaters auf seine Kinder, die Einwirkung eines Industriellenverbandes auf die Regierung, die Einwirkung des Demagogen auf seine Zuhörer Beispiele für Herrschaftsverhältnisse? Hier wie in den meisten anderen Fällen geht es im Grunde nicht um eine Definition, sondern um das, was heute gerne eine "operationelle Definition" genannt wird: eine Bestimmung, die es uns erlaubt, den in Frage stehenden Sachverhalt als solchen zu identifizieren, wenn er uns in der Wirklichkeit begegnet. Für alle Zwecke der Analyse und Identifikation aber ist Webers Bestimmung der Herrschaft als "Chance, für einen Befehl bestimmten Inhalts bei angebbaren Personen Gehorsam zu finden", völlig zureichend[11]. Diese Bestimmung enthält die folgenden Elemente: 1. Herrschaft bezeichnet ein Verhältnis der Über- und Unterordnung. 2. Der übergeordnete Teil macht dem untergeordneten Teil Verhaltensvorschriften von der Form eines Befehls oder Verbots. 3. Der übergeordnete Teil hat das Recht, solche Vorschriften zu machen; Herrschaft ist ein legitimes Verhältnis der Über- und Unterordnung; Herrschaft besteht nicht auf Grund persönlicher oder situationeller Willkür, sondern ist eine Erwartung, die sich an gesellschaftliche Positionen knüpft. 4. Das Recht zur Herrschaft ist auf bestimmte Inhalte und angebbare Personen begrenzt. 5. Nichtbefolgung der Vorschriften wird sanktioniert; ein Rechtssystem (beziehungsweise ein System quasirechtlicher Gewohnheiten) wacht über der Effektivität der Herrschaft. Diese Bestimmung der Herrschaft erlaubt die Identifizierung des Ministers, des Unternehmers, des Parteisekretärs als Träger von Herrschaftspositionen - im Gegensatz etwa zu dem Syndikus eines Industriellenverbandes oder dem Demagogen, die beide die dritte der erwähnten Bedingungen nicht erfüllen[12].

Es ist nicht die Absicht unserer "Definition" der Herrschaft, alle analytischen und empirischen Probleme dieser Kategorie zu lösen[13]. In der Tat führt schon der erste Schritt unseres Modells uns tief in diese Probleme hinein: In jedem Herrschaftsverband lassen sich die beiden Aggregate derer, die nur die allgemeinen ("staatsbürgerlichen") Grundrechte, und derer, die darüber hinausgehende Herrschaftsrechte haben, unterscheiden. Im Gegensatz zu Prestige und Einkommen läßt sich für die Verteilung der Herrschaft also kein Kontinuum mit fließenden Übergängen konstruieren. Vielmehr findet sich hier eine klare Zweiteilung. Für jede Position in einem Herrschaftsverband läßt sich angeben, ob sie der Seite der Herrschenden oder der der Beherrschten zugehört. Zumal im Hinblick auf bürokratische Großorganisationen moderner Gesellschaften - unter Einfluß des Staates - mag diese Annahme auf den ersten Blick problematisch scheinen. Doch lassen schärfere Analysen keinen Zweifel, daß auch hier noch die Zweiteilung in Herrschende und Beherrschte gilt, wenngleich die Wirklichkeit ein erhebliches Maß an Differenzierung in der Gruppe der Herrschenden erkennen läßt[14].

Das Modell der Konflikttheorie

Die Dichotomie sozialer Rollen in Herrschaftsverbänden, ihre Teilung in positive und negative Herrschaftsrollen[15], ist eine soziale Strukturtatsache. Wenn und insofern soziale Konflikte sich auf diesen Tatbestand zurückführen lassen, sind sie strukturell erklärt. Das Modell zur Analyse sozialen Konflikts, das sich vor dem Hintergrund der Annahme einer Dichotomie der Herrschaftsrollen in Herrschaftsverbänden entwickeln läßt, involviert die folgenden Schritte:

1. In jedem Herrschaftsverband bilden die Träger der positiven und negativen Herrschaftsrollen zwei Quasigruppen, weil es sich hier um bloße Aggregate, nicht um organisierte Einheiten handelt; wir sprechen von latenten Interessen, weil die Gegensätzlichkeit der Orientierung auf dieser Ebene nicht notwendig bewußt sein muß, sondern zunächst nur als an bestimmte Positionen geknüpfte Erwartungen existiert. Gegensätzlichkeit heißt hier ganz formal, daß sich an positive Herrschaftsrollen die Erwartung eines Interesses an der Erhaltung des Status quo, an negative Herrschaftsrollen dagegen die eines Interesses zur Veränderung des Status quo knüpft.
2. Die Träger positiver und negativer Herrschaftsrollen, also die Mitglieder der gegensätzlichen Quasigruppen, organisieren sich zu Interessengruppen mit manifesten Interessen, wenn nicht bestimmte empirisch variable Bedingungen (die Bedingungen der Organisation) dazwischentreten. Interessengruppen sind im Gegensatz zu Quasigruppen organisierte Einheiten wie Parteien oder Gewerkschaften; manifeste Interessen sind formulierte Programme oder Ideologien.
3. Die solchermaßen entstehenden Interessengruppen stehen in ständigem Konflikt um die Erhaltung oder Veränderung des Status quo, dessen Formen und Intensität durch empirisch variable Bedingungen (die Bedingungen des Konfliktes) bestimmt werden.
4. Der Konflikt zwischen Interessengruppen im Sinne dieses Modells führt zu Veränderungen der Struktur der in Frage stehenden Sozialzusammenhänge durch Veränderungen ihrer Herrschaftsverhältnisse. Art und Weise, Schnelligkeit und Tiefgang dieser Einwirkung hängt von empirisch variablen Bedingungen (den Bedingungen des Strukturwandels) ab.

Es ist der Sinn eines solchen Modells, einen Problembereich abzugrenzen, die in ihm wirksamen Faktoren zu identifizieren und sie in eine Ordnung zu bringen, das heißt, fruchtbare Fragen nahezulegen und zugleich ihren analytischen Ort eindeutig zu fixieren. Wir haben unseren Problembereich abgegrenzt durch das Verständnis sozialen Konflikts als Konflikt zwischen Gruppen, die aus der Herrschaftsstruktur sozialer Organisationen hervorwachsen. In den Bedingungen der Organisation, des Konflikts und des Wandels haben wir die wirksamen Faktoren identifiziert. Ihre Ordnung aber läßt sich auf der Grundlage des Modells in den drei Funktionen ausdrücken:

Interessengruppen (zum Beispiel Parteien) sind eine Funktion der Bedingungen der Organisation, wenn ein Herrschaftsverband gegeben ist. Bestimmte Formen des Konfliktes (zum Beispiel parlamentarische Debatte) sind eine Funktion der Bedingungen des Konfliktes, wenn Interessengruppen gegeben sind. Bestimmte Formen des Wandels (zum Beispiel Revolutionen) sind eine Funktion der Bedingungen des Wandels, wenn Interessengruppen-Konflikt gegeben ist. Daher ergibt sich für die Theorie des Konflikts die Aufgabe, die drei Sätze von Bedingungen zu identifizieren und ihr jeweiliges Gewicht möglichst scharf - im Idealfall quantitativ meßbar[16] - zu bestimmen. Die folgenden Bemerkungen stellen kaum mehr als einen unverbindlichen Hinweis auf die Arten von Variablen dar, die hier in Frage stehen.

Empirische Bedingungen des sozialen Konflikts

Bei den Bedingungen der Organisation ist vor allem an drei Gruppen von Faktoren zu denken. Einmal sind hier gewisse soziale Bedingungen wirksam: zum Beispiel die Möglichkeit der Kommunikation zwischen den Mitgliedern einer Quasigruppe, eine gewisse Systematik in der Rekrutierung zu Quasigruppen. Sodann sind gewisse politische Bedingungen Voraussetzung der Bildung von Interessengruppen: hier ist vor allem eine Garantie der Koalitionsfreiheit wichtig. Schließlich müssen gewisse technische Bedingungen erfüllt sein: eine Organisation braucht materielle Mittel, Gründer und Führer, eine Ideologie.

Unter den Bedingungen des Konflikts fallen zwei Arten unmittelbar ins Auge: der Grad (familien-)individueller sozialer Mobilität und das Vorhandensein effektiver Mechanismen zur Regulierung sozialer Konflikte. Denken wir uns ein Kontinuum der Intensität sozialer Konflikte zwischen Interessengruppen, das vom demokratischen Streitgespräch bis zum Bürgerkrieg reicht, so scheint die Vermutung sinnvoll, daß das Vorhandensein oder Fehlen von sozialer Mobilität und Regulierungsmechanismen die Position bestimmter gegebener Konflikte auf diesem Kontinuum zumindest maßgeblich beeinflußt. Hier wie bei den anderen Bedingungen ist die Ermittlung des präzisen Gewichts der Faktoren eine Aufgabe der empirischen Forschung.

Eine dritte Gruppe von Bedingungen oder Variablen schließlich bestimmt die Form und den Umfang sozialer Strukturwandlungen, die aus dem Konflikt von Interessengruppen hervorgehen. Wahrscheinlich besteht ein relativ intimer Zusammenhang zwischen der Intensität des Konflikts und des Wandels, das heißt auch zwischen den Bedingungen des Konfliktes und des Strukturwandels. Doch kommen hier noch zusätzliche Faktoren ins Spiel wie das Beharrungsvermögen der herrschenden beziehungsweise das Druckpotential der beherrschten Interessengruppe. Bei der Präzisierung dieser Faktoren dürfte die Soziologie der Revolutionen - und mehr noch: die ungeschriebene Soziologie der unvollendeten Revolutionen - manchen Beitrag zu leisten haben.

Es bedarf kaum der neuerlichen Betonung, daß diese unsystematischen Beobachtungen schwerlich als solche schon eine Theorie des Konfliktes begründen können. Immerhin setzen sie uns in die Lage, sowohl auf der Ebene der Theorie als auch angesichts empirischer Probleme sinnvolle Fragen zu stellen. Jede der erwähnten Bedingungen stellt ein fruchtbares Objekt theoretisch orientierter Forschung dar. Im empirischen Bereich aber verlagert ihre systematische Verknüpfung unsere Fragen von der unergiebigen Suche nach ad-hoc-Beziehungen in einer Welt der Zufälligkeiten zum sinnvollen Studium bestimmter Zusammenhänge, deren Ort und Bedeutung durch eine allgemeine Perspektive fixiert sind. Der Natur der Sache gemäß mußte unsere Erörterung bis zu diesem Punkt einigermaßen abstrakt und formal bleiben. Trotz der Vorläufigkeit des angedeuteten Ansatzes ist es nunmehr möglich, seine aufschließende Kraft an einigen empirischen Problemen zu bewähren.

IV

Streng genommen läßt sich jede Form differenzierter Sozialorganisation auch als Herrschaftsverband beschreiben: ein Staat und ein Industriebetrieb, ein Schachklub und eine Universität, eine Partei und eine Kirche. Streng genommen ist daher die Theorie des Konfliktes auf alle diese Fälle anwendbar. Die Entscheidung, zwei Herrschaftsverbände - den Staat und den Industriebetrieb - für Zwecke der Analyse auszusondern, ist insofern prinzipiell willkürlich, wenngleich die besondere empirische Bedeutung dieser beiden Formen sozialer Organisation in sogenannten industriellen Gesellschaften wohl keiner Begründung bedarf. In ihrer Anwendung auf die Analyse des industriellen und politischen Konfliktes kommt die Theorie des Konfliktes dem Anliegen der traditionellen, insbesondere Marxschen Klassentheorie sehr nahe. Zugleich wird hier deutlich, daß die Klassentheorie nur ein Sonderfall der allgemeinen Theorie des Konfliktes ist.

Sozialer Konflikt im Industriebetrieb

Am Beispiel des Industriebetriebes läßt sich der hier vorgeschlagene Ansatz zu einer Theorie des sozialen Konfliktes einleuchtend illustrieren. Der Industriebetrieb ist - unter anderem[17] - ein Herrschaftsverband. Es gibt in ihm Positionen, an die sich die Erwartung der Herrschaftsausübung knüpft, und andere Positionen, deren Träger den Herrschenden unterworfen sind; es gibt Manager vieler Stufen, und es gibt Arbeiter. Die Herrschaft der Manager ist institutionalisiert und legitimiert: sie wird durch rechtliche und quasirechtliche Sanktionen (Disziplinarstrafen, Versetzung, Entlassung usw.) garantiert. Ein Konflikt der (latenten) Interessen zwischen Managern und Arbeitern ist also strukturell unvermeidlich. Damit können wir die Annahme formulieren, daß aus diesen beiden Quasigruppen Interessengruppen hervorwachsen, sobald die Bedingungen der Organisation (Kommunikation innerhalb der Quasigruppen, geregelte Rekrutierung zu den Quasigruppen, Koalitionsfreiheit, Führer und Ideologien, technische Mittel) gegeben sind: Unternehmerverbände und Gewerkschaften. Der Konflikt zwischen diesen Interessengruppen variiert in seiner Intensität in direktem Verhältnis zu den Bedingungen des Konfliktes, insbesondere dem Maß an möglicher Mobilität von einer Gruppe zur anderen und dem Vorhandensein effektiver Mechanismen zur Regulierung des Konfliktes (Gremien für Kollektivverhandlungen, Schlichtungsinstitutionen usw.). Dieser Konflikt führt - sei es durch Verhandlungen oder durch Streiks - schließlich zur Veränderung der Struktur des Industriebetriebes und der Position der beteiligten Gruppen.

Eine Analyse dieser Art sagt uns offenbar wenig, das wir nicht schon wissen; sie scheint nach Jahrzehnten des industriellen Konfliktes fast trivial. Ich habe sie darum ausdrücklich als Illustration der Konflikttheorie bezeichnet. Indessen ist selbst diese Illustration nicht völlig trivial, was deutlich wird, wenn wir uns zwei ihrer Implikationen vergegenwärtigen: Wenn die Konflikttheorie brauchbar ist, so gilt, daß industrieller Konflikt unabhängig davon existiert, ob die Manager Eigentümer-Unternehmer, von Aktionärsorganen gewählte Angestellte oder Staatsbeamte sind, das heißt die Eigentumsverhältnisse lassen sowohl die Existenz als auch die Intensität industrieller Konflikte prinzipiell unberührt. Weiterhin gilt, daß industrieller Konflikt auch dann noch vorhanden ist, wenn ein vollkommenes System seiner Regulierung verwirklicht ist; Regulierung beeinflußt zwar die Intensität von Konflikten, aber es ist kein Mechanismus denkbar, der Konflikte gänzlich beseitigt. Diese Art von Konsequenzen legt Anwendungen der Konflikttheorie nahe, die keineswegs mehr trivial sind. (...). (...).

Das Problem des totalitären Staates

Seit dem 17. Juni 1953, mit großer Sicherheit aber seit den ungarischen und polnischen Ereignissen im Spätherbst 1956, wissen wir, daß auch in totalitären Staaten sozialer Konflikt (und sozialer Wandel!) keineswegs aus der Welt geschafft ist. Die Konflikttheorie erhebt dieses Wissen zum Gesetz: der Staat, das heißt die Gesellschaft in ihrem politischen Aspekt, ist ein Herrschaftsverband. Es gibt in ihm bloße Staatsbürger (Wähler) und Träger von Positionen, die mit Herrschaftsbefugnissen ausgestattet sind. Unter allen denkbaren Bedingungen ist der politische Konflikt also eine Strukturtatsache der Gesellschaft. Dieser Konflikt kann milde oder heftige Formen annehmen, er kann auch für begrenzte Zeiträume aus dem Blickfeld des oberflächlichen Beobachters verschwinden - beseitigt werden kann er nicht. Einer der Aspekte des totalitären Staates ist nun der Versuch, Opposition, das heißt sozialen Konflikt, zu unterdrücken. Auf dem Hintergrund der Konflikttheorie stellt sich die Frage, in welcher Weise soziale Auseinandersetzungen unter solchen Umständen wirksam werden. Wir können totalitäre Staaten unter dem Gesichtspunkt der Bedingungen der Organisation von Interessengruppen, des Konfliktes und des Strukturwandels analysieren und hoffen, auf diese Weise sowohl zu sinnvollen Erklärungen historischer Ereignisse als auch zu prüfbaren Voraussagen zu kommen. Wiederum sind hier nur wenige Andeutungen möglich.

Beginnen wir - aus Gründen, die gleich offenbar werden - mit den Bedingungen des Konfliktes. Die Intensität sozialer Konflikte hängt von dem Maß sozialer Mobilität und dem Vorhandensein effektiver Mechanismen zur Regulierung von Konflikten ab. Beides, Mobilität und Regulierung, kann in totalitären Staaten vorhanden sein. Es läßt sich von hier aus argumentieren, daß die regelmäßigen "Säuberungen" in kommunistischen Staaten, das heißt die Ersetzung der Träger der Herrschaft, als Garantie der Stabilität (im Sinne der Verringerung sozialer Konflikte) fungiert. Ebenso kann die systematische Förderung der Diskussion mit dem Ziel einer Entscheidung über "Plattformen" der Politik innerhalb und außerhalb der Staatspartei ein wirksamer Regulierungsmechanismus sein[18]. Doch scheint der Mehrzahl totalitärer Staaten eine Tendenz innezuwohnen, die Führungsschicht sozial abzuschließen und Diskussionen zu verhindern, also auf Mobilität und Mechanismen der Regelung von Konflikten zu verzichten. Wenn dies der Fall ist, drohen soziale Konflikte an potentieller Intensität zuzunehmen und revolutionären Charakter anzunehmen.

Unter dem Gesichtspunkt der Bedingungen des Strukturwandels heißt dies, daß politische Konflikte in totalitären Staaten mehr und mehr auf die vollständige und plötzliche Ersetzung der herrschenden Klassen abzielen. Für die Wahrscheinlichkeit der Realisierung radikalen Wandels wird die Resistenz der Herrschenden gegenüber dem Druck zum Wandel zur wesentlichen Variablen. Vielleicht ist die empirische Verallgemeinerung sinnvoll, daß diese Resistenz bei wachsendem Druck zwar bis zu einem gewissen Grade ansteigt, dann aber relativ rasch Auflösungsprozessen Raum gibt und somit den Wandel befördert.

Für die Analyse von Konflikten in totalitären Staaten ist jedoch unser dritter (beziehungsweise in der Folge der Theorie erster) Satz von Bedingungen zentral: die Bedingungen der Organisation. Es folgt in gewisser Weise aus der "Definition" des totalitären Staates, daß in ihm Bedingungen der Organisation oppositioneller Interessengruppen nicht gegeben sind. Genauer: obwohl die sozialen und die technischen Bedingungen häufig vorhanden sind[19], fehlen die politischen Bedingungen, fehlt die Koalitionsfreiheit. An diesem Punkt wird die Bedeutung des Widerstandes der Regierung der deutschen Ostzone gegen freie Wahlen ebenso deutlich wie die Situation, in der totalitären Staaten allgemein die Gefahr vehementer, wahrscheinlich revolutionärer politischer Konflikte droht. Wenn - sei es ausdrücklich wie in Ungarn, sei es auch nur faktisch wie am 17. Juni 1953 in Berlin - den latenten Konfliktgruppen die Möglichkeit zur Organisation gegeben wird, zerbricht das gesamte Gebäude totalitärer Staaten. Überdies scheint die Wahrscheinlichkeit groß, daß diese Möglichkeit zu irgendeinem Zeitpunkt in jedem totalitären Staat Gestalt annimmt[20]; in modernen, auf ideologische Staatsparteien gegründeten totalitären Gesellschaften besteht vor allem vom Standpunkt der Herrschenden die ständige Gefahr, daß die eine erlaubte Organisation, eben die Staatspartei, selbst zur Wurzel oppositioneller Bewegungen und revolutionärer Konflikte wird.

Wiederum soll unsere Analyse an dem Punkt, an dem sie prüfbare Resultate verspricht, abgebrochen werden. Es war nicht der Sinn dieser Diskussion, irgendein empirisches Problem erschöpfend zu behandeln. Vielmehr kam es uns nur darauf an zu zeigen, daß und wie die Konflikttheorie uns in die Lage versetzt, drängende Probleme der empirischen Forschung schärfer zu formulieren, unerklärte Ereignisse in den Griff zu bekommen, bekannten Dingen neue Seiten abzugewinnen und unverbindliche Fragen in systematisches Suchen zu verwandeln - also genau das zu tun, was eine wissenschaftliche Theorie leisten soll. Es bedarf kaum der ausdrücklichen Feststellung, daß die Konflikttheorie in der hier dargestellten Form fast ebenso unvollkommen ist wie die beiden in diesem Abschnitt angedeuteten empirischen Analysen. Trotz aller Fortschritte ist die Theorie des sozialen Konflikts noch immer mehr eine Herausforderung an den Soziologen als ein Ergebnis seiner Forschung.

ANMERKUNGEN

* Mit freundlicher Genehmigung des Verfassers übernommen aus: *Hamburger Jahrbuch für Wirtschafts- und Gesellschaftspolitik*, 3 (1958), S. 76-92; zuerst erschienen unter dem Titel: Toward a Theory of Social Conflict, in: *The Journal of Conflict Resolution*, 2 (1958), S. 170 bis 183.

1 Die folgenden Ausführungen stellen einen Versuch dar, die Grundgedanken meines Buches: *Soziale Klassen und Klassenkonflikt in der industriellen Gesellschaft*, Stuttgart 1957, in systematischer Form darzustellen. In Organisation und thematischem Umfang weichen sie jedoch von der Darstellung in meinem Buch wesentlich ab: 1. Während das Buch theoretische Überlegung und empirische Analyse verbindet, beschränkt sich der vorliegende Aufsatz im wesentlichen auf theoretische Aspekte. 2. Während ich die theoretischen Ansätze in meinem Buch in kritischem Dialog mit anderen Autoren, insbesondere mit Marx, entwickelt habe, ist die Darstellung im vorliegenden Aufsatz systematisch. Daß vieles im Buch ausführlich Entwickelte hier nur formelhaft und in oft dogmatischer Kürze behandelt werden kann, bedarf wohl kaum der Erwähnung; doch sei umgekehrt angemerkt, daß der vorliegende Aufsatz, vor allem

im ersten und vierten Abschnitt, in einigen Punkten über das Buch hinausführende Ansätze enthält.

2 In seinem Werk: *The Structure of Social Action,* New York 1937, 2. Aufl., Glencoe 1949.

3 Aron, Raymond, Social Structure and the Ruling Class, in: *Class, Status, and Power,* hrsg. von Reinhard Bendix und Seymour M. Lipset, London 1954. Philip, André, *Le socialisme trahi,* Paris 1957. Brinton, Crane, *The Anatomy of Revolution,* 2. Aufl., New York 1952. Kerr, Clark, Industrial Conflict and its Mediation, in: *The American Journal of Sociology,* 60/3 (1954). Coser, Lewis, *The Functions of Social Conflict,* London 1956. Ders., Social Conflict and Social Change, in: *The British Journal of Sociology,* 8/3 (1957). Brinkmann, Carl, *Soziologische Theorie der Revolution,* Tübingen 1948. Geiger, Theodor, *Klassengesellschaft im Schmelztiegel,* Köln-Hagen 1949. Gluckman, Max, *Custom and Conflict in Africa,* London 1957.

4 Hier ist daran zu erinnern, daß ein Konflikt, der aus der Perspektive von Gesellschaft A als exogen erscheint, sich von einem anderen Standpunkt als ein Konflikt zwischen zwei Gesellschaften bzw. Systemen A und B darstellt.

5 Talcott Parsons und der politische Wissenschaftler David Easton (*The Political System,* New York 1953) arbeiten gegenwärtig an dem Versuch, internationale Konflikte mit einem Modell zu analysieren, in dem ganze Gesellschaften wie "USA", "UdSSR" als Elemente figurieren und behandelt werden, als hätten sie keine innere Struktur. Dieses Vorgehen ist methodologisch durchaus legitim; es bleibt abzuwarten, welche Ergebnisse es erbringt und wie es sich mit der Analyse innergesellschaftlicher Konflikte verbinden läßt.

6 Der Konflikt zwischen Freien und Sklaven im alten Rom gehört möglicherweise auch zu dieser zweiten Gruppe, wennschon nicht auf der gleichen Allgemeinheitsstufe.

7 Lockwood, David, Some Notes on "The Social System", in: *The British Journal of Sociology,* 7/2 (1956). Lockwoods Argument führt zwar zu demselben Schluß wie die folgenden Bemerkungen, geht aber etwas anders vor. Vgl. mein Buch *Soziale Klassen und Klassenkonflikt,* S. 159 ff.

8 Dieser Aspekt des sozialen Konflikts steht in der Tat im Zentrum von Lewis Cosers an Simmel anknüpfender Analyse in seiner Arbeit über die Funktionen des sozialen Konflikts (vgl. Fußnote 3).

9 Um diese Implikation des strukturell-funktionalen Ansatzes wird viel gestritten; die meisten Funktionalisten leugnen, daß sie eine Annahme dieser Art machen. Tatsächlich finden sich in den Werken von Parsons, Merton und anderen ausdrücklich Feststellungen zum Gegenteil. Indes läßt sich zeigen, daß diese Feststellungen vom Standpunkt der strukturell-funktionalen Theorie bloße Deklarationen sind: Die Gleichgewichts-Vorstellung und der Systembegriff hätten wenig Sinn, wenn sie nicht eine Annahme der Stabilität von Gesellschaften voraussetzten. Allerdings sind hier zwei Einschränkungen zu beachten: 1. Es handelt sich hier - wie auch bei den folgenden Implikationen - nicht um ein metaphysisches Postulat, sondern um eine Annahme für Zwecke der Analyse. 2. Stabilität heißt nicht Statik im Sinne völliger Abwesenheit von Prozessen innerhalb des "Systems".

10 Empirische Belege für diese Verallgemeinerung finden sich in zwei wesentlichen Veröffentlichungen des letzten Jahres: Popitz, Heinrich, et al., *Das Gesellschaftsbild des Arbeiters,* Tübingen 1957. Hoggart, Richard, *The Uses of Literacy,* London 1957.

11 Weber, Max, Wirtschaft und Gesellschaft, in: *Grundriß der Sozialökonomik,* III. Abtl., 3. Aufl., Tübingen 1947, S. 28.

12 Diese dritte Bedingung - die Legitimität - bezeichnet den Unterschied von Macht (als faktischem Befehlsverhältnis) und Herrschaft. Vgl. Webers "Definitionen", a. a. O.

13 So ist vor allem deutlich, daß das Phänomen der Herrschaft hier bewußt einseitig behandelt wird. Das Doppelgesicht der Gesellschaft läßt sich an dieser - wie an nahezu jeder anderen - Kategorie illustrieren: auch die Integrationstheorie handelt von Herrschaft. Sie betont jedoch nicht den polemischen, konfliktträchtigen Aspekt dieses Sozialverhältnisses, sondern im

Gegenteil den integrativen, verbindenden Aspekt. Parsons hat zweifellos recht, wenn er sagt: Herrschaft "ist die Fähigkeit, die Kräfte der Gesellschaft für die Verwirklichung von Zielen zu mobilisieren, für die eine allgemeine 'öffentliche' Verpflichtung besteht oder bestehen könnte. Sie ist vor allem Mobilisierung des Handelns von Personen und Gruppen, das auf Grund ihrer Position in der Gesellschaft verbindlich ist für sie." (The Distribution of Power in American Society; in: *World Politics*, 10/1, 1957, S. 140). Aber in gewisser Weise hat der von Parsons hier kritisierte C. Wright Mills ebenso recht, wenn er - ähnlich wie wir hier - die "präsumptive Illegitimität" und "Dysfunktionalität" aller Herrschaft betont.

14 Die Herrschaftsposition von Bürokraten hat schon Max Weber - und seither eine Vielzahl von Soziologen - beschäftigt. Hier scheint in der Tat eine Differenzierung der Herrschaft vorzuliegen; doch ist es eine Differenzierung besonderer Art. In modernen bürokratischen Verwaltungen ist der Prozeß der Herrschaftsausübung gewissermaßen arbeitsgeteilt worden. Dadurch entstehen eine Vielzahl von Positionen, unterschieden durch die Zahl der "angebbaren Personen" und den Umfang der "bestimmten Inhalte", für die ihnen Herrschaftsbefugnisse anhaften. Im Sinne unserer Analyse kann jedoch kein Zweifel bestehen, daß der Platz der gesamten Bürokratie auf der Seite der (jeweils!) Herrschenden ist.

15 Im folgenden werde ich Rollen, denen die Erwartung der Herrschaftsausübung anhaftet, abkürzend als positive Herrschaftsrollen, und umgekehrt Rollen, die keinerlei Herrschaftsbefugnisse involvieren, als negative Herrschaftsrollen bezeichnen.

16 Bei dieser Bemerkung ist 1. an eine mathematische Formulierung der Funktionen, 2. an die Entwicklung von Meßskalen für die einzelnen Bedingungen und 3. an die Eichung kombinierter Skalen für Gruppen von Bedingungen gedacht.

17 Es ist hier daran zu erinnern, daß die Beschreibung einer Sozialorganisation als Herrschaftsverband weder erschöpfend ist noch erschöpfend sein soll; sie sondert vielmehr für bestimmte Zwecke der Analyse einen Aspekt sozialer Organisationen aus. Aus diesem Grunde ist die Aussage, "Diese Sozialorganisation ist ein Herrschaftsverband", keine Tautologie.

18 In solchen Argumenten (und nicht in der Annahme unbegrenzter Machtvollkommenheit totalitärer Herrscher) würde ich einen wesentlichen Teil der Erklärung der bemerkenswerten Stabilität der UdSSR vermuten.

19 Für einige technische Bedingungen der Organisation gilt dies nur mit Einschränkung. So ist die Liquidierung potentieller Führer der Opposition ein zentrales Element totalitärer Herrschaft. In gewisser Weise können sowohl die ostdeutschen als auch die ungarischen Ereignisse als Beleg für die Wirksamkeit dieser Politik verstanden werden.

20 Hier ist das berühmte leichte Nachlassen des Druckes relevant, das offenbar jeder Revolution vorangeht. Insofern zum Beispiel eine gewisse Lockerung der Polizeikontrolle auch nur ad-hoc-Organisationen ermöglicht, wird die Entstehung manifester Konflikte akut.

Echter und unechter Konflikt

"Ein anderer Grenzfall scheint gegeben, wenn der Kampf ausschließlich durch Kampflust veranlaßt ist. Sobald ein Objekt ihn entfacht, ein Haben- oder Herrschenwollen, Zorn oder Rache . . . wird er . . ., wo ein außerhalb seiner selbst gelegener Endzweck in Frage steht, durch die Tatsache gefärbt, daß jeder Zweck prinzipiell durch verschiedene Mittel zu erreichen ist. Das Begehren nach einem Besitz sowohl wie nach der Unterwerfung, ja der Vernichtung eines Feindes kann auch durch anderweitige Kombinationen und Ereignisse als durch Kampf befriedigt werden. Wo der Kampf ein bloßes, durch den terminus ad quem bestimmtes Mittel ist, liegt kein Grund vor, ihn nicht zu beschränken oder zu unterlassen, wo er mit dem gleichen Erfolge durch anderes ersetzt werden kann. Wo er nun aber ausschließlich durch den subjektiven terminus a quo bestimmt wird, wo innere Energien vorhanden sind, die eben nur durch den Kampf als solchen befriedigt werden können *- da ist sein Ende durch anderes unmöglich, da ist er sein eigener Zweck und Inhalt . . ."*[1].

Simmel sagt, Konflikte, die durch einen Streit zwischen Interessen oder zwischen Personen hervorgerufen seien, enthielten ein Element der Beschränkung, da der Kampf nur *ein* Mittel sei, ein Ziel zu erreichen; wenn das erstrebte Ergebnis auch oder besser auf andere Weise erreicht werden könne, dann sei es möglich, auch jene Mittel anzuwenden. In solchen Fällen ist der Konflikt nur eine von verschiedenen funktionalen Alternativen.

Indessen gibt es Fälle, in denen der Konflikt allein aus aggressiven Impulsen entsteht, die abreagiert werden müssen, gleichgültig an welchem Objekt, Fälle, in denen die Wahl des Objekts rein zufällig ist. Hier gibt es keine solche Beschränkungen, da es nicht der Wunsch nach dem Ergebnis, sondern das Abreagieren der Aggression selbst ist, das den Ausbruch veranlaßt.

Diese Unterscheidung zwischen dem Konflikt als Mittel und dem Konflikt als Selbstzweck impliziert ein Kriterium, durch das man echten von unechtem Konflikt trennen kann. Konflikte, die durch Frustration bestimmter Forderungen innerhalb einer Beziehung und durch Gewinnkalkulationen der

---

1 Simmel, *Der Streit*, S. 259.

einzelnen Partner entstehen und sich auf das angenommene frustrierende Objekt richten, können als *echte Konflikte* bezeichnet werden, insofern sie nämlich Mittel sind, ein bestimmtes Ergebnis zu erreichen. *Unechte Konflikte* andererseits sind, auch wenn sie die Interaktion zweier oder mehrerer Personen angehen, nicht durch die gegensätzlichen Ziele der Gegner verursacht, sondern durch die Notwendigkeit einer Spannungsentladung zumindest beim einen von beiden. Die Wahl des Gegners hängt in diesem Falle von Determinanten ab, die nicht in direktem Zusammenhang mit einem Streitpunkt stehen, auch ist sie nicht an ganz bestimmten Resultaten orientiert.

In ihrer Abhandlung über die "Ethnozentrische Persönlichkeit" arbeitet Else Frenkel-Brunswick diesen Punkt klar heraus, wenn sie schreibt: "Sogar sein Haß ist beweglich und kann von einem Objekt auf ein anderes gelenkt werden"[2]. John Deweys Wort, "die Leute schießen nicht, weil es Zielscheiben gibt, sie setzen vielmehr Zielscheiben auf, damit Werfen und Schießen wirksam und bestimmt sich vollziehe"[3], paßt auf diesen Typ des unechten Konflikts.

So wird man Antisemitismus, außer wo er durch Interessen oder Wertkonflikte zwischen jüdischen und anderen Gruppen oder Individuen entstanden ist, als unecht bezeichnen, sofern er in erster Linie die Erwiderung auf Frustrationen bedeutet, in denen das Objekt dafür geeignet erscheint, Aggressionen an ihm auszulassen. Ob Juden, Neger oder sonst eine Gruppe dieses Objekt darstellen, ist für den Aggressor von zweitrangiger Bedeutung[4].

Unechter Konflikt, der durch das Bedürfnis nach Erleichterung einer aggressiven Spannung entstanden ist bei einer oder mehreren der darin verwickelten Personen, ist weniger "stabil" als echter Konflikt. Die zugrundeliegende Aggressivität kann leichter in andere Kanäle gelenkt werden, da sie nicht direkt an das Objekt gebunden ist, das durch "situationsbedingten Zufall" zum Ziel wurde. Sie wird sich wahrscheinlich auf anderem Wege manifestieren, wenn das besondere Objekt nicht länger zur Verfügung steht.

Auf der anderen Seite endet der echte Konflikt, wenn der Handelnde eine ebenso befriedigende Alternative findet, um sein Ziel zu erreichen[5]. Im

---

2 Else Frenkel-Brunswick, "Interaction of Psychological and Sociological Factors in Political Behavior", *American Political Science Review*, XLVI (1952), p. 52.

3 John Dewey, *Die menschliche Natur* (Stuttgart: Deutsche Verlagsanstalt, 1931), S. 232.

4 Auf psychologischer Ebene ist die Wahl der Objekte zufällig, auf kultureller und struktureller ist sie es jedoch nicht, da die Eignung, Ziel der Spannnungsentladung zu sein, von einer Reihe struktureller und kultureller Faktoren abhängt. Zur Diskussion der reichhaltigen Arbeit, die auf dem Gebiet der Objektwahl für vorurteilsvolle Reaktionen geleistet wurde, vgl. Robin Williams, *The Reduction of Intergroup Tensions*, op. cit.

5 Die Unterscheidung, die hier vorgeschlagen wird, ähnelt in groben Zügen der zwischen zweckrationalem und expressivem Verhalten, das viele ästhetische Theorien erhellt. Vgl. z. B. John Deweys *Art as Experience* (New York: Minton Balch and Co., 1935). Auch einige

echten Konflikt gibt es *funktionale Alternativen in den Mitteln.* Andere Mittel außer dem Konflikt sind für die Partner potentiell immer vorhanden, ihre Anwendung hängt davon ab, wie ihre Wirksamkeit eingeschätzt wird. Dazu sollte noch gesagt werden, daß es in echten Konflikten auch Möglichkeiten der Wahl zwischen verschiedenen Formen des Streits gibt; auch diese Wahl hängt von einer Einschätzung ihrer instrumentellen Angemessenheit ab. Im unechten Konflikt dagegen gibt es nur *funktionale Alternativen in den Objekten.*

Hier sollte diese Unterscheidung den Irrtum vermeiden lassen, das soziale Phänomen des echten Konflikts ganz und gar in Begriffen der Spannungserleichterung zu erklären. Zum Beispiel ist ein Arbeiter, der sich für den Streik einsetzt, um seinen Lohn, seinen Status oder die Macht seiner Gewerkschaft zu vergrößern, ein anderer sozialer Typus als einer, der Aggressionen gegen seinen Chef entlädt, weil er in ihm eine ödipale Gestalt sieht. Verschobener Vaterhaß kann sich gegen jedes passende Objekt wenden - ob Chef, Polizist oder Stabsfeldwebel. Der wirtschaftliche Kampf der Arbeiter gegen ihre Arbeitgeber dagegen gründet sich auf ihre besondere Position und Rolle im ökonomischen und politischen System. Sie können sich dafür entscheiden, den Konflikt zu beenden und sich anzupassen, wenn es ihnen günstig scheint; sie können auch andere Mittel als den Streik wählen, um den Konflikt auszutragen, zum Beispiel Verhandlungen, Bummelstreiks etc.

Der Kampf der Arbeiterschaft gegen das Management oder umgekehrt kann als echt bezeichnet werden, insofern er das Mittel darstellt, Ergebnisse zu erzielen (höherer Status, mehr Macht, größere wirtschaftliche Gewinne); wenn das Ziel der Arbeiterschaft oder des Managements das Erreichen dieser Ergebnisse ist und nicht der schiere Ausdruck diffuser Aggressionen, wird ein solcher Konflikt wahrscheinlich nur dann ausbrechen, wenn es keine Alternativen gibt, um das Erstrebte zu erreichen.

Die Diskussion der sozialen Kontrolle und der sozialen Abweichung dürfte durch diese Unterscheidung gewinnen. Einer mit abweichendem Ver-

---

moderne Psychologen haben sie gemacht. So unterscheidet A. H. Maslow in seinem Artikel "The Expressive Component of Personality" (Psych. Rev., LVI 1949, p. 261-72) zwischen zweckhaften und zweckbedingten Komponenten des Verhaltens auf der einen Seite und expressiven, das heißt zweckfreien auf der andern. "Zweckhaftes" Verhalten tritt ein, damit etwas geschieht, es impliziert einen Bezug zu etwas, das darüber hinausgeht; es ist nicht in sich selbst beschlossen. Expressives Verhalten indes "spiegelt nur, reflektiert, bedeutet oder drückt irgend einen Zustand des Organismus aus. In der Tat ist es meist ein Teil dieses Zustandes". Ähnlich unterscheidet Henry A. Murray ("Toward a Classification of Interaction", in Parsons and Shils, *Toward a General Theory of Action*, op. cit. pp. 445) zwischen Effekt- Bedürfnissen und Aktivitätsbedürfnissen. Ein Aktivitätsbedürfnis ist "die Disposition, in einer bestimmten Art von Aktivität um ihrer selbst willen sich zu engagieren ... Die Befriedigung ist gleichzeitig mit der Aktivität - und sie kann unterschieden werden von der Zufriedenheit, die aus dem erreichten Ergebnis erwächst".

halten braucht nicht notwendig "irrational" zu sein oder ohne Orientierung an der Wirklichkeit, wie viele Theorien stillschweigend annehmen. Abweichendes Verhalten, wie es Merton in "Social Structure and Anomie"[6] analysiert, insofern es Bemühungen darstellt, von der Kultur vorgegebene Ziele durch Mittel zu erreichen, die von der Kultur tabuiert sind, würde eine Variante des echten Konflikts sein. Wenn der Typus des Abweichenden, um den es hier geht, legitime Mittel zur Verfügung hätte, um zu seinem Ziel zu kommen, würde er sich wohl kaum auf abweichendes Verhalten einlassen. Abweichung ist in diesem Fall viel eher Mittel als Ausdruck. Andere Arten der Abweichung indes mögen wohl dazu dienen, Spannungen loszuwerden, die während des Sozialisierungsprozesses und durch Frustrationen und Versagungen in der Erwachsenenrolle sich angesammelt haben. Hierbei geht es den Abweichenden um das aggressive Verhalten an sich; das Objekt ist von zweitrangiger Bedeutung. Die Notwendigkeit, Spannung zu lösen, ist primär, darin liegt die Erfüllung, der Akt dient dabei nicht als Mittel zur Erreichung eines bestimmten Zieles. In solchen Fällen ist ein Abwägen friedlicher gegenüber aggressiven Mitteln weniger wahrscheinlich, da gerade in den aggressiven Mitteln und nicht im Ergebnis die Befriedigung gesucht wird[7].

Häufig liegt die Erklärung für die Verwirrung in der gegenwärtigen Forschung über "Spannungen" und "Aggressionen" darin, daß dieser von mir hervorgehobene Unterschied nicht gemacht wird[8]. Erkenntnisse, die aus der Untersuchung des unechten Konflikts gewonnen wurden, werden auf das Gebiet der internationalen Beziehungen angewandt, wobei übersehen wird, daß Konflikte in diesem Bereich in erster Linie echte Macht-, Interessen- oder Wertkonflikte sind, und daß die etwa darin enthaltenen unechten Elemente zufällig sind und bestenfalls eine verstärkende Rolle spielen[9]. Alvin Johnson hat dazu gesagt: "Gemeinhin nimmt man an, daß Antipathien zwi-

---

6 Merton, *Social Theory and Social Structure*, p. 125-49.

7 Clyde Kluckhohns "Group Tensions" (Kapitel IV der *Approaches to National Unity*, herausgeg. von Bryson, Finkelstein und MacIver (New York: Harper, 1945)), übrigens eine der sehr seltenen Arbeiten, in denen die Unterscheidung zwischen echtem und unechtem Konflikt klar gezogen wird, enthält eine der luzidesten allgemeinen Beschreibungen der Quellen unechten Konlikts. Vgl. Gordon Allports Diskussion des echten und unechten Konflikts in *The Nature of Prejudice* (Cambridge: Addison-Wesley Co., 1954), p. 229-33. Auch Talcott Parsons' Aufsatz "Über wesentliche Ursachen und Formen der Aggressivität in der Sozialstruktur westlicher Industriegesellschaften", in: *Beiträge zur soziologischen Theorie*, S. 223-255, stellt eine Bemühung dar, die Ursachen des unechten Konflikts in der institutionellen Struktur der westlichen Gesellschaften etwas genauer zu beleuchten.

8 Vgl. dazu Otto Klineberg, *Tensions Affecting International Understanding*, Bulletin No. 62 (New York: SSRC, 1950), und Stuart Chase, *Roads to Agreement* (New York: Harper, 1951).

9 Reinhold Niebuhr argumentiert zwingend: "Erzieher ... unterschätzen den Interessenkonflikt in politischen und ökonomischen Beziehungen und schreiben deshalb interessierter Ignoranz zu, was normalerweise interessierter Intelligenz zugeschrieben werden müßte". *Moral Man and Immoral Society* (New York: Scribner's Sons, 1932, p. 215).

schen Völkern . . . bei der Entstehung von Kriegen eine große Rolle gespielt haben. Die Geschichte liefert erstaunlich wenig Beweise für eine solche Auffassung . . . Solche Antipathien . . . scheinen eher Ergebnis als Ursache eines Krieges zu sein"[10]. Ein Psychologe, der Verschiebungsmechanismen untersucht, befaßt sich zu Recht vornehmlich mit der Persönlichkeit des vorurteilsvollen Individuums, während ihn das Ziel des aggressiven Triebs nur beiläufig beschäftigt. In der Untersuchung einer Konfliktsituation jedoch, in der die Interaktion von hauptsächlichem Belang ist, muß der Soziologe die Konfliktbeziehung untersuchen und welche besonderen Werte oder verschiedenen Interessen die Streitenden verfolgen[11]. Es gibt keinen Grund, Forderungen in einer Konfliktsituation a priori als gleichbedeutend mit der Feststellung anzusehen, "der Mittelpunkt der Erde bestehe aus Gelee"[12]. So wird eine soziologische Studie über internationale Politik, auch wenn sie sich völlig legitim mit den Spannungen befaßt, die aus verschiedenen Frustrationen innerhalb der nationalen sozialen Systeme entstehen, ihren Hauptzweck nur erfüllen, wenn sie den echten Konflikt um mangelnde Macht analysiert, um den herum sich die Muster von Bündnis und Gegnerschaft formen.

In ähnlicher Weise zeigen die industriesoziologischen Studien, die durch Elton Mayo angeregt wurden, keine Anerkennung der Existenz des echten Konflikts oder seiner Funktionen. Verhalten, das aus einer Konfliktsituation entspringt, wird fast ausschließlich als nicht-realistisches Verhalten behandelt. Sie stellen eine Logik der Fakten, "die Logik der Kosten und die Logik der Leistung" (das heißt "Fakten", die auf Gewinne für das Management abzielen) einer "Logik der Gefühle" gegenüber und entziehen so den Forderungen der Arbeiter die reale Grundlage. "Die Implikation, die sich dabei - ob beabsichtigt oder nicht - ergibt, ist die, daß Manager von einer Logik des Denkens geleitet werden, während Arbeiter weitgehend Geschöpfe sind, die

---

10 *Encyclopaedia of Social Sciences*, XV, p. 336-37.
Theodore Abel sagt in einer Studie über 25 große Kriege, er habe "in keinem Falle gefunden, daß die Entscheidung (Krieg zu führen) durch emotionale Spannung, Sentimentalität, Massenverhalten oder andere irrationale Motive bestimmt worden ist". ("The Element of Decision in the Pattern of War", *Am. Soc. Rev.*, VI (1941), p. 855). Vgl. auch Stanislaw Andrzejewski, *Military Organization and Society* (London: Routledge & Kegan Paul, 1954).

11 Jessie Bernard gehört zu den sehr seltenen Soziologen, die die psychologische Interpretation des Konflikts angegriffen haben. Vgl. "The Conceptualization of Intergroup Relations with Special Reference to Conflict", *Social Forces*, XXIX (1951), p. 243-51.

12 Wir knüpfen hier an die Freudsche Unterscheidung zwischen Feststellungen, die plausibel sind, und solchen, die keinen Sinn ergeben, an. "Aber nun kommt ein anderer mit der ernsthaften Behauptung, der Erdkern bestehe aus Marmelade ... das Ergebnis dieser intellektuellen Einwendungen wird eine Schwenkung unseres Interesses sein, anstatt auf eine Untersuchung einzugehen, ob wirklich der Erdkern aus Marmelade besteht, werden wir uns fragen, was es für ein Mensch sein muß, der auf solch eine Idee kommen kann ..." (Freud, Neue Folge der Vorlesungen zur Einführung in die Psychoanalyse, *Gesammelte Werke*, op. cit. Band XV, S. 33).

aus Gefühlen und Emotionen bestehen"[13]. Die Betonung der "Gefühle" verschleiert die Existenz eines echten Konflikts. Diese Studien weisen in der Tat einen eigenartigen Mangel an Verständnis gegenüber den Kämpfen um Macht und Einkommen im Betrieb auf. Indem sie die Möglichkeit des echten Konflikts negieren, kommen die dem Management verpflichteten Soziologen ganz selbstverständlich dahin, "sich verwundert zu fragen, was für eine Art Mensch es sein müsse, der solch eine Vorstellung in seinem Kopf habe", und anstatt ihre Aufmerksamkeit auf die Untersuchung der Konfliktsituation zu richten, überlegen sie sich "therapeutische Maßnahmen". Sie sind der Auffassung, die Ursache des Konflikts sei eher in Gefühlen zu finden, die die Beziehungen stören, als in der Natur dieser sozialen Beziehungen selbst; sie sehen in jedem Konflikt eine "soziale Krankheit" und in der Abwesenheit von Konflikt "soziale Gesundheit"[14]. Im Mittelpunkt ihrer Aufmerksamkeit steht nicht die Quelle der Frustration und auch nicht die Streitfrage, um die es geht, sondern die Wirkung der Frustration auf das Individuum. Nach Dale Carnegies Worten versuchen sie, "den andern zufrieden zu machen mit dem, was man ihm suggeriert", indem sie aggressive Gefühle in "gesunde" Kanäle lenken[15]. So können Roethlisberger und Dickson mit bewundernswerter Offenheit über das Vorschlagswesen schreiben: "Diese Art nicht-autoritativer Einrichtung dient dazu, jene menschlichen Prozesse innerhalb der Betriebsstruktur zu kontrollieren und zu lenken, die auf andere Weise durch das Management nicht angemessen kontrolliert werden"[16].

Die Unterscheidung von echtem und unechtem Konflikt erfordert eine begriffliche Abstraktion von der konkreten Wirklichkeit, in der die beiden Typen tatsächlich verschmolzen sein können. Indes hat Max Weber betont, "die Konstruktion eines streng zweckrationalen Handelns . . . dient der Soziologie als Typus . . ., um das reale, durch Irrationalitäten aller Art (Affekte, Irrtümer) beeinflußte Handeln als 'Abweichung' von dem bei rein rationalem Verhalten zu gewärtigenden Verlaufe zu verstehen"[17].

---

13 Delbert C. Miller and William H. Form, *Industrial Sociology* (New York: Harper, 1951), p. 79.

14 Vgl. Reinhard Bendix and Lloyd Fisher, "The Perspectives of Elton Mayo", *Review of Economics and Statistics*, XXXI (1949), p. 312-19.

15 Das erklärt auch die völlige Vernachlässigung der Gewerkschaften in den ersten Mayo-Studien; siehe dazu Harold L. Sheppard, "The Treatment of Unionism in 'Manageral Sociology'", *Am. Soc. Rev.* XIV (1949), p. 310-13. Ebenso Robert Sorensen, "The Concept of Conflict in Industrial Sociology", *Social Forces*, XXIX (1951), p. 263-67, und Arthur Kornhauser et al., *Industrial Conflict* (New York: McGraw-Hill, 1954), besonders der Aufsatz von Clark Kerr und Abraham Siegel.

16 Roethlisberger and Dickson, *Management and the Worker* (Cambridge: Harvard University Press, 1939), p. 601. Beachte dazu auch die kritische Einschätzung des Hawthorne Counselling Program von Jeanne L. und Harold L. Wilensky, "Personnel Counselling: The Hawthorne Case", *Am. J. Soc.*, LVII (1951), p. 365.

17 Max Weber, *Wirtschaft und Gesellschaft*, S. 5.

Konfliktsituationen können von nicht-realistischen Gefühlen begleitet sein, die nichts mehr mit ihrem Ursprung zu tun haben, besonders dort, wo die Bedingungen, unter denen der Kampf ausgetragen werden soll, nicht adäquat sind. In der konkreten, sozialen Wirklichkeit wird es eine Mischung der beiden "reinen" Typen geben. Dies hat Talcott Parsons in seiner Beschreibung des Sündenbock-Mechanismus treffend formuliert: "Da es gefährlich und falsch wäre, offenen Gegensatz gegenüber den Mitgliedern der Innengruppe frei auszudrücken, ist es psychologisch oft leichter, den Affekt auf eine Außengruppe zu 'verschieben', da in der Beziehung zu ihr *bereits* eine Basis der Gegnerschaft *vorhanden* ist[18]. So tritt der Sündenbock-Mechanismus selten ganz ohne *irgendeine*[19] 'vernünftige' Basis von Antagonismus auf, indem nämlich ein echter Konflikt zwischen Idealen oder Interessen besteht"[20]. Mit anderen Worten, eine der Quellen nicht-realistischer Einsprengsel in echten Konflikten liegt in Institutionen, die den freien Ausdruck von offenem Gegensatz für "gefährlich und falsch" erklären.

Der Begriff des "echten Konflikts" impliziert nicht notwendig, daß die angewandten Mittel tatsächlich adäquat sind, das erstrebte Ziel zu erreichen; sie können auch nur scheinbar adäquat sein, und sei es nur, weil sie von der Kultur gebilligt sind. Arbeiter, die streiken, um den Ausschluß ihrer schwarzen Kollegen aus dem Betrieb zu erzwingen, damit ihre Löhne nicht sinken, befinden sich in einem echten Konflikt. Aber (und das ist das Wesentliche an der Simmelschen These) wenn sich die Situation so verändert hat, daß andere Mittel mehr einbringen, dann ist die Wahrscheinlichkeit groß, daß die Arbeiter von einer Diskriminierung abstehen. Wenn sie jedoch weiterhin die Neger diskriminieren, obwohl andere wirksamere Mittel ihnen für ihr Ziel zur Verfügung stehen, kann man zunächst einmal annehmen, daß nicht-realistische Elemente wie "Vorurteil" in dem Konflikt zutage treten[21].

Die Gründe für eine Unterscheidung zwischen echten und unechten Konflikttypen dürften nun ausführlich genug dargelegt sein. Jedes soziale System enthält Quellen des echten Konflikts insofern, als die Menschen Forderungen nach höherem Status, größerer Macht und besserem Einkommen stellen, die zum Konflikt führen, und konfligierenden Werten anhängen. Die Zuteilung von Status, Macht und Einkommen wird bis zu einem gewissen Grad weiterhin Gegenstand von Streitigkeiten bleiben, auch wenn sie durch

18 Hervorhebung durch mich.

19 Hervorhebung im Original.

20 Talcott Parsons, *Religious Perspectives of College Teaching in Sociology and Social Psychology* (New Haven: The Edward W. Hagen Foundation), p. 40.

21 Die hier vorgeschlagene Unterscheidung ähnelt der, die Merton in einem Referat macht über "Discrimination and the American Creed" (op. cit.). Vgl. auch Theodor W. Adorno et al., *The Authoritarian Personality* (New York: Harper, 1950) oder "Autorität und Vorurteil" (Mimeogr. Institut für Sozialforschung, Frankfurt 1953).

Normen und Einrichtungen der Rollenverteilung bestimmt wird. Echte Konflikte entstehen, wenn Menschen aneinandergeraten in der Verfolgung von Forderungen, die auf der Versagung von Wünschen und Gewinnerwartungen beruhen.

Unechte Konflikte entstehen aus Versagungen und Frustrationen durch den Sozialisierungsprozeß und später durch Verpflichtungen aus der Erwachsenenrolle, oder sie ergeben sich, wie wir in der vorigen These gesehen haben, aus der Umkehrung eines ursprünglich tatsächlichen Gegensatzes, den auszudrücken verboten war. Während die erste Art des Konflikts sich gegen diejenigen wendet, die die Versagung verursachen, in der Erwartung, bestimmte Ergebnisse zu erzielen, besteht die zweite Art in der Entladung von Spannung in einer aggressiven Handlung, die gegen wechselnde Objekte gerichtet ist. Die erste Art Konflikt wird von den Betroffenen als Mittel zur Erreichung von realistischen Zielen betrachtet, Mittel, von denen man lassen kann, wenn andere für den gleichen Zweck wirksamer erscheinen. Die zweite erlaubt keine solche Wahl, da die Befriedigung aus der aggressiven Handlung selbst gewonnen wird.

Realistische Konflikte, in denen emotional verzerrte Gefühle auftreten, werden in der nächsten These erörtert.

Sexualität und Ökonomie

Über den Zusammenhang zwischen Frauenmißhandlung und Klassengesellschaft

Alltägliche Frauenmißhandlung, eine gesellschaftliche Norm

Man kann es jeden Tag in jeder Zeitung lesen: ein Familienvater bedroht tätlich Frau und Kinder; ein "Triebtäter" begeht einen Sexualmord; eine Frau wird vergewaltigt; jemand hört die Hilferufe einer Frau, die geschlagen wird; eine Prostituierte wird tot aufgefunden etc. Frauenmißhandlung, wie sie hier zum Ausdruck kommt, ist aber nur die Spitze eines Eisberges. Nach Schätzungen des Familienministeriums kommt es in bundesdeutschen Ehen millionenfach zu Mißhandlungen der Frau, nahezu unabhängig von Alter, Schicht- und Klassenzugehörigkeit der Betroffenen. Die Dunkelziffer ist sehr hoch, denn nur wenige Frauen erstatten Anzeige wegen Körperverletzung, sind überhaupt bereit, zuzugeben, daß sie mißhandelt werden. Sie haben Angst, mit Recht: niemand steht auf ihrer Seite, wenn sie aufgrund oft jahrelanger Mißhandlungen ihren Mann verlassen wollen. Ziehen sie aus der gemeinsamen Wohnung aus, gibt es keinen Ort und keine Institution, die ihnen Zuflucht gewährt. Statt dessen kann der Mann sie wegen "böswilligen Verlassens" belangen. Eine Mißhandlung "verjährt" nach sechs Monaten. Sie gilt als ungeschehen, wenn es irgendwann danach zum Geschlechtsverkehr kommt. Wird dieser erzwungen, hat das keine Bedeutung, denn Vergewaltigungen in der Ehe gibt es juristisch nicht. Verklagt die Frau ihren Mann oder will sie sich scheiden lassen, muß sie nachweisen, daß sie im letzten Jahr mißhandelt wurde, Zeugen benennen für eine Tat, die meist in der Intimsphäre der eigenen vier Wände vor sich geht.

Was aber am schwersten wiegt, ist die Tatsache, daß die Frau - wenn sie sich wehrt - ihre Existenz aufs Spiel setzt. Denn meist hat sie kein eigenes oder kein ausreichendes Einkommen und muß noch dazu für Kinder sorgen.

Seit einigen Jahren greifen Frauengruppen im Ausland, jetzt zunehmend auch in der BRD, dieses Problem auf. Mißhandelte Frauen und ihre Kinder sollen Zuflucht finden können in eigens dafür organisierten Frauenhäusern, in denen sie gemeinsam die Möglichkeit haben, sich eine Alternative zu ihren bisherigen erniedrigenden und bedrohlichen Lebensumständen zu schaffen.

Wir wollen an dieser Stelle jedoch nicht über die Frauenhaus-Initiativen und ihre bisherigen Erfahrungen berichten (*Bookhagen* 75; *Kootz* 75;

Haffner/Roth 76; Aufrufe der Gruppen in Berlin, Hamburg, Köln, Bielefeld, Frankfurt und München). Vielmehr wollen wir den bisher weitgehend unterbliebenen und daher zunächst mehr vorläufigen Versuch machen, Zusammenhänge zu finden, die erklären, warum Frauenmißhandlung zu den häufigsten Verhaltensweisen in unserer Gesellschaft gehört und warum sie geradezu "gesetzlich geschützt" ist. Frauenmißhandlung in den verschiedenen Formen ist keineswegs zufällig, anormal oder das Ergebnis individuellen Sadismus. Gewalt gegen Frauen ist ein systematischer Bestandteil unserer Gesellschaft. Sie ist auch strukturelle Gewalt.

Versteckte und offene Gewalt gegen Frauen ist alltäglich, ja geradezu normal und war es auch in den Jahrhunderten vor Entstehung des Kapitalismus: es war und ist normal, daß Ehefrauen geschlagen werden; es ist geradezu normal, daß Frauen vergewaltigt werden; es ist normal, daß die siegreichen Soldaten als erstes die Frauen der Besiegten "nehmen"; es ist normal, daß es organisierten Sex-Tourismus gibt, um Frauen aus einem fremden Land zu Willen zu haben; es ist normal, daß die Folterung von Frauen immer zugleich sexuelle Folter ist; es ist normal, daß Gewalt auf Männer sexuell stimulierend wirkt; es ist normal, daß Frauen die "Objekte" männlicher Lust sind; es ist normal, daß Frauen nicht über ihren Körper bestimmen dürfen (Abtreibungsverbot, Sterilisationsproblematik); es ist normal, daß ihr Körper eine Ware ist, vermarktet und in Profit verwandelt werden kann; es ist normal, daß es Prostitution gibt; es ist normal, daß eine Frau heiraten und monogam sein muß, um eine gesicherte Existenz zu haben; es ist normal, daß sie für die gleiche Arbeit schlechter bezahlt wird als ein Mann; es ist normal, daß sie lebenslang unbezahlte Arbeit im Haus und in der Kindererziehung leistet; es ist normal, daß sich eine Frau einem Mann "hingibt", daß sie physisch und geistig minderwertiger, daß sie passiv und defensiv, der Mann aktiv und aggressiv, daß sie "hysterisch", er "rational" ist. Oder ist es vielleicht normal, wenn eine Frau "Triebtäterin" und Vergewaltigerin ist? Ist es nicht anormal, wenn ein Mann von einer Frau geschlagen wird, wenn er gezwungen wird, zu zeugen oder es zu lassen, wenn er seinen Körper verkaufen oder monogam sein muß, um eine gesicherte Existenz zu haben, wenn er für die gleiche Arbeit weniger als eine Frau verdient oder lebenslange unbezahlte Arbeit im Haus tun muß? Ist es nicht geradezu "widernatürlich", wenn ein Mann mit jeder dahergelaufenen Frau schlafen muß, um überleben zu können?

Die verschiedenen Normen der Frauenmißhandlung sind die allgemeine Norm, eine gesellschaftliche Selbstverständlichkeit. Soll das heißen, daß sie "natürlich", biologisch determiniert sind? Oder ist vielleicht nur die sexuelle Aggression des Mannes biologisch, die ökonomische Benachteiligung der Frauen dagegen sozial bedingt? Kann man also trennen zwischen ökonomischer und sexueller Gewalt?

Nicht nur zugunsten des "Trieb"-Täters, sondern auch zugunsten schlagender Ehemänner, Vergewaltiger und Sex-Touristen wollen wir annehmen, daß sie generell wohl nicht biologisch dazu verurteilt sind, Gewalt auszuüben oder erst durch Gewalt potent zu werden. Wenn "Männer eben so sind", dann könnten wir an dieser Stelle resignierend einen Schlußpunkt machen. Wir könnten uns höchstens noch empören über so viel Entsetzliches und müßten uns damit begnügen, in Männern eben "die Bösen" oder die ihrerseits Minderwertigen zu sehen. Erklären und verändern könnten wir damit nichts.

Sexualität und Ökonomie, Kritik verengter Konzepte

Die Mehrzahl der bisherigen Versuche zur Erklärung von Sexualität und Frauenmißhandlung haben eine gemeinsame Schwäche: sie stellen keinen ausreichenden Bezug zwischen Sexualität und Ökonomie her. Den Grund dafür könnte man darin sehen, daß wir ein historisch und materiell verengtes Konzept von Ökonomie und ein historisch und materiell verengtes Konzept von Sexualität haben. Wir sind daher nicht in der Lage, Sexualität und Ökonomie in einem dialektischen Verhältnis zueinander zu analysieren.

Zu kritisieren wäre, daß wir unter Sexualität meist nur das Sexualverhalten oder die sexuellen Vorstellungen im engeren Sinne verstehen. Sexualität wird behandelt als Verhalten von und zwischen Individuen, das zwar von materiellen und historischen Bedingungen beeinflußt ist, aber als geschlechtliches sich immer auf ein Individuum bezieht, an ein solches gerichtet ist, es als Ziel hat. Sexualität im weiteren Sinne, die auch sozial gerichtet ist, die sich ihrerseits auf die materiellen Bedingungen bezieht, und deren Erscheinungsformen werden kaum thematisiert.

Wo umfassendere Konzepte verwendet und "libido", die komplexesten Erscheinungsformen von "Lebensenergie" als Sexualität begriffen werden (*Mitchell* 74), deren "Sublimierung" bzw. Umlenkung notwendige Voraussetzung für die Entwicklung und das Bestehen unserer Gesellschaft (gewesen) ist, fehlt dennoch ein durchgehender - nicht nur Ideologien, sexuelle Phantasien und die kindliche Sexualentwicklung betonender - Bezug zu eben dieser Gesellschaft.

Weiter wäre zu kritisieren, daß Sexualität generell nur im Zusammenhang mit Teilen des gesellschaftlichen Überbaus, mit der ideologischen Seite von Institutionen wie Ehe und Familie, mit ideologischer Beeinflussung während der Sozialisation und mit ideologischen Widersprüchen etc. behandelt wird. Es wird kaum gefragt, wo solche Ideologien eigentlich ihre materielle Basis haben, oder wieso sie sich so lange erhalten können, wenn eine solche Basis inzwischen fehlt. Sexualität wird entsprechend als ein grundsätzlich außerhalb der Ökonomie liegendes Phänomen betrachtet.

Wo aber Sexualität in Verbindung mit Ökonomie gebracht wird, beschränkt man sich auf Zusammenhänge wie den Heiratsmarkt (je reicher der Mann, desto schöner die Frau), die Kommerzialisierung der Sexualität in der Werbung, Mode, Massenkommunikation und im Vergnügungssektor, auf Konsum als Ersatz für frustrierte Sexualität etc. Damit ist Sexualität zwar ein Faktor in der Ökonomie, nicht aber ein Teil der Ökonomie.

Marxisten haben die Frage der Sexualität entweder aus ihrer Analyse ausgeklammert, in den Überbau verwiesen oder die Beschäftigung damit als "kleinbürgerliche", für die Lage und Aufgaben des Proletariats unwesentliche und dieses höchstens "verwirrende" oder "vergiftende" Tätigkeit bezeichnet (*Marx/Engels/Lenin/Stalin* 75). Der Sexualität, reduziert auf individuellen Geschlechtsverkehr, wurde dagegen moralisierend das puritanische Ideal der von ökonomischen Zwängen freien Monogamie gegenübergestellt (s. a. *Trotzki* 72). Versuche zur Einbeziehung der Frage scheiterten, u. a. deshalb, weil es nicht gelang, einen systematischen Zusammenhang zwischen Ökonomie und Familie, bzw. Prostitution einerseits und Begriffen wie Arbeits-Kraft, Entfremdung und Sexualität andererseits herzustellen (s. bes. *Kollontai* 73; *Reich* 69).

Auch "Feministinnen" haben sich meist auf Sexualität oder auf Ökonomie konzentriert. Die auf Sexualität Spezialisierten gerieten dabei tendenziell in eine romantisch-idealistische Sackgasse (in der neuen Gesellschaft haben Männer keinen definierten Platz). Die auf Ökonomie Spezialisierten tendierten dagegen dazu, Sexualität als zweitrangiges Problem abzutun (in der neuen Gesellschaft hat Sexualität keinen definierten Platz). Wo die Kombination beider Fragen versucht wurde, gelang sie nicht so recht (z. B. *Adams* u. a. 72; *de Beauvoir* 51; *Millett* 71; *Firestone* 75; *Guettel* 74; *James* 75; *Rowbotham* 72).

Schließlich bleibt zu kritisieren, daß es weitgehend versäumt wurde und wird, historische Funde und Zeugnisse, Dokumente und Schriften, Mythen und Erzählungen, magische, religiöse und philosophische Vorstellungen daraufhin zu untersuchen, ob sie Aufschluß geben können über frühere Zusammenhänge zwischen Sexualität und Ökonomie (z. B. *Thomson* 74; *Reed* 75; *Borneman* 75). Was hat nun Sexualität mit Ökonomie, was hat sie mit Frauenmißhandlung, was hat letztere mit Ökonomie zu tun?

Unsere These ist, daß Frauenmißhandlung und Gewalt gegen Frauen allgemein nur zu erklären sind, wenn wir einen historischen Zusammenhang zwischen Sexualität und Ökonomie herstellen.

Unter Ökonomie verstehen wir nicht nur die gesellschaftliche Produktion von Tauschwerten in Landwirtschaft und Industrie und die gesellschaftliche Reproduktion über den Dienstleistungssektor. Eben darauf beschränkt sich das Verständnis von Ökonomie zumeist. Es gerät dabei außer Sicht, wozu Ökonomie eigentlich da ist (oder da sein sollte): zur Produktion und Reproduktion von Leben. (*Engels* 42).

Im Kapitalismus erfolgt die Re-Produktion von Leben nicht primär im Bereich der gesellschaftlichen Produktion von Tauschwerten, die in erster Linie dem Profit dient, sondern - soweit es für das Kapital notwendig ist, bzw. von den Betroffenen - auch gegen das Kapital durchgesetzt wird:

- in der "privaten" Produktion von Tauschwerten, vor allem in Form von Arbeitskräften für den Arbeitsmarkt; d. h. ganz einfach, daß eine Frau Mutter wird und Kinder aufzieht;
- in der gesellschaftlichen und "privaten" Produktion von Subsistenz (bei der die Gebrauchswertseite wesentlicher ist) für den direkten Konsum, also zum Zwecke der physischen Reproduktion täglich verausgabter Arbeitskraft (dies geschieht außer im häuslichen Bereich vor allem in der Landwirtschaft, besonders in "Entwicklungsländern"). Für den "privaten" Bereich heißt das ganz einfach, daß eine Frau Hausfrau ist und kocht (Nahrungsmittel transformiert), ein "Zuhause" schafft und putzt (Wohnraum transformiert und reproduziert), wäscht und näht (Kleidung reproduziert und für den Eigenbedarf produziert);
- in der "privaten" psycho-sozialen Reproduktion täglich verausgabter Arbeitskraft, d. h. ganz einfach, daß eine Frau Ehefrau ist, sich für Dienstleistungen und Bedürfnisse des Mannes, Geschlechtsverkehr und Kommunikation zur Verfügung stellt.

Die Re-Produktion im "privaten" Bereich dient also der biologisch-sozialen inter-generationalen Erhaltung der Gattung sowie der intra-generationalen physischen und psycho-sozialen Wiederherstellung täglich verausgabter Arbeitskraft, die sich erst dadurch als "freie" auf dem Arbeitsmarkt anbieten kann. Was aus der Sicht des Kapitals als Re-Produktion von Arbeitskräften und Arbeitskraft erscheint, ist aus der Sicht der Betroffenen die Herstellung und Wiederherstellung von Gütern und Dienstleistungen zur Befriedigung ihrer (Basis-)Bedürfnisse, d. h. zur Re-Produktion ihres Lebens.

Im Kapitalismus wird diese grundlegende Arbeit überwiegend der Kleinfamilie und damit der Frau zugewiesen. Sie ist um so wichtiger, je weniger der Dienstleistungssektor ausgebaut ist bzw. der Bedürfnisbefriedigung dient und je weniger die gesellschaftliche Produktion von Tauschwerten zur Bedürfnisbefriedigung geeignet ist (Produktion von Waffen, Luxusgütern, für den Export, von Waren mit nur geringem, gar keinem oder sogar negativem [schädlichem] Gebrauchswert). Wie bedeutend dieser Bereich der Ökonomie, nämlich die Hauswirtschaft ist - und zwar trotz, zum Teil sogar wegen - der Ausbreitung des vergesellschafteten Bereichs der Ökonomie, erhellt auch daraus, daß im Durchschnitt die Hälfte aller geleisteten Arbeitsstunden dort anfällt.

Die Teilung der Ökonomie in einen gesellschaftlichen und einen "privaten" Bereich ist im Kapitalismus am konsequentesten (*Zarotsky* 73). Dazu kommt die weitgehende "Unsichtbarkeit" der im Haus geleisteten Arbeit, ihre Individualisierung, die Tatsache, daß sie nicht bezahlt wird, wodurch sie in direkter Verlängerung der Arbeitszeit des Mannes einen Mehrwert für das Kapital schafft, ja gar nicht als Arbeit gilt (Hausfrauen sind statistisch ökonomisch "inaktiv"), und daß diese Arbeit grundsätzlich von Frauen getan wird.

Die - meist von Männern erstellten - ökonomischen Analysen sind blind für diesen Bereich. *Marx* war in diesem Zusammenhang der Meinung, der Kapitalist könne es dem "Instinkt" der Arbeiter überlassen, wie sie die Reproduktion ihrer Arbeitskraft organisierten (*Marx* 61). Die Verdinglichung der Frauenarbeit im Haus und der damit festgelegten geschlechtsspezifischen Arbeitsteilung äußert sich in der Behauptung, diese sei "natürlich" oder "biologisch" bedingt. Das kann man jedoch nur für das Kindergebären gelten lassen, aber nicht für die Kindererziehung, das Kochen, Waschen, Putzen etc. Diese Arbeitsteilung ist also sozial bedingt und war entsprechend historischen Veränderungen unterworfen.

Frauen spielen jedoch nicht nur eine wesentliche und besondere Rolle in der Ökonomie, selbst wenn sie "nur" im Haus arbeiten. Sie arbeiten oft auch zusätzlich außerhalb des Hauses im Bereich der gesellschaftlichen Produktion von Tauschwerten und der gesellschaftlichen Reproduktion im Dienstleistungssektor. Sie leisten dann Doppelarbeit. Auch im gesellschaftlichen Bereich der Ökonomie unterliegen sie einer geschlechtsspezifischen Arbeitsteilung, deren Bedingungen bereits des öfteren untersucht wurden (z. B. Ungleichheit der Entlohnung und der beruflichen Chancen, größere Unsicherheit des Arbeitsplatzes etc.; zur historischen Entwicklung vgl. *Sullerot* 72).

Zusammenfassend läßt sich feststellen: Frauen sind eine ausgebeutete Klasse und "die ökonomische Basis der Klassengesellschaft" (*Larguia/ Dumoulin* 75).

Zurückkommend auf die Kritik der Konzepte von Sexualität und Ökonomie könnte man nun folgendes sagen:

– Ökonomie ist (sollte sein) die bewußte und gesellschaftlich organisierte Re-Produktion von Leben (Arbeit) bzw. die erweiterte Reproduktion von Leben, d. h. die Schaffung, Erhaltung und Erweiterung von Möglichkeiten der Bedürfnisbefriedigung, beginnend mit der allgemeinen Befriedigung der Basisbedürfnisse.

In unserer Gesellschaft wird statt dessen die Profitmaximierung organisiert und ein Großteil der Arbeit für die Re-Produktion von Leben den Frauen zugewiesen, und zwar unter ausbeuterischen Bedingungen und unter Anwendung von offener und versteckter Gewalt.

– Die Kraft und die Lust, Leben bewußt und gesellschaftlich organisiert zu re-produzieren, ist (sollte sein) Sexualität (Arbeits-Kraft).

In unserer Gesellschaft wird Sexualität "sublimiert", umgelenkt, so daß sie für Profitinteressen angeeignet, kontrolliert, ausgebeutet und zerstört werden kann. Für die ihrem Ziel der sinnhaften, kommunikativen und lustvollen Re-Produktion von Leben entfremdete Sexualität ist die Gesellschaft sinnlos und "unerotisch", sind Arbeit und Lust getrennt, Rationalität und Emotionalität miteinander unvereinbar, Kommunikation und Solidarität von wechselseitiger Angst und Rivalität verdrängt. Die "freie" Befriedigung und die Wiederherstellung der im Arbeitsprozeß, als Arbeits-Kraft ausgebeuteten Sexualität wird auf den "privaten" und Freizeitbereich verwiesen. Hier bemühen sich Gruppen, Paare, Familien mit verzweifelten Anstrengungen, die Kälte der kapitalistischen Sozialbeziehungen zu mildern und noch einen Sinn in ihrer Existenz zu entdecken. Die individualisierte, von ihrem gesellschaftlichen Sinn isolierte, "ent-sozialisierte" Sexualität wendet sich jedoch immer häufiger in ihr Gegenteil, schlägt ihrerseits um in Gewalt, Ausbeutung, Zerstörung, Amokläufe. Immer häufiger zu beobachten ist auch, daß sich Sexualität teilweise nicht mehr umlenken läßt, weil sie sich gar nicht mehr voll entwickelt oder weil sie abstirbt (Selbstmorde, Lebensangst, zunehmende Gleichgültigkeit, Depressionen, Autismus etc.).

Warum aber richtet sich diese sexuelle Gewalt speziell gegen Frauen? Was hat das mit der ökonomischen Bedeutung und Ausbeutung der Frauen zu tun?

Die Drei-Klassen-Struktur: Kapital, Mann, Frau

Es ist einleuchtend, daß ein Mann seine Existenz aufs Spiel setzt, wenn er sich gegen die Ausbeutung seiner Arbeits-Kraft, d. h. also seiner Sexualität, am Arbeitsplatz wehrt, genauso, wie eine Frau ihre Existenz aufs Spiel setzt, wenn sie sich gegen die Ausbeutung ihrer Arbeits-Kraft, d. h. also ihrer Sexualität, durch ihren Mann wehrt.

Kann der Mann seine Arbeitsbedingungen nicht ändern, dann hat er immer noch die Möglichkeit, sich bei einer Frau von diesen Bedingungen zu erholen, sich von ihr wiederherstellen zu lassen. Er ist geradezu gezwungen, eine Frau zu haben, die ihn:

- physisch reproduziert durch ihre Arbeit, weil sein Lohn allein dazu nicht ausreicht (Restaurant, Haushälterin etc. sind zu teuer) und erst durch die zusätzliche Arbeit der Frau zur Möglichkeit der Befriedigung von Bedürfnissen wird;
- psychisch-sozial reproduziert durch ihre Arbeits-Kraft/Sexualität, indem sie eine dem Arbeitsbereich des Mannes entgegengesetzte Umgebung der Wärme, Geborgenheit und Sicherheit schafft und sich ihm ganz, geistig wie körperlich, zur Verfügung stellt.

Als "schlechte" Haus- oder Ehefrau wird definiert, wer im Hinblick auf Belastung und Frustration des Mannes keine entsprechende reproduktive Arbeit leistet oder sich ihr sogar widersetzt. Gegen diese Frau wird der Mann auf die Dauer unweigerlich psychische und/oder physische Gewalt anwenden (müssen). Diese Drei-Klassen-Struktur ist typisch für unsere Gesellschaft: das Kapital - der Mann - die Frau. Das Kapital beutet den Mann aus, der Mann die Frau. Die Arbeitskraft/Sexualität von beiden wird damit für das Kapital verfügbar gemacht, allerdings mit dem Unterschied, daß der Mann sich seine verausgabte Kraft von (s)einer Frau wiederherstellen lassen kann, die Frau aber niemanden hat, der die ihre wiederherstellt. (Der krasseste Fall ist der einer Frau, die häusliche und berufliche Doppelarbeit leistet.)

Die zwischen Mann und Frau notwendigerweise auftretenden Kämpfe sind aber nicht nur stellvertretende Klassenkämpfe gegen das Kapital, sondern haben auch ihre eigene materielle Basis. Sie bedrohen damit zwar einerseits die für das Kapitalverhältnis wichtigste Reproduktionseinheit, die Familie, spalten aber andererseits die Ausgebeuteten insgesamt und machen eine gemeinsame Opposition gegen das Kapital schwierig. So werden sich die Lohnabhängigen mißtrauisch und "konservativ" verhalten, wenn es um Veränderungen im Bereich der Familie und der Situation der Frauen allgemein geht (die Geschichte, vor allem die der Revolutionen, ist voller Beispiele dafür). Das ist keine Frage der Ideologie oder "Mentalität", sondern von Interessen. Die erzwungene allgemeine Prostituierung der Frauen in und außerhalb der Familie ist das vielleicht wichtigste Mittel des Kapitals, den Klassenkampf von unten abzuwehren, indem es der Hälfte der Ausgebeuteten die Möglichkeit gibt, selbst Ausbeuter der anderen Hälfte zu sein. Der vor allem von den marxistischen Klassikern thematisierte Zusammenhang zwischen Familie und Privateigentum bezieht sich eben nicht nur auf das Recht, die Produktionsmittel zu vererben, sondern auch und zunächst einmal auf das Recht, Privateigentümer der Mittel zur eigenen Reproduktion zu sein, nämlich einer Frau. Trotz aller gegenteiligen Vermutungen und Hoffnungen vieler Marxisten hielt daher nicht nur das Bürgertum an der "bürgerlichen" Familie fest, sondern gerade das Proletariat, obwohl es nichts zu vererben hat. Solange das Privateigentum an Frauen nicht abgeschafft ist und die Arbeit zur Reproduktion (die ja nicht abschaffbar ist) nicht gleichermaßen von Männern und Frauen geleistet wird, gibt es für die Frauen keine wirkliche Revolution.

Ist nicht die Zwei-, sondern die Drei-Klassen-Struktur das allgemeine Prinzip, so gilt dieses auch im Besonderen, nämlich jeweils innerhalb der einzelnen Klassen und Schichten, wie sie "normalerweise" definiert werden aufgrund ihrer Stellung im gesellschaftlichen Bereich der Ökonomie. Es ist kein Zufall, daß die Frauenbewegung innerhalb der Mittelschichten das Problem der Sexualität - wenn auch bisher meist nur in ihrer individualisierten Erscheinungsform als geschlechtliche Beziehung zwischen Einzelnen - in den Mittelpunkt ihres Protestes stellt, denn aufgrund der besseren finanziellen Ausstattung konzentrieren sich die Ansprüche des Mannes und die Konflikte mit ihm stärker auf den Bereich der psycho-sozialen Reproduktion. Umgekehrt ist es kein Zufall, daß Arbeiterfrauen sich eher in Anti-Inflations- oder Käuferstreik-Kampagnen engagieren, denn aufgrund der prekären finanziellen Lage werden sie stärker im Bereich der physischen Reproduktionsmöglichkeiten unter Druck gesetzt.

Wenn das Kapital sich also männliche Arbeitskraft/Sexualität aneignet, sie kontrolliert und ausbeutet, ist es nicht schwer zu begreifen, daß die so Behandelten versuchen, sich die Arbeitskraft/Sexualität der ihnen sozial unterstellten Frauen anzueignen und sie zum Zwecke der eigenen Wiederherstellung zu kontrollieren und auszubeuten. Daß Männer dabei Frauen erniedrigen und mißhandeln (sollen), weil sie selbst erniedrigt und mißhandelt werden, ist zwar generell erklärlich. Es ist auch erklärlich, daß dieses die Klassengesellschaft erhaltende Privileg gegenüber den Frauen von den Männern mit einer zusätzlichen Verstümmelung und Verkehrung ihres Sexualverhaltens in ein gewalttätiges und egoistisches (oder in ein lebloses, impotentes, gleichgültiges) bezahlt worden ist (vom Preis, der den Frauen abverlangt worden ist, ganz zu schweigen). Es ist erklärlich, daß Männer durch eben diese Sozialverhältnisse dazu gebracht worden sind, tatsächlich und absurderweise "Lust" zu empfinden, wenn die Frau unterworfen, besiegt, gebrochen, ungleich ist, wenn aus ihr ein identitätsloses, hilfloses und abhängiges Objekt geworden ist. Selbst ein Mann, der sich an eine noch verhältnismäßig starke und selbstbewußte Frau "wagt", sucht nicht sie, sondern den größeren, weil schwierigeren Sieg, den Beweis einer "Männlichkeit", die triumphiert, wenn auch eine solche Frau seinen Bedürfnissen unterworfen worden ist.

Erklärlich ist weiterhin, warum gerade männliche Homosexualität verfolgt wird, denn sie ist objektiv die Weigerung, sich Frauen anzueignen. Wer versucht, sich der ihm zugewiesenen Funktion als Ausbeuter zu entziehen, ist offenbar gefährlicher als diejenigen, die sich ihrer Ausbeutung widersetzen, womit ohnehin gerechnet wird. So wird etwa weibliche Homosexualität weit weniger verfolgt.

Es ist aber noch immer ungeklärt, warum Männer, die nicht ausgebeutet werden, und Männer, die bereits eine oder mehrere Frauen zur eigenen Reproduktion haben, immer noch andere Frauen angreifen, und warum dies immer ein Angriff auf deren Geschlecht (im weiteren und engeren Sinne) ist.

In anderen Worten, was ist das generelle Prinzip dieses Verhaltens, wenn es sich nicht mehr als Ergebnis kapitalistischer Klassenverhältnisse erklären läßt?

Das Patriarchat: Aneignung, Kontrolle und Ausbeutung von Frauen

Wir haben eingangs festgestellt, daß männliche Aggression gegen Frauen älter als der Kapitalismus ist. Sie ist so alt wie unsere Zivilisation, die mit dem Patriarchat und der Bildung von Klassen schon lange vor dem Kapitalismus, nämlich vor einigen Jahrtausenden begonnen hat.

Über die vorpatriarchalischen, auch urkommunistisch, "primitiv" oder matristisch (*Borneman* 75) genannten Gesellschaften gibt es eine Reihe von Theorien (*Engels* 42; *Reed* 75; *Bachofen* 73 u. a.). Sie waren sicher keine Klassengesellschaften, kannten kein Privateigentum, keinen Staat, keine Familie, keine Väter und keine geschlechtsspezifische Ausbeutung, Produktion und Reproduktion waren nicht getrennt; es gab keine Teilung der Ökonomie in einen gesellschaftlichen und einen "privaten" Bereich. Die Re-Produktion von Leben dürfte im Vordergrund gestanden haben, d. h. die Befriedigung der Basisbedürfnisse: Essen und Sexualität. Es ist sehr wahrscheinlich, daß Frauen die wichtigeren Re-Produzenten waren und die meisten Re-Produktivkräfte und -mittel entwickelt hatten; sei es die Methoden, Kinder zu gebären (*Benston* 75), für deren Überleben zu sorgen (Väter, Vaterschaft waren unbekannt), sie gemeinsam mit anderen aufzuziehen, Nahrungsmittel und Heilmittel zu entdecken, zu sammeln, zu lagern, einzuteilen, aufzubereiten, mehr und mehr Natur zu transformieren, also zu produzieren (Ackerbau als weibliche Erfindung), die Erde fruchtbar zu machen, wie man selbst fruchtbar war (Magie, Fruchtbarkeitskulte). Alle diese Tätigkeiten hatten mit Sexualität zu tun, Arbeit war Lust, Kreativität, und diese war Arbeit. Frauen "haben Gesellschaft erfunden" (*Benston* 75), indem sie ihre Sexualität/Arbeits-Kraft bewußt und sozial organisierten zum Zwecke der - wenn möglich erweiterten - Re-Produktion von Leben. Über die Entstehung des Patriarchats gibt es ebenfalls eine Reihe von Theorien. Die patriarchalische Gesellschaft kann demnach das Ergebnis innerer Konflikte in der vorpatriarchalischen gewesen sein, etwa aufgrund von Problemen der Knappheit oder umgekehrt des Überflusses. Wie *Engels* behaupten die meisten, das Patriarchat (die Klassengesellschaft) habe sich durchgesetzt, weil nur dadurch ein Fortschritt in der Entwicklung der Produktivkräfte möglich gewesen sei. Auf der anderen Seite ist historisch belegt, daß sehr vielen dieser Gesellschaften das Patriarchat durch Eroberung aufgezwungen wurde (z. B. *Borneman* 75; vgl. auch Kolonisierung der "3. Welt"), so daß unklar bleibt, ob es notwendigerweise weltweit entstanden wäre. Der Siegeszug der neuen Re-Produktionsverhältnisse auf Klassenbasis war jedenfalls nicht aufgrund der Überzeugung der Unterworfenen von der Fortschrittlichkeit der neuen Gesellschaft möglich. Im Gegenteil, die Geburt des Patriarchats war überall - ob endogen entstanden oder exogen aufgezwungen - mit Gewalt, Zerstörung und jahrhundertelangen Kämpfen verbunden. Die

"Ursünde", die zur "Vertreibung aus dem Paradies" führte, ist sicherlich nicht von Eva begangen worden, indem sie sich etwa der von Adam angestrebten Entwicklung der Produktivkräfte widersetzt hätte. Vielmehr ist es wahrscheinlicher, daß Evas Reichtum aufgrund ihrer Sexualität Adam dazu "verführte", sie sich zunächst einmal anzueignen: er vergewaltigte sie und nahm sich ihre Produkte. Diese "Ursünde" wiederholt sich durch die ganze Geschichte und findet bis heute statt: die Eroberer, die Armeen brennen, plündern, vergewaltigen, morden. Sie eignen sich den Reichtum der anderen an, speziell ihre Frauen, und zerstören, was und wen sie nicht brauchen. Danach beginnt die langfristige Kontrolle und Ausbeutung dieser Reichtümer. Neue Re-Produktionsverhältnisse werden eingeführt, und es setzt eine Entwicklung von Re-Produktivkräften ein, die die Unterentwicklung und Zerstörung anderer zur Voraussetzung hat.

Insofern ist der Kapitalismus Teil einer ökonomisch-sexuellen Ordnung, einer übergreifenden Re-Produktionsweise, die auch alle anderen umfaßt (die "asiatische", die antike, die Sklaverei, den Feudalismus und den bisherigen Sozialismus) in einer Hinsicht: es ging und geht immer noch um die Aneignung, Kontrolle und Ausbeutung der weiblichen Arbeitskraft und Sexualität, ihrer Arbeit und ihres Körpers. Auf dieser Grundlage erhalten und bereichern sich Männer allgemein und die in den herrschenden Klassen im Besonderen. Das patriarchalische Prinzip wurde zwar ergänzt und überlagert durch die Aneignung, Kontrolle und Ausbeutung auch der männlichen Arbeitskraft und aller verwertbaren natürlichen Ressourcen, deswegen aber nie aufgegeben. Es muß immer wieder von Neuem bestätigt und aufrechterhalten werden:

- kurzfristig vor allem durch die Androhung sexueller Gewalt bis hin zur Vergewaltigung;
- langfristig vor allem durch die Anwendung ökonomischer Gewalt, repräsentiert in Institutionen wie der Ehe, die sicherstellt, daß der Mann bis zu seinem Tode mindestens von einer Frau materiell, d. h. physisch und psychisch-sozial versorgt wird, und zwar exklusiv (Monogamie faktisch nur für die Frau); repräsentiert auch in Institutionen wie der Prostitution, die sicherstellt, daß jeder Mann, ob reich oder arm, sich jederzeit eine Frau aneignen kann.

Gerade wegen ihrer bedeutenden ökonomischen Rolle als Reproduzenten des Lebens, der Arbeitskraft und des Selbstbewußtseins der Männer muß den Frauen vorbeugend immer wieder klargemacht werden, daß Rebellion zwecklos ist. Aus ihrer ökonomischen Position heraus könnten Frauen Ansprüche ableiten oder sich der Ausbeutung widersetzen, was nicht übersehbare Folgen für die Männer und die Klassengesellschaft hätte.

Während des Patriarchats war es immer ein Privileg und ein Zeichen von Reichtum, mehrere Frauen zur eigenen Reproduktion zur Verfügung zu haben.

In der Sklaverei waren die einen Sklavinnen Arbeitskräfte und Gebärmaschinen von neuen Arbeitskräften (die historisch erst seit kurzem keine Mangelware mehr sind), andere Sklavinnen sorgten für die physische Reproduktion ihres Herrn im Haus, wieder andere mußten sich als Tänzerinnen, Unterhalterinnen, Sexualobjekte für die psychisch-soziale Reproduktion ihres Herrn bereithalten.

Auch im Feudalismus sorgten meist mehrere Frauen für den bessergestellten Mann. Die Ehefrau war die Gebärerin der Kinder und gelegentliches Sexualobjekt, die Mätresse das bevorzugte Sexualobjekt, die Magd, Köchin etc. sorgten sich um die physische Reproduktion.

Im Kapitalismus ist es nicht viel anders. Es gibt Hausangestellte, Geliebte, Prostituierte, Sekretärinnen und die Ehefrau. Das neue Ideal ist jedoch die Kleinfamilie "mit Liebe", in der alle Aufgaben der Reproduktion eines Mannes und der nächsten Generation von einer einzigen Frau geleistet werden sollen.

Es ist erstaunlich, wie viele Frauen trotz schwerster Ausbeutung, Mißhandlung und Erniedrigung ihre Männer immer noch in irgendeiner Weise lieben. Vielleicht hoffen sie, das Geschenk ihrer Liebe könne die Männer dazu "verführen", nicht-patriarchalisch zu werden: Produzenten statt Aneigner, Mitarbeiter statt Kontrolleure, Reproduzenten statt Ausbeuter.

Es ist dringend notwendig, daß wir Frauenmißhandlung aus der Tabu-Zone holen und zu einem Thema machen, das in Theorie und Praxis seinen grundlegenden Platz hat. Wir kommen aus der idealistischen Verengung unserer Positionen der historischen Kurzsichtigkeit und der dualistischen Betrachtungsweise von Ökonomie und Sexualität nur heraus, wenn wir anfangen zu überlegen, wie eine Gesellschaft aussehen könnte und wie man für eine Gesellschaft kämpft, in der es nicht nur kein Kapitalverhältnis, sondern auch kein Patriarchat gibt, und in der Arbeit lustvoll wäre.

Literatur

Adams, A. u. a.: Feminism: The Essential Historical Writings, New York 1972.

Bachofen, J. J.: Myth, Religion & Mother Right, Princeton 1973.

Benston, M.: Women invent society, in: Canadian Dimension, Vol. 10, No. 8, Toronto 1975.

Bookhagen, R.: Aufruf für ein Frauenhaus: Geschlagen, getreten, gedemütigt, Berlin 1975.

Borneman, E.: Das Patriarchat. Ursprung und Zukunft unseres Gesellschaftssystems, Frankfurt 1975.

de Beauvoir, S.: Das andere Geschlecht, Hamburg 1951.

Engels, F.: The Origin of the Family, Private Property, and the State, New York 1942.
Firestone, S.: Frauenbefreiung und sexuelle Revolution, Frankfurt 1975.
Guettel, Ch.: Marxism & Feminism, Toronto 1974.
Haffner, S. und *Roth, F.:* Schreien nützt nichts, in: ARD, 27. 4. 1976.
James, S.: Sex, Race and Class, London 1975.
Kollontai, A.: Marxisme et révolution sexuelle, Paris 1973.
Kootz, J.: Bericht über das Frauenhaus in Berlin, in: Panorama, 1. 12. 1975.
Larguía, I. und *Dumoulin, J.:* Aspects of the condition of womens' labour, in: NACLA's Latin American & Empire Report, Vol. IX, No. 6, Berkeley 1975.
Marx, K.: Capital, Vol. I, Moscow 1961.
Marx, K. / Engels, F. / Lenin, V. I. / Stalin, J.: The Woman Question, New York 1975.
Millett, K.: Sexus und Herrschaft, München 1971.
Mitchell, J.: Psycho-Analysis and Feminism. Freud, Reich, Laing and Women, New York 1974.
Reed, E.: Woman's Evolution. From Matriarchal Clan to Patriarchal Society, New York 1975.
Reich, W.: The Sexual Revolution, New York 1969.
Rowbotham, Sh.: Women, Resistance & Revolution, New York 1972.
Sullerot, E.: Die emanzipierte Sklavin. Geschichte und Soziologie der Frauenarbeit, Köln 1972.
Thomson, G.: The human essence, London 1974.
Trotzki, L.: Frau, Familie und Revolution, Berlin o. D.
Zaretsky, E.: Capitalism, the Family and Personal Life, in: Socialist Revolution, Jan.-Jun. 1973.

Eine feministische Kritik der kritischen Friedensforschung

(...)

5.1 Die Rekonstruktion des Gegenstandsbereichs kritischer Friedensforschung: Feministische Gesellschaftsanalysen der Krieg-Frieden-Problematik

Feministische Gesellschaftsanalysen zeigen, daß Frauen ihre spezifische Funktion im System des Unfriedens haben. In den Analysen der kritischen Friedensforschung sind sie indessen weder als Subjekte noch als Objekte sichtbar. Um ermessen zu können, welche Bedeutung diese Unsichtbarkeit für die Konstruktion von Realität in der kritischen Friedensforschung hat, will ich nun zunächst die Rollen und Funktionen aufzeigen, die Frauen in Geschichte und Gegenwart des Systems organisierter Friedlosigkeit erfüllen (5.1.1) und dann in einem systematisierenden Zugriff den Ort der Lebenszusammenhänge von Frauen im System des Unfriedens analytisch erfassen (5.1.2).

5.1.1 Der historische und gegenwärtige gesellschaftliche Ort von Frauen im System des Unfriedens

Am deutlichsten wird die Verquickung von Frauen mit dem System des Unfriedens im Krieg.[1] Aber auch in Zeiten der Kriegsvorbereitung haben Frauen ebenso wie Weiblichkeitsstereotype unverzichtbare Funktionen, nicht nur auf der Ebene des realen Eingebundenseins von Frauen in gewaltträchtige patriarchale Gesellschaftsstrukturen, sondern auch auf der ideologischen Ebene des Diskurses über Krieg und organisierte Friedlosigkeit. Entgegen der weitverbreiteten Ansicht, Krieg sei reine Männersache, zeigt die Frauengeschichtsforschung, daß Frauen direkt und indirekt am System organisierter Friedlosigkeit beteiligt sind: als Täterinnen, als Mittäterinnen und als Opfer. Und sie sind als Pazifistinnen gegen den Krieg aktiv geworden.

1 Als Beispiele für Beschreibungen und Analysen der Lebensverhältnisse von Frauen im Krieg: Anderson (1981); Behind the Lines (1987); Szepansky (1986); Saywell (1985); Hering (1990).

Frauen als Täterinnen

Frauen als Täterinnen, d.h. als Kriegerinnen bzw. Soldatinnen, sind eher die Ausnahme denn die Regel.[2] Jedoch gab es im Verlauf der Geschichte immer wieder Frauen, die im Krieg kämpften, in reinen Fraueneinheiten oder zusammen mit den Soldaten, oft auch verkleidet als Mann. Die bekannteste Soldatin der europäischen Geschichte ist Jeanne d'Arc, die im Hundertjährigen Krieg die französischen Truppen gegen die englischen Verbände anführte. Insbesondere in Aufständen und Revolutionskriegen traten Frauen historisch als Kriegerinnen in Erscheinung, so z.B. in den französischen Revolutionskriegen, den Befreiungskriegen gegen Napoleon und den amerikanischen Sezessionskriegen.[3] Als sich im Gefolge der industriellen Revolution die Methode der Kriegführung änderte und die Massenmobilisierung männlicher Wehrpflichtiger das Söldnerheer bzw. das Berufssoldatentum ersetzte, wurde es für Frauen schwieriger, als Soldatin (oder verkleidet als Soldat) im Krieg mitzukämpfen.[4] Diese Konsequenz militärtechnologischer Innovationen war keineswegs zwangsläufig:

> *"Technology did not [...] dictate the direction of change. Increasing mechanization and greater regimentation, the exclusion of most women from armies with greater security for the few who remained, all were choices rooted in patriarchal culture" (Hacker 1988; 23).*

Ab dem Ersten und verstärkt im Zweiten Weltkrieg wurden jedenfalls Frauen vorzugsweise zu militärischen Hilfsdiensten herangezogen, die jedoch keineswegs ungefährlich waren. Seltener wurden Soldatinnen im bewaffneten Kampf eingesetzt, vorwiegend dann, wenn große Verluste an Soldaten ausgeglichen werden mußten. Heute sind in fast allen Ländern der Welt Frauen im Militär anzutreffen, allerdings zumeist mit Zivilstatus.[5]

---

2 Vgl. im folgenden Schenk (1983; 19-29) und Elshtain (1987; 163-193).

3 Die Geschichtsforschung hat diese kriegerischen Rollen von Frauen jedoch kaum zur Kenntnis genommen. Zu den (wenigen) Frauen, die die Geschichtsschreibung nicht 'vergessen' hat, gehören z.B. Théroigne de Méricourt, die am Marsch nach Versailles und an der Erstürmung der Bastille beteiligt war; oder Olympe de Gouges, die Verfasserin der "Déclarations des Droits des Femmes" von 1791, die eine bewaffnete Frauenparade abhielt; vgl. Differenz und Gleichheit (1990).

4 Die gesellschaftlichen Veränderungen der Rollen und Funktionen von Frauen im Zuge der Ersetzung des Söldnerheeres durch das moderne Massenheer beschreibt Elshtain (1987; 181-187). Sie zeigt insbesondere, wie der Non-Kombattantinnen-Status in bestimmte kriegsrelevante Rollen (z.B. Krankenschwester, Rüstungsarbeiterin oder "heroische" Hausfrau) überführt wurde.

5 Die Verwendung von Frauen im Militär mit Zivilstatus ist besonders stark ausgeprägt in Staaten wie der Bundesrepublik, wo es einen Artikel in der Verfassung gibt, der Frauen den Militärdienst in Uniform verbietet: "Kann im Verteidigungsfalle der Bedarf an zivilen Dienstleistungen im zivilen Sanitäts- und Heilwesen sowie in der ortsfesten militärischen Lazarettorganisation nicht auf freiwilliger Grundlage gedeckt werden, so können Frauen vom

Dieser Status als Zivilperson hat jedoch nichts mit der Art von Arbeit zu tun, die Frauen verrichten: während in einigen Ländern Frauen in Uniform Verwaltungs-, Krankenpflege- oder militärische Kommunikationstätigkeiten übernehmen, wird dies in anderen Armeen von Zivilangestellten erledigt (Yuval-Davis 1981b). Soldatinnen im engeren Sinne gibt es zumeist nicht in größerer Zahl[6]; die größte Rolle spielen Frauen in den Streitkräften Israels, wo eine Wehrpflicht auch für Frauen besteht - allerdings zu anderen Bedingungen als für Männer (Goldman/Wiegand 1984; Yuval-Davis 1981a) -, sowie in den USA, wo der Anteil von Frauen an den Streitkräften ebenfalls etwa 10% beträgt (Enloe 1988). In allen diesen Armeen ist jedoch der Kampfeinsatz weitgehend eine Domäne der Männer geblieben. So steht beispielsweise das US-Militär in fast allen seinen Funktionen auch Frauen offen, außer in denen, die sie ins Kampfgeschehen verwickeln würden. Diese Trennlinie ist aber gerade unter den Bedingungen moderner Kriegführung kaum sinnvoll zu bestimmen, entsprechend ändert sich die Definition von Kampfeinsatz ständig - u.a. abhängig von den Rekrutierungsbedürfnissen des Militärs. Derzeit lautet die 'Kampfeinsatz-Klausel' so: überall, wo sie direktem feindlichem Feuer, einer hohen Wahrscheinlichkeit von direktem körperlichem Kontakt mit feindlichen Kräften und einem erhöhten Risiko der Gefangennahme ausgesetzt sind, haben weibliche Soldaten nichts zu suchen (DER SPIEGEL 11.2.1991, S.146).[7] Solcherart Restriktionen lassen sich nur ideologiekritisch erklären: es sind nicht Frauen, die die Macht haben zu definieren, wann Kampfeinsatz anfängt und wo er aufhört. Sie können nämlich nicht in die oberen Ränge der militärischen Hierarchie aufsteigen, weil man dazu Kampferfahrung vorweisen muß. Die Kampfeinsatz-Klausel funktioniert also objektiv als Karrierehindernis für Frauen im Militär. Der (deklaratorische) Ausschluß von Frauen aus dem (potentiellen) Kampfgeschehen legt außerdem die These nahe, daß es bei diesen Restriktionen darum geht, die patriarchale Rollenverteilung zwischen den Geschlechtern zu bewahren. Die Beteiligung von Frauen am Militär soll unsichtbar bleiben, daher müssen Frauen sogar als Soldatinnen auf den 'weiblichen' Platz der im Ernstfall doch wieder zu Beschützenden verwiesen werden (Enloe 1983; 154-156).

---

vollendeten achtzehnten bis zum vollendeten fünfundfünfzigsten Lebensjahr durch Gesetz oder auf Grund eines Gesetzes zu derartigen Dienstleistungen herangezogen werden. Sie dürfen auf keinen Fall Dienst mit der Waffe leisten" (Art. 12a, Abs. 4 GG). Vgl. auch Albrecht-Heide (1988b).

6 Zu Umfang und Grad der Einbeziehung von Frauen ins Militär vgl. den Appendix in Isaksson (1988; 417-424) sowie Iselin (1992) für die WEU-Staaten.

7 Im Zuge der Auswertung der Erfahrungen im Golfkrieg von 1991 wird in den USA derzeit wieder eine Änderung des Defense Authorization Act diskutiert; vgl. die Kontroverse in Proceedings 2/1992, 42-59.

> *"Debates in the media and legislatures over just what constitutes 'combat' and the 'front' - as versus 'support' and the 'rear' - are nothing less than arguments over how to make use of women's labour without violating popular notions of femininity, masculinity and the social order itself" (Enloe 1983; 7).*

Auffällig ist, daß vergleichsweise mehr Frauen freiwillig in Partisanenverbänden kämpf(t)en als in den Armeen einer etablierten Macht (Berkin 1980). Schenk (1983; 26-29) entwickelt in diesem Zusammenhang die Hypothese, daß in Zeiten von Kriegen und revolutionären Umbrüchen die starren Geschlechterrollen aufbrechen[8] und Frauen sich durch ihre kämpfende Beteiligung in Befreiungsbewegungen auch eine Verbesserung ihrer eigenen gesellschaftlichen Stellung erhoffen.[9] Allerdings gibt es auch in Partisanenarmeen keine gleichberechtigte Partizipation von Frauen in politischen und militärischen Entscheidungsgremien.[10] Hat sich die revolutionäre Bewegung etabliert und ist die Partisanenarmee zur Institution Militär geworden, wird die herkömmliche Rollenverteilung zwischen den Geschlechtern wieder stärker betont. Frauen werden dann vorwiegend solche Aufgaben übertragen, die mit ihrer angeblichen natürlichen Rolle in Einklang stehen. Insbesondere werden sie vom direkten Kampfeinsatz ferngehalten, um so die Stereotypen vom Mann als Beschützer von Frau und Kindern und der Frau als Lebensspendende und Fürsorgende zu retten.

---

8 Elshtain zeigt, wie sich im Zuge der Mobilisierung von Frauen als Non-Kombattantinnen im Krieg deren Handlungsspielraum erweiterte: "Mobilized as noncombatants, women went forth - from domestic work to munitions factories, from decorum to daring (smoking began in earnest in the First World War period, women started to drink anashamedly in public, and sexual mores took an alarming punge - on the view of troubled moralists)" (Elshtain 1987; 186). Auch in materieller Hinsicht wurden Frauen von ihren traditionellen Pflichten entlastet: so wurde z.B. in den USA während des Zweiten Weltkriegs von staatlicher Seite Kinderbetreuung organisiert, damit die Frauen in Rüstungsbetrieben arbeiten konnten. Derartige soziale Leistungen wurden jedoch nach Kriegsende wieder zurückgenommen; vgl. Michel (1987; 154).

9 Wie sehr diese Hoffnungen betrogen werden können, hat Hélie-Lucas am Beispiel der algerischen Revolution gezeigt, wo sowohl während als auch nach der (erfolgreichen) Revolution die Emanzipationsforderungen der Frauen mit der Dringlichkeit 'höherer' Ziele abgewiesen wurden (Hélie-Lucas 1988; 176). Auch nach dem Dienst in regulären Armeen veränderte sich das Leben von Veteraninnen wenig: sie wurden nach dem Krieg zumeist wieder in ihre 'angestammten' Rollen zurückgedrängt. Ein verändertes Verhältnis zur traditionellen Frauenrolle oder eine andere Einstellung zum Krieg wurden nicht festgestellt; vgl. Campbell (1990).

10 Dies zeigt Jancar (1988; 59-62) am Beispiel der jugoslawischen Partisanen. Goldman/Wiegand (1984) stellen in ihrer Untersuchung zur Entwicklung der israelischen Armee fest, daß die traditionelle geschlechtsspezifische Rollenverteilung implizit stets wirksam war. "They (= Israeli women; T.B.) have consistently been valued in the irregular military units and in the IDF (Israeli Defense Forces; T.B.) for releasing men for active combat operations and for their feminine nurturing qualities, their ability to bring a touch of family atmosphere and of charm to the starkness of military life" (Goldman/Wiegand 1984; 224).

Zusammenfassend zeigen feministische Untersuchungen,

> *"[...] daß sich auch Frauen an bewaffneten politischen und an kriegerischen Auseinandersetzungen beteiligt haben und beteiligen, auch wenn ihre Zahl so gering ist, daß das Erscheinungsbild der uns bekannten Kriege vom männlichen Soldaten geprägt bleibt" (Schenk 1983; 28).*

Feministische Analysen rekurrieren zur Erklärung dieser Rollen von Frauen in Militär und Krieg auf die historische Verknüpfung von Militärdienst und Bürgerrechten: die Gewährung voller Bürgerrechte war zu Beginn des bürgerlichen Zeitalters an das Recht, Waffen zu tragen, bzw. an die Pflicht, den bürgerlichen Nationalstaat zu verteidigen, gebunden - eine Verknüpfung, die auch heute noch wirksam ist.[11] Die Beteiligung an militärischen Einsätzen war, wie Sheila Tobias (1990) zeigt, der politischen Karriere bedeutender amerikanischer Politiker durchaus förderlich. Tobias' These ist, "[...] that during periods when heroism in warfare and leadership in politics are strongly linked, women will experience real obstacles to their political ambitions" (Tobias 1990; 164). Hier wird deutlich, daß es "weniger um eine Frage des Dienstes am Vaterland [...] als um eine Frage des Zugangs zu einer Machtquelle" geht (Senghaas-Knobloch 1984; 17). Aus feministischer Perspektive handelt es sich bei der Frage des 'gleichberechtigten' Zugangs von Frauen zum Militär dennoch um eine fremdbestimmte Frage, die so nicht beantwortet werden muß (Albrecht-Heide/Bujewski 1982b): es besteht keinerlei Notwendigkeit, die historische Verknüpfung zwischen Militärdienst und Vollbürgerschaft heute noch zu akzeptieren; stattdessen könnte die Bedeutung der Bürger(innen)rechte insofern verändert werden, daß der (potentielle) militärische Einsatz fürs Vaterland damit nichts mehr zu tun hat (Jones 1990; 133).

Wie feministische Analysen nachgewiesen haben, kommen Frauen zudem durch ihre Beteiligung im Militär keineswegs der Gleichberechtigung mit Männern näher (Albrecht-Heide/Bujewski 1982a; Birckenbach 1982; Enloe 1983; Goldmann 1982; Janßen 1980; Tiffany 1981; Stiehm 1982 und 1988; Pierson 1988). Sie werden vielmehr in eine patriarchal organisierte Struktur eingepaßt und für deren Zwecke instrumentalisiert. Folgt man ideologiekritischen Untersuchungen zur Funktion von Soldatinnen, dann waren und sind die tatsächlichen Rollen von Frauen im Militär solche, die wenig mit Kampf und Fronteinsatz, den unmittelbaren Funktionen des Militärs also, zu tun haben (Stiehm 1982; 287 f.): Frauen werden vielmehr militärtaktisch als Trägerinnen bestimmter kultureller Symbole und Werte eingesetzt. So sollen sie dem Gegner allgemeine und absolute Entschlossenheit signalisieren und

11 Zur Genese dieser Verknüpfung in der US-amerikanischen Gesellschaft und dem faktischen Ausschluß von Frauen aus dem Konzept von "citizenship" vgl. Kerber (1990).

durch den Appell an die hergebrachte Beschützerrolle die Mobilisierung junger Männer unterstützen. Hier ist eine weitere Erklärung dafür zu finden, warum die (wenigen) Soldatinnen in der Logik des "Männerbundes Militär" (Eva Kreisky) vom aktiven Kampf ausgeschlossen werden müssen: wenn Frauen sich selbst verteidigen können, wird der zur militärischen Motivation einzelner Soldaten zentrale Beschützermythos unwirksam. Abgesehen davon, daß sich nur schwer Begründungen dafür finden lassen, daß Frauen beschützt werden müssen, hat dieser Mythos auch weniger mit dem Wohlergehen von Frauen zu tun[12], dafür umso mehr mit Sorgen um die Funktionsfähigkeit des Militärs. Zum Beispiel mit der Sorge, daß männliche Soldaten durch 'Ritterlichkeit' gegenüber mitkämpfenden Frauen disziplinlos werden könnten; oder mit der Befürchtung, daß der Gegner durch die Anwesenheit von Soldatinnen davon abgehalten wird, rechtzeitig zu kapitulieren, da es sich mit seinem 'Mannesstolz' nicht vereinbaren läßt, sich gegenüber Frauen als unterlegen zu zeigen[13]; oder mit der Vermutung, daß der Beruf des Soldaten eine Abwertung erfahren würde, wenn Frauen als das angeblich schwache Geschlecht beweisen, daß sie ihn ebensogut (oder sogar noch besser) ausüben können:

> *"[...] women's presence and their successful performance can be severely demotivating to men if a primary attraction of a particular role or activity is women's absence" (Stiehm 1982; 288).*

Die politische Forderung nach gleichberechtigtem Zugang von Frauen zum Militär, die von Teilen der Frauenbewegung daraus abgeleitet wird[14], ist jedoch keine Lösung: damit würde sich nichts an den Geschlechterstereotypen ändern, sondern Frauen würden sich lediglich den Regeln männlicher Militarisierung unterordnen. Die militärische Sozialisation von Soldatinnen zeigt, daß das Militär - zwar mit Mühe und mit Widersprüchen, aber dennoch effektiv - in der Lage ist, sie zu integrieren, ohne daß eines der beiden Geschlechtsrollenstereotypen an Wirkung einbüßt.

> *"The examples of female fighters [...] suggest [...] that in entering the military domain, it is usually the definition of these particular women that alters, and more general ideas about women, and about*

12 Eine feministische 'Bedrohungsanalyse' führt den Beschützermythos sowieso ad absurdum: "The patriarch will protect his women from other men, but there is little or no protection from the patriarch" (Boulding 1978; 803); vgl. auch Brownmiller (1978). In dieser Perspektivierung geht es bei der männlichen Beschützerrolle mehr um die Sicherung von Besitz als um das Wohlergehen von Frauen.

13 Dies war eine ernsthafte Befürchtung der israelischen Armee im Hinblick auf ihre arabischen Gegner; vgl. Goldman/Wiegand (1984; 214).

14 Diese Auffassung wird v.a. von Vertreterinnen des liberal feminism in den USA vertreten, unter anderem von der National Organisation for Women (NOW).

masculinity and war are left intact. Even if these women were to come to be seen as representatives of their gender, we must consider the nature of the transformation so effected, for the change would be one wholly towards previously 'male' values. The positive and negative markings of the categories 'peace' and 'war', 'masculine characteristics' and 'feminine characteristics', would not change, only their referents would" (MacDonald 1988: 21).

Auch wenn nicht nur einzelne, sondern sehr viele Frauen ins Militär einträten - wie Stiehm (1982) vorschlägt -, dürfte sich nichts Grundsätzliches ändern: wenn Frauen im zivilen Leben, wo sie schließlich mehr als die Hälfte der Menschheit ausmachen, es nicht geschafft haben, ihre Unterdrückung aufzuheben, wird ihnen dies in einer so ausgeprägt männlichen Institution wie dem Militär noch sehr viel weniger gelingen - auch wenn hier die Widersprüche deutlicher hervortreten.[15]

Es kann festgestellt werden, daß Frauen aus sehr unterschiedlichen Motiven zu Täterinnen im System des Unfriedens werden. Nicht selten ist ein Mangel an adäquaten alternativen Verdienstmöglichkeiten in der zivilen Wirtschaft der Grund für das Interesse an einem militärischen Arbeitsplatz (Chapkis/Wings 1981). In bezug auf die Gründe für den Eintritt von Frauen ins Militär ist daher die Grenze zwischen Täterin und Mittäterin ebenso schwer zu ziehen wie hinsichtlich ihrer tatsächlichen Funktionen in regulären Armeen. Frauen haben in der patriarchalen Institution Militär kaum Möglichkeiten, autonom zu handeln, sie werden lediglich als Trägerinnen kultureller Werte militärisch instrumentalisiert. Für Bujewski-Crawford (1990) gibt es aufgrund dieser "systematischen Funktionalisierung der Frau für die Taten des Mannes" auch gar keine Täterinnen, sondern nur Mittäterinnen.

Frauen als Mittäterinnen

Wenn Frauen die ihnen zugewiesenen Rollen in einem System organisierter Friedlosigkeit übernehmen, werden sie zu Mittäterinnen am System des Unfriedens. Diese Art von (Mit)Verantwortung für Krieg und Militarismus betrifft den größten Teil der Frauen und ist damit eher die Regel als die Ausnahme. Sie äußert sich traditionell in zwei Hauptfunktionen von Frauen: erstens in der Freistellung von Männern für den Krieg und zweitens in der Reproduktion der militärischen Kampfkraft (Schenk 1983; 29-41).

Die striktere Trennung von Militär und Zivilbevölkerung, die sich in Europa im Übergang vom Mittelalter zur Neuzeit vollzog, bedeutete für Frauen die Ausgrenzung aus ihrem traditionellen militärischen Hilfsbereich, der Marketenderei. Diese wurde weitgehend überflüssig, als die Soldaten in fe-

15 Ähnlich argumentieren Senghaas-Knobloch (1984; 15, 19); Schenk (1983; 86) sowie Albrecht-Heide/Bujewski (1982a; 108 f.).

sten Garnisonen untergebracht wurden. Weibliche 'Dienstleistungen' bestanden fortan vorwiegend im Bereich der Prostitution. Der Prozeß der Wiedereinbeziehung von Frauen ins Militär begann in der zweiten Hälfte des 19. Jahrhunderts mit der Kranken- und Verwundetenpflege. Man denke hier etwa an die Lebensarbeit von Florence Nightingale. Jedoch nicht nur im Zusammenhang mit dem Lazarettdienst wurde die Nützlichkeit von Frauenarbeit für die Kriegführung entdeckt. Millionen von Frauen arbeiteten während des Ersten Weltkriegs in der Rüstungsindustrie und anderen kriegswichtigen Bereichen, sie leisteten Sozialarbeit im "vaterländischen Heimatdienst"[16] und übernahmen Hilfsfunktionen in der Heeresverwaltung. Aus der militärischen Verwertbarkeit von Frauenarbeit wurden schließlich für den Zweiten Weltkrieg in Deutschland (und ähnlich in den anderen kriegführenden Staaten) systematische Lehren gezogen. Zwar nicht in Form einer Dienstpflicht - Hitler wollte die Gesundheit der (arischen deutschen) Frauen im Hinblick auf ihre Gebärfähigkeit nicht allzusehr belasten -, aber doch umfassend wurden Frauen zur Unterstützung des nationalsozialistischen Eroberungskrieges herangezogen: in der Wehrmacht waren nach Angaben von Schenk (1983; 39) zu Kriegszeiten - ohne die Krankenpflegerinnen, die vom Roten Kreuz gestellt und notdienstverpflichtet waren - knapp eine halbe Million Frauen beschäftigt, meist als uniformierte Zivilangestellte mit dem Status von "Nicht-Kombattanten der bewaffneten Macht". Schenk faßt die Beteiligung von Frauen als Mittäterinnen so zusammen:

> *"Frauen waren und sind an den Entscheidungsprozessen, die zu Kriegen führen, selten direkt beteiligt. Trotzdem haben sie die meisten Kriege mit verschiedenen Handlangertätigkeiten gestützt und nach den Kriegen einen großen Teil dazu beigetragen, geschlagene Wunden zu heilen und zerstörte Lebensräume wieder aufzubauen. Während sie ihre Dienstleistungen für den kämpfenden Mann im Mittelalter in einem personalen Kontext, als Ehefrau oder Freundin, brachten, wird ihr Einsatz jetzt entsprechend unseren veränderten Lebens- und Arbeitsbedingungen auf allgemeinerer und abstrakterer Ebene dem der Männer zu- bzw. untergeordnet: die Arbeit vieler Frauen ist Hintergrund und Voraussetzung für den militärischen Einsatz vieler männlicher Soldaten" (Schenk 1983; 41).*

---

16 Diese relativ unsystematische Sozialarbeit war nicht staatlich organisiert, sondern stützte sich auf die Organisationsstruktur der Frauenbewegung; vgl. Schenk (1983; 35). Der Erste Weltkrieg wurde von der damaligen (ersten) Frauenbewegung vorwiegend als patriotische Bewährungsprobe mit emanzipatorischer Zielsetzung verstanden (Senghaas-Knobloch 1984; 14f.).

Das Militär funktioniert also nur, wenn die Frauen funktionieren[17], d.h. wenn sie ihre Rolle als Zuarbeiterin des Mannes erfüllen: als Krankenpflegerin und Ärztin[18], als Prostituierte[19], als Mutter potentieller und Ehefrau bzw. Partnerin aktueller Soldaten, als Verwaltungsangestellte im Militär, als Rüstungs- und als Sozialarbeiterin. Um diese Abhängigkeit des "Männerbundes Militär" von Frauenarbeit (psychologisch) abzumildern, verfügt das Militär durch die Definition 'angemessener' weiblicher Rollen über einen effektiven Mechanismus zur Kontrolle weiblicher Arbeitskraft; zudem wird die geschlechtsspezifische Arbeitsteilung und die darin enthaltene Abwertung weiblicher Tätigkeit im Militär in noch höherem Maße als im Zivilleben betont (Senghaas-Knobloch 1984, 21; Enloe 1983).

Bei all der unbestreitbaren Beteiligung von Frauen an Krieg und organisierter Friedlosigkeit ist die freiwillige von der erzwungenen Zuarbeit nur schwer zu trennen. So ist z.B. die Übernahme der Arbeit von rekrutierten (Ehe)Männern, Vätern, Söhnen, Brüdern oft durch pure Überlebensnotwendigkeit erzwungen und kann nicht als Akt freiwilliger oder begeisterter Kriegsunterstützung interpretiert werden. Dennoch wirkt diese Zusatzarbeit von Frauen objektiv kriegsverlängernd, ebenso wie die 'Reparaturleistungen' von Krankenschwestern im Feldlazarett oder die Übernahme von Aufgaben in Rüstungsindustrie oder Heeresverwaltung, welche die Freistellung von Männern für den Kampf erlaubt. Das Problem der Mitverantwortung stellt sich jedoch anders im Falle kultureller Normierung, genauer: im Hinblick auf die Akzeptanz patriarchal definierter Geschlechterrollen, die auf ebenso tiefgreifende wie subtile Art die soziale Ordnung bestimmen. Die Exklusivität des Militärs für Männer beruht auf einer geschlechtsspezifischen Arbeitsteilung, die Männer für Kämpfen, Töten und Zerstören, Frauen für Nähren, Gebären und Pflegen vorsieht.[20] Damit einher geht die dichotome Zuschreibung von Attributen an die Geschlechter, die militärisch relevante Eigenschaften wie Härte, Zähigkeit, Brutalität etc. als maskulin bezeichnet und nicht-militärische Eigenschaften wie Weichheit, Zerbrechlichkeit, Passivität

---

17 Zu den Funktionen von Frauen für das US-Militär vgl. die empirische Untersuchung von Enloe (1983).

18 Albrecht-Heide/Bujewski (1982a; 43) zeigen, daß die Krankenpflege unter den Bedingungen moderner (nuklearer wie konventioneller) Kriegführung mehr mit Selektion als mit Heilung zu tun hat: die Patienten müssen nach den Vorschriften der Kriegs- bzw. Katastrophenmedizin je nach Schwere der Verwundung in verschiedene Gruppen eingeteilt werden, damit knappe medizinische Ressourcen nicht an hoffnungslose, d.h. sowieso nie mehr kampftaugliche 'Fälle' verschwendet werden. Helferinnen im Lazarettdienst würden so im Extremfall zu "Selektionsassistentinnen".

19 Enloe (1983; XXXVI) beschreibt die explizite und/oder implizite Militärpolitik im Hinblick auf Prostitution Dabei geht es nicht um den Schutz der Frauen, sondern lediglich um den Erhalt der soldatischen Kampfkraft angesichts der Gefahr von Geschlechtskrankheiten bzw. AIDS. Vgl. auch Brownmiller (1978; 96-99).

20 Vgl. dazu etwa Elsthain (1987), die für die beiden Geschlechterrollen die Begriffe "Just Warrior" und "Beautiful Soul" eingeführt hat.

und Freundlichkeit als feminin (ab)qualifiziert. In dieser Hinsicht ist die Rolle der Soldatin eine Paradoxie, der durch eine Betonung der Weiblichkeit der Soldatinnen begegnet wird (MacDonald 1988; 11). Dies zeigt sich z.B. am Schnitt der Uniformen für weibliche Militärangehörige, an Erlassen zu Make-up und Frisuren von Soldatinnen, an der Umdefinierung bestimmter militärischer Aufgaben als 'typisch weibliche' und ähnlichem mehr (Pierson 1988; 41). Mit derartigen Umdefinitionen soll Frauen - bei militärischem Bedarf - nicht nur der Eintritt ins Militär erleichtert werden[21]; sie haben auch die Funktion, sie auf ihren Platz zu verweisen, und zwar sowohl innerhalb des Militärs als auch in der Gesellschaft als ganzer. Pierson (1988; 43) berichtet beispielsweise, Militärplaner in der kanadischen Armee hegten Befürchtungen, daß Frauen durch ihre militärischen Erfahrungen später nicht mehr problemlos ins Zivilleben reintegriert werden könnten, sprich: daß sie unabhängiger und weniger geneigt zur Unterordnung unter den (Ehe)Mann sein würden. Frauen im Militär wird also eine bestimmte Rolle zugewiesen, die zwar die militärische Nutzung weiblicher Arbeitskraft erlaubt, gleichzeitig aber die das System des Unfriedens stützende Geschlechtsrollendifferenzierung nicht antastet:

> *"In a world in which gender is a principal articulator of the social order, and in which it is men who wage war, women may take on a particular objectified importance as 'the protected', or even as the custodians of the social values that the men are fighting for" (MacDonald 1988; 15).*

Ihre Mittäterschaft besteht darin, daß Frauen die durch Sozialisation erworbenen Geschlechtsrollenstereotypen, die ausgesprochen funktional für die patriarchale Institution Militär sind, annehmen und sie reproduzieren.

Mit der Einsicht in die Mittäterschaft ist jedoch auch ein Handlungsspielraum eröffnet. Frauen können die militarisierbaren Geschlechtsrollenstereotypen in Frage stellen, indem sie den 'Helden in Uniform' die Bewunderung verweigern; indem sie sich nicht freiwillig in die Rolle der zu Beschützenden begeben etc. Aus solcherart bewußter Aufkündigung der Mittäterschaft kann ein spezifischer Beitrag von Frauen zur Friedensgestaltung erwachsen:

> *"Die heimliche und verheimlichte Abhängigkeit des militärischen Apparats von der komplementären Rolleneinnahme der Frauen könnte zur Quelle einer anderen Macht werden. Wenn Frauen sich bewußt mit der ihnen zugeteilten faktischen und ideologischen Hilfsfunktion auseinandersetzen, könnte dies die Gesellschaft in Richtung Demilitarisierung bewegen" (Senghaas-Knobloch 1984; 21).*

---

21 Zur Rekrutierung von Soldatinnen vgl. auch Megens/Wings (1981).

Frauen sind (zumeist unbewußt) Mittäterinnen im System organisierter Friedlosigkeit. Wenn sie die patriarchalen Zuschreibungen von Eigenschaften an die Geschlechter annehmen, erfüllen sie Rollen und Funktionen, auf die Militär und Militärpolitik konstitutiv angewiesen sind. In der Verweigerung dieser Beteiligung liegt der Handlungsspielraum von Frauen im Patriarchat, der Bedingung der Möglichkeit emanzipatorischer Veränderungen ist. Aus der Reflexion des eigenen Eingebundenseins in den Zusammenhang organisierter Friedlosigkeit ergibt sich also eine gesellschaftliche Position jenseits von Täterin und Opfer.

Frauen als Opfer

Frauen waren als soziales Geschlecht historisch von der direkten Ausübung militärischer, ökonomischer und politischer Macht weitgehend ausgeschlossen. In allen Kriegen der Geschichte waren sie trotz aller Mittäterschaft in erster Linie Opfer von Gewalt: von Vertreibung, Vergewaltigung, Folter und Mord. Insbesondere in den letzten beiden Weltkriegen, die durch eine zunehmende Verwischung der Grenzen zwischen Front und Hinterland charakterisiert waren, war die Zivilbevölkerung, und das sind bis auf die wehruntauglichen Männer und die Kinder eben Frauen, Ziel massiver Gewaltanwendung.[22] Die Zermürbung des Wehrwillens des Gegners durch die Bombardierung seiner Städte, d.h. durch die Tötung der Angehörigen der Soldaten, wurde zum wichtigen Bestandteil der militärischen Strategie:

> *"ZivilistInnen, nicht Soldaten [...] waren die taktischen Ziele des Kampfes. Dabei waren Frauen als taktische Ziele von besonderer Bedeutung: Aufgrund ihrer gesellschaftlichen Stellung und insbesondere ihrer Position in der Familienstruktur waren sie zentral für die Dekonstruktion von Kultur, die als Ziel der kriegerischen Auseinandersetzung angesehen werden kann" (Seifert 1992; 11).*

Spätestens im Zeitalter der Atomwaffen schließlich macht eine Unterscheidung in Militär und Zivilbevölkerung vollends keinen Sinn mehr, wie die Atombombenabwürfe auf Hiroshima und Nagasaki zeigen. Auch reine 'counterforce'-Angriffe auf gegnerische Waffensysteme mit 'sauberen Bomben'[23] sind wegen des radioaktiven Fall-outs für die Zivilbevölkerung lebensvernichtend in einem je nach Bombentyp, Sprengkraft und Zielge-

---

22 Nach Angaben von Seifert (1992) wurden im Zweiten Weltkrieg ungleich mehr Zivilistinnen und Zivilisten als Soldaten getötet, für den Korea-Krieg wird eine Relation von 1:5, für den Vietnam-Krieg von 1:13 genannt. Nach UNICEF-Daten von 1989 gehörten in den nach dem Zweiten Weltkrieg geführten Kriegen 90% aller Opfer zur Zivilbevölkerung; vgl. dazu auch die Angaben in Gantzel/Meyer-Stamer (1986; 5).

23 Zur Funktion und Wirkungsweise derartiger militärsprachlicher Euphemismen siehe den Exkurs in diesem Hauptteil.

nauigkeit mehr oder weniger großen Ausmaß. Aber auch 'bloß' konventionelle Kriege haben verheerende Auswirkungen auf Frauen. Dabei gibt es neben der alltäglichen Gewalt des Krieges auch speziell gegen Frauen gerichtete. Dieser Opferstatus von Frauen spielte in der militärischen Propaganda der beiden letzten Weltkriege eine herausragende Rolle für die Herausbildung soldatischen Wehrwillens: das Motiv, die Frau bzw. die Familie vor dem als barbarisch charakterisierten Feind zu schützen, wurde für die Mobilisierung von Soldaten instrumentalisiert (Gubar 1987; 231-239).

Auch in Zeiten des Nicht-Krieges sind Frauen in spezifischer Weise Opfer des Systems organisierter Friedlosigkeit. Studien zu den Auswirkungen von Rüstungsausgaben auf die Ökonomie zeigen, daß Frauen, nicht nur in den sogenannten Dritte-Welt-Ländern, besonders unter den durch Rüstung induzierten wirtschaftlichen Veränderungen zu leiden haben (Anderson 1988; 140). Aufrüstung lenkt Ressourcen innerhalb der (Welt)Wirtschaft auf Rüstungsgüter um und entzieht sie damit anderen Verwendungszwecken. Die Folgen einer derartigen Ressourcenallokation sind negativ für die Beschäftigungssituation von Frauen, und zwar in zweierlei Hinsicht (Beneria/Blank 1989): zum ersten profitieren sie nur in geringem Maße von dem direkten Beschäftigungseffekt als Folge von Rüstungsausgaben; das Militär kann als gigantische Arbeitsbeschaffungs- und Qualifikationsmaßnahme für fast ausschließlich Männer charakterisiert werden. Dazu kommen andere soziale Vergünstigungen (Pensionen, Ausbildungsbeihilfen, Einstiegshilfen in den zivilen Arbeitsmarkt etc.), die zu 90 bis 100 Prozent nur Männern zugute kommen. Zum zweiten sind Frauen auch hinsichtlich des indirekten Beschäftigungseffekts benachteiligt (Matthies 1991).

Wirtschaftswissenschaftliche Untersuchungen haben ergeben, daß Militärausgaben vorwiegend in solche Industriezweige fließen, die in überdurchschnittlich hohem Maße hochspezialisierte und gut bezahlte Mitarbeiter aus traditionell männlich dominierten Berufen beschäftigen.[24] Frauen werden zwar in Kriegszeiten, wenn Männer als Soldaten benötigt werden, zum Arbeitsdienst in der Rüstungsindustrie verpflichtet; in Zeiten der Aufrüstung, wenn die Rüstungsindustrie boomt und hohe Löhne bezahlt werden, profitieren davon jedoch überproportional häufig Männer, nachdem die Frauen wieder an ihren 'angestammten' Platz am Herd zurückgedrängt worden sind (Higonnet/Higonnet 1987; 44). Das bedeutet, daß Frauen kaum Zugang zu relativ gut bezahlter Arbeit in den Bereichen haben, die in den Genuß von Ausgaben des Verteidigungsministeriums kommen. Ein weiterer negativer indirekter Beschäftigungseffekt ergibt sich daraus, daß gesamtwirtschaftlich betrachtet Militärausgaben weniger Arbeitsplätze schaffen als andere Staatsausgaben, wovon Frauen wiederum stärker betroffen sind als Männer

---

24 Nach Angaben von Beneria/Blank (1989; 195) sind 77 % der Beschäftigten in den sechs militärisch relevanten Branchen der US-Industrie männlich - nur 62% sind es in der gesamten Volkswirtschaft.

(Anderson 1988; 134-138). Vergleichsweise heftiger treffen Frauen auch die Kürzungen im Bereich staatlicher Sozialpolitik, die mit einer Umleitung von Ressourcen in den Militärhaushalt einhergehen (Anderson 1988; 139). Empirisch beobachtbar ist beispielsweise in den USA und anderen Staaten[25] eine Feminisierung der Armut und damit ein verstärktes Angewiesen-Sein von Frauen auf staatliche Hilfen.

> *"The point is that women are not just left out of the jobs created by increases in the military budget; they are actively harmed by the other budget cuts necessary to support these military increases. Along with the cuts in actual income support programs, budget cuts for other social services also have repercussions for women. For example, to the extent that women live longer, reductions in health services for the elderly have a gender dimension [...] Similarly, the elimination of all forms of public service employment programs, severe cuts in support for urban mass transportation, decreases in legal aid, and so on all have serious effects on low-income households, which are disproportionately female headed" (Beneria/Blank 1989; 200).*

Frauen sind also sowohl in Kriegs- als auch in Zwischenkriegszeiten Opfer einer Politik, die sie nur eingeschränkt mitgestalten und beeinflussen können.

Frauen als Friedenskämpferinnen

Die Geschichte des Eintretens von Frauen für den Frieden ist lang - und noch längst nicht erforscht: viele Pazifistinnen warten noch darauf, aus der historischen Vergessenheit geholt zu werden. Die überwiegende Mehrzahl der bislang vorliegenden Darstellungen weiblichen Friedensengagements setzt mit den Anfängen der Friedensbewegung in Deutschland[26] im 19. Jahrhundert und der Lebensarbeit Bertha von Suttners ein. Bertha von Suttner blieb zunächst eine Ausnahmefigur - aufgrund ihres Pazifismus wie auch aufgrund ihres Feminismus.[27] Die Frauenbewegung am Vorabend des

25 Noch weit gravierender sind die Auswirkungen von Militärausgaben auf die Gesellschaftsstrukturen von Ländern der sogenannten Dritten Welt. Diesbezügliche Länderstudien (z.B. Berhane-Selassie 1988) belegen, daß der ökonomische Effekt von Rüstungsausgaben mit Blick auf das Geschlechterverhältnis eine relative Verbesserung der gesellschaftlichen Stellung von Männern und eine Verschlechterung der Position von Frauen mit sich bringt.

26 Vgl. im folgenden Schenk (1983, 42-55 und 1980); Brinker-Gabler (1980; 13-39). Für die amerikanische Frauenfriedensbewegung vgl. etwa Carroll (1977). Als Überblick über die Entwicklung der internationalen Frauenfriedensbewegung Janssen-Jurreit (1976; 254-275).

27 Zu Bertha von Suttner vgl. Abrams (1991); Kempf (1964); Clemens (1987). Der Ausnahmestatus von Suttners bedeutet jedoch nicht, daß es außer ihr keine Pazifistinnen gab. Aufgrund der eingeschränkten politischen Betätigungsmöglichkeiten für Frauen konnten sie ihren Protest

Ersten Weltkrieges war in eine bürgerliche und eine proletarische Bewegung gespalten und bezog verschiedene Positionen zum Pazifismus. Die Dachorganisation der bürgerlichen Frauenbewegung, der 1894 in Berlin gegründete Bund Deutscher Frauenvereine (BDF), entwickelte insbesondere unter der Leitung Gertrud Bäumers (seit 1910) national-chauvinistische Tendenzen, die schließlich in eine begeisterte Unterstützung des Ersten Weltkrieges mündeten. Es waren dann auch vorwiegend BDF-Frauen, die den sozialen Kriegsdienst für Frauen an der 'Heimatfront' organisierten. Damit versagte der BDF gänzlich im Kampf gegen den Krieg (Brinker-Gabler 1980; 25). Der radikale Flügel der bürgerlichen Frauenbewegung, der sich um Minna Cauer, Anita Augspurg, Lida Gustava Heymann und Helene Stöcker versammelte, bezog hingegen eindeutig Position gegen Krieg und Militarismus. Aus diesem Kreis, der vorwiegend für die Durchsetzung des Frauenstimmrechts gekämpft hatte, kamen die aktivsten Pazifistinnen, die auch nach Beginn des Krieges ihr Engagement nicht aufgaben und versuchten, die internationalen Beziehungen innerhalb der Frauenbewegung aufrechtzuerhalten.[28] Die proletarische Frauenbewegung lehnte diese bürgerlich-pazifistische Bewegung ab und bekämpfte Krieg und Militarismus als Auswüchse des Kapitalismus - durchaus auch unter Befürwortung revolutionärer Gewalt. Als dann die sozialdemokratische Reichstagsfraktion in Vorbereitung des Ersten Weltkriegs die Kriegskredite bewilligte, spaltete sich die zunächst einheitliche Antikriegshaltung der proletarischen Frauenbewegung: der größere Teil fügte sich der Parteidisziplin und organisierte soziale Hilfsdienste für Familien der Arbeiterklasse. Eine andere Gruppe, die sich später zum Spartakusbund zugehörig fühlte, versagte der Kriegspolitik der Partei die Unterstützung. Unter ihnen waren Clara Zetkin und Rosa Luxemburg. Trotz Ablehnung durch die SPD gelang es den Sozialistinnen, Widerstand gegen den Krieg zu mobilisieren.[29]

In der Zwischenkriegszeit der Weimarer Republik bestand die Frauenfriedensbewegung in erster Linie aus den Radikalfeministinnen und der 1921

---

jedoch nicht in der Weise artikulieren wie von Suttner. Sie nutzten andere Medien, wie z.B. die Kunst (Käthe Kollwitz) oder die Psychologie (Rosa Mayreder); vgl. Schmidt-Linsenhoff (1987) und Schnedl-Bubenicek (1984).

28 1915 gelang es, im neutralen Holland einen großen internationalen Frauenfriedenskongreß zu organisieren. Es wurden daraufhin in den einzelnen Ländern "Nationale Frauenausschüsse für dauernden Frieden" eingerichtet, die sich 1919 in Zürich unter Leitung von Jane Addams zur "Internationalen Frauenliga für Frieden und Freiheit" (IFFF) zusammenschlossen, die bis heute existiert. Vgl. Foster (1989).

29 Zwei der ersten größeren Antikriegsdemonstrationen (am 18.3.1915 und am 28.5.1915 vor dem Reichstagsgebäude in Berlin) waren Aktionen dieser Frauen. Auch kam es wegen der schlechten Versorgungslage, die vor allem die Frauen der Arbeiterklasse hart traf, immer wieder zu Lebensmittelrevolten, die vorwiegend von Frauen getragen wurden (Brinker-Gabler 1980; 27 f.).

u.a. von Helene Stöcker gegründeten Internationale der Kriegsdienstgegner. Im BDF verstärkten sich nationalistische Tendenzen in Richtung auf völkisches Gedankengut, was dem aufkommenden Nationalsozialismus in die Hände arbeitete. In der proletarischen Frauenbewegung hatten die unterschiedlichen Auffassungen zum Krieg (wie in der Sozialdemokratie) zur Spaltung geführt. Eine letzte größere Frauenaktion gegen die drohende Kriegsgefahr war der internationale Antikriegskongreß in Amsterdam im Herbst 1932, bevor der Kampf gegen den Krieg im antifaschistischen Widerstand aufging.

Die Frauenfriedensbewegung nach 1945 entstand dann aus dem Widerstand gegen die Remilitarisierung der Bundesrepublik. Die Frauenfriedensbewegung bestand zunächst als Teil der allgemeinen Friedensbewegung, gewann aber zunehmend ein eigenständiges Profil, insbesondere als Ende der 70er Jahre der damalige Verteidigungsminister Apel eine Diskussion über den 'gleichberechtigten' Zugang von Frauen zur Bundeswehr auslöste. Um drohende Rekrutierungsprobleme in Folge des Geburtenrückgangs auszugleichen, wurde über einen freiwilligen Dienst von Frauen in der Armee nachgedacht und mit Gleichberechtigungsargumenten sowie Versprechungen bezüglich der Ausbildungschancen beim Militär dafür geworben. Es bildeten sich Frauenfriedensgruppen, die zumeist aus dem Umfeld der Frauenbewegung kamen, so z.B. im Sommer 1979 die Initiative "Frauen in die Bundeswehr - Wir sagen NEIN!". Die Frauenfriedensbewegung ist bunt und vielfältig und sehr kreativ in ihren Protestformen, sowohl in reinen Frauengruppen organisiert und mit reinen Frauenaktionen präsent, als auch in gemischtgeschlechtlichen Zusammenhängen aktiv (Rubart 1988a und 1988b). Im Mittelpunkt der Aktivitäten vieler Gruppen stand und steht die Verweigerung aller Dienste, die nach Art. 12a Abs. 4 GG Frauen im Kriegsfall zu leisten verpflichtet werden (Randzio-Plath 1982b). Die Spannbreite der Positionen innerhalb der Frauenfriedensbewegung verdeutlicht die Kontroverse zwischen den beiden feministischen Zeitschriften EMMA und COURAGE: während Alice Schwarzer in der EMMA einen gleichberechtigten Zugang von Frauen zur letzten Männerbastion Militär forderte (und zugleich die Frauen aus antimilitaristischen Gründen zur Verweigerung aufrief), setzten die COURAGE-Frauen auf die gesellschaftsverändernde Wirkung einer sozialisationsbedingten weiblichen Friedfertigkeit.

Es gibt offensichtlich ein spezifisch weibliches Friedensengagement, das auch als ein solches propagiert wird. Doch wie begründet es sich? Frauen sind nicht von Natur aus friedfertiger als Männer, das haben Untersuchungen nachgewiesen.[30] Doch haben sie aufgrund ihrer Lebenszusammenhänge eigene Zugänge zum Friedensthema (Forcey 1991) - und sie können die

30 Vgl. etwa Albrecht-Heide/Bujewski (1982a); Birckenbach (1988); Senghaas-Knobloch (1988); Schenk (1983).

ihnen zugeschriebenen Rollen im Kampf für den Frieden instrumentalisieren, insbesondere in konservativen, militarisierten Gesellschaften mit starrer geschlechtsspezifischer Arbeitsteilung.[31] Frauen sind Außenseiterinnen der politischen, militärischen und ökonomischen Macht und haben daher (auch in psychologischer Hinsicht) nicht so viel zu verlieren wie Männer, wenn sie radikale Kritik an Krieg und Unfrieden äußern.

> *"Their (= women war resisters; T.B.) independent-mindedness was most probably strengthened by the fact that they were all to some degree political outsiders [...]. Moreover it should always be easier for women than for men to detach themselves from the ideology of war, since war does not challenge women, whereas, of course, war has been accepted as the great touchstone of 'manliness' since time immemorial" (Oldfield 1989; 237 f.).*

Die 'Friedfertigkeit' der Frauen ist also Resultat ihres Ausschlusses aus der Sphäre der Macht, d.h. Resultat ihrer untergeordneten und abhängigen Stellung innerhalb der hierarchischen Geschlechterordnung. Schenk spricht daher statt von Friedfertigkeit lieber von dem "größeren Desinteresse von Frauen am Krieg" (Schenk 1983; 98). Das 'Außenseiterinnen-Argument' trägt jedoch nur auf der Ebene der Erklärung politischen Friedensengagements und nicht auf einer erkenntnistheoretischen Ebene, wie noch zu zeigen sein wird.

5.1.2 Der Ort von Frauen im System des Unfriedens: Geschlechterdualismus und Gewalt

Im folgenden sollen systematisierende Schlußfolgerungen aus den feministischen Analysen des historischen und gesellschaftlichen Ortes von Frauen im System organisierter Friedlosigkeit gezogen werden. Dabei kommt es insbesondere darauf an, Kategorien zu entwickeln, die in die kritische Friedensforschung eingeführt werden können, so daß diese in die Lage versetzt wird, ihren Anspruch auf Allgemeingültigkeit der Forschungsergebnisse und auf Objektivität der Begrifflichkeit auch im Hinblick auf geschlechtsspezifische Gewaltverhältnisse einzulösen. Dazu wird zum einen die patriarchale

---

31 Ein anschauliches Beispiel hierfür liefert Ximenia Bunster (1988) in ihrer Beschreibung der chilenischen Frauenbewegung gegen das Pinochet-Regime. Die "Mujeres por la Vida" benutzten bewußt die ihnen zugewiesene Funktion der fürsorgenden Mutter als machtvolles politisch-symbolisches Instrument zur Destabilisierung der Militärjunta, wenn sie öffentlich Aufklärung über ihre 'verschwundenen' Angehörigen forderten. Kritisch dazu Berkman (1990; 151-154), die zeigt, daß die traditionelle Frauenrolle auch zur Begründung weiblicher Kriegsunterstützung herangezogen werden kann.

Konstruktion des Geschlechterverhältnisses im Hinblick auf seine Funktionalität für organisierte Friedlosigkeit untersucht, zum anderen Gewalt als Gegenstand und Kategorie kritischer Friedensforschung mit Blick auf die hierarchische Geschlechterordnung analysiert.

Die Funktionalität des Geschlechterdualismus' für ein System des Unfriedens

Das Geschlechterverhältnis im Patriarchat zeichnet sich durch die strikte Trennung der den Geschlechtern jeweils zugeordneten Eigenschaften, 'Wesensmerkmale' und 'natürlichen' Sphären aus: ein Mann ist demnach, was eine Frau nicht ist - und umgekehrt. Wie List gezeigt hat, liegt der androzentrischen Interpretation der Welt durchgängig eine derartige "Dichotomie dualistisch verfaßter Kategorien" (List 1991; 515) zugrunde, die sowohl hierarchisch geordnet als auch sexualisiert sind. Dem Weiblichen als dem Untergeordneten kommt dabei eine besondere Art der Präsenz zu: die Präsenz des Anderen, das notwendig ist, um Grenzen zu bestimmen und Identität herzustellen (List 1991; 519 f.).

Inwiefern ist nun dieser Geschlechterdualismus funktional für die Konstruktion und Aufrechterhaltung eines Systems organisierter Friedlosigkeit? Untersuchungen zur militärischen Grundausbildung von Soldaten konnten zeigen, daß die Herausbildung einer spezifischen, militarisierten Männlichkeit konstitutiv ist für die Herstellung soldatischer Identität (MacDonald 1988; 16).[32] Die dualistische Konstruktion des Geschlechterverhältnisses wird dafür instrumentalisiert: "Um das Männlich-Kriegerische zu produzieren, wird das Weiblich-Friedfertige als notwendiges Korrelat benötigt" (Seifert 1991a; 866). Der junge Rekrut wird zunächst gezwungen, eine 'typisch weibliche' Rolle anzunehmen, nämlich die der Unterordnung in einem hierarchischen System von Befehl und Gehorsam.

Doch ist diese Demütigungsphase nicht nur auf Disziplinierung gerichtet; sie erfüllt noch einen weiteren, für die Funktionsweise des Militärs mindestens ebenso wichtigen Zweck: sie verunsichert den Rekruten in seiner Geschlechtsidentität. Dieser Effekt wird unter anderem durch das in der militärischen Ausbildung verwendete Vokabular hervorgerufen, das in starkem Maße sexualisiert ist (Strange 1989; 119 f.). Dieser Verunsicherung kann der Rekrut dadurch begegnen, daß er seine Männlichkeit unter Beweis stellt. Im wesentlichen besteht dieser Männlichkeitsbeweis in der Bewährung im Kampf und in der Abwertung all dessen, was als weiblich gilt. Gleichzeitig ist ebendieses Stereotyp der schwachen zu beschützenden Frau in Ehren zu

32 Zu den psychologischen Mechanismen, die zwischen Männlichkeit und militärischen Normen vermitteln, vgl. auch die Aufarbeitung der einschlägigen Ansätze in Birckenbach (1985; 112-122). Sie zeigt insbesondere, inwiefern Männlichkeitskonstrukte für die Wehrdienstbereitschaft junger Männer bedeutsam sind (Birckenbach 1985; 172-174). Zu kulturellen Unterschieden in der Ausprägung einer "Rambo-Maskulinität" vgl. Enloe (1987).

halten, um für Soldaten einen individuellen Grund zum Kämpfen (und potentialiter zum Sterben) zu schaffen.

> *"[...] women's lives, and even their bodies, may act as ciphers for men's sexual and martial identities. Women's roles and images of women are not, therefore, neutral in the military scheme of things, but have a carefully defined structural relationship as part of that scheme" (MacDonald 1988; 18 f.).*

Der Ausschluß und die Abwertung des Weiblichen im Militär bei gleichzeitiger Hochschätzung eines spezifischen Frauenbildes ist nur dann möglich, wenn die Geschlechterrollen dualistisch konzipiert sind.

Doch nicht nur die individuelle psychologische Disposition des Soldaten stellt sich vermittels des dualistischen "gender systems" her. Das gesamte Konstrukt Militär baut auf einer "binären Opposition" (Seifert 1991b; 9 f.) der patriarchalen Geschlechtsrollenstereotypen auf:

> *"Das Konzept des Männerbundes Militär - mit all den Ideologismen von Kameradschaft, Bewährung im Kampf etc. - als Welt ohne Frauen ist zunächst einmal überhaupt nur denkbar als Gegensatz zu etwas Nicht-Männlichem: ohne Frauen und das Bild, das sie verkörpern sollen und das man(n) je nach Belieben entweder verehren und beschützen oder aber verachten und bedrohen kann, bleibt ein Männerbund als Männerbund ohne jeden inhaltlichen Sinn" (Batscheider/Lang/Petry 1990; 5).*

Wie Senghaas (1969a) gezeigt hat, basiert ein System organisierter Friedlosigkeit darauf, daß Krieg und die Vorbereitung darauf von der gesamten Bevölkerung, also auch von den Frauen, getragen werden. Diese Loyalität wird geschlechtsspezifisch erzeugt (Thompson 1991): Männern wird durch ihre (potentielle) Beteiligung am Krieg eine Bestätigung ihrer Männlichkeit in Aussicht gestellt; Frauen wird spezielle Aufmerksamkeit geschenkt und eine erhöhte Relevanz im öffentlichen Leben zugestanden:

> *"Those societies that have especially emphasized warrior virtues are also the societies that have most insisted on a sexual division of labor and on women performing their traditional roles" (Thompson 1991; 65 f.).*

Zwar ist die überkommene Verknüpfung von Männlichkeit und Krieg, insbesondere der mit dem Krieg verbundene Heldenmythos, in der Ära des modernen hochtechnisierten (Nuklear)Krieges fragwürdig geworden (Thompson 1991; 67): wenn der Kampf 'Mann gegen Mann' durch die distanzschaffende Bedienung hochtechnisierter Massenvernichtungsmittel ersetzt wird, scheint das Rollenbild vom Kriegshelden, der sich durch Stärke und Einzelkämpfertum auszeichnet, obsolet zu werden. Doch ist dieses Rollenklischee des Helden viel zu tief in der männlichen Psyche verankert, als daß es schlicht durch seine Nicht-Entsprechung mit der Realität an motivierender Kraft verlieren würde (Hartsock 1989). Männliche Sozialisation scheint für derartiges Heldentum mehr Prädispositionen bereitzustellen als weibliche: zumindest wird von Männern eher als von Frauen erwartet, daß sie eine (mehr oder weniger große) Tat vollbringen (Petry 1991a; 152). Das Militär mit seiner Möglichkeit der 'Bewährung im Kampf' bietet sich als ein idealer Produktionsort solcher Art von Männlichkeit an.

Derartige Männlichkeitskonstrukte sind jedoch nicht nur für die Funktionsweise des Militärs relevant. Die (potentielle) Bewährung militarisierter Männlichkeit im Krieg begründet den diskursiven Beitrag des Militärs zur gesellschaftlichen Konstruktion des Geschlechterverhältnisses (Seifert 1991a, 870; Enloe 1983, 12 f.): kriegerische Männlichkeitsbeweise sind von entscheidender Bedeutung für die Aufrechterhaltung der zivilen Geschlechterordnung.

> *"it is the crystallized formations of masculinity in warfare that enable gender relations in society to survive, offering territory in which to adjust, test, and reformulate general social relations" (Jeffords 1989; XV).*

Aufschlußreich ist hier die Beobachtung, daß auch dann, wenn sich die starren Geschlechtsrollen z.B. im Krieg lockern und Frauen neue Aufgabenbereiche zugewiesen werden, die vorher Männern vorbehalten waren, sich doch am Verhältnis zwischen den Geschlechtern nichts ändert: bei aller militärischen Einbeziehung von Frauen, der Aneignung ihrer Arbeitskraft und der Funktionalisierung der von ihnen repräsentierten kulturellen Werte, bleibt die dem Manne untergeordnete Stellung unangetastet (Hause 1987; 102). Die Aufrechterhaltung des patriarchalen Status quo war - wie anhand der beiden Weltkriege nachgewiesen wurde (Behind the Lines 1987) - wichtige Voraussetzung für die Kriegführung, insbesondere für die Propaganda, die Mobilisierung und die Wehrmoral der Soldaten.[33]

Als ausreichend belegt kann gelten, daß Frauenunterdrückung und Friedlosigkeit auf die Komplementarität dualistischer Geschlechterrollen angewiesen sind. Die jeweiligen Bedeutungen von Männlichkeit und Weiblichkeit im Patriarchat können historisch und kulturell variabel sein, trotzdem

---

33 Auch im Bereich der Außen- und Außenwirtschaftspolitik läßt sich zeigen, daß die Kontrolle über Frauen als Symbol, als Verbraucherin, als Arbeitskraft und als emotionale Unterstützung, d.h. bestimmte Ausprägungen von angeblich privaten Beziehungen, (uneingestandenermaßen) konstitutiv für die Ausgestaltung dieser Politik sind (Enloe 1990; 17).

verändert sich nichts an der untergeordneten Position von Frauen (Higonnet/Higonnet 1987; 34-39): solange das Verhältnis der Geschlechter dualistisch bestimmt ist, kann sich die konkrete Ausgestaltung der stereotypisierten Rollen von Frauen und Männern sowie der Diskurs über das Geschlechterverhältnis nur innerhalb dieses Rahmens bewegen. Die analytische Bedeutung von gender für die Krieg-Frieden-Problematik ist somit nicht in der Aggressivität einer, der männlichen, Geschlechtsrolle zu verorten - um diese herzustellen, bedarf es eines komplementären Gegenpols: der patriarchalen Geschlechtsrolle Weiblichkeit -, sondern im Konstrukt des Geschlechterdualismus', d.h. in der strikten Trennung und hierarchischen Entgegensetzung der Geschlechterstereotypen. Eine feministische Friedensstrategie müßte daher an der Transformation des militärisch funktionalen Stereotyps von Weiblichkeit und damit am Konstrukt des Geschlechterdualismus', der die psychologische Verknüpfung von Männlichkeit mit militärischen Werten erlaubt, ansetzen. Aufgrund der Komplementarität der patriarchalen Geschlechtsrollenstereotypen liegt der Schluß nahe, daß die Veränderung der traditionellen Frauenrolle durch die Frauenemanzipationsbewegung langfristig auch die militarisierbare Männerrolle modifiziert (Hartsock 1989; Thompson 1991)[34] - allerdings nur, wenn nicht der Dualismus unter veränderter Bewertung reproduziert wird. Viele Ansätze eines feministischen Pazifismus[35] gehen (implizit) von einer weiblichen Moral der Friedfertigkeit aus; soll Frieden bzw. Pazifismus etwas *spezifisch* Feministisches sein, ist dies jedoch nur zu begründen durch den Rekurs auf eine geschlechtsspezifische Trennung der Lebensbereiche, sprich: die dualistische Geschlechterordnung, die militärisch funktional ist und gerade durch den Feminismus überwunden werden soll (Richards 1990).

ANMERKUNG DES AUTORS

Aufgrund der enormen Fülle an Literatur, die von T. Batscheider angegeben wird, erlaube ich mir, es bei der Wiedergabe jener Hinweise zu belassen, die im Text und in den Fußnoten genannt werden. Bei Interesse bitte ich den Leser / die Leserin, die Angaben aus der knappen amerikanischen Zitierweise zu entnehmen oder im Original nachzusehen.

---

34 Davis (1977) hat andere nicht-militarisierbare Männlichkeitskonstrukte, wie sie z.B. von bestimmten Religionen entworfen wurden, beschrieben; insgesamt standen historisch aber nur wenige alternative Rollenmodelle zur Verfügung (zum Beispiel Priester oder Pazifist).

35 Vgl. etwa Brock-Utne (1982 und 1985 und 1989); de Sève (1987); Reardon (1990 und 1985); Ruddick (1989) sowie einige der Beiträge in Russell (1989a). Kritisch zu Reardon und Ruddick: Sylvester (1987).

Eine realistische Theorie der internationalen Politik

Der Zweck dieses Buches ist die Darstellung einer Theorie der internationalen Politik. Der Maßstab für eine solche Theorie ist nicht a priori und abstrakt gegeben; er ist empirisch und pragmatisch. Diese Theorie darf - mit anderen Worten - nicht an einem vorgegebenen abstrakten Prinzip oder an einem wirklichkeitsfernen Konzept gemessen werden, sie darf nur nach ihrem Zweck beurteilt werden, in eine Fülle von Phänomenen, die ohne sie zusammenhanglos und unverständlich blieben, Ordnung und Sinn zu bringen. Sie muß einer zweifachen Prüfung standhalten, einer empirischen und einer logischen: Lassen die Tatsachen, wie sie sind, jene Deutung zu, die ihnen die Theorie gibt, und folgen die Schlüsse, zu denen die Theorie gelangt, mit logischer Notwendigkeit aus ihren Prämissen? Kurz, ist die Theorie in sich folgerichtig und mit den Tatsachen in Einklang?

Diese Theorie wirft die Frage nach dem Wesen aller Politik auf. Die Geschichte des neuzeitlichen politischen Denkens wird von der Auseinandersetzung zweier Schulen beherrscht, deren Auffassungen vom Wesen des Menschen, der Gesellschaft und der Politik in fundamentalem Gegensatz zueinander stehen. Die eine Schule vertritt die Auffassung, daß eine vernunftgemäße und moralische politische Ordnung, aus allgemeingültigen, abstrakten Grundsätzen abgeleitet, hier und jetzt verwirklicht werden kann. Sie setzt voraus, daß die menschliche Natur dem Wesen nach gut ist und ihrer Formung keine Grenzen gesetzt sind. Mangel an Wissen und Verständnis, veraltete gesellschaftliche Einrichtungen oder die Entartung vereinzelter Individuen und Gruppen tragen Schuld daran, wenn es der gesellschaftlichen Ordnung nicht gelingt, den Maßstäben der Vernunft zu entsprechen. Erziehung, Reformen und die gelegentliche Anwendung von Gewalt sind die Mittel, auf die sie zur Behebung dieser Mißstände ihr Vertrauen setzt.

Die andere Schule ist der Ansicht, daß die Welt, so unvollkommen sie vom Standpunkt der Vernunft aus sein möge, das Ergebnis von Kräften ist, die der menschlichen Natur innewohnen. Um die Welt zu verbessern, muß man mit diesen Kräften, nicht aber gegen sie arbeiten. Da diese Welt ihrem Wesen nach von entgegengesetzten Interessen und von Konflikten zwischen ihnen beherrscht wird, können moralische Grundsätze niemals vollkommen verwirklicht werden; im besten Fall kann durch einen immer nur vorübergehenden Ausgleich der Interessen, durch eine stets prekäre Beilegung von Streitigkeiten eine Annäherung an sie erreicht werden. Diese Schule sieht daher in einem System der Kontrollen und des Ausgleichs ein allgemeines Prinzip aller pluralistischen Gesellschaften. Sie beruft sich weniger auf abstrakte Grundsätze als auf historische Beispiele, und ihr Ziel ist nicht so sehr die Verwirklichung des absolut Guten - vielmehr gibt sie sich mit dem geringeren Übel zufrieden.

Dieser theoretischen Auseinandersetzung mit dem menschlichen Wesen, wie es wirklich ist, und mit den geschichtlichen Abläufen, wie sie den Tatsachen entsprechen, verdankt die hier dargestellte Theorie den Namen "Realismus". Welches sind nun die Grundzüge des politischen Realismus? Hier soll nicht versucht werden, eine systematische Darstellung der Philosophie des politischen Realismus zu geben; es muß genügen, sechs grundlegende Prinzipien, die oft Mißverständnissen ausgesetzt waren, hervorzuheben.

SECHS GRUNDSÄTZE DES POLITISCHEN REALISMUS

1. Der politische Realismus geht davon aus, daß die Politik, so wie die Gesellschaft im allgemeinen, von objektiven Gesetzen beherrscht wird, deren Ursprung in der menschlichen Natur liegt. Um die Gesellschaft zu verbessern, muß man vor allem jene Gesetze verstehen, denen sie gehorcht. Da das Wirken dieser Gesetze unabhängig von unseren Neigungen ist, birgt jeder Widerstand des Menschen das Risiko des Scheiterns.

Ist der Realismus von der Objektivität der Gesetze der Politik überzeugt, so muß er es auch für möglich halten, eine vernunftgemäße Theorie zu entwickeln, die diese objektiven Gesetze, wenn auch nur unvollkommen und einseitig, widerspiegelt. Er ist daher auch von der Möglichkeit überzeugt, in der Politik zwischen Wahrheit und subjektiver Meinung zu unterscheiden - zwischen dem auf Beweise gestützten, von vernünftiger Einsicht erhellten, objektiv und vernunftgemäß Wahren und dem nur subjektiven Urteil, das nicht zu den Tatsachen vordringt und nur von Vorurteilen und Wunschdenken genährt wird.

Das Wesen des Menschen, in dem die Gesetze der Politik ihren Ursprung haben, hat sich, seitdem die klassischen Philosophien Chinas, Indiens und Griechenlands um die Entdeckung dieser Gesetze bemüht waren, nicht geändert. Neuheit ist daher in der politischen Theorie nicht eo ipso eine Tugend, so wenig wie Alter ein Mangel. Der Umstand, daß eine Theorie der Politik bisher unbekannt war - falls eine solche Theorie existiert -, beeinflußt die Einstellung zu ihrer Verläßlichkeit eher negativ als positiv. Umgekehrt führt der Umstand, daß eine Theorie der Politik vor hunderten, ja sogar vor tausenden Jahren entwickelt wurde - wie zum Beispiel die Theorie vom

Gleichgewicht der Mächte -, nicht zu der Annahme, daß sie überholt und veraltet sein muß. Eine Theorie der Politik muß der zweifachen Prüfung durch die Vernunft und durch die Erfahrung unterworfen werden. Eine solche Theorie zu verwerfen, weil sie ihre höchste Geltung in vergangenen Jahrhunderten besaß, hieße nicht, ein rationales Argument vorbringen, sondern ein modernistisches Vorurteil, das die Überlegenheit der Gegenwart über die Vergangenheit kritiklos voraussetzt. Die Wiederentdeckung einer solchen Theorie als "modische Extravaganz" abzutun, wäre gleichbedeutend mit der Annahme, daß es in politischen Dingen zwar subjektive Meinungen, aber keine Wahrheiten gibt.

Für den Realismus besteht Theorie darin, Tatsachen festzustellen und ihnen durch Vernunft Sinn zu verleihen. Er geht davon aus, daß etwa das Wesen einer Außenpolitik nur durch die Prüfung bereits erfolgter politischer Handlungen und deren vorhersehbaren Konsequenzen erkannt werden kann. So kann das tatsächliche Verhalten von Staatsmännern festgestellt werden, und die vorhersehbaren Konsequenzen ihrer Handlung lassen Schlüsse auf ihre möglichen Absichten zu.

Eine Untersuchung der Tatsachen allein genügt aber nicht. Um den faktischen Elementen der Außenpolitik Sinn zu verleihen, müssen wir an die politische Wirklichkeit mit einem gedanklichen Schema, mit einem Plan herangehen, der uns auf die möglichen Bedeutungen der Außenpolitik hinweist. Wir versetzen uns, mit anderen Worten, in die Lage eines Staatsmannes, der ein bestimmtes Problem der Außenpolitik unter bestimmten Voraussetzungen lösen muß, und fragen uns, zwischen welchen denkbaren Alternativen ein Staatsmann, der unter diesen Voraussetzungen mit diesem Problem konfrontiert ist (immer angenommen, daß er rational handelt), zu entscheiden hätte und welche dieser Alternativen dieser Staatsmann unter dem Einfluß dieser Umstände vermutlich wählen würde. Die Gegenüberstellung dieser rationalen Hypothese mit den Tatsachen und ihren Konsequenzen ist es, die den Gegebenheiten der internationalen Politik Sinn verleiht und eine Theorie der Politik erst möglich macht.

2. Das hervorstechendste Wegzeichen, an dem sich der politische Realismus im weiten Gebiet der internationalen Politik orientieren kann, ist der im Sinne von Macht verstandene Begriff des Interesses. Dieser Begriff ist das Bindeglied zwischen der Vernunft, die sich bemüht, internationale Politik zu verstehen, und den zu bewältigenden Tatsachen. Er macht die Politik zu einem selbständigen Bereich von Handlungen und Einsichten, der von anderen Bereichen, wie etwa denen der Wirtschaft (im Sinne von Reichtum verstandenem Interesse), der Ethik, Ästhetik oder Religion abgegrenzt ist. Ohne einen solchen Begriff wäre eine Theorie der Politik auf innerstaatlichem oder internationalem Gebiet völlig undenkbar, denn eine Unterscheidungsmöglichkeit zwischen politischen und nichtpolitischen Tatsachen wäre nicht

gegeben; es könnte nicht einmal ein beschränktes Maß systematischer Ordnung in den Bereich der Politik gebracht werden.

Wir nehmen an, daß Staatsmänner im Sinne eines als Macht verstandenen Interesses denken und handeln. Das Zeugnis der Geschichte bestätigt diese Annahme. Sie erlaubt, politische Entscheidungen von Staatsmännern - der Vergangenheit, der Gegenwart oder der Zukunft - zurückzuverfolgen oder vorherzusehen. Wir beobachten Staatsmänner bei der Abfassung einer Note, wir belauschen ihre Gespräche mit anderen Staatsmännern; selbst ihre Gedanken können wir erraten und vorhersehen. Legen wir also den Begriff des Interesses, verstanden im Sinne von Macht, unseren Gedankengängen zugrunde, dann denken wir so wie sie und verstehen ihre Überlegungen und Handlungen als unbeteiligte Beobachter vielleicht besser als sie selbst.

Der Begriff des Interesses, verstanden im Sinne von Macht, verlangt von Beobachtern gedankliche Disziplin, führt eine vernunftgemäße Ordnung in den Bereich der Politik ein und ermöglicht damit theoretische Einsicht in die Politik. Auf der Seite der Handelnden bringt es vernunftgemäße Ordnung in ihr Tun und schafft somit jene erstaunliche Kontinuität, welche uns die amerikanische, die britische oder die russische Außenpolitik als verständlichen und rationalen Ablauf erscheinen läßt, der im großen und ganzen in sich stimmig, von den verschiedenen Motiven, Wünschen, intellektuellen Fähigkeiten und moralischen Qualitäten der aufeinander folgenden Staatsmänner aber unabhängig ist. Eine realistische Theorie der internationalen Politik bewahrt damit vor zwei verbreiteten Trugschlüssen: vor der übertriebenen Einschätzung bestimmter Beweggründe und ideologischer Rücksichten.

Den Schlüssel zur Außenpolitik allein in den Beweggründen von Staatsmännern zu suchen, wäre unzulänglich und irreführend. Unzulänglich, da Motive, oft bis zur Unkenntlichkeit von den Interessen und Gefühlsregungen der Handelnden und der Beobachtenden verzerrt, zu den täuschendsten psychologischen Daten gehören. Kennen wir wirklich unsere eigenen Beweggründe? Und was wissen wir von den Beweggründen anderer?

Aber selbst wenn uns die wirklichen Beweggründe der Staatsmänner bekannt wären, würde dieses Wissen nur wenig zum Verständnis der Außenpolitik beitragen und könnte uns ebenso gut in die Irre führen. Wohl ist es richtig, daß uns die Kenntnis der Beweggründe eines Staatsmannes einen der möglichen Hinweise dafür gibt, welches die Zielrichtung seiner Außenpolitik sein könnte. Jedoch liefert diese Kenntnis nicht den wichtigsten Schlüssel zur Vorhersage seiner Außenpolitik. Ein gesetzmäßiger und unweigerlicher Zusammenhang zwischen der Art der Beweggründe und der Art der Außenpolitik ist von der Geschichte nicht erwiesen. Dies gilt in moralischer wie in politischer Hinsicht.

Aus den guten Absichten eines Staatsmannes kann nicht gefolgert werden, daß seine Außenpolitik moralisches Lob verdient oder politisch erfolgreich sein wird. Zieht man seine Beweggründe in Betracht, kann man zwar feststellen, daß er absichtlich keine der Moral widersprechende Politik verfolgen wird, doch läßt sich nichts über die Wahrscheinlichkeit ihres Erfolges aussagen. Wollen wir die moralische und politische Beschaffenheit seiner Handlungen feststellen, müssen wir diese selbst, nicht aber ihre Beweggründe kennenlernen. Waren Staatsmänner nicht oft von dem Wunsch beseelt, die Welt zu verbessern, um sie dann tatsächlich nur noch zu verschlechtern? Und wie oft strebten sie nach einem bestimmten Ziel, während sie schließlich etwas erreichten, was sie weder erwartet noch gewünscht hatten?

Soweit es sich beurteilen läßt, war die "Appeasement-Politik" Neville Chamberlain's von guten Absichten geleitet. Vielleicht weniger als vielen anderen Premierministern ging es ihm um persönliche Macht. Er versuchte, den Frieden zu erhalten und das Wohl aller Beteiligten zu sichern. Dennoch trug seine Politik dazu bei, den zweiten Weltkrieg unvermeidbar zu machen, der unsägliches Leid über Millionen von Menschen brachte. Waren im Vergleich dazu die Motive Sir Winston Churchill's viel begrenzter und weit stärker auf persönliche und nationale Machtentfaltung gerichtet, so war die Außenpolitik, die diesen weniger hoch zu schätzenden Beweggründen entsprang, zweifellos in politischer und moralischer Hinsicht der seines Vorgängers weitaus überlegen. Robespierre war nach seinen Beweggründen sicher einer der tugendhaftesten Menschen. Aber gerade der utopische Radikalismus dieser Tugend verleitete ihn dazu, jene zu töten, die weniger tugendhaft waren als er, brachte ihn aufs Schafott und zerstörte die Revolution, zu deren Führern er gehörte.

Gute Absichten schützen gegen eine Politik des schlechten Willens; sie bieten keine Gewähr dafür, daß die Politik, der sie zugrunde liegen, moralisch gut und politisch erfolgreich ist. Will man Außenpolitik verstehen, ist es wenig wesentlich, die Beweggründe eines Staatsmannes zu kennen, als seine intellektuelle Fähigkeit, die Elemente der Außenpolitik zu erfassen, und seine politische Fähigkeit, das einmal Erkannte in erfolgreiches politisches Handeln umzusetzen. Es folgt daraus, daß die abstrakte Ethik nur die moralischen Eigenschaften eines Beweggrundes, die politische Theorie jedoch die politischen Qualitäten von Geist, Willen und Tat beurteilt. Eine realistische Theorie der internationalen Politik wird aber auch einen anderen, verbreiteten Fehler vermeiden, der darin besteht, die Außenpolitik eines Staatsmannes seinen philosophischen oder politischen Ansichten gleichzusetzen und das eine aus dem anderen abzuleiten. Besonders heute mag es manchen Staatsmännern zur Gewohnheit geworden sein, ihre Außenpolitik in den Begriffen ihrer philosophischen und politischen Anschauungen darzulegen, um damit allgemeine Unterstützung für sie zu gewinnen. Ebenso wie Lincoln werden sie aber zwischen den "Pflichten ihres Amtes" - im Interesse der Nation zu denken und zu handeln - und ihren "persönlichen

Wünschen", d. h. der universalen Verwirklichung ihrer moralischen Wertvorstellungen und politischen Grundsätze, zu unterscheiden haben. Wenn der politische Realismus auch Gleichgültigkeit gegenüber politischen Idealen und moralischen Grundsätzen weder fordert noch gutheißt, verlangt er doch eine klare Unterscheidung zwischen dem Wünschenswerten und dem Möglichen - zwischen dem, was immer und überall zu wünschen wäre und dem, was unter den konkreten Umständen von Zeit und Ort möglich ist.

Es leuchtet ein, daß nicht jede Außenpolitik stets diesen vernünftigen, objektiven und nüchternen Verlauf genommen hat. Die in ihren Wirkungen verschiedenen Elemente der Persönlichkeit, des Vorurteilens und der subjektiven Neigung und all der Schwächen des Geistes und des Willens, die der Natur eigen sind, bringen die Außenpolitik von einem vernunftgemäßen Lauf ab. Besonders dann, wenn die Außenpolitik demokratischer Kontrolle unterliegt, wird das Erfordernis, die Sympathien der Öffentlichkeit für die Außenpolitik zu gewinnen, sicher die Rationalität der Außenpolitik beeinträchtigen. Eine Theorie der Außenpolitik aber, deren Ziel Rationalität ist, muß sich von diesen irrationalen Elementen loslösen und versuchen, ein Bild der Außenpolitik zu schaffen, das den rationalen Gehalt der Erfahrung widerspiegelt ohne die Abweichungen davon, die ebenso Gegebenheiten der Erfahrung sind.

Der Unterschied zwischen der internationalen Politik in ihrer tatsächlichen Erscheinung und der daraus abgeleiteten rationalen Theorie gleicht dem Unterschied zwischen einer Photographie und einem Gemälde. Die Photographie zeigt, was mit dem Auge gesehen werden kann; das Gemälde zeigt zwar nicht alles, was das Auge sieht, aber es zeigt - oder zumindest versucht es zu zeigen -, was dem bloßen Auge verborgen bleibt: den menschlichen Gehalt der dargestellten Person.

Der politische Realismus enthält nicht nur ein theoretisches, sondern auch ein normatives Element. Er erkennt, daß die politische Realität zahlreiche Momente des Zufalls enthält, und weist auf typische Einflüsse hin, die sie auf die Außenpolitik ausüben. Mit allen gesellschaftlichen Theorien hat er jedoch gemeinsam, im Interesse theoretischer Einsicht die rationalen Elemente der politischen Wirklichkeit stärker hervorzuheben; gerade diese rationalen Elemente machen die Wirklichkeit für die Theorie verständlich. Der politische Realismus schafft das theoretische Gerüst einer rationalen Außenpolitik, das die Erfahrung nie ganz erreicht.

Gleichzeitig betrachtet der politische Realismus eine rationale Außenpolitik aber auch als gute Außenpolitik; denn nur eine vernunftgemäße Außenpolitik vermindert Gefahren, bringt maximalen Vorteil und entspricht damit dem moralischen Gebot der Vorsicht und dem politischen Erfordernis des Erfolges. Ginge es nach den Wünschen des politischen Realismus, sollte die Photographie der Welt der Politik dem Gemälde dieser Welt so ähnlich als möglich sein. Im Bewußtsein unvermeidlichen Widerspruchs zwischen guter, d. h. rationaler Außenpolitik einerseits und tatsächlicher Außenpolitik andererseits fordert der politische Realismus nicht nur, daß die rationalen Elemente der politischen Wirklichkeit in den Mittelpunkt jeder Theorie gestellt werden, sondern auch, daß die Außenpolitik in ihrer moralischen und praktischen Zielsetzung vernünftig sein möge.

Gegen diese Theorie kann daher nicht das Argument angeführt werden, daß die tatsächliche Außenpolitik an sie weder heranreicht, noch auch heranreichen könnte. Damit würde der Sinn dieses Buches mißverstanden; er liegt nicht darin, eine beliebige Beschreibung der politischen Wirklichkeit zu geben, sondern eine rationale Theorie der internationalen Politik zu entwickeln. Weit davon entfernt, durch die Tatsache entwertet zu werden, daß in der Wirklichkeit ein vollkommenes Gleichgewicht der Machtpolitik kaum zu finden ist, geht sie davon aus, daß die Wirklichkeit, in dieser Hinsicht mangelhaft, als Annäherung an ein Modellsystem des Mächtegleichgewichts verstanden und gewertet werden muß.

3. Der Realismus stattet den grundlegenden Begriff des Interesses, verstanden im Sinne von Macht, nicht mit der Bedeutung aus, die ein für allemal feststeht. Die Vorstellung vom Interesse gehört dem innersten Bereich der Politik an und ist von den Umständen der Zeit und des Ortes unabhängig. Die aus den Erfahrungen des antiken Griechenlands geborene Erkenntnis des Thukydides, daß "Gleichheit der Interessen das sicherste Band zwischen Staaten oder Menschen ist", wurde im 19. Jahrhundert durch den Hinweis Lord Salisbury's erneuert, daß "das einzige einigende Band von Dauer" zwischen Nationen "das Fehlen entgegengesetzter Interessen ist." George Washington erhob sie zu einem allgemeinen Grundsatz der Regierungskunst:

"Schon eine geringe Kenntnis der menschlichen Natur wird uns davon überzeugen, daß dem bei weitem größten Teil der Menschen das Interesse als leitendes Prinzip gilt; fast jeder Mensch steht mehr oder weniger unter seinem Einfluß. Eine Zeit lang oder unter bestimmten Voraussetzungen mag das Motiv der Bürgertugend Menschen dazu bewegen, ein von Interessen unabhängiges Verhalten an den Tag zu legen; aber dies reicht nicht aus, dauerhafte Übereinstimmung mit den verfeinerten Geboten und Pflichten der gesellschaftlichen Ordnung herzustellen. Wenige Menschen sind fähig, stets dem öffentlichen Wohl ihr privates Interesse oder ihren privaten Vorteil zu opfern. Vergeblich wird man deswegen die Entartung der menschlichen Natur beklagen; dies sind Tatsachen, die Erfahrungen aller Zeiten und aller Nationen haben sie erwiesen, und ehe wir dies ändern können, müssen wir alle Anlagen des Menschen ändern. Jeder Einrichtung, die nicht auf der Richtigkeit dieses Satzes aufbaut, wird der Erfolg versagt bleiben."[1]

---

1 The Writings of George Washington, herausgegeben von John C. Fitzpatrick (Washington: United States Printing Office, 1931/44) Band X, S. 363.

Im 20. Jahrhundert wurde diese Erkenntnis durch Max Webers Beobachtung vertieft:

"Interessen (materielle und ideelle), nicht Ideen, beherrschen unmittelbar das Handeln der Menschen. Aber die 'Weltbilder', welche durch Ideen geschaffen wurden, haben sehr oft als Weichensteller die Bahnen bestimmt, in denen die Dynamik der Interessen das Handeln fortbewegte."[2]

Welches besondere Interesse in einer bestimmten geschichtlichen Periode politisches Handeln bestimmt, hängt jedoch von den politischen und kulturellen Zusammenhängen ab, in denen die Außenpolitik entsteht. Die Staaten können mit ihrer Außenpolitik alle Ziele verfolgen, die ein Staat jemals verfolgt hat oder verfolgen könnte.

Die gleiche Beobachtung gilt für den Begriff der Macht. Sein Inhalt und die Art seiner Anwendung sind von politischen und kulturellen Gegebenheiten bestimmt. Macht kann alles umfassen, was die Beherrschung von Menschen durch Menschen bewirkt und erhält. Unter den Begriff der Macht gehören alle gesellschaftlichen Beziehungen, die diesem Ziel dienen, von der physischen Gewaltanwendung bis zu den feinsten psychologischen Bindungen, durch die ein geistiger Wille einen anderen beherrschen kann. Macht ist die Herrschaft von Menschen über Menschen, sowohl wenn sie, wie in westlichen Demokratien, von sittlichen Zielen gelenkt wird und verfassungsmäßigen Sicherungen unterliegt, als auch, wenn sie schrankenlose und barbarische Gewalt bedeutet, die ihr Gesetz nur in ihrer eigenen Stärke und ihre einzige Rechtfertigung in ihrer Vergrößerung findet.

Der politische Realismus nimmt keineswegs an, daß die Bedingungen der heutigen Außenpolitik - weitgehende Unstabilität und ständige Gefahr der Gewaltanwendung großen Ausmaßes - unabänderlich sind. Das Gleichgewicht der Mächte etwa ist ein fortdauerndes Element aller pluralistischen Gesellschaft, was den Verfassern des "Federalist" wohlbekannt war; dennoch kann es, wie das Beispiel der Vereinigten Staaten zeigt, auch unter Bedingungen relativer Stabilität und friedlicher Auseinandersetzung wirksam werden. Können die Faktoren, die diese Bindungen geschaffen haben, auf die internationale Ebene übertragen werden, so werden dort ähnliche Bedingungen der Stabilität und des Friedens herrschen, wie dies in der Geschichte zwischen manchen Nationen über lange Zeiten hin der Fall war.

Was auf den allgemeinen Charakter der internationalen Beziehungen zutrifft, gilt auch für den Nationalstaat als letzten Bezugspunkt der heutigen Außenpolitik. Der Realist sieht zwar im Interesse den perennierenden Maßstab, an dem politisches Handeln gemessen und nach dem es gelenkt werden soll. Die gegenwärtige Verbindung zwischen Interesse und Nationalstaat ist jedoch ein Produkt der Geschichte, und wird daher im Verlauf der Geschichte wieder verschwinden. In der realistischen Position steht nichts

2 Marianne Weber: Max Weber (Tübingen, J. C. B. Mohr, 1926), S. 347 f.

gegen die Annahme, daß die gegenwärtige Aufteilung der Welt in Nationalstaaten durch größere Einheiten anderen Charakters ersetzt wird, die dem technischen Potential und den moralischen Anforderungen der heutigen Welt eher entsprechen.

Die Wege des Realisten scheiden sich aber von denen anderer Denkrichtungen, wenn es um die Grundfrage geht, wie die heutige Welt zu verändern wäre. Der Realist ist davon überzeugt, daß diese Veränderung nur durch sachgerechte Handhabung jener gleichbleibenden Kräfte möglich ist, die der Vergangenheit ihr Gepräge gegeben haben und auch die Zukunft formen werden. Der Realist kann aber nicht davon überzeugt werden, daß diese Änderung herbeigeführt werden kann, indem man eine mit eigenen Gesetzen ausgestattete politische Realität mit einem abstrakten Ideal konfrontiert, das diesen Gesetzen nicht Rechnung trägt.

4. Der politische Realismus ist sich der sittlichen Bedeutung politischen Handelns bewußt. Ebenso kennt er den unvermeidlichen Gegensatz zwischen sittlichem Gebot und dem Erfordernis erfolgreichen politischen Handelns. Er ist nicht bereit, diesen Gegensatz zu übergehen und zu verwischen und so das moralische wie das politische Problem zu verdunkeln, indem der Anschein erweckt wird, als ob die ungeschminkten Tatsachen der Politik moralisch befriedigender und andererseits die Sittengesetze weniger streng wären, als sie wirklich sind.

Der Realismus vertritt den Standpunkt, daß allgemeine sittliche Grundsätze in abstrakter, allgemeingültiger Formulierung auf staatliches Handeln nicht angewendet werden können, sondern daß sie im Lichte der konkreten Umstände von Zeit und Ort gesehen werden müssen. Der Einzelne mag für sich sagen: "Fiat justitia, pereat mundus". (Der Gerechtigkeit werde genüge getan, und wenn die Welt darüber zugrunde geht). Der Staat ist aber nicht berechtigt, dies im Namen derer zu sagen, für die er verantwortlich ist. Sowohl der Einzelne, wie auch der Staat müssen politisches Handeln nach allgemeinen sittlichen Grundsätzen beurteilen, etwa dem der Freiheit. Hat jedoch der Einzelne das sittliche Recht, auch sich selbst in der Verteidigung eines solchen Grundsatzes zu opfern, ist es dem Staat nicht gestattet, erfolgreiches politisches Handeln - das auf dem Gebot nationaler Selbsterhaltung beruht - durch moralische Bedenken gegen eine Freiheitsbeschränkung in Frage zu stellen. Es gibt keine politische Moral ohne Klugheit - d. h. ohne Berücksichtigung der politischen Folgen eines anscheinend moralisch vertretbaren Vorgehens. Der Realismus betrachtet diese Klugheit - das Abwägen der Folgen alternativer politischer Handlungen - daher als die höchste Tugend der Politik. Abstrakte Ethik beurteilt Handlungen nach ihrer Übereinstimmung mit dem Sittengesetz; politische Ethik beurteilt Handlungen nach ihren politischen Folgen. Das war der Philosophie der Antike und des Mittelalters bekannt, und auch Lincoln wußte es, als er sagte:

"Ich gebe mein bestes nach bestem Wissen, so gut ich kann, und es ist meine Absicht, es auch weiter zu tun. Erweist sich, daß ich Recht hatte, so ist unwesentlich, was gegen mich gesagt wurde. Erweist sich aber, daß ich im Unrecht war, so können auch zehn Engel, die schwören, daß ich Recht hatte, nichts daran ändern."

5. Politischer Realismus lehnt es ab, das sittliche Streben einer bestimmten Nation mit den sittlichen Gesetzen, die die Welt beherrschen, gleichzusetzen. Ebenso wie zwischen Wahrheit und Meinung, unterscheidet er auch zwischen Wahrheit und Götzenanbetung. Alle Nationen sind versucht - und nur wenige vermochten dieser Versuchung auf die Dauer zu widerstehen -, ihr eigenes Streben und Handeln in den Mantel universeller sittlicher Ziele zu hüllen. Weiß man, daß auch Nationen dem Sittengesetz unterworfen sind, so kann man deswegen noch nicht mit Gewißheit behaupten, das Gute vom Bösen in den Beziehungen zwischen Nationen unterscheiden zu können. Es liegen Welten zwischen dem Glauben, daß alle Nationen dem Urteil Gottes, das der menschliche Geist nicht erforschen kann, unterworfen sind, und der blasphemischen Einbildung, Gott immer auf seiner Seite zu haben und zu glauben, daß was immer man selbst will, auch von Gott gewollt sei. Die unbekümmerte Gleichsetzung eines bestimmten Nationalismus mit dem Ratschluß der Vorsehung ist moralisch unhaltbar. Dies wäre gerade jener sündige Hochmut, vor dem die Dichter der griechischen Tragödien und die Propheten der Bibel Herrscher wie Beherrschte warnten. Diese Gleichsetzung ist aber auch politisch verderblich, führt sie doch zu jener Verzerrung des Urteils, die in blindem Kreuzzugseifer Nationen und Zivilisationen zerstört - im Namen sittlicher Grundsätze, Ideale oder Gottes.

Andererseits bewahrt uns gerade der Begriff des als Macht verstandenen Interesses sowohl vor diesem sittlichen Exzeß, als auch vor dieser politischen Torheit. Betrachten wir nämlich alle Nationen, einschließlich der unseren, als politische Gebilde, die ihre jeweiligen Interessen, verstanden im Sinne von Macht, verfolgen, so können wir ihnen Gerechtigkeit erweisen. Und dies in zweifacher Hinsicht: Wir können andere Nationen so wie die unsere beurteilen und sind in der Lage, eine Politik zu verfolgen, die die Interessen anderer Nationen anerkennt, gleichzeitig aber die Interessen unserer Nation schützt und fördert. Politische Mäßigung muß damit die Mäßigung des moralischen Urteils widerspiegeln.

6. Der Unterschied, der zwischen politischem Realismus und anderen Denkrichtungen besteht, ist somit echt und tiefgreifend. Wie sehr auch die Theorie des politischen Realismus Mißverständnissen und Fehldeutungen ausgesetzt war, ihre eigenständige geistige und sittliche Haltung zu Fragen der Politik kann nicht in Frage gezogen werden.

In intellektueller Hinsicht vertritt der politische Realismus die Ansicht, daß die Politik die gleiche Eigengesetzlichkeit beanspruchen darf wie die Ökonomie, Jurisprudenz oder Moral. Der politische Realist denkt in den Begriffen eines als Macht verstandenen Interesses, so wie der Ökonom in den Begriffen eines als Wohlstand verstandenen Interesses, der Jurist in den Begriffen der Übereinstimmung von Handlungen mit Rechtsvorschriften, der Moralist in den Begriffen der Übereinstimmung des Handelns mit sittlichen Grundsätzen denkt. Der Ökonom fragt: "Wie wirkt diese Politik auf den Wohlstand der Gesellschaft oder eines Teils davon?" Der Jurist fragt: "Steht diese Politik im Einklang mit den Rechtsvorschriften?" Der Moralist fragt: "Steht diese Politik im Einklang mit den sittlichen Grundsätzen?" Der politische Realist aber fragt: "Welche Wirkungen hat diese Politik auf die Macht des Staates?"

Der politische Realist übersieht keineswegs, daß es neben politischen auch andere gedankliche Maßstäbe von Bedeutung gibt. Als politischer Realist kann er aber nicht umhin, diese Maßstäbe denen der Politik unterzuordnen. Seine Wege scheiden sich von denen anderer Schulen, sobald sie versuchen, dem politischen Bereich gedankliche Maßstäbe aufzuzwingen, die anderen Bereichen angemessen sind. Hier nimmt der politische Realismus die Auseinandersetzung mit der "legalistisch-moralistischen" Einstellung zur internationalen Politik auf. Viele historische Beispiele beweisen, daß diese Auseinandersetzung nicht, wie oft behauptet wird, ein bloßes Phantasiegebilde ist, sondern vielmehr an die Wurzel des Problems rührt. Drei dieser Beispiele mögen als Illustration genügen.[3]

Im Jahre 1939 griff die Sowjetunion Finnland an. Dieser Angriff stellte Frankreich und Großbritannien vor zwei Probleme: ein rechtliches und ein politisches. Wurde die Satzung des Völkerbundes verletzt und, wenn ja, welche Gegenmaßnahmen mußten Frankreich und Großbritannien ergreifen? Die rechtliche Frage war leicht positiv zu beantworten, denn offensichtlich hatte die Sowjetunion eine von der Satzung verbotene Handlung begangen. Die Antwort auf die politische Frage hing ab, erstens davon, wieweit der russische Angriff die Interessen Frankreichs und Großbritanniens berührte; zweitens von der bestehenden Machtverteilung zwischen Frankreich und Großbritannien einerseits, der Sowjetunion und anderen potentiell feindlichen Mächten, insbesondere dem Deutschen Reich, andererseits; drittens, von dem Einfluß, den Gegenmaßnahmen auf die Interessen Frankreichs und Großbritanniens und auf die zukünftige Machtverteilung haben würden. Als führende Mitglieder des Völkerbunds sorgten Großbri-

3 Siehe andere Beispiele bei Hans J. Morgenthau, "Another 'Great Debate': The national interest of the United States", The American Political Science Review, XLVI (Dezember 1952), S. 979 ff.; siehe auch Hans J. Morgenthau, "Dilemmas of politics" (Chicago: University of Chicago Press 1958), S. 54 ff.

tannien und Frankreich dafür, daß die Sowjetunion aus dem Völkerbund ausgestoßen wurde, und nur durch die Weigerung Schwedens, ihren Truppen auf dem Weg nach Finnland den Durchmarsch durch schwedisches Gebiet zu gestatten, wurden sie daran gehindert, an der Seite Finnlands in den Krieg gegen die Sowjetunion zu treten. Hätte sie diese Weigerung Schwedens nicht davor bewahrt, wären Frankreich und Großbritannien alsbald mit der Sowjetunion und dem Deutschen Reich zugleich im Krieg gestanden.

Die Politik Frankreichs und Großbritanniens war insofern ein klassisches Beispiel des Legalismus, als die Antwort auf die Frage nach dem Recht ihr politisches Handeln bestimmte. Statt die Frage des Rechts *und* die Frage der Macht gleichzeitig aufzuwerfen, berücksichtigten sie nur die Rechtsfrage; das Ergebnis hatte daher zu der Frage, von der ihre Existenz schlechthin abhängen konnte, keinerlei Bezug.

Das zweite Beispiel beleuchtet die "moralistische Einstellung" zur internationalen Politik. Es betrifft den internationalen Status der kommunistischen Regierung Chinas. Die Entstehung dieser Regierung stellte die westliche Welt vor zwei Probleme: ein moralisches und ein politisches. Stimmten Charakter und Politik dieser Regierung mit den sittlichen Grundsätzen der westlichen Welt überein? Konnte die westliche Welt mit einer solchen Regierung Beziehungen aufnehmen? Die Antwort auf die erste Frage mußte negativ sein. Daraus folgte aber nicht, daß auch die Antwort auf die zweite Frage negativ sein mußte. Der gedankliche Maßstab, der an die erste, moralische Frage gelegt wurde, bestand einfach darin, den Charakter und die Politik der kommunistischen Regierung Chinas an den Grundsätzen westlicher Moral zu messen. Andererseits mußte aber die zweite, politische Frage einer komplizierten Prüfung unterworfen werden, die das auf beiden Seiten bestehende Macht- und Interessenverhältnis ebenso wie die Auswirkungen verschiedener politischer Alternativen auf dieses berücksichtigen mußte. Auch als Ergebnis dieser Prüfung hätte man zu dem Schluß kommen können, daß es klüger wäre, keine Beziehungen mit der kommunistischen Regierung Chinas aufzunehmen. Zu diesem Schluß unter völliger Vernachlässigung dieser Prüfung zu gelangen, die politische Frage so zu beantworten, als wäre sie eine moralische, war ein klassisches Beispiel der "moralistischen Einstellung" zur internationalen Politik.

Der dritte Fall ist eine drastische Illustration des Gegensatzes zwischen Realismus und der legalistisch-moralistischen Einstellung zur Außenpolitik. Als Schutzmacht der belgischen Neutralität trat Großbritannien im August 1914 in den Krieg gegen Deutschland, da Deutschland die belgische Neutralität verletzt hatte. Dieser Schritt Großbritanniens konnte sowohl aus realistischen als auch aus legalistisch-moralistischen Gründen gerechtfertigt werden. Man hätte realistisch argumentieren können, daß es jahrhundertelang ein Axiom der britischen Außenpolitik war, feindliche Mächte an der

Beherrschung der Niederlande zu hindern. In diesem Fall hätte weniger die Verletzung der belgischen Neutralität als die feindselige Absicht des Angreifers die Ratio der britischen Intervention ausgemacht. Wäre der Angreifer ein anderer Staat als Deutschland gewesen, hätte sich Großbritannien einer Intervention enthalten können. Dies war die Haltung, die der britische Außenminister Sir Edward Grey, einnahm. 1908 erklärte der Unterstaatssekretär für Auswärtige Angelegenheiten, Hardinge, ihm gegenüber: "Würde Frankreich in einem Krieg gegen Deutschland die belgische Neutralität verletzen, wäre es fraglich, ob England oder Rußland auch nur einen Finger rühren würden, um die belgische Neutralität zu erhalten, während wahrscheinlich das Gegenteil der Fall wäre, wenn die Neutralität Belgiens von Deutschland verletzt würde." Sir Edward Grey erwiderte: "Das stimmt durchaus". Man könnte aber auch den legalistischen oder moralistischen Standpunkt vertreten, daß eine Verletzung der belgischen Neutralität an sich, aus rechtlichen und moralischen Gründen, unabhängig von den auf dem Spiele stehenden Interessen und von der Identität des Angreifers, eine britische und damit auch eine amerikanische Intervention rechtfertigen würde. Dies war die Haltung Theodore Roosevelts, die in seinem Brief an Sir Edward Grey vom 22. Januar 1915 zum Ausdruck kam:

> "Belgien war damals für mich die Kernfrage. Hätten England und Frankreich Belgien gegenüber so gehandelt wie Deutschland, wäre ich ihnen ebenso entgegengetreten, wie heute Deutschland. Ich habe Ihr Verhalten nachdrücklich als Beispiel für alle gebilligt, die der Ansicht sind, daß Verträge in gutem Glauben einzuhalten sind und daß es eine internationale Moral gibt. Ich vertrete diese Einstellung als Amerikaner, der ebensowenig Engländer wie Deutscher ist und der es sich zur Aufgabe macht, den Interessen seines Landes loyal zu dienen; ebenso will ich für Gerechtigkeit und Ehrlichkeit eintreten und ich fühle mich daher verpflichtet, andere Nationen nach ihrem konkreten Verhalten zu beurteilen."

Die Verteidigung der Eigenständigkeit der Politik gegen eine Zersetzung durch andere Methoden des Denkens ist keine Mißachtung des Bestehens und der Bedeutung anderer Methoden. Sie bedeutet nur, daß jede Methode auf ihren Bereich und ihre Funktion beschränkt bleiben soll. Politischer Realismus beruht auf einer pluralistischen Auffassung der menschlichen Natur. Im Menschen vereinigen sich der "wirtschaftliche Mensch", der "politische Mensch", der "moralische Mensch", der "religiöse Mensch" usw. Ein Mensch, der nur "politischer Mensch" wäre, gliche einem Tier, fehlten ihm doch alle moralischen Hemmungen. Ein Mensch, der nur "moralischer Mensch" wäre, gliche einem Narren, fehlte ihm doch jede Vernunft. Ein Mensch, der nur "religiöser Mensch" wäre, gliche einem Heiligen, fehlten ihm doch die irdischen Wünsche. Angesichts dieser Vielseitigkeit der menschlichen Natur ist sich der politische Realismus bewußt, daß man, um eine Seite zu verstehen, diese in ihrer selbständigen Eigenart veranschaulichen muß. Will man daher den "Menschen der Religion" verstehen, muß man vorübergehend von den anderen Aspekten der menschlichen Natur absehen, und ihren religiösen Aspekt so behandeln, als wäre er der einzige. Auf den religiösen Bereich müssen aber auch jene gedanklichen Maßstäbe angewendet werden, die ihm entsprechen, ohne dabei das Bestehen anderer Maßstäbe und ihren Einfluß auf das Religiöse im Menschen zu übersehen. Was für diese Seite des menschlichen Wesens gilt, gilt auch für alle anderen. So würde kein moderner Nationalökonom seine Wissenschaft und ihr Verhältnis zu anderen Wissenschaften, die den Menschen zum Gegenstand haben, anders auffassen. Gerade durch einen solchen Prozeß der Loslösung von anderen gedanklichen Maßstäben und durch die Entwicklung eines ihr angemessenen ist die Nationalökonomie zu einer eigenständigen Theorie über das wirtschaftliche Handeln des Menschen geworden. Zu einer ähnlichen Entwicklung auf politischem Gebiet beizutragen, ist das Ziel des politischen Realismus.

Es liegt in der Natur der Dinge, daß eine Theorie der Politik, die auf solchen Grundsätzen beruht, keineswegs ungeteilte Zustimmung erhalten wird - ebensowenig wie dies für eine Außenpolitik dieser Art der Fall sein wird. Denn sowohl diese Theorie als auch diese Politik widersprechen zwei Strömungen unserer Kultur, die sich mit den Prämissen und den Ergebnissen einer vernunftgemäßen, objektiven Theorie der Politik nicht abfinden können. Eine dieser Strömungen versucht aus Gründen, die der Erfahrung und der Philosophie des 19. Jahrhunderts entspringen, die Rolle der Macht in der Gesellschaft zu schmälern; wir werden uns später damit befassen.[4] Eine andere, der realistischen Theorie und Praxis der Politik entgegengesetzte Strömung entspringt dem Verhältnis, das zwischen dem menschlichen Geist und dem politischen Bereich besteht und bestehen muß. Aus später zu besprechenden Gründen[5] vermag der menschliche Geist in seinem täglichen Wirken der politischen Wahrheit nicht ins Gesicht zu sehen. Er muß die Wahrheit verschleiern, verdrehen, verniedlichen und verschönern - dies umso mehr, je stärker der Einzelne aktiv am politischen, besonders aber am außenpolitischen Geschehen beteiligt ist. Nur dann, wenn er sich über das Wesen der Politik und seine Rolle in der Politik täuscht, kann der Mensch zufrieden mit sich selbst und mit seinen Mitmenschen als politisches Wesen leben.

Es ist daher unvermeidlich, daß eine Theorie, die versucht, internationale Politik zu verstehen wie sie ist und wie sie ihrer innersten Natur nach sein sollte - nicht aber wie sie die Menschen gern haben würden -, einen psychologischen Widerstand überwinden muß, mit dem die meisten anderen Zweige der Wissenschaft nicht zu rechnen haben. Ein Buch, das dem theoretischen Verständnis der internationalen Politik gewidmet ist, bedarf daher einer besonderen Erklärung und Rechtfertigung.

---

4 Siehe S. 74 ff.
5 Siehe S. 113 ff.

Der Faktor Macht im heutigen Staatensystem*

Eines der klügsten unter den vielen Büchern zum Thema "Macht" enthält auch eine lesenswerte Bibliographie. Der dort aufzufindende Eintrag zum Stichwort "internationale Macht" ist kurz und verdient es, im Wortlaut zitiert zu werden: "Die Literatur darüber ist unendlich, sie nimmt jeden Tag mit den Morgenzeitungen zu. Ich kenne kein Buch über internationale Macht, das gut genug ist, um es empfehlen zu können, und kann daher nur den Rat geben, sich in die Geschichte zu vertiefen. Es gibt keinen weiseren Lehrer, keine größere Dramatik"[1].

Anders gesagt: Internationale Macht betrifft jeden, und keiner kann sich ihr entziehen, ohne sie deshalb freilich groß beeinflussen zu können - somit ist sie eines der beunruhigendsten Grundphänomene menschlicher Existenz. Die Analytiker und Theoretiker der internationalen Beziehungen sind dementsprechend Legion. Doch ihre Aussagen sind so diffus, widersprüchlich, vielfältig und wandelbar wie das Phänomen der internationalen Macht selbst. Der Königsweg zum richtigen Verständnis liegt in der Beobachtung der Art und Weise, wie internationale Macht in der Geschichte zum Problem wird, zum Einsatz kommt, erlitten oder gemeistert wird.

Der Hinweis auf die Geschichtlichkeit des Phänomens internationaler Macht weist auch einen Weg zur Eingrenzung des uferlosen Themas. Es empfiehlt sich in der Tat, die Analyse auf eine spezifische geschichtliche Konstellation zu konzentrieren. So wählen wir als Analyse-Ebene unsere Gegenwart Mitte der achtziger Jahre, wobei die Zusammenhänge vorzugsweise aus bundesdeutscher Perspektive betrachtet werden.

---

* Gekürzter und für den vorliegenden Sammelband bearbeiteter Auszug aus meiner Monographie: Die gezähmten Deutschen. Von der Machtbesessenheit zur Machtvergessenheit. Deutsche Verlags-Anstalt, Stuttgart 1985.

1 Adolf A. Berle, Macht. Die treibende Kraft in der Geschichte. Hamburg 1973, S. 570.

I. Was ist internationale Macht?

Daß Macht ein Grundphänomen der internationalen Beziehungen ist, steht für die Autoren, die sich eingehender damit befassen, außer Frage. Im Extremfall wird Macht mit dem Einsatz, der Androhung oder auch nur der psychologisch wirksamen Zurschaustellung physischer Gewaltsamkeit identisch. Doch auch wo Waffengewalt keine vorrangige Rolle spielt, ist Macht - mit Max Weber - als Chance zu verstehen, "den eigenen Willen auch gegen Widerstreben durchzusetzen, gleichviel worauf diese Chance beruht"[2]. Das ist zumeist, wenn auf lange Sicht auch nicht immer, vorteilhaft für den Mächtigeren, im Regelfall katastrophal für den Schwächeren. Selbst bei Verwendung bloß wirtschaftlicher Machtmittel, wenn Militärmacht gar nicht ins Spiel kommt, wird der Zwangscharakter von Macht oft lebhaft empfunden. Völker und einzelne fürchten sich mit gutem Grund davor, internationaler Machtanwendung zum Opfer zu fallen. In universalgeschichtlicher wie in zeitgeschichtlicher Perspektive zeigt sich aber, daß sich die Schrankenlosigkeit des Machteinsatzes periodisch und von Region zu Region intensiviert oder abmildert. Es gibt Jahrzehnte und Gebiete, in denen die Zivilisiertheit der Völker zweifellos Fortschritte gemacht hat. Friedliches Zusammenleben ist möglich, wird in weiten Regionen der Erde praktiziert, und zumeist halten sich die Staaten an die Regeln des Völkerrechts, das aggressive Gewaltanwendung verurteilt. Dennoch ermöglicht internationale Macht auch noch im späten 20. Jahrhundert Unterdrückung, Ausbeutung, Versklavung und Vernichtung, ohne daß die dem Zugriff Unterworfenen sich dem verheerenden fremden Willen entziehen können. Entweder müssen sie kämpfen mit dem Risiko der Vernichtung, jedenfalls mit der Gewißheit schwerer Blutopfer und Zerstörung, oder sie müssen die Unterwerfung hinnehmen und sind dann dem Stärkeren wehrlos ausgeliefert. Das Schicksal Afghanistans oder des Libanon einerseits, der unglücklichen Bevölkerung Kambodschas andererseits zeigt, was das bedeutet[3]. Auch die Leiden der

---

2 Max Weber, Wirtschaft und Gesellschaft. Grundriß der verstehenden Soziologie. 1. Halbbd., § 16, Tübingen 1956.

3 Die Zahl der von 1975 bis 1977 in Kambodscha Ermordeten, Verhungerten oder durch direkte Kampfeinwirkung Getöteten wird auf 1 Million geschätzt (von einer 1974 8 Millionen umfassenden Bevölkerung). Die Schätzungen über die Opfer der Kampfhandlungen in Afghanistan belaufen sich auf 0,5 bis 1 Million von ca. 16,5 Millionen. Diese Annahmen sind vage und besagen im Grunde nur: ungeheuer viele. Die Zahl der Opfer des Bürgerkriegs von 1975 bis 1978 im Libanon, der bei den Medien ungeheure Beachtung gefunden hat, nimmt sich im Vergleich mit diesen Katastrophen fast bescheiden aus: etwa 50 000 Menschen. (Vgl. Volker Matthies, Kriege in der Dritten Welt, Opladen 1982, S. 82.) Eine andere Schätzung, die auch die Opfer des Krieges 1982 einbezieht, beläuft sich auf über 70 000 Getötete aus einer Bevölkerung von 3,15 Millionen (Rüdiger Dingemann, Bewaffnete Konflikte seit 1945. Zwischenstaatliche Auseinandersetzungen, Befreiungskriege in der DrittenWelt, Bürgerkriege, Düsseldorf 1983, S. 182).

Völker, die im Zweiten Weltkrieg Deutschland, der Sowjetunion, Italien, Japan zum Opfer fielen, sind noch unvergessen.

Beim Phänomen der internationalen Macht müssen jedenfalls der *Konflikt* und die *manifeste Machtanwendung* immer mitgedacht werden - Situationen also, in denen die Macht nicht nur latent "im Spiel ist", sondern zupackt, legitime Interessen bedroht, Gut und Leben vernichtet, die ohnehin schon durch Absurdität geplagte Existenz des Menschen noch absurder macht.

Selbst ein Autor wie Karl W. Deutsch, der das Grundphänomen internationaler Macht behutsam zu differenzieren weiß, definiert diese daher auf den Konflikt hin als "die Fähigkeit, im Konflikt zu obsiegen und Widerstände zu überwinden"[4]. Mit diesem Verständnis ist er gar nicht weit entfernt von Johan Galtung, der Macht und Gewalt begrifflich weitgehend gleichsetzt[5].

In den vierziger und fünfziger Jahren dieses Jahrhunderts, als jedermann noch genau wußte, was Macht bedeutet, war die Neigung der Theoretiker internationaler Beziehungen besonders stark ausgeprägt, den Machtbegriff vor allem auf jene internationalen Konstellationen anzuwenden, bei denen Gewalt angedroht oder angewandt wird, jedenfalls aber fremden Willen bricht.

Bekanntlich haben die Theoretiker der "realistischen Schule" (Hans J. Morgenthau, Georg Schwarzenberger, Edward Hallett Carr, Raymond Aron und ihre besonders in den USA zahlreichen Schüler)[6] dabei auch das Element wirtschaftlicher Macht immer mit berücksichtigt. Im Zentrum des Interesses stand aber doch die Macht als Herausforderung für Sicherheitspolitik und Friedenswahrung. Immer, wenn von internationaler Macht die Rede war, wurden der Krieg und die Drohung von Unterwerfung und Machtlosigkeit mitbedacht.

Dabei gingen diese Autoren von der geschichtlichen Erfahrung aus, daß mit der brutalen Machtanwendung durch bedenkenlose, nicht selten verbrecherische Führungen von Großmächten oder kleineren Staaten gerechnet

---

4 Karl W. Deutsch, Die Analyse internationaler Beziehungen. Konzeption und Probleme der Friedensforschung, Frankfurt 1968, S. 35.

5 So in seinem vielbeachteten und folgenreichen Aufsatz "Friede und Gewaltstruktur"; abgedruckt in: Dieter Senghaas (Hrsg.), Kritische Friedensforschung, Frankfurt 1971, S. 55-104.

6 Wichtige Darstellungen der "realistischen" Position sind: Georg Schwarzenberger, Machtpolitik. Eine Studie über die internationale Gesellschaft, Tübingen 1955 (1941); Hans J. Morgenthau, Scientific Man versus Power Politics, 6. Aufl., Chicago u. a. 1967 (1946) sowie Politics among Nations. The Struggle for Power and Peace, New York 1949; Edward Hallett Carr, The Twenty Years' Crisis. An Introduction to the Study of International Relations, London 1939; Raymond Aron, Frieden und Krieg. Eine Theorie der Staatenwelt, München 1963 (1962); Wilhelm G. Grewe, Spiel der Kräfte in der Weltpolitik. Theorie und Praxis der internationalen Beziehungen, Düsseldorf u. a. 1970 (erweiterte Taschenbuchausgabe Frankfurt 1981). In ähnlichem Sinn neuerdings Robert Gilpin, War and Change in World Politics, New York 1981.

werden muß. Wer dies erfahren hatte oder beobachtete, wollte sich nicht damit begnügen, die Sicherheit nur auf Vereinbarungen zu gründen, die allein bei allseitigem Wohlverhalten wirksam sind. Gegenüber Angreifern und Bösewichten mußte nach "realistischer" Theorie die Macht der Bedrohten stark genug sein, diese zu zerbrechen oder jedenfalls abzuschrecken. Verantwortungslose Machtpolitik zwang, so sahen es die "Realisten", zu verantwortlicher Machtpolitik der bedrohten liberalen Demokratien.

Somit bestand ein unauflöslicher Zusammenhang zwischen der Erkenntnis, daß sich die liberalen Demokratien in existenzbedrohender Auseinandersetzung mit den antidemokratischen Staaten auf Machtpolitik stützen müssen, und dem hohen öffentlichen Ansehen, dessen sich seinerzeit die Theorien der "realistischen Schule" besonders in den USA und in Großbritannien erfreuten. Seit Ende der fünfziger Jahre bis in die späten siebziger Jahre ist die wissenschaftliche Erörterung des Machtphänomens dann allerdings häufig einen anderen Weg gegangen, nicht zuletzt in der Bundesrepublik Deutschland.

Viele der neueren Ansätze zum Verständnis von internationaler Macht haben zwar den Ernstfall heftiger Konfrontation nicht aus dem Auge verloren, zeigen sich aber doch vorwiegend von den zeitgenössischen Konfigurationen im internationalen System fasziniert, bei denen die latent oder manifest zum Einsatz kommende Militärmacht oder der Wirtschaftskrieg weniger wichtig erscheinen. Unter den Bedingungen eines auf vielen Feldern friedlichen internationalen Wettbewerbs, verbunden mit vielschichtiger Verflechtung der unterschiedlichsten Bereiche, fällt es schwer, die Macht eines Staates in absoluten Maßstäben zu erfassen. Übergewicht, Einflußchancen oder Unterlegenheit in Einzelbereichen mögen durch Abhängigkeit oder Überlegenheit in anderen ausgeglichen werden. Hinzu kommt, daß das Machtpotential der Staaten in verschiedenen Beziehungssystemen zur Geltung gebracht wird (etwa in Allianzen, in regionalen Staatengruppierungen, in Wirtschaftsgemeinschaften, auf dem Weltmarkt, in internationalen Regimen). Das jeweilige Bezugssystem bleibt natürlich nicht ohne fühlbare Auswirkungen auf die Machtverhältnisse, so daß "asymmetrische Interdependenzen" (Keohane/Nye) immer mehr als Regelfall erscheinen.

Interdependenzanalytiker wie Robert Keohane, Joseph Nye, James N. Rosenau, Karl Kaiser, Ernst-Otto Czempiel neigen dementsprechend dazu, die Macht nicht mehr vorwiegend auf dem Feld der Sicherheitspolitik zu erfassen, sondern das ganze weite Spektrum einzubeziehen, auf dem Staaten Einfluß ausüben oder dem Einfluß anderer Staaten und den Systemzwängen ausgesetzt sind[7].

---

7 Vgl. dazu den bahnbrechenden Aufsatz Karl Kaisers "Transnationale Politik", in: Die anachronistische Souveränität, hrsg. von Ernst-Otto Czempiel, Köln/Opladen 1969, S. 80-108, und die zusammenfassende Erörterung dieser Ansätze durch Ernst-Otto Czempiel, Internationale Politik, Paderborn u. a. 1981 (bei beiden findet sich die einschlägige internationale Literatur

Die vielseitigen Interdependenzen haben entsprechend große Empfindlichkeit und Verwundbarkeit zur Folge, verbessern aber auch die Chancen der Akteure, das Verhalten anderer Staaten im Sinn ihrer Interessen zu manipulieren.

Die Ansätze der Interdependenzschule machen auch deutlich, daß die Einwirkungen von Staaten auf andere nicht bloß *intendiert* sind, also den klaren Willen zur Durchsetzung eigener Wünsche zum Ausdruck bringen. Vor allem die größeren Staaten, die allesamt innerhalb vielschichtiger Machtstrukturen operieren, üben dabei auch Einfluß aus, ohne daß dem immer präzise außenpolitische Strategien zugrunde liegen. Eine "économie dominante" etwa - die USA im Weltwirtschaftssystem, in Grenzen auch die Bundesrepublik Deutschland innerhalb der EG - wirkt durch ihr bloßes Gewicht (man denke nur an die hohen amerikanischen Haushaltsdefizite mit ihrer weltweit zinstreibenden Wirkung in den frühen achtziger Jahren).

Bekanntlich sind die Modalitäten beim Einsatz überlegener Macht ebenso vielfältig wie die Machtmittel. Oft genügt das bloße Vorweisen der Folterwerkzeuge, häufig reicht Einschüchterungsdiplomatie ("coercive diplomacy") aus, manchmal muß durch Einsatz außengesteuerter Guerillas oder durch Unterstützung bestimmter Bürgerkriegsparteien nachgeholfen werden, und schließlich erscheint nicht selten auch der begrenzte oder uneingeschränkte Einsatz von Militärmacht zweckmäßig. Streitkräfte, Wirtschaftsmacht, Subversion, Propaganda, übermächtige Allianzdiplomatie in nuancierter Kombination sind und bleiben Zentralinstrumente der internationalen Beziehungen - kühl zum Einsatz gebracht von überlegenen Staaten, gefürchtet von den unterlegenen. Eine Analyse der Kräfteverhältnisse im internationalen System, die nicht ständig dessen eingedenk ist, daß auch der manifeste Machtkampf zu den vorrangigen Problemen in der Staatengesellschaft gehört, verfehlt ihren Gegenstand.

Gemäß dieser Vorüberlegung werden im folgenden nur solche Konfigurationen unter dem Machtaspekt abgehandelt, bei denen ein Staat oder eine Staatengruppe die verfügbaren Machtmittel bereitstellt oder einsetzt, um dem Gegner total oder in einem wichtigen Bereich seinen Willen aufzuzwingen, oder bei denen es für den Staat, der sich bedroht sieht, um die Existenz geht, sprich: um Unabhängigkeit, Wohlfahrt, physisches Überleben.

Derartige Konflikte sind im späten 20. Jahrhundert ebenso bedrohlich wie in früheren Epochen der Menschheitsgeschichte. Weshalb sie zu beispiellosen Katastrophen führen können, bedarf keiner besonderen Begründung. Bei der gegenwärtigen Fixierung auf den Atomkrieg wird allerdings meist übersehen, daß der konventionelle Krieg oder ein internationalisierter Bür-

---

verarbeitet). Vgl. auch Walter L. Bühl, Transnationale Politik. Internationale Beziehungen zwischen Hegemonie und Interdependenz, Stuttgart 1978.

gerkrieg mit seinen aus früheren Epochen der europäischen Geschichte wohlvertrauten Leiden für den größten Teil der außereuropäischen Staaten nach wie vor und wohl auch für eine fernere Zukunft den Regelfall gewaltsamen Machteinsatzes darstellen wird[8].

Auch das Phänomen der Ausbeutung, des Identitätsverlustes, der Unterdrückung aufgrund von Machtanwendung durch einen überlegenen Staat, das gegenwärtig in Europa wie außerhalb zu studieren ist, kann nicht als charakteristisches Schicksal des späten 20. Jahrhunderts bezeichnet werden. Freiheitsberaubung ist eine altbekannte Misere, gegen die sich der Unabhängigkeitswille der Völker wendet, seit es organisierte Kollektive gibt. Nicht einmal die Vernichtung ganzer Nationen durch einen Atomkrieg wäre, bei aller Fürchterlichkeit eines solchen Vorgangs, in der langen Geschichte barbarischen Machtmißbrauchs ein qualitativ ganz neuer Vorgang. Wenn Assyrer oder Mongolen, christliche Kreuzfahrer, Konquistadoren oder totalitäre und demokratische Regierungen im 20. Jahrhundert die Männer, Frauen und Kinder großer Städte oder ganzer Landstriche töteten, so war diese Gewaltanwendung für die Beteiligten jedesmal ein Weltuntergang im kleinen - sei es für den einzelnen, das Dorf, die Stadt oder das Land. Jedesmal standen die Regierungen und Völker vor der Frage, ob sie sich kampflos unterwerfen oder ob und wie sie ihre eigene Macht zum Widerstand einsetzen sollten.

Qualitativ neu indessen und ein Grund für noch größere Besorgnis vor den modernen Machtmitteln ist jedoch dreierlei: Plötzlichkeit und Unwiderstehlichkeit der Vernichtung, die voraussichtlichen genetischen Schäden eines Kernwaffenkrieges und die Möglichkeit, daß ein umfassender Atomkrieg die Bedingungen für menschliches Leben auf dem Planeten zerstört. Für das betroffene Volk selbst ist die globale Bedrohung freilich vergleichsweise belanglos - es findet sich angesichts der Existenzbedrohung durch Macht so oder so in einer Grenzsituation, in der jede denkbare Antwort Leiden und Vernichtung bringt.

Wer auf diese Sachverhalte hinweist, verniedlicht damit nicht die apokalyptischen Schrecken eines Atomkrieges. Er bringt nur in Erinnerung, daß internationale Macht über die Jahrhunderte hinweg eine der gefährlichsten

---

8 Volker Matthies zählt - gestützt auf Istvan Kende - im Stichjahr 1976 ca. 120 Kriege und Bürgerkriege seit 1945. Nur 18 davon waren internationale Kriege, 102 sind als interne Kriege anzusprechen (Anti-Regime-Kriege, die auf den Sturz einer Regierung oder die Umwandlung einer Gesellschaftsordnung abzielen, und Sezessionskriege). Typisch für die "Dritte Welt" ist der interne Krieg unter äußerer Beteiligung. An 74 der 120 Kriege waren ausländische Streitkräfte beteiligt. Die Zahl der Kriege in der "Dritten Welt" wächst (1981 nach Matthies schon 140). Dabei lassen die zwischenstaatlichen Kriege eine zunehmende Tendenz erkennen (Volker Matthies, Kriege in der Dritten Welt. Analyse und Materialien, Opladen 1982, S. 19 f.). Wie bezüglich der Kriegsopfer im Ersten Weltkrieg (12 Millionen) und im Zweiten Weltkrieg (56 Millionen) liegen auch für die Opfer der Kriege in der "Dritten Welt" nur grobe Schätzungen vor. Matthies nennt 25-30 Millionen bzw. 18-19 Millionen Menschen (ebd.).

Herausforderungen menschlicher Existenz darstellt. In diesem Punkt fällt die zeitgenössische internationale Politik doch weniger aus der Geschichte der Machtpolitik heraus, als man sich gemeinhin vorstellt. Auch heute zielt die Außenpolitik jedes Staates nach wie vor darauf ab, sich in einer Weltstaatengesellschaft zu behaupten, in der die Macht anderer Staaten die Existenz, die Unabhängigkeit und die Wohlfahrt vernichten kann. Wer von Macht spricht und über Macht nachdenkt, muß also in erster Linie den Ernstfall bedenken.

II. Wer hat Macht?

Bis in die zweite Hälfte des 20. Jahrhunderts hinein war es ziemlich unumstritten, daß Staaten die Zentralelemente der Weltpolitik darstellen: "Für alle praktischen Überlegungen bleibt heute und in absehbarer Zukunft der souveräne Staat die Grundeinheit des weltpolitischen Systems" (Wilhelm G. Grewe)[9]. Freilich fehlte es auf seiten liberaler oder sozialistischer Denkschulen schon im 19. Jahrhundert und im frühen 20. Jahrhundert nicht an Theoretikern, die aus dem Horror vor der "internationalen Anarchie" (Lowes Dickinson) staatlicher Machtpolitik die utopische Forderung nach Überwindung des Staatensystems ableiteten[10].

Mit der Gründung des Völkerbunds, der Vereinten Nationen und mit der europäischen Einigungsbewegung verband sich vielerorts die Hoffnung, das Weltstaatensystem oder wenigstens das europäische Staatensystem in einen fundamental neuen Zustand überführen zu können. Doch die idealistische, durch das Grauen der Weltkriege und durch die Furcht vor neuen Katastrophen beflügelte Erwartung eines kollektiven Sicherheitssystems oder gar einer Weltregierung mit "Weltinnenpolitik" ist nicht in Erfüllung gegangen. Die Aussichten dafür sind unverändert schlecht.

Die Sorge vor einem dritten Weltkrieg ist zwar weiterhin groß. Aber angesichts der weitgehenden Desillusionierung hinsichtlich der Friedenssicherung durch die UN fehlt der Enthusiasmus völlig, die Gründung fundamental neuer Ordnungssysteme in Angriff zu nehmen, auch wenn das Theoretiker wie Richard Falk[11] nicht vom phantasievollen Entwerfen neuer

---

9 Wilhelm G. Grewe, Spiel der Kräfte in der Weltpolitik, a. a. O., S. 15.

10 Lowes Dickinson, The International Anarchy. 1904-1914, London 1937. - Eine umfassende Geschichte liberaler und humanitär-sozialistischer Weltordnungsvorstellungen bleibt noch zu schreiben. Viele Einsichten vermittelt Heinz Gollwitzer, Geschichte des weltpolitischen Denkens, 2 Bde., Göttingen 1972 und 1982 (mit weiterführender Literatur), doch gilt die leitende Fragestellung dem globalen Denken insgesamt. Vgl. auch die einführende Darstellung von Heinz Hürten, Friedenssicherung und Abrüstung. Erfahrungen aus der Geschichte, Köln 1983.

11 Siehe Richard Falk u. a., The End of World Order, New York 1983, und ders., A Global Approach to National Policy, Cambridge 1975. Typisch für moderne Weltordnungsideen Wilsonianischer Inspiration ist R. J. Rummel, Understanding Conflict and War. Vol. 5:

Weltordnungsmodelle abzuhalten vermag. Verwirklichungsmöglichkeiten dafür bestehen derzeit keine.

Neue Machtzentren, die stark genug wären, mit den Staaten zu rivalisieren, sind jedenfalls weder im Rahmen der UN-Familie noch in der Europäischen Gemeinschaft entstanden. Die internationalen und supranationalen Organisationen leisten zwar nützliche Dienste zur Verstärkung des Netzes der Interdependenz und zur gemeinschaftlichen Inangriffnahme globaler oder regionaler Probleme. Ihre Bürokratien besitzen durchaus Einfluß und ihre Strukturen modifizieren das Verhalten der Staaten. Aber sie sind auf absehbare Zeit nicht stark genug, einen gemeinschaftlichen Willen gegen die Staaten durchzusetzen oder deren Sicherheit, Wohlfahrt und Unabhängigkeit zu gewährleisten. Als Machtfaktoren in dem von uns verwandten Sinne spielen sie eine nur sehr nachgeordnete Rolle[12].

In den vergangenen Jahrzehnten hat sich die Aufmerksamkeit aber noch weiteren nichtstaatlichen Akteuren zugewandt, die zweifellos Einfluß ausüben: multinationalen Unternehmen, den global organisierten Religionsgemeinschaften, international operierenden Befreiungs- und/oder Terrororganisationen, den Partei-Internationalen und einer Vielzahl nichtgouvernementaler Vereinigungen in den Bereichen der Kultur, der Wirtschaft, der Technik, der Wissenschaften. Sie alle sind staatenübergreifend tätig, sie alle nehmen Einfluß auf die Staaten und auf das internationale System als Ganzes, so daß einzelne Autoren mit einer gewissen Berechtigung von einer "Weltgesellschaft" (John W. Burton)[13] sprechen oder von einem "pluralistisch-demokratischen Bild der Welt als eines Gewebes zahlreicher Interaktionen"[14].

Die Impulse derartiger nichtstaatlicher Akteure sind zumindest im nichtkommunistischen Bereich in der Tat durch die Regierungen schwerer kontrollierbar als die Tätigkeit der letztlich völlig von den Regierungen abhängigen intergouvernementalen Organisationen. Jedoch findet sich im Schrifttum der sechziger und der frühen siebziger Jahre eine gewisse Überschätzung des Machtpotentials der nichtstaatlichen Akteure, die heute zusehends korrigiert wird.

Dies führt zur Frage, ob es unter den Bedingungen gegenwärtiger internationaler Beziehungen eigentlich zulässig ist, völlig undifferenziert von

---

The Just Peace, Beverly Hills 1981.

12 Zusammenfassend Evan Luard, International Agencies. The Emerging Framework of Interdependence, London 1977.

13 Siehe John W. Burton, Systems, States, Diplomacy and Rules, Cambridge 1968, und ders., The Study of World Society: A London Perspective. International Studies Association, Occasional Papers No. 1, 1974.

14 Ernst-Otto Czempiel, Internationale Politik, a. a. O., S. 71. Zum Gesamtkomplex Richard W. Mansbach, Yale H. Ferguson und Donald E. Lampert, The Web of Politics. Nonstate Actors in the Global System, Englewood Cliffs, N. J. 1976.

staatlichen Akteuren zu sprechen, ohne die qualitativen Unterschiede zu berücksichtigen, die zwischen Weltmächten, regionalen Großmächten, Welthandelsgroßmächten und kleineren Staaten bestehen.

Zumindest in der europäisch-atlantischen Region, wo die Interdependenzstrukturen am dichtesten sind und wo die machtpolitische Angewiesenheit auf den amerikanischen Schutz am ausgeprägtesten ist, hat sich die Fähigkeit der einzelnen Staaten, eigenständige, unkoordinierte Machtpolitik zu betreiben, stark verringert. In diesen modernen, primär partnerschaftlich strukturierten Sicherheits- und Integrationssystemen sehen sich die kleineren Staaten, doch auch eine regionale Großmacht wie die Bundesrepublik Deutschland, zu autonomer Machtpolitik nicht mehr in der Lage, auch Frankreich und Großbritannien nur noch in sehr viel engeren Grenzen als früher.

Daß der außenpolitische Bewegungsspielraum der kleineren Ostblockstaaten demgegenüber noch eingeschränkter ist, so daß in dieser Hinsicht erst recht nicht von autonomen Machtpotentialen gesprochen werden kann, versteht sich von selbst. Die Machtpotentiale der Ostblockstaaten können angesichts weitestgehender Abhängigkeit (nur Rumänien macht eine gewisse Ausnahme) als Funktion der Weltmacht Sowjetunion verstanden werden.

Demgegenüber gilt im außereuropäischen Bereich immer noch, daß viele größere und kleinere Staaten zu autonomer Machtpolitik in der Lage sind - die Vielzahl von Kriegen und international geschürten Bürgerkriegen in der sogenannten "Dritten Welt" macht das deutlich. Dort ist der Staat durchaus noch - nach der oft zitierten Formulierung Raymond Arons - eine politische "Einheit", "deren jede das Recht für sich in Anspruch nimmt, ihr eigener Richter zu sein und alleiniger Herr über die Entscheidung, zu kämpfen oder nicht zu kämpfen"[15]. Darin äußert sich nicht nur eine größere Unabhängigkeit von Hegemonialmächten, sondern auch eine vielfach bedenkenlosere Einstellung zum Krieg als Mittel der Politik.

Abstrakte Versuche, das Machtpotential von Staaten ausschließlich aus ihrer militärischen und wirtschaftlichen Stärke zu erklären, sind demgemäß irreführend. Neben den quantitativ meßbaren Potentialen, die sicher von gravierender, aber eben nicht alleiniger Bedeutung sind, hängt die Macht einzelner Staaten ganz erheblich von dem Regierungssystem ab, in dessen Strukturen und Spannungen sie eingebunden sind. Daneben wirken aber auch in starkem Maß jene Wertvorstellungen, die in der jeweiligen Gesellschaft und Regierung über Nutzen, Legitimität, innenpolitische Durchsetzbarkeit von Machtpolitik vorherrschend sind.

Unbestreitbar ist allerdings, daß die USA und die Sowjetunion *Weltmächte* der Spitzenklasse sind, ausgezeichnet durch Fähigkeit und Willen zu globaler Machtpolitik gegenüber dem Gegenspieler unter Zuhilfenahme eines

---

15 Raymond Aron, Frieden und Krieg, a. a. O., S. 17.

breiten Spektrums von Militärmacht, diplomatischer, wirtschaftlicher und ideologischer Einflußmöglichkeiten. Die Gleichrangigkeit bezieht sich aber nur auf die Militärpotentiale, ansonsten sind erhebliche Asymmetrien zu beobachten. Verglichen mit der Wirtschaftskraft und mit der wissenschaftlich-kulturellen Ausstrahlung der USA ist die Sowjetunion nur eine zweitklassige Industriemacht.

Andererseits sehen sich die Vereinigten Staaten durch die Besonderheiten ihres politischen Systems einschließlich der politischen Kultur grundsätzlich oder doch zeitweilig gehindert, ihre potentiell sehr viel größeren Machtmittel voll zu entfalten oder weltweit einzusetzen. Sie finden sich somit in einer strukturell völlig anderen Lage als die Sowjetunion, die bisher bei ihrer Machtpolitik kaum innenpolitische Rücksichten zu nehmen brauchte. Dies ist durchaus nicht zu bedauern. Wer es für unerläßlich hält, daß die furchtbaren Machtpotentiale moderner Staaten wachsamer innenpolitischer Kontrolle und Beschränkung unterworfen sind, wird darin einen großen Vorzug erkennen, auch wenn die Fähigkeit der USA und der anderen liberalen Demokratien zur effektiven Machtentfaltung im Interesse eigener Existenzsicherung dadurch beeinträchtigt wird. Langfristig freilich wird sich gefährliche Machtpolitik nur zwischen jenen Staaten vermeiden lassen, die allesamt unter innenpolitischem Druck zu einer gewissen Mäßigung bei Militärausgaben und Gewaltanwendung stehen. So gesehen sind die inneren Bedingungen sehr wesentliche Determinanten von internationaler Macht.

Ähnliche Asymmetrien weisen auch die *Paktsysteme der beiden Weltmächte* auf. Sie sind qualitativ verschieden - ein *internationales Herrschaftssystem* im Fall des Ostblocks, das den kleineren Staaten weder in den Grundfragen von Krieg und Frieden noch in zweit- und drittrangigen Fragen der auswärtigen Beziehungen eine eigene Entscheidung beläßt, und im Fall der NATO ein *partnerschaftliches Hegemonialsystem*, bei dem sich die Führung - nach Heinrich Triepels immer noch fruchtbarer Begriffsbestimmung - "ungefähr in der Mitte zwischen bloßem Einfluß und Herrschaft" hält[16].

Wie sich diese Asymmetrien im Fall eines bewaffneten Zusammenstoßes auswirken würden, ist schwer prognostizierbar. Im Frieden ist die partnerschaftliche Organisation der NATO zwar ein Element ständiger Irritation bei der Suche nach gemeinschaftlicher Machtpolitik im Ost-West-Verhältnis, aber zugleich doch auch ein Faktor überlegener Stärke, weil sich eben die Sicherheitspolitik pluralistischer Gesellschaften auf ein viel breiteres Instrumentarium und auch eine viel wirkungsvoller differenzierte Außenpolitik stützen kann als der autokratisch organisierte Ostblock. Grundsätzlich sind die liberalen Demokratien davon überzeugt, daß in einer Welt, in der sie einerseits im Machtkampf bestehen, andererseits aber ihre Grund-

---

16 Heinrich Triepel, Die Hegemonie. Ein Buch von führenden Staaten, 2. Aufl., Stuttgart und Berlin 1943 (1938), S. 140.

werte erhalten möchten, nur ein partnerschaftliches Bündnis mit allen seinen inneren Belastungen annehmbar ist. So gesehen sind eben auch die Paktstrukturen der beiden Weltmächte qualitativ verschieden.

Derartige Unterschiede der Machtpotentiale und der Machtstrukturen sind wichtig. Für ein situationsadäquates Verständnis internationaler Macht ist mit Differenzierung und detaillierter Analyse mehr gewonnen als mit grobschlächtiger Gleichsetzung der beiden "Supermächte" USA und UdSSR oder der westlichen Gemeinschaften mit dem internationalen Herrschaftssystem der Sowjetunion in Ost- und Mitteleuropa.

Ebenso zeugte es von fehlerhafter Analyse, als die Volksrepublik China in den sechziger und frühen siebziger Jahren als dritte Weltmacht begriffen wurde. Welche globale Rolle China in sehr ferner Zukunft spielen wird, ist völlig ungewiß. Heute jedenfalls ist das machtpolitische Gewicht Chinas das einer *regionalen Großmacht* - trotz aller Unterschiede eher mit Indien und Japan vergleichbar als mit den USA oder mit der Sowjetunion. Daran ändert auch der Umstand nichts, daß die chinesische Außenpolitik wegen der für die westlichen Demokratien nützlichen Spannung zwischen China und der Sowjetunion für die Ost-West-Beziehungen von sehr viel größerer Bedeutung ist als etwa die Indiens.

Immerhin läßt sich eine gewisse Übereinstimmung darüber herbeiführen, daß es noch regionale Großmächte gibt, die einerseits für die Machtverhältnisse in ihrer jeweiligen Region ausschlaggebend sind, andererseits aber auch für die globalen Kräfteverhältnisse noch eine gewisse Bedeutung haben. Neben den asiatischen Großmächten China, Japan, Indien sind die drei westeuropäischen Großmächte Frankreich, Großbritannien und die Bundesrepublik Deutschland zu nennen. Letztere scheut zwar vor dieser Bezeichnung zurück, und ihre sicherheitspolitische Abhängigkeit scheint jenen recht zu geben, die mit Blick auf die jüngste Vergangenheit und auf die Empfindlichkeit der Nachbarn das Reizwort "Großmacht" meiden. Aber die führende Rolle der Bundesrepublik in der EG, ihre Schlüsselfunktion im europäischen Gleichgewichtssystem und ihr weltweites Gewicht als Welthandelsgroßmacht legen es nahe, sie als verkappte Großmacht zu verstehen, die aus verständlicher Vorsicht ihre Machtmöglichkeiten mit der Bezeichnung "Mittelmacht" tarnt.

In analytischer Hinsicht ist es fragwürdig, die Bundesrepublik als "Mittelmacht" zu bezeichnen. Diese Kategorie ist schon deshalb unbrauchbar, weil niemand genau erklären kann, warum bestimmte Staaten als "Mittelmächte", andere als regionale Großmächte oder als Kleinstaaten eingestuft werden. Georg Schwarzenberger hat dazu schon vor längerem das Erforderliche ausgeführt: "Das Verhältnis der Mittelmächte zu den Weltmächten ähnelt mehr dem von Kleinstaaten als dem der Weltmächte untereinander"[17].

Viele Untersuchungen legen es eben nahe, neben den quantifizierbaren Machtfaktoren und den regionalen Bedingungen den subjektiven Kategorien starke Beachtung zu schenken. Ob ein Staat eine aktive Außenpolitik betreibt (wie Kuba) oder eine vergleichsweise immobile (wie Brasilien oder Argentinien), ob er kriegerisch oder pazifistisch, revolutionär (also an Veränderung des internationalen Status quo interessiert) oder saturiert ist, besagt vielfach mehr für die Machtverhältnisse in einer Region oder in weltweitem Rahmen als die quantifizierbaren Machtpotentiale.

III. Macht-Instrumente und Macht-Management

Das Grundphänomen der Macht in den internationalen Beziehungen ist also so alt wie die Berge. Von Epoche zu Epoche tritt es zwar in anderen Konfigurationen auf, und auch die Methoden, mit deren Hilfe sich die Staaten zu behaupten suchen, lassen nicht nur große Vielfalt, sondern zugleich Präferenzen für unterschiedliche Ansätze erkennen. Großmächte bevorzugen des öfteren andere Methoden als schwache Staaten. In Perioden kriegerischer Konfrontation oder drohender Spannungen scheinen härtere Ansätze des Macht-Managements geboten als in friedlicheren Jahrzehnten. Staaten inmitten von Spannungszonen müssen - oft wider Willen - gefährlicheren Methoden den Vorzug geben als jene glücklichen Staaten, die sich in ruhigeren Regionen finden und darauf vertrauen können, daß ihre Nachbarn von den verfügbaren Machtmitteln nur zurückhaltend Gebrauch machen.

Bei der vergleichenden Analyse geschichtlich weiter zurückliegender und gegenwärtiger Machtpolitik sind aber doch gewisse typische Methoden erkennbar, die im folgenden mit der gebotenen Vereinfachung skizziert werden. Im Schrifttum wird dabei häufig zwischen Macht-*Instrumenten* (etwa: Militärmacht, Wirtschaftsmacht, Propaganda, Diplomatie) und *Strategien*

17 Georg Schwarzenberger, Machtpolitik, a. a. O., S. 78. Als "Mittelmächte" nannte Schwarzenberger damals (1951) unter Berücksichtigung ihrer Bevölkerungszahl, ihres Potentials und ihrer strategischen Bedeutung China, Indien, Frankreich, Italien, Spanien, Kanada, Argentinien, Australien (ebd.). Die Studie der Deutschen Gesellschaft für Auswärtige Politik aus dem Jahr 1969 bezeichnet als "mittlere Staaten" Schweden, Italien, Jugoslawien, Israel, Südafrika, Indien, Pakistan, Indonesien, Australien, Japan, Kanada, Mexiko, Brasilien. Joseph Handel (Weak States in the International System, London 1981) subsumiert Argentinien, Australien, Brasilien, Kanada, Indien, Indonesien, Iran, Italien, Mexiko, Spanien unter die Kategorie "Mittelmächte", während er Japan, die Bundesrepublik Deutschland, Großbritannien, Frankreich als Großmächte begreift, die USA, die UdSSR und China als Supermächte (S. 11-30). Ronald Barston (The Other Powers. Studies in Foreign Policies of Small States) will Indien, Kanada, Italien, Großbritannien, Frankreich, die Bundesrepublik Deutschland und Japan als "middle range powers" verstanden sehen (S. 15 u. S. 18), zweifelt aber selbst am Sinn solcher Einordnungen. Zu Recht!

des Macht-Managements (etwa: Aufbau von Imperien, Allianzpolitik, Neutralität, Gleichgewichtspolitik, Rüstungskontrolle) unterschieden[18]. Ebenso mag zwischen den *Modalitäten* friedlicher oder gewaltsamer Machtanwendung unterschieden werden. Desgleichen ist eine Differenzierung zwischen Methoden fruchtbar, die man die altbekannten nennen mag, und jenen neuartigen Methoden, die weitgehend erst seit dem Ersten Weltkrieg Anwendung finden.

Der Irrtum ist naheliegend, und viele bekennen sich dazu, die traditionellen Methoden einerseits als überholt, andererseits als unmodern und unmoralisch zu betrachten, während Aufmerksamkeit und Sympathie in erster Linie den neuartigen Methoden zugewandt werden. Genauere Beobachtung zeigt indessen, daß die Staaten bis zum heutigen Tag die traditionellen Methoden anwenden - viele ohne etwas grundsätzlich Bedenkliches darin zu sehen, manche nur mit großen Vorbehalten. Daneben kommen die neuartigen Methoden zum Einsatz - sei es in der Absicht, die traditionelle Machtpolitik zu neuen Formen der Kooperation weiterzuentwickeln, sei es in der Erkenntnis, daß auch die modernen Instrumente durchaus geeignet sind, Gegenspieler in die Enge zu treiben und einseitige Vorteile zu sichern. Auch so beliebte Strategien wie Rüstungskontrolle oder kollektive Sicherheit eignen sich hervorragend dazu.

Ob die altbekannten Methoden oder die neuartigen Ansätze besser geeignet sind, die Unabhängigkeit der Staaten und ihr friedliches Zusammenleben zu gewährleisten, ist gleichfalls umstritten. Konservative Denkschulen verlassen sich stärker auf die traditionellen Instrumente und Strategien, auch wenn sie die Bedeutung der modernen Ansätze nicht gering schätzen. Demgegenüber neigen die Anhänger liberaler und radikaler Denkschulen dazu, vor allem die neuartigen Methoden experimentell zu erproben, auch wenn die erfahreneren unter ihnen auf die Absicherung durch die altbekannten Ansätze nicht verzichten wollen. Gegenwärtig zeigt die Sowjetunion eine ausgeprägte Präferenz für die altbewährten Strategien, ebenso die Volksrepublik China und die meisten Staaten der "Dritten Welt". In der Auseinandersetzung mit den Weltmächten und den Industrieländern plädieren die letzteren zwar mit Vorliebe für die neuartigen Konfliktregulierungsstrategien. Im Verhältnis untereinander halten sie sich aber weitgehend an die traditionellen Methoden.

Die liberalen Demokratien sehen sich hin und her gerissen. Die Welt spannungsvoller Machtpolitik erlaubt nicht den Verzicht auf die altbewährten Sicherheitsstrategien. Andererseits spräche die Vernunft eigentlich für neuartige Strategien des Konfliktmanagements - wenn es nur möglich wäre, auch die Gegner in halbwegs verläßlicher Art und Weise auf diese Verfah-

18 Diese in den neueren Lehrbüchern beliebte Systematik dürfte auf Georg Schwarzenbergers entsprechende Unterscheidung zurückgehen (vgl. Georg Schwarzenberger, Machtpolitik, a. a. O., Teil I, Kapitel 10 und 11).

ren zu verpflichten. Es bringt also im Grunde wenig, zwischen traditionellen und neuartigen Methoden zu unterscheiden. Beide Arten sind bemerkenswert modern!

Bei nüchterner Betrachtungsweise wird man sich der Erkenntnis nicht verschließen können, daß im Weltstaatensystem ein ganz offenkundiger Methoden-Pluralismus herrscht. Auch wer bestimmten Methoden ablehnend gegenübersteht und andere bevorzugt, wird diesen Methoden-Pluralismus erst einmal als objektive Tatsache zur Kenntnis nehmen und in seine Überlegungen einbeziehen müssen. Wenn sich bestimmte Staaten - klugerweise, törichterweise, lobenswerterweise oder in verbrecherischer Uneinsichtigkeit - auf bestimmte Machtmethoden festlegen, muß das ernst genommen werden.

So spricht also viel dafür, sich über die Vielfalt der Methoden erst einmal klar zu werden, um dann erst zu prüfen, welche Ansätze den eigenen Bedürfnissen und den eigenen Ordnungsvorstellungen entsprechen. Im folgenden werden verschiedene allgemeine Methoden kurz skizziert. Eine erschöpfende Aufzählung ist weder möglich noch beabsichtigt, ebensowenig wie eine ausführliche Erörterung ihrer Vorzüge und ihrer bedenklichen Aspekte. Zu jedem dieser Ansätze finden sich ganze Bibliotheken analytischer, historischer, philosophischer Untersuchungen, so daß die knappe Darstellung nicht einmal das Wesentliche vollständig zu erfassen vermag. Im Zusammenhang unserer Skizze kommt es nur auf einen Hauptpunkt an: auf die Darlegung der großen Vielfalt von Instrumenten und Strategien, derer sich die Staaten bedienen, um auf das beunruhigende Grundphänomen der Macht Antworten zu finden, die das Überleben und die Unabhängigkeit sichern sollen.

1. Es sind auch heute in erster Linie die Weltmächte, die sich darauf verlassen, im internationalen Machtkampf notfalls dank eigener *Militärmacht* bestehen zu können. Auch regionale Großmächte wie Frankreich oder Großbritannien haben für den Ernstfall, in dem nationale Existenz und Unabhängigkeit auf dem Spiel stehen, wenigstens eine gegen Erstschläge gesicherte Abschreckungskapazität als eine gewisse "Lebensversicherung" aufgebaut. Sie legen auch Wert auf ein möglichst hohes Maß an Autarkie ihrer Rüstungsproduktion, denn die Abhängigkeit von Rüstungslieferungen aus Drittstaaten schränkt natürlich die im Krisenfall vielleicht lebenswichtige Autonomie der Verteidigungsentscheidungen sehr erheblich ein.

Alle anderen liberalen Demokratien, die in den Ost-West-Konflikt verwickelt sind, suchen ihre Unabhängigkeit und ihr Überleben zwar gleichfalls durch mehr oder weniger starke Militärmacht zu gewährleisten, sind sich aber völlig darüber im klaren, daß eigene Macht allein nicht ausreicht. So sehen sie sich ganz zwingend auf Allianzpolitik verwiesen.

Da viele außereuropäische Staaten nicht in erster Linie die Bedrohung durch die Weltmächte fürchten, sondern sich nur auf Auseinandersetzungen mit konventionell gerüsteten Staaten der jeweiligen Region einstellen, ist bei ihnen die Bereitschaft noch sehr viel ausgeprägter, sich - wenn möglich - auf eigene militärische Stärke zu verlassen. Je isolierter oder bedrohter sich ein Staat fühlt (Beispiele: Israel, Südafrika, Pakistan, Kuba, Nicaragua, Syrien), desto ausgeprägter ist diese Neigung. Da aber vielfach nur die hochentwickelten Industriestaaten in Ost und West über modernes Kriegsgerät verfügen, bestehen in dieser Hinsicht für die Länder der "Dritten Welt" Abhängigkeiten, die durch Diversifizierung der Rüstungskäufe nur begrenzt aufgefangen werden können. Umgekehrt verfügen die Industriestaaten angesichts dieses fast universellen Interesses an hochwertigem Kriegsgerät über Einwirkungsmöglichkeiten, die vielfach genutzt werden.

Erfahrungsgemäß besitzen beim Aufbau eigener Militärmacht budgetäre, kapazitätsmäßige oder innenpolitische Einschränkungen der Leistungsfähigkeit erheblich mehr Gewicht als Überlegungen des Kräftegleichgewichts. Nimmt ein Staat den Krisen- oder Kriegsfall wirklich ernst, ist er auch heute noch bestrebt, nach Möglichkeit ein gewisses Übergewicht zu behalten oder aufzubauen - als Sicherheitsmarge gegen einen Angreifer oder aber mit der Absicht, sich bei günstiger Gelegenheit gegen einen oder mehrere Gegner erfolgreich durchzusetzen. Der Umstand, daß die liberalen Demokratien im Ost-West-Konflikt zum Aufbau eines militärischen Übergewichts nicht willens und somit auch nicht dazu fähig sind, sollte nicht den Blick dafür verstellen, daß viele andere Staaten (nicht zuletzt die Sowjetunion selbst) nach wie vor nach militärischem Übergewicht streben, weil sie sich davon mehr Sicherheit versprechen. Man mag dies im Interesse friedlicher Konfliktregelung und vernünftiger Gleichgewichtspolitik bedauern, wird aber bei genauer Prüfung zum Schluß kommen müssen, daß das Streben nach Übermacht auch in der heutigen Staatenwelt eine Lebenstatsache darstellt, mit der zu rechnen ist.

Die *Modalitäten* des machtpolitischen Einsatzes von Militärmacht sind vielfältig. Neben dem Einsatz in Form klassischer Kriegführung oder auch nur begrenzter Gewaltanwendung (begrenzte Vorstöße, Grenzverletzungen, Angriffe auf die Handelsschiffahrt, Quarantäne, Blockade, Belästigung des Luftverkehrs usw.) steht die Sonderform der bewaffneten Intervention, aber auch unterschiedliche Arten der Einschüchterungsdiplomatie, bei der militärische Gewaltanwendung vorläufig erst angedroht wird[19]. Doch selbst wenn ultimativer Druck keine Anwendung findet, dienen Aufbau und ostentative Zurschaustellung überlegener Militärmacht häufig dazu, psycho-

---

19 Eine neuere deutschsprachige Erörterung der Methoden von Einschüchterungsdiplomatie ("coercive diplomacy") findet sich bei Gordon A. Craig und Alexander L. George, Zwischen Krieg und Frieden. Konfliktlösung in Geschichte und Gegenwart, München 1984, S. 211-227 sowie S. 317 f.

logischen Druck auszuüben, um bestimmte Absichten auf diplomatischem Weg oder mittels Propagandakampagnen durchzusetzen (eines der neuesten Beispiele: die Aufstellung der SS-20 durch die Sowjetunion und deren Kampagne gegen die Nachrüstung).

Ebenso ist die Abschreckung, die primär nicht Kriegführung, sondern Kriegverhinderung zum Ziel hat, eine der wichtigsten Modalitäten der machtpolitischen Verwendung militärischer Macht. Der Abschreckungsstrategie begegnet man nicht nur im Verhältnis der Kernwaffenmächte und -allianzen. Sie spielt auch zwischen konventionell bewaffneten Gegnern eine wichtige Rolle.

2. Auch der Einsatz von *Wirtschaftsmacht* gehört zu den altbewährten Machtmitteln[20]. Je intensiver die weltwirtschaftlichen Verflechtungen, desto wirkungsvoller und differenzierter sind die Einsatzmöglichkeiten von Wirtschaftsmacht, desto ambivalenter aber auch der Nutzen dieser Instrumente.

Wie weit außenwirtschaftliche Maßnahmen durch rein ökonomische Interessen motiviert sind, wie weit machtpolitische Überlegungen eine Rolle spielen, ist vielfach schwer zu unterscheiden. Die Fälle sind aber doch vergleichsweise häufig, in denen Zielkonflikte zwischen einer am Gewinn orientierten Außenwirtschaftspolitik und dem machtpolitischen Einsatz ökonomischer Instrumentarien auftreten. Gerade Staaten wie die Bundesrepublik Deutschland, die an der Pflege möglichst unpolitischer, langfristiger Welthandelsbeziehungen Interesse haben, zögern, diese durch politisch gezielten Einsatz von Wirtschaftsmacht zu beeinträchtigen (etwa zu weit getriebenes Embargo gegen den Ostblock; Handelssanktionen gegen Südafrika oder Polen). In liberalen Demokratien, in denen die interessierten Unternehmen und Gewerkschaften stärksten Einfluß auf die Außenwirtschaftspolitik nehmen und dabei zumeist rein ökonomische Nutzenerwägungen ins Spiel bringen, sind Regierungen beim Einsatz der "Wirtschaftswaffe" zudem sehr viel stärker behindert als die Regierungen totalitär oder autoritär regierter Staaten.

Doch umfaßt der Einsatz wirtschaftlicher Machtmittel nicht nur die bekannten negativen Maßnahmen (Exportbehinderungen und Embargomaßnahmen; Behinderung von Investitionen; Einfuhrbehinderungen oder Einfuhrsperren; Aufstellung "schwarzer Listen"; Beschlagnahme oder Kontrolle feindlichen Privateigentums; Entziehung der "Meistbegünstigung"; unkooperative Behandlung im Fall von Verschuldung; Blockade; Ausweisung von Gastarbeitern; verschärfte Einwanderungspolitik). Ebenso wichtig, wenn nicht noch bedeutsamer, sind positive Maßnahmen, die gleicherweise dazu bestimmt sind, das Verhalten anderer Staaten im gewünschten Sinn zu beeinflussen (Wirtschaftshilfe, insbesondere Entwicklungshilfe; entgegen-

20 Zur Gesamtthematik vgl. die systematische Studie von Klaus Knorr, The Power of Nations. The Political Economy of International Relations, New York 1975.

kommende Zollpolitik; großzügige Einwanderungspolitik; Gewährung von Meistbegünstigung; staatliche Hilfe bei Umschuldung; Risikoabsicherung beim Kapitalexport; Währungsmanipulation; Nahrungsmittellieferungen).

3. Zu den klassischen Instrumenten der Machtpolitik gehört die *Beeinflussung der inneren Widerstandskraft gegnerischer Staaten*, sei es durch Unterstützung "fünfter Kolonnen" oder unzufriedener Bevölkerungsgruppen mit Geld, Waffen, in Trainingslagern usw., sei es durch Bestechung von Spitzenpolitikern, durch differenzierte Propaganda, durch Diplomatie oder militärische Machtentfaltung mit psychostrategischer Zielsetzung. Diese Instrumente sind schon in den Religions- und Bürgerkriegen des 16. und 17. Jahrhunderts oder in den französischen Revolutionskriegen zu vielfältigem Einsatz gekommen. In den Weltkriegen des 20. Jahrhunderts oder in den ideologischen Auseinandersetzungen zwischen West und Ost sind die entsprechenden Instrumentarien differenziert, intensiviert und zu Zentralelementen der Machtpolitik entwickelt worden.

Subversion kommt besonders in Situationen und gegenüber Ländern zur Anwendung, in denen die innenpolitischen Machtverhältnisse labil sind. Vergleichsweise ungefestigte, schwache, innerlich zerklüftete Staaten der "Dritten Welt" wenden diese Instrumente in den Auseinandersetzungen untereinander mit Vorliebe an, oder sie werden zum Objekt entsprechender Einflußnahme von seiten der Weltmächte und Großmächte. Aber auch Westeuropa ist dagegen nicht immun. In den vergangenen Jahren sind viele Einzelheiten über einschlägige Trainingslager des Ostblocks und über logistische Unterstützung für Terroristen bekanntgeworden, die in den liberalen Demokratien operieren.

Propaganda und andere Formen *psychostrategischer Einflußnahme* finden heute vorzugsweise, aber nicht ausschließlich, in den Ost-West-Auseinandersetzungen Anwendung. Da direkte Einwirkungsmöglichkeiten auf die (mit Ausnahme der DDR, Ungarns und Polens) stark abgeschirmten kommunistischen Gesellschaften weitgehend ausgeschlossen sind, kommt in erster Linie das Instrument der Informationspolitik durch den Rundfunk zum Einsatz.

Demgegenüber bieten die offenen, liberalen Demokratien der östlichen Psychostrategie vielfältigste andere Ansatzpunkte, die nachhaltig genutzt werden (etwa: Beeinflussung der Themen und Aktivitäten pazifistischer Bewegungen durch westliche kommunistische Organisationen; Nachrichtenmanipulation und psychostrategisch gezielte Fernsehberichterstattung unter Beteiligung ideologisch motivierter, oft auch argloser Journalisten; Subventionierung von Druckerzeugnissen).

4. Im Kontext internationaler Machtpolitik ist die Ausübung von *imperialer Herrschaft* über andere Staaten dazu bestimmt, das Machtpotential und das territoriale Sicherheits-Vorfeld starker Staaten zu vergrößern. Bald überwiegt das Bedürfnis nach einem Sicherheitsglacis und nach Siedlungsraum, bald verbindet sich der Wunsch nach Kontrolle des strategischen Vorfelds mit der Absicht, das Potential der beherrschten Staaten zu nutzen und die eigene Ideologie zu verbreiten (wie im Fall des sowjetischen Herrschaftssystems im Ostblock). Immer aber verspricht sich die herrschende Macht von ihrem Imperium Machtsteigerung, erhöhte Sicherheit und notfalls verbesserte Aussichten für expansive Machtpolitik.

Ob auch die USA als imperiale Macht verstanden werden müssen, ist umstritten. Wie schon erwähnt, zeichnet sich das europäisch-atlantische Bündnissystem (verglichen mit dem Herrschaftssystem des Ostblocks) durch ein hohes Maß an Freiwilligkeit und innerer Autonomie der beteiligten Staaten aus; es entspricht den Erfordernissen einer partnerschaftlichen "Sicherheitsgemeinschaft" (Karl W. Deutsch)[21].

5. Wenn Staaten selbst zu schwach oder zu exponiert sind, um sich gegen offenkundige Gegner erfolgreich schützen zu können, gehen sie *Allianzen* ein. In der Neuzeit bis zum Ende des 19. Jahrhunderts wurden Allianzen vorwiegend zum Zweck der Kriegführung und relativ kurzfristig geschlossen oder wieder aufgelöst. Sieht man von den beiden Weltkriegen ab, bietet das 20. Jahrhundert nur noch wenige Fälle derartiger Allianzpolitik (Beispiel: das heimliche Zusammenspiel Frankreichs, Großbritanniens und Israels im Krieg um den Suezkanal 1956). Den Regelfall bilden heute Allianzen, die langfristig eingegangen werden und vorwiegend dem Zweck dienen, die eigene Machtposition für die Eventualität eines möglichen Krieges zu verbessern, vor allem aber als Abschreckungspotentiale zum Schutz und zur Kriegsverhütung zu funktionieren. Hauptziel moderner Allianzen sind somit Friedenssicherung, Abschreckung und Eindämmung starker Gegner. Sie sind mehr defensiv als offensiv, mehr Status quo-orientiert als auf Expansion abgestellt. Das gilt ganz besonders für das nordatlantische Bündnis.

Die Ambivalenzen und Risiken dieser Sicherheitsstrategie sind wohlbekannt. Im Bündnis mit stärkeren Mächten oder mit einer Hegemonialmacht verbessert ein Allianzpartner seine mehr oder weniger schwachen Machtmittel, wird aber auch ganz unvermeidlich von den Verbündeten abhängig und möglicherweise in deren eigene Machtpolitik hereingezogen. Bei der Allianzstrategie müssen Kompromisse eingegangen werden, die den eigenen Sicherheitsinteressen oft nur begrenzt entsprechen. Zudem ist die Entscheidungsfindung in Krisen einerseits mühsam, gravitiert aber andererseits - eben weil die Interessen so schwer zu bündeln sind - letztlich doch zur

21 Karl W. Deutsch u. a., Political Community and the North Atlantic Area, Princeton 1957, S. 5.

Hegemonialmacht hin. Ob und wie Allianzen sich im Kriegsfall bewähren, ist schwer vorhersagbar, denn auch vorweg getroffene Einzelabsprachen über die Militärstrategie sind unter dem Streß einer existenzgefährdenden Krise naturgemäß nur noch sehr bedingt haltbar.

6. In Verruf gekommen wie die imperiale Machtpolitik ist auch die *Einflußsphärenpolitik* als Konzept für das Management eines internationalen Systems, in dem Macht im Spiel ist. Aber ebenso wie die imperiale Politik hat sie auch heute noch Bedeutung. Daß die Mächte, die sie praktizieren, auf gefällige terminologische Umschreibung und auf einfallsreiche Verkleidung Wert legen, versteht sich.

Das Konzept hat bei den beiden Weltmächten in der Periode amerikanisch-sowjetischer Annäherung unter Nixon und Breschnew kurze Zeit wieder an Attraktivität gewonnen, ist aber seither im Westen erneut in Verruf geraten. Im Grunde läßt es sich mit der ideologischen Auseinandersetzung zwischen den kommunistischen und den liberalen Gesellschaften nicht vereinbaren: Beide wirken in die Einflußsphären des gegnerischen Lagers hinein und wollen keine bedingungslose Bestandsgarantie für dessen innere Ordnung abgeben. Sobald freilich die Gefahr militärischer Zusammenstöße zwischen den Weltmächten aufgrund innerer Erschütterung der Einflußsphären auftaucht, wächst bei Staatsmännern und Völkern auch wieder die Sympathie für diese altvertraute, tunlichst nicht formelle, sondern diskrete Strategie zum Macht-Management. So ist auch die Öffentlichkeit der Bundesrepublik hin und her gerissen zwischen Sympathie für weltweite Menschenrechtspolitik, die im inneren Widerspruch zur Einflußsphärenpolitik steht, und Entspannungspolitik, die ohne Respektierung sowjetischer Herrschaft im Ostblock nicht zu haben ist.

Ein Einflußsphärensystem besonderer Natur ist das der amerikanischen Weltmacht. Es ist nicht zu verkennen, daß die USA weltweit ein differenziertes Instrumentarium zur "Aufrechterhaltung oder Schaffung einer günstigen Umwelt" (Raymond Aron)[22] anwenden. Soll man dafür den bisweilen verwendeten, aber doch auch in sich widersprüchlichen Begriff "liberales Imperium" verwenden? Tatsache ist, daß die Vereinigten Staaten im großen und ganzen bemüht sind, eine ihnen "günstige Umwelt" mit möglichst liberalen Mitteln und in tunlichst liberalen Formen zu erhalten - mehr durch Einfluß, der an das Eigeninteresse der betroffenen Staaten appelliert, als durch Einsatz von Militärmacht, Subversion und wirtschaftliche Zwangsmittel. Diese kommen aber im Einzelfall durchaus zur Anwendung, werden freilich meist nur lokal eingesetzt, in der Intensität begrenzt, oft nur über einen kürzeren Zeitraum und mit schlechtem Gewissen.

---

22 Raymond Aron, Die imperiale Republik. Die Vereinigten Staaten von Amerika und die übrige Welt seit 1945, Zürich 1975 (1973), S. 421.

7. Einflußsphärenpolitik ist ein Konzept der maßgebenden Mächte. *Neutralität* oder *Blockfreiheit* sind demgegenüber häufig Überlebensstrategien von Staaten, die sich von Großmachtkonflikten bedroht fühlen und daher zu den Großmächten und ihren Allianzen auf Distanz gehen möchten. Neben der immerwährenden bzw. prinzipiellen Neutralität (Beispielsfälle: Schweiz, Schweden, Österreich) steht die Neutralität in bestimmten zwischenstaatlichen Konflikten gemäß den Neutralitätsrechten und -pflichten nach den Haager Konventionen. Angesichts der Zunahme internationaler Konflikte im außereuropäischen Bereich gewinnt letztere von Fall zu Fall erneut an Bedeutung.

Die Absicht, sich aus gefährlichen Spannungen herauszuhalten, liegt im Prinzip auch den Bestrebungen zu echter oder angeblicher Blockfreiheit im Ost-West-Konflikt zugrunde. Allerdings ist die Blockfreiheitsidee zunehmend entwertet worden. Ein Verzicht auf regionale Allianzen oder auf Beteiligung an zwischenstaatlichen Auseinandersetzungen ist damit keineswegs verbunden. Das Bekenntnis zur Blockfreiheit verbindet sich nicht selten mit engen Beziehungen zu einem der Lager im Ost-West-Konflikt. Auch Kuba gehört der sogenannten Blockfreien-Bewegung an und hat zeitweilig sogar deren Vorsitz wahrgenommen.

Angesichts der Gefährdungen durch den Ost-West-Konflikt hat der Neutralitätsgedanke in strenger oder weniger formalisierter Form immer wieder Anhänger gefunden, auch in Deutschland. Leider zeigt sich beim Blick auf das Schicksal neutraler oder blockfreier Staaten, daß formal korrekte Neutralität oder auch bloß ein vage als blockfrei bezeichneter Status den betreffenden Staaten keinen verläßlichen Schutz gewähren (Beispiele: Belgien 1914 und 1940, die Niederlande, Dänemark, Norwegen 1940; Laos und Kambodscha während und nach dem Vietnam-Krieg; Afghanistan seit 1979).

Wo es einem neutralen Staat wie der Schweiz gelungen ist, seine Existenz durch die Fährnisse des Zweiten Weltkrieges hindurchzuretten, geschah das dank überzeugenden Verteidigungswillens unter günstigen geographischen Bedingungen und generell deshalb, weil die Kriegführenden eine neutrale Schweiz für zweckmäßiger hielten als eine besetzte.

Im Hinblick auf die theoretische Möglichkeit eines Dritten Weltkrieges mit weiträumigen militärischen Operationen in Europa und entsprechend weiträumigen Zerstörungen, wäre nicht zu erwarten, daß ein neutraler Status sicherer schützt, als dies im Zweiten Weltkrieg der Fall war. Ob Neutralität und Blockfreiheit es dem betreffenden Staat bei viel Glück tatsächlich erlauben, sich aus den Großmachtkonflikten herauszuhalten, wird nicht in erster Linie von ihm, sondern von den Großmächten und der jeweiligen Konfliktkonstellation bestimmt. Daß auch ein neutraler Staat, der sein Territorium von Kernwaffen freihält, bei Einbeziehung in Kampfhandlungen dennoch auf nukleare Zerstörungen gefaßt sein muß, liegt auf der Hand. Ob schwächere, nicht-gebundene Staaten im Krisenfall gegebenenfalls besetzt oder zerstört werden, hängt eben nur wenig von ihren guten Absichten ab, sondern primär vom Willen der Starken[23].

8. In der neueren Geschichte der internationalen Beziehungen läßt sich eine Art zyklischer Befürwortung und Kritik der Konzepte von *Gleichgewichtspolitik* erkennen. Maßgebende Außenpolitiker wie Kissinger in den USA oder Helmut Schmidt in der Bundesrepublik haben dem Ansatz auch in der Tagespolitik wieder Kredit verschafft. Bekanntlich ist der Gleichgewichtsbegriff vieldeutig; er wird weder in der Politik noch in der Theorie in übereinstimmendem Sinne verwandt. Mit Inis L. Claude kann man drei Bedeutungen unterscheiden: erstens Gleichgewicht als eine Konstellation, zweitens Gleichgewicht als eine Politik, drittens Gleichgewicht als ein System[24].

In unserem Zusammenhang am fruchtbarsten ist es, Gleichgewicht als Konzept der Politik zu begreifen und darunter die Absicht zu verstehen, in gegenseitiger Abstimmung der großen Staaten Machtverhältnisse zu erhalten oder herbeizuführen, die bei einigem guten Willen von allen als Zustand verstanden werden können, der keine dramatischen Anstrengungen zur Verbesserung der eigenen Lage erfordert, weil die Sicherheit relativ gewährleistet zu sein scheint.

Nur sind eben die institutionalisierten Systeme für die Herstellung friedlichen Gleichgewichts unzureichend ausgebildet. Der Sicherheitsrat der Vereinten Nationen kann dieser Aufgabe nicht entsprechen. Institutionen wie das europäische Konzert des 19. Jahrhunderts[25], in dem alle Großmächte, die zählten, auf internationalen Konferenzen ihre Differenzen durch Konferenzdiplomatie beilegten, existieren nicht mehr. Kissingers Reisediplomatie zwischen Moskau, Peking, den europäischen Hauptstädten, Tokio, im Nahen Osten, bei der er mangels eines real existierenden Konzerts der Großmächte

---

23 Vgl. die immer noch lesenswerte Analyse von Cyril E. Black u. a., Neutralization and World Politics, Princeton 1968. Trotz gewisser Sympathien im ganzen doch eher skeptisch beurteilt auch Dieter S. Lutz den möglichen Nutzen eines Neutralitätsstatus der Bundesrepublik: Dieter S. Lutz und Annemarie Große-Jütte (Hrsg.), Neutralität - Eine Alternative? Zur Militär- und Sicherheitspolitik neutraler Staaten in Europa, Baden-Baden 1982. Einen differenzierten Überblick gibt Gerhard Baumann, Die Blockfreien-Bewegung. Konzept - Analyse - Ausblick (Forschungsbericht 19 der Konrad-Adenauer-Stiftung), Melle 1982. Uneingeschränkt zuversichtlich im Hinblick auf die Überlebensfähigkeit blockfreier Demokratien in "Mitteleuropa" äußern sich demgegenüber Jochen Löser und Ulrike Schilling (Neutralität für Mitteleuropa. Das Ende der Blöcke, München 1984). Ihre locker skizzierten Vorstellungen, gegen die manches einzuwenden wäre, wissen letztlich auch keine Antwort auf die Frage, wie sich ein von den Streitkräften der Weltmächte geräumtes Gebiet bei einem militärischen Zusammenstoß zwischen diesen aus dem Krieg heraushalten könnte. Die geschichtlichen Erfahrungen geben Grund zur Annahme, daß dies wenig aussichtsreich wäre.

24 Inis L. Claude, Power and International Relations, a. a. O., S. 13-25.

25 Die beste neuere Darstellung des Konzepts stammt von Carsten Holbraad, The Concert of Europe. A Study in German and British International Theory, 1815-1914, London 1970.

das Gleichgewicht bilateral, über die USA als "balancer" verknüpft hat, war allzu künstlich und ging mit seinem Ausscheiden zu Ende. Nicht einmal er konnte dort dauerhafte Lösungen herbeiführen, wo die regionalen oder globalen Gleichgewichte gestört waren (weder im Nahen Osten noch im Verhältnis zwischen Industriestaaten und Entwicklungsländern).

In Teilbereichen und bezogen auf den Ost-West-Konflikt wurden zwar Institutionen geschaffen, die dem Zweck der Gleichgewichtserhaltung zu dienen vermögen (Genfer Verhandlungen über SALT, START, INF, CDE, MBFR in Wien)[26], aber sie arbeiten nur schwerfällig und mit Unterbrechungen. Am besten funktioniert die Gleichgewichtspolitik im regionalen Rahmen der EG, wo ausdifferenzierte Institutionen bestehen und wo günstige Bedingungen der innerstaatlichen Ordnung sowie der wirtschaftlichen und kulturellen Entwicklung gegeben sind. Hier haben sich die Regierungen daran gewöhnt, ihre Differenzen unter Verzicht auf Machtpolitik in festen Regelsystemen und in unablässigem Dialog auf allen Ebenen auszugleichen.

9. Die im 19. Jahrhundert voll entwickelte Grundvorstellung, alle zwischenstaatlichen Beziehungen, auch die Konflikte, in *völkerrechtlich geregelten Verfahren* zu lösen, hat in der Theorie zwar universelle Geltung, nicht aber in der Praxis. Doch es gibt tatsächlich Regionen, in denen dieser Ansatz verwirklicht ist - innerhalb der Sicherheits- und Integrationsgemeinschaften im westeuropäisch-nordatlantischen Großraum. Aber auch andere Staatengruppen - etwa ASEAN - sind auf dem Weg dorthin. Das Ziel, die Menschheit als weltumspannende Rechtsgemeinschaft zu organisieren, ist bis heute nicht aufgegeben worden.

Solange aber über die grundlegenden Menschenrechte und deren politische Voraussetzungen, über die Annehmbarkeit der Regierungssysteme und über die wünschenswerte internationale Ordnung keine Übereinstimmung erzielbar ist, solange auch die großen Unterschiede wirtschaftlicher und kultureller Natur zwischen den Staaten fortbestehen, ist die Überwindung der Machtpolitik durch eine einigermaßen funktionsfähige Völkerrechtsordnung nicht zu erwarten[27].

10. Heute herrscht eine ziemlich weitgehende Übereinstimmung darüber, daß zwei aufeinanderfolgende Versuche gescheitert sind, das Problem internationaler Macht durch Aufbau eines zur Bändigung von Aggressoren fähi-

---

26 Den heutigen Stand der westlichen Rüstungskontrollkonzepte markieren die beiden (unterschiedliche Positionen vereinigenden) Sammelbände von Uwe Nerlich (Hrsg., unter Mitwirkung von Falk Bomsdorf), Sowjetische Macht und westliche Verhandlungspolitik im Wandel militärischer Kräfteverhältnisse, und: Die Einhegung sowjetischer Macht (Internationale Politik und Sicherheit, Bd. 13 und 14), Baden-Baden 1982.

27 Eine imponierende Geschichte der diesbezüglichen Bemühungen hat neuerdings Wilhelm G. Grewe vorgelegt (Epochen der Völkerrechtsgeschichte, Baden-Baden 1984).

gen *kollektiven Sicherheitssystems* zu lösen. Weder der Völkerbund noch die Vereinten Nationen haben sich als überzeugende neuartige Alternative zur altbekannten (und gleichzeitig von alters her existenzgefährdenden) Machtpolitik erwiesen[28].

Zweifellos erfüllen die Vereinten Nationen und deren Unterorganisationen eine wichtige Aufgabe als globale Dialogsysteme, und sie sehen sich auch gelegentlich in die Lage versetzt, zum Konfliktmanagement beizutragen. Aber sie sind und bleiben ein Instrument staatlicher Machtpolitik - allenfalls dazu geeignet, diese abzumildern, zu modifizieren oder zu verhüllen. Aussichten zur grundlegenden Verbesserung der Fähigkeiten des UN-Systems zur Friedenssicherung und Streitschlichtung lassen sich nicht erkennen.

11. Im Grunde sind die meisten Versuche, für die Machtpolitik grundlegend neuartige Formen des Ausgleichs und der Konfliktregulierung zu finden, schließlich in globale, regionale oder bilaterale *Dialogsysteme* eingemündet. Der globale Dialog erfolgt vorwiegend in den Vereinten Nationen und deren Unterorganisationen (etwa: UNCTAD-Konferenzen über eine "neue Weltwirtschaftsordnung"), der blockübergreifende Dialog im Ost-West-Verhältnis im regionalen Rahmen (KSZE, MBFR), bilateral zwischen den Weltmächten (Gipfelbegegnungen, SALT, START, INF) oder zwischen den unterschiedlichen Regierungen der Blöcke. Daneben stehen andere Dialogplattformen (europäisch-arabischer Dialog, Weltwirtschaftsgipfel zwischen den führenden westlichen Industriestaaten).

Die Gesamtheit dieser Bemühungen führt zweifellos zur größeren Sensitivität für die vielfältigen Interessen in der Staatengesellschaft, erlaubt eine genauere Einschätzung der Tendenzen, mit denen gerechnet werden muß, erschwert vorschnelle, brutale Machtpolitik und stärkt das allgemeine Bewußtsein für die Erfordernisse der Interdependenz. Doch zeigt die Erfahrung, daß Staaten immer wieder aus den Dialogsystemen ausbrechen oder diese zur Tarnung ihrer einseitigen Machtpolitik nutzen. Zudem erzeugt die Vielzahl derartiger Veranstaltungen, die häufig nicht viel mehr als großzügig inszenierte Palaver darstellen, in der Öffentlichkeit und in den beteiligten Bürokratien eine Grundstimmung des Zynismus, mit entsprechender Neigung zum Rückgriff auf die altvertrauten Instrumente der Machtpolitik.

12. Zeitweise hatte es den Anschein, als ob die *Rüstungskontrolle* über die Ebene des Dialogs hinaus zu neuartigen Formen von Vertragspolitik führen würde. Zumindest in Teilbereichen der Waffenpotentiale schien es möglich,

28 Die maßgebenden Darstellungen sind F. P. Walters, A History of the League of Nations, 2 Bde., Oxford 1952, und Evan Luard, A History of the United Nations, Bd. 1: The Years of Western Dominance, 1945-1955, London 1982, und ders., The United Nations. How It Works and What It Does, London 1979, sowie - mit eingeschränkter Fragestellung - Michael Schäfer, Die Funktionsfähigkeit des Sicherheitsmechanismus der Vereinten Nationen, Berlin 1981.

die Überlebenstechnik unilateraler Vergrößerung der Potentiale durch vertraglich wenigstens für einen gewissen Zeitraum festgeschriebene Gleichgewichtspolitik zu ersetzen. Gegenwärtig ist aber auch im Hinblick auf diese neuartige Strategie des Macht-Managements allerseits Skepsis eingekehrt. Das Mißtrauen ist groß und nicht unberechtigt, daß alle Beteiligten die Rüstungskontroll- und Abrüstungsverhandlungen zur Positionsverbesserung und als psychostrategisches Instrument einsetzen. Die technischen Entwicklungen entziehen sich auch in zunehmendem Ausmaß längerfristigen vertraglichen Vereinbarungen.

13. Der einzige der neuartigen Ansätze zum Macht-Management, der sich voll bewährt und zu einer vielleicht dauerhaften Abkehr von traditioneller Machtpolitik geführt hat, ist die Entwicklung moderner *Sicherheits- und Integrationsgemeinschaften* zwischen den liberalen Industriestaaten im atlantischen und im westeuropäischen Raum. Die Staaten als maßgebende Akteure verschwinden zwar weder in der atlantischen "Sicherheitsgemeinschaft" (Karl W. Deutsch) noch im EG-System, aber sie erweisen sich im Verhältnis zueinander weitgehend friedlich und verständigungsbereit. Allerdings steht zu bezweifeln, ob dieses Modell weltweit nachgeahmt werden kann. Die Voraussetzungen sind doch zu einzigartig (hoher und vergleichsweise ähnlicher Stand der sozio-ökonomischen Entwicklung; starke Verankerung der Grundwerte liberaler Demokratie; hoher Verflechtungsgrad; eine Situation tolerabler Asymmetrien; stark differenzierte Verfahrensregeln zur gemeinschaftlichen Problemlösung; Eliten, die die Grundregeln dieser Interdependenzsysteme verinnerlicht haben).

IV. Schlußfolgerungen

Wie dieser kurze und gewiß nicht vollständige Aufriß der Methoden beim Umgang mit internationaler Macht gezeigt hat, haben eine Reihe der klassischen oder doch im Lauf der Neuzeit entwickelten Verfahren nichts von ihrer Bedeutung verloren. Auch die Welt des späten 20. Jahrhunderts ist durch Machtpolitik unterschiedlichster Art gekennzeichnet. Charakteristisch für die Gegenwart ist somit das Nebeneinander altvertrauter und neuartiger Strategien, charakteristisch auch der *Methodensynkretismus*, mit dem sich die Staaten mehr oder weniger abgefunden haben. Niemand ist bereit oder dazu in der Lage, sich ausschließlich auf eine einzige Strategie zur Überlebenssicherung zu verlassen.

Da die unangenehme Tatsache der internationalen Macht nicht aus der Welt zu schaffen ist, bleibt nach wie vor nur der Versuch, zerstörerischer, böser und unverantwortlicher Machtentfaltung Gegenmacht entgegenzusetzen sowie an Machtordnungssystemen zu arbeiten, die wenigstens ein gewisses Maß an friedlichem Macht-Management erlauben - auch zwischen gegnerischen Staaten und Staatengruppen. So gesehen ist Macht nicht nur ein Krisenfaktor ersten Ranges, sondern auch einer der wenigen Ordnungsfaktoren, auf die halbwegs Verlaß ist. Eine prekäre internationale Machtordnung ist dem internationalen Chaos immer noch vorzuziehen.

Allerdings wird die Macht ihre positiven Eigenschaften nur dann entfalten, wenn sie verantwortungsbewußt, rational, gemäßigt, mit einem gewissen Sensorium für die Verschiedenheit der Staaten, in Kenntnis von deren legitimen Interessen und mit der Bereitschaft zum friedlichen Zusammenleben eingesetzt wird. Der Wille zum Verzicht auf Gewaltanwendung findet freilich seine Grenze dort, wo Unabhängigkeit und Freiheit auf dem Spiel stehen. Selbstbehauptung und Frieden der liberalen Demokratien müssen so, wie die Lage beschaffen ist, gleichzeitig angestrebt werden. Die Verwirklichung beider Ziele hängt also letztlich von der Zurückhaltung der Gegner ab.

"Wege aus der Gefahr" internationaler Macht zu suchen, ist den Staaten unablässig aufgegeben, ob sie aber wirklich auf sicheren Boden führen, weiß niemand. Wo internationale Macht im Spiel ist, drohen auch Unterdrückung und Vernichtung. Guter Wille allein wird mit der Herausforderung nicht fertig, erst recht nicht alle panischen Versuche, sich ihr durch "Aussteigen" zu entziehen und dabei die Unterwerfung in Kauf zu nehmen. Umsicht beim Macht-Management allein ist der Lage gewachsen, wenn sie überhaupt zu meistern ist - Umsicht, die mit Verantwortung verbunden ist, aber auch mit kühler Unerschrockenheit.

Die Rolle des Krieges im kapitalistischen Weltsystem

"Wer die Entfaltung der Zeitalter überblickt, dem erscheint der Krieg als das eigentliche Wesen staatlicher Tätigkeit."

Bertrand de Jouvenel

Es gibt wohl kein anderes gesellschaftliches bzw. politisches Problem von so zentraler Bedeutung für das Leben und Überleben des Individuums, von Bevölkerungen und heute gar der Menschheit, über das gleichzeitig so wenig analytische Klarheit herrscht, dessen wissenschaftliche Erforschung gewissermaßen noch "mittelalterlich" ist und wo scheinbare Rationalität mit einem erschreckenden Maß an Obskurantismus und Fatalismus einhergehen. Moralische Verurteilung und fatalistische Hinnahme der Realität des Krieges - als mit der menschlichen Natur gegeben - gehen Hand in Hand. Pazifisten und Abrüstungsbewegungen ist es bisher nie gelungen, auch mit noch so überzeugenden Argumenten gegen die extrem pathologische Irrationalität von Rüstungsausgaben durchzudringen und sich eine wirkliche Massenbasis zu schaffen. Zu tief verankert ist das historische Stereotyp, und anscheinend zu überwältigend die historische Evidenz vom Krieg als ewigem Bestandteil menschlicher Geschichte, wozu inzwischen auch noch eine Anthropologie getreten ist, die ihn aus einem dem Menschen qua Mensch innewohnenden Aggressionstrieb ableitet, der allenfalls eingehegt, nicht aber überwunden und aufgehoben werden kann. Dieses populäre und wissenschaftlich bislang nicht auf breiter Front widerlegte Stereotyp rekurriert nicht nur auf die verhängnisvolle Sentenz "Wenn Du den Frieden willst, bereite den Krieg vor", sondern z.B. auch auf die ebenfalls dem sogenannten klassischen Erbe entnommene und verzerrt übersetzte Maxime des Heraklit, der Krieg sei der Vater aller Dinge - anstatt, wie es richtig heißen müßte, der Konflikt ist die Wurzel aller Dinge und allen Lebens.

In Henry Kissingers Memoiren steht der erschreckende Satz: "Bis heute ist es die schwierigste Aufgabe geblieben, eine vernünftigere Nuklearstrategie zu entwickeln, die es erlaubt, wenigstens einen Teil des zivilisierten Lebens zu erhalten ..." (Kissinger: 1979, 237). Der Krieg ist also nicht nur nach wie vor legitimes Mittel der Politik von Klein- und Großmächten, auch unter optimalen - laut Kissinger "vernünftigeren" - Umständen kann bestenfalls ein "Teil" des "zivilisierten" Lebens (wer auch immer die glücklichen Privilegierten sein mögen) erhalten werden. Diesem analytischen Fatalismus, der zugleich ein historisches Versagen darstellt, nämlich ein Versagen vor dem Begreifen geschichtlicher Zusammenhänge und ihrer erst dadurch prinzipiell möglich werdenden Überwindung, gilt dieser Essay.

Hier ist folgendes Argument zu entwickeln: Einerseits hat es unbestritten zu allen uns bekannten Zeiten und zwischen allen bekannten Gesellschaftsformationen gewalttätige Konflikte und, entsprechend dem erreichten Grad gesellschaftlicher Großorganisation, Kriege gegeben; andererseits ist es sicherlich in der Geschichte des Verhältnisses von Krieg und Gesellschaft mit der Durchsetzung der kapitalistischen Produktionsweise zu einem signifikanten Bruch gekommen. Krieg und mehr noch Rüstung haben seither eine historisch neuartige Funktion, die es rechtfertigt, Krieg und Rüstung in nicht-kapitalistischen Gesellschaften von Krieg und Rüstung in unserer Epoche deutlich zu unterscheiden. Wenn es - zumindest ansatzweise - gelingt, das Stereotyp von Krieg und Rüstung als immer-schon-dagewesen aufzubrechen und das qualitativ Neuartige in Umrissen herauszuarbeiten, was "Militär" in allen seinen Aspekten spätestens seit dem 16. Jahrhundert bedeutet, dann wäre das auch ein wichtiger Schritt zur Emanzipation von der Fatalität des Krieges als leider unvermeidlichem Mittel der Politik und nähme den pazifistischen Argumenten ihren moralisch-utopischen Charakter - jedenfalls dann, wenn diese Argumente sich auf den größeren und schwierigeren, den politökonomischen Kontext einlassen.

KRIEG UND DIE ENTSTEHUNG DES KAPITALISTISCHEN WELTSYSTEMS

Dieser Kontext ist näher und historisch durch die Entstehung des modernen Staates bestimmt, einer qualitativ neuen politischen Organisationsform im Rahmen des sich als Weltmacht herausbildenden internationalen Systems. Dieses internationale System ist gleichermaßen Produkt der modernen Staatsformation wie der Staat ein Produkt des internationalen Systems ist; beide bedingen sich gegenseitig, sind zwei Seiten desselben historischen Prozesses (Krippendorff: 1975, Kap. V; Krippendorff: 1970). Der moderne Krieg muß als unauflösbar verknüpft mit dem modernen Staat und der kapitalistischen Produktionsweise begriffen werden. In der Formulierung von Harold Laski: "... Der Staat der kapitalistischen Gesellschaft braucht die Souveränität, um die Interessen des Kapitalismus zu sichern. In letzter Instanz müssen die Interessen durch den Krieg geschützt werden, der seinerseits den höchsten Ausdruck der Souveränität in den internationalen Beziehungen darstellt. Solange es darum, von innen betrachtet, der eigentliche Zweck des Staates ist, die kapitalistischen Prinzipien abzusichern, solange wird es, nach außen gewendet, des Krieges als Instrument nationaler Politik bedürfen. Ebenso wie Souveränität und eine tatsächliche Welt-Ordnung miteinander unvereinbar sind, so sind auch Kapitalismus und Welt-Ordnung unvereinbar - denn der Krieg ist zutiefst im kapitalistischen System verankert und ist zu dessen Funktionieren nach unserer Erfahrung eine Notwendigkeit" (Laski: 1935, 229). Später spricht Laski vom Zusammenhang zwischen Aufrechterhaltung der Klassengesellschaft im Inneren und dem Suprematie-Streben nach außen und folgert daraus: "Erst mit der Transformation der Klassenverhältnisse können auch die zwischenstaatlichen Antagonismen grundsätzlich miteinander versöhnt werden" (Laski: 1935, 245).

Der "Bruch" in der Funktion von Krieg und Rüstung tritt, äußerlich betrachtet, im 16. und 17. Jahrhundert ein und wurde bereits von einem so prominenten und scharfsinnigen Zeitgenossen wie Montesquieu in seinem "De l'esprit des lois" deutlich erkannt: "Eine neue Krankheit hat sich über Europa ausgebreitet. Sie hat unsere Fürsten befallen und veranlaßt sie, unangemessene Truppenzahlen zu unterhalten. ... Sobald der eine Staat die Zahl der zu den Fahnen Gerufenen erhöht, tun die anderen sofort dasselbe, mit dem Ergebnis, daß nichts dabei gewonnen wird als der gemeinsame Ruin. Jeder Monarch unterhält so viele Armeen in ständiger Bereitschaft, wie er benötigte, wenn sein Volk in tatsächlicher Gefahr schwebte; und dieser Zustand der Rivalität aller gegen alle wird dann Frieden genannt" (Montesquieu, 1949/50, 470).

Die historische Statistik gibt Montesquieu hinsichtlich der sprungartigen Zunahme der Heeresgrößen recht. Er konnte jedoch nicht sehen, daß der Rückgang in der Anzahl tatsächlicher Schlachten mit einer deutlichen Zunahme von Kriegstaten gekoppelt war.

Aus der folgenden Tabelle wird der qualitative Sprung im Kriegswesen während des 16. und 17. Jahrhunderts deutlich ablesbar (Sorokin: 1957, 549).

Heeresgrößen und Kriegstote für neun europäische Staaten von 1101 bis 1925

Periode	Heeresgrößen	Kriegstote
1101-1200	1 161 000	29 940
1201-1300	2 372 000	68 440
1301-1400	3 947 000	169 929
1401-1500	6 910 000	364 220
1501-1600	16 707 300	896 185
1601-1700	25 796 000	3 711 090
1701-1800	31 055 500	4 505 990
1801-1900	24 233 800	3 625 627
1901-1925	60 425 000	22 035 150

Es würde zu weit führen, auf die Kriege des Altertums zurückzugehen (Diesner: 1971); hier muß es genügen, den modernen Krieg vom Mittelalter abzuheben - für das klassische Altertum mag die quantitativ belegte Bilanz Sorokins genügen, daß etwa das Römische Imperium gerade hinsichtlich seines Militäraufwandes und seiner Gewaltanwendung durchaus friedlich zu nennen sei. Auch das Mittelalter, "obwohl von einem martialischen Stil geprägt, kannte erstaunlich wenige wirkliche Schlachten" (Preston/Wise: 1970, 80) - es war langwierig und kostspielig, eine Armee auf die Beine zu stellen, die Lehnsmänner verweigerten dem Lehnsherren nicht selten den Dienst, und ihre tatsächliche Kriegs-Zeit betrug aufgrund anderweitiger Verpflichtungen im Durchschnitt nur ca. 40 Tage im Jahr. Außerdem war es aus logistischen Gründen schwer, großräumige und zeitlich ausgedehnte Kampagnen zu führen, die sich dann ohnehin darauf beschränkten, "das mit Waffengewalt zu nehmen, was man im Handel nicht billiger bekommen konnte" (Lattimore: 1962, 544; zum Krieg im Mittelalter siehe Duby: 1977).

Das ändert sich grundlegend erst mit der frühkapitalistischen Revolution in Westeuropa und der Herausbildung des Handels- und Kaufmannskapitals. Die königliche Zentralgewalt wurde gestärkt, und diese konnte erst große Söldnerheere und dann stehende Heere in Dienst und Sold nehmen. Das ist im wesentlichen bekannt und braucht hier nicht näher ausgeführt zu werden. Anläßlich der kriegerischen Auseinandersetzungen zwischen den italienischen Republiken verbanden sich - in der Strategie der Condottieri - erstmalig frühkapitalistischer Kommerz und Krieg. Der Feldzug wurde für die ohne politisch-ideologisches Engagement kämpfenden Heerführer zum Geschäft. Sieg hätte bedeutet, sich überflüssig zu machen, weshalb die Condottieri diesen oft kunstvoll vermieden. Man wird die Landsknechtsformationen als die ersten modernen Heere bezeichnen können: Sie bestanden aus Lohnarbeitern ("Söldnern"), waren qualifizierte und berufsstolze Fachhandwerker der Kriegskunst und nicht selten demokratisch organisiert (Wahl von Vertrauensmännern gegenüber dem Hauptmann, der sog. "Gemeinweibel"). Es kam hier auch wiederholt zu Kampfverweigerungen, also - modern ausgedrückt - zu Streiks. Als Beispiele: Nach der Schlacht von Marignano (1515) empörten sich die Schweizer Söldner, da ihre deutschen Kollegen inzwischen fast genausoviel verdienten wie sie; ein Jahr später meuterten die deutschen Landsknechte gegen Maximilian, weil ihnen der Sieg in eben jener Schlacht nicht die erwartete Lohnangleichung an das Schweizer Niveau gebracht hatte. Hingegen bedeutete bereits der Sieg Charles VIII. von Frankreich über die italienischen Republiken nicht nur den Sieg der Kanone über das Söldnerheer, es siegte auch und vor allem der zentralistische Großflächenstaat über den Stadtstaat (1494-1527, "Sacco di Roma"), der sich als politische Organisationsform zur Fortentwicklung der kapitalistischen Produktionsweise und des Bürgertums als zu eng erwies. Machiavelli war nicht nur der erste große Theoretiker des neuzeitlichen Staates (den zu schaffen er dem "Principe" als historische Aufgabe für Italien darlegte), er war auch der erste große Theoretiker des modernen Krieges, der den Zusammenhang zwischen militärischer, politischer und ökonomischer Macht begriff.

Wenn Montesquieu in der oben zitierten Stelle vom "gemeinsamen Ruin" als Ergebnis von Rüstung und Krieg spricht, so hatte er damit kurzfristig recht: Die aufwendige Kriegsführung Ludwigs XIV., auf die er sich bezieht, brachte das Frankreich des 18. Jahrhunderts in der Tat an den Rand des wirtschaftlichen Zusammenbruchs und trug mit zur späteren Revolution bei. Aber Montesquieu konnte dabei den Zusammenhang zwischen Rüstung und Kapitalismus nicht erkennen, der sich überall in Westeuropa in den verschiedensten Formen und unter verschiedenen Bedingungen herzustellen begann. Wo dieser Zusammenhang fehlte, wo die Ausrüstung der immer größeren und aufwendigeren Armeen nicht zum Motor der Manufaktur wurde, war der langfristige Niedergang geradezu unvermeidlich. Dies traf vor allem auf Spanien zu, das, trotz seiner großen Kolonialbeute im 16. Jahrhundert, durch den kostspieligen Krieg gegen die rebellische Bourgeoisie der Niederlande ruiniert wurde. Dieser Krieg kostete Spanien weit mehr, als es den Kolonien gleichzeitig abpressen konnte. Daneben entwickelte es wegen der Entfernung der Kriegsschauplätze vom Mutterland keine Kriegswirtschaft.

"In der scheinbar absurden Behauptung der spanischen Merkantilisten, daß die Kriege während der zweiten Hälfte des 17. Jahrhunderts besonders schädlich für die spanische Ökonomie waren, weil die wichtigsten Kriegsschauplätze nicht im Heimatland, sondern in Italien und Flandern lagen, steckt doch ein Kern an Wahrheit. Material und Nachschub der Armeen in fernen Ländern konnten nicht ohne beträchtliche Vorschüsse (in Spanien selbst) beschafft und transportiert werden. Zumindest in zwei Fällen beschleunigte die Beschaffung von Hartgeld für Einkäufe in ausländischen Kriegsgebieten die Abwertung des kastilischen Geldes gegenüber Gold, Silber, ausländischen Devisen und einheimischen Waren" (Hamilton: 1969, 3f.).

Für die holländische Bourgeoisie dagegen bedeutete der Krieg, an dem das spanische Weltreich zerbrach, nicht nur Kolonial-, sondern auch Kriegsprofit (obwohl im Befreiungskampf der Niederlande etwa eine viertel Million Menschen umkamen!).

Der Militärhistoriker Howard: "Bis zur ersten Hälfte des 17. Jahrhunderts war Kriegsführung in Westeuropa Lebensinhalt für wesentliche Sektoren der Gesellschaft. Frieden war für sie eine Katastrophe, und die Verlängerung des Krieges war, ausgesprochen oder unausgesprochen, legitime Aufgabe eines jeden Mannes von Geist und Verstand. Selbst im 17. und 18. Jahrhundert war der Krieg, so kompliziert und formalisiert er auch geworden war, ein akzeptierter, fast unverzichtbarer Teil des gesellschaftlichen Lebens, und er wurde abgekürzt und unterbrochen nur wegen seiner wachsenden Kosten. Wenn man am Krieg verdienen konnte, wie das für die holländischen Händler des 17. und die englischen des 18. Jahrhunderts der Fall war, dann wurde sein Ausbruch ebenso begrüßt wie sein Ende bedauert" (Howard: 1971, 204).

Ähnliches gilt für den Aufstieg Englands zur Weltmacht. Verglichen mit Frankreich (über 10 Millionen Einwohner) oder Spanien (7 Millionen, dazu

4 Millionen Menschen in Italien) war es mit seinen 4 Millionen Menschen im 16. Jahrhundert (England und Wales) sowohl am Pro-Kopf-Einkommen gemessen als auch hinsichtlich seiner Rüstungsproduktion eher ein unterentwickeltes Land: Die politisch-militärischen Ambitionen Heinrichs VII., mit den kontinental-europäischen Konkurrenten gleichzuziehen, stimulierten entscheidend die englische Rüstungsindustrie. Technologische Verbesserungen machten englische gußeiserne Kanonen bald zu einer begehrten Handelsware. Der sich daraus ergebende faszinierende Konflikt zwischen den Waffenproduzenten, die durch Exportsteigerungen verdienen wollten, und der Krone, die solche Exporte zur Erhaltung des eigenen Rüstungsvorsprungs zu unterbinden trachtete, kann hier nur kurz erwähnt werden. Die im 17. Jahrhundert auf Initiative der Krone rasch verbesserte englische Militärkapazität zahlte sich in der Folge reichlich aus. Die Zeit des Ausbaus der englischen Handelsvormachtstellung (1689-1760) war auch durch gesteigerte kriegerische Aktivität gekennzeichnet: Fast die Hälfte dieser Periode hindurch wurde Krieg geführt, und zwar bewußt zur Förderung des englischen Handels (Neidhart: 1979). "Am Ende eines jeden Krieges hatte der Handel gegenüber Kriegsbeginn meist an Volumen gewonnen; er wuchs auf Kosten des feindlichen Handels, in der Regel des französischen" (Pollard/Crossley: 1968, 168). Nahezu die gesamte englische Industrie (Eisen- und Nichteisenmetallgewinnung, Kohlebergbau, Tierzucht, Lederwarenproduktion, Schiffsbau, Chemikalien, selbst Luxusgüter wie Seide) profitierte entweder direkt als Zulieferer oder indirekt durch Importzölle vom Krieg.

"Der Krieg war das in letzter Instanz entscheidende Instrument der Politik, welches die Engländer so geschickt zur Schaffung einer Handelsflotte praktisch über Nacht einsetzten und mittels dessen sie Konzessionen von den Besiegten erzwangen ... (Sie) bildeten eine Handelsmarine aus den rund 1700 Schiffen, die sie den Holländern in zwei Kriegsjahren (1652-54) als Beute abgejagt hatten. Es scheint, als ob die Engländer Lord Bacons politischem Ratschlag vom 'Lucrative and Restorative Warre' gefolgt seien. Seit der Mitte des 17. Jahrhunderts zwangen sie Spanier und Portugiesen zu Zollkonzessionen für den Import englischer Waren und zur Stärkung der Position ihrer in Lissabon und Sevilla residierenden Kaufleute" (Stein/Stein: 1970, 26f.).

Der große englische Historiker Robert Seeley charakterisiert das Jahrhundert der Ausbreitung Englands - 1688-1815 - als ein Jahrhundert permanenter Kriegsführung: "Sieben große Kriege führten wir von der Revolution bis zur Schlacht von Waterloo, der kürzeste dauerte sieben und der längste zwölf Jahre. 64 von 126 Jahren, also mehr als die Hälfte, waren 'Kriegsjahre'" (Seeley: 1954, 28). Insbesondere die zweite Hälfte des 18. Jahrhunderts mit der "Trilogie" von Österreichischem Erbfolgekrieg, Siebenjährigem Krieg und Amerikanischem Krieg sollte man richtigerweise "als einen einzigen Krieg mit gelegentlichen Pausen ansehen" (Seeley: 1954, 33). Es war nicht nur die Periode der "Ausbreitung Englands" und seines Kampfes mit Frankreich um die Weltherrschaft, nämlich um die Beherrschung des kolonialen Weltsystems, sondern zugleich die Periode, während der England - nach der Cromwellschen Revolution - zum modernen Staat als dem Machtinstrument des Bürgertums geworden war.

Für Rußland läßt sich derselbe Zusammenhang zwischen moderner Staatlichkeit und Kriegskapazität als Stimulus zur Entwicklung von Manufakturen und damit zur Schaffung der strukturellen Voraussetzung und der Durchsetzung der kapitalistischen Produktionsweise festmachen. Damit entstand eine bürgerliche Klasse, deren Entfaltung in Ländern wie Spanien und Portugal verhindert wurde. In Rußland waren es - viel mehr noch als die Hugenotten für Preußen-Brandenburg - ausländische Kaufleute und Experten, die die militärisch erforderlichen Manufakturen auf Initiative der Monarchie schufen - denn: "Hätte Rußland weiterhin vom Westen importiert, ohne gleichzeitig eine parallele Entwicklungspolitik für eigene Manufakturproduktion zu betreiben, so wäre die Fähigkeit des Staates, Kriege zu führen, völlig von der Aufrechterhaltung guter Beziehungen zu den fortgeschrittenen Nationen Westeuropas abhängig gewesen" (Fuhrmann: 1972, 173). Darüber hinaus erwies sich auch die Rüstungsindustrie als Devisenbringer: Um die Mitte des 17. Jahrhunderts exportierte Rußland in großen Mengen Kanonen, Kanonenkugeln, Handgranaten und Säbel, vor allem über den holländischen Markt. Generell hat Schumpeter (1969, 47) die historische Rolle der absoluten Monarchie, die die erste Erscheinungsform des modernen Staates darstellt, so zusammengefaßt: "Die Ziele ihrer Politik waren fraglos Reichtum und Macht des Staates. Höchstes Volkseinkommen - für Hof und Armee zu konsumieren - war Zweck der Wirtschaftspolitik, Sorge für die Wohlfahrt der Klassen, von denen das Regime sich nährte, war in diese Politik einbezogen. Die daraus hervorgehende Wirtschaftsordnung war Planwirtschaft, und geplant wurde in erster Linie in Hinsicht auf Krieg" (dazu auch Hinsley: 1973).

Auch hier bleibt formal richtig, aber inhaltlich leer, daß es Kriege, nämlich bewaffnete Auseinandersetzungen zwischen konkurrierenden gesellschaftlichen Einheiten, geführt von ausgebildeten Experten für organisierte Gewalt (Soldaten, Armeen, Heerführer), schon immer gegeben habe. Das historisch qualitativ Neuartige besteht jedoch in der Einbeziehung immer größerer Reproduktionssektoren in das Militärwesen. Sehr grob und zugespitzt formuliert: Kriege blieben in früher Zeit, was die Gesellschaften selbst anbetraf, relativ äußerliche Vorgänge und dienten meist der Herstellung neuer dynastischer Besitzstandsverhältnisse; Herrschaftsklassen wurden gegeneinander ausgetauscht, ohne daß die sich landwirtschaftlich reproduzierenden Gesellschaften strukturell verändert wurden - was große Verwüstungen und das Niederbrennen von Städten und Dörfern etc. keineswegs ausschloß. In dem Maße jedoch, in dem militärische Stärke zur Funktion der Entwicklung der Produktivkräfte wurde, wuchs auch das direkte oder indirekte Interesse immer größerer Sektoren an Krieg und vor allem an Rüstung.

Hatte ich bisher betont, daß kapitalistische Konkurrenzverhältnisse die Voraussetzung staatlicher Konkurrenzverhältnisse und damit auch von staatlich organisierten, bewußt geplanten Gewaltanwendungen sind, so ließe sich nun das Verhältnis geradezu umgekehrt beschreiben: Die Entfaltung kapitalistischer Produktionsverhältnisse wurde zunehmend zur Voraussetzung politisch-militärischen Überlebens. Die sich feindlich gegenüberstehenden Staaten schufen sich moderne, kapitalistisch strukturierte Ökonomien zur qualitativen Verbesserung ihrer Angriffs- und Verteidigungskapazitäten - die staatlich vorangetriebene Rüstung wird zur Lokomotive der Manufaktur, durch die der in Zünften organisierten Produktion der Todesstoß versetzt wird.

"Krieg und die Vorbereitung des Krieges stellen einen kraftvollen Impuls - wenn auch vielleicht nicht gerade den einzigen - für die Entwicklung moderner industrieller, kommerzieller und finanzieller Organisationen dar. Gustav Adolf, Ludwig XIV. und Peter der Große von Rußland legten Arsenale an, die zu den frühesten Modellen des Fabriksystems wurden. Staatliche Kreditaufnahme und die Gründung der Bank von England, ihrerseits grundlegende Neuerung staatlicher Finanzierung von größter Bedeutung, waren das direkte Ergebnis der Notwendigkeit, genügend Kapital zum Kampf gegen Ludwig XIV. zu mobilisieren" (Preston/Wise: 1970, 117).

Für die englische Eisenindustrie ist zum Beispiel der Nachweis geführt worden, daß sie in hohem Grade einer der zentralen Motoren der Industriellen Revolution wurde, indem sie durch ihren Einsatz für die Rüstung unverhältnismäßig hohe Gewinne abwarf. Umgekehrt führten darum Friedenszeiten und nicht-ausgelastete Kapazitäten zu sektoralen Krisen (Ashton: 1974, 152f.). Das vermutlich "klassische" Modell zur Demonstration des Zusammenhangs zwischen staatlich forcierter Rüstung und frühkapitalistischer Industrialisierung stellt jedoch das unter ehrgeizigen Monarchen aufstrebende Preußen dar: Die Errichtung von Manufakturen und Fabriken, die Anlage von Straßen und Depots waren weitgehend das Werk militärisch inspirierter Initiativen der königlichen Bürokratie, die - nicht zuletzt mittels billiger staatlicher Kredite - Landadel und Aristokratie zur Gründung von Manufakturen und Bergwerken antrieb. Ebenso förderte sie die Einwanderung der als fleißig bekannten Hugenotten aus Frankreich, die im preußischen Staat den Grundstein zu einer modernen Wirtschaftsstruktur legten. Das auf England gemünzte Urteil zweier Wirtschaftshistoriker, daß "die Kriege ebenso unverzichtbar zur Entwicklung des Kapitalismus im 18. Jahrhundert gehören, wie die Sklaverei zur Entwicklung der Zuckerplantage" (Pollard/Crossley: 1968, 169), gilt für Preußen gleichermaßen. Es gilt aber auch - immer mit den spezifischen Bedingungen entsprechenden Variationen - etwa für den japanischen Industrialisierungsprozeß im Zuge der Meji-Restauration. Auch diese zielte sehr konkret auf den Auf- und Ausbau militärischer Kapazitäten zur Überlebenssicherung in einer feindlichen, kapitalistischen Umwelt, in der bloßer Samurai-Heroismus selbstmörderisch sein mußte - diese Kriegerkaste wurde nach einem blutigen Aufstand denn auch ausgeschaltet.

Rüstung, Krieg, aber auch das Militär als gesellschaftliche Organisation wie als Instrument der Machterhaltung und -ausdehnung sind von zentraler Bedeutung für den modernen Staat. Sie sind das "Herz der Souveränität" (Laski), in welchem Begriff sich bekanntlich das Neue dieser politischen Struktur ideengeschichtlich manifestiert. Staaten sind souverän, sofern sie in der Lage sind, sich gegeneinander und innergesellschaftlich militärisch zu organisieren und zu behaupten. Die berühmte Formel vom "Primat der Außenpolitik" meint eben dieses: Militärische Angriffs- und Abwehrbereitschaft in einer Welt potentieller Feinde oder ökonomischer Konkurrenten, die Unterordnung gesellschaftlicher Verhältnisse unter die Zwänge militärisch definierten staatlichen Überlebens in feindlicher Umwelt werden zum Wesen von Politik überhaupt. Wettrüsten, Ideologien nationaler Überlegenheit, Nationalismus als Rechtfertigungen gesellschaftlicher Disziplinierungsstrategien und politischer Repression entspringen eben diesem Zusammenhang und führen schließlich zu Kriegen nicht nur universaler, sondern auch totaler Dimensionen.

Bekanntlich hat Schumpeter (1918, 1-39; 275-310) versucht, einen fundamentalen Widerspruch zwischen dem vermeintlich "atavistischen" Kriegsgeist, der aus industriellen Gesellschaftsschichten übriggeblieben sei, und dem friedlichen Profitmotiv des kapitalistischen Händlers zu konstruieren - Kapitalismus bedeute in seinem Wesen, und zur vollen Verwirklichung seiner selbst gebracht, Frieden. Darüber hatte sich schon rund vierzig Jahre früher der scharfsinnige Seeley lustig gemacht: "Das Charakteristische für das Wesen Englands in dieser Zeit liegt darin, daß es zugleich Handelsmacht und Kriegsmacht ist. Die landläufige Vorstellung verbindet Handel mit Frieden, und man kommt zu dem Schluß, daß die Kriege des modernen Englands durch den Einfluß der Feudalaristokratie entstanden seien. Aristokratien seien ja durch ihren militärischen Ursprung von Natur zu Kriegen geneigt, während der Kaufmann ebenso von Natur den Frieden brauche, um seinem Handel ungestört nachgehen zu können. Da haben wir wieder einmal ein gutes Beispiel des aprioristischen Denkens in der Politik! Wie kamen wir denn zur Eroberung Indiens? - doch ganz unmittelbar infolge unserer dortigen Handelsbeziehungen. Das ist nur das schlagende Beispiel für ein Gesetz, welches durch die ganze englische Geschichte des 17. und 18. Jahrhundert hindurchgeht: das Gesetz der innigen Wechselbeziehungen von Krieg und Handel, nach dem in dieser ganzen Periode der Handel naturgemäß zum Kriege führt und der Krieg den Handel begünstigt" (zitiert nach der deutschen Ausgabe, Seeley: 1954, III).

Derselbe Seeley war aber auch einer der ersten, der - wieder im Unterschied zu Schumpeters "Apriorismus" - auf die enge Verwandtschaft, ja Identität von händlerischer und (see-)räuberischer Mentalität, sprich vom Geist des Profits und dem dazu notwendigen Mittel der kriegerischen Gewalt, aufmerksam machte: "Ich sagte schon, daß die englischen Kapitäne sehr viel Ähnlichkeit mit Seeräubern hatten; für England war der Krieg tatsächlich ein Gewerbe, ein Mittel zur Bereicherung, das einträglichste Geschäft und die beste Kapitalanlage jener Zeit. Dieser spanische Krieg wurde zur Wiege des englischen Außenhandels; die erste Generation von Engländern, die überhaupt Kapital anzulegen hatte, legte es in diesem Kriege an. Wie wir jetzt unser Geld in Eisenbahnen und wer weiß was anlegen, so bezog der damalige gewandte Geschäftsmann Anteile an einem neuen Schiff, das John Oxenham oder Francis Drake in Plymouth ausrüsteten, um den spanischen Silberschiffen aufzulauern oder Beutezüge gegen die spanischen Städte am Golf von Mexiko zu unternehmen. Und dabei waren die beiden Länder nicht einmal im Kriegszustand miteinander. Infolge dieses Monopolsystems waren schließlich in der Neuen Welt Handel und Krieg untrennbar. Das nächste und noch überraschendere Beispiel für diese Regel bietet uns der Wohlstand in Holland. Was konnte für einen kleinen Staat verderblicher sein als ein langer Krieg? - so möchte man fragen. Und doch begründete Holland seinen Wohlstand in einem achtzigjährigen Krieg mit Spanien, denn dieser Krieg gab die ausgedehnten Besitzungen seines Gegners in der Neuen Welt seinen Angriffen preis, die ihm im Frieden unzugänglich gewesen wären. Dem Weltreich, das sich Holland durch diese Eroberungen schuf, verdankte es dann seinen Reichtum" (Seeley: 1954, 113f.).

Darüber hinaus muß jedoch eine noch entschieden grundsätzlichere, strukturelle Verwandtschaft zwischen den Prinzipien kapitalistisch-industrieller Organisation (Hierarchie, Disziplin, Autorität) und denen des Militärs (Hierarchie, Disziplin, Gehorsam, Effizienz und Rationalität der Mittel zu Zwecken, die selbst nicht rationalen Kriterien unterworfen werden) hervorgehoben werden. Sieht man den Widerspruch militärischer Organisation so zwischen Rationalität der Mittel und Irrationalität des Zwecks, dann erscheint auch darin die Verwandtschaft zur kapitalistischen Produktionsweise, ist diese doch unter anderem durch den Widerspruch zwischen "der gesellschaftlichen Organisation in der einzelnen Fabrik und der gesellschaftlichen Anarchie in der Gesamtproduktion" gekennzeichnet (Engels: 1962a, 227).

Werner Sombart hat bereits 1913 den von der heutigen Rüstungsdiskussion vergessenen oder unterschlagenen Nachweis geführt, "daß der Krieg noch viel unmittelbarer am Aufbau des kapitalistischen Wirtschaftssystems beteiligt ist. Deshalb daran beteiligt ist, weil er die modernen Heere geschaffen hat und die modernen Heere wichtige Bedingungen kapitalistischer Wirtschaft erfüllen sollten. ...: die Vermögensbildung, der kapitalistische

Geist und vor allem ein großer Markt. ... Das moderne Heer ist vielleicht die erste Stelle, wo sich der Gesellschaft das dynamische Streben nach Ausweitung und Anderssein bemächtigt, das das alte statisch-ruhige Verhalten der mittelalterlichen Welt ablöste und unsere gesamte Kultur ja so von Grund aus umgestürzt hat. Die damit verbundenen quantifizierenden Tendenzen, die dann ihre stärkste Entfaltung im Kapitalismus fanden, treten ebenfalls hier zuerst in den modernen Heeren auf. ... Heeresvergrößerung und Kapitalakkumulation sind durchaus verwandte Vorgänge" (Sombart: 1913, 14, 32f.).

Der historische Rekurs zeigt auch hier, daß der in jüngster Zeit als scheinbar ganz neuartiges Phänomen entdeckte "militärisch-industrielle Komplex" zumindest so alt ist wie der Manufakturkapitalismus. Er ist darum ein fester Bestandteil des modernen Staates überhaupt und gewissermaßen - wenn wir Sombart folgen wollen - sogar dessen ureigenste Kreation. Jene oft als alarmierend zitierten plus/minus zehn Prozent Anteil des Rüstungssektors am amerikanischen Bruttonationalprodukt - und zwar in Friedenszeiten - finden wir - allerdings für die Kriegsjahre - bereits im 18. Jahrhundert (Wolfe/Erickson: o.J.):

Kriegskostenanteil am gemeinsamen Nationalprodukt der Beteiligten pro Kriegsjahr (in %)

Spanischer Erbfolgekrieg (nur England)	1702-1713	8
Siebenjähriger Krieg (nur England)	1756-1763	10
Amerikanischer Unabhängigkeitskrieg	1776-1781	10
Napoleonische Kriege	1793-1815	13
Krimkrieg	1854-1856	8
Amerikanischer Bürgerkrieg	1861-1865	30
Deutsch-Französischer Krieg	1870-1871	
Frankreich		64*
Deutschland		20
Russisch-Japanischer Krieg	1904-1905	19

* Incl. Reparationen an das Deutsche Reich, zu zahlen in fünf Nachkriegsjahren, etwa ein Viertel eines Jahresnationalproduktes.

DER TENDENZIELL TOTALE KRIEG

Geht man bei der Analyse der militärischen Dimension des internationalen Systems von jener historischen Symbiose - von Staatenbildung, Kapitalismus-Entfaltung und Rüstung - aus, so finden viele Probleme, mit denen sich die Theorie der Internationalen Beziehungen beschäftigt, eine Erklärung: Scheinbare Widersprüche enthüllen ihre gesellschaftliche Logik und in letzter Konsequenz die Logik der Selbstzerstörung dieses aus der Entfaltung der Produktivkräfte ebenso wie des Zerstörungspotentials sich gleichermaßen eskalierend reproduzierenden Systems.

Friedrich Engels schrieb schon 1887: "Acht bis zehn Millionen Soldaten werden sich untereinander abwürgen und dabei ganz Europa so kahlfressen, wie noch nie ein Heuschreckenschwarm. Die Verwüstungen des Dreißigjährigen Krieges zusammengedrängt in drei bis vier Jahre und über den ganzen Kontinent verbreitet; Hungersnot, Seuchen, allgemeine, durch akute Not hervorgerufene Verwilderung der Heere wie der Volksmassen; rettungslose Verwirrung unseres künstlichen Getriebs in Handel, Industrie und Kredit, endend im allgemeinen Bankrott; Zusammenbruch der alten Staaten und ihrer traditionellen Staatsweisheit, derart, daß die Kronen zu Dutzenden über das Straßenpflaster rollen und niemand sich findet, der sie aufhebt; absolute Unmöglichkeit vorherzusehen, wie das alles enden und wer als Sieger aus dem Kampf hervorgehen wird; ... Das ist die Aussicht, wenn das auf die Spitze getriebene System der gegenseitigen Überbietung in Kriegsrüstungen endlich seine unvermeidlichen Früchte trägt" (Engels: 1962b, 350f.).

Allerdings sah Engels in der allgemeinen Erschöpfung "die Herstellung der Bedingungen des schließlichen Sieges der Arbeiterklasse" als "unvermeidlich". Im Kontext einer historischen Theorie der Internationalen Beziehungen, d.h. einer Theorie, die das Weltsystem von seiner Genese her in seinen Widersprüchen auf den Begriff zu bringen versucht, schließt sich daran die - hier nicht erfüllbare - Forderung an, auch das Studium der Kriegsführung selbst nicht auszuschließen und sie aus ihren historischen, nämlich den politökonomischen Bedingungen abzuleiten und zu verstehen.

DIE MODERNE KRIEGSFÜHRUNG

Es ist schon darauf hingewiesen worden, daß sich mit der frühbürgerlich-kapitalistischen Revolution auch eine quantitativ meßbare, qualitative Veränderung in der Bedeutung von Krieg und Kriegsführung vollzieht. Nur hinsichtlich dieses "Sprunges" in der Entfaltung der Destruktionskapazitäten lohnt sich der Hinweis auf jene Strategietheorie, die Menschen als Kriegsmaterial schont. Die Kriegslehre formulierte unter anderem: "Man kann Kriegsunternehmungen mit geometrischer Strenge einleiten und ständig Krieg führen, ohne jemals in die Notwendigkeit zu kommen, schlagen zu müssen" (General Lloyd um 1780). Tatsächlich kosteten jedoch auch die Feldzüge und Schlachten des vorrevolutionären Absolutismus Zehn-, ja Hunderttausende von Menschenleben (Vedel-Petersen: 1923).

Richtig aber ist das gleichgerichtete Interesse von Monarchie und Bourgeoisie aller kriegführenden Staaten an der Nichtbeeinträchtigung der Wirtschafts- und Handelsbeziehungen über die Grenzen hinweg. Den eigentlichen Wendepunkt zu neuzeitlicher Kriegsführung stellten die Kampagnen Napoleons und die aus der Französischen Revolution hervorgehenden Kriege dar, wobei die Französische Revolution selbst aus dem größeren Kontext der von England ausgehenden Industriellen Revolution zu interpretieren ist. Die radikal innovative Kriegsführung des revolutionären Frankreich basierte nicht auf neuen militärtechnologischen Durchbrüchen - Napoleon selbst war hier eher konservativ -, sondern auf der historisch neuartigen Massenmobilisierung, der Identifikation der Massen mit dem zu verteidigenden revolutionären Regime, die es ermöglichte, die starke Linienkriegsführung zu sprengen, ohne fürchten zu müssen, daß die Soldaten dann schließlich davonliefen[1]. Sie wurden, weil es sich nicht mehr um gepreßte, unwillige Söldner handelte, billiger - Napoleon rühmte sich, jährlich über 200 000 neue Rekruten zu verfügen - und erlaubten die Strategie der Entscheidungsschlacht, in der mit Sieg oder Niederlage oft die staatliche Existenz oder Nichtexistenz des Gegners auf dem Spiele stand.

"Während der letzten Jahre des 18. Jahrhunderts", so heißt es bei einem englischen Militärhistoriker, "entwickelten sich sowohl die politischen Bedingungen als auch die Militärtechniken derart, daß bisher beispiellose Bevölkerungsmengen eingezogen und Armeen von ebenfalls beispielloser Größe gebildet werden konnten. Diese Armeen konnten so kontrolliert und manövriert werden, daß sie sich in einer einzigen Schlacht oder einer Reihe von Schlachten trafen, die für das Ergebnis des Krieges entscheidend waren" (Howard: 1971, 186).

"Die moderne Kriegsführung", schreibt Engels (1960, 477), "setzt ... die soziale und politische Emanzipation der Bourgeoisie und der Parzellenbauern" voraus. Mit der gesellschaftlichen Entfesselung des Krieges und mit der Entfesselung gesellschaftlicher Kräfte - der Bourgeoisie - als Motor staatlicher Selbstbehauptung im internationalen Konkurrenzkampf beginnt der Krieg aber nun tendenziell jenen totalen Charakter anzunehmen, der sich schließlich in den beiden Weltkriegen entlud[2]. Nicht nur der Nationalismus, sondern auch die neuzeitliche Heroisierung des Krieges als einer gesamtgesellschaftlich positiven Aktivität hat hier ihren Ursprung. Einem deutschen Festredner zum Siege von 1871 wird der unübertreffliche Satz zugeschrieben: "Nun soll uns noch einmal einer als 'Volk der Dichter und Denker' verketzern!" (Mehring: 1967, 368). Aber auch noch im Jahre

1964 (!) konnte in der Bundeswehr-Zeitschrift "Wehrkunde" ein mit redaktionellem Vorspann uneingeschränkt gebilligter Aufsatz über "Feldherrentum und Generalstab" erscheinen, in dem es heißt: "Im Kriege offenbaren sich die edelsten und viele niedrige Eigenschaften der Menschen. Im Kriege offenbart sich Gott dem Menschen. ... Das Denken des 20. Jahrhunderts ist nicht geneigt, solche Gedanken zu verstehen. Es ist die Aufgabe der Generalstabserziehung, das heilige Feuer in der Brust der Offiziere zu entfachen, damit sie dem Krieg, der höchsten Steigerung des menschlichen Lebens, gewachsen sind und die Schwäche ihrer Zeit überwinden" (nach Friedeburg: 1966).

Der tendenziell totale Krieg entwickelte seine Dynamik aber nicht nur aus der national-bürgerlichen Emanzipation, sondern aus deren Symbiose mit den technologischen Errungenschaften der Industriellen Revolution, die, was die Kriegsführung selbst anbetrifft, sowohl in der sprungartig ansteigenden Feuerkraft der Heere als auch in der Revolutionierung des Transportwesens und der Mobilität der Truppen sich unmittelbar niederschlagen[3]. Darüber hinaus veränderte sich aber nun noch etwas anderes: Wegen der unmittelbaren funktionalen Abhängigkeit der militärischen von der ökonomisch-industriellen Kapazität wurde das gegnerische Hinterland notwendigerweise zu einem der strategischen Ziele der Zerstörung. Die vorindustrielle, manufakturelle Basis der Kontrahenten während der napoleonischen Feldzüge implizierte noch deren Immunität - auch preußische Manufakturen konnten gezwungen werden, für den französischen Bedarf zu produzieren, und blieben darum nützlich. Im industriell geführten Konflikt jedoch kann keine auch noch so tapfer kämpfende Truppe ohne funktionierende Industrie lange überleben. Der Erste Weltkrieg hat das deutlich demonstriert - vor allem auf deutscher Seite, wo es trotz des historisch ersten Experiments eines staatlich dirigierten Kriegs-Kapitalismus nicht gelang, die materielle Unterlegenheit an Rüstung auszugleichen. Es bedurfte allerdings dann des Zweiten Weltkrieges, um diese Strategie des Überrüstens des Gegners, gekoppelt mit der Zerstörung seiner industriellen Reproduktionsbasis, nahezu zu vollenden; "nahezu" insofern, als die spätere amerikanische Vietnam-Strategie neben der tendenziellen Vernichtung auch noch die Zerstörung der infrastrukturellen und ökologischen Überlebensbedingungen des Gegners kalkulierte und so dem Krieg eine Dimension hinzufügte, die vordem nicht im Bereich des Möglichen lag.

Die historisch neuartige Verschwisterung von industrieller Technologie und Kriegsführung bedeutete für das internationale System noch mehr: Dieses war - mit den Ausnahmen der spanischen Kolonisation Lateinamerikas und der Unterwerfung Indiens durch England - bis zu Beginn des 19. Jahrhunderts im wesentlichen durch die überlegenen europäischen Flotten zusammengehalten worden, weshalb der indische Historiker Panikkar für diesen Zeitraum den Begriff der "Vasco-da-Gama-Periode" prägte. Mit der kostspieligen - die industriekapitalistische Produktion entscheidend stimulierenden - Entwicklung von Destruktionswaffen beispielloser Wirkung wurde es nun möglich, die großen Bevölkerungsmassen Asiens und Afrikas effektiv zu unterwerfen und zum Teil - wie dies mit den Indianerbevölkerungen Nord- und vor allem Südamerikas während der zweiten Hälfte des 19. Jahrhunderts geschah - auszurotten.

Adam Smith hatte das zu Beginn der Industriellen Revolution bereits deutlich erkannt: "Im modernen Krieg bedeutet die Kostspieligkeit von Feuerwaffen einen klaren Vorteil für die Nationen, die sich diese Ausgaben am besten leisten konnten - und folglich einen Vorteil der reichen und zivilisierten über die armen und barbarischen Nationen. Im Altertum hatten es die wohlhabenden und zivilisierten Nationen schwer, sich gegen die armen und barbarischen zu verteidigen. Heutzutage finden es die letzteren schwierig, sich gegen die ersteren zu wehren. Die Erfindung der Feuerwaffen, die auf den ersten Blick so bösartig erscheint, ist zweifellos günstig für die Erhaltung und Ausdehnung der Zivilisation" (Smith: 1951, 230f.).

Faktisch führte diese kriegstechnologische Überlegenheit der "Zivilisation" zu Blutbädern ohnegleichen. Allein bei der Schlacht von Omdurman (2. September 1897) - eine britisch-ägyptische "Strafexpedition" im Kontext der Unterwerfung des Sudan - gab es 386 Tote und Verwundete auf der Seite der "Zivilisierten" und 11 000 Tote und 16 000 Verwundete bei den "Barbaren", von denen eine große Zahl nachträglich noch gestorben sein dürfte. Die Brutalisierung des Krieges im allgemeinen und die der Pazifizierung unbotmäßiger Völker an der Peripherie des internationalen Systems, die im Vietnam-Krieg einen neuen Höhepunkt gefunden hat, ist dem von der kapitalistischen Konkurrenz geprägtem internationalem System strukturell eigen.

Angesichts der unwiderstehlichen Wucht, mit der sich der Kapitalismus als staatlich organisierter Kriegskapitalismus ausbreitete und sich das seinen Interessen entsprechende Globalsystem schuf, schien es für die nichtkapitalistischen Gesellschaften auch in dieser Hinsicht keine Alternative zu geben als die der konkurrierenden Nachahmung. Nur in einem Falle ist das erfolgreich gelungen - nämlich in Japan, das innerhalb eines knappen halben Jahrhunderts zur mehr als ebenbürtigen Militärmacht aufstieg. Die Türkei beispielsweise, die im 16. Jahrhundert Westeuropa militärisch überlegen war und noch im 17. Jahrhundert eine ernstzunehmende Gefahr dargestellt hatte, zerbrach schließlich an der Starrheit ihrer sozioökonomischen Strukturen und dem Ausbleiben einer kapitalistischen Revolution im Innern, die allein die steigenden Kosten für technologie- und kapitalintensive Rüstung hätte decken können. Das gewaltige chinesische Reich, dessen Sozialgeschichte auch dadurch gekennzeichnet ist, daß es hier wegen des frühzeitig zentralisierten Monopols der Verteidigung nicht zur Herausbildung einer spezialisierten Kriegerkaste kam, und von dem es heißt, daß es sich durch seine durch die Jahrhunderte tradierte Geringschätzung des Militärischen auszeichne, wurde eben darum das Opfer einer wiederum militärisch erzwungenen Eingliederung in das kapitalistische Weltsystem mit allen seinen bekannten Konsequenzen. Die Führer des nachrevolutionären China haben daraus die Lehre ziehen müssen, die auch die Sowjetunion mehr als fünfzig Jahre früher schon gezogen hatte: Ohne technologieintensive industrielle Rüstung in einer kapitalistischen Staatenwelt ist kein eigengesellschaftliches Überleben möglich.

Der Erste Weltkrieg stellt für das Problembewußtsein der allgemeinen Gefährdung der kapitalistischen Gesellschaftsordnungen und der modernen Staatenwelt überhaupt durch Krieg und Rüstung einen Wendepunkt dar. Die in der prinzipiell korrekten Einschätzung des Katastrophenpotentials unternommenen Abrüstungsversuche mußten jedoch scheitern - die Staatenstruktur, die doch an der Wurzel von Wettrüsten und latenter Kriegsgefahr liegt, konnte und sollte nicht in Frage gestellt werden. Im Gegenteil: Der Völkerbund sanktionierte aufs Neue das absolute Recht der Staaten auf ihre Existenz, auf ihre Souveränität in der internationalen Politik, deren Kriterium identisch ist mit dem Recht, Krieg zu führen, ganz gleich wann und gegen wen. Lord Bryce artikulierte in einem Vortrag über Internationale Beziehungen, den er 1921 in den USA hielt, die außenpolitische Maxime der herrschenden Klassen unzweideutig so: "Jede politische Gemeinschaft, ungeachtet ihrer Staatsform, sei sie republikanisch oder monarchisch, befindet sich gegenüber jeder anderen politischen Gemeinschaft im Naturzustand, d.h. eine unabhängige Gemeinschaft steht jenseits des Rechtes. ... (Sie) befindet sich im Grunde im Zustand des Wilden, ehe er sich mit anderen zu gesetzlich organisierten Gemeinschaften zusammenschloß" (zitiert nach Williams: 1927, 1). Die große und noch immer unübertroffene Arbeit über den Krieg von Quincy Wright, während des Zweiten Weltkrieges geschrieben, schien zu bestätigen, daß der Krieg gewissermaßen in die Naturgeschichte von Gruppenzusammenschlüssen gehöre, deren historisch höchstes - und kriegsanfälligstes - Stadium das der Staatlichkeit generell sei: Staaten "mit den unterschiedlichsten Verfassungen haben dazu tendiert, unter ähnlichem äußeren Druck ähnlich zu reagieren". Und: "Es läßt sich statistisch kaum belegen, daß Demokratien weniger in Kriege verwickelt gewesen wären als Autokratien" (Wright: 1964, 157, 161). Eine weitere quantitative Untersuchung der Kriege während des Jahrhunderts von 1837 bis 1937, die sich auf die Frage nach der funktionalen Beziehung zwischen Gesellschaftsordnung und außenpolitischem oder aggressivem Verhalten konzentrierte, kam zu dem Schluß, daß es für keine der untersuchten Variablen - ökonomisches Entwicklungsniveau, politische Verfassung, akkumulierte Macht, innenpolitische Stabilität oder Labilität, kollektivpsychologische Disposition etc. - einen nachweisbaren, statistisch signifikanten Zusammenhang mit friedlicher oder kriegerischer Außenpolitik gibt (Rummel: 1968, 187-214).

Die Tatsache der rapiden Zunahme von Kriegen sowie das sprunghafte Anwachsen ihres Zerstörungspotentials im Kontext der Entwicklung des Weltsystems seit dem 16. Jahrhundert können auch diese wissenschaftlichen Ergebnisse nicht erklären. Aber dann kamen, mit dem Zweiten Weltkrieg, als anscheinend neue Realität im internationalen System die Explosion der beiden Atombomben, das unerwartet rasche Aufholen der Sowjetunion, das "Gleichgewicht des Schreckens", auch "nukleares Patt" genannt, dann der als "Kalter Krieg" in die Geschichte eingegangene Waffenstillstand zwischen den konkurrierenden "Supermächten" und schließlich die sogenannte "Entspannung". Nun schien der Weg zu einer Eliminierung des Krieges aus dem internationalen System möglich zu sein, und zwar aufgrund der objektiv nicht mehr zu rechtfertigenden, weil weder wirksamen Schutz noch sinnvollen Einsatz versprechenden Kosten für Rüstung. Muß der inzwischen eingetretene Frieden zwischen den großen Staaten, die in der Vergangenheit die Protagonisten der Kriege gewesen waren, - wie prekär er auch sein mag - nicht doch positiv interpretiert werden als zwar ungewollte, aber gleichwohl logische Konsequenz aus jenen technologischen Durchbrüchen und Entwicklungen, die mit der Industriellen Revolution begannen?

Die zur Klärung einer solchen Einschätzung notwendigen Fragen sind vielfältig - aber die Antworten darauf hängen vor allem von der Genauigkeit ab, mit der wir unsere Fragen überhaupt erst stellen. Denn zunächst wären die Prämissen einer solchen positiven Interpretation des gegenwärtigen Friedenszustandes kritisch und empirisch zu überprüfen - und diese stellen sich dabei als zumindest brüchig, wenn nicht gar als falsch heraus, denn: Der Kalte Krieg war und die Entspannung ist alles andere als eine friedliche Periode.

Eine vor wenigen Jahren von Istvan Kende unternommene quantitative Analyse der bewaffneten Konflikte nach dem Zweiten Weltkrieg kommt zu dem immerhin überraschenden Ergebnis, daß mehr Menschen und größere Territorien "heiße" Kriege über sich haben ergehen lassen müssen als sowohl im Ersten als auch im Zweiten Weltkrieg, und daß die Zahl bewaffneter Konflikte im untersuchten Zeitraum von 1945 bis 1968 ständig zugenommen hat. Der Autor folgert daraus keineswegs abwegig, daß wir in der Tat bereits in einem Dritten Weltkrieg leben - mit dem einzigen Unterschied, daß sich dieser diesmal an der Peripherie des internationalen Systems und vor allem in der Form dessen abspielt, was er "Anti-Regime-Kriege" nennt und wofür wir das einfachere Wort "Bürgerkriege" einsetzen können - und zwar Bürgerkriege mit aktiver Partizipation und Intervention der Metropolitanmächte, allen voran der USA, gefolgt von Frankreich und England (Kende: 1973, 242-269).

In zahlreichen Fällen - nicht nur in Vietnam! - hat diese durch externe Intervention oder ermutigte Duldung stimulierte Gewaltpolitik des bis an die Grenze des Genozids gehenden "Blutbades" Formen und Ausmaße angenommen, die denen des Nazismus kaum mehr viel nachstehen. Es ist lediglich der Friede im Zentrum, zwischen den hochbewaffneten und über eine mehrfache "overkill"-Kapazität verfügenden Großmächten, der zu der weitverbreiteten Täuschung geführt hat, es funktionierten die moderne Waffentechnologie und das Rüstungsgleichgewicht durch beiderseitiges "Kontrollieren" des Rüstungswettlaufs objektiv friedenserhaltend. Die solche Friedenserwartungen in Frage stellenden Warnungen - etwa der chinesischen Politiker - vor einem wahrscheinlich kriegerischen Zusammenstoß der um imperialen Einfluß konkurrierenden Großmächte USA und Sowjetunion werden in der Regel als Zweckpropaganda abgetan zugunsten einer durchaus einleuchtend klingenden Konvergenz der objektiven Sicherheits- und Selbsterhaltungsinteressen der Großmächte. Das aber hatte z.B. Karl Kautsky selbst noch unmittelbar am Vorabend des Kriegsausbruches im August 1914 (sein Aufsatz erschien im September) erwartet, als er die friedliche - wenn auch von ihm keineswegs begrüßte - Perspektive eines "Überimperialismus" der großen Antagonisten entwickelte. Mit dem irakisch-iranischen Krieg vom Herbst 1980 rückte die Kriegsgefahr erstmals aus der "weiteren" (Asien) an die "engere" Peripherie und machte deutlich, wie wenig die Gefahr eines Groß-Weltkrieges mit aktiver Beteiligung der konkurrierenden Großmächte USA - UdSSR gebannt ist. Seit dem Jahre 1980 wird zum erstenmal nach dem Ende des Zweiten Weltkrieges wieder offiziell und allerorts von der nicht mehr auszuschließenden Möglichkeit eines "heißen Krieges" auch in Europa selbst gesprochen.

Im Lichte dieser Tatsachen müssen Fragen gestellt und Antworten versucht werden: Die Einengung auf das bloße Ausbleiben totaler Kriege im internationalen System würde eine die Sache selbst verfehlende Verzerrung oder Reduktion auf nur einen Aspekt von Rüstung, Krieg und Militärwesen darstellen. Wenn man hingegen die beiden großen Weltkriege als nur eine spezifische, in besonderem Maße extreme Manifestation der aufgezeigten Symbiose zwischen staatlicher Organisation, Mobilisierung ökonomischer Ressourcen im Konkurrenzkampf der Nationen und Militärapparaten versteht, dann vermeidet man die Fehlinterpretation des Kalten Krieges und seiner Fortsetzung - der Entspannung - als Anzeichen einer prinzipiell möglichen Selbstkorrektur des internationalen Systems, dessen strukturelle Basis, die Nationalstaaten, angeblich selbst außerhalb der Diskussion bleiben kann. Demgegenüber zeigt die historische Analyse der Entwicklung von Militär- und Rüstungswesen, daß der moderne Krieg eine durchaus neuartige Qualität in den Gewaltverhältnissen, wie sie sich für nahezu alle früheren historischen Gesellschaften nachweisen lassen, darstellt, und daß dieser moderne Krieg das Korrelat zum modernen, kapitalistischen Staat bildet, der seinerseits als Kriegsstaat die geschichtliche Bühne betritt. Zwar bleibt der Krieg die ultima ratio des Staates zur Verteidigung der von ihm repräsentierten sozio-ökonomischen Interessen, aber seine gesellschaftliche Funktion übt er als Motor der Ökonomie und als Disziplinator auch und gerade in Friedenszeiten aus.

Es ist bereits darauf hingewiesen worden, daß die Regierenden des 18. Jahrhunderts mittels einer rationalistischen Strategie die eigentliche Schlacht - wegen der damaligen Knappheit der menschlichen und ökonomischen Ressourcen - zu vermeiden suchten; aber der sozialen Funktion der Heere als Instrument von nationaler Integration und repressiver Disziplinierung waren sie sich gleichwohl vollauf bewußt. So waren der noch heute bisweilen sichtbare Bau von Kasernen und die Stationierung der Truppen an der unmittelbaren Peripherie der Städte für Bürger und alle Untertanen gleichermaßen eine ständige Ermahnung zu politischem Wohlverhalten, eine Demonstration der zentralstaatlichen Präsenz, die in unruhigen Zeiten ihren keineswegs nur symbolischen Charakter unter Beweis stellte. Für das aufgeklärte Bürgertum des 19. Jahrhunderts galt darum das stehende Heer als unvereinbar mit moderner, liberal-demokratischer Gesellschaft; es wußte sehr wohl - und hatte dies in Deutschland beispielsweise 1848 konkret erfahren -, was Otto Hintze formulierte: Die Armee "ist zwar als Mittel zur auswärtigen Machtpolitik geschaffen, aber sie dient zugleich auch zur Aufrechterhaltung und Ausdehnung der monarchischen Gewalt im Inneren. Jeder Widerstand im Lande wird diesem ungeheuren monarchischen Machtmittel gegenüber unmöglich" (zitiert nach Friedeburg: 1966, 13). Dieselbe generelle Erkenntnis gab auch der späte Friedrich Engels als Antwort auf die Frage "Kann Europa abrüsten?": "... daß vom rein militärischen Standpunkt der allmählichen Abschaffung der stehenden Heere absolut nichts im Wege steht; und daß, wenn trotzdem diese Heere aufrechterhalten werden, dies nicht aus militärischen, sondern politischen Gründen geschieht, daß also mit einem Wort die Armeen schützen sollen nicht so sehr gegen den äußeren wie gegen den inneren Feind" (Engels: 1963, 371).

Wir sehen, daß der Komplex Staat-Rüstung-Krieg-Ökonomie in unserer historischen Epoche, der Epoche des Kapitalismus in seiner weltweiten Selbstverwirklichung, im Grunde aus nur wenigen Variablen komponiert ist, die unter je spezifischen Bedingungen in verschiedener Konstellation erscheinen, ohne jedoch damit ihre strukturelle Bedeutung für die politische Ökonomie des internationalen Systems als Ganzen oder für seine Teile zu verändern. Richtig ist, daß mit atomaren "Over-Kill-Kapazitäten" nunmehr eine Tendenz verwirklicht wurde, die in der Symbiose von Industrietechnologie und Rüstung nur angelegt war und die das Risiko des Erfolges beim Einsatz von Krieg als Mittel der Politik so hoch schraubt, daß ein totaler Großkrieg noch unwahrscheinlich erscheint. Aber die Betonung muß auf der Verwirklichung einer seit langem strukturell angelegten Tendenz liegen. Es ist daran zu erinnern, daß - analog zum Kapital selbst, in dessen Begriff der Weltmarkt immer schon tendenziell enthalten ist - der Weltkrieg im Begriff der Welt-Staatengesellschaft notwendig angelegt ist und in dieser Verklammerung auch bereits im 17. Jahrhundert erstmalig erscheint. Es ist folglich keine abwegige historische Analogie, sondern in der begrenzten Logik des Systems selbst angelegt, wenn wir in der Strategie der zweiten Hälfte des 20. Jahrhunderts eine neue Version von Kriegsführung und Militärfunktion des 18. Jahrhunderts erkennen, die selbst, rückblickend, nur Zwischenspiel war: die Vermeidung des "Schlagens", des Heißen Krieges zwischen den hochgerüsteten Konkurrenten, zugunsten eines Manöverkrieges um jeweils günstigere Druckpositionen, die es dem Gegner als aussichtslos erscheinen lassen, effektiv zu kämpfen - ein eklatantes Beispiel ist der Abzug der sowjetischen Raketen aus Kuba.

Und damals wie heute sehen die Antagonisten keinen Widerspruch darin, einerseits die mächtigsten Waffen gegeneinander zu entwickeln und den vernichtenden Schlag des Gegners ständig einzukalkulieren, aber andererseits gleichzeitig kulturelle, diplomatische, kommerzielle und andere Beziehungen intensiv zu pflegen und auszubauen. In der Tat ist dies kein Widerspruch, insofern Rüstung in ihrer Eigendynamik gar nicht mehr - wenn überhaupt je in reiner Form militärischer Rationalität - primär am Kriegsfall selbst orientiert und festgemacht ist. Vielmehr hat sich der vielzitierte militärisch-industrielle Komplex inzwischen als ein systematisch einsetzbares und auch de facto eingesetztes Mittel der Kontrolle und Steuerung von Wirtschaft und Gesellschaft erwiesen und ist innerhalb der spätkapitalistischen Gesellschaften zu einer derartigen Schlüsselfunktion geworden, daß er zur Selbsterhaltung anscheinend unentbehrlich geworden ist[4]. Die Feststellung dürfte heute - mit allen notwendigen Qualifikationen - als wissenschaftlich gesichert gelten, daß jede echte Abrüstung, das heißt jeder reale Abbau des Militärapparates und jede substantielle Reduktion des Rüstungssektors, in besonderem Maße die USA, aber aufgrund seiner jüngsten Expansion auch Frankreich, die Bundesrepublik bis hin zu Italien in ökonomische und sozio-politische Krisen stürzen würde, in deren Konsequenz die kapitalistische Wirtschafts- und Gesellschaftsordnung selbst kaum mehr überlebensfähig wäre.

Vergleichbare Analysen zur Bedeutung und Funktion des Militärbudgets innerhalb der sowjetischen Ökonomie gibt es erst in Ansätzen (als Beispiel Jahn: 1979). Aber obwohl es strukturell denkbar erscheint, daß die Sowjetunion mit den rein ökonomischen Konsequenzen einer hypothetisch denkbaren Abrüstung relativ leichter und ohne prinzipielle Gefährdung in der zentralen Planwirtschaft fertigwerden würde, wären doch die politischen Konsequenzen des Verlustes des Militärapparates für die eigene innere Stabilität und für die des Warschauer Paktes, für die sowjetische Außenpolitik und damit für die Herrschaft der bürokratisch-politischen Klasse überhaupt ebenso gravierend und unakzeptabel, wie das aus anderen Gründen für die kapitalistischen Staaten gilt. Die offensive Sicherung der eigenen Peripherie durch das Mittei der militärischen Intervention - Afghanistan - gehört offensichtlich zu ihrem eingesetzten Instrumentarium.

Bisher ist es kaum schlüssig bewiesen, daß die Abwesenheit von Krieg in den Zentren - jene Scheinsicherheit, für die sehr treffend der Begriff vom System "organisierten Unfriedens" geprägt wurde (Senghaas) - eine Konsequenz der astronomisch hohen Rüstungsausgaben ist, wie das von den Apologeten der Abschreckungsstrategie so selbstsicher immer wieder behauptet wird. Zwar ist es angesichts der historisch präzedenzlosen Größenordnungen heutiger Rüstung eher problematisch, aus der Geschichte Lehren über den Zusammenhang zwischen Rüstung und Kriegswahrscheinlichkeiten abzuleiten, die unter quantitativ ganz anderen Bedingungen gelten. Andererseits bestehen derartige statistische Korrelationen etwa zwischen dem Anteil von Rüstungsausgaben am Bruttonationalprodukt und Kriegswahrscheinlichkeit und -unwahrscheinlichkeit. Eine statistische Untersuchung zweier kanadischer Friedensforscher kommt zum Beispiel zu dem Schluß, daß ein Anteil der Rüstungsausgaben von 4,63% am Bruttosozialprodukt die kritische Schwelle für die wahrscheinliche Verwicklung eines Landes in kriegerische Konflikte während der folgenden fünf Jahre sei (Newcombe/West: 1972). Und wenn diese Korrelationen auch für die Supermächte selbst heute nicht mehr gültig sein mögen, so sind sie es doch zumindest für Konflikte an der Peripherie des internationalen Systems, welche ihrerseits nahezu immer potentiell die militärische Konfrontation der ersteren früher oder später provozieren. Auch der Erste Weltkrieg war schließlich aus einem ganz und gar peripheren Konflikt hervorgegangen.

Bei aller Bedeutung des Repressions- und Zerstörungspotentials für die Aufrechterhaltung der hierarchischen Strukturen des internationalen Systems und seiner nationalstaatlichen Komponenten darf jedoch die historisch neuartige Tatsache der letztlichen Impotenz auch und gerade der höchstentwickelten Militärtechnologie gegenüber unterdrückten Völkern, die entschlossen für ihre Emanzipation zu kämpfen bereit sind, nicht übersehen werden. Vietnam ist zweifellos das faszinierendste Beispiel, wo ein kleines, jahrzehntelang unterdrücktes, aber schließlich zur Militanz entschlossenes Volk sich nicht durch die technologische Überlegenheit der höchstentwickelten Militärmaschine der Welt hat einschüchtern lassen. Es ist nicht unwesentlich, daran zu erinnern, daß der Widerstand in Südvietnam buchstäblich mit Pfeil und Bogen gegen Hubschrauber begonnen hatte und daß er für mehrere Jahre ohne wesentliche Änderung seiner eigenen Technologie die amerikanische Kriegsmaschine auf den Weg immer weiterer technischer Eskalation zwang, ehe auch auf Seiten der Befreiungsbewegung importierte schwere Waffen eingesetzt wurden. Das Phänomen des Guerillakrieges - historisch mindestens so alt wie der Widerstand des spanischen Volkes gegen die napoleonische Besetzung - hat überall und in den verschiedensten Formen eine neue Bedeutung erlangt - eben aufgrund der besonderen Verwundbarkeit hochentwickelter und technisch komplexer Repressionsmechanismen. Im Iran mit seinen revolutionär mobilisierten Bevölkerungsmassen haben die USA nicht einmal daran denken können, militärisch zu intervenieren. Von den Philippinen bis zu den afrikanischen Kolonien Portugals, vom Baskenland bis Nordirland reihen sich die Beispiele für die Unfähigkeit der Militärapparate, mit einem Gegner fertigzuwerden, der seine Stärke aus der Artikulation der Klassenstruktur nationaler und internationaler "Ordnung" zieht, der auf den organisierten Unfrieden struktureller Gewalt mit offener Gewalt, mit bewaffnetem Widerstand reagiert und es dabei zugleich vermeidet, den Konflikt auf jener Ebene militärischer Organisation auszutragen, auf der das Material, die Technologie, die große Militärmaschinerie[5] unschlagbar sind - der offenen Schlacht. Andererseits kann es in solchen Situationen, wo die militärische Verteidigung von Klassenprivilegien und - im globalen Kontext - von "Einflußzonen" bis zum Punkt der Impotenz unterlaufen wird, tendenziell zur Totalvernichtungsstrategie gegenüber dem anders nicht mehr schlagbaren Gegner kommen: zur Zerstörung seiner biologischen Umwelt und zum Genozid, was in Vietnam zu demonstrieren versucht wurde.

Ist ein derartiger Punkt erreicht, so gewinnt der militärisch-ideologische Antagonismus zwischen kapitalistischen und staatssozialistischen Ländern, so viel den letzteren an einer Zusammenarbeit mit den ersteren und an einem gemeinsamen Management des internationalen Systems auch gelegen sein mag, seine konkrete Bedeutung zurück: Die Vereinigten Staaten sind nicht mehr der unbestrittene und alleinige Führer eines allumfassenden kapitalistischen Weltsystems, wie das für England bis in die zweite Hälfte des 19. Jahrhunderts galt, das seinerzeit jedes auch nur denkbare Mittel zur Unterdrückung von Widerstand gegen imperialistische Expansion und Stabilisierung bedenkenlos einsetzen konnte; der vietnamesische Widerstand wäre ohne die aktive militärische Unterstützung der Sowjetunion noch entschieden rücksichtsloser und wahrscheinlich auch mit Erfolg unterdrückt worden.

Die reaktive Verstaatlichung der antikapitalistischen Revolution in Rußland, die die Sowjetunion einmal vor der faschistischen Vernichtung gerettet hatte und die ihr heute so etwas wie eine Rüstungsparität mit den kapitalistischen Ländern ermöglicht, hat darum eine durchaus widersprüchliche Bedeutung: Sie hat den Weg zur Kooperation zwischen ideologisch, historisch und sozio-ökonomisch antagonistischen Staatsgesellschaften mit dem erklärten Ziel einer prinzipiellen Erhaltung der hierarchischen Strukturen des internationalen Systems eröffnet, und sie begrenzt und behindert gleichzeitig die militärischen Disziplinierungskapazitäten der kapitalistischen Metropolen, ohne deren vollen Einsatz das kapitalistische System sich nicht halten kann.

Das zeigt die Geschichte des Weltsystems, insbesondere während des 19. Jahrhunderts - also während seiner post-kolonialen Stabilitätsphase - nur zu deutlich. Andererseits führt der Einsatz militärischer Mittel seitens der Sowjetunion zugunsten von anti-imperialistischen Befreiungsbewegungen (Angola) seinerseits zu einer erneuten Eskalation des Militarisierungssyndroms auch und gerade dort, wo Rüstung und militärische Organisation von Gesellschaft in so extremer Weise Unterentwicklung und Armut perpetuieren. Erst die Überwindung nationalstaatlicher, partikularistischer Organisation von Gesellschaft, und das heißt letztlich die Überwindung des Weltsystems als Staatenwelt, wird die im 16. Jahrhundert beginnende historische Periode der Weltkriege abschließen können.

ANMERKUNGEN

1 Funktion des absolutistischen Kadavergehorsam war es, daß der Soldat, wie Friedrich II. in seinem militärischen Testament schrieb, "seine Offiziere mehr fürchtet als die Gefahren, welchen man ihn aussetzt" (zit. bei Mehring: 1967, 228). - Allerdings zeigten sich bereits gegen Ende des Absolutismus gewisse Veränderungen in der Kriegsführung: Die Aufstellung von leichten, beweglichen Truppen - Aufstiegschancen für das mittlere Bürgertum in den Offiziersstand, während die stehenden Heere dem Adel vorbehalten blieben - ergab das Spezifikum des "kleinen Krieges", der allerdings erst von der revolutionären französischen Kriegsführung in der Flankierung der großen Entscheidungsschlachten voll entwickelt wurde (Kunisch: 1973).

2 "Kämpfen als Kulturfunktion setzt jederzeit beschränkende Regeln voraus und fordert bis zu einem gewissen Grade die Anerkennung der Spielqualität. Erst die Theorie des totalen Krieges verzichtet auf den letzten Rest des Spielmäßigen im Kriege und damit zugleich auf Kultur, Recht und Menschlichkeit überhaupt" (Huizinga: 1965, 90f.).

3 Beides wurde zum erstenmal exemplarisch demonstriert im amerikanischen Bürgerkrieg, dessen Kriegsschauplätze in einem dünn besiedelten, aber von der Eisenbahn strategisch erschlossenen Gebiet von der Größe Europas lagen und wo sich z.B. in der Schlacht von Gettysburg 80 000 Föderierte und 100 000 Bundestruppen gegenüberstanden, deren Verluste 23 059 bzw. 20 451 an Toten, Verwundeten und Vermißten betrugen - d.h. rund 25 Prozent (Preston/Wise: 1970, 244f.).

4 Die Literatur hierzu ist inzwischen zu umfangreich geworden, um an dieser Stelle mit einigen wenigen Titeln repräsentiert zu werden. Vorzüglich jedoch (wenngleich nicht ganz auf der hier angedeuteten Interpretationslinie liegend) Dieter Senghaas (1972). - So neu ist jedoch selbst die "keynesianische" Instrumentalisierung des Rüstungssektors nicht: Dem forcierten Flottenbau unter Tirpitz z.B. lag diese Funktion der krisen-entschärfenden Arbeitsplatzbeschaffung sehr bewußt zugrunde.

5 Bidwell (1973, 76): "Eine Armee ist eine Maschine spezifischer Art, konstruiert für einen bestimmten Zweck, die für eine spezifische Aufgabe in Bewegung gesetzt werden kann." Sie ist "ein gigantisches Waffensystem, das den Gesetzen eines jeden kybernetischen Systems unterworfen ist". Man vergleiche diese angelsächsische Nüchternheit mit der (bundes-)deutschen Beschreibung des Kriegswesens in der Bundeswehr.

LITERATUR

Ashton, Thomas Southcliffe: 1924, Iron and Steel in the Industrial Revolution. New York.

Bidwell, Shelford: 1973, Modern Warfare. A Study of Men, Weapons and Theories. London.

Diesner, Hans-Joachim: 1971, Kriege des Altertums. Griechenland und Rom im Kampf um den Mittelmeerraum. Berlin (Ost).

Duby, Georges: 1977, Krieger und Bauern. Die Entwicklung von Wirtschaft und Gesellschaft im frühen Mittelalter. Frankfurt.

Dumal, Samuel/Vedel-Petersen, K.O.: 1923, Losses of Life Caused by War. Oxford.

Engels, Friedrich: 1960, Bedingungen und Aussichten eines Krieges der Heiligen Allianz gegen ein revolutionäres Frankreich im Jahre 1852, in: MEW Bd. 7, 468-493 (zuerst als MS 1851).

Engels, Friedrich: 1962a, Die Entwicklung des Sozialismus von der Utopie zur Wissenschaft, in: MEW Bd. 19, 181-228 (zuerst in: Revue Socialiste 1880).

Engels, Friedrich: 1962b, Einleitung (zu Sigismund Borkheims Broschüre "Zur Erinnerung für die deutschen Mordspatrioten. 1806-1807"), in: MEW Bd. 21, 346-351 (zuerst in Borkheim, Sigismund: 1888, Zur Erinnerung für die deutschen Mordspatrioten. 1806-1807. Hottingen-Zürich).

Engels, Friedrich: 1963, Kann Europa abrüsten?, in: MEW Bd. 22, 369-399 (zuerst 1893 als Artikelserie im "Vorwärts").

Friedeburg, Ludwig von: 1966, Zum Verhältnis von Militär und Gesellschaft in der Bundesrepublik, in: Picht, Georg (Hg.), Studien zur politischen gesellschaftlichen Situation der Bundeswehr (Bd. 2). Witten/Berlin, 10-65.

Fuhrmann, Joseph T.: 1972, The Origins of Capitalism in Russia. Industrialization and Progress in the Sixteenth and Seventeenth Century. Chicago.

Hamilton, Earl Jefferson: 1969, War and Prices in Spain, 1651-1800. New York.

Hinsley, F.H.: 1973, Nationalism and the International System. London.

Howard, Michael: 1971, Studies in War and Peace. New York.

Huizinga, Johan: 1965, Homo Ludens. Vom Ursprung der Kultur im Spiel. Hamburg.

Jacoby, Henry: 1969, Die Bürokratisierung der Welt. Neuwied/Berlin.

Jahn, Egbert: 1979, Die Rolle des Rüstungskomplexes in der Sowjetgesellschaft, in: Lutz, Dieter S. (Hg.), Die Rüstung der Sowjetunion. Rüstungsdynamik und bürokratische Strukturen. Baden-Baden.

Kende, Istvan: 1973, Fünfundzwanzig Jahre lokaler Krieg, in: Krippendorff, Ekkehart (Hg.), Internationale Beziehungen. Köln, 242-269.

Kissinger, Henry Alfred: 1979, Memoiren. München.

Krippendorff, Ekkehart: 1970, Staatliche Organisation und Krieg, in: Senghaas, Dieter (Hg.), Friedensforschung und Gesellschaftskritik. München, 23-36 (auch Frankfurt: 1973).

Krippendorff, Ekkehart: 1975, Internationales System als Geschichte. Frankfurt.

Krippendorff, Ekkehart: 1977, Internationale Beziehungen als Wissenschaft. Frankfurt.

Kunisch, Johannes: 1973, Der kleine Krieg. Studien zum Heerwesen des Absolutismus. Wiesbaden.

Laski, Harold: 1935, The State in Theory and Practice. London.
Lattimore, Owen: 1962, Studies in Frontier History. Collected Papers 1928-1958. London.
Mehring, Franz: 1967, Zur Kriegsgeschichte und Militärfrage. (Gesammelte Schriften, Bd. 8). Berlin.
Montesquieu: 1949/50, Oeuvres complètes. Texte présenté et annoté par Roger Caillois. (2 Bde.) Paris.
Newcombe, Alan/West, James: 1972, An Inter-Nation Tensiometer for the Prediction of War. Oakville.
Niedhart, Gottfried: 1979, Handel und Krieg in der britischen Weltpolitik 1738-1763. München.
Pollard, Sidney/Crossley, David W.: 1968, The Wealth of Britain, 1085-1966. New York.
Preston, Richard E./Wise, Sidney F.: 1970, A History of Warfare and Its Interrelationships with Western Society. New York.
Rummel, Rudolf J.: 1968, The Relationship between National Attributes and Foreign Conflict Behavior, in: Singer, David (Hg.), Quantitative International Politics. New York, 187-214.
Schumpeter, Josef A.: 1918, Zur Soziologie der Imperialismen, in: Archiv für Sozialwissenschaft 45, 1-39; 275-310.
Seeley, John Robert: 1954, Die Ausbreitung Englands. Berlin/Frankfurt.
Senghaas, Dieter (Hg.): 1972, Rüstung und Militarismus. Frankfurt,
Smith, Adam: 1951, The Wealth of Nations (Hg.: Edwin Cannon). (Vol. 2) London.
Sombart, Werner: 1913, Krieg und Kapitalismus. München/Leipzig.
Sorokin, Pitrim: 1957, Social and Cultural Dynamics. A Study in Major Systems of Art, Truth, Ethics, Law, and Social Relationships. Boston.
Stein, Barbara H./Stein, Stanley J.: 1970, The Colonial Heritage of Latin America. New York.
Vedel-Petersen, K.O.: 1923, Losses of Life Caused by War. Oxford.
Williams, Bruce: 1927, State Security and the League of Nations. Baltimore.
Wolfe, J.N./Erickson, John (Hg.): o.J., The Armed Forces and Society: Alienation, Management and Integration. Edinburgh.
Wright, Quincy: 1964, A Study of War. Chicago.

Krisen: Die Weltwirtschaft, die Bewegungen und die Ideologien

Unter Krise verstehe ich in einem historischen System keine konjunkturellen Schwierigkeiten innerhalb eines Systems, sondern eine strukturelle Belastung, die so groß ist, daß die einzig mögliche Lösung das Verschwinden des Systems an sich ist, und zwar entweder durch einen Prozeß gradueller Auflösung (der in unvorhersagbare Richtungen führt) oder durch einen Prozeß der relativ kontrollierten Transformation (der in eine vorhergesagte Richtung geht und daher zu einer Ersetzung durch eines oder mehrere Systeme führt). In diesem Sinne ist eine Krise der Definition nach ein "Übergang", und "Übergänge" in einem großflächigen System brauchen tendenziell (vielleicht notwendigerweise) einen mittellangen Zeitraum, oft 100 bis 150 Jahre (Wallerstein 1982). Wir leben gegenwärtig in einem solchen Übergang - in einem Übergang von einer kapitalistischen Weltwirtschaft zu etwas anderem. Dieses 'andere' ist vielleicht eine sozialistische Weltordnung, es liegt jedoch in der Natur der Krise, daß man unmöglich mehr als nur Richtungsmöglichkeiten angeben kann.

Samir Amin (1980; 1982) hat darauf hingewiesen, daß es weiterführen könnte, zu beobachten, daß der Übergang vom Feudalismus zum Kapitalismus relativ kontrolliert vor sich gegangen ist, eine "Revolution" in seinen Worten, während der Übergang von der westlichen Antike zum Feudalismus dagegen eher als Prozeß der Auflösung oder der "Dekadenz", wie er sagt, begriffen werden müsse. Amin argumentiert, daß die gegenwärtige Krise Elemente aus beiden Formen zu enthalten scheint, tatsächlich aber eher die Form einer Dekadenz oder Auflösung als einer kontrollierten Transformation annehmen wird. Wenn das stimmt, ist es womöglich sogar etwas Positives, auch wenn es auf den ersten Blick eher als ein negativer Umstand erscheinen mag. Man sollte sich nämlich daran erinnern, daß der Übergang vom Feudalismus zum Kapitalismus in der Tat kontrolliert wurde - von den alten Oberschichten, die ihre Vorherrschaft in einer neuen und verbesserten Form zu erhalten suchten, gerade weil diese Vorherrschaft durch eine schon beginnende Auflösung bedroht wurde. Es kann gut sein, daß der Übergangsmodus der Auflösung für die Schaffung eines weniger hierarchischen historischen Systems günstiger ist als eine kontrollierte Transformation, auch wenn man uns in den letzten ein bis zwei Jahrhunderten das Gegenteil gelehrt hat (wobei man sich fragen muß, was die Wurzeln dieser ideologischen Vorannahme waren).

Ich schlage deshalb vor, die aktuellen Übergangsmodalitäten zu erforschen und festzustellen, welches Element im "real existierenden" Aufbau der kapitalistischen Weltwirtschaft es wahrscheinlicher macht, daß der Übergang eher die Form der Auflösung als die der kontrollierten Transformation annehmen wird. Ja, ich möchte sogar behaupten, daß sich die politische Hauptdebatte der Gegenwart eigentlich um die Art und Weise des Übergangs dreht. Das wird es mir ermöglichen, die Debatten innerhalb der Weltfamilie der systemfeindlichen Bewegungen anzusprechen, sowie die akuten Dilemmata, denen sie sich momentan gegenüber sehen. Schließlich werde ich darauf hinweisen, daß diese Dilemmata der Bewegungen womöglich genauso im wissenschaftlichen Diskurs, in unseren Epistemologien und in unseren Ideologien reflektiert werden - die alle zunehmend mit parallelen, internen Debatten angefüllt sind.

Was sind die strukturellen Quellen der Krise unseres historischen Systems? Ich sehe sie als einen dreiteiligen Prozeß, den man kurz zusammengefaßt als *ökonomischen, politischen* und *ideologischen Druck* beschreiben könnte. Der ökonomische Druck geht auf zwei grundsätzliche Widersprüche im Kapitalismus als Produktionsweise zurück. Zum einen der Widerspruch, daß jeder Unternehmer einerseits die Wettbewerbsfähigkeit steigern und deshalb von einer Reduktion der Kosten (insbesondere der realen Kosten für Arbeit) profitieren muß, und daß er andererseits in einer expandierenden und wettbewerbsorientierten Weltwirtschaft keinen Profit realisieren kann, wenn es weltweit nur eine ungenügende effektive Nachfrage gibt. Der zweite Widerspruch wird von der Anarchie der Produktion verursacht, die zur Folge hat, daß die Interessen jedes einzelnen Unternehmers als Wettbewerbsteilnehmer in die entgegengesetzte Richtung zu seinen oder ihren Interessen als Mitglieder einer Klasse tendieren. Diese beiden Widersprüche sind selbstverständlich eng miteinander verbunden.

Das Ergebnis ist bekannt: ein Muster zyklischer Phasen der Expansion und der Stagnation der Weltwirtschaft, in dem die Mechanismen, die neue Expansionsphasen garantieren, eine immer weitere Modifikation der Weltwirtschaft zur Folge haben, indem immer mehr Dinge und menschliche Tätigkeiten in Waren verwandelt und kommerzialisiert werden.[1] Der Kapitalismus ist nun mal ein System, in dem die Grundlage des Profitmachens und der Mehrwerterzeugung mit einer substantiellen, aber trotzdem immer

1 Wallerstein bezeichnet diesen Prozeß als *commodification*. Das Oxford English Dictionary (2. Auflage, Bd. III, 1989, S. 563) bestimmt diesen Begriff u. a. als "Kommerzialisierung einer Aktivität etc., die von Natur aus nicht kommerziell ist"; in einem Beispiel aus der Zeitschrift *Review* (Fernand Braudel Center) heißt es: "Der kontinuierliche Prozeß der 'Entwicklung' der Weltwirtschaft hat gezeigt, (...) daß weit mehr als nur Land und Arbeitskraft der *commodification* unterworfen wird." [A.d.R.]

nur partiellen Kommerzialisierung sämtlicher Bereiche verbunden ist. Die Verwandlung von Land, Arbeit und Kapital in Ware nähert sich asymptotisch unerbittlich an 100 Prozent an. Sobald die oberen Regionen dieser Kurve erreicht sind, bedeutet jeder weitere Schritt einen zunehmenden Druck auf die globalen Profite und verschärft so den internen Wettbewerb unter den Kapitalakkumulatoren.[2]

An einem solchen Punkt ist es nicht mehr gewiß, ob eine weitere Expansion der Weltproduktion tatsächlich den Kuchen, den Grundstock akkumulierten Kapitals vergrößern würde. Ein Zeichen für den Beginn dieses Prozesses ist die Debatte über die "Grenzen des Wachstums", einer Doktrin, die von einer Gruppe von Akkumulatoren vorgebracht und von einer zweiten Gruppe auf das äußerste bekämpft wird.

Der Prozeß der globalen Akkumulation durch die Verwandlung aller Dinge und Tätigkeiten in Waren hatte natürlich auf längere Sicht klare politische Konsequenzen. Zum ersten erklärt dies die Tendenz zur weltweit zu beobachtenden Polarisierung der Verteilung, von der eine sorgfältige quantitative Analyse, wie ich glaube, zeigen wird, daß sie sowohl absolut als auch relativ ist. Polarisierung als solche ist jedoch nicht zwangsläufig destabilisierend. Man hat schon vor längerer Zeit beobachtet, daß politischer Aufruhr durch die korrespondierende Verwandlung aller Dinge und Tätigkeiten in Waren hervorgerufen wird, die die gegensätzlichen Elemente physisch konzentriert und schließlich den Schleier von einem Markt hebt, der sich noch im Stadium der partiellen Verwandlung aller Dinge und Tätigkeiten in Waren befindet.

Das Resultat war seit der Mitte des 19. Jahrhunderts der allmähliche, aber dennoch relativ spektakuläre Aufstieg systemfeindlicher Bewegungen als organisierendes Zentrum der Weltwirtschaftspolitik. Die Familie dieser Bewegungen ist im Laufe der Zeit insgesamt stärker geworden, trotz eines Musters von systemkonformen Annäherungen einzelner Bewegungen (Wallerstein 1980b).

Die zunehmende Stärke der systemfeindlichen Bewegungen hat nicht nur, wie man annehmen könnte, die Rationalisierung des Unterdrückungsapparats (einschließlich einer Stärkung der formalen Strukturen des zwischenstaatlichen Systems), sondern auch den systematischen Versuch hervorgebracht, diese Bewegungen durch Konzessionen und Kooptation zu entschärfen. Diese Konzessionen und diese Kooptation waren nicht an die arbeitenden Massen der Welt gerichtet, sondern an die wichtige Zwischenschicht der Kader, und zwar in den einzelnen Staaten und im Weltsystem als ganzem.

---

2 Soweit ich es verstehe, scheint dieser Prozeß einem ganz allgemeinen und kürzlich entdeckten Muster mathematischer Rückkopplung zu entsprechen, bei dem der Rückkopplungsmechanismus eine Ordnung bis zum Erreichen eines bestimmten Punktes aufrechterhält, nach dessen Überschreiten eine geringfügige weitere Veränderung ein "chaotisches Muster" herbeiführt (Hofstadter 1981).

Die revolutionären Anstrengungen der arbeitenden Bevölkerung der Welt führten zu bedeutenden Reformen im System der weltweiten Umverteilung und erhöhten den Anteil an weltweit erwirtschaftetem Mehrwert, der den Zwischenschichten auf der ganzen Welt zugeteilt wurde.

Das politische Resultat war bisher größtenteils ganz ergiebig, für die größten Kapitalakkumulatoren aber mit beträchtlichen wirtschaftlichen Kosten verbunden. Solange das absolute Niveau des weltweit erwirtschafteten Mehrwerts anstieg, verursachte die relative Neuzuteilung von Anteilen *innerhalb* der Schichten der Welt-Bourgeoisie keine große Anspannung. Der ökonomische Druck aber, der, wie wir vermuten, durch die Annäherung an die Asymptote der Verwandlung von Dingen und Tätigkeiten in Waren zustande kommt, muß einen politischen Druck nach sich ziehen, der zu akuten internen Konflikten in den oberen Schichten, sowie zwischen den Ländern und innerhalb der Länder führt. Das wird verschärft durch die Tatsache, daß in dem Maße, wie das Teilen "an der Spitze" zugenommen hat, auch die Anzahl der hartnäckigen Bittsteller zunimmt, also derjenigen, die verlangen, zu dem Teil der Weltbevölkerung (der vielleicht ein Zehntel der Gesamtbevölkerung ausmacht)[3] zugelassen zu werden, der auf die eine oder andere Weise an der Verteilung des Welt-Mehrwerts teilhat.

Somit haben wir drei Gruppen, die untereinander eifrig um einen Anteil an der Beute streiten: eine sehr kleine, die man als Superakkumulatoren bezeichnen könnte, die Masse der Kader und die Anwärter auf einen Kaderstatus und Belohnung. Die zweite Gruppe wird sichtbar von der dritten bedroht (vgl. die Kämpfe im Umfeld der Neuen Weltwirtschaftsordnung oder die US-Haushaltsdebatte 1982), und ihre Kämpfe sind zu einem Gutteil verantwortlich für das, was man als normale, allen offenstehende Politik in der modernen Welt bezeichnen könnte. Der Kampf der ersten Gruppe (der Superakkumulatoren) mit der zweiten Gruppe (der Masse der Kader) ist jedoch nicht weniger wichtig, auch wenn er weniger offen stattfindet. Die Superakkumulatoren kontrollieren nämlich größtenteils die ökonomischen Machtquellen (hauptsächlich die transnationalen Gesellschaften), während die Masse der Kader einen großen Teil der politischen Machtquellen kontrolliert (hauptsächlich die Staatsmaschinerien). Die wachsenden Spannungen werden meist hinter verschlossenen Türen ausgetragen, wie zum Beispiel die Nahkämpfe um weltweite Finanzmanipulationen (Währungswechselkurse, Zinssätze und ähnliches).

Was ich hauptsächlich zu zeigen versuche, ist, daß - während die ökonomischen Prozesse sich der Asymptote der 100prozentigen Verwandlung in Waren annähern und somit einer Begrenzung der Profitrate - die politischen

3 Nathan Keyfitz (1976) hat die heutige Größe der "Welt-Mittelklasse" auf ein Siebtel der Gesamtbevölkerung geschätzt. Er benutzte als Kriterium den Anteil der Personen, deren Einkommen über der Armutsgrenze in den USA liegt. Eine etwas engere Definition der vom Mehrwert Lebenden brachte mich zu der ungefähren Schätzung von eins zu zehn.

Prozesse auf eine akute dreifache strukturelle Spaltung *innerhalb der Oberschichten* drängen. Unter diesen wird der Mehrwert verteilt, dessen Zuwachsrate wahrscheinlich schon fällt und dessen absoluter Wert (pro Kopf) wohl schon bald zu fallen beginnen wird.

Man sollte folglich annehmen, daß diese Nahkämpfe eine fabelhafte Gelegenheit für die systemfeindlichen Bewegungen des Weltsystems bieten. Die Verteidiger der Ordnung werden in zunehmendem Maße miteinander im Krieg liegen und deshalb in ihrem Kampf gegen die Kräfte der Weltrevolution objektiv geschwächt werden. Ohne Zweifel ist dies eine fabelhafte Gelegenheit und ohne Zweifel haben die systemfeindlichen Bewegungen sie zu ihrem Vorteil genutzt - aber in weit geringerem Maße, als man erwartet hätte. Wie bei so vielen Phänomenen, die die kapitalistische Weltwirtschaft charakterisieren (wie die Verwandlung von Dingen und Tätigkeiten in Waren und die Verstädterung), muß man, hat man erst einmal die anfängliche Beobachtung gemacht, daß die säkulare Trendkurve nach oben zeigt, auch bezüglich der Stärke der Weltfamilie der systemfeindlichen Bewegungen festhalten, daß die Wachstumsrate nicht steil, sondern eher allmählich anstieg.

Ja, es gab im ganzen 20. Jahrhundert Aufstand nach Aufstand, Mobilisierung nach Mobilisierung und einen Sieg nach dem anderen für systemfeindliche Bewegungen. Warum aber nicht viel mehr davon? Warum sind die Mauern Jerichos nicht durch die wiederholten Posaunenklänge zusammengefallen? Auf diese Frage gibt es nur zwei mögliche Antworten. Die eine ist der Rat zur Geduld. Die Posaunen kamen zu früh; die "objektiven Bedingungen" sind noch nicht hergestellt; die Mauern brechen bereits zusammen, aber nur langsam. In vieler Hinsicht war das die historische Antwort der Zweiten und der Dritten Internationale. Haltet an der verabredeten Strategie fest, sagten sie, und eine Welt wird sich auf neuem Grund erheben.

Es ist jedoch eine zweite Antwort möglich, deren Implikationen zumindest erforscht werden sollten. Die systemfeindlichen Bewegungen sind selbst zu Institutionen gewordene Produkte der kapitalistischen Weltwirtschaft, im Schmelztiegel ihrer Widersprüche geformt, von ihren metaphysischen Voraussetzungen durchdrungen, eingezwängt in das Wirken der anderen Institutionen. Systemfeindliche Bewegungen sind keine von Jehova gesandten, von allem Weltlichen losgelöste Racheengel; sie sind weltliche Produkte der realen Welt. Ohne Zweifel, werden Sie sofort denken - natürlich, aber das ist banal. Es ist jedoch nicht so banal, denn gerade die Sprache, in der wir gewöhnlich die Grenzen der systemfeindlichen Bewegungen diskutieren - zum Beispiel der Begriff "Revisionismus" - ist eine Sprache der Reinheit, wie sie nur Racheengeln angemessen ist.

Untersuchen wir deshalb die Art und Weise, in der das Funktionieren der anderen Institutionen in der Weltwirtschaft den Schwung der systemfeindlichen Bewegungen systematisch verlangsamt und ihre Wirkung verzerrt hat.

Die erste und vielleicht wichtigste Verzerrung geht aus der Tatsache hervor, daß nirgendwo im Weltsystem eine ausdauernde und relativ "erfolgreiche" systemfeindliche Bewegung aufgebaut worden ist, die in ihrer Führung, und sogar zu einem bedeutenden Grad an ihrer Basis, nicht Elemente enthalten hätte, die dem dritten Bereich der Oberschichten angehören - die aufstrebenden Kader. (Natürlich waren auch Elemente der anderen beiden Gruppen enthalten, zahlenmäßig oder organisatorisch waren sie aber unbedeutend.)

Die Tatsache, daß die aufstrebenden Kader eine Hauptrolle in den systemfeindlichen Bewegungen gespielt haben, ist eine empirisch gesicherte Feststellung. Sie ist wahrscheinlich auch theoretisch herzuleiten. In erster Linie sind die systemfeindlichen Bewegungen im großen und ganzen bürokratische Organisationen gewesen und erforderten als solche Fähigkeiten, die unter der Weltbevölkerung ungleich verteilt sind. Die aufstrebenden Kader waren tendenziell mit diesen Fähigkeiten ausgestattet und scheinen deshalb oft willkommene Rekruten gewesen zu sein. Zweitens fanden die systemfeindlichen Bewegungen es in ihrer Mobilisierungsphase häufig taktisch notwendig, zunächst klassenübergreifende Bündnisse zu schließen. Solche Bündnisse hatten dann Folgen für den langfristigen Aufbau systemfeindlicher Bewegungen. Drittens, wenn die Mobilisierungsaktivitäten zu absehbarem Erfolg führten, definiert als eine, wie auch immer gefaßte, wirksame Beteiligung an der Staatsgewalt, hatten die Bewegungen gerade wegen dieser Tatsache einen massiven und nur schwer aufzuhaltenden Zulauf von Opportunisten. Weiterhin hielten es nur wenige Bewegungen für taktisch klug, auch nur zu versuchen, diesen Zulauf aufzuhalten, da der Zulauf selbst den "Erfolg" garantierte - der sogenannte Trittbrettfahrer-Effekt.

Als ob all dies noch nicht genug wäre, bildete die (teilweise oder sogar vollständige) Besetzung eines Postens innerhalb einer gegebenen Staatsmaschinerie doch nur einen partiellen Zuwachs an wirklicher Macht. In mancher Hinsicht bedeutete es eher die Verringerung wirklicher Macht, da sich an der Macht befindliche Bewegungen sofort von der drohenden Unterwerfung unter Zwänge bedrängt sehen, die eine Staatsmaschinerie beherrschen und die zum Funktionieren des zwischenstaatlichen Systems gehören. Eine der vielen Gestalten, die diese *raison d'état* annimmt, ist der Zuwachs des relativen Einflusses der aufstrebenden Kader innerhalb der systemfeindlichen Bewegungen, sowie deren neue Rekrutierung. Das ist ein Teil des Preises, den die Bewegung zahlen muß, um die Regierungsgewalt zu behalten.

Schließlich sollte nicht außer Betracht gelassen werden, daß der Auflösungseffekt einer Mobilisierung der Massen selbst für die Superakkumulatoren äußerst gefährlich ist - langfristig als politische Bedrohung des Systems, kurzfristig als Ursache von Unruhen und somit als Beeinträchtigung des reibungslosen Ablaufs des Welt-Produktionsprozesses. Während die Bewegungen vielleicht in den frühen Stadien der Mobilisierung ignoriert wurden, wurde irgendwann ein Punkt erreicht, an dem eine vorherige Mobilisierung genügend Schwung entwickelt hatte, um eine wirkliche und anhaltende politische Explosion auslösen zu können, eine Explosion, die leicht der Kontrolle der jeweiligen systemfeindlichen Bewegung entgleiten konnte. Unter diesen Bedingungen erschien es den Superakkumulatoren sowie den Führern der Bewegung (selbst zumindest teilweise aufstrebende Kader) häufig vorteilhaft, auf einen Handel einzugehen, der eindeutig darauf abzielte, den Prozeß der Mobilisierung abzubrechen. Unter solchen Umständen würde die Eroberung der Regierungsgewalt durch die systemfeindliche Bewegung in einer Weise vor sich gehen, die die Rolle, den Einfluß und sogar die Größe des Elements der aufstrebenden Kader in der Bewegung maximieren würde. Was die Superakkumulatoren zu erreichen hofften, war die Umfunktionierung der aufstrebenden Kader zum Hauptwerkzeug der politischen Kontrolle über deren eigene Massenbasis.

Wenn man sieht, daß alle diese strukturellen Faktoren im Spiel sind, ist nicht länger die Langsamkeit, mit der die systemfeindlichen Bewegungen vorrücken, das Überraschungselement, das es zu erklären gilt. Vielmehr müßten wir jetzt versuchen zu erklären, wie sie überhaupt vorrücken konnten.

Wenn es, wie die führende Ideologie der kapitalistischen Weltwirtschaft es gern hätte, in der Tat wirklich wahr wäre, daß sich die Kluft bei der Verteilung des Mehrwerts schließen würde, wäre es schwer zu begreifen, wo dann noch eine Massenbasis für systemfeindliche Bewegungen herkommen würde. Tatsache ist jedoch, daß sich die Kluft innerhalb des Weltsystems im ganzen vergrößert und nicht verringert hat. Und diese objektive Realität - die Polarisierung der Welt-Klassenstruktur, genährt durch den Prozeß der Verwandlung von Dingen und Tätigkeiten in Waren, dieser wiederum genährt durch den treibenden Motor der unaufhörlichen Kapitalakkumulation - war die materielle Grundlage für die dauernde politische Mobilisierung. Diese Polarisierung hatte die Tendenz, die Arbeitskräfte der Welt zu politisieren, und tendierte außerdem dahin, die Organisationen der systemfeindlichen Bewegungen zu ausgezeichneten Werkzeugen für die aufstrebenden Kader zu machen, mit denen diese ihre recht abweichenden Eigeninteressen verfolgten. Weit davon entfernt zu verschwinden, haben die vielfältigen Mobilisierungen folglich an Zahl, Dauer und Qualität immer weiter zugenommen, und es läßt sich nur schwerlich irgend etwas erkennen, das diesem Trend in nächster Zukunft entgegenwirken wird.

Die ambivalente Rolle der aufstrebenden Kader ist durch die bloße Wiederholung der vielen Beispiele von systemfeindlichen Bewegungen, die ihre natürliche Entwicklung durchgemacht haben, immer deutlicher geworden. In gewissem Maße haben diese Beispiele zu Desillusionierung geführt. Dennoch haben sie auch ein Maß an Erfahrung mit sich gebracht, das zum Experimentieren mit neuen Taktiken ermutigt, um bekannte Fallgruben zu vermeiden. Der Naivitätsquotient unter den Militanten der systemfeindlichen Bewegungen hat sich verringert.

Es gibt also zwei Trends innerhalb der Weltfamilie der systemfeindlichen Bewegungen, die in entgegengesetzte Richtungen führen. Einerseits ist da die ständig zunehmende Rolle, die in den Bewegungen den aufstrebenden Kadern zufallt, deren Aktivitäten faktisch dahin tendieren, das Funktionieren des Weltsystems nicht zu schwächen, sondern zu stärken (allerdings wird das etwas abgeschwächt durch den zunehmenden ökonomischen Druck im Weltsystem, der ihre Mobilität nach oben erschwert hat). Andererseits wird die Basis der systemfeindlichen Bewegungen immer größer und der historische Verlauf hat den Militanten größere Erfahrung und damit größere politische Stärke gebracht.

Diese beiden widersprüchlichen Trends führen ihrerseits zu einer tiefgreifenden inneren Erschütterung in der Weltfamilie der systemfeindlichen Bewegungen. So kann man also sagen, daß es zwei politische Ausdrucksformen der Systemkrise gibt, die die kapitalistische Weltwirtschaft gerade durchmacht. Zum einen gibt es den zunehmenden inneren Konflikt unter den drei Gruppen der Oberschicht, der - wenn er zum endemischen Konkurrenzkampf unter den Unternehmern innerhalb des Kapitalismus als System hinzukommt - die Ebene eines mörderischen Kampfes unter den Oberschichten erreichen könnte, was eines der berühmten Merkmale der Krise des Feudalismus in der Zeit von 1300 bis 1450 war.

Es gibt jedoch auch einen echten Wendepunkt in der Entwicklung der Weltfamilie der systemfeindlichen Bewegungen. Die Frage ist nur, welcher dieser beiden widersprüchlichen Trends stärker ist. Wenn es der Trend ist, der zur Stärkung der Rolle der aufstrebenden Kader in den Bewegungen führt, dann werden die Bewegungen möglicherweise zum Hauptmechanismus der "kontrollierten Transformation" des welt-kapitalistischen Systems in etwas anderes, das, worin auch immer es sich unterscheiden mag, die Fortsetzung der hierarchischen Ausbeutung der Weltarbeiterschaft in einer anderen Gestalt erlauben würde. Wir sollten uns in Erinnerung rufen, daß dies im wesentlichen beim Übergang vom Feudalismus zum Kapitalismus geschah.

Andererseits gewinnt vielleicht der Trend zunehmender intellektueller Differenzierung unter den Militanten die Oberhand. Ist dies der Fall, wird er wahrscheinlich die Form einer Umbewertung der grundlegenden Strategie, die die systemfeindlichen Bewegungen seit Mitte des 19. Jahrhunderts verfolgt haben, annehmen - Übergang hauptsächlich durch eine sukzessive Erringung der Regierungsgewalt in den vielfältigen Staaten des zwischenstaatlichen Systems.

Ehe wir uns einer möglichen Alternativstrategie zuwenden, müssen wir uns zuerst mit dem dritten Ausdruck der Systemkrise beschäftigen: die Infragestellung der grundlegenden metaphysischen Paradigmen, die Resultat und Bollwerk beim Auftreten des Kapitalismus als Weltsystem gewesen sind. Das System der (Er)Kenntnis, das die moderne Welt prägte, hatte ohne Zweifel ein lang zurückreichendes und interessantes Erbe, aber es scheint außer Frage zu stehen, daß es erst im 17. Jahrhundert mit den intellektuellen Triumphen von Newton, Locke und Descartes wirklich angetreten wurde: die Überzeugung, daß man durch Vernunft zu Wahrheit und Gewißheit kommen kann, und zwar in Gestalt universaler Gesetze (Randall 1940; *Hazard 1939*).

In den Naturwissenschaften erhielt diese Doktrin des Universalismus ihre erste Rechtfertigung durch die konkreten Resultate, die sie hinsichtlich der realen Weltwirtschaft liefern sollte. Jedoch war sie von Beginn an auch für die Sozialwissenschaften recht bedeutend. Wie Randall betont:

> Die beiden Leitideen des 18. Jahrhunderts, Natur und Vernunft, (...) erhielten ihre Bedeutung von den Naturwissenschaften und führten, auf den Menschen übertragen, zu dem Versuch, eine Sozialphysik zu entdecken. (...) In allen Dingen wurden die neu erfundenen Sozialwissenschaften den Naturwissenschaften angeglichen. (...) Die rationale Ordnung der Welt, wie sie in Newtons System der Natur, der (natur-) wissenschaftlichen Methode und der (natur-) wissenschaftlichen Ideale ausgedrückt wurde, (...) wurde auf die umfassende Wissenschaft von der menschlichen Natur [übertragen], die eine rationale Wissenschaft des Verstandes, der Gesellschaft, der Geschäfte, der Regierung, der Ethik und Moralvorstellungen und der internationalen Beziehungen umschloß. (Randall 1940:255)

Wir alle leben seit drei Jahrhunderten von diesem fundamentalen Vermächtnis.

Eines der Probleme der Spezialisierung des Wissens ist nicht, daß Spezialisten mit anderen Wissensgebieten nicht vertraut sind, sondern daß sie, im ganzen gesehen, notgedrungen eine antiquierte Sicht von ihnen haben. Damit läßt sich erklären, warum in der Zeit nach dem Zweiten Weltkrieg, als die Newtonsche Weltsicht in den Naturwissenschaften grundsätzlich attackiert wurde, ihr Einfluß in den Sozialwissenschaften seinen Höhepunkt erreichte.

Die unerbittliche Auswirkung der Strukturkrise der Weltwirtschaft hat jedoch zwangsläufig zu einer Diskussion über die Prämissen des Universalismus geführt, Prämissen, die tief verborgen in allen institutionellen Gebilden der Weltwirtschaft enthalten sind, bis zu einem gewissen Grad sogar auch in den systemfeindlichen Bewegungen, die angeblich doch zum Zwecke der Transformation des Systems da sind. Wenn Sozialwissenschaftler die metaphysischen Prämissen des vorhandenen Systems in Frage stellen, werden sie als Ideologen angegriffen. Es ist schwerer, das gleiche mit Naturwissenschaftlern zu tun, was einen Angriff auf sie um so wichtiger und gefährlicher macht.

Einer der Sprecher dieses neuen grundsätzlichen Angriffs und jemand, der sich der Implikationen für die Sozialwissenschaften sehr bewußt ist, ist Ilya Prigogine mit seiner sogenannten Brüsseler Schule. Für seine Arbeit über "dissipative Strukturen" erhielt Prigogine 1977 den Nobelpreis für Chemie. Sehen wir uns einige seiner Argumente an, um zu beobachten, wie nahe sie, in einer etwas anderen Sprache, der grundsätzlichen Infragestellung des Universalismus kommen, die gerade in den Sozialwissenschaften stattfindet.

Dissipative Strukturen sind, im Gegensatz zu Gleichgewichtsstrukturen, solche, die durch die fortwährende Streuung von Energie aufrechterhalten werden und somit eine Selbstorganisation aufweisen. Prigogine stellt fest, daß dissipative Strukturen, die in physikalischen oder chemischen Systemen untersucht werden, sich im Laufe der Zeit weiterentwickeln:

> In einer Phase verhält sich das System deterministisch gemäß den eingebrachten Durchschnittswerten, während in der anderen Phase eine Fluktuation solange verstärkt wird, bis sie die gesamte Struktur verändert, woraufhin die vorherige Phase unter anderen Umständen neu beginnt. (Prigogine u. a. 1977:2)

Was wissen wir von diesen dissipativen Strukturen? Im Gegensatz zu Gleichgewichtsstrukturen zeigen sie "ein kohärentes Verhalten, das die Kooperation einer großen Anzahl von Einheiten einbezieht" (Prigogine u. a. 1977:21). Daher "erscheinen sie als eine 'Totalität' mit Dimensionen, die von ihrem eigenen zugrundeliegenden Mechanismus bedingt sind." Außerdem: die Dimensionen sind entscheidend. Kleine Systeme sind Grenzbedingungen unterworfen. Nur wenn das System ausreichend groß ist, "erlangt es einen Grad von Autonomie gegenüber der Außenwelt" (1977:31). Im Gegensatz zu einer Gleichgewichtsstruktur, in der, nachdem das Gleichgewicht erreicht worden ist, die Ausgangsbedingungen "vergessen" werden, wird in dissipativen Strukturen "die makroskopische Ordnung, die nach einer Instabilität entsteht, von der am schnellsten zunehmenden Fluktuation determiniert." Prigogine nennt diese Art von Ordnung "Ordnung durch Fluktuation" (Prigogine u. a. 1977:38). Er faßt all das in, wie er es nennt, "der Sprache der Sozialwissenschaften" zusammen:

> Funktion kann als "Mikrostruktur" des Systems angesehen werden, während die umfangreiche räumliche oder raumzeitliche Organisation einer "Makrostruktur" entspricht. Eine Fluktuation führt zu einer lokalen Modifizierung der Mikrostruktur, die, wenn sich die Regulationsmechanismen als unzulänglich erweisen, die Makrostruktur verändert. Das wiederum bestimmt das "Spektrum" zukünftiger möglicherweise auftretender Fluktuationen. (...) Weit davon entfernt, "Zufall" und "Notwendigkeit" gegenüberzustellen, sehen wir, daß beide Aspekte für die Beschreibung von nichtlinearen, weit vom Gleichgewicht entfernten Systemen wesentlich sind. (Prigogine u. a. 1977:39)

Es sollte klar sein, wie dies einem, von uns befürworteten, holistischen Rahmen entspricht, der eine groß angelegte Analyseeinheit benutzt, sowie verstärkte Aufmerksamkeit sowohl den Zyklen (ihre Mikrostruktur, ihre Zwänge), als auch den Trends (ihre Makrostruktur, ihre Zufälle) zuwendet. Damit jedem klar wird, wie weit das vom Newtonschen Modell entfernt ist, verdeutlicht Prigogine es auf verschiedene Weisen. Da gibt es zuallererst die Frage der Gleichgewichtsstrukturen. In der klassischen Thermodynamik wurde "Ungleichgewicht als eine Störung betrachtet, die das Erscheinen einer Struktur verhindert, die mit der Ordnung im Gleichgewicht gleichgesetzt wurde" (Prigogine u. a. 1977:17). Im Gegensatz dazu wird nun argumentiert, daß viel häufiger ein Ungleichgewicht die Quelle von Ordnung ist. Prigogine legt dar, daß die grundlegende Teilung in "Ereignisse" und "Regelmäßigkeiten" durch die klassische Physik - in der die Gesetze der Dynamik nur die Regelmäßigkeiten beschreiben sollten und Ereignisse, über die die Physik keine Aussagen machen kann, zu "Ausgangsbedingungen" degradiert wurden - unweigerlich dazu führte, lebendige Prozesse als einen Kampf "um die Aufrechterhaltung der höchst unwahrscheinlichen Bedingungen, welche ihre Existenz erlauben", anzusehen. Ganz im Gegenteil, wird nun argumentiert, folgen lebendige Prozesse und Ausgangsbedingungen "aus den physikalischen Gesetzen, die spezifischen nicht-linearen Interaktionen und vom Gleichgewicht weit entfernten Bedingungen angemessen sind." Folglich ist eine Sozialstruktur ein Phänomen, das "sowohl von seiner Umgebung beeinflußt wird, [wie auch auf sie wirkt]" und "spontan in offenen Systemen auftritt, die, weit vom Gleichgewicht entfernt, aufrechterhalten werden" (Prigogine u. a. 1977:18-19).

Zweitens stellt sich die Frage des Analyserahmens. Die klassische Physik "stellte sich Einheiten vor, die gegenüber den Interaktionen Priorität hatten. (...) Jede Einheit entwickelt sich getrennt, als ob sie ganz allein auf der Welt wäre." Tatsächlich aber, so wird argumentiert, können Individuen "nicht von der Gesamtheit ihrer Interaktionen getrennt werden, es sei denn, in extrem vereinfachten Fällen." Man beachte dann die radikale Schlußfolgerung: "Die Systeme der klassischen Physik entsprechen Grenzfällen, und die ihnen angemessenen Beschreibungsweisen erlauben im allgemeinen keine Extrapolation" (Prigogine u. a. 1982:61).

Drittens gibt es die Frage der Zeit. Für die klassische Physik existierte die Zeit nicht (nicht einmal für Einstein); technisch ausgedrückt, wurde Zeit für reversibel gehalten. Zeit war nur äußerliche Dauer. Dagegen, so wird argumentiert, gibt es eine andere Zeit, eine Zeit, die in den Strukturen enthalten ist. Die moderne Physik muß eine "Vielheit von Zeiten" anerkennen, die subtil miteinander verbunden sind: die irreversible Zeit, die sich auf Gleichgewichtszustände zubewegt; die zyklische Zeit, die von der Welt genährt wird, in der sie existiert; und die Dauer der Verzweigung von Entwicklungen, die durch die Instabilität und die Verstärkung von Fluktuationen zustande kommen. Der klassischen Wissenschaft des kontinuierlichen Flusses wird die "Wissenschaft von den Turbulenzen" entgegengestellt, eine Wissenschaft, die demonstriert, daß "Störung die Dinge, die Natur und den Menschen hervorbringen kann" (Prigogine u. Stengers 1979:275, 281).

Viertens proklamierte die Newtonsche Physik die "theoretische 'Extra-Territorialität'" der Wissenschaftler, von der nun angenommen wird, daß sie theoretisch und kulturell unmöglich ist (Prigogine u. Stengers 1979:23). Weit davon entfernt, daß Sozialwissenschaft sich nach dem Vorbild der Naturwissenschaft richten müsse, wird nun argumentiert, daß alle Wissenschaft "*menschliche* Wissenschaft" ist, "Wissenschaft vom Menschen für den Menschen". (Prigogine u. Stengers 1979:281).

Schließlich wird der Universalismus direkt abgelehnt. Indem die Wissenschaft Zeit, Innovation und qualitative Verschiedenheit als logische Eigenheiten der Natur anerkennt, hat sie "*theoretisch* den Schluß gezogen, daß es unmöglich ist, die Natur auf die verborgene Simplizität einer Realität zu reduzieren, die von universellen Gesetzen beherrscht wird" (Prigogine u. Stengers 1979:64). Die Heisenbergsche Unschärferelation gilt nicht nur bei mikroskopischen Phänomenen. "Die makroskopischen Gleichungen selbst enthalten das Element der Stochastizität, welches zu 'makroskopischer Indeterminiertheit' führt" (Prigogine u. a. 1977:57). So werden wir beschworen, die Idee von der Wissenschaft als "Entzauberung der Welt" zurückzuweisen und sie als eine "Wiederverzauberung der Welt" zu würdigen.

Diese massive Infragestellung der Metaphysik, die unserem Weltsystem zugrundeliegt, hat sich nicht im luftleeren Raum entwickelt. Sie kam durch einen intellektuellen Druck zustande, durch die Unmöglichkeit, eine Erklärung für die heute gesellschaftlich sichtbaren zeitlichen Transformationen und für die Strukturkrise, die wir gerade erleben, in die ideologischen Voraussetzungen eines Universalismus einzufügen, der ausgehend von eingeschränkten (physikalischen, biologischen und sozialen) Voraussetzungen extrapolierte und der, indem er sie als allgemeingültige Gesetze zu interpretieren suchte, die Prozesse der Verzweigungsturbulenz (um Prigogines Ausdruck zu benutzen) eliminieren oder verlangsamen wollte.

Unnötig zu sagen, daß die Befürworter dieser metaphysischen Regeneration noch immer eine deutliche Minderheit sind, nicht nur im kleinen Kreise der Intellektuellen, sondern auch im größeren gesellschaftlichen Kreis. Auch können wir nicht, ganz in der Logik der Position derer, die den Universalismus ablehnen, eindeutig voraussagen, wohin diese wissenschaftliche Erneuerung führt. Dennoch hat Prigogine ganz recht, wenn er genau aus diesen Gründen versichert, daß "die Rolle des Wissens immer wichtiger wird. Wir sind erst am Anfang, in der Vorgeschichte unserer Einsichten" (Prigogine u. a. 1982:66).

Die Auflösung dieses wissenschaftlich-metaphysisch-ideologischen Übergangs ist meiner Ansicht nach jedoch klar mit der Auflösung der inneren

Erschütterung der systemfeindlichen Bewegungen verbunden, und beide zusammen werden die Richtung festlegen, in die sich der strukturelle Übergang von einer kapitalistischen Weltwirtschaft zu etwas anderem bewegen wird. Obwohl wir uns in der Tat bereits in einer Krise des Systems befinden, ist diese, wie ich meine, eine lange Krise, die sich mit sichtbarer, aber nicht so großer Geschwindigkeit entfaltet, wie wir uns das vielleicht wünschen. Wir können über ihre Richtung Vermutungen anstellen, sicher sein können wir nicht. Trotzdem können wir ihre Richtung beeinflussen. Diese Systemkrise wirkt sich sicherlich auf den ökonomischen Bereich aus, sie führt zu einem langfristigen Druck auf die Aussichten für eine weitere unendliche Kapitalakkumulation.

Aber sie spielt sich ebenso auf zwei anderen Schauplätzen ab, in die wir leichter unseren kollektiven Willen, unsere Energien und soviel Weisheit, wie wir haben, einbringen können. Einmal ist da der politische Schauplatz der systemfeindlichen Bewegungen. Zum anderen gibt es den kulturellen Schauplatz der metaphysischen Voraussetzungen von Wissen.

Diese beiden letzteren Schauplätze sind in Aufruhr und werden in den nächsten 30 bis 50 Jahren sogar in noch größeren Aufruhr geraten. In beiden ist das Resultat dieses Aufruhrs ungewiß. Was mir im ersten Fall auf der Tagesordnung zu stehen scheint, ist ein Überdenken der grundlegenden Strategie der Bewegungen. Was im zweiten Fall auf der Tagesordnung zu stehen scheint, ist eine Umformulierung unseres grundlegenden Begriffsapparats, einschließlich der Meßverfahren.

Lassen Sie mich daher mit einer kurzen Spezifizierung dieser beiden Aufgaben für Denken und Handeln schließen. Die grundlegende Strategie der systemfeindlichen Bewegungen dieser Welt wurde im 19. Jahrhundert festgelegt. Sie beinhaltete die Schaffung von Organisationen, deren Ziel die Erlangung der Kontrolle über Staatsmaschinerien sein sollte. Praktisch alle Bewegungen, gleich welcher Tendenz, neigten dazu, in diesem Kernpunkt übereinzustimmen. Wir haben uns schon die Doppeldeutigkeit dieser Strategie vor Augen geführt, sowie auch die Art und Weise, in der sie es den Mächtigen des Weltsystems erlaubte, die unzweifelhaften Vorteile, die die Erringung von Regierungsgewalt für die systemfeindlichen Bewegungen mit sich brachte, zum Teil unwirksam zu machen. Wir haben ebenso die zunehmende Skepsis zur Kenntnis genommen, die diese Strategie unter den Militanten und potentiell Militanten dieser Bewegungen hervorruft.

Diese Strategie war, wenn ich so sagen darf, durch ihre Newtonsche Weltsicht begrenzt. Sie betrachtete Staaten als relativ autonome Gebilde und politische Macht als ausschließlich oder wenigstens hauptsächlich in den Staatsmaschinerien angesiedelt. Beide Annahmen sind empirisch voller Löcher, und in ihren Analysen (aber selten in ihren strategischen Optionen) war das den systemfeindlichen Bewegungen durchaus bewußt. Zunächst einmal sind die Staatsgebilde in das zwischenstaatliche System eingebettet (das Wort ist nicht zu stark), und der Grad ihrer Autonomie ist deutlich eingeschränkt. Zweitens, und vielleicht noch wichtiger: es stimmt nicht, daß der einzige Ort politischer Macht die Kontrolle der Staatsmaschinerie ist. Materialisten, und viele der Bewegungen wollten das sein, sollten das eigentlich wissen. Haben denn transnationale Gesellschaften keine echte politische Macht? Natürlich haben sie. Sicher, ihre Macht besteht in einem gewissen Maß aus ihrem Einfluß auf Staatsmaschinerien. Dieser Einfluß ist aber mit Sicherheit nur der geringste Faktor. Ihre wirkliche politische Macht liegt in ihrer Gewalt über die Ressourcen der Produktion und darin, daß sie über diese Ressourcen entscheiden können - sie zum Beispiel zu verlegen oder sie dem Gebrauch zu entziehen.

Dieses gewissermaßen auf der Hand liegende Beispiel sollte uns einen wichtigen Hinweis geben. Die Elemente wirklicher politischer Macht sind auf viele Orte verstreut. Die Staatsmaschinerien sind ein wichtiger solcher Ort, aber beileibe nicht der einzige. Man kann Macht nicht quantitativ messen, aber ich würde annehmen, daß die Staatsmaschinerien weniger als die Hälfte der Konzentrationen wirklicher Macht in der Weltwirtschaft ausmachen, und wenn überhaupt, ist diese Schätzung eher zu hoch als zu niedrig gegriffen. Macht besteht in der Kontrolle ökonomischer Institutionen. Macht besteht in der Kontrolle von Veto-Strukturen, die Prozesse anhalten können. Macht besteht in der Kontrolle von kulturellen Institutionen. Macht liegt in den Bewegungen selbst.

Ja, werden Sie sagen, aber die Bewegungen haben das doch schon immer gewußt. Ja, stimmt, nur glaubten sie immer, daß Macht, die nicht in Staatsmaschinerien lag, eine geringere Form von Macht wäre, die nur benötigt wurde, *damit* man in einer Position war, den Staat kontrollieren zu können. Die strategische Priorität, Macht in der Staatsstruktur zu erlangen, war immer vorhanden. Das war das einzige Ziel, das immer an erster Stelle stand und an dem immer und um jeden Preis festgehalten wurde. Somit wiesen alle Bewegungen im Kern den Rat Gramscis zurück, nicht im Sumpf eines Stellungskrieges zu versacken, sondern sich an den Nutzen eines Krieges von listigen Manövern zu erinnern. Was meiner Meinung nach auf der Tagesordnung der Bewegungen stehen sollte, ist die Entwicklung einer Strategie des Manövrierens, die die Erringung von Macht in Staatsmaschinerien auf die Ebene der Taktik zurückstellt, auf eine Position, die man bezieht und aus der man sich wieder zurückziehen kann, denn die wirklich konstruktive Macht der Bewegungen liegt im Prozeß der *Bewegung*, der Mobilisierung. In der Beschleunigung des Verfalls des gegenwärtigen Systems und nicht in seiner kontrollierten Transformation, um Amins Unterscheidung zu gebrauchen, liegen die Aussichten, ein wahrhaft sozialistisches welthistorisches System zu schaffen.

Das führt uns zur intellektuellen Rekonzeptualisierung, zur Schaffung von neuen Konzepten. Die systemfeindlichen Bewegungen haben der universalistischen Ideologie (und der dazugehörigen Geschichtsschreibung) viel zu viel abgekauft. Sie waren kritisch, sicher, aber nicht kritisch genug. So haben sie zum Beispiel den Kapitalismus als einen feststehenden Satz von Beziehungen und Strukturen analysiert, den es gibt oder nicht gibt, während er tatsächlich ein sich unaufhörlich entwickelndes, einzigartiges, einzelnes System ist, dessen gewöhnliche Beschreibungsparameter (freies Unternehmertum, der freie Markt, freie Lohnarbeit, veräußerlicher Grundbesitz, Warenaustausch) gegenwärtig nur teilweise realisiert werden, nur teilweise realisiert wurden und auch in Zukunft nur teilweise realisiert werden können.

Die institutionellen Strukturen der kapitalistischen Weltwirtschaft (Staaten, Klassen, Völker, Haushalte, Bewegungen) sind analysiert worden, als ob sie analytisch in sich geschlossene Gebilde wären, die sich von historischem System zu historischem System in einem Entwicklungsmuster weiterentwickeln, das parallel zu dem des Systems als ganzem verläuft. Daher haben wir Mißgeburten von Begriffen wie "kapitalistischer Staat", der beinhaltet, daß es im Begriff "Staat" analytisch etwas Konstantes gibt, so daß Feudalstaat, kapitalistischer Staat und sozialistischer Staat irgendwie drei Arten einer einzigen Gattung sind. Tatsächlich aber sind die institutionellen Gebilde der kapitalistischen Weltwirtschaft deren Kollektivprodukt und können außerhalb einer Erklärung des Funktionierens dieses bestimmten, großflächigen Ganzen nicht analysiert, ja noch nicht einmal identifiziert werden.

Es ist deshalb angezeigt, das Werk der Sozialwissenschaften der letzten 200 Jahre noch einmal zu beginnen, vielleicht nicht ganz von vorn, aber doch so gut wie. Die gesammelten Daten sind dabei bestenfalls nur teilweise relevant. Die konzeptionellen Kategorien müssen neu zusammengesetzt werden. Die Methoden unserer Forschung müssen hinsichtlich dieser neuen Ziele neu definiert werden: wir müssen ein konkretes, großflächiges System erklären, das auf die Welt kommt, sich über einen Zeitraum entwickelt und an einem bestimmten Punkt in eine Strukturkrise gerät. Wenn wir das tun, müssen wir uns vor einer übermäßigen Konkretisierung hüten, aber dennoch Konzepte benutzen, was immer eine Konkretisierung beinhaltet. Wenn man möchte, kann man das als historische Soziologie oder soziologische Geschichte oder als irgend etwas anderes bezeichnen, vorausgesetzt man erkennt, daß es sich dabei nicht um eine Teildisziplin, sondern um das gesamte Unternehmen handelt.

Diese beiden Aufgaben - die Neuausrichtung der Strategie der systemfeindlichen Bewegungen und die Neuausrichtung der Strategie der Sozialwissenschaft - sind gleichermaßen schwierig, gleichermaßen wichtig und, wie ich meine, eng miteinander verbunden. Keine kann ohne den Erfolg der anderen selbst erfolgreich sein. Beide Aufgaben werden sich in der Praxis miteinander verflechten. Werden die Aufgaben erfüllt werden? Meiner Ansicht nach ist der Kampf eine Schlacht, die den Berg hinauf geführt werden muß, aber die materielle Grundlage für einen Erfolg ist vorhanden. Wie auch immer, das ist eine Vermutung, im besten Fall eine Wahrscheinlichkeit. Um Prigogines Worte zu wiederholen: "Wir sind erst am Anfang, in der Vorgeschichte unserer Einsichten."

LITERATUR (entsprechender Auszug)

Amin, S. (1980): "Révolution ou décadence? La crise du système impérialiste contemporain et celle de l'Empire romain". *Review*, 4, 1 (Sommer). S. 155-66.

Amin, S. (1982): "Crisis, nationalism and socialism", in S. Amin, G. Arrighi, A. G. Frank und I. Wallerstein (Hrsg.): *Dynamics of Global Crisis*, New York: Monthly Review Press. S. 167-231.

Hazard, Paul (1939): *Die Krise des europäischen Geistes. 1680-1715*, übers. von Harriett Wegener, Hamburg: Hoffmann & Campe.

Hofstadter, D. R. (1981): "Metamagical themas", in *Scientific American*. 245 (November). S. 22-43.

Keyfitz, N. (1976): "World resources and the world middle class", *Scientific American*. 235 (Juli). S. 28-35.

Prigogine, I., Allen, P. M. u. Herman, R. (1977): "Long-term trends and the evolution of complexity", in Ervin Laszlo und Judah Bierman (Hrsg.): *Goals in a Global Community*, Studies on the Conceptual Foundations Bd. 1, New York: Pergamon. S. 1-63.

Prigogine, Ilya und Stengers, Isabelle (1979): *La nouvelle alliance*, Paris: Gallimard. (Engl. Übersetzung: *Order Out of Chaos*. 1984; dt: *Dialog mit der Natur*. 1981, 1993).

Prigogine, I. et al. (1982): "Openness: a round-table discussion", in *Family Process*. 20 (März). S. 57-70.

Randall, J. H. Jr. (1940): *The Making of the Modern Mind*, Cambridge, MA: Houghton Mifflin.

Wallerstein, I. (1980b): "The future of the world-economy", in Terence K. Hopkins und Immanuel Wallerstein (Hrsg.): *Processes of the World-System*, Beverly Hills, CA: Sage. S. 167-80.

Wallerstein, I. (1982): "Crisis as transition", in S. Amin, G. Arrighi, A. G. Frank und I. Wallerstein (Hrsg.): *Dynamics of Global Crisis*, New York: Monthly Review Press and London: Macmillan. S. 11-54.

Wie Konflikte zwischen Staaten entstehen

In welche Art Konflikt sich ein Staat auch immer hineinmanövriert, er beherrscht stets bis zum gewissen Grade nicht nur sein eigenes Verhalten, sondern auch das seines Gegners. Die verschiedenen Konflikttypen unterscheiden sich durch das Ausmaß und die Art der Selbstbeherrschung und der gegenseitigen Beeinflussung, die darin eine Rolle spielen. Dem Mathematiker und Spieltheoretiker Anatol Rapoport zufolge kann man die drei wichtigsten Konflikttypen mit den Bezeichnungen "Kämpfe", "Spiele" und "Debatten" belegen. Jeder Typ hat seine eigenen Bedingungen, seinen eigenen Entwicklungsgang und seine eigene Skala prognostizierbarer Ergebnisse.

"Kämpfe": Quasi-automatische Konflikttypen

In einem Konflikt dieses Typs schwindet die Herrschaft der Akteure über ihr eigenes Verhalten und über das ihres Gegners schnell dahin, denn die Maßnahmen der einen Seite dienen der anderen jeweils als Ausgangspunkt für ähnliche Gegenmaßnahmen. Ein Hund, der auf der Straße einen Artgenossen trifft, braucht diesen nur anzuknurren, und schon knurrt der andere zurück. Darauf steigert er seine Lautstärke, und der andere überbietet ihn darin. Der erste Hund fletscht die Zähne, der zweite erwidert die Geste. In der klassischen Eskalationssequenz folgen dann das Zähnezeigen, das Zuschnappen und schließlich verbissener Kampf. Dem Kampf zweier kleiner Jungen auf dem Schulhof kann eine ähnliche Sequenz vorausgehen: der Austausch spöttischer Blicke führt zum Austausch von Schmähwörtern und feindlichen Gesten, dann zu Drohungen, Herausforderungen und deren Erwiderung, bis endlich Schläge ausgetauscht werden und ein regelrechter Kampf im Gange ist.

Was bei Hunden und kleinen Jungen beobachtbar ist, kann man auch bei Rüstungswettläufen zwischen Nationen und bei Konfrontationen großer Mächte beobachten. Die Höhe der Rüstung oder der Rüstungsausgaben einer Nation wird zur Bezugsbasis einer zweiten Nation, die beschließt, diesen Aufwand mit einer "Sicherheitsmarge" von beispielsweise 10 Prozent zu überbieten. Aber nun wird dieser neue, höhere Rüstungsstand der zweiten

Nation wiederum zur Grundlage des Sicherheitskalküls der ersten, die dann ihrerseits versucht, 10 Prozent mehr als ihr Rivale für Waffen auszugeben. Der Rivale antwortet darauf mit einem neuerlichen Versuch, seine 10 Prozent Vorsprung zu behaupten, und so geht es fort in einer Folge ständiger Eskalation der Rüstungen, bis einer der beiden Rivalen oder beide erschöpft sind oder Krieg ausbricht oder - was höchst unwahrscheinlich ist - bis es auf beiden Seiten in letzter Minute zu einer Änderung der Politik kommt.

Auch in einer Konfrontation zwischen Großmächten ist jede der beteiligten Mächte bestrebt, die andere hinsichtlich des verbalen oder materiellen Engagements in jeder Phase ein Stück zu überbieten. Mäßig gehaltene Noten werden durch solche in scharfem Ton abgelöst. Auf Noten folgt die Verlegung von Schiffen, Truppen und Flugzeugen in die Nähe des strittigen Punktes der Erde, und vielleicht werden einige Streitkräfte eingeschleust oder offen gelandet. Es fallen Schüsse, auf die eine mehr als gleichgroße Vergeltung der anderen Seite folgt, es kommen verbündete Nationen ins Spiel, und so weiter mit Drohung und Gegendrohung, Vergeltung und Wiedervergeltung, bis die Schwelle des mit allen Mitteln geführten Krieges erreicht und vielleicht überschritten wird.

Ihrem Wesen nach tendieren Konfliktprozesse dieses Typs ("Kämpfe") dazu, automatisch und ohne Überlegung abzulaufen, ähnlich etwa einem Brettspiel zwischen zwei Anfängern, die davon weniger verstehen als sie glauben: jeder Zug erscheint ihnen notwendig und naheliegend. Tatsächlich gehen diese Abläufe wie die Züge zweier geübter, aber noch nicht zu Könnerschaft gediehener Brettspieler oft so rasch vor sich, daß sie kaum vom Reflexhaften zu unterscheiden sind. So kommt es, daß Staatsmänner sagen können: "Wir haben keine andere Wahl", und daß Nationen, die (wie es sogar die meisten Neulinge beim Brettspiel tun) aus ihren Erfahrungen lernen sollten, sich in Konfliktabläufe verstrickt finden, die (jedenfalls ihnen) unvermeidlich scheinen und den Ausbruch aus der Folge sich überstürzender Ereignisse zunehmend schwieriger gestalten.

In seinem automatischen Charakter ähnelt ein Konflikt dieser Art auch gewissen natürlichen Vorgängen und ist wie diese durch ein Paar Differentialgleichungen beschreibbar. (Mathematische Modelle solcher Konfliktprozesse sind von verschiedenen Natur- und Sozialwissenschaftlern, darunter Lewis F. Richardson, Nicholas Rashevsky, G. F. Gause, Anatol Rapoport und Kenneth Boulding, untersucht worden.) Im typischen Fall umfassen solche Gleichungen zwei Arten von Gliedern. Die Glieder der einen Art repräsentieren *Beschleunigungsvorgänge*, d. h. sie stehen für die Beschleunigungswirkungen, die die Maßnahmen jedes Akteurs auf die Maßnahmen des jeweils anderen und möglicherweise auch auf die eigenen nächsten Schritte ausüben. Die Glieder der zweiten Art hingegen repräsentieren die umgekehrten Wirkungen, die ebenfalls in vielen Konfliktsituationen beobachtbar sind. Dies sind die verlangsamenden oder *verzögernden* Effekte, die wachsende Selbstbeschränkung der Beteiligten bei Zuspitzung des Konflikts begünstigen. Zu ihnen gehören die wachsenden (politischen oder finanziellen) Belastungen, wachsende innenpolitische Opposition, nachlassende Ressourcen oder auch Kombinationen aus mehreren dieser Faktoren.

Unter bestimmten Bedingungen überwiegen die beschleunigenden Faktoren, und ein geeignetes mathematisches Modell zeigt, daß in diesem Fall der Konflikt eskaliert, bis Zerstörung oder Zusammenbruch eines Akteurs oder eines Systembestandteils eintritt. Das Modell vermag sogar zu zeigen, wann das Erreichen einer solchen Grenze oder eines Zusammenbruchs zu erwarten steht. Unter anderen Bedingungen dagegen können Faktoren der Selbstbeschränkung schneller wachsen als die den Konflikt akzelerierenden Faktoren. Dann verlangsamt sich die Eskalationsrate des Konflikts, und das ganze Konfliktsystem kann an einem Punkt vor seinem Zusammenbruch und der Zerstörung einer der streitenden Parteien zur Ruhe kommen. Die mathematischen Modelle zeigen, wann und wie unter diesen Bedingungen z. B. konkurrierende Käferarten in ein und demselben Mehlsack unbegrenzt nebeneinander existieren können, wann und wie konkurrierende religiöse Heilslehren oder politische Ideologien in einem stabilen Zustand wetteifernder Koexistenz überdauern können, oder wann und bei welchem Ausgabenstand ein Rüstungswettlauf zum Stillstand kommen kann. Deshalb dürfen wir, falls es uns gelingt, die auf größere Zurückhaltung der konkurrierenden Staaten hinwirkenden Faktoren zu entdecken und zu stärken, selbst angesichts des gedankenlosen Automatismus der Konflikte des soeben behandelten Typs noch etwas Hoffnung hegen.

"Spiele": Rationale, durch Strategie gekennzeichnete Konflikte

Ein ganz anderer Konflikttyp erinnert an Spiele, in welchen jeder Spieler rationale Gewalt über seine Züge - aber nicht notwendig über ihre Resultate - hat; und auf ihn lassen sich einige der Modelle der Spieltheorie anwenden. Viele Spiele, denen wir uns zur Erholung und Kurzweil widmen, etwa Poker, Bridge oder Schach, haben eine abstrakte und begrenzte Ähnlichkeit mit Konfliktsituationen des wirklichen Lebens - Konkurrenzkampf im Geschäftsleben, Politik und Krieg - und sind teils aus diesem Grunde für Menschen interessant und attraktiv. Bei jedem Spiel dieser Art hat jeder Spieler eine Nutzwertskala, derzufolge er für die Dauer des Spiels bestimmte Ergebnisse bevorzugt und anstrebt. Er hat weiter die Wahl zwischen verschiedenen ihm möglichen Zügen, und schließlich hat er einen Satz Erwartungen bezüglich des wahrscheinlichen Ergebnisses eines von ihm gewählten Zuges.

Um gut zu spielen, muß ein Spieler deshalb wissen, was er will, er muß wissen, was er weiß und was nicht, und er muß wissen, was er tun kann und was nicht. Seine Kenntnis der Ergebnisse seiner Maßnahmen hingegen ist ungewiß, denn in einem typischen Spiel hängt sein eigener Zug auch von dem Zug ab, den sein Opponent tut. Oft wird er nicht genau wissen, was sein Opponent tun kann (welche Möglichkeiten diesem - etwa mit den in seiner Hand befindlichen Karten - offenstehen), noch wird er wissen, was sein Opponent beschließen oder planen kann (d. h. welche Absichten er hat). Angesichts solcher Ungewißheit muß jeder Spieler seine Züge auf möglichst rationalen Mutmaßungen oder Schätzungen aufbauen. Man sagt, daß Napoleon seinen Generalen geraten habe, sich bei ihren militärischen Schachzügen an ihrer Einschätzung der Möglichkeiten ihrer Gegner und nicht an ihrer notwendigerweise weniger verläßlichen Einschätzung der Absichten ihrer Gegner zu orientieren.

Solange er "mitspielt", versucht jeder Spieler zu gewinnen oder wenigstens nicht zu verlieren. In dieser Absicht wählt er seine einzelnen Züge und kurzfristigen Zugsequenzen, die wir seine *Taktik* nennen, und auch seine längerfristigen Maßnahmen und Zugsequenzen, die wir seine *Strategie* nennen, und die die taktischen Züge als Bestandteile einschließen. Die für einen Spieler rationalste Strategie ist dann diejenige, die ihn mit größter Wahrscheinlichkeit gewinnen oder, um ein anderes Kriterium zu benutzen, nicht verlieren läßt. Sofern die im Spiel möglichen Gewinne und Verluste quantitativ faßbar sind, ist die rationalste Strategie diejenige, die die Nettogewinne maximiert, bzw. diejenige, die die Nettoverluste minimiert.

Nullsummen- oder Festsummenspiele

Eine große Klasse von Spielen bilden die Nullsummenspiele, die allgemeiner auch *Festsummenspiele* genannt werden. Bei einem Nullsummenspiel ist die Summe aller Gewinne und Verluste aller Spieler Null, so daß alles, was ein Spieler gewinnt, von einem oder mehreren anderen Spielern verloren werden muß. (Schach, Bridge und Poker sind Beispiele für Nullsummenspiele.) Bei einem Festsummenspiel hat die Summe aller Gewinne und Verluste einen festen Wert, der nicht Null sein muß, sondern größer oder kleiner sein kann. (Aber auch hier gehen Gewinne eines Spielers notwendig zu Lasten anderer Spieler.) Nullsummenspiele sind deshalb eine Abart von Festsummenspielen, und jedes Festsummenspiel läßt sich durch einfache mathematische Transformation in ein Nullsummenspiel verwandeln. In allen wichtigen mathematischen Eigenschaften sind Nullsummenspiele mit anderen Festsummenspielen identisch, und was im folgenden über Nullsummenspiele gesagt wird, gilt deshalb für alle Festsummenspiele.

Jedes Nullsummenspiel stellt eine ungemischte und ungelöste Konfliktkonstellation dar. Bei einem Zweipersonenspiel dieser Art ist jeder Gewinn eines Spielers für den anderen ein Verlust. Was für den einen gut ist, ist für seinen Spielgegner notwendigerweise schlecht, und umgekehrt muß ein irgendwie gearteter Vorteil des Gegners für den ersten Spieler einen gleichgroßen Nachteil bedeuten. Mehr als vier Jahrhunderte vor der Entdeckung der Spieltheorie benutzte Niccolò Machiavelli dieses Schema modellhaft für seinen Begriff von Macht, als er schrieb, daß ein Fürst, der die Macht eines anderen mehre, notwendig die eigene schmälere.[1]

Ein ähnlich am Nullsummenspiel orientiertes Verständnis von Macht und vom Konkurrenzkampf rivalisierender Staaten und insbesondere rivalisierender Ideologien finden wir heute in einigen grundlegenden Varianten des Denkens in den Kategorien des Kalten Krieges. Was für den Westen gut oder auch nur akzeptabel ist, so könnten einige Verfechter des militanten Kommunismus in Peking oder Moskau denken, muß für den Kommunismus schlecht sein; und was für den Kommunismus gut oder auch nur akzeptabel ist, so meinen einige unserer eigenen Verfechter des militanten Antikommunismus, muß automatisch für die Vereinigten Staaten von Nachteil sein. Jeder Schritt in Richtung auf Mäßigung, gegenseitiges Entgegenkommen oder Kompromiß zwischen den Vereinigten Staaten und der Sowjetunion oder zwischen den Vereinigten Staaten und China in irgendeiner Sache, so meinen die Verfechter des Kalten Krieges auf beiden Seiten, ist nichts als vergebliche Beschwichtigung eines unersättlichen Feindes und Ausverkauf der Interessen der eigenen Nation.

Strategien und Lösungen. Die Welt der Zweipersonen-Nullsummenspiele ist eine Welt des gnadenlosen und unversöhnlichen Konflikts. Nach den Annahmen dieses Modells können sich weder die Motivierungen noch die Interessen der Spieler jemals ändern; sie müssen für alle Zeiten einander feindlich bleiben. Aber selbst diese Welt ist rational erfaßbar. Jeder Spieler kann für eine Folge aus mehreren Partien desselben Spiels seine langfristigen Verlust- oder Gewinnchancen berechnen. Er kann seine hierfür günstigste Strategie berechnen, und solange nichts für das Gegenteil spricht, darf er annehmen, daß diese Strategie auch bei nur einer Partie die für ihn günstigste ist. Auch kann jeder Spieler die günstigste Strategie seines Opponenten berechnen.

Gibt es für jeden Spieler eine "günstigste Strategie" und kann jeder Spieler von der seinen Gebrauch machen, hat das Spiel eine "stabile Lösung". *Lösungen* sind mithin Strategien, von denen kein Spieler ohne Nachteil abweichen kann; sie liefern deshalb für alle rationalen Spieler stabile Spielergebnisse.

Es stellt sich oft heraus, daß ein solches Spiel mehr als eine Lösung dieser Art besitzt, obgleich die Zahl der stabilen Lösungen meist klein ist. Andererseits gibt es natürlich meist viele unkluge Strategien, aber es lohnt sich

1 Niccolò Machiavelli, *The Prince and the Discourses* (New York: Modern Library, 1940), S. 14.

festzuhalten, daß es mehr als einen stabilen und gangbaren Weg zur Behandlung von Konfliktsituationen gibt. Wenn wir die internationale Politik und die menschlichen Beziehungen allgemein als Mittel zur Beherrschung möglicher Konflikte verstehen, können wir aus diesen Überlegungen die Einsicht gewinnen, daß es eine Mehrzahl gangbarer Wege zu ihrer Behandlung geben kann. Zwar wäre es ein Fehler, gegenüber den Dingen der Außenpolitik und der Lebensweise völlig indifferent zu sein, doch ist es wahrscheinlich realistisch zu erkennen, daß sich trotz unserer Neigung, *für uns selbst* nur eine Außenpolitik und nur eine Lebensordnung als mit unseren Werten und Traditionen am besten vereinbar zu akzeptieren, durchaus mehrere Alternativen zu beidem als stabil und gangbar erweisen können. Diese philosophischen Folgerungen aus der Spieltheorie sprechen für Pluralismus, aber nicht für Indifferenz. Sie deuten an, daß wir wohl mit völlig rationaler Begründung eine Gruppe gangbarer politischer oder strategischer Alternativen wählen können, daß aber unsere letzte Entscheidung für eine von ihnen manchmal anders als durch den Wunsch nach Sieg im Wettstreit motiviert sein muß.

Der Sattelpunkt- oder Minimaxbegriff. Sogar für die Situation des unversöhnlichen Konflikts nach dem Modell des Zweipersonen-Nullsummenspiels kann es eine oder mehrere stabile Lösungen geben, die in mancher Hinsicht wie mathematische Entsprechungen zu Kompromissen anmuten. Es sind die sogenannten *Minimax-* (oder *Maximin-*) Lösungen. Wenn ein Spieler annimmt, daß sein Gegner so klug wie möglich vorgeht und auf größtmöglichen Gewinn spielt, gibt es für ihn oft eine (berechenbare oder entdeckbare) Strategie, mit welcher er seine eigenen Verluste und mithin den Gewinn seines Gegners auf einem Minimum halten kann. Wenn es eine solche Strategie gibt, verlangt sie meist von unserem Spieler, daß er entweder den kleinsten der erreichbaren Gewinne (das Minimum seiner Maxima) oder den kleinsten seiner möglichen Verluste (das Maximum seiner Minima) als Spielausgang akzeptiert.

Die Spieltheoretiker sind sich darin einig, daß in solchen Spielsituationen unversöhnlichen Konflikts die sicherste Strategie für einen Spieler darin besteht, entweder "den besten der schlechtesten" oder "den schlechtesten der besten" möglichen Spielausgänge zu wählen. Sie sagen, daß, wenn ein Spieler eine solche Strategie strikt durchzuführen vermag, die Menge der möglichen Spielausgänge mindestens einen "Sattelpunkt", d. h. einen Punkt enthalten muß, an welchem das Minimum der Maxima des einen Spielers mit dem Maximum der Minima seines Gegners zusammenfällt. Auch in Spielsituationen, in denen es einen solchen Sattelpunkt nicht gibt, kann ein Spieler häufig einen der Minimaxlösung gleichwertigen Spielausgang erzwingen, indem er eine entsprechend kalkulierte "Mischstrategie" verfolgt. Nehmen wir an, daß ihm vier mögliche Strategien zur Verfügung stehen, dann könnte es beispielsweise für ihn am günstigsten sein, beliebig zwischen den Strategien 1 und 3 zu wechseln, dabei aber Strategie 1 doppelt so oft wie Strategie 3 zu gebrauchen und die Strategien 2 und 4 überhaupt zu meiden. (Die hier nur grob und skizzenhaft angedeuteten Argumente der Spieltheorie können in ihren faszinierenden Einzelheiten nachgelesen werden in den Werken von Spieltheoretikern wie Martin Shubik, Anatol Rapoport, Duncan Luce und Howard Raiffa, und natürlich in dem klassischen Werk *"Theory of Games and Economic Behaviour"* von John von Neumann und Oskar Morgenstern.)

Da die soeben besprochene besonnene Strategie (die übrigens interessante Parallelen zu bestimmten außenpolitischen Stilen aufweist) von der Annahme ausgeht, daß der Gegner sein Bestes tun wird, ist sie keine "offensive" Strategie; sie kann nicht jeden Fehler des Gegners ausnutzen. Daher ist sie ihrem Wesen nach eher defensiv. Sie bewahrt einen Spieler vor unnötigen Risiken und stellt das Beste dar, was er auf lange Sicht gegen einen optimal spielenden Opponenten tun kann. Sie ist eine harte Strategie der Festigkeit und Vorsicht: sie garantiert dem Spieler, der sich ihrer bedient, das bestmögliche Abschneiden gegenüber einem gleichklugen Opponenten und kann diesen sogar mit der Zeit zu Fall bringen. Aber sie vermag keinen schnellen Sieg zu verheißen, und als (sogenannte) "Politik des Nichtgewinnens" findet sie bei Anwendung auf die internationale Politik kaum Anklang bei aktionslüsternen Generalen und ungeduldigen Zivilisten. Ungeachtet dieser mangelnden Popularität und trotz der Tatsache, daß Außenpolitik in erster Linie von Politikern und Diplomaten und nicht von Spieltheoretikern gemacht wird, scheint jedoch die von den Vereinigten Staaten gegenüber der Sowjetunion praktizierte "Eindämmungspolitik" einiges vom Denkstil der Minimaxstrategie widerzuspiegeln. Diese Politik, die George F. Kennan in den Jahren 1946 und 1947 zuerst formulierte, wurde von den Vereinigten Staaten bald zwei Jahrzehnte lang verfolgt.

Spiele mit variablen Gewinn- und Verlustsummen (oder gemischten Motiven)

Die meisten Konfliktsituationen im täglichen Leben oder in der internationalen Politik ähneln jedoch weniger dem Nullsummenspiel als vielmehr *Spielen mit variablen Gewinn- und Verlustsummen*. Dabei handelt es sich um Spiele, in denen die Spieler nicht nur in Konkurrenz um Gewinne stehen, sondern auch gemeinsam etwas an einen weiteren *Beteiligten* (oder Sekundärspieler, unter dem wir uns bei Spielen etwa "die Bank" und in gewissen Realsituationen etwa "die Wirklichkeit" oder "die Natur" vorstellen können,) verlieren oder von diesem gewinnen können. Für die Primärspieler sind Spiele dieser Art deshalb *Spiele mit gemischten Motiven*. Sie sind *Konkurrenzspiele* insoweit, als die Streitpartner einander Gewinne oder Vorteile abzujagen trachten, doch sind sie insofern auch *Koordinationsspiele*, als die Spieler je nach ihrer Fähigkeit, ihre Züge um ihrer gemeinsamen Interessen gegenüber der "Natur" oder der "Bank" willen aufeinander abzustimmen, auch gemeinsamen Gewinn oder Verlust haben.

Eine Revolte von Gefängnisinsassen etwa würde sich als Konkurrenzspiel zwischen den auf Ausbruch bedachten Häftlingen und ihren Wärtern auffassen lassen, die ihren Ausbruch zu verhindern trachten. Das kann bereits wenigen Wärtern gelingen, solange sie die ihnen an Zahl überlegenen Häftlinge daran hindern können, ihre Bemühungen zu koordinieren. Gleichzeitig würde eine solche Revolte aber auch an ein Koordinationsspiel zwischen den Häftlingen erinnern, und zwar insofern, als sie ihr Vorgehen gegen ihre wenigen Wärter koordinieren müssen, um sie überwältigen zu können. Schließlich würde die Revolte auch ein Element der Konkurrenz der Häftlinge untereinander enthalten, da sich einige von ihnen gegen ihre Mithäftlinge auf die Seite der Wärter schlagen könnten, um als Lohn für ihr frühes Überlaufen eine Vorzugsbehandlung in der Haft oder vorzeitige Freilassung zu gewinnen. Die grundsätzliche Ähnlichkeit dieses Modells mit vielen Streiks, Meutereien, Kolonialrevolten, Volksaufständen oder auch Revolutionen liegt auf der Hand. Ebenso offensichtlich ist seine Ähnlichkeit mit manchen Problemsituationen der kollektiven Sicherheit und der Koalitionsbildung gegen eine Großmacht in der internationalen Politik.

Gegenseitige Drohungen: Das "Feiglingsspiel". Gewisse spieltheoretische Modelle von Konfliktsituationen mit gemischten Motivierungen sind gründlicher untersucht worden. Eines davon ist das sogenannte "Feiglingsspiel" ("Chicken"). Bei diesem Spiel, das der Legende nach einmal unter den Teenagergruppen der amerikanischen Westküste im Schwange war, lenken zwei Spieler ihre Autos auf einer einsamen Straße mit hoher Geschwindigkeit geradewegs aufeinander zu. Wer zuerst von der Straßenmitte abweicht, um den Zusammenstoß zu vermeiden, ist der "Feigling" und hat unter seinesgleichen nichts mehr zu melden, während der verwegenere Fahrer, der sich weigerte auszuweichen, von ihnen als Held bewundert wird. (Nach Meinung mancher erinnert dies Spiel nicht nur rein zufällig an frontale Konfrontationen in der Weltpolitik, bei denen größere Mächte einander mit Kernwaffenkrieg drohen.)

Nähere Betrachtung des "Feiglingsspiels" läßt das zugrunde liegende mathematische Schema sichtbar werden. Jeder der beiden Beteiligten hat die Wahl zwischen zwei Strategien: er kann mit dem anderen "kooperieren", indem er die Kollision durch Ausbieten verhindert (und dabei das Risiko des Gesichtsverlustes in dem Falle auf sich nimmt, daß er zuerst ausweicht,) oder er kann sich vom gemeinsamen Überlebensinteresse "lossagen" und geradeaus weiterfahren, was ihm Tod oder Triumph bringt, je nachdem, ob sein Opponent dasselbe tut oder nachgibt. Jeder Spieler tut seinen "Zug", indem er sich für Kooperation oder Lossagung entscheidet, doch das Resultat seiner Entscheidung hängt von der Entscheidung seines Opponenten ab.

Tafel 11: Einige Beispiele für spieltheoretische Modelle.

1. *"Minimax"*:

Spieler B: senkrecht

Spieler A: waagerecht

	B-1	B-2
A-1	-10	+20
	+10	-20
A-2	-10	+10
	+10	-10

Matrix der Spielausgänge:
Die vier Felder stellen die Spielausgänge dar, die eintreten, wenn A und B die dazu führenden Strategien wählen.
Die Gewinne oder Verluste von A erscheinen in jedem Feld links unten, während diejenigen von B jeweils rechts oben im Feld angegeben sind.

"Natürlicher" Ausgang oder Minimaxlösung: A-2, B-2 (-10; +10). A-2 ist das Beste, was A für sich erreichen kann, wenn B seine stärkste Strategie gegen ihn einsetzt; B-2 ist das Beste, was B gegen die stärkste Strategie von A tun kann.

2. *"Feiglingsspiel"*:

	B-1 (K)	B-2 (L)
A-1 (K)	-5	+10
	-5	-10
A-2 (L)	-10	-50
	+10	-50

"Natürlicher" Ausgang oder Minimaxlösung: KK (-5; -5)

3. *"Gefangenendilemma"*:

	B-1 (K)	B-2 (L)
A-1 (K)	+10	+20
	+10	-20
A-2 (L)	-20	-10
	+20	-10

"Natürlicher" Ausgang oder Minimaxlösung: LL (-10; -10)

Das abstrakte Modell dieser Situation läßt vier mögliche Spielausgänge zu: Erstens können beide Spieler "kooperieren" (KK), indem sie gleichzeitig ausweichen, so daß keiner sein Gesicht verliert; beide können sich vom gemeinsamen Interesse "lossagen" (LL), indem sie geradeaus in einen Frontalzusammenstoß steuern, bei dem sie höchstwahrscheinlich getötet oder schwer verletzt werden; drittens kann Spieler A durch Ausweichen kooperieren, während B geradeaus weiterfährt (KL), in welchem Falle A sein Gesicht verliert und B als Held gefeiert wird; und viertens schließlich kann A sich "lossagen" und geradeaus weiterfahren, während B durch Ausweichen kooperiert (LK), in welchem Falle A gefeiert und B verachtet wird.

Während er mit hoher Geschwindigkeit auf den anderen zufährt, hat keiner der beiden Teilnehmer an diesem Spiel Zeit und Gelegenheit, die Absicht seines Gegners herauszufinden. Also muß jeder seine beste Strategie im voraus wählen und danach verfahren. Aber welche Strategie ist etwa für den Spieler A die beste? Im "Feiglingsspiel" ist für A eindeutig Kooperation (K) am besten, denn im günstigsten Fall (d. h. wenn B ebenfalls K wählt) geht er unversehrt und ohne Gesichtsverlust aus dem Spiel hervor, während er im ungünstigsten Fall (d. h. wenn B aufs Ganze geht) trotz Prestigeverlust immerhin lebend nach Hause kommt. Dasselbe gilt natürlich für B: auch für ihn ist Kooperation (K) die beste Strategie, solange die Wahl seines Opponenten nicht zuverlässig vorausgesagt werden kann. Ihre Wahl auf K fallen zu lassen, ist für beide Spieler zweifellos die rationalste Entscheidung, solange bei beiden die Abneigung gegen die Konsequenz doppelter Lossagung (LL) - hier: getötet oder zermalmt zu werden - größer ist als die Abneigung gegen das Los, als der "Dumme" dazustehen, der vertrauensselig kooperiert, während sein Gegner sich triumphierend lossagt (KL); und solange die Abneigung gegen die Konsequenz von LL schwerer wiegt als die Versuchung, den Gegner zu überlisten, indem man ihn allein kooperieren läßt, so daß man selbst Triumph erntet, während ihm der Makel des Feiglings angeheftet wird. Nun mögen Teenager zuweilen weniger rational sein als Spieltheoretiker, doch das Urteil der Spieltheorie ist klar. Solange der negative Gewinn aus LL größer ist als jeder positive oder negative Gewinn bei den Spielausgängen KL oder LK, ist das Spiel ein echtes "Feiglingsspiel". Es besitzt eine rationale Lösung, die darin besteht, daß beide Spieler die Zusammenarbeit dem Konflikt vorziehen. Entspricht eine Konfrontation in der internationalen Politik diesem Spieltyp, sollten rationale Staatsmänner dieser Theorie zufolge keine harte, unnachgiebige Politik wählen.

Drohungen und Versprechungen: Das "Dilemma der Gefangenen". Leider jedoch erfordert realistische Behandlung internationaler Konfliktsituationen oft ein noch anderes spieltheoretisches Modell, das unter der Bezeichnung "Dilemma der Gefangenen" bekannt ist. Die um seine Erklärung sich rankende Geschichte besagt, daß der Direktor eines Gefängnisses einst zwei Gefangene hatte, die er ohne ein freiwilliges Geständnis von wenigstens einem der beiden nicht hängen konnte. Er ließ sich einen der Gefangenen vorführen und bot ihm Freilassung und einen Geldbetrag für den Fall, daß er mindestens einen Tag vor seinem Mitgefangenen ein Geständnis ablege, damit ein Schuldspruch gefällt und der Mitgefangene gehängt werden könne. Sollte aber der Mitgefangene mindestens einen Tag vor ihm ein Geständnis ablegen, so wurde dem ersten Gefangenen gesagt, werde jenem Freiheit und Geldlohn, ihm aber der Galgen beschieden sein. "Und was geschieht, falls wir beide am gleichen Tag ein Geständnis ablegen?", fragte der erste Gefangene. "Dann behaltet ihr beide euer Leben und bekommt 10 Jahre Gefängnis." "Und falls keiner von uns gesteht?" "In diesem Falle werdet ihr beide freigelassen - natürlich ohne Belohnung. Aber würdest du deinen Kopf verwetten, daß dein Mitgefangener, dieser Gauner, nicht eiligst gestehen und die Belohnung einstecken wird? Nun geh' zurück in deine einsame Zelle und überlege dir bis morgen, was du tun willst." Dem zweiten Gefangenen wurde dasselbe gesagt, und jeder der beiden verbrachte die Nacht, indem er allein über sein Dilemma nachdachte.

Die mathematische Struktur ähnelt in mancher Hinsicht derjenigen des "Feiglingsspiels". Jedem Spieler stehen zwei Strategien zur Wahl: er kann entweder mit seinem Gefährten kooperieren, indem er schweigt (K), oder er kann sich von diesem lossagen, indem er ein Geständnis ablegt (L). Wieder gibt es vier mögliche Spielausgänge: (1) KK - beide Gefangene schweigen und gewinnen ihre Freiheit, aber kein Geld; (2) KL - der erste Gefangene schweigt, aber der zweite sagt sich los, überantwortet ihn dem Galgen und geht mit dem Geldlohn in die Freiheit; (3) LK - der erste Gefangene sagt sich los, wird freigelassen und belohnt, während der zweite auf Kooperation setzt und sein Vertrauen mit dem Leben bezahlt; (4) LL - beide Gefangene handeln als nüchterne Realisten, legen ein Geständnis ab, und verbringen 10 Jahre im Gefängnis.

Was ist die rationalste Strategie jedes der isolierten Gefangenen, wenn er diese möglichen Ergebnisse, nicht aber die Entscheidung seines Mitgefangenen kennt und mit diesem auf keine Weise in Verbindung treten und kooperieren kann? Wiederum liefert die klassische Spieltheorie eine klare Antwort: er sollte sich lossagen, weil ihm dies im günstigsten Falle Freiheit und Geld, im ungünstigsten Falle 10 Jahre Gefängnis einbringt. Kooperation verschafft ihm bestenfalls Freiheit ohne Geld, im ungünstigsten Fall bringt sie ihn an den Galgen. Solange er nicht auf seinen Mitgefangenen rechnen kann, gebietet das rationale Eigeninteresse jedem der Gefangenen, daß er sich lossage, weil dann der größere Lohn oder die gelindere Strafe wartet. Also verfahren beide Gefangene entsprechend: sie legen ein Geständnis ab, und da sie gleichermaßen rational sind, tun sie es am gleichen Tag. Und obgleich sie beide durch Stillschweigen die Freiheit hätten erlangen können, haben sie nun 10 Jahre Zeit, im Gefängnis über das Ergebnis ihrer kaltblütigen Rationalität nachzudenken.

Wie beim "Feiglingsspiel" würde es für beide Spieler besser stehen, wenn sie die Möglichkeit hätten, ihre Strategien aufeinander abzustimmen und KK zu spielen, aber anders als beim "Feiglingsspiel" ist es diesmal für die Spieler sehr schwer (und vom individuellen Standpunkt gesehen auch nicht rational), dies zu tun. Warum?

Beim "Feiglingsspiel" ist es rational zu kooperieren und sich nicht loszusagen, weil der Schaden aus einer LL-Entscheidung schwerer wiegt als die Versuchung, sich von einem auf Kooperation spielenden Partner loszusagen, um aus dem Verrat Vorteil zu ziehen. Beim "Gefangenendilemma" dagegen ist der Schaden des "Dummen", dessen vertrauensvolle Entscheidung für Kooperation mit Verrat quittiert wird, ungleich größer als der Schaden im Falle doppelter Lossagung. Deshalb erscheint es nicht rational, Verrat zu riskieren. Wo es um Rüstungsbegrenzung und Abrüstung oder um Deeskalation zwischen bitter verfeindeten ideologischen Gegnern geht, finden sich ähnliche Situationsmerkmale: beide Seiten könnten aus gegenseitigem Vertrauen realen Nutzen ziehen, doch fällt der Lohn für erfolgreichen Betrug und der Schaden aus eigenem Vertrauen und Betrug durch die andere Seite gleich schwer oder schwerer ins Gewicht

Für das einmalig durchgespielte Gefangenendilemma gibt es außer dem erwähnten, etwas absurd anmutenden Ausgang mit LL und 10 Jahren Gefängnis für beide, keine überzeugende rationale Lösung. Wir könnten deshalb die bisher unserem Modell anhaftende Annahme der Einmaligkeit und Endgültigkeit fallen lassen. Fragen wir nunmehr nach der besten Strategie für eine Folge aus mehreren Spielen dieses Typs, beginnt sich eine Lösung abzuzeichnen.

Der Weg zu dieser Entdeckung kombiniert analytische mit experimentellen Elementen. Könnten die Gefangenen in unserem Spiel ihre Strategien aufeinander abstimmen, könnten sie beide die Freiheit gewinnen, doch fehlt ihnen jede Verständigungsmöglichkeit. In einer Serie von Spielen dagegen haben sie eine solche Möglichkeit, denn durch jeden Zug, den sie tun, und durch das Ergebnis, zu dem er beitragt, teilen sie einander gewollt oder ungewollt etwas mit. Anatol Rapoport und seine Mitarbeiter an der *University of Michigan* haben Experimente angestellt, in denen das "Gefangenendilemma" von jeweils zwei Spielern jeweils 300 mal durchgespielt wurde. Ihre veröffentlichten Erkenntnisse stützen sich auf insgesamt über 100 000 Spiele und sind von großem Interesse für alle, die Konflikte zwischen Individuen, Gruppen und Nationen erforschen.

Hier können nur einige wenige Aspekte dieser Ergebnisse erwähnt werden. In den frühen Stadien einer typischen Folge aus 300 Spielen gelingt es den beiden Beteiligten nur in etwas über 50 Prozent der Spiele, den auf gegenseitige Kooperation (KK) stehenden Gewinn zu erlangen. Gewöhnlich folgt dann eine Phase der Desillusionierung, in der sie aufeinander böse werden; das Spiel wird konkurrenzbetonter und die Häufigkeit der Fälle gegenseitiger Kooperation (KK) sinkt auf etwa 27 Prozent, so daß beide Spieler schwere Verluste erleiden. Während der nächsten 100 Spiele lernen sie allmählich, daß sich diese halsabschneiderische Konkurrenz nicht auszahlt, und während der letzten 50 Spiele erzielen sie durch erfolgreiche Zusammenarbeit in etwa 73 Prozent ihrer Spiele den erstrebenswerten Gewinn aus der KK-Konstellation.

Eine mögliche Erklärung für diesen typischen Ablauf ist, daß beide Spieler anfänglich eher zur kooperativen Strategie neigen, aber die entsprechenden Spielentscheidungen nicht miteinander zu koordinieren vermögen. Für den Spieler, der auf Kooperation setzt, bedeutet aber eine gegenteilige Entscheidung seines Gegners einen schweren Nachteil, was er wahrscheinlich als Boshaftigkeit und Verrat interpretiert. Er übt Vergeltung, indem er seinerseits auf die dem gemeinsamen Interesse zuwiderlaufende Strategie umschaltet, und es folgt eine lange Phase gegenseitiger Vergeltung (aus der beide Spieler nur langsam wieder herausfinden), bis sie endlich lernen, eine im Vergleich zur anfänglichen erheblich bessere Koordination zu erreichen und aufrecht zu erhalten.

Die Persönlichkeit der einzelnen Spieler erweist sich als weitgehend irrelevant für den typischen Ablauf der Spielserie. Den größten Einfluß hat das Ergebnisbild der ersten paar Spiele der Serie, das den weiteren Ablauf stark zu prägen scheint. Begünstigt es eine feindselige Haltung der Spielgegner, folgt eine ausgeprägte, langdauernde Phase des Konflikts und der gegenseitigen Bestrafung, und die Wiederherstellung von Vertrauen, und die Einübung häufigerer Zusammenarbeit wird sehr verzögert. Ist das Ergebnisbild der ersten Spielrunden dagegen kooperativ betont, bleibt der förderliche Effekt daraus in den späteren Phasen weitgehend erhalten.

Diese Beobachtungen liefern Anregungen für die Voraussage und Handhabung internationaler Konflikte. Sie legen uns nahe, unser Augenmerk weniger auf die Intentionen oder auf die mutmaßlichen Wesensmerkmale ausländischer Regierungen und mehr auf die Wechselwirkungsstrukturen zwischen Regierungen, und zwar einschließlich unserer eigenen, zu richten. Die Frage, was die Regierung des Landes X mit diesem oder jenen Schritt gegenüber Land Y beabsichtigt haben mag, hätte dann zurückzutreten hinter der Frage, was den Ländern X und Y durch den Schritt der Regierung von X und durch die Reaktion von Y auf diesen Schritt tatsächlich geschehen ist. Und weiter hätte man nach der möglichen "atmosphärischen" Auswirkung der Erfahrung dieses Vorgeschehens auf die Zukunft zu fragen.

Die Ergebnisse aus Michigan bestätigen auch, was die Politologen erwartet haben dürften: daß nämlich sowohl Märtyrer als auch Zyniker in diesem Spiel schlecht abschneiden. Ein Märtyrer ist ein Spieler, der ständig die kooperative Strategie (K) spielt, gleichgültig, wie oft sein Gegner ihn durch Lossagung vom Gemeininteresse verrät. Die Beobachtungen zeigen, daß solche Märtyrer leicht von ihren Gegnern schamlos ausgebeutet werden; sie scheinen schärfste Gegnerschaft zu aktivieren und sind meist bis zum Ende der Spielserie die Verlierer. Zyniker dagegen, die ständig das Gemeininteresse verraten, fahren beinahe ebenso schlecht. Sie fordern alsbald Vergeltung heraus, und wenn sie an ihrer Strategie festhalten, bleiben sie auf den verlustreichen Spielausgang des Typs LL abonniert. Als erfolgversprechendste Strategie erweist es sich, (a) mit Kooperation zu beginnen, (b) dabei zu bleiben, solange sie erwidert wird, (c) wiederholten oder häufigen Verrat wirksam zu vergelten, aber (d) danach von Fall zu Fall eine Sequenz aus zwei oder drei kooperativen Zügen anzubieten, um den Gegner zu einer Phase gegenseitiger Kooperation zu stimulieren.

Es wurde festgestellt, daß sich die Häufigkeit kooperativen Spielverhaltens verdoppelte, wenn die Gewinn- und Verlustmatrix der Spielausgänge beiden Spielern während der ganzen Spielfolge ständig gut sichtbar war. (Dieser Effekt wurde beobachtet, obgleich alle Spieler zu Beginn des Spiels über die Gewinn- und Verlustmatrix unterrichtet worden waren und obgleich ihnen nach jedem Einzelspiel ihre Gewinne oder Verluste mitgeteilt wurden.) Dies Resultat stützt die Ansicht von Immanuel Kant und anderen Philosophen, daß die Menschen umso eher zu kooperativem und moralischen Verhalten bereit sind, je mehr sie sich ihrer eigenen Situation bewußt sind.

Spiele mit Überleben und der Preis des Nachdenkens

Indem man die Spielgegner das "Gefangenendilemma" 300mal durchspielen läßt, wird das Spiel in einer wichtigen Hinsicht realistischer. Es ist dann nicht mehr ein "Weltuntergangsspiel" in dem Sinne, daß die Spieler (jedenfalls in dieser Eigenschaft) keine Zukunft und mithin keinen Anlaß haben, über die Auswirkung ihrer Strategien auf das künftige Verhalten der Mitspieler nachzudenken. Vielmehr kommt es nun mehr einem *Spiel mit Überleben* gleich, in welchem der Lohn für Erfolg großenteils in der Möglichkeit zum Weiterspielen und die Strafe für Mißerfolg darin besteht, daß man ruiniert wird und - ähnlich wie in realen Wettkampfsituationen des Geschäftslebens, der Parteipolitik und den außenpolitischen Beziehungen zwischen Regierungen - das Spiel aufgeben muß. Die besseren spieltheoretischen Modelle der Zukunft werden als Spiele mit Überleben anzulegen sein, wenn sie den Realsituationen in Wirtschaft und Politik und in den internationalen Beziehungen ähnlich und uns allen in unserem gegenwärtigen Spiel um das Überleben der Menschheit von Nutzen sein sollen.

Die Modelle der Spieltheorie bedürfen noch einer weiteren entscheidenden Verbesserung, die jedoch noch viel schwerer durchführbar sein wird. Um den Realitäten der nationalen und internationalen Politik näher zu kommen, müssen die Modelle den *Preis des Nachdenkens und Entscheidens* explizit berücksichtigen. In der klassischen Spieltheorie gilt die Annahme, daß die Spieler die eigenen möglichen Züge und die ihrer Gegner auf sämtliche zu erwartenden Konsequenzen hin durchrechnen können, und daß ihnen dies augenblicklich, vollkommen und ohne Aufwand an Zeit, Mühe oder Ressourcen möglich ist. Zwar gesteht die klassische, auf von Neumann und

Morgenstern zurückgehende Spieltheorie zu, daß es nicht immer wie beim Schach sein muß, wo jeder Spieler jederzeit die Figuren und Positionen seines Gegners kennt, sondern daß ihm - wie beim Poker und bei vielen anderen Kartenspielen - auch manche oder alle Karten und Kombinationen in der Hand des Opponenten unbekannt sein können. Aber sie geht in jedem Falle von der Annahme aus, daß es den Spielern keinerlei Schwierigkeiten bereitet, anhand der ihnen sichtbaren Tatsachen augenblicklich sämtliche möglichen Zugkombinationen nebst ihren Resultaten zu durchdenken.

Tatsächlich ist dies weder beim Schach noch beim Poker möglich. Das Schachspiel ist gerade deshalb interessant, weil die Zeit zwischen zwei aufeinander folgenden Zügen - bei Schachturnieren beträgt sie oft eine Stunde - bei weitem nicht ausreicht, um die enorme Vielfalt der von den 32 Schachfiguren auf ihren 64 Feldern gebotenen kombinatorischen Möglichkeiten zu überblicken. (Auch wenn mehr Bedenkzeit verfügbar wäre, würde die Denkfähigkeit der Spieler nicht ausreichen, dies zu leisten.) Im Falle des Pokerspiels ist die Vielzahl der möglichen Kombinationen bei der durch das Spiel gegebenen Zeitbeschränkung und bei den menschlichen Grenzen der Spieler ähnlich undurchdringlich. Unter diesen Umständen kann ein Spieler nichts Besseres tun, als mit einer Mischung aus Rationalität, Mutmaßung und Intuition ein paar vielversprechende Strategien oder Lösungen herauszugreifen, um sodann seine begrenzte Bedenkzeit und sein begrenztes Rechenvermögen auf die Analyse ihrer Implikationen zu verwenden. Dabei ist er auf die Hoffnung angewiesen, daß sich wenigstens eine dieser Vorzugstaktiken als akzeptabel erweisen wird. Vergreift er sich bei der Auswahl, ist er verloren.

Eine ähnliche Einengung herrscht in der Politik und in vielen anderen menschlichen Entscheidungssituationen. Meist ist die Zahl der Kombinationen aus allen möglichen Entscheidungen und Resultaten für alle Beteiligten viel zu groß, als daß in der begrenzten Zeit so etwas wie eine erschöpfende Analyse möglich wäre. Unter diesen Bedingungen ist es eine Selbsttäuschung, von der "optimalen" Lösung (d. h. von der "besten aller möglichen" Lösungen), zu reden, weil es mehr als wahrscheinlich ist, daß weder die Beteiligten noch die Beobachter innerhalb einer irgendwie begrenzten Zeitspanne sämtliche möglichen Lösungen zu überblicken imstande sind. So wird aus der Frage nach der *absolut* besten Gewinnstrategie die Frage nach derjenigen *Zwischenstrategie*, die am besten geeignet ist, nach der relativ besten Gewinnstrategie, die unter den gegebenen Beschränkungen hinsichtlich Zeit und Denkkapazität aufgefunden werden kann, zu *suchen*.

Wie jede andere Bemühung ist jede derartige Suche mit Kosten verknüpft. Man hat sich zwischen potentiell besseren, aber nur mit größerem Aufwand und geringerer Wahrscheinlichkeit auffindbaren Lösungen einerseits und naheliegenderen, schneller und billiger auffindbaren, aber dafür weniger guten Lösungen oder Strategien andererseits zu entscheiden. In der nationalen und internationalen Politik sind sowohl der Zeit als auch dem Denkaufwand Grenzen gezogen. Die Suche nach der "besten" Strategie hört auf, sobald mit vertretbarem Aufwand an Such- und Rechenarbeit irgendeine akzeptable Strategie gefunden wurde, ohne daß eine gleich attraktive Alternativstrategie in Sicht ist. Obgleich Staatsmänner und Wirtschaftsführer oft davon überzeugt sind, daß sie sich auf das "Optimieren" ihrer Strategien in dem Sinne verstehen, daß sie stets die bestgeeignete Strategie wählen, betreiben sie in Wahrheit nichts anderes als das von dem Soziologen Herbert Simon so genannte "satisficing", d. h. sie greifen aus den wenigen Alternativen, die sie ohne Überschreitung der auferlegten oder selbstverhängten Beschränkung des Zeit- und Denkaufwandes für die Suche zu überblicken vermögen, die akzeptabelste heraus.

In der internationalen Politik kommt dabei oft so etwas wie ein "Gesetz des geringsten geistigen Aufwandes" heraus. Außenpolitische Richtlinien müssen von geplagten und geschäftigen Männern gefunden oder genehmigt werden, die unter Zeitdruck stehen und durch die auf sie einstürmenden Informationen überfordert sind. Jede Richtlinie, die leicht zu entdecken und zu erklären ist, die sich in die bestehenden Denkgewohnheiten der betreffenden Entscheidungsträger einfügt und keine größeren Nachteile aufzuweisen scheint, hat dann gute Aussicht, akzeptiert zu werden. Ist sie einmal verbindlich geworden, bekommt sie wegen der großen Zahl der an ihrer Durchführung beteiligten Menschen, die sich darauf einstellen und sich untereinander abstimmen müssen, alsbald soviel Eigengewicht, daß nachträgliche Änderung nur sehr schwer möglich ist. Deshalb sind wichtige außenpolitische Strategien, entgegen den Prämissen der klassischen spieltheoretischen Modelle, keineswegs immer die Frucht rationalen Kalküls, sondern das Ergebnis eines nur teilweise rationalen, teils aber auch zufallsabhängigen Prozesses begrenzter Analyse und Auswertung, für den uns verläßliche spieltheoretische Modelle bislang noch fehlen.

Drohungen und Abschreckung als Spiele mit gemischten Motiven

Ein wertvoller Beitrag zum besseren Verständnis der internationalen Politik stammt von Thomas C. Schelling, der gezeigt hat, daß Situationen mit Drohung und Abschreckung als Spiele mit gemischten Motiven behandelt werden können. Die die Drohung aussprechende Partei und die den Adressaten der Drohung bildende Partei müssen mindestens eine Gruppe unvereinbarer Interessen haben: der Adressat muß etwas tun oder zu tun sich anschicken, was die drohende Seite so sehr ablehnt, daß sie es durch ihre Drohung stoppen, verhindern oder ändern will. Schelling sagt weiter, daß beide Beteiligten auch ein gemeinsames Interesse daran haben, daß die Drohung nicht wahrgemacht wird. Denn die angedrohte Maßnahme ist nicht nur für den

Bedrohten, sondern auch für den Drohenden schmerzlich und kostspielig. Läge nämlich die angedrohte Maßnahme im Interesse des Drohenden, würde er sie vollziehen und nicht androhen. Die Tatsache, daß er es vorzieht sie anzudrohen, beweist nicht seine Freundlichkeit, sondern sein Wissen um die Nachteile, die ihm aus dem angedrohten Akt erwachsen würden, und seine Abneigung dagegen. Deshalb haben die Drohpartei und die bedrohte Partei gemeinsam etwas zu gewinnen, wenn die Durchführung der angedrohten Maßnahme vermieden werden kann.

Diese Analyse liefert zwei verschiedene Folgerungen, die einander manchmal widersprechen. Die erste ist, daß auch in Droh- und Abschreckungssituationen beide Seiten ein gemeinsames Interesse behalten. Es wächst mit dem Nachteil oder Verlust, den die Verwirklichung der Drohung bedeuten würde. Sind die Gegner etwa gleichstark und wiegt dieser gemeinsame Nachteil schwerer als das Streitobjekt, dann wird die Abschreckungssituation der Struktur des "Feiglingsspiels" ähnlich; ist der strittige Vorteil dagegen größer als der gemeinsam zu erwartende Nachteil, wird die Abschreckungssituation dem "Dilemma der Gefangenen" ähnlich. Und wenn bei ungefähr gleicher Stärke der Gegner die Intensität der zwischen ihnen bestehenden Drohung (wegen größerer Skrupellosigkeit oder wegen vernichtungsintensiverer Waffen) wächst, während der aus einem Sieg zu erwartende Vorteil nicht größer wird, bewegt sich die Abschreckungssituation erneut vom "Dilemma der Gefangenen" weg und hin zur Struktur des "Feiglingsspiels". Je größer die Intensität der gegenseitigen Drohungen, desto weniger können die Streitpartner ihre Verwirklichung *rational* abstützen.

Deshalb ist Abschreckung gegen relativ schwache Gegner am rationalsten. Eine schwere Drohung gegenüber einem Gegner, der nicht mit gleicher Münze zurückzahlen kann, bedeutet, daß ihm im Vollzugsfall große, der Drohpartei dagegen nur geringe Nachteile entstehen würden. Es erscheint dann verlockend, beispielsweise einem widerspenstigen kleineren oder ärmeren Land, das über keine nennenswerte See- oder Luftstreitmacht verfügt, Beschuß durch Marineeinheiten oder Luftbombardement anzudrohen. Je intensiver die Drohung (etwa mit schwereren Waffen oder mit Angriff auf Städte, Kinder, die Herrscher des Landes und andere dem Gegner als besonders schutzwürdig geltende Ziele), desto erfolgreicher müßte sie der Theorie zufolge gegenüber einem schwächeren aber rationalen Opponenten sein.

Aber selbst die klassische Abschreckungstheorie muß einräumen, daß intensivere Drohungen (d. h. solche mit schwereren Waffen oder Angriffen auf schutzwürdigere Ziele), genau das Gegenteil bewirken, wenn sie gegenüber einem Widersacher ausgesprochen werden, der mit gleicher Furchtbarkeit vergelten kann oder Verbündete hat, die es für ihn tun. So gewannen die Drohungen der Sowjetunion gegenüber Westdeutschland oder Großbritannien durch den in den 50er Jahren vorgenommenen Austausch der

Atombomben in den Gefechtsköpfen ihrer Fernraketen gegen die brisanteren Wasserstoffladungen nichts an Wirksamkeit, weil beide Länder nach wie vor auf den Schutz durch die Vergeltungsgewalt der amerikanischen Wasserstoffwaffen rechnen konnten. Und umgekehrt wurde natürlich auch den kommunistischen Ländern durch das wachsende Kernwaffenarsenal der Vereinigten Staaten in den 50er und 60er Jahren nicht allzu viel Furcht eingeflößt, *sofern* sie (wie die Sowjetunion, die zudem bald auch ihrerseits Kernwaffen vorweisen konnte) über große konventionelle Stärke verfügten oder (wie Kuba im Jahre 1962) die Garantie nuklearen Schutzes durch die Sowjetunion erhielten. Ebensowenig hatten sie zu fürchten, wenn sie über gewaltige Landstreitkräfte und wenigstens etwas sowjetischen Schutz verfügten, oder wenn sie, wie China im Jahre 1964, einige Kernwaffen ihr eigen nannten. Es gibt kaum Zweifel daran, daß intensivierte, auf chemische oder biologische Waffen gestützte Drohungen der Großmächte untereinander ebensowenig geeignet sein würden, politische Zugeständnisse hervorzulocken. Solange beide Seiten zu rationalem Denken und zum Austausch enorm verlustbringender Schläge fähig bleiben, wird jede Intensivierung ihrer Drohungen lediglich die (rationalen) Motivierungen zu deren Verwirklichung schwinden lassen. Da sich beide Seiten dieser Situation bewußt sind, würden intensivierte gegenseitige Drohungen an Glaubhaftigkeit und Wirksamkeit verlieren.

Die zweite Folgerung aus Schellings Modell hat mit eben diesem Punkt zu tun. Nach Schelling hängt die Wirksamkeit einer Drohung nicht nur von ihrer Intensität, sondern auch von ihrer *Glaubhaftigkeit* ab. Diese Glaubhaftigkeit ist ein Aspekt der Drohung, der von einer listigen Drohpartei getrennt gehandhabt werden kann. Eine Drohpartei, so Schelling, kann ihre Drohung glaubhafter machen, indem sie sich den Anschein des teilweise Irrationalen gibt und teilweise irrational handelt. Sie tut dies, indem sie in ihren Gesten und Selbstverpflichtungen streng rational nicht mehr zu rechtfertigende Verwegenheit zeigt. In einem der von Schelling benutzten Beispiele machen zwei Autofahrer einander an einer Kreuzung die Vorfahrt streitig, und nach Schelling liegt der Erfolg dann wahrscheinlich bei dem Fahrer, der als erster sein Auto so beschleunigt, daß er, selbst wenn er es wollte, nicht mehr rechtzeitig vor einem Zusammenprall abbremsen könnte. Dies irrationale Verhalten, meint Schelling, dürfte den anderen Fahrer zur rechtzeitigen Fahrtverlangsamung zwingen. Dem wäre unter der Voraussetzung beizupflichten, daß der andere Fahrer nicht Schelling gelesen hat, oder dem Schellingschen Denken folgend, ebenfalls soweit beschleunigt, daß er nicht mehr stoppen kann, bevor er mit dem ersten Fahrer oder einem anderen Verkehrsteilnehmer zusammenprallt. Beim "Feiglingsspiel" würde aufgrund derselben Überlegung der Sieg demjenigen Spieler zufallen, der, während er stur geradeaus fährt, das Lenkrad seines Fahrzeugs fortwirft oder seine Windschutzscheibe mit einem schwarzen Tuch verhängt, und zwar wieder unter der Voraussetzung, daß sein Gegner nicht dieselbe Taktik benutzt.

Im Kern basieren die von Schelling untersuchten Taktiken auf der bewußten Schaffung eines von beiden Gegnern geteilten Risikos. Je größer das gemeinsame Risiko, das durch gefährliche Taktiken oder bewußtes Spiel mit dem Zufall (Abschuß eines Kernwaffensatelliten mit glücksradabhängiger Auslösung oder Eintritt in einen begrenzten, aber eskalierenden Krieg, der offensichtlich leicht der Kontrolle entgleiten kann,) geschaffen wird, desto glaubwürdiger die Drohung (und desto größer das rationale Interesse beider Parteien an der Beseitigung dieser gefährlichen Situation). Und, da die Drohpartei sich auf irrationales Festhalten an ihrem Kurs festgelegt hat, desto größer ist nach Schellings Meinung dann auch das rationale Interesse der bedrohten Partei am Nachgeben.

Die Abschreckungstheorie fragt nicht nach der Größenordnung des Streites, dessen Einsatz schwerwiegend oder nebensächlich und dessen Gefahren unmittelbar oder fernliegend sein können. Sofern sie stimmt, gilt die Theorie für Abschreckungssituationen zwischen um periphere Interessen streitenden Mächten ebenso wie für solche zwischen Mächten, deren Metropolen und zentrale Institutionen auf dem Spiele stehen, gilt sie für internationale Konflikte, in denen es lediglich um die Ziele bestimmter Eliten oder Sonderinteressengruppen geht, ebenso wie für solche, in denen das Überleben ganzer Regimes, Staaten oder Bevölkerungen in Frage steht. Indem sie den potentiellen Nutzen irrationalen Verhaltens zur Hebung der Glaubhaftigkeit von Drohungen unterstreicht, rechnet die Abschreckungstheorie es einer Regierung oder Nation als Vorzug an, wenn sie die Fähigkeit besitzt, ihre in einem solchen Streit auf dem Spiele stehenden Interessen übertrieben darzustellen oder einzuschätzen. Je glaubhafter also die Überschätzung dieser Interessen und die diesbezügliche Selbsttäuschung einer Regierung, desto wirksamer ihre Drohungen. Hier ist die Abschreckungstheorie nicht weit davon entfernt, zu einer Theorie der Selbsttäuschung zu werden.

Die Abschreckungstheorie ist interessant und wichtig, doch hat sie schwerwiegende und potentiell verderbliche Lücken. Sie scheint bei vielen einflußreichen Staatsmännern, Militärs und bei Teilen der Öffentlichkeit vieler Länder großen Anklang zu finden und kombiniert und synthetisiert mit geflissentlicher Eleganz viele der in diesen Gruppen gängigen Überzeugungen. Fraglos hat sie viel zur Verbesserung des Nachdenkens über diese Dinge beigetragen. Sie ersetzte den Kreuzfahrergeist durch den Geist des Wettspiels und des Kalküls, sie lehrte die Menschen, stets beide Seiten des Spielfeldes im Auge zu haben und die realen Fähigkeiten und möglichen Strategien des Gegenspielers zu berücksichtigen, sie ersetzte den selbstgerechten Eifer durch kritisches Denken und lehrte die Gegner, neben den unvereinbaren Interessen auch die möglichen gemeinsamen Interessen zu sehen.

Aber die Abschreckungstheorie schuf auch ihre eigenen emotionalen und kognitiven Gefahren. Sie ermutigte manche Menschen dazu, gedanklich mit Leben und Tod von Millionen zu spielen, mit Herman Kahn das "Undenkbare zu denken" und in ihren Sandkastenspielen mit "Megatoten" (d. h. Millionen Menschenleben) fast ebenso unbedenklich umzugehen wie mit Dollarmillionen. Sie begünstigte bei manchen Menschen eine gewisse Gleichgültigkeit und Gefühlsverhärtung, ließ sie zu der Auffassung tendieren, daß der Zweck jedes Mittel rechtfertige, und verringerte ihre emotionalen Widerstände dagegen, das unverhohlene Äquivalent massenhafter Metzelei und Folterung als potentielles Mittel öffentlicher Politik zu betrachten. In dieser Hinsicht stellte sie unsere zentralsten religiösen und ethischen Traditionen ernstlich in Frage.

Noch größer sind ihre kognitiven Gefahren, weil sie in ihrem heutigen Zustand mit intellektuellen Schwächen durchsetzt ist. Acht dieser Schwächen verdienen es, hier aufgezählt zu werden. Drei davon könnten durch bessere Nutzung der intellektuellen Möglichkeiten der Spieltheorie in ihrem heutigen Zustand relativ leicht abgestellt werden, während die anderen fünf tiefergreifende Änderungen unseres Denkens zu erfordern scheinen.

Die heutige Abschreckungstheorie hat eine Vorliebe für kurzfristiges Vorausdenken. Erstens neigt sie dazu, die Fähigkeiten der Streitparteien als unveränderlich zu betrachten und die entwicklungshemmende Wirkung des Konflikts auf jede von ihnen zu ignorieren. Sie fragt mehr danach, was jede Seite der anderen an den Reibungs- und Konfliktpunkten abjagen kann, als danach, was beide mit dem gleichen Aufwand gewinnen könnten, wenn der Konflikt vermieden oder strikt auf die Erhaltung des jeweiligen Status reduziert und das freiwerdende Potential an Ressourcen aller Art an anderer Stelle produktiver angewandt würde. Zweitens neigt sie vielfach dazu, die unmittelbaren Verlustrisiken der meisten größeren internationalen Konflikte höher zu bewerten als die Nachteile aus einem Kernwaffenkrieg, d. h. diese Konflikte so zu behandeln, als seien sie dem "Gefangenendilemma" (das starke Motive für Mißtrauen und Feindseligkeit voraussetzt), ähnlicher als dem "Feiglingsspiel", obgleich letzteres in manchen Fällen realistischer sein kann.

Drittens legt die heutige Abschreckungstheorie den Akzent mehr auf einmalige als auf wiederholte Konfrontation, obgleich sich die rationalen Taktiken für Spiele mit Endgültigkeitscharakter von jenen für Spiele mit Überleben beider Spieler unterscheiden. Beispielsweise könnte es für den Augenblick rational scheinen, nach dem Beginn eines Bombardements des eigenen Territoriums durch den Gegner zu verhandeln, doch könnte dies den Gegner dazu ermuntern, diese Taktik beim nächsten Streit zu wiederholen, womit dann einer Sequenz aus Einschüchterungsakten und schrittweiser Selbstaufgabe Tür und Tor geöffnet wäre. Statt dessen könnte die rationalste Taktik für eine noch ungeschlagene Nation die glatte Verweigerung von

Verhandlungen unter Druck sein. Und tatsächlich haben sich die meisten Nationen, die nicht schon besiegt oder hoffnungslos isoliert oder verzagt waren, über ein Jahrhundert lang immer wieder dieser Taktik bedient.

Die fünf verbleibenden Mängel der Abschreckungstheorie sind ernsterer Natur. Erstens nimmt die heutige Theorie an, daß Drohpartei und bedrohte Partei ihres Verhaltens völlig mächtig seien. Diese Annahme ist oft falsch. Soweit die Drohpartei, um ihre Drohungen glaubhafter zu machen, irrational handelt, beeinträchtigt sie fast unweigerlich die Glaubhaftigkeit ihrer Versicherung, daß sie im Falle eines Nachgebens der bedrohten Partei vom Vollzug der angedrohten Maßnahme Abstand nehmen werde. Benutzt sie verwegene Taktiken, kann die Drohpartei ihre Drohungen und ihre Zusicherungen nicht gleichzeitig glaubhaft machen. Kommt aber die bedrohte Partei zu dem Schluß, daß sie von seiten des erschreckend fahrlässigen und irrationalen Gegners *in keinem Falle* Schonung erwarten kann, gibt es für sie keinen Anreiz zum Nachgeben, und sie kann beschließen, der Drohpartei um jeden Preis zu trotzen. Hitler war 1939 glaubhafter als 1936, doch seine Drohungen konnten England und Frankreich nicht davon abhalten, gegen ihn zu Felde zu ziehen. Und das nicht etwa, weil sie seine Drohungen nicht ernst genommen hätten, sondern weil sie seinen Zusicherungen nicht mehr glaubten.

Die bedrohte Seite kann jedoch ihres Verhaltens noch weniger mächtig sein als die Drohpartei. Die klassische Abschreckungstheorie berücksichtigt nicht die *autonome Wahrscheinlichkeit* des Verhaltens, das durch Abschrekkung verhindert werden soll. Ist es sowieso unwahrscheinlich, kann die Abschreckungstheorie leicht - tatsächlich oder scheinbar - Erfolg haben, ist es dagegen sehr wahrscheinlich oder, wie im Falle religiöser oder sozialrevolutionärer Bewegungen, durch starke Motive gestützt, müßte die Abschrekkung zu seiner völligen Verhinderung extrem intensiv sein. Unter den letztgenannten Bedingungen sind Abschreckungsversuche höchstwahrscheinlich zum Scheitern verurteilt.

Zweitens unterläßt es die Abschreckungstheorie häufig, das *kumulative Risiko* in ihr Kalkül einzubeziehen. Schellings verwegener Autofahrer hat in der Tat Aussicht, an der ersten Kreuzung die Vorfahrt zu bekommen und die Kreuzung schnell und lebend zu passieren. Nehmen wir einmal an, daß seine Überlebenschance 0,9 oder 90 Prozent betrage, und nehmen wir weiter an, er halte an seiner verwegenen Taktik bei jeweils unveränderter Erfolgs- und Überlebenschance auch an den folgenden Kreuzungen fest, dann ist seine Aussicht, nach zwei Kreuzungen noch am Leben zu sein, 0,9 Prozent von 90 Prozent, also $0{,}9^2$ oder 81 Prozent. Nach drei in diesem Stile passierten Kreuzungen ist sie $0{,}9^3$ oder 72,9 Prozent, und so weiter, bis sie nach sieben Kreuzungen auf unter 50 Prozent gesunken ist. Durch jede weiteren sieben Kreuzungen wird seine Überlebensaussicht erneut halbiert, so daß sie für 21 von ihm passierte Kreuzungen auf 1:8, für 49 auf 1:100 und für 70

Kreuzungen auf weniger als 1:1000 absinkt. Daß seine Überlebensaussicht im Einzelfall 9:10 betrug, ist angesichts der tödlichen Auswirkung seines kumulativen Risikos nahezu bedeutungslos. Die Außenpolitik von Nationen und Staaten, die Bestand haben wollen, muß von Methoden geleitet sein, die ihr Überleben über Generationen und Jahrhunderte, d. h. die Meisterung sehr vieler mit einem gewissen Kriegsrisiko behafteten außenpolitischen Zuspitzungen wahrscheinlich machen.

Noch bedenklicher ist die dritte Grundannahme der klassischen Abschreckungstheorie, derzufolge sowohl die Bedroher als auch die Bedrohten - genauer gesagt die Regierungen und Eliten beider in eine Konfrontation mit Abschreckung verwickelten Länder - in einer mit Drohungen, Furcht, Ungewißheit, Ermüdung und Überforderung einhergehenden Krise *völlig rational bleiben*. Die Erfahrungen, ebenso wie viele psychologische Erkenntnisse, besagen aber das Gegenteil. Angespannte, eingeschüchterte und erschöpfte Menschen - Staatsmänner und Militärs nicht ausgenommen - werden reizbar und aggressiv, ihr Beobachtungs- und Urteilsvermögen läßt nach. Kurzum, sie werden *weniger* rational, während die Abschreckungstheorie der Drohpartei dazu rät, ihre eigene Überlebenshoffnung wie die der Gegenseite auf deren rationale Reaktionen auf die eigenen Drohungen aufzubauen.

Die vierte zweifelhafte Grundannahme der Abschreckungstheorie ist die versteckte Annahme einer signifikanten *Asymmetrie* zwischen dem Urheber und dem Adressaten der Drohung, besonders dann, wenn das Land des Verfassers der Theorie am Streit beteiligt ist. Die amerikanischen Abschreckungstheoretiker wie auch manche amerikanischen Politiker und Militärs nehmen an, daß Ausländer mit Drohungen oder Verwegenheitsdemonstrationen in Furcht versetzt werden können, die die Amerikaner nur in Wut bringen würden: der Ausländer gilt beinahe automatisch als schwächer, weniger standhaft und weniger risikofest. Im gegenwärtigen Zeitalter des Nationalismus ist dies eine sattsam bekannte, mehr oder weniger internationale Illusion, die fast alle Regierungen im eigenen Land fördern. In der Politik der nuklearen Abschreckung kann sie tödlich sein.

Die fünfte Grundannahme der Abschreckungstheorie ist vielleicht die schwerwiegendste von allen; sie erstreckt sich auf sämtliche spieltheoretischen Modelle. Es ist die bekannte Annahme der *Konstanz der Motive* der Spieler während des ganzen Spiels. Und zwar müssen rationale Spieler der Annahme zufolge von Anfang bis Ende des Spiels nichts anderes wollen als gewinnen. Aber diese Annahme paßt nicht auf menschliche Beziehungen und insbesondere nicht auf die Politik Wir wissen, daß Individuen, Gruppen, Parteien, Regierungen und Nationen sämtlich ihren Sinn wandeln, und daß sie es nicht selten während eines sie betreffenden Konflikts tun. Manche dieser Sinnesänderungen können durch den Ablauf des Konflikts selbst verursacht sein.

Diese Annahme der Konstanz der Motive ist von besonderer Bedeutung für die Berechnung des wahrscheinlichen Erfolgs der Abschreckung durch kalkulierte Fahrlässigkeit und partielle Irrationalität, d. h. der von Schelling untersuchten Drohungen, die bewußt einiges dem Zufall überlassen. Würden sowohl die Auffassungen als auch die Werte des Bedrohten unverändert bleiben, solange er diesen Taktiken ausgesetzt ist, wäre es in der Tat rational, wenn er nachgäbe. Aber diese Annahme ist nicht plausibel, weil sich das Bild ändern kann, das sich die bedrohte Partei von der Drohpartei macht. Versucht sich eine Drohpartei den Anschein des teilweise Irrationalen zu geben, indem sie etwa ihr Fahrzeug vor Kreuzungen beschleunigt, bei Verhandlungen ihre Hörhilfe abschaltet, Stolpern oder Trunkenheit vortäuscht, während sie Explosivstoffe am Gegner vorüberträgt, oder die Massenmeinung ihres Landes aufstachelt, dann ist es wahrscheinlich, daß ihr Gegner sie als weitgehend oder völlig irrational *versteht* und in ihr nur noch ein blindes Übel sieht, das schnellstmöglich und auf fast jedes Risiko hin zerstört werden muß. So könnten scheinbar irrationale oder unzureichend kontrollierte Drohungen mit Kernwaffen eine entsprechend ausgerüstete Gegenseite durchaus zu einem ersten atomaren Vernichtungsschlag einladen.

Eine Verschiebung in den Werten des Adressaten der fahrlässigen Drohung könnte ähnlich wirken. Die "Schellingschen" Drohungen sind am wirksamsten in Situationen, die dem "Feiglingsspiel" ähneln, d. h. in Situationen, in denen der Nachteil aus beiderseitigem Nichtkooperieren für jede Seite eindeutig größer ist als der Nachteil aus einseitigem Nachgeben. Und genau deshalb kann der Fahrlässigere, der sein Fahrzeug beschleunigte oder sich auf eine andere Art frühzeitig unwiderruflich festlegte, damit rechnen, daß sein Opponent aus Eigeninteressen in der weniger hoch veranschlagten Sache, um die es in Situationen dieses Typs geht, nachgeben wird. Tatsächlich aber können sich die Werte des Bedrohten drastisch ändern. Was ihm wichtig ist, ist dann nicht mehr der relativ triviale ursprüngliche Streitgegenstand (etwa das Vorfahrtsrecht an der ersten Kreuzung oder, im Falle von Regierungen, ein unfruchtbarer, relativ wertloser Landstreifen in einem Grenzkonflikt), sondern er kann sich weigern, *eine solche Einschüchterungstaktik hinzunehmen*. "Dem werde ich es zeigen, und wenn es mich Kopf und Kragen kostet", könnte ein zorniger Autofahrer murmeln, auch wenn er es an der Kreuzung eigentlich nicht so eilig hat; und die Regierung und Massenmeinung eines bedrohten Landes könnte nunmehr das größte Risiko einem Nachgeben vorziehen, auch wenn der ursprüngliche Streit trivialer Art war. Mathematisch ausgedrückt hat die Änderung in der Nutzwertskala des Bedrohten das "Feiglingsspiel" für mindestens einen Spieler in ein "Gefangenendilemma" transformiert, in welchem für ihn die Einbuße bei einseitigem Nachgeben (KL) erheblich größer ist als sein Anteil an der gemeinsamen Einbuße bei beiderseitiger Konflikthaltung (LL). Ist dies geschehen, werden die durch unwiderrufliche Maßnahmen oder gewollten partiellen Verzicht auf Beherrschung des Konfliktablaufes gekennzeichneten "Schellingschen" Drohungen selbstvereitelnd und potentiell selbstmörderisch, und die anfangs fahrlässige Drohpartei kann sich dann unter Umständen nur noch durch eilige Rückkehr zu gemäßigten Taktiken und gegenseitiger Kooperation retten.

In den Frühstadien eines Konflikts mit Abschreckung können daher beide Seiten durch ihr Verhalten bis zum gewissen Grade die Werte und Auffassungen der jeweils anderen und auch der eigenen Seite, sowie das Gewicht der ihnen gemeinsamen Interessen verändern. Insofern sie auf diese Weise gegenseitig ihre Motivierungen ändern, nimmt ihre Auseinandersetzung den Charakter einer echten Debatte an.

Debatten: Auseinandersetzungen, die Änderungen der Wirklichkeitsbilder und Motivierungen zulassen

Konflikte, in denen die Gegner gegenseitig ihre Motive, Werte oder kognitiven Wirklichkeitsbilder ändern, sind "Debatten" im strengen Sinne des Wortes. Nicht jeder Austausch von Worten oder Botschaften und nicht jedes als "Debatte" etikettierte Ereignis ist eine in diesem Sinne echte Debatte. Zwei Debattiermannschaften, an einer höheren Schule beispielsweise, versuchen nicht etwa, gegenseitig ihre Meinungen über den ihnen zugewiesenen Gegenstand der Debatte zu ändern, sondern sie spielen ein Spiel, in welchem sie darin wetteifern, auf die Schiedsrichter und vielleicht auf die Zuhörer Eindruck zu machen. Sie spielen also in Gewinnabsicht. Würde eine Mannschaft im Verlauf der "Debatte" erklären, daß die Gegenmannschaft sie mit ihren Argumenten überzeugt habe, würden ihre Mitglieder wohl an Einsicht bezüglich des Diskussionsthemas, nicht aber das Spiel gewonnen haben. Auch gerichtliche Auseinandersetzungen haben gewöhnlich diesen Wettspielcharakter. Ankläger und Verteidigung oder die Anwälte der gegnerischen Parteien in Zivilprozessen versuchen nicht, einander zu überzeugen. Sie wollen ihren Fall gewinnen und zwar für gewöhnlich dadurch, daß sie den Richter oder die Geschworenen beeindrucken. Indem eine Seite ein angestrebtes Urteil erreicht, verliert die andere Seite. Nur vom Richter oder von den Geschworenen wird erwartet, daß sie ihre Ansichten aufgrund der gegnerischen Plädoyers ändern. Richter und Geschworene gehen (meist mit gutem Grund) von der Annahme aus, daß die streitenden Parteien alle relevanten Tatsachen besser ans Licht bringen können, als es einem unparteiischen Untersuchungsbeamten möglich wäre.

Debatten in der Legislatur, im Auftrag von Regierungen stattfindende Verhandlungen zwischen Diplomaten und Debatten zwischen Regierungsvertretern in internationalen Organisationen haben bessere Aussicht, zu echten Debatten zu werden. Natürlich versuchen die Beteiligten in jedem der genannten Fälle, etwas für die Interessen, Parteien, Gruppen, Regierungen oder Nationen herauszuholen, die sie vertreten. Oft ist dies nur auf Kosten entgegengerichteter Interessen und mithin auf Kosten anderer Gruppen oder Regierungen möglich. Aber in vielen Fällen ist zunächst nicht genau bekannt, welche Ergebnisse oder Lösungen für die durch die verschiedenen Verhandlungspartner repräsentierten Interessen tatsächlich am besten sind. Dann müssen die für jede der Parteien und vielleicht für mehrere oder alle von ihnen gemeinsam vorteilhaftesten Lösungen erst gefunden und dann zur Beschlußfassung vorgelegt werden.

Daher sind echte Verhandlungen eine Mischung aus Wettspiel, gemeinsamer Entdeckungsreise und Erziehungskampagne auf Gegenseitigkeit mit dem Ziel, die Auffassungen und Präferenzen einiger oder aller Beteiligten zu verstehen und gegebenenfalls zu korrigieren. Die langen Verhandlungen, die dazu führten, daß die Vereinigten Staaten und die Sowjetunion 1963 den partiellen Teststoppvertrag abschlossen, der dann von den meisten Ländern der Welt mit Ausnahme Frankreichs und Rotchinas unterzeichnet wurde, sind ein Beispiel für eine echte Debatte dieser Art. Glücklicherweise entwikkelten sich in ihrem Verlauf neben den hartnäckig konträren Interessen der verschiedenen Mächte auch so starke gemeinsame Auffassungen und Interessen, daß das Ergebnis von fast allen Ländern als in ihrem Interesse liegend akzeptiert wurde.

Es scheint, als seien echte nationale oder internationale Debatten nicht gut durch spieltheoretische Modelle und schon gar nicht durch die vor diesen besprochenen wortlosen, quasi-automatischen "Kampf"-Prozesse darstellbar, doch ist ihr Wesen noch wenig erforscht. Man hat allerdings aus dem reichlichen empirischen Material über Debatten gewisse Prinzipien herausschälen können. Eines davon könnte das Prinzip der *beiderseits akzeptablen Bestätigung* genannt werden. Es besagt, daß eine Debatte dann mit größerer Wahrscheinlichkeit zu einer für beide Seiten akzeptablen und guten Lösung führt, wenn jede Seite den Standpunkt und die Ansichten der Gegenseite so klar und überzeugend zu formulieren lernt, daß diese selbst die Darstellung akzeptiert.

Ein weiterer wichtiger Schritt ist, daß jede Seite herausfindet, welche Gründe die andere Seite von der Richtigkeit der eigenen Ansichten überzeugen könnten. Nachdem eine Seite die Ansichten und Wirklichkeitsbilder ihrer Gegner verstanden hat, muß sie den *Gültigkeitsbereich* jeder dieser Ansichten herauszufinden versuchen. In einem Disput zwischen einer Exkolonie und ihrem früheren "Mutterland" werden sich die Sprecher des jungen Landes wahrscheinlich über die ehedem vom früheren Kolonialland ihm zugefügte Unterdrückung und Ausbeutung beklagen, währenddessen Sprecher die Verbesserungen und Segnungen betonen werden, die ihre Herrschaft den Menschen der ursprünglich armen Kolonie einst gebracht hat.

Wahrscheinlich ist jede dieser Ansichten im Blick auf jeweils bestimmte Tatsachenkomplexe gültig. Lernt nun jede Seite den wie immer kleinen Gültigkeitsbereich der scheinbar absurden Ansichten der Gegenseite und die Grenzen der Gültigkeit ihrer eigenen (scheinbar so vernünftigen) Argumente erkennen, wächst damit die Wahrscheinlichkeit (wenn auch nicht die Gewißheit) einer echten Debatte mit fruchtbarem und für beide Seiten vorteilhaftem Ergebnis.

Wie diese Beispiele zeigen, scheinen viele Auseinandersetzungen zwischen Interessengruppen, Parteien, Nationen oder Ideologien vieles vom Charakter der Debatte an sich zu haben. Wenn das so ist, können wir erwarten, daß die Zeit, die Ereignisse und die Ergebnisse des Verhaltens der Streitenden selbst schließlich nicht nur ihre Schicksale, sondern auch ihre Betrachtungsweise, ihre Ziele und ihre Werte ändern werden. In diese Richtung deutet auch die Bemerkung John Deweys, daß die Menschen viele ihrer Kontroversen nicht austragen, sondern hinter sich lassen. Derlei isolierte Weisheiten ändern indessen wenig daran, daß geeignete Formalmodelle echter Debatten erst noch entwickelt werden müssen.

Wirkliche zwischenstaatliche Konflikte sind oft Mischungen aus Kämpfen, Wettspielen und Debatten mit nach Zeit und Ort wechselnder Schwerpunktverteilung. Die Kunst der Staatsmänner, Regierungen und verantwortlichen Bürger besteht dann darin, diese Konflikte in erträglichen Grenzen zu halten, die stetem Wandel unterworfenen nationalen Interessen soweit wie möglich zu schützen, Zeit und Stärke zu gewinnen und das Überleben der Nationen zu gewährleisten.

Kritiken der Spieltheorie

Es wurde bereits darauf hingewiesen, daß die Spieltheorie von Mathematikern (9, 10, 125) geschaffen wurde und seit der Veröffentlichung der grundlegenden Abhandlung (126) beinahe ausschließlich von Mathematikern weiterentwickelt worden ist. Diese Theorie kann als ein selbständiger Zweig der reinen Mathematik aufgefaßt werden - als ein System von Theoremen, die aus einer Reihe von Postulaten aufgebaut wurden. Alle rein mathematischen Theorien sind so geartet und als solche praktisch gegen Kritik immun. Die Theoreme sind logische Folgerungen aus den Postulaten. Sie können nur dann "falsch" sein, wenn bei den Ableitungen Irrtümer vorgekommen sind. Wenn daher die Gültigkeit der Theoreme, Lösungen usw. nachgeprüft worden ist, bleibt als Kritik nichts mehr zu sagen übrig, es sei denn über die innere Tiefe oder Eleganz der Theorie.

Sobald jedoch eine Theorie aufgestellt wird, die sich auf einige Aspekte der realen Welt bezieht, z. B. als eine Grundlage für die Errichtung von Modellen menschlichen Verhaltens in Konfliktsituationen, ist eine substantielle Bewertung (im Unterschied zu einer formalen Prüfung der logischen Gültigkeit) angebracht. Es ist klar, daß sich eine kritische Einschätzung auf den Bereich bezieht, der Fragen untersucht, die damit zusammenhängen, was die Theorie tatsächlich bezweckt. Es ist schwerlich zulässig, an einer Theorie zu kritisieren, daß sie nicht geleistet hat, was zu leisten sie sich nicht vorgenommen hat.

Ich glaube, dem ganzen spieltheoretischen Ansatz ist die Ablehnung eines b e s c h r e i b e n d e n Inhalts eigen. Die Spieltheorie ist nach Geist und Methode eindeutig normativ. Ihr Ziel ist eine V o r s c h r i f t , wie ein rationaler Spieler sich in einer bestimmten Spielsituation verhalten sollte, wenn die Präferenzen dieses Spielers und aller anderen Spieler in Nutzeneinheiten angegeben werden.

Deshalb sollte sich eine Kritik der Spieltheorie darauf richten, auf welche Weise sie dieses Problem aufgegriffen hat. Nun haben wir gesehen, daß die "Vorschriften für den rationalen Spieler" häufig mehrdeutig werden, sobald der Bereich des Zweipersonen-konstante-Summen-Spiels verlassen wird; und wir haben die Natur einiger dieser Mehrdeutigkeiten untersucht. Eine eingehende Untersuchung dieser Fragen ist die natürliche Aufgabe einer Kritik der Spieltheorie. Die Ergebnisse scheinen alle auf einen Punkt hinauszulaufen: die Unzulänglichkeiten der Spieltheorie, selbst als einer normativen Theorie, lassen sich auf den Ausschluß bestimmter psychologischer Begriffe aus ihrer axiomatischen Basis zurückführen. Ohne solche Begriffe bleiben ihre normativen Folgerungen entweder unbestimmt oder mit Paradoxen belastet. Wir haben z B. gesehen, daß in bestimmten Zweipersonen-Nichtnullsummenspielen die Erweiterung einer Maximinlösung zu einem Ergebnis führt, das für beide Spieler nachteilig ist, während andere Vorschriften, ohne zusätzliche Annahmen, der kategorischen Folgerichtigkeit der Maximinlösung ermangeln. Wir haben auch gesehen, daß die N-Personenspieltheorie im allgemeinen unfähig ist, irgendeinem Spieler vorzuschreiben, wen er zum Beitritt in eine Koalition reizen sollte, und wieviel er als einen Anreiz bieten sollte. Somit kann die Theorie nicht vorhersagen, was eintreten wird, wenn jeder "sein Bestes tut".

T. C. Schelling (105) hat eine Kritik der Spieltheorie geleistet, in welcher er es unternimmt, die besonderen Ursachen der Schwierigkeiten zu klären und eine Neuorientierung in eindeutig psychologischer Richtung vorzuschlagen.

Schellings Kritik der Spieltheorie

Der Hauptpunkt von Schellings Argument ist, daß die Spieltheorie beim Übergang von Nullsummen- zu Nichtnullsummen-Spielen den grundlegenden Denkrahmen beibehalten hat, der dem Nullsummenspiel gesteckt worden ist. Das grundlegende Konzept des Nullsummenspiels ist für Nichtnullsummenspiele von geringem Wert. Hier treten andere Probleme auf als die Abgrenzung von Sicherheitsstufen, und um mit diesen Problemen fertig zu werden, braucht man, nach Schelling, Begriffe anderer Art. Wir wollen die hauptsächlichsten aufführen.

1. Der Begriff der stillschweigenden Kommunikation

Wir sahen bereits im Kapitel XIII, wie eine stillschweigende Kommunikation in kooperativen Spielen ohne explizite Kommunikation und sogar in Spielen mit gemischten Motiven wirkt, wo eine stillschweigende Kommunikation zu einem stillschweigenden Handeln wird.

2. Der Begriff der Festlegung

Eine Festlegung ist eine Handlung, die vermutlich während der dem Spiel vorausgehenden Kommunikation (falls eine solche stattfindet) abläuft, und die es für einen der Spieler unmöglich macht, eine der Strategien zu wählen. Um das einfachste Beispiel zu nehmen, betrachten wir das in Matrix 9 gezeigte Spiel. Wenn der Mann eine Situation zuwege bringt, in der es für ihn völlig unmöglich wird, entweder a_2 oder a_3 zu wählen, kann er dadurch die

Partnerin zwingen, b_1 zu wählen. Eine Brücke hinter sich zu verbrennen, ist ein ähnlicher Akt. Der festgelegte Spieler wird gegen Handel immun. Somit sind dramatische Ankündigungen von "letzten Angeboten" Festlegungen.

3. Der Begriff Drohung und Versprechen
Dies sind im wesentlichen bedingte Festlegungen, d.h. Festlegungen dessen, was der drohende und versprechende Spieler tun muß, wenn der andere in einer bestimmten Weise handelt oder es unterläßt. Oft gibt es für den ersten Spieler keine Motivation, die Drohung oder das Versprechen als solches tatsächlich durchzuführen. Der Nutzen, der aus jedem von beiden erwächst, liegt entweder in der Möglichkeit, eine Handlung beim andern Spieler hervorzurufen, oder sie zu verhindern.

Schellings Essay besteht hauptsächlich aus einer Klärung oder Ausarbeitung dieser Vorstellungen, die von zahlreichen einleuchtenden Beispielen gestützt wird.

Anmerkungen zu Schellings Kritik

Die beiden zentralen Gedanken sind offensichtlich die Rolle der Kommunikation und der Festlegung beim strategischen Konflikt und die Beziehung zwischen Kommunikation und Festlegung. Wenn wir Festlegung allein untersuchen, sei es in ihrer direkten Form als offene Handlungen oder in der indirekten Form von Drohungen und Versprechungen, welchen geglaubt wird, dann sehen wir, daß diese Begriffe nichts zu dem gesamten Komplex der Spieltheorie hinzufügen. Denn eine Festlegung, eine Drohung oder ein Versprechen (dem geglaubt wird) ist im wesentlichen ein Wechsel von einem Spiel zum andern. Wenn ein Spiel in normaler Form gegeben ist, d. h. als eine Matrix von Strategien, dann hat man im wesentlichen ein neues Spiel in extensiver Form geschaffen, falls man davon spricht, "einen Zug zu machen", indem man eine Strategie wählt. Betrachten wir die folgende Vereinfachung des von Matrix 9 dargestellten Spiels oder die Schlacht der Geschlechter (wie Luce und Raiffa das durch Matrix 19 typisierte Spiel genannt haben):

	b_1	b_2
a_1	2, 1	0, 0
a_2	0, 0	1, 2

Matrix 19

Die Rückführung eines Spiels auf Normalform bezweckt, es auf eine Weise darzustellen, welche nur eine einzige Entscheidung auf seiten jeden Spielers zuläßt und darüber hinaus erlaubt, diese Entscheidungen als gleichzeitig und unabhängig getroffen darzustellen. Wenn die Wahlen aufeinander folgend getroffen werden sollen, haben wir zwei verschiedene Spiele, abhängig davon, wer zuerst wählt. In extensiver Form sehen diese zwei Spiele so aus, wie es die Figuren 11 und 12 zeigen.

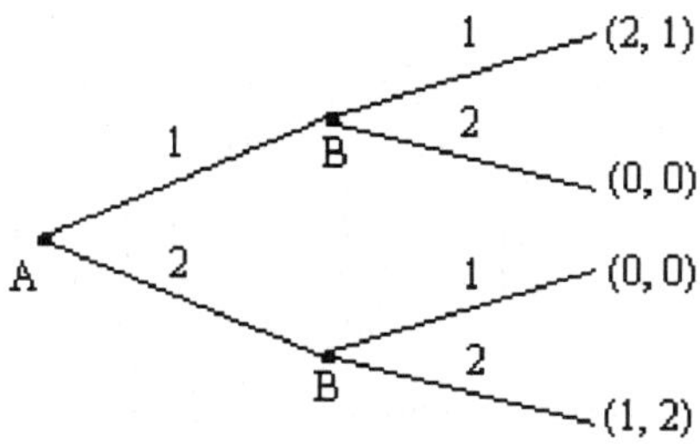

Abb. 11. Wenn Strategiewahlen aufeinander folgend wie Züge in einem Spiel gemacht werden, dann wird aus dem in Matrix 19 dargestellten Spiel ein anderes Spiel, das in extensiver Form gezeigt wird. Hier macht A den ersten Zug. Die Gewinne sind jeweils für A und B.

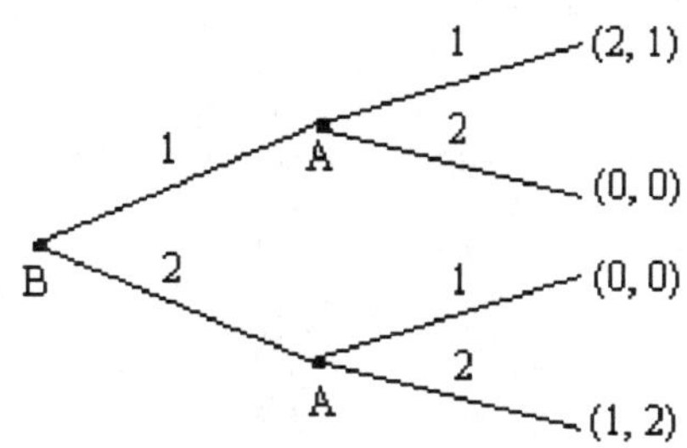

Abb. 12. Hier macht B den ersten Zug. Die Gewinne sind jeweils für A und B.

Nochmals auf ihre Normalform zurückgeführt, werden die zwei Spiele jetzt in den Matrizen 20 und 21 gezeigt.

	b_1 wähle 1	b_2 wähle 2	b_3 tue, was A tut	b_4 tue das Gegenteil von dem, was A tut
a_1: wähle 1	(2, 1)	(0, 0)	(2, 1)	(0, 0)
a_2: wähle 2	(0, 0)	(1, 2)	(1, 2)	(0, 0)

Matrix 20 Das in Abb. 11 gezeigte Spiel, auf Normalform reduziert.

		b_1 wähle 1	b_2 wähle 2
a_1: wähle 1	a_1:	(2, 1)	(0, 0)
a_2: wähle 2	a_2:	(0, 0)	(1, 2)
a_3: tue, was B tut	a_3:	(2, 1)	(1, 2)
a_4: tue das Gegenteil von dem, was B tut	a_4:	(0, 0)	(0, 0)

Matrix 21 Das in Abb. 12 gezeigte Spiel, auf Normalform reduziert.

Beachten wir, daß bei jedem Spiel der zweite Spieler jetzt vier Strategien hat. Es wird nun angenommen, daß eine von diesen vier und eine der zwei Strategien des ersten Spielers gleichzeitig gewählt werden sollen. Zu berücksichtigen, was sich ereignet, wenn Strategien aufeinanderfolgend anstatt gleichzeitig gewählt werden (eine Form der Festlegung durch den ersten Spieler), heißt demnach in Wirklichkeit, ein anderes Spiel zu berücksichtigen, welches in Normalform gebracht werden kann, wo die Strategien gleichzeitig und unabhängig gewählt werden.

Alle Festlegungen, seien sie bedingt oder nicht bedingt, führen zu einer ähnlichen Analyse. Eine Festlegung, eine Drohung oder ein Versprechen, falls geglaubt, führt durch einen der Spieler zu einer Ausschaltung einiger Wahlen, die ihm offenstehen. Dies bewirkt ein anderes Spiel. Deshalb ist es nicht der Spieltheorie anzulasten, daß sie es versäumt habe, die Rolle von Festlegungen, Drohungen oder Versprechungen, welche geglaubt werden, zu berücksichtigen.

Ähnliche Betrachtungen lassen sich auf die anomale "Lösung" des Gefangenendilemmas beim Fehlen einer Absprache anwenden. Die Eintragungen in der Gewinnmatrix bringen Nutzen für die Spieler. Wenn wir sagen, daß das Ergebnis (a_1, b_1) bei Matrix 10 armselig ist, verglichen mit (a_2, b_2), könnten wir vielleicht stillschweigend einen zusätzlichen negativen Nutzen in Verbindung mit (a_1, b_1) annehmen, der das Bedauern der Spieler darüber spiegelt, was hätte sein können, d. h. über den Verlust von (a_2, b_2), was sie erreicht haben könnten, wenn sie einander vertraut hätten. Wenn wir die negativen Erträge bei (a_1, b_1) genügend groß machen, so daß sie dies "Bedauern" einschließen, etwa (-11, -11), dann hört Strategie 2 auf, unbedingt für beide Spieler die der Strategie 1 vorzuziehende zu sein, und die Unvermeidlichkeit von (a_1, b_1) folgt nicht daraus.

Kurzum, viele Paradoxa der Spieltheorie lassen sich dadurch lösen, daß einfach ein Spiel durch ein anderes ersetzt wird.

Jedoch ignoriert die Spieltheorie in ihrer ursprünglichen Formulierung das Problem der Kommunikation und die Rolle der kommunikativen Handlungen als strategische Manöver in den Fällen, in denen ein Spieler versucht, einen anderen davon zu überzeugen, daß er ein anderes Spiel spiele. Zum Beispiel handelte es sich bei der Information über die Nutzwerte der Ergebnisse im wesentlichen um eine Auskunft über die Struktur des Spiels. Eine solche Information kann richtig oder falsch sein, kann überzeugend oder nicht überzeugend sein usw. Charakteristisch ist, daß eine wirksame Kommunikation in der ursprünglichen Form der Spieltheorie einfach für gegeben genommen wird. Von den Regeln wird angenommen, daß jeder sie vollkommen versteht; Gewinne für andere Spieler werden korrekt zugemessen; Vereinbarungen werden gehalten, usw.; oder, im Gegenteil, die Möglichkeit von Kommunikation wird ausgeschlossen, wie bei Spielen, in denen Kollusion nicht gestattet ist.

Aushandeln ist natürlich Kommunikation. Probleme des Handelns wurden in der frühen Formulierung der Spieltheorie (126, p. 616) im wesentlichen übergangen. Neuerliche Versuche, den Bereich spieltheoretischer Begriffe um eine Theorie des Aushandelns zu erweitern, müssen als ein Wunsch aufgefaßt werden, die eben erwähnten Beschränkungen zu überschreiten. Die im 11. Kapitel untersuchten Arbeiten von Braithwaite und Raiffa gehören zu diesen Versuchen. Wir haben gesehen, daß in gewissem Maße Standards des Aushandelns aufgestellt werden können, und diese Standards ermöglichen es, die Ergebnisse der klassischen Spieltheorie auszuweiten. Im Fall einiger Zweipersonen-Nichtnullsummenspiele kann z. B. ein Handel in Übereinstimmung mit einem Standard billiger Verteilung zustande kommen, der sich auf die strategischen Positionen der Spieler stützt, selbst wo ein Nutzen nicht übertragbar ist.

Handeln im Zusammenhang mit Positionsbildung wirft ähnliche Probleme auf. Die Spieltheorie nimmt an, daß getroffene Vereinbarungen eingehalten werden. Aber der dem Spiel vorausgehende Versuch, sich in eine günstige Position zu bringen, wobei sich Koalitionen bilden, ist seiner Natur nach eine Reihe von versuchsweisen Vereinbarungen. Wenn gefordert wird, daß jede versuchsweise vorgesehene Koalition dauerhaft sein muß, dann heißt dies, daß das Aushandeln das Kernproblem der Koalitionsbildung nicht berührt. Wenn andererseits versuchsweise Koalitionen erlaubt sind, dann müssen Drohungen, eine Koalition zu verlassen, als Züge im Spiel des Handelns erlaubt sein. Wie man eine überzeugende Drohung abfaßt, wie man die Alternative zur Ablehnung eines Versprechens hervorlockt (eine Alternative, welche derjenige, der ein Versprechen macht, nicht preisgeben möchte) - dies wird zu strategischen Kernproblemen. Es handelt sich um Probleme, zu denen Kommunikationsgeschick gehört, besonders das Geschick, andere zu überzeugen und aus anderen Informationen herauszuholen.

Um es noch einmal zu sagen, bei der eigentlichen Spieltheorie fehlt im wesentlichen eine strenge Analyse von Situationen, in denen kommunikative Handlungen Spielzüge sind und in denen eine wirksame Kommunikation das Spiel verändern kann. Die Entscheidung, zu glauben oder nicht zu glauben, kann z. B.

ein Zug im Spiel sein, und das Spiel könnte sich ändern, je nachdem, welche Entscheidung getroffen wird.[1]

Gewiß ist dies nicht immer der Fall. Beim Poker zum Beispiel läßt sich der Glaube oder Zweifel an den Bluff des Gegners als eine Entscheidung zwischen "glauben" oder "nicht glauben" interpretieren. Dies ist gewiß ein formaler Zug des Spiels, und hierbei entstehen keine begrifflichen Schwierigkeiten. Beim Poker zu bluffen, ist eine Kommunikation über den Stand der Dinge bei einer bestimmten Abzweigung des Spielbaums. Da Poker kein Spiel mit vollkommener Information ist, gestattet es einem Spieler nicht, zu erfahren, wo er sich bei einem bestimmten Zug im Spielbaum befindet. Ob er glaubt oder nicht glaubt, er spielt immer noch dasselbe Spiel. Aber es gibt auch andere Fälle, von denen wir ein Beispiel untersuchen werden, in denen Glaube oder Unglaube das Spiel selbst, die strategischen Möglichkeiten und seine Ergebnisse, verändert. Hier wird gerade die axiomatische Grundlage der Spieltheorie erschüttert, und es bedarf einer Erneuerung der Grundlagen, um die Möglichkeit eines strengen Vorgehens wieder herzustellen.

Schellings Kritik dreht sich weitgehend um diese Fragen. Hinzufügen möchten wir eine weitere ernste Schwäche der formalen Spieltheorie als einer Grundlage für eine normative Theorie des menschlichen Verhaltens in Konfliktsituationen, nämlich die Unwahrscheinlichkeit der Vermutung, daß Menschen irgendeiner Reihe von Ergebnissen eine Intervallnutzenskala beilegen können. Erinnern wir uns, daß eine solche Beilegung die Abschätzung eines "Schnittpunktes" voraussetzt, bei dem ein Spielverhalten, das zwei Vorgänge umfaßt, weder mehr noch weniger erstrebenswert ist als die Gewißheit eines dritten Vorganges mit dazwischen liegendem Nutzenwert.

Ganz abgesehen von der Komplexität dieses Begriffes, müssen wir erkennen, daß der Vorschlag eines e x p l i z i t e n Spiels gewöhnlich ernste Störungen in die Schätzungen der Wünschbarkeit der Ergebnisse bringt. Risiken können nicht vermieden werden, aber unsere Einstellung ihnen gegenüber hängt stark davon ab, ob sie explizit festgestellt werden oder nicht und ob sie von der Natur oder vom Menschen kommen. Zum Beispiel würde man einen Impfstoff ablehnen, von dem angenommen wird, daß er die durch irgendeine Krankheit verursachte Sterblichkeit um einen bestimmten Prozentsatz verringert, der aber ein eigenes Sterblichkeitsrisiko mit sich bringt, auch wenn das Risiko im letzteren Fall nur ein kleiner Bruchteil des ersteren wäre. Das Sterblichkeitsrisiko eines Impfstoffes muß tatsächlich verschwindend gering sein, um zu rechtfertigen, eine viel größere "natürliche" Sterblichkeit gegen eine "vom Menschen gemachte" Sterblichkeit einzutauschen.

Auf jeden Fall ist die Psychologie der Spiele äußerst kompliziert. Bis heute blieb sie weitgehend unerforscht, abgesehen von erdachten Laboratoriumssituationen. Da die moderne Nutzentheorie, ohne die die Spieltheorie machtlos ist, in ihren Anwendungen eng mit der Psychologie der Risiken verflochten ist, bleibt die Hoffnung auf eine extensive Anwendung der Spieltheorie auf menschliche Angelegenheiten begrenzt.

Wir wollen die begrifflichen und praktischen Schwierigkeiten der Spieltheorie veranschaulichen, indem wir ihre Techniken auf eine besonders menschliche Situation anwenden. Das Beispiel mag lächerlich erscheinen, aber der Leser sollte es sehr ernst nehmen, um den Abgrund zwischen "Rationalität", wie sie konventionell verstanden wird, und einer anderen Art von Weisheit zu erkennen, die uns im III. Teil eingehend beschäftigen wird.

Vertrauen und Eifersucht

Stellen wir uns Othello und Desdemona als die Spieler vor. Stellen wir uns vor, daß Othello nicht vorschnell an die Schuld von Desdemona glaubte, sondern sie direkt fragte: "Hast du dich Cassio hingegeben oder nicht?"

Desdemona kann nun antworten: "Ja" oder "Nein", und Othello kann ihr entweder glauben oder nicht. Othello weiß es nicht, aber Desdemona weiß, daß sie unschuldig ist. Desdemonas Strategien sehen für sie folgendermaßen aus:

1. Sich fälschlicherweise schuldig zu bekennen
2. Die Schuld zu leugnen

Desdemonas Motivierung für ein falsches Geständnis ist die schwache Hoffnung, daß Othello ihr schließlich vergeben könnte, wenn sie Reue zeigt, falls er sowieso von ihrer Schuld überzeugt ist. Das heißt, wenn das Spiel normal verläuft, hat Othello sich bereits für eine dieser beiden Strategien entschieden:

1. Er hält Desdemona für schuldig
2. Er hält sie für unschuldig

Seine Entscheidung in dieser Formulierung hängt nicht von Desdemonas Antwort auf seine Frage ab. Zumindest scheint es so für Desdemona, die die Situation in ein 2 x 2 Spiel umwandelt. Sie könnte natürlich ein anderes Spiel aufnehmen, in dem Othellos Überzeugung von ihrer Antwort abhängt. Zum Beispiel könnte Othello vier Strategien haben:

1. Desdemona für schuldig zu halten, was immer sie sagt
2. Desdemona für unschuldig zu halten, was immer sie sagt
3. Desdemona zu glauben, was immer sie sagt
4. Desdemona nicht zu glauben, was immer sie sagt

Auch dieses Spiel läßt sich analysieren. Wir wollen aber das einfachste 2 x 2 Spiel untersuchen. In diesem Spiel stehen Desdemonas Präferenzen eindeutig in dieser Reihenfolge:

1. Ihre Schuld zu leugnen und damit Glauben zu finden
2. Fälschlicherweise zu bekennen und zu entdecken, daß Othello von ihrer Unschuld überzeugt ist. (Das glückliche Ende wird etwas durch ihr mangelndes Vertrauen in Othellos Glauben an sie beeinträchtigt.)
3. Fälschlicherweise ihre Schuld zu bekennen und damit Glauben zu finden (in der Hoffnung, ihr würde schließlich vergeben für etwas, was sie nicht getan hat).
4. Die Schuld zu leugnen und damit keinen Glauben zu finden (das tatsächliche Ende der Tragödie).

Nehmen wir einmal an, daß die Nutzen-Intervall-Skala für diese Ergebnisse von Desdemona so festgesetzt wird: jeweils 100, 50, -50 und -100. Sie muß auch Othello Präferenzen beilegen. Sie kann nichts anderes tun, als die gleiche Reihenfolge von Präferenzen für ihn aufzustellen. Deshalb erscheint es Desdemona so, als spiele sie ein völlig kooperatives Spiel mit ihrem Gatten. Die Entscheidung ist klar: sowohl sie als auch Othello müssen Strategie 2 wählen, um den höchstmöglichen Gewinn zu erzielen (100, 100) und danach glücklich zu leben.

Betrachten wir die Situation von Othellos Standpunkt aus. Der wirkliche Othello ist von Desdemonas Schuld überzeugt. Aber wir wollen prüfen, was Othello als ein "rationaler Spieler" tun sollte. Er wird sich vorstellen, das Spiel habe beträchtlich früher, nämlich während seiner Abwesenheit, begonnen. Ihm erscheint es, daß Desdemonas Strategien waren:

1. Ihn zu hintergehen
2. Ihm treu zu bleiben

In Kombination mit seinen eigenen beiden, oben erwähnten, Strategien haben wir die folgenden Ergebnisse in der Reihenfolge von Othellos Präferenz:

1.	Desdemona ist treu geblieben, und er hält sie für unschuldig:	100
2.	Desdemona hat ihn hintergangen, aber er war nicht leichtgläubig:	0
3.	Desdemona hat ihn hintergangen, und er war leichtgläubig:	-75
4.	Desdemona war unschuldig, aber er glaubte ihr nicht:	-100

Hierbei vermuten wir, daß die Ermordung seines unschuldigen Weibes ein schrecklicheres Ergebnis für Othello wäre, als Hörner zu tragen. Eine Umkehr der Nutzen der Ergebnisse 3 und 4 ist ebenso wahrscheinlich, aber wir wollen bei der vorliegenden Analyse bleiben.

Nun muß Othello für Desdemona Nutzen festsetzen. Für ihn ist es vernünftig, die folgende Reihenfolge anzunehmen:

1.	Sie täuschte ihren Gatten, und es wurde nicht entdeckt:	100
2.	Sie widerstand der Versuchung, und ihrer Unschuld wurde geglaubt:	50
3.	Sie hinterging ihren Gatten, und es kam heraus:	-50
4.	Sie wurde zu Unrecht bestraft:	-100

Othellos Spielmatrix muß deshalb so aussehen:

Desdemona	Othello glaubt, Desdemona sei schuldig	Othello glaubt, Desdemona sei unschuldig
ist untreu	-50, 0	100, -75
bleibt treu	-100, -100	50, 100

Matrix 22

Bei der Untersuchung von Desdemonas Gewinnmatrix entdeckt Othello, daß sie ein Spiel mit einem Sattelpunkt spielt. Von ihrem (egoistisch berechnenden) Gesichtspunkt aus, wäre es besser, Othello zu täuschen, wenn er sie für schuldig hält (-50 > -100) und auch, wenn er sie für unschuldig hält (100 > 50). Deshalb ist Othello stark versucht, Desdemona für schuldig zu halten.

Beachten wir, daß, falls Othellos Gewinne bei (1, 2) und (2, 1) ausgetauscht werden, d. h. falls Othello es vorzieht, die unschuldige Desdemona zu ermorden, anstatt Hörner zu tragen, das vorstehende Ergebnis in keiner Weise berührt wird.

Nun hat Othellos Ergebnismatrix keinen Sattelpunkt. Wäre dies ein Nullsummenspiel, dann würde es für ihn sinnvoll sein, eine Maximinstrategie zu berechnen, die darin bestünde, Strategie 1 und Strategie 2 mit einem Wahrscheinlichkeitsverhältnis 7 : 4 zu spielen. Auf diese Weise könnte er sich einen erwarteten Gewinn von etwa -27 Nutzeneinheiten garantieren. Dies wäre aber nur dann klug, wenn das Spiel ein Nullsummenspiel wäre. In diesem Fall würde Desdemona auch keinen Sattelpunkt haben und würde motiviert sein, ihre Maximinmischung zu spielen. Desdemona hat aber einen Sattelpunkt bei (1, 1). Ihr Vorteil ist eindeutig (entsprechend der konventionalen "Rationalität" und entsprechend Othellos Ansicht über ihre Nutzenergebnisse). W a s a u c h i m m e r Othello tut, sie ist (überlegt Othello) mit Strategie 1 besser dran. Deshalb sollte sie (nach Meinung Othellos) Strategie 1 spielen, selbst wenn sie glaubt, daß er eine gemischte Strategie spielen wird. Wenn sie dies aber tut, dann besteht kein Anlaß, die Strategien zu mischen: Othello sollte eindeutig seine Strategie 1 spielen!

Betrachten wir nun die Möglichkeit einer Kollusion. Warum sollten die zwei sich nicht zusammentun und (2, 2) spielen, wobei der Gesamtgewinn am größten ist? Um dem zuzustimmen, muß Othello an Desdemonas Unschuld glauben, denn das ist es, was es für ihn bedeutet, Strategie 2 zu spielen. Aber wenn er Desdemona glaubt, könnte er ebenso gut ihrer Version des Spieles glauben, bei der sich nicht einmal das Problem stellt, welche Strategie gewählt werden sollte!

Wir sehen also, daß hier das Problem der Wahl einer Strategie mit dem Problem der Entscheidung verflochten ist, zu glauben oder nicht zu glauben. Dieselbe Entscheidung muß auf zwei verschiedenen Ebenen getroffen werden, einmal über die Strategie und zum anderen darüber, welches Spiel tatsächlich gespielt wird. Dies führt zur Verwirrung. Um zu entscheiden, ob er als eine strategische Wahl Desdemona "glauben" oder "nicht glauben" will, muß Othello eine Gewinnmatrix prüfen können. Um aber zu entscheiden, ob er Desdemona als einer Person (nicht als Gegner in einem Spiel) glauben oder nicht glauben soll, müßte sich Othello von gänzlich anderen Überlegungen leiten lassen. Er könnte folgendermaßen überlegen:

"Wenn ich Desdemona glauben soll, spiele ich das eine Spiel. Wenn nicht, spiele ich ein anderes. In beiden Spielen ist Desdemonas Strategie klar. Beim ersten Spiel sollte sie eindeutig Strategie 2 spielen; beim zweiten sollte sie Strategie 1 spielen. Wenn ich handle, als ob ich das 2. Spiel spiele, und wenn die Wahrscheinlichkeit beim ersten Spiel p ist, dann ist mein erwarteter Gewinn $p(-100) + (1 - p)(0) = -100p$. Wenn ich handle, als ob ich das erste Spiel spiele, erwarte ich $p(100) + (1 - p)(-75) = 175p - 75$. Wie hoch muß nun p sein, um zu rechtfertigen, daß ich mein eigenes Spiel spiele, anstatt das von Desdemona? Die Bedingung ist $-100p > 175p - 75$ oder $-275p < -75$ oder $p < 0,37$. Kann ich nun annehmen, daß die Chance, daß Desdemonas Spiel tatsächlich dasselbe ist, das ich spiele, geringer als 37% ist? Wieviel Gewicht messe ich ihrem Charakter bei, so wie ich ihn eingeschätzt habe? Sollte ich meinen rassischen Ursprung in Betracht ziehen, der dem zweiten Spiel eine höhere Wahrscheinlichkeit geben würde? Oder würde sie auch im Gegenteil aus diesem Grunde weniger geneigt sein, mich zu betrügen? Beweist die Tatsache, daß sie einen Mohren geheiratet hat, eine ungewöhnliche Loyalität? Wieviel Glauben sollte ich Jago schenken? Und der Tatsache, daß Cassio bereits eine Geliebte hat?"

All dies klingt wie ein Problem, das nicht entschieden werden kann. Es gibt aber noch eine zusätzliche Komplikation. Sogar wenn Othello überzeugt ist, daß er das zweite Spiel (Matrix 22) spielt, kann er nicht völlig sicher sein, daß Desdemona Strategie 1 wählen wird. Denn Desdemona könnte sich dafür entscheiden, die kooperative Strategie 2 im Vertrauen darauf zu spielen, daß Othello das Gleiche tun wird. Wenn dies ein symmetrisches Gefangenendilemma wäre, brauchte es Othello nicht zu kümmern. Der Zyniker beim Gefangenendilemma ist am erfolgreichsten, wenn der andere ihm vertraut. Aber Matrix 22 ist eine Version des Gefangenendilemmas nur für Desdemona, nicht für Othello. Das schlechtestmögliche Ergebnis für Othello nach seiner eigenen Spielversion ist es, einer vertrauensvollen Desdemona zu mißtrauen! Othellos Dilemma ist verwirrender als das des Gefangenen.

So groß die Schwierigkeiten auch sind, wir haben noch nicht einmal das Problem berührt, wie Intervallskalen-Nutzen den Ergebnissen zugemessen werden können. Um dies zu tun, müssen wir erwarten, daß Othello Fragen folgender Art beantwortet: "Sollte ich vorziehen, daß Desdemona mich hintergeht und daß ich dies weiß, oder mit der Wahrscheinlichkeit von 30% ins Spiel gehen, daß sie treu geblieben ist und ich ihr geglaubt habe und sie mit der Wahrscheinlichkeit von 70% mich getäuscht hat und ich nichts unternommen habe? Wenn letzteres zutrifft, was ist meine Präferenz, wenn sich die Wahrscheinlichkeiten der beiden letzteren Alternativen wie 40 zu 60 verhalten?"

Außerdem müssen wir daran denken, daß wir jeder Versuchung widerstanden haben, kompliziertere Spiele als solche mit zwei Spielern zu betrachten, bei denen jeder zwei Strategien hat. Wäre Othello ein begeisterter Spieltheoretiker gewesen, hätte er ein Spiel mit vier Spielern (plus Zufall), wie in Abb. 13 gezeigt, entwerfen können.

Eine Prüfung des Spielbaums zeigt, daß Othello 16 Strategien hat. Jago ist seine einzige Informationsquelle. Othello kann nur zwei Situationen unterscheiden: Jago berichtet über Desdemonas Untreue, und Jago berichtet nichts. In jedem Fall kann er entweder nichts tun oder das Unterspiel G in Gang setzen, das er mit Desdemona spielt und in dem er vier Strategien hat.

Insgesamt hat er deshalb $4^2 = 16$ Strategien. Der Zufall hat nur einen Zug, zwei Strategien und natürlich keine Gewinne. Cassio hat auch nur einen Zug von zwei Strategien. Seine Gewinne sind indessen zahlreich und verschiedenartig, und Othello muß sie sorgfältig in Rechnung stellen, um Cassios Zug richtig einzuschätzen. Für Jago und Desdemona ist dies ein Spiel mit völliger Information (aber nicht für Othello!). Der Leser kann nachprüfen, daß Jago 64 und Desdemona 16384 Strategien hat. Es gibt jedoch nur 55 eindeutige Spielergebnisse, bei denen Othello nichts tut.[2] An jedem dieser 55 Endpunkte müssen den vier aktiven Spielern Gewinne zugeteilt werden. Auch müssen die relativen Wahrscheinlichkeiten für die zwei Wahlen des Zufalls zugeschrieben werden.

Überdies sollte Othello die Möglichkeit einer Kollusion berücksichtigen. Zum Beispiel könnte es eine Kollusion zwischen Jago und Desdemona in dem Falle geben, daß Desdemona Othello hintergangen hat und Jago sie erpreßt und sein Versprechen, verschwiegen zu bleiben, hält, als Dank für Desdemonas Gunst.

Vielleicht ist genug darüber gesagt worden, welche praktischen Schwierigkeiten es macht, die Spieltheorie in menschlichen Angelegenheiten anzuwenden.[3] Dennoch glaube ich, es wäre ein schwerer Fehler, die Theorie mit der Begründung aufzugeben, daß sie inkonsequent und nur "eine leere mathematische Übung" sei, wie es wiederholt bei vielen mathematischen Theorien geschehen ist, von denen einige seither in der angewandten Wissenschaft ihren festen Platz gefunden haben.

Eine Theorie muß unvermeidlich zu Enttäuschungen führen, wenn direkte und praktische Ergebnisse sofort erwartet werden. Direkte und unmittelbare Ergebnisse sind selten Früchte der wichtigsten Theorien. Um ein Beispiel zu nennen, die Mechanik der Wellen ist äußerst schwierig auf die meistbekannten Wellen, nämlich die Wellen auf der Oberfläche von Gewässern, anzuwenden. Und daher ist die Mechanik der Wellen von geringer Bedeutung für Segelboote, wo man naiverweise glauben könnte, dort habe sie ihre unmittelbare Bedeutung. Die riesige Bedeutung der Mechanik der Wellen liegt in ihrer Verwendung als ein Werkzeug für die Untersuchung von Wellen, deren Existenz nicht einmal vermutet wurde, als die Mechanik der Wellen als Zweig der mathematischen Physik entwickelt wurde.

Heutzutage hat die Spieltheorie, meiner Meinung nach, zwei wichtige Anwendungsgebiete, deren keines sich u n m i t t e l b a r auf Spiele oder Konflikte bezieht. Erstens regt uns die Spieltheorie dazu an, ü b e r Konflikte in neuer Weise nachzudenken. Zweitens führt die Spieltheorie zu einigen echten Sackgassen, d. h. Situationen, in denen sich ihre axiomatische Grundlage als unzureichend sogar für die theoretische Behandlung bestimmter typischer Konfliktsituationen herausstellt. Diese Sackgassen erzeugen Spannungen in den Köpfen der Leute, die sich Gedanken machen. Sie müssen daher nach anderen Denkrahmen Ausschau halten, in denen Konfliktsituationen behandelt werden können. Deshalb wirkt die Spieltheorie auf unsere Denkprozesse selbst und weniger auf den aktuellen Inhalt unseres Wissens ein. In einem Zeitalter, dem unlängst erst vorgeworfen wurde, "es lebe vom intellektuellen Kapital des siebzehnten Jahrhunderts" (129, pp. 55-56) sind diese Herausforderungen ein hoffnungsvolles Zeichen.

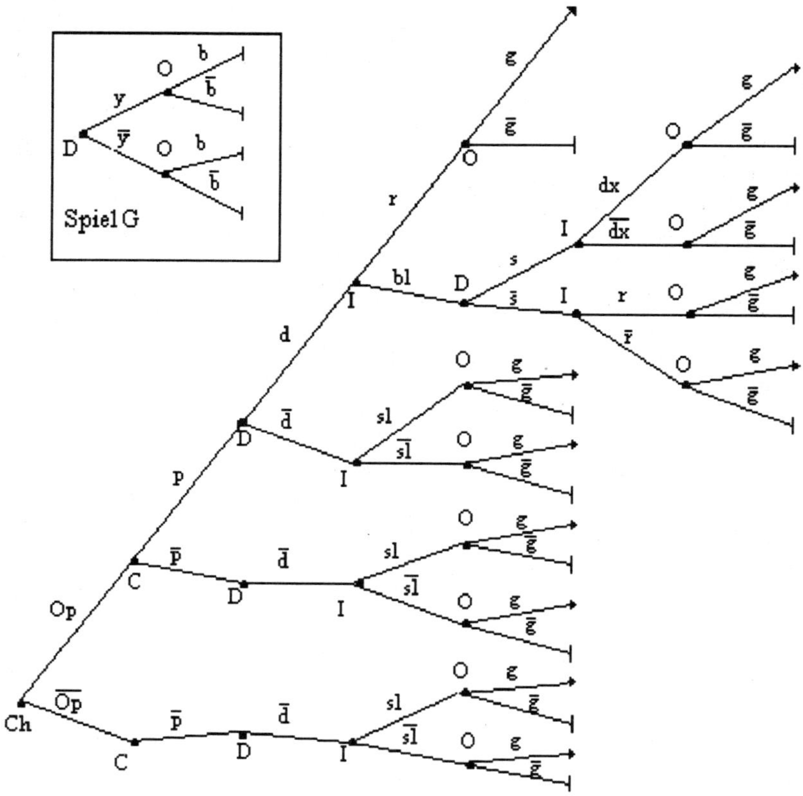

Abb. 13. Ein Spielbaum, wie er von einem "rationalen" Othello ausgedacht werden könnte.

<u>Die Spieler</u>

(Ch.: Chance)	Ch:	Zufall
	C:	Cassio
	D:	Desdemona
	I:	Jago
	O:	Othello

Die Züge

(opportunity	Op.:	Zufall gibt Cassio eine Gelegenheit zum Versuch, Desdemona zu verführen
	p:	Cassio versucht, Desdemona zu verführen
deceives	d:	Desdemona betrügt Othello
reports	r:	Jago berichtet Othello über Desdemonas Untreue
blackmails	bl:	Jago erpreßt die schuldige Desdemona
slanders	sl:	Jago verleumdet die unschuldige Desdemona
succumbs	s:	Desdemona unterliegt Jago
doublecrosses	dx:	Jago verrät Desdemona (berichtet auf alle Fälle)
game G)	g:	Othello beginnt das Spiel G (siehe Nebenbild)

Die Buchstaben mit Überstrich sind Negationen der oben angegebenen Züge: d [mit Überstrich], Desdemona betrügt Othello nicht, usw.

ANMERKUNGEN

1 Es hat Versuche gegeben, eine Spieltheorie auf der Grundlage verschiedener Auffassungen, die die verschiedenen Spieler vom Spiel haben, zu entwickeln. Vgl. (61, S. 270) und (60).

2 Man könnte einwenden, daß Othello die ganze Angelegenheit erst klar wird, nachdem Jago (mit versteckter Anspielung) von Desdemonas Fehlverhalten berichtet hat, und daß deshalb Othello die Alternativen ignorieren kann, die entstehen, wenn Jago nicht berichtet. Wir müssen uns aber daran erinnern, daß es Othellos Problem ist, zu erraten, wo im Spielbaum für ihn das Unterspiel anfängt. Um dies zu tun, muß er, angesichts der Interessen der anderen Spieler, bei der Wahrscheinlichkeit, daß Jagos Bericht gegeben ist, richtig schätzen, daß er an einem bestimmten Punkt (des Spielbaumes) angelangt ist. Natürlich kann er eine noch gründlichere Analyse anstellen, indem er noch weiter zurückgeht, z. B. bis auf Desdemonas Entscheidung, ob sie ihn heiraten sollte. Nur von Gesellschaftsspielen im engeren Sinne kann man annehmen, daß sie ohne Vorgeschichte beginnen. Alle wirklichen Lebenssituationen haben eine Geschichte.

3 Beispiele für "angewandte" Spieltheorie vgl. (45) und (33). Erstere ist ernsthaft; letztere meistens humorvoll an der Grenze zur Satire. Ein beispielhaftes Zitat wird einen Eindruck von ihrem Ton vermitteln:
Zwei Hilfspolizisten in einem Funkstreifenwagen werden von den Bewegungen eines Banditen unterrichtet. Einer von ihnen überlegt folgendermaßen:
"Vielleicht brauchen wir heute abend keine Schußwaffe, aber wir brauchen einen Bleistift: Angenommen, auch er nimmt die Richtung auf Paxton. Eins von zwei Dingen kann eintreten. Das

eine ist, wir erwischen ihn, und diese Chance ist halb/halb. Das andere ist, wir erwischen ihn nicht - und wieder ist die Chance halb/halb - aber es besteht eine Dreiviertelchance, daß der Bursche unterwegs umgelegt wird. Somit ist die Gesamtwahrscheinlichkeit, daß er uns begegnet und nicht dem Doktor, die Hälfte von drei Vierteln, also drei Achtel. Rechne die halbe Chance hinzu, daß er uns nicht entwischt, dann haben wir sieben Achtel."
Der andere Hilfspolizist wendet ein: "So was mag ich nicht. Wahrscheinlich ist er auf und davon, während wir Unsinn kritzeln."
Die Entgegnung lautet: "Nur ruhig. Er muß sich das auch ausrechnen, nicht wahr?"

LITERATUR (entsprechender Auszug)

9. Borel, E. "Applications aux jeux de hasard." *Traité du calcul des probabilités et de ses applications.* Paris: Gauthier-Villar, 1938.
10. Borel, E. "Sur les systèmes de formes linéaires à déterminant symétrique gauche et la théorie générale du jeu." *Comptes Rendus de l'Academie des Sciences*, January 10, 1927.
33. Gause, G. F. *Struggle for Existence.* Baltimore: The Williams and Wilkins Co., 1934.
45. Kaplan, M. A. *System and Process in International Politics.* New York: John Wiley & Sons, 1957.
60. Luce, R. D., and E. W. Adams. "The Determination of Subjective Characteristic Functions in Games with Misrepresented Pay-off Functions." *Econometrica*, 24 (1956), pp. 158-71.
61. Luce, R. D., and H. Raiffa. *Games and Decisions.* New York: John Wiley & Sons, 1957.
105. Schelling, T. C. "Bargaining, Communication, and Limited War." *Conflict Resolution*, 1 (1957), pp. 19-36.
125. Von Neumann, J. "Zur Theorie der Gesellschaftsspiele." *Mathematische Annalen*, 100 (1928), pp. 295-320.
126. Von Neumann, J. and O. Morgenstern. *Theory of Games and Economic Behavior* (2d edition). Princeton: Princeton University Press, 1947.
129. Whitehead, A. N. *Science and the Modern World.* New York: The Macmillan Company, 1925.

Aufgaben einer kritischen Gesellschaftstheorie

Was die Gesellschaftstheorie aus Eigenem leisten kann, gleicht der fokussierenden Kraft eines Brennglases. Erst wenn die Sozialwissenschaften keinen Gedanken mehr entfachten, wäre die Zeit der Gesellschaftstheorie abgelaufen.

ad a) *Zu den Integrationsformen postliberaler Gesellschaften.* Der okzidentale Rationalismus ist im Rahmen bürgerlich-kapitalistischer Gesellschaften entstanden. Deshalb habe ich mit Marx und Max Weber die Ausgangsbedingungen der Modernisierung an Gesellschaften dieses Typs untersucht und bin dem kapitalistischen Entwicklungspfad gefolgt. In postliberalen Gesellschaften gabelt sich dieser Pfad; die Modernisierung wird in der einen Richtung weiterhin durch die endogen erzeugten Probleme wirtschaftlicher Akkumulationsvorgänge, in der anderen durch die Probleme staatlicher Rationalisierungsanstrengungen vorangetrieben. Auf dem *Entwicklungspfad des organisierten Kapitalismus* hat sich die politische Ordnung sozialstaatlicher Massendemokratien herausgebildet; unter dem Druck ökonomischer Krisen konnte die von den Folgen sozialer Desintegration bedrohte Produktionsweise allerdings an einigen Orten zeitweise nur in Formen autoritärer oder faschistischer Ordnungen aufrechterhalten werden. Auf dem *Entwicklungspfad des bürokratischen Sozialismus* hat sich die politische Ordnung der Diktaturen von Staatsparteien herausgebildet. Die stalinistische Zwangsherrschaft ist inzwischen poststalinistisch gemäßigten Regimen gewichen; Ansätze zu einer demokratischen Gewerkschaftsbewegung, und zu einer demokratischen Willensbildung innerhalb der Partei, sind vorübergehend nur in Polen sichtbar geworden. Sowohl die faschistischen wie die demokratischen Abweichungen vom jeweils dominierenden Muster sind offenbar stark von nationalen Besonderheiten, insbesondere von der politischen Kultur dieser Länder abhängig. Die Verzweigungen machen jedenfalls historische Spezifizierungen erforderlich, und dies bereits auf der allgemeinsten Ebene der Typen gesellschaftlicher Integration und entsprechender sozialer Pathologien. Wenn wir uns in idealtypischer Vereinfachung auf die beiden *herrschenden Varianten nachliberaler* Gesellschaften beschränken und davon ausgehen, daß Entfremdungserscheinungen als systemisch induzierte Deformationen der Lebenswelt auftreten, lassen sich einige Schritte für eine komparative Analyse der gesellschaftlichen Organisationsprinzipien, der Art der Krisentendenzen und der Formen der Sozialpathologie angeben.

Unseren Annahmen zufolge gehört eine weitgehend rationalisierte Lebenswelt zu den Ausgangsbedingungen von Modernisierungsprozessen. Geld und Macht müssen als Medien in der Lebenswelt verankert, d. h. mit Mitteln des positiven Rechts institutionalisiert werden können. Wenn diese Startbedingungen erfüllt sind, können ein Wirtschafts- und ein Verwaltungssystem ausdifferenziert werden, welche komplementär aufeinander bezogen sind und über Steuerungsmedien mit ihren Umwelten in Austausch treten. Auf diesem Niveau der Systemdifferenzierung sind moderne Gesellschaften entstanden, zunächst kapitalistische und später, in Abgrenzung gegen diese, bürokratisch-sozialistische Gesellschaften. Ein kapitalistischer Pfad der Modernisierung öffnet sich, sobald das Wirtschaftssystem eine eigene Wachstumsdynamik entfaltet und mit seinen endogen erzeugten Problemen in Führung geht, d. h. den evolutionären Primat für die Gesamtgesellschaft übernimmt. Anders verläuft der Modernisierungspfad, wenn das administrative Handlungssystem, auf der Grundlage weitgehend verstaatlichter Produktionsmittel und institutionalisierter Einparteienherrschaft, eine ähnliche Autonomie gegenüber dem Wirtschaftssystem erlangt.

In dem Maße wie sich diese Organisationsprinzipien durchsetzen, entstehen (wie in Fig. 39 dargestellt*) die Austauschbeziehungen zwischen den beiden funktional verschränkten Subsystemen und der gesellschaftlichen Komponente der Lebenswelt, in der die Medien verankert sind. Die von Aufgaben der materiellen Reproduktion entlastete Lebenswelt kann sich einerseits in ihren symbolischen Strukturen ausdifferenzieren und die eigensinnigen Entwicklungen der kulturellen Moderne freisetzen; andererseits werden Privatsphäre und Öffentlichkeit nun auch als Systemumwelten auf Abstand gebracht. Je nach dem evolutionären Primat des Wirtschaftssystems oder des Staatsapparats bieten dann eher die privaten Haushalte oder eher die politisch relevanten Mitgliedschaften das Einfallstor für die von den Subsystemen auf die Lebenswelt abgewälzten Krisen.

Störungen der materiellen Reproduktion der Lebenswelt nehmen in modernisierten Gesellschaften die Gestalt von hartnäckigen Systemungleichgewichten an; diese wirken sich entweder unmittelbar als *Krisen* aus; oder sie rufen *Pathologien* in der Lebenswelt hervor.

Steuerungskrisen sind zunächst am Konjunkturzyklus marktwirtschaftlicher Systeme untersucht worden; aber im bürokratischen Sozialismus entspringen Krisentendenzen den Mechanismen der Selbstblockierung planender Verwaltungen in ähnlicher Weise wie auf der anderen Seite den endogenen Unterbrechungen des Akkumulationsprozesses. Die Paradoxien der

* siehe Anhang (Anm. d. Autors)

Planungsrationalität können ähnlich wie die der Tauschrationalität damit erklärt werden, daß rationale Handlungsorientierungen über unbeabsichtigte Systemeffekte mit sich in Widerspruch geraten. Verarbeitet werden diese Krisentendenzen nicht nur in dem Teilsystem, in dem sie jeweils entstehen, sondern auch in dem jeweils komplementären Handlungssystem, auf das sie verschoben werden können. Wie die kapitalistische Wirtschaft auf Organisationsleistungen des Staates angewiesen ist, so die sozialistische Planungsbürokratie auf Selbststeuerungsleistungen der Ökonomie. Der entwickelte Kapitalismus schwankt zwischen konträren Politiken der "Selbstheilungskräfte des Marktes" und des staatlichen Interventionismus.[1] Noch ausgeprägter ist die dilemmatische Struktur auf der anderen Seite, wo die Politiken zwischen verstärkter zentraler Planung und Dezentralisierung, zwischen investitions- und konsumorientierten Wirtschaftsprogrammen ausweglos oszillieren.

Als *Krisen* wirken sich diese *Systemungleichgewichte* freilich erst aus, wenn die Leistungen von Ökonomie und Staat manifest unterhalb eines etablierten Anspruchsniveaus bleiben und die symbolische Reproduktion der Lebenswelt beeinträchtigen, indem sie dort Konflikte und Widerstandsreaktionen hervorrufen. Davon ist unmittelbar die Gesellschaftskomponente der Lebenswelt betroffen. Bevor solche Konflikte Kernbereiche der sozialen Integration gefährden, werden sie in die Peripherie verschoben: bevor anomische Zustände eintreten, kommt es zu Erscheinungen des Legitimations- bzw. des Motivationsentzuges (s. Fig. 22, S. 215 in diesem Band*). Wenn es aber gelingt, Steuerungskrisen, d. h. wahrgenommene Störungen der materiellen Reproduktion durch Rückgriffe auf Ressourcen der Lebenswelt abzufangen, entstehen *Pathologien der Lebenswelt*. Deren Ressourcen sind als Beiträge zur kulturellen Reproduktion, sozialen Integration und Sozialisation in Fig. 21 (S. 214 in diesem Band*) aufgeführt. Für den Bestand von Ökonomie und Staat sind die in der mittleren Spalte genannten Ressourcen für die Erhaltung der Gesellschaft relevant: hier, in den institutionellen Ordnungen der Lebenswelt sind die Subsysteme schließlich verankert.

Nun kann man sich die *Ersetzung von Steuerungskrisen durch lebensweltliche* Pathologien so vorstellen, daß anomische Zustände vermieden und die für die institutionellen Ordnungen bestandswichtigen Legitimationen und Motivationen auf Kosten von, und durch Raubbau an den *übrigen* Ressourcen gesichert werden. Kultur und Persönlichkeit werden zugunsten einer krisenbewältigenden Stabilisierung der Gesellschaft angegriffen (erste

1 Zur Diskussion über den Zusammenbruch der Keynesianischen Wirtschaftspolitik in den westlichen Gesellschaften: P. C. Roberts, The Breakdown of the Keynesian Model, Public Interest, 1978, 20 ff.; J. A. Kregel, From Post-Keynes to Pre-Keynes, Social Research, 46, 1979, 212 ff.; J. D. Wisman, Legitimation, Ideology-Critique, and Economics, Social Research, 46, 1979, 291 ff.; P. Davidson, Post-Keynesian Economics, Public Interest, 1980, 151 ff.

* siehe Anhang (Anm. d. Autors)

und dritte vs. mittlere Spalte des Ressourcenschemas Fig. 21). Die Folgen dieser Substitution kann man sich an Fig. 22 klarmachen: anstelle anomischer Erscheinungen (und anstelle des für Anomie eintretenden Legitimations- und Motivationsentzuges) entstehen Phänomene der Entfremdung und der Verunsicherung kollektiver Identitäten. Diese Phänomene habe ich auf die Kolonialisierung der Lebenswelt zurückgeführt und als Verdinglichung der kommunikativen Alltagspraxis gekennzeichnet.

Die Deformationen der Lebenswelt nehmen allerdings nur in kapitalistischen Gesellschaften die Gestalt einer *Verdinglichung kommunikativer Beziehungen* an, also dort, wo die Krisen über das Einfallstor der privaten Haushalte in die Lebenswelt verlagert werden. Dabei handelt es sich nicht etwa um die Überdehnung eines einzigen Mediums, sondern um die Monetarisierung und Bürokratisierung der Handlungsbereiche von Beschäftigten und Konsumenten, von Staatsbürgern und von Klienten staatlicher Bürokratien. Eine *andere* Gestalt nehmen die Deformationen der Lebenswelt in Gesellschaften an, wo die Krisen über das Einfallstor politisch relevanter Mitgliedschaften in die Lebenswelt eindringen. Auch hier, in bürokratisch-sozialistischen Gesellschaften, werden Handlungsbereiche, die auf soziale Integration angewiesen sind, auf systemintegrative Mechanismen umgepolt. Aber an die Stelle der Verdinglichung kommunikativer Beziehungen tritt die *Vorspiegelung kommunikativer Beziehungen* in den bürokratisch ausgetrockneten, zwanghaft humanisierten Bereichen eines pseudopolitischen Verkehrs. Diese *Pseudopolitisierung* verhält sich zur verdinglichenden Privatisierung in bestimmten Hinsichten symmetrisch. Die Lebenswelt wird nicht unmittelbar ans System, also an verrechtlichte, formal organisierte Handlungsbereiche assimiliert; vielmehr werden die systemisch verselbständigten Organisationen des staatlichen Apparats und der Wirtschaft in einen *vorgetäuschten* Horizont der Lebenswelt fiktiv zurückversetzt. Indem das System als Lebenswelt drapiert wird, wird diese vom System aufgesogen.[2]

ad b) *Familiäre Sozialisation und Ich-Entwicklung.* Die Diagnose der Entkoppelung von System und Lebenswelt bietet auch eine veränderte Perspektive für die Beurteilung des Strukturwandels von Familie, Erziehung und Persönlichkeitsentwicklung. Für eine marxistisch vereinnahmte Psychoanalyse bildete die soziologisch interpretierte Lehre vom Ödipuskomplex den Angelpunkt, um zu erklären, wie sich die funktionalen Imperative des Gesellschaftssystems in den Über-Ich-Strukturen des herrschenden Sozialcharakters durchsetzen konnten. So dienen beispielsweise Löwenthals Untersuchungen zur Dramen- und Romanliteratur des 19. Jahrhunderts[3] dem detaillierten Nachweis, daß die in Statushierarchien, Berufsrollen und

2 A. Arato, Critical Theory and Authoritarian State, in: Held, Thompson (1982).
3 Löwenthal (1981).

Geschlechtsstereotypen verdichteten Zwänge des ökonomischen Systems über innerfamiliale Abhängigkeiten und Sozialisationsmuster ins Innerste der Lebensgeschichte und der Persönlichkeitsentwicklung eingreifen - die Intimität hochpersonalisierter Beziehungen kaschiert nur die blinde, als Schicksal erfahrene Gewalt von wirtschaftlichen Zusammenhängen, die sich gegenüber der Privatsphäre verselbständigt haben.

Die Familie galt so als die Agentur, über die sich die Systemimperative in die Triebschicksale einmischen; in ihrer kommunikativen Binnenstruktur wurde sie indessen nicht ernstgenommen. Weil die Familie immer nur unter funktionalistischen Gesichtspunkten betrachtet worden war, niemals unter strukturalistischen Gesichtspunkten Eigengewicht erlangt hatte, konnten die epochalen Wandlungen der bürgerlichen Familie mißverstanden, konnte insbesondere das Resultat einer Einebnung der väterlichen Autorität falsch gedeutet werden. Es schien so, als erhielten die Systemimperative nun über die mediatisierte Familie hinweg die Chance eines unmittelbaren, durch das weiche Medium der Massenkultur allenfalls gebremsten Zugriffs auf das intrapsychische Geschehen. Wenn man hingegen im Strukturwandel der bürgerlichen Kleinfamilie *auch* die eigensinnige Rationalisierung der Lebenswelt wiedererkennt; wenn man sieht, daß in den egalisierten Beziehungsmustern, in den individuierten Verkehrsformen und den liberalisierten Erziehungspraktiken *auch* ein Stück des im kommunikativen Handeln angelegten Rationalitätspotentials freigesetzt wird; dann fällt ein *anderes* Licht auf die veränderten Sozialisationsbedingungen der Mittelschichtfamilien.

Die empirischen Indikatoren sprechen eher für die Autonomisierung einer Kleinfamilie, in der sich die Sozialisationsvorgänge über das Medium eines weitgehend entinstitutionalisierten Verständigungshandelns vollziehen. Hier bilden sich kommunikative Infrastrukturen heraus, die sich aus den latenten Verstrickungen in Systemzusammenhänge gelöst haben. Die Gegenüberstellung des "Menschen", der sich in der Intimsphäre zu Freiheit und Humanität heranbildet, und des "Bürgers", der in der Sphäre der gesellschaftlichen Arbeit funktionalen Notwendigkeiten gehorcht, war immer Ideologie. Diese hat aber eine andere Bedeutung angenommen. Die familialen Lebenswelten sehen den von außen auf sie zukommenden Imperativen des wirtschaftlichen und des administrativen Handlungssystems ins Gesicht, statt von ihnen hinterrücks mediatisiert zu werden. An den Familien und ihren Umwelten läßt sich eine Polarisierung zwischen kommunikativ-strukturierten und formal-organisierten Handlungsbereichen beobachten die die Sozialisationsprozesse unter andere Bedingungen stellt - und einem anderen Typus von Gefährdungen aussetzt. Dafür sprechen zwei grobe sozialpsychologische Anhaltspunkte - die abnehmende Bedeutung der ödipalen Problematik und die zunehmende Bedeutung der Adoleszenzkrisen.

Schon seit längerem beobachten psychoanalytisch geschulte Ärzte einen Symptomwandel in den zeittypischen Krankheitserscheinungen. Die klassischen Hysterien sind beinahe ausgestorben; die Zahl der Zwangsneurosen verringert sich drastisch; statt dessen häufen sich narzistische Störungen.[4] Christopher Lash hat diesen Symptomwandel zum Anlaß für eine weit über den klinischen Bereich hinausgreifende Zeitdiagnose genommen.[5] Diese bestätigt, daß sich die signifikanten Veränderungen der Gegenwart einer sozialpsychologischen Erklärung entziehen, die an der ödipalen Problematik, an der Verinnerlichung einer in der elterlichen Autorität bloß maskierten gesellschaftlichen Repression ansetzt. Besser greifen Erklärungen, die von der Prämisse ausgehen, daß die in der Familie freigesetzten Kommunikationsstrukturen ebenso *anspruchsvolle* wie *anfällige* Sozialisationsbedingungen darstellen. Es entsteht ein Irritationspotential; mit ihm wächst auch die Wahrscheinlichkeit, daß sich Instabilitäten des elterlichen Verhaltens unverhältnismäßig stark, und zwar im Sinne sublimer Verwahrlosung auswirken.

Für die sozialisatorische Bedeutung der Entkoppelung von System und Lebenswelt spricht auch das andere Phänomen - die Zuspitzung der Adoleszenzproblematik.[6] Wenn sich die Systemimperative weniger in die Familie einschleichen, in systematisch verzerrten Kommunikationen festsetzen und unauffällig in die Formierung des Selbst eingreifen, als vielmehr geheimnislos von außen auf die Familie zukommen, dann bilden sich um so eher Disparitäten zwischen Kompetenzen, Einstellungen und Motiven auf der einen, funktionalen Erfordernissen der Erwachsenenrollen auf der anderen Seite. Die Probleme der Lösung von der Familie und der Ausbildung einer eigenen Identität machen eine institutionell kaum noch abgesicherte Jugendentwicklung in modernen Gesellschaften ohnehin zu einem kritischen Test für die Anschlußfähigkeit der vorangehenden Generation an die nachfolgende. Wenn aber die Sozialisationsbedingungen der Familie auf die Mitgliedschaftsbedingungen der Organisationen, denen die Heranwachsenden eines Tages genügen sollen, funktional nicht mehr abgestimmt sind, werden die Probleme, die der Jugendliche in der Adoleszenz lösen muß, für immer mehr Jugendliche unlösbar. Ein Anzeichen dafür ist die gesellschaftliche und sogar politische Bedeutung, die jugendliche Protest- und Aussteigerkulturen seit dem Ende der 60er Jahre gewonnen haben.[7]

Die veränderte Fragestellung kann allerdings nicht mit alten theoretischen Mitteln bearbeitet werden. Wenn wir die epochalen Wandlungen der fami-

---

4 H. Kohut, Narzismus, eine Theorie der Behandlung narzistischer Persönlichkeitsstörungen, Ffm. 1973; ders., Die Heilung des Selbst, Ffm. 1979.

5 Chr. Lash, The Culture of Narcissism, N. Y. 1978, dtsch. Mü. 1978.

6 P. Blos, On Adolescence, N. Y. 1962; E. H. Erikson, Identität und Lebenszyklus, Ffm. 1973.

7 R. Döbert, G. Nunner-Winkler, Adoleszenzkrise und Identitätsbildung, Ffm. 1975; Th. Ziehe, Pubertät und Narzißmus, Ffm. 1975; R. M. Merelman, Moral Development and Potential Radicalism in Adolescence, Youth and Society, 9, 1977, 29 ff.; Ch. A. Rootes, Politics of Moral Protest and Legitimation Problems of the Modern Capitalist State, Theory and Society, 9, 1980, 473 ff.

liären Sozialisation mit einer Rationalisierung der Lebenswelt in Zusammenhang bringen, muß die sozialisatorische Interaktion den Bezugspunkt für die Analyse der Ich-Entwicklung bilden - und die systematisch verzerrte Kommunikation, also die Verdinglichung interpersonaler Beziehungen, den Ausgangspunkt für die Erforschung der Pathogenese. Die Theorie des kommunikativen Handelns bietet einen Rahmen, in dem das Strukturmodell von Ich, Es und Über-Ich reformuliert werden kann.[8] An die Stelle einer Triebtheorie, die das Verhältnis von Ich und innerer Natur in bewußtseinsphilosophischen Grundbegriffen nach dem Modell der Beziehungen zwischen Subjekt und Objekt vorstellt, tritt dann eine Sozialisationstheorie, die Freud mit Mead verbindet, die Strukturen der Intersubjektivität zu ihrem Recht bringt und Hypothesen über Triebschicksale durch Annahmen über Interaktionsgeschichte und Identitätsbildung ersetzt.[9] Dieser Ansatz kann a) die neueren Entwicklungen in der psychoanalytischen Forschung, insbesondere die Theorie der Objektbeziehungen[10] und die Ich-Psychologie[11] aufnehmen, b) an die Theorie der Abwehrmechanismen[12] so anschließen, daß die Zusammenhänge zwischen intrapsychischen Kommunikationsbarrieren einerseits, Kommunikationsstörungen auf interpersonaler Ebene andererseits greifbar werden[13] und c) die Annahmen über Mechanismen bewußter und unbewußter Konfliktbewältigung benützen, um die Verbindung zwischen Ortho- und Pathogenese herzustellen. Die in der Tradition von Piaget erforschte kognitive und soziomoralische Entwicklung[14] vollzieht sich nach strukturellen Mustern, die für die intuitiv erfaßten klinischen Abweichungen erst eine zuverlässige Folie bieten.

ad c) *Massenmedien und Massenkultur.* Wie die Theorie des kommunikativen Handelns, mit der Unterscheidung zwischen System und Lebenswelt, die Eigengesetzlichkeit der sozialisatorischen Interaktion zur Geltung bringt, so macht sie mit der Unterscheidung zwischen zwei konträren Typen

---

8 Habermas (1968b); Lorenzer (1970); Menne, Looser, Osterland, Brede, Moersch, Sprache, Handlung und Unbewußtes, Ffm., 1976.

9 Habermas, Moralentwicklung und Ich-Identität, in: ders. (1976a). R. Keagan, The Evolving Self, Cambr./Mass. (1981).

10 W. R. D. Fairbaine, An Object Relations Theory of Personality, London 1952; Winnicott (1965).

11 Jacobson (1964); M. Mahler, Symbiose und Individuation, 2 Bde., Stuttg. 1972; Kohut (1973); ders., Introspektion, Empathie und Psychoanalyse, Ffm. 1976; O. Kernberg, Borderline-Störungen und pathologischer Narzißmus, Ffm., 1978.

12 A. Freud, Das Ich und die Abwehrmechanismen, Mü. 1964; D. R. Miller, G. E. Swanson, Inner Conflict and Defense, N. Y. 1966; L. B. Murphy, The Problem of Defense and the Concept of Coping, in: E. Anthony, C. Koipernik (eds.), The Child in his Family, N. Y. 1970; N. Haan, A Tripartite Model of Ego-Functioning, J. of Neur. Ment. Disease, 148, 1969, 14 ff.

13 Döbert, Habermas, Nunner-Winkler (1977); Selman (1980).

14 Damon (1978); H. G. Furth, Piaget and Knowledge, Chicago 1981² (dt. Übers. der 1. Aufl. von 1969: Ffm., 1972).

von Kommunikationsmedien auch für das ambivalente Potential der Massenkommunikation empfindlich. Sie stimmt skeptisch gegenüber der These, daß die Öffentlichkeit in postliberalen Gesellschaften liquidiert wird.

Nach Horkheimers und Adornos Vorstellungen treten die über Massenmedien gesteuerten Kommunikationsflüsse *an die Stelle* jener Kommunikationsstrukturen, die einst die öffentliche Diskussion und Selbstverständigung eines Publikums von Staatsbürgern und Privatleuten ermöglicht hatten. Die von der Schrift auf Bild und Ton umgestellten elektronischen Medien, zunächst also Film und Radio, später das Fernsehen, stellen sich als ein Apparat dar, der die kommunikative Alltagssprache völlig durchdringt und beherrscht. Er verwandelt auf der einen Seite die authentischen Gehalte der modernen Kultur in die keimfrei gemachten und ideologisch wirksamen Stereotype einer Massenkultur, die das Bestehende bloß verdoppelt; auf der anderen Seite verbraucht er die von allen subversiven und transzendierenden Momenten gereinigte Kultur für ein umfassendes, den Individuen übergestülptes System sozialer Kontrolle, das die geschwächten internen Verhaltenskontrollen teils verstärkt, teils ersetzt. Die Funktionsweise der Kulturindustrie soll sich spiegelbildlich zur Funktionsweise des psychischen Apparats verhalten, der, solange die Verinnerlichung der väterlichen Autorität noch funktionierte, die Triebnatur der Kontrolle des Über-Ichs so unterworfen hatte, wie die Technik die äußere Natur ihrer Herrschaft.

Gegen diese Theorie lassen sich nicht nur die empirischen Bedenken erheben, die gegen stilisierende Übervereinfachungen stets ins Feld geführt werden können: daß sie ahistorisch verfährt und den Strukturwandel der bürgerlichen Öffentlichkeit nicht berücksichtigt; und daß sie nicht komplex genug ist, um den ausgeprägten nationalen Differenzierungen Rechnung zu tragen, angefangen von den Unterschieden der privaten, öffentlich-rechtlichen und staatlichen Organisationsstruktur der Sendeanstalten bis zu Unterschieden der Programmgestaltung, der Rezeptionsgewohnheiten der politischen Kultur usw. Schwerer wiegt der prinzipielle Einwand, der sich aus dem oben untersuchten Mediendualismus ergibt.[15]

Ich habe zwei Sorten von Medien unterschieden, die den riskanten und aufwendigen Koordinationsmechanismus der Verständigung entlasten können. Auf der einen Seite *Steuerungsmedien*, über die Subsysteme aus der Lebenswelt ausdifferenziert werden; auf der anderen Seite *generalisierte Formen der Kommunikation*, die die sprachliche Verständigung nicht ersetzen, sondern bloß kondensieren und die deshalb lebensweltlichen Kontexten verhaftet bleiben. Während die Steuerungsmedien die Handlungskoordinierung von sprachlicher Konsensbildung überhaupt abkoppeln und gegenüber der Alternative von Einverständnis oder fehlgeschlagener Verständigung neutralisieren, handelt es sich im anderen Fall um eine Spezialisierung

15 Siehe oben, in diesem Band, S. 413 ff.

sprachlicher Konsensbildungsprozesse, die vom Zugriff auf die Ressourcen eines lebensweltlichen Hintergrundes abhängig bleiben. Zu diesen generalisierten Formen der Kommunikation gehören die *Massenmedien*. Sie lösen Kommunikationsvorgänge aus der Provinzialität raumzeitlich beschränkter Kontexte und lassen Öffentlichkeiten entstehen, indem sie die abstrakte Gleichzeitigkeit eines virtuell präsent gehaltenen Netzes von räumlich und zeitlich weit entfernten Kommunikationsinhalten herstellen und Botschaften für vervielfältigte Kontexte verfügbar halten.

Diese *Medienöffentlichkeiten hierarchisieren* und *entschränken* den Horizont möglicher Kommunikationen zugleich; der eine Aspekt läßt sich vom anderen nicht trennen - und darin ist ihr *ambivalentes Potential* begründet. Die Massenmedien können, soweit sie Kommunikationsflüsse in einem zentralisierten Netzwerk einseitig, von der Mitte zur Peripherie oder von oben nach unten kanalisieren, die Wirksamkeit sozialer Kontrollen erheblich verstärken. Die Ausschöpfung dieses *autoritären Potentials* bleibt aber stets prekär, weil in die Kommunikationsstrukturen selber das Gegengewicht eines *emanzipatorischen Potentials* eingebaut ist. Die Massenmedien können Verständigungsprozesse gleichzeitig aufstufen, raffen und verdichten, aber die Interaktionen nur in erster Instanz von den Ja/Nein-Stellungnahmen zu kritisierbaren Geltungsansprüchen entlasten; auch die abstrahierten und gebündelten Kommunikationen können nicht zuverlässig gegen die Widerspruchsmöglichkeiten zurechnungsfähiger Aktoren abgeschirmt werden.

Soweit die Kommunikationsforschung nicht empiristisch verkürzt wird und Dimensionen der Verdinglichung kommunikativer Alltagspraxis überhaupt berücksichtigt[16], bestätigt sie diese Ambivalenz. Wohl bieten vor allem Rezeptionsforschung und Programmanalyse immer wieder Beispiele für jene kulturkritischen Thesen, die vor allem Adorno mit einer gewissen Überprägnanz entwickelt hat. Inzwischen sind aber ebenso energisch die Widersprüche herausgearbeitet worden, die daraus resultieren,

- daß die Sendeanstalten konkurrierenden Interessen ausgesetzt sind und ökonomische, politisch-ideologische, professionelle und medienästhetische Gesichtspunkte keineswegs bruchlos integrieren können[17];
- daß sich Massenmedien den Verpflichtungen, die ihnen aus ihrem journalistischen Auftrag erwachsen, normalerweise nicht konfliktfrei entziehen können[18];

---

16 C. W. Mills, Politics, Power, and People, N. Y. 1963; B. Rosenberg, D. White (Eds.), Mass Culture, Glencoe, Ill. 1957; A. W. Gouldner, The Dialectics of Ideology and Technology, N. Y. 1976; E. Barnouw, The Sponsor, N. Y. 1977; D. Smythe, Communications: Blind Spot of Western Marxism, Canad. J. Pol. Soc. Theory, I, 1977; T. Gitlin, Media Sociology: The Dominant Paradigm. Theory and Society 6, 1978, 205 ff.

17 D. Kellner, Network Television and American Society. Introduction to a Critical Theory of Television, Theory and Society 10, 1981, 31 ff.

18 Kellner (1981), 38 ff.

- daß die Sendungen keineswegs nur oder auch nur überwiegend den Standards der Massenkultur entsprechen[19], und selbst dann, wenn sie die trivialen Formen populärer Unterhaltung annehmen, sehr wohl kritische Botschaften enthalten können - "popular culture as popular revenge"[20];
- daß ideologische Botschaften ihren Adressaten verfehlen, weil die intendierte Bedeutung unter Rezeptionsbedingungen eines bestimmten subkulturellen Hintergrundes in ihr Gegenteil verkehrt wird[21];
- daß sich der Eigensinn der kommunikativen Alltagspraxis gegen einen unvermittelten manipulativen Zugriff der Massenmedien zur Wehr setzt[22]; und daß
- die technische Entwicklung der elektronischen Medien nicht notwendig in Richtung einer Zentralisierung der Netzwerke verläuft, wenn auch "video-pluralism" und "television democracy" vorerst nicht viel mehr als anarchistische Visionen sind.[23]

ad d) *Protestpotentiale.* Die im Anschluß an Max Webers Theorie der gesellschaftlichen Rationalisierung entwickelte These der Kolonialisierung der Lebenswelt stützt sich auf eine Kritik der funktionalistischen Vernunft, die sich mit einer Kritik der instrumentellen Vernunft nur in der Intention - und in der ironischen Verwendung des Ausdrucks 'Vernunft' trifft. Ein erheblicher Unterschied besteht darin, daß die Theorie des kommunikativen Handelns die Lebenswelt als eine Sphäre konzipiert, in der Prozesse der Verdinglichung nicht als bloße Reflexe auftreten - als Erscheinungen einer von der oligopolistischen Wirtschaft und dem autoritären Staatsapparat ausgehenden repressiven Integration. In dieser Hinsicht hat die ältere Kritische Theorie die Fehler des marxistischen Funktionalismus bloß wiederholt.[24] Die Hinweise auf die sozialisatorische Relevanz der Entkoppelung von System und Lebenswelt und die Bemerkungen zum ambivalenten Potential von Massenmedien und Massenkultur zeigen Privatsphäre und Öffentlichkeit im Lichte einer rationalisierten Lebenswelt, in der Systemimperative mit ei-

19 A. Singlewood, The Myth of Mass Culture, London 1977.

20 D. Kellner, TV, Ideology and Emancipatory Popular Culture, Socialist Review 45, 1979, 13 ff.

21 D. Kellner, Kulturindustrie und Massenkommunikation. Die Kritische Theorie und ihre Folgen, in: Bonß/Honneth (1982), 482 ff.

22 Seit den frühen Radiountersuchungen von P. Lazarsfeld (P. Lazarsfeld, B. Berelson, H. Gaudet, The People's Choice, N. Y. 1948; ders., E. Katz, Personal Influence, N. Y. 1955) über die "Zweistufigkeit" der Kommunikationsflüsse und die Rolle von "Meinungsführern" ist das Eigengewicht der "Alltagskommunikation" gegenüber der "Massenkommunikation" immer wieder bestätigt worden: "in the last analysis it is people talking with people more than people listening to, or reading, or looking at the mass media that really causes opinions to change" (Mills [1963], 590). Vgl. auch O. Negt, A. Kluge, Öffentlichkeit und Erfahrung, Ffm. 1970; dies., Geschichte und Eigensinn, Mü. 1981.

23 Enzensberger (1974).

24 S. Benhabib, Die Moderne und die Aporien der Kritischen Theorie, in: W. Bonß, A. Honneth (1982), 127 ff.

gensinnigen kommunikativen Strukturen *zusammenprallen*. Die Umstellung des kommunikativen Handelns auf mediengesteuerte Interaktionen und die Verformung von Strukturen einer versehrbaren Intersubjektivität sind keineswegs *vorentschiedene* Prozesse, die sich auf wenige globale Begriffe abziehen lassen. Die Analyse von Lebensweltpathologien erfordert die unvoreingenommene Untersuchung von Tendenzen und *Gegentendenzen*. Die Tatsache, daß in den sozialstaatlichen Massendemokratien der Klassenkonflikt, der die kapitalistischen Gesellschaften in der Phase ihrer Entfaltung geprägt hat, institutionalisiert und damit stillgelegt worden ist, bedeutet nicht die Stillstellung von Protestpotentialen überhaupt. Aber die Protestpotentiale entstehen nun an anderen Konfliktlinien, nämlich dort, wo sie, wenn die These der Kolonialisierung der Lebenswelt stimmt, auch zu erwarten sind.

In den entwickelten Gesellschaften des Westens haben sich in den letzten ein bis zwei Jahrzehnten Konflikte entwickelt, die in mehreren Hinsichten vom sozialstaatlichen Muster des institutionalisierten Verteilungskonflikts abweichen. Sie entzünden sich nicht mehr in Bereichen der materiellen Reproduktion, sie werden nicht mehr über Parteien und Verbände kanalisiert und sind auch nicht mehr in Form systemkonformer Entschädigungen zu beschwichtigen. Die neuen Konflikte entstehen vielmehr in Bereichen der kulturellen Reproduktion, der sozialen Integration und der Sozialisation; sie werden in subinstitutionellen, jedenfalls außerparlamentarischen Formen des Protestes ausgetragen; und in den zugrundeliegenden Defiziten spiegelt sich eine Verdinglichung kommunikativ strukturierter Handlungsbereiche, der über die Medien Geld und Macht nicht beizukommen ist. Es geht nicht primär um Entschädigungen, die der Sozialstaat gewähren kann, sondern um Verteidigung und Restituierung gefährdeter, oder um die Durchsetzung reformierter Lebensweisen. Kurz, die neuen Konflikte entzünden sich nicht an *Verteilungsproblemen*, sondern an Fragen der *Grammatik von Lebensformen*.

Dieser neue Konflikttypus ist Ausdruck jener "stillen Revolution", die R. Inglehart am Wert- und Einstellungswandel ganzer Populationen festgestellt hat.[25] Untersuchungen von Hildebrandt und Dalton und Barnes und Kaase[26] bestätigen den Themenwandel von der "alten Politik", die sich auf Fragen wirtschaftlicher und sozialer, innerer und militärischer Sicherheit bezieht, zu einer "neuen Politik"; neu sind die Probleme der Lebensqualität, der Gleichberechtigung, der individuellen Selbstverwirklichung, der Partizipation und der Menschenrechte. Nach sozialstatistischen Merkmalen aufgeschlüsselt, wird die "alte Politik" eher von Unternehmern, Arbeitern und

25 R. Inglehart, Wertwandel und politisches Verhalten, in: J. Matthes (Hrsg.), Sozialer Wandel in Westeuropa, Ffm., N. Y. 1979.

26 K. Hildebrandt, R. J. Dalton, Die neue Politik, in: PVS, Jg. 18, 1977, 230 ff.; S. H. Barnes, M. Kaase et al., Political Action, Beverly Hills/London 1979.

gewerbetreibendem Mittelstand unterstützt, während die neue Politik stärkeren Anhang im neuen Mittelstand findet, in der jüngeren Generation und in den Gruppen mit qualifizierter Schulbildung. Diese Phänomene passen zur These der inneren Kolonialisierung.

Wenn wir davon ausgehen, daß das Wachstum des ökonomisch-administrativen Komplexes in der Lebenswelt Erosionsprozesse auslöst, ist eine Überlagerung alter durch neue Konflikte zu erwarten. Es entsteht eine Konfliktlinie zwischen dem Zentrum der am Produktionsprozeß *unmittelbar* beteiligten Schichten, die ein Interesse daran haben, das kapitalistische Wachstum als Grundlage des sozialstaatlichen Kompromisses zu verteidigen, und einer bunt zusammengewürfelten Peripherie auf der anderen Seite. Dazu gehören jene Gruppen, die dem "produktivistischen Leistungskern"[27] spätkapitalistischer Gesellschaften ferner stehen, die für die selbstdestruktiven Folgen des Komplexitätswachstums stärker sensibilisiert oder von ihnen stärker betroffen sind.[28] Die Themen der Wachstumskritik sind das einigende Band zwischen diesen heterogenen Gruppen. Für diesen Protest bieten weder die bürgerlichen Emanzipationsbewegungen noch die Kämpfe der organisierten Arbeiterbewegung ein Vorbild. Historische Parallelen finden sich eher in den sozialromantischen Bewegungen des Frühindustrialismus, die von Handwerkern, Plebejern und Arbeitern getragen wurden, in den defensiven Bewegungen des populistischen Mittelstandes, in den von bürgerlicher Zivilisationskritik gespeisten Ausbruchversuchen der Lebensreformer, des Wandervogels usw.

Die Klassifikation der gegenwärtigen Protest- und Rückzugspotentiale stößt auf große Schwierigkeiten, da Szenen, Gruppierungen und Themen schnell wechseln. Soweit sich auf Partei- oder Verbandsebene organisatorische Kerne bilden, rekrutieren sich die Mitglieder aus demselben diffusen Reservoir.[29] In der Bundesrepublik dienen zur Zeit die folgenden Stichworte zur Identifikation verschiedener Strömungen: Antikernkraft- und Ökologiebewegung; Friedensbewegung (unter Einschluß des Themas Nord-Süd-Konflikt); Bürgerinitiativbewegung; Alternativbewegung (die die großstädtischen Szenen mit Hausbesetzern und Alternativprojekten ebenso wie die Landkommunen umfaßt); Minderheiten (Alte, Homosexuelle, Behinderte usw.); die Psychoszene mit Lebenshilfegruppen und Jugendsekten; religiöser Fundamentalismus; Steuerprotestbewegung, Schulprotest der Elternverbände, Widerstand gegen "modernistische Reformen"; und schließlich die Frauenbewegung. International von Bedeutung sind ferner autonomistische

27 J. Hirsch, Alternativbewegung - eine politische Alternative, in: R. Roth (Hrsg.), Parlamentarisches Ritual und politische Alternativen, Ffm. 1980.

28 Sehr hilfreich war für mich die Einsicht in ein Manuskript von K. W. Brand, Zur Diskussion um Entstehung, Funktion und Perspektive der Ökologie- und Alternativbewegung, MS. Mü. 1980.

29 Hirsch (1980); J. Huber, wer soll das alles ändern?, Bln. 1980.

Bewegungen, die um regionale, sprachliche, kulturelle, auch um konfessionelle Selbständigkeit kämpfen.

In diesem Spektrum möchte ich die Emanzipations- von den Widerstands- und Rückzugspotentialen unterscheiden. Nach der amerikanischen Bürgerrechtsbewegung, die inzwischen in die partikularistische Selbstbehauptung schwarzer Subkulturen eingemündet ist, steht nur die feministische Bewegung in der Tradition der bürgerlich-sozialistischen Befreiungsbewegungen: der Kampf gegen patriarchalische Unterdrückung und für die Einlösung eines Versprechens, das in den anerkannten universalistischen Grundlagen von Moral und Recht seit langem verankert ist, verleiht dem Feminismus die Schubkraft einer offensiven Bewegung, während alle übrigen Bewegungen einen eher defensiven Charakter haben. Die Widerstands- und Rückzugsbewegung sind auf die *Eindämmung* formal-organisierter zugunsten kommunikativ-strukturierter Handlungsbereiche gerichtet, nicht auf die Eroberung neuer Territorien. Mit diesen Bewegungen verbindet den Feminismus freilich ein partikularistischer Kern: die Emanzipation der Frauen soll nicht nur *formale* Gleichberechtigung herstellen, männliche Vorrechte beseitigen, sondern konkrete, von männlichen Monopolen geprägte Lebensformen umstürzen. Im übrigen verfügen die Frauen aus dem historischen Erbe der geschlechtlichen Arbeitsteilung, der sie in der bürgerlichen Kleinfamilie unterworfen waren, über Kontrasttugenden, über ein zur Männerwelt komplementäres, der einseitig rationalisierten Alltagspraxis entgegengesetztes Wertregister.

Innerhalb der Widerstandsbewegungen läßt sich wiederum die Verteidigung traditioneller und sozialer Besitzstände von einer Defensive unterscheiden, die bereits vom Boden der rationalisierten Lebenswelt aus operiert und neue Formen der Kooperation und des Zusammenlebens erprobt. Anhand dieses Kriteriums lassen sich der altmittelständische Protest gegen eine Gefährdung der Nachbarschaft durch technische Großprojekte, der Elternprotest gegen Gesamtschulen, der Steuerprotest (nach dem Muster der kalifornischen Bewegung für Proposition 13), auch die meisten autonomistischen Bewegungen von den Kernen der neuen Konfliktpotentiale abgrenzen: der *Jugend- und Alternativbewegung*, für die eine an *Ökologie- und Friedensthemen* entfachte Wachstumskritik den gemeinsamen Fokus bildet. Daß sich diese Konflikte als Widerstand gegen Tendenzen einer Kolonialisierung der Lebenswelt begreifen lassen, möchte ich wenigstens kursorisch belegen.[30]

Die in den jugendlichen Protestgruppen verbreiteten Zielsetzungen, Einstellungen und Handlungsweisen lassen sich zunächst als Reaktionen auf bestimmte, mit großer Sensibilität wahrgenommene *Problemlagen* verständlich machen:

---

30 J. Raschke, Politik und Wertwandel in den westlichen Demokratien, Beilage zur Wochenzeitung Das Parlament, Sept. 1980, 23 ff.

"Grüne" Probleme. Der großindustrielle Eingriff in ökologische Gleichgewichte, die Verknappung nicht-regenerierbarer Naturschätze und die demographische Entwicklung stellen vor allem die industriell entwickelten Gesellschaften vor große Probleme - aber diese Herausforderungen sind zunächst abstrakt und verlangen nach technischen und ökonomischen Lösungen, die wiederum global geplant und mit administrativen Mitteln implementiert werden müssen. Was den Protest auslöst, sind eher die handfesten Zerstörungen der urbanen Umwelt, die Zersiedelung, Industrialisierung und Verpestung der Landschaft, gesundheitliche Belastungen durch Zivilisationsschäden, pharmazeutische Nebenwirkungen usw., also Entwicklungen, die erkennbar die *organischen Grundlagen der Lebenswelt* antasten und Maßstäbe der Bewohnbarkeit, unflexible Grenzen der Deprivation sinnlich-ästhetischer Hintergrundbedürfnisse drastisch zu Bewußtsein bringen.

Probleme der Überkomplexität. Für die Furcht vor militärischen Zerstörungspotentialen, vor Kernkraftwerken, Atommüll, Genmanipulation, vor der Speicherung und zentralen Nutzung privater Daten usw. gibt es gewiß gute Gründe. Diese realen Ängste verbinden sich aber mit dem Erschrecken vor einer neuen Kategorie buchstäblich unsichtbarer, nur aus der Systemperspektive greifbarer Risiken, die in die Lebenswelt einbrechen, aber gleichzeitig die Dimensionen der Lebenswelt sprengen. Die Ängste wirken als Katalysatoren eines Gefühls der Überforderung angesichts der möglichen Folgen von Prozessen, die, weil sie von uns technisch und politisch in Gang gesetzt werden, moralisch zurechenbar sind und die doch wegen ihrer unkontrollierbaren Größenordnung moralisch nicht mehr verantwortet werden können. Der Widerstand richtet sich hier gegen Abstraktionen, die der Lebenswelt aufgenötigt werden: sie müssen innerhalb der Lebenswelt verarbeitet werden, obgleich sie die *sinnlich* zentrierten, räumlichen sozialen und zeitlichen *Komplexitätsgrenzen* auch der weit ausdifferenzierten Lebenswelten überschreiten.

Überlastungen der kommunikativen Infrastruktur. Was in den Erscheinungsformen der Psychobewegung und eines erneuerten religiösen Fundamentalismus kraß zum Ausdruck kommt, steht als Antrieb auch hinter den meisten Alternativ-Projekten und vielen Bürgerinitiativen - das Leiden an den Entzugserscheinungen einer kulturell verarmten und einseitig rationalisierten Alltagspraxis. So dienen askriptive Merkmale wie Geschlecht, Alter und Hautfarbe auch kommunale Nachbarschaft und Konfessionszugehörigkeit dem Aufbau und der Abgrenzung von Gemeinschaften, der Herstellung subkulturell abgeschirmter Kommunikationsgemeinschaften, die der Suche nach persönlicher und kollektiver Identität entgegenkommen. Die Aufwertung des Partikularen, Gewachsenen, Provinziellen, der überschaubaren sozialen Räume, der dezentralisierten Verkehrsformen und entspezialisierten Tätigkeiten, der segmentierten Kneipen, der einfachen Interaktionen und entdifferenzierten Öffentlichkeiten soll die Revitalisierung verschütteter

Ausdrucks- und Kommunikationsmöglichkeiten fördern. In diesen Zusammenhang gehört auch der Widerstand gegen reformerische Eingriffe, die sich ins Gegenteil verkehren, weil die Mittel ihrer Implementierung den erklärten sozial-integrativen Zielen zuwiderlaufen.

Die neuen Konflikte entstehen also an den Nahtstellen zwischen System und Lebenswelt. Oben habe ich dargestellt, wie der Austausch zwischen privater und öffentlicher Sphäre auf der einen, Wirtschafts- und Verwaltungssystem auf der anderen Seite über die Medien Geld und Macht abläuft, und wie er in den Rollen des Beschäftigten und des Konsumenten, des Klienten und des Staatsbürgers institutionalisiert wird. Genau diese Rollen sind Zielscheiben des Protestes. Die alternative Praxis richtet sich gegen die gewinnabhängige Instrumentalisierung der Berufsarbeit, gegen die marktabhängige Mobilisierung der Arbeitskraft, gegen die Verlängerung von Konkurrenz- und Leistungsdruck bis in die Grundschule. Sie zielt auch gegen die Monetarisierung von Diensten, Beziehungen und Zeiten, gegen die konsumistische Umdefinition von privaten Lebensbereichen und persönlichen Lebensstilen. Weiterhin soll das Verhältnis der Klienten zu den öffentlichen Dienstleistungsbetrieben aufgebrochen und partizipatorisch, nach dem Vorbild von Selbsthilfeorganisationen umfunktioniert werden; in diese Richtung zielen Reformmodelle vor allem im Bereich der Sozial- und Gesundheitspolitik (hier z. B. bei der psychiatrischen Versorgung). Schließlich negieren jene Formen des Protestes, die von der ungerichteten Explosion der Jugendkrawalle ("Züri brännt") über kalkulierte oder surrealistische Regelverletzungen (im Stil der amerikanischen Bürgerrechtsbewegung und des Studentenprotestes) bis zu gewaltsamen Provokationen und Einschüchterungen reichen, die Definitionen der Staatsbürgerrolle und die Routinen einer zweckrationalen Durchsetzung von Interessen.

Die partielle Aufweichung der sozialen Rollen von Beschäftigten und Konsumenten, von Klienten und Staatsbürgern soll, nach den *programmatischen Vorstellungen* einiger Theoretiker, den Weg frei machen für *Gegeninstitutionen*, die die Lebenswelt aus sich heraus entwickelt, um die Eigendynamik des ökonomischen und des politisch-administrativen Handlungssystems zu begrenzen. Diese Institutionen sollen einerseits aus dem Wirtschaftssystem einen zweiten, informellen, nicht mehr gewinnorientiert arbeitenden Sektor abzweigen, und andererseits dem Parteiensystem neue Formen einer zugleich basisdemokratischen und expressiven "Politik der ersten Person" entgegensetzen.[31] Solche Institutionen würden genau die Abstraktions- und Neutralisierungsleistungen rückgängig machen, durch die in modernen Gesellschaften Arbeit und politische Willensbildung an mediengesteuerte Interaktionen angeschlossen worden sind. Während der kapi-

31 Zur dualen Ökonomie: A. Gorz, Abschied vom Proletariat, Ffm. 1980; Huber (1980). Zur Auswirkung demokratischer Massenparteien auf den lebensweltlichen Kontext der Wähler vgl. C. Offe, Konkurrenzpartei und kollektive politische Identität, in: Roth (1980).

talistische Betrieb und die Massenpartei (als "weltanschauungsneutrale Machterwerbsorganisation") ihre sozialen Einzugsbereiche über Arbeitsmärkte und hergestellte Öffentlichkeiten generalisieren, ihre Beschäftigten bzw. Wähler als abstrakte Arbeitskräfte oder Entscheidungssubjekte behandeln und jene Sphären, in der sich allein persönliche und kollektive Identitäten ausbilden können, als Systemumwelten auf Distanz bringen, sollen die Gegeninstitutionen einen Teil der formal organisierten Handlungsbereiche entdifferenzieren, dem Zugriff der Steuerungsmedien entziehen und diese "befreiten Gebiete" dem handlungskoordinierenden Mechanismus der Verständigung zurückgeben.

Wie unrealistisch diese Vorstellungen auch immer sein mögen, signifikant sind sie für den polemischen Sinn der neuen, auf die Kolonialisierung der Lebenswelt reagierenden Widerstands- und Rückzugsbewegungen. Dieser Sinn wird sowohl im Selbstverständnis der Beteiligten wie in der ideologischen Zuschreibung der Gegner verdunkelt, wenn die Rationalität der kulturellen Moderne voreilig mit der Rationalität der Bestanderhaltung ökonomischer und administrativer Handlungssysteme gleichgesetzt wird - also immer dann, wenn die Rationalisierung der Lebenswelt nicht sorgfältig von der Komplexitätssteigerung des Gesellschaftssystems unterschieden wird. Diese Konfusion erklärt die verqueren, politische Gegensätze vernebelnden Fronten zwischen dem Antimodernismus der Jungkonservativen[32] und der neukonservativen Verteidigung einer Postmoderne[33], die die mit sich selbst zerfallende Moderne ihres vernünftigen Gehalts und ihrer Zukunftsperspektiven beraubt.[34]

Genauere LITERATURANGABEN zu den Fußnoten (Anm. d. Autors)

2 D. Held, J. Thompson (Eds.), Habermas: Critical Debates, Cambridge 1982, 196 ff.

3 L. Löwenthal, Ges. Schriften, 1981.

8 J. Habermas, Erkenntnis und Interesse, Ffm. 1968b; Lorenzer (1970) findet sich nicht im Literaturverzeichnis. Gemeint ist entweder A. Lorenzer, Sprachzerstörung und Rekonstruktion, Ffm. 1979 oder A. Lorenzer, Sprachspiel und Interaktionsformen, Ffm. 1977.

9 J. Habermas, Moralentwicklung und Ich-Identität, in: ders., Zur Rekonstruktion des Historischen Materialismus, Ffm. 1976a.

10 D. W. Winnicott, The Maturational Process and the Facilitating Environment, N. Y. 1965.

11 E. Jacobson, The Self and the Object, N. Y. 1964; H. Kohut, Narzißmus, eine Theorie der Behandlung narzißtischer Persönlichkeitsstrukturen, Ffm. 1973.

13 R. Döbert, J. Habermas, G. Nunner-Winkler (Hrsg.), Entwicklung des Ichs, Köln 1977; R. L. Selman, The Growth of Interpersonal Understanding, N. Y. 1980.

14 W. Damon (Ed.), New Directions of Child Development, San Francisco 1978.

---

32 Z. B. B. Guggenberger, Bürgerinitiativen in der Parteiendemokratie, Stuttg. 1980.

33 Z. B. P. L. Berger, B. Berger, H. Kellner, Das Unbehagen in der Modernität, Ffm. 1975.

34 J. Habermas, Die Moderne - ein unvollendetes Projekt, in: ders. (1981b), 444 ff.; L. Baier, Wer unsere Köpfe kolonialisiert, in: Literaturmagazin 9, 1978.

21 W. Bonß, A. Honneth (Hrsg.), Sozialforschung als Kritik, Ffm. 1982, 482 ff.
22 C. W. Mills, Power, Politics and People, N. Y. 1963, 590.
23 H. M. Enzensberger, Baukasten zu einer Theorie der Medien, in: ders., Palaver, Ffm. 1974, 91 ff.
34 J. Habermas, Kleine politische Schriften, Ffm. 1981b, 444 ff.

ANHANG: SCHAUBILDER

Fig. 39 *Beziehungen zwischen System und Lebenswelt aus der Systemperspektive*

Institutionelle Ordnungen der Lebenswelt	Austausch-beziehungen	mediengesteuerte Subsysteme
Privatsphäre	1) M' ———> Arbeitskraft G <——— Arbeitseinkommen 2) G <——— Güter und Dienste G' ———> Nachfrage	Wirtschaftssystem
Öffentlichkeit	1a) G' ———> Steuern M <——— Organisationsleistungen 2a) M <——— Politische Entscheidungen M' ———> Massenloyalität	Verwaltungssystem

G = Geldmedium
M = Machtmedium

(S. 473)

Fig. 21 *Beiträge der Reproduktionsprozesse zur Erhaltung der strukturellen Komponenten der Lebenswelt*

strukturelle Komponenten / Reproduktionsprozesse	Kultur	Gesellschaft	Persönlichkeit
kulturelle Reproduktion	konsensfähige Deutungsschemata ("gültiges Wissen")	Legitimationen	bildungswirksame Verhaltensmuster, Erziehungsziele
soziale Integration	Obligationen	legitim geordnete interpersonelle Beziehungen	soziale Zugehörigkeiten
Sozialisation	Interpretationsleistungen	Motivationen für normenkonforme Handlungen	Interaktionsfähigkeiten ("personale Identität")

(S. 214)

Fig. 22 *Krisenerscheinungen* bei Reproduktionsstörungen (Pathologien)

strukturelle Komponenten / Störungen im Bereich der	Kultur	Gesellschaft	Person	Bewertungsdimension
kulturellen Reproduktion	Sinnverlust	Legitimationsentzug	Orientierungs- u. Erziehungskrise	Rationalität des Wissens
sozialen Integration	Verunsicherung der kollektiven Identität	Anomie	Entfremdung	Solidarität der Angehörigen
Sozialisation	Traditionsabbruch	Motivationsentzug	Psychopathologien	Zurechnungsfähigkeit der Person

(S. 215)

Widerspruch und Konflikt

VIII

Besonders für die ältere Soziologie der ersten Jahrzehnte dieses Jahrhunderts war die Allgegenwart von Konflikten in der Gesellschaft eine Selbstverständlichkeit. Es fehlt nicht an entsprechenden Aussagen[1]. Der damals angesehene Sozialdarwinismus verlieh solchen Hinweisen Plausibilität, ohne daß viel Begriffsarbeit oder Forschung aktiviert werden mußte[2]. Das Lehrbuch von Davis und Barnes, das den Pionieren der amerikanischen Soziologie gewidmet ist, bietet nur noch eine psychologische Erklärung für das, was "the universality of conflict" genannt wird[3]. Seitdem wird die Vernachlässigung des Themas beklagt, was aber nur bedeuten kann: ein Nichtweiterkommen der theoretischen und empirischen Bemühungen. Manches spricht dafür, daß die Konflikttheorie heute selbst zu sehr in Konflikt mit anderen theoretischen Bemühungen geraten ist und dadurch ihre eigene Entwicklung selbst behindert hat. Wir schlagen einen Neubeginn vor - nicht als Alternative zu, sondern auf der Basis von Systemtheorie[4].

Von Konflikten wollen wir immer dann sprechen, wenn einer Kommunikation widersprochen wird. Man könnte auch formulieren: wenn ein Widerspruch kommuniziert wird. Ein Konflikt ist die operative Verselbständigung eines Widerspruchs durch Kommunikation. Ein Konflikt liegt also nur dann vor, wenn Erwartungen kommuniziert werden und das Nichtakzeptieren der Kommunikation rückkommuniziert wird. Die Erwartung braucht sich nicht auf das Verhalten dessen zu beziehen, der ablehnt; sie kann auch Dritte betreffen oder in einer Zustandsbeschreibung bestehen, die der, dem sie mitgeteilt wird, nicht glaubt - *sofern er es sagt*.

---

1 Einige Hinweise bei Lewis A. Coser, Theorie sozialer Konflikte, Neuwied 1965, Neudruck 1972, S. 13 ff.

2 "All activity is a clash of atoms or of thoughts, and the scientific man does not need to waste his time in disputing with those who look for the elimination of strife from human affairs", heißt es z. B. bei Franklin H. Giddings, The Principles of Sociology, New York 1896, S. 100, und leider wird damit offenbar auch die Bemühung um mehr begriffliche Genauigkeit als waste of time beiseitegeschoben.

3 Jerome Davis/Harry Elmer Barnes, An Introduction to Sociology (1927), 2. Auflage Boston 1931, S. 440.

4 Vgl. zum Folgenden erneut: Niklas Luhmann, Konflikt und Recht, a.a.O. (In: Niklas Luhmann, Ausdifferenzierung des Rechts, Frankfurt/M. 1981, S. 92-112; Anm. d. Autors)

Der Konfliktbegriff ist damit auf einen präzise und empirisch faßbaren Kommunikationsvorgang bezogen: auf ein kommuniziertes "Nein", das eine vorherige Kommunikation beantwortet. "Leihst Du mir Deinen Wagen?", - "Nein". "Die Kapitalisten beuten uns aus", - "Ich glaube nicht an Kapitalisten". "Im Odeon soll ein guter Film laufen", - "hmm, - ich weiß nicht ..." Jede Art von Erwartungsausdruck ist einbezogen, sofern nur an der Reaktion ablesbar ist, daß die Kommunikation verstanden worden ist; und jede Abschwächung der Ablehnung fällt in den Bereich unseres Begriffs, sofern nur erkennbar ist, daß es sich um eine Ablehnung handelt. Für den Konflikt müssen also *zwei* Kommunikationen vorliegen, die einander widersprechen; die Einheit der Sinnform Widerspruch synthetisiert zwei Kommunikationen, die jeweils ihrerseits soziale Synthesen dreier Selektionen sind[5], und der Konflikt übernimmt für eine Weile die Autopoiesis, die Weiterführung der Kommunikation.

Es ist demnach prinzipiell verfehlt, Konflikte auf ein Versagen von Kommunikation zurückzuführen (so als ob Kommunikation etwas "Gutes" sei, das scheitern könne). Die Kommunikation ist der autopoietische Prozeß sozialer Systeme, der weiterläuft über alle kooperativen oder antagonistischen Episoden hinweg, solange er weiterläuft. Konflikte dienen also gerade der Fortsetzung der Kommunikation durch Benutzung einer der Möglichkeiten, die sie offen hält: durch Benutzung des Nein. Damit ist der Konfliktbegriff deutlich gegen bloß vermutete, bloß beobachtete Gegensätze abgehoben. Eine allgemeine Widerspruchslage, ein Interessengegensatz, eine wechselseitige Schädigung (ein Auto schrammt ein anderes) ist noch kein Konflikt[6]. Trotzdem ist unser Begriff in die Grundbegriffe soziologischer Theorie eingebaut: es handelt sich um eine besondere (jederzeit mögliche) Realisation

5 Dies schließt an den in Kapitel 4 eingeführten Kommunikationsbegriff an.

6 Sehr viele Begriffsbestimmungen sind in dieser Hinsicht bedauerlich unscharf. Siehe als willkürlich herausgegriffene Beispiele: "alle strukturell erzeugten Gegensatzbeziehungen von Normen und Erwartungen, Institutionen und Gruppen" (Ralf Dahrendorf; Gesellschaft und Freiheit: Zur soziologischen Analyse der Gegenwart, München 1961, S. 125); "A conflict exists whenever incompatible activities occur" (Morton Deutsch; Resolution of Conflict: Constructive and Destructive Processes, New Haven 1973, S. 10); "der Interessengegensatz und die daraus folgenden Auseinandersetzungen und Kämpfe zwischen Individuen und Gruppen, insbesondere zwischen Schichten, Klassen" (Lexikon zur Soziologie, 2. Aufl. Opladen 1978; S. 410). Solche und ähnliche Definitionen sind durch das Bemühen gekennzeichnet, strukturelle Bedingungen für Konflikte (und insofern "mögliche" Konflikte) und Konflikte auf der Verhaltensebene *in einen Begriff zusammenzuziehen.* Wir halten das für eine falsche Begriffstechnik. Gerade wenn man die strukturelle Auslösung von Konflikten (das Leitmotiv solcher Begriffsbildungen) empirisch untersuchen will, muß man den Begriff selbst unabhängig davon definieren.
Diskutabel wären solche Begriffsbildungen allenfalls, wenn ihnen bewußt die Intention zu Grunde läge, einen differenzlosen Begriff zu bilden, das heißt einen Begriff, der nichts ausschließt. Eine solche Soziologie würde den Konfliktbegriff an die Stelle setzen, wo in der hier vertretenen Theorie der Sinnbegriff steht; sie würde schlicht sagen (was wir natürlich ebenfalls sagen), daß jeder Sinn in seinen sozialen Verweisungen mögliche Gegensätze impliziert. Man denke nur an den Sonnenurlaub: sie bräunt sich, er sucht den Schatten.

von *doppelter Kontingenz*, es handelt sich um *Kommunikation*, es handelt sich nach all dem um ein *soziales System besonderer Art*.

Konflikte sind demnach soziale Systeme, und zwar soziale Systeme, die sich aus gegebenen Anlässen in anderen Systemen bilden, die aber nicht den Status von Teilsystemen annehmen, sondern parasitär existieren. Ihr Auslöseanlaß und der Katalysator ihrer eigenen Ordnung ist eine Negativversion von doppelter Kontingenz: Ich tue nicht, was Du möchtest, wenn Du nicht tust, was ich möchte. Die doppelte Negation hat zwei Seiten: einerseits läßt sie als Negation völlig offen, was positiv geschieht; andererseits gewinnt sie durch die Doppelung die Möglichkeit der Selbstreferenz und damit eine eigentümliche Präzision: Ego betrachtet (zunächst in Grenzen, dann allgemein) das, was Alter schadet, eben deshalb als eigenen Nutzen, weil er annimmt, daß Alter das, was Ego schadet, als eigenen Nutzen ansieht. Entsprechendes gilt für Alter. Auf *beiden* Seiten also *doppelte* Kontingenz[7]. Das Interpretationsmuster rastet bei den Erwartungen in Bezug auf alter Ego ein: Ego nimmt an, daß Alter (als alter Ego) das Konfliktmuster schon praktiziert (wie immer vorsichtig, verdeckt, begrenzt) und zieht daraus für sich die Konsequenzen. Alter beobachtet dies und zieht daraus für sich die Konsequenzen. Ein Konflikt kann deshalb objektiv fast anlaßlos entstehen. Es genügt, wenn auf eine wie immer vage Erwartungsannahmezumutung mit einem wie immer vorsichtigen Nein reagiert wird. Ein solches Ereignis legt es nahe, und je deutlicher es formuliert wird, um so zwingender ist es, auf das Nein als Nein zu reagieren, sei es mit Versuchen der Ummotivierung, sei es schließlich mit puren Sanktionen nach dem Schema: mir nützt, was Dir schadet.

Konflikte sind mithin soziale Systeme, die genau nach dem Muster doppelter Kontingenz gearbeitet sind; und es sind hoch integrierte Sozialsysteme, weil die Tendenz besteht, alles Handeln im Kontext einer Gegnerschaft unter diesen Gesichtspunkt der Gegnerschaft zu bringen[8]. Hat man sich einmal auf einen Konflikt eingelassen, gibt es kaum noch Schranken für den Integrationssog dieses Systems es sei denn solche der Umwelt, der Verhaltenszivilisation, des Rechts; darauf kommen wir zurück. Anders als oft angenommen (aber mehr unterstellt als begründet wird), ist Gegnerschaft also ein Integrationsfaktor ersten Ranges und gerade dadurch problematisch. Er zieht inhaltlich noch so heterogene Handlungen unter dem Gesichtspunkt der negativen doppelten Kontingenz zusammen und fügt sie in das System ein: *Jeder* kann *alle* Möglichkeiten aktualisieren, die den anderen benachteiligen, und je mehr dies geschieht, um so mehr ist es plausibel. Das System

7 Vgl. oben Kapitel 3, II.

8 Die These, Konflikte seien (zu) stark integrierte Sozialsysteme, sollte nicht verwechselt werden mit einer anderen, in der klassischen Konfliktsoziologie üblichen: daß *aus Anlaß* von Konflikten *auch positive* Sozialbeziehungen entstehen können. Dazu im Anschluß an Simmel Lewis A. Coser, Theorie sozialer Konflikte, Neuwied 1965, Neudruck 1972, insbes. S. 142 ff.

erreicht zu hohe Interdependenz: ein Wort gibt das andere, jede Aktivität muß und kann mit irgendwelchen anderen beantwortet werden. Die destruktive Kraft des Konflikts liegt nicht in ihm selbst und erst recht nicht in den Schäden an Reputation, Handlungspotential, Wohlstand oder Leben, die er den Beteiligten zufügt; sie liegt in dem Verhältnis zum System, in dem der Konflikt Anlaß und Ausgang gefunden hatte - etwa im Verhältnis zum Nachbarn, in der Ehe oder Familie, in der politischen Partei, im Betrieb, in den internationalen Beziehungen usw. Insofern eignet sich die Metapher der parasitären Existenz von Konflikten; aber das Parasitentum ist hier typisch nicht auf Symbiose angelegt, sondern tendiert zur Absorption des gastgebenden Systems durch den Konflikt in dem Maße, als alle Aufmerksamkeit und alle Ressourcen für den Konflikt beansprucht werden.

Konflikte erreichen zugleich, was man mit Loyalitätsappellen zumeist vergeblich zu erreichen versucht: eine hohe Bindungswirkung im Verhältnis von Interpenetration[9] und Struktur. Dies gilt nicht nur für Solidarisierungen innerhalb der streitenden Parteien, sondern auch und gerade für die Gegnerschaft selbst. Wer seinen Feind verliert, wird dann eine eigentümliche Leere fühlen; ihm fehlen die Handlungsmotive, auf die er sich selbst verpflichtet hatte. Ihm werden Möglichkeiten fehlen, die vielen Okkasionalitäten zu einer Geschichte zusammenzufassen, wenn der Konflikt als eine relativ zeitbeständige Identifikationslinie ausfällt[10]. Es gibt wenig andere Möglichkeiten, im Bereich sozialer Systeme die Einheit von Generalisierung und Handlungsverpflichtung mit starker Beteiligung innerer Motive so weit zu treiben.

Erst seitdem die Systemtheorie es aufgegeben hat, Systeme durch sehr hohe oder sogar vollständige Interdependenz zu definieren[11], kann man begrifflich unbefangen analysieren, welche Probleme mit zu hohen Interdependenzen verbunden sind, und Konflikte sind das Paradebeispiel für eine solche Analyse. Hochinterdependente Systeme werden zwangsläufig rücksichtslos gegenüber ihrer Umwelt, weil im voraus festgelegt ist, in welchem Sinne sie Materialien und Informationen verwenden; und sie müssen intern hohe Elastizität in die Elemente (Ereignisse, Handlungen) auslagern, wenn strukturell gewährleistet sein soll, daß (mehr oder weniger) alles mit allem zusammenhängt und jedes Vorkommnis alle anderen betreffen kann. Für

9 Wir greifen hier auf den in Kapitel 6, IV eingeführten Begriff zurück.

10 Hierzu für den Bereich von Organisationskonflikten Andrew M. Pettigrew, The Politics of Organizational Decision-Making, London 1973, insbes. S. 76 ff.

11 So z. B. Lawrence J. Henderson, Pareto's General Sociology, Cambridge Mass. 1935, S. 11 ff. für physische, S. 15 ff. für soziale Systeme. Die Wende ist vor allem den informationskybernetischen Analysen von Ashby und der genaueren Berücksichtigung von Komplexitäts- und Zeitproblemen zu danken. Vgl. auch James D. Thompson, Organizations in Action: Social Sciences Bases of Administrative Theory, New York 1967, passim, insbes. S. 52 ff.; Robert B. Glassman, Persistence and Loose Coupling in Living Systems, Behavioral Science 18 (1973), S. 83-98.

Konflikte heißt dies: strukturell eine scharfe Reduktion auf eine Zweier-Gegnerschaft (oder bei mehr als zwei Beteiligten: Tendenzen zur Reduktion auf zwei Parteien durch Koalitionsbildung) und auf der Ebene des Handelns: Offenheit für fast alle Möglichkeiten des Benachteiligens, Zwingens, Schädigens, sofern sie sich nur dem Konfliktmuster fügen und den eigenen Interessen nicht zu stark widersprechen.

Diese beiden Charakterisierungen: scharfe strukturelle Reduktion auf eine Zweiergegnerschaft und hohe Offenheit für die Rekrutierung von Elementen zur Selbstreproduktion des Systems, werden uns im folgenden Abschnitt dazu dienen, die Ansatzpunkte für eine Regulierung von Konflikten zu diskutieren. Zunächst muß die Charakterisierung des Konflikts als eines sozialen Systems besonderer Art vervollständigt und abgeschlossen werden. Eines der wichtigsten Momente ist die hohe Beliebigkeit, fast Voraussetzungslosigkeit des Anfangens und entsprechend die immense Häufigkeit von Konflikten. Konflikte sind Alltagsbildungen, entstehen überall und sind zumeist rasch bereinigte Bagatellen. Eine "Konflikttheorie", die die strukturelle Veranlassung mit in den Konfliktbegriff aufnimmt oder gar nur "Klassenkonflikte" oder "Herrschaftskonflikte" als Konflikte im eigentlichen Sinne gelten läßt, verliert dieses Phänomen der Massenhaftigkeit und Bedeutungslosigkeit des Vorkommens aus den Augen (und bezieht dafür Sachlagen, die noch gar nicht zu wirklichen Auseinandersetzungen führen, mit in die Theorie ein). Wir legen statt dessen Wert auf die Möglichkeit, die Frage zu stellen, welche Bedingungen eigentlich dazu führen, daß einige von den vielen Konflikten nicht sofort wieder verschwinden, nicht auf der Ebene kurzfristiger Interaktionen schon absorbiert werden, sondern weitreichende Folgen, lange Dauer, große gesellschaftliche Breitenwirkung erzielen; welche Bedingungen insbesondere dazu führen, daß Konflikte weitere Konflikte stimulieren oder rekrutieren, erzeugen und in eine gemeinsame Front aggregieren. Auch Konflikte unterliegen, wir nennen das nicht "Konfliktlösung", einer natürlichen Tendenz zur Entropie, zur Erschlaffung, zur Auflösung angesichts anderer Interessen oder Anforderungen: Man wird es leid, man hört auf sich zu streiten, man geht auseinander, läßt etwas Zeit verstreichen und knüpft bei anderen Themen wieder an. Der vergangene Konflikt wird dann gleichsam eingekapselt, wird ein verhärtetes Knöllchen, das man nicht mehr berührt, das die Zirkulation auf anderen Wegen aber auch nicht wesentlich behindert. Wenn dies oder das völlige Vermeiden weiterer Kontakte der Normalweg ist, den Konflikte nehmen: was prädestiniert sie dann ausnahmsweise doch zu einer großen gesellschaftlichen Karriere?

Im Vorgriff auf das folgende Kapitel müssen wir diese Frage durch Hinweis auf die Differenz von Interaktion und Gesellschaft beantworten: Interaktion als Sozialsystem begriffen, das unter Anwesenden entsteht, und Gesellschaft als Gesamtheit aller erwartbaren sozialen Kommunikationen.

Wenn in interaktionellen Konflikten (die wohlgemerkt immer auch gesellschaftliche Konflikte sind) Anzeichen einer die Interaktion überschreitenden gesellschaftlichen Relevanz auftauchen, ist die Wahrscheinlichkeit höher, daß der Konflikt verbreitet, vertieft, perpetuiert wird. So mag an den Konfliktthemen eine Verweisung auf Politik erkennbar sein und mit ihr ein Anhaltspunkt für mögliche Unterstützung durch Außenstehende. Auch Moral und vor allem Recht wirken konfliktfördernd, indem sie in Aussicht stellen, daß man mit der eigenen Position auf der richtigen Seite liegt und die Gegenseite der öffentlichen Ablehnung oder gar der Sanktionierung durch Gerichte aussetzen kann. Auch wissenschaftliche Beweisführung mag für Konflikte Mut und Rückendeckung gewähren. So können Ärzte Konflikte riskieren (und ihre Interessenvertretungen gehören zu den streitbarsten in der Politik), weil sie wissen, wie Krankheiten geheilt werden und ihren Gegner darauf hinweisen können, daß es sich um sein eigenes Begräbnis handeln wird. Wenn niemand die Abgabe von Reichtum erzwingen kann, gehört auch Kapital zu den gesellschaftlichen Konfliktsteigerungsquellen. Zu den großen Errungenschaften der sog. kapitalistischen Gesellschaft gehört eben dies: Kapitalbesitzer mit Ablehnungsfähigkeit und dadurch mit Konfliktfähigkeit gegenüber einer Politik auszustatten, die gleichwohl technisch souverän und in der Disposition über politische Mittel autonom gestellt ist.

Bei all dem geht es nicht einfach darum, daß die Interaktion für kleine, die Gesellschaft für große Konflikte zuständig ist. Eine solche Mikro-/Makro-Aufteilung würde verkennen, daß auch Interaktionssysteme in der Gesellschaft und nur in der Gesellschaft reproduziert werden. Die strukturelle Selektion bedeutsamer Konflikte wird durch die *Differenz* von Interaktionssystem und Gesellschaftssystem bewirkt - eine Differenz, die erkennbar macht, daß der gesellschaftliche Konflikt in der Interaktion nicht nur für das Interaktionssystem bedeutsam ist, sondern Anschlußfähigkeit besitzt für soziale Verhältnisse außerhalb der Grenzen der gerade vorliegenden Interaktion. Somit ist es die Grenze, die Interaktionssystem und übrige Gesellschaft trennt, die die Symptome vermittelt, an Hand derer man erkennen kann, ob ein interner Konflikt extern Anschlußfähigkeit besitzt oder nicht, und vor allem Moral und Recht dienen der Operationalisierung einer solchen Symptomatik.

Wo Recht und Moral hierfür nicht ausreichen, können auch Spezialorganisationen entstehen, die ihre Aufgabe darin sehen, Einzelkonflikte als gesellschaftlich bedeutend auszuwählen und aufzuwerten. Gewerkschaften erfüllen mehr oder weniger häufig diese Funktion. Auch die Semantik der "Diskriminierung" hat genau diese Konfliktaufwertungsfunktion übernommen: Ein Homosexueller wird entlassen, ein Gegner der Verfassung nicht in den öffentlichen Dienst eingestellt, eine Frau flüchtet aus der ehelichen Wohnung, ein Neger findet keine Unterkunft - und schon stehen Organisationen und Terminologien bereit, um dem Konflikt eine allgemeine Bedeutung zu verleihen. Solche Fälle zeigen im übrigen, daß das Recht für die Sensibilisierung gegen Fehlverhalten nicht mehr ausreicht und den, der sich im Recht befindet, sogar Gegenpressionen preisgibt. Das wiederum sind Indikatoren für Veränderungen im Immunsystem der Gesellschaft. Widersprüche und alarmierende Ereignisse werden umkonditioniert, Sensibilitäten verlagert, Neinsagebereitschaften verstärkt bzw. abgeschwächt, und man wird nicht fehlgehen mit der Vermutung, daß solche Veränderungen auf einen Strukturwandel der Gesellschaft selbst hindeuten.

IX

Unter systemtheoretischen Gesichtspunkten fragen wir nicht nur nach der "Lösung" und schon gar nicht nach einem "guten Ende" von Konflikten, sondern vor allem nach ihrer *Konditionierbarkeit.* Auch Konflikttheoretiker hängen oft, und selbst wenn sie das Gegenteil beteuern, dem Traum einer konfliktfreien Gesellschaft an. Teils wird angenommen, daß Konflikte Kräfte für ihre eigene Lösung mobilisieren, teils werden Wege für eine möglichst schadenfreie, möglichst "friedliche" Regulierung von Konflikten gesucht. Das sind mehr oder weniger politische Programme: Verringerung der Gewalt und Vermehrung des Konsenses bei Konstanthalten der Ordnungsleistung. Sie haben als politische Programme ihr eigenes Recht (und auch das Recht auf wissenschaftliche Unterstützung). Im Rahmen eines Theoriekonzepts, das sich nicht als nette, kooperationsbereite Theorie empfiehlt, sondern sich für die Normalisierung des Unwahrscheinlichen interessiert[12], muß jedoch eine andere, umfassendere Fragestellung angestrebt werden, für die dann "Konfliktlösung" nicht Ziel ist, sondern eher Nebenprodukt der Reproduktion von Konflikten, und zwar ein Nebenprodukt, über das man durchaus auch skeptisch urteilen kann.

Als Ausgangspunkt stehen uns die folgenden Thesen der Systemtheorie zur Verfügung:

1) Immunereignisse stehen in großen Mengen als kommunizierte Ablehnung zur Verfügung. Sie sind als solche, als Einzelereignisse jedoch ohne weittragende Bedeutung; sie müssen, um ein Immunsystem bilden zu können, systematisiert, nämlich zusammengefaßt und dadurch wechselseitig verstärkt werden. Das geschieht durch Konditionierung ihrer Verwendung.
2) Aller Aufbau von Systemkomplexität erfolgt über Konditionierung, das heißt über Festlegung von Bedingungen, unter denen Zusammenhänge zwischen Elementen hergestellt bzw. nicht hergestellt werden (bzw. für

12 Vgl. dazu aus einem früheren Anlaß oben Kap. 3, III.

wissenschaftliche Analyse: beobachtet werden können, begründet erwartbar sind, "gelten")[13].

3) Konflikte sind operationalisierte, Kommunikation gewordene Widersprüche. Sie ermöglichen die Konditionierung von Immunereignissen. Sie machen auf Probleme aufmerksam, und dies bei hinreichender Zukunftssensibilität, also bei temporaler Extension der Synthese von Widersprüchen, möglichst frühzeitig.
4) Als soziale Systeme sind Konflikte autopoietische, sich selbst reproduzierende Einheiten. Einmal etabliert, ist ihre Fortsetzung zu erwarten und nicht ihre Beendung. Die Beendung kann sich nicht aus der Autopoiesis selbst ergeben, sondern nur aus der Umwelt des Systems - etwa dadurch, daß einer der beiden Streitenden den anderen erschlägt und dieser damit für die Fortsetzung des sozialen Systems Konflikt ausfällt[14].

Zusammengefügt und koordiniert ermöglichen diese vier Thesen eine weiterführende Problemstellung. Sie fragt danach, welche Zusammenhänge bestehen zwischen einer Konditionierung in Konfliktsystemen und der Funktion von Widersprüchen, mobile Alarmsignale und Dirigierung von Aufmerksamkeit für Probleme bereitzuhalten. Oder praktisch gefragt: Wird die Konditionierung von Konflikten als Mittel der Unterhaltung eines Immunsystems eingesetzt, und wie geschieht das?

Wir gehen davon aus, daß das Neuanfangen von Konflikten, das ist der Mut zur Ablehnung von Sinnzumutungen, in einem zwar nicht zwingenden, aber hochwahrscheinlichen Zusammenhang steht mit den Reproduktionschancen des Konflikts. Man wird nicht "nein" sagen, wenn man keine Aussichten sieht, dies durchzuhalten. Wenn dies so ist, sind die Bedingungen, die die Reproduktion von Konflikten, ihre Konsolidierung als System ermöglichen, der eigentliche Schlüssel zum Problem. Eine Gesellschaft muß hinreichend viele, noch unbesetzte Konfliktchancen bieten, will sie ihr Immunsystem reproduzieren, und dies kann, da das System mobil und ad hoc motivierbar sein muß, nicht durch Vorschreiben der Konfliktanfänge geschehen[15], sondern eben durch Konditionierung der Reproduktions-

---

13 Der Begriff "Konditionierung" ist oben Kap. 1, II unter 5, eingeführt und erläutert worden.

14 Selbst gegen diese, gewissermaßen "natürliche" Form der Konfliktbeendung haben Konflikte sich zu schützen gewußt: vor allem in der Form von Familienfehden, in denen die Tötung eines Streitenden in der Reproduktion des Sozialsystems Konflikt zum Grund für dessen Fortsetzung umfunktioniert wird.

15 Auch dies hat man im übrigen versucht - mit nicht sehr überzeugenden Resultaten. Das vielleicht eindrucksvollste Beispiel findet man im Bereich der Semantik von "Ehre" (honour, honneur). Verletzung der Ehre galt in Adelsgesellschaften als ein hinreichender Konfliktgrund mit Duell als typischer Austragungsform. Der Konflikt*anfang* war mit dem Konzept von Ehre und Ehrverletzung im Detail regulierbar und damit auch provozierbar gemacht, die Konditionierung des Konflikt*verlaufs* durch Ritualisierung dagegen der Disposition weitgehend entzogen. Der Anfang war also disponibel mit Hilfe des semantischen Inhalts von Ehre, der Systemverlauf war es nicht. Man weiß, daß mit den beginnenden Krisen der Adelsgesellschaft

aussichten für aus welchen Anlässen immer begonnene Konflikte. Die Systematisierung der Immunereignisse kann daher nicht auf der Ebene der einzelnen interaktiven Konfliktsysteme erklärt werden. Sie ist nur als *gesellschaftliche Aggregation vieler Konflikte* möglich[16].

Stellt man sich Konflikte als System vor, so lassen sich zwei verschiedene Formen der Konditionierung denken, die zugleich die innere Komplexität des Systems und die Schwierigkeit des Verhaltens erhöhen. Die eine Möglichkeit ist: bestimmte Mittel zu verbieten; die andere läuft darauf hinaus, die Unsicherheit im System zu erhöhen.

Die *Einschränkung der Mittel*, zum Beispiel das Verbot der Anwendung physischer Gewalt, wird im wesentlichen motiviert durch die Absicht, Schäden zu verhüten. Sie hat aber auch die Funktion, Konfliktsysteme zu komplexieren, zu verfeinern, zu perpetuieren Bei Zulassung physischer Gewalt werden Konflikte entweder gar nicht erst gewagt, oder, wenn sie ausbrechen, relativ rasch und einfach entschieden. Ähnliches, wenn auch in schwächerer Form, gilt für alle Arten von Erpressung. Erst bei Repression solcher Möglichkeiten (das heißt: ihre Zentrierung auf das politische System) besteht hinreichende Freiheit zum Konfliktverhalten. Selbstverständlich gibt es nach wie vor unzählige Rücksichten, die selektiv wirken auf die Frage, wer weshalb gegen wen einen Konflikt wagt; und selbstverständlich operiert diese Selektion im Einklang mit Schichtungs- und Organisationsstrukturen[17]. Dies wird heute oft negativ beurteilt, und nicht ohne Grund. Die Hierarchie tritt dann an die Stelle der physischen Gewalt in der Kanalisierung von Konfliktchancen, und entsprechend wird der Konfliktbeginn entmutigt Nur Höhergestellte lehnen ab; nur sie sind frei, nein zu sagen, weil daraufhin *kein Konflikt erfolgt*[18]. Immerhin ist trotz dieser Bedingun-

---

im 16. Jahrhundert (Vgl. z. B. Lawrence Stone, The Crisis of the Aristocracy 1558-1641, Oxford 1965) die Ehresemantik inflationiert und die Konfliktanfänge damit in hohem Maße dem Zufall und der Provokation ausgesetzt wurden, ohne daß diese Form von Konfliktsystem die Funktion eines Immunsystems (etwa zum Schutze der Zivilisierung des Verhaltens) hinreichend hatte erfüllen können. Das Beispiel lehrt e contrario das, was wir im Text behaupten: daß bei steigender gesellschaftlicher Komplexität das Immunsystem der Konflikte nicht (wie es zunächst naheliegen mag) durch Vervielfältigung und Detaillierung der Anfänge mitentwickelt werden kann, sondern nur durch offenere Konditionierung der Reproduktion des Konflikts, die ihrerseits dann auf die Schwelle des Anfangens zurückwirken mag.

16 Eine entsprechende Umorientierung der Immunforschung für Organismen schlagen vor N. M. Vaz/F. J. Varela, Self and Non-sense: An Organism-centered Approach to Immunology; Medical Hypotheses 4 (1978), S. 231-267.

17 Und dies wieder mit regional sehr erheblichen Unterschieden. Vgl. dazu Volkmar Gessner, Recht und Konflikt: Eine soziologische Untersuchung privatrechtlicher Konflikte in Mexico, Tübingen 1976.

18 Zu den Folgeproblemen unzureichender Elastizität und Innovationsbereitschaft vgl. Albert O. Hirschman, Exit, Voice, and Loyalty: Responses to Decline in Firms, Organizations and States, Cambridge Mass. 1970.

gen die Konfliktsthematik und damit das Immunsystem der Gesellschaft sehr viel breiter angelegt, als es bei direktem Zugriff auf physische Gewalt möglich wäre.

Die *Erhöhung der Unsicherheit* erfolgt durch Einbeziehung von Dritten in das Konfliktsystem - von Dritten, die zunächst unparteiisch sind, also nicht vorweg schon mit einer der Parteien oder mit "Seiten" der Konfliktthemen solidarisiert sind, die aber im weiteren Verlauf Stellung beziehen und die eine oder die andere Seite begünstigen können. Dadurch wird das Konfliktsystem zunächst desintegriert[19]. Die soziale Regression, die in einer Reduktion auf eine Zweierbeziehung lag, wird zurückgenommen. Es kommen Möglichkeiten hinzu, den Dritten für die eigene Seite zu gewinnen. Die Instabilität der Ausgangslage, des puren Widerspruchs, wird zum Teil, aber eben auf andere Weise, wiederhergestellt. Das einfache Umkehrungsverhältnis von Nutzen und Schaden wird modifiziert durch die Frage, unter welchen Bedingungen der Dritte zu gewinnen sein wird. Vom Gegner kann man nur Nachteiliges erwarten, so viel ist sicher; aber der Dritte kann über seinen Beitrag zum Konfliktsystem noch disponieren, und er kann, um Einfluß zu gewinnen, eine Weile im Unklaren lassen, unter welchen Bedingungen er sich in welchem Sinne entscheiden wird. Die Wiedereinführung von Erwartungsunsicherheit in den Konflikt schafft speziell für dieses System Strukturbildungsmöglichkeiten, neue Kontingenzen, neue Chancen der Selektion. Und auch vor Zuschauern läßt sich unter solchen Bedingungen begründen, daß man eine weniger harte Linie vertritt und taktiert, um den Dritten nicht unnötig in die Arme des Gegners zu treiben. Man kann schließlich das Verhalten des Dritten, besonders wenn es moralisch oder gar rechtlich aufgewertet wird, zum Anlaß nehmen, nachzugeben oder sich aus dem System zurückzuziehen, ohne daß dies als Schwäche ausgelegt werden muß. All dies zusammen hat die Beteiligung Dritter zur wichtigsten Form der Konfliktregulierung werden lassen.

Wir können diese Überlegungen nicht weiter ins Detail verfolgen, sondern fassen zusammen: Regulierung der Mittel und Erhöhung von Unsicherheit sind zwei verschiedene, komplementäre Möglichkeiten, Konfliktsysteme unter Zusatzkonditionen zu stellen. Dadurch wird das Anfangen von Konflikten, das Neinsagen in Kommunikationsprozessen, das Ablehnen von Zumutungen, das Vorschlagen von Neuerungen, die wahrscheinlich abgelehnt werden, erleichtert. Zumindest wird die sehr hohe Konfliktschwelle, die gelten würde, wenn es sogleich auf Kampf hinausliefe, gesenkt. Dies kommt dem Immunsystem der Gesellschaft zugute. Entsprechend der steigenden Komplexität des Gesellschaftssystems werden mehr Widersprüche kommunikabel. Es bleibt strukturell offengelassen, wann sie auftreten, und doch situationsweise erkennbar und bestimmbar, wie damit zu verfahren ist.

19 Hierzu auch Niklas Luhmann, Konflikt und Recht, a.a.O. S. 107 ff.

Man kann auch hier die allgemeine Formel anwenden, daß komplexere Systeme ihre Strukturen in Richtung auf Steigerung der Einschränkbarkeit entwickeln müssen. Dies gilt auch für den Apparat, den wir Immunsystem genannt hatten: für Sinnformen, die eine autopoietische Reproduktion trotz fehlender Übereinstimmung ermöglichen. Hier wird die hohe Mobilität des "Nein", das logisch gleichmächtig ist wie das "Ja", ausgenutzt und zugleich domestiziert. Ablehnen ist logisch immer, faktisch in weit streuendem Umfange möglich. Aber das muß nicht heißen, daß man nicht weiß, was man tut, wenn man refusiert, und sich auf die Konsequenzen nicht einstellen kann.

X

Ablehnungen sind normalerweise Bagatellereignisse, Konflikte Kleinstsysteme, die auf der Interaktionsebene ohne weittragende gesellschaftliche Konsequenzen entstehen und vergehen[20]. Selbst biographisch ausschlaggebende Ereignisse - man erklärt seine Liebe und wird nicht erhört; man bewirbt sich und bewirbt sich und bewirbt sich und wird nicht angestellt - versickern in den sozialen Systemen, fast ohne Spuren zu hinterlassen. Für das Immunsystem wird offenbar immenser Überfluß, immense Redundanz erzeugt, damit es nicht an Möglichkeiten fehlt, wirklich wichtige Widersprüche zu formulieren und folgenreiche Konflikte anzuschließen. Aber wie wird ausgewählt, was Bedeutung gewinnt?

Bei einem Versuch, diese Frage zu beantworten, wird man ein eher traditionelles und ein eher modernes Verfahren unterscheiden müssen. Man könnte auch von relativ stabilen und relativ instabilen Konfliktbereitschaften sprechen. Hauptmittel der Selektion aussichtsreicher Neins und riskierbarer Konflikte ist wohl immer das Recht gewesen; genauer gesagt: die Verstärkung von wirtschaftlichen und politischen Positionen, von Eigentum und Macht durch das Recht. Wer Eigentum und/oder Macht besitzt, kann sich Konflikte leisten. Er kann Zumutungen ablehnen und andere im Konfliktfalle in aussichtslose Lagen bringen. Ausgestattet mit Konfliktfähigkeit, geht seine Position über das hinaus, was sie unmittelbar beinhaltet. Ihm fällt außerdem noch ein Mehrwert an Eigentum und an Macht zu auf Grund eines Zusammenwirkens von Kredit und Abschreckungseffekt. Man hält sich gern in seiner Nähe auf. Er kann auswählen und so mehr erreichen, als der Besitz ökonomischer Güter oder die Verfügung über negative Sanktionen unmittelbar ermöglichen. Nur so war das Modell aller Herrschaften, die Hausherrschaft, praktizierbar. Bis in die Sprache hinein steuert dieser

---

20 Vgl. aus der Sicht des Historikers Peter Laslett, The World We Have Lost, 2. Aufl. London 1971, S. 159 ff. (169): Konflikte als sehr typische Form sozialer Interaktion, aber nur im Ausnahmefall Anlaß zu sozialem Wandel.

Konfliktkontrolleffekt die Kommunikation; und bis in die Moral hinein, denn wenn man jemandem ständig Achtung erweisen muß, glaubt man's dann schließlich selbst. Der Herr hat "Qualität".

Stratifizierte Gesellschaften sind im wesentlichen von diesem, Wirtschaft, Politik, Recht, Sprache, Moral nicht deutlich differenzierenden Mechanismus her zu verstehen. Das Immunsystem schützt hier nicht notwendigerweise die konkreten Strukturen, wohl aber die Konzentrierung des Änderungspotentials an der Spitze. Der Zusammenbruch der Hausherrschaft im Übergang vom Mittelalter zur Neuzeit hat dieser Ordnung ihre entscheidende Stütze entzogen und eine Transformation des politischen und ökonomischen Systems erzwungen[21]. Seitdem wird der Einzelne in seiner Konfliktfähigkeit *individuell* geschützt[22]. Damit ist jedoch nicht mehr ohne weiteres, nicht mehr durch "Natur" gesichert, daß individuelle Konfliktdispositionen durch die Struktur des Gesellschaftssystems regulierbar sind. Die Semantik des Rechts wird von Natur auf Freiheit umgestellt. Damit sind die Vorkehrungen für das Immunsystem stärker von der Struktur abgelöst, abstrahiert, labilisiert und in ihrer Verwendung stärker kurzfristiger Stimulierung ad hoc überlassen - so als ob der Gesellschaftskörper bei höherer Zivilisation auf mehr Krankheiten gefaßt sein müßte.

Eine zweite Form der Selektion bedeutsamer Konflikte ist sehr viel schwieriger zu erkennen, weil sie sehr viel unabhängiger von den offiziellen Strukturen operiert. Sie hat, wenn man weit zurückblickt, gewisse Vorläufer in den religiösen Bewegungen des Hellenismus und des späten Mittelalters; aber erst seit der zweiten Hälfte des 18. Jahrhunderts findet man sie in der Selbstbeobachtung des Gesellschaftssystems als Normalerscheinung anerkannt. Der übliche Sammelbegriff der Soziologie ist "soziale Bewegung".

---

21 Eine sehr konkrete und zugleich diesen Gesichtspunkt besonders treffende Darstellung ist Mervyn James, Family, Lineage, and Civil Society: A Study of Society, Politics, and Mentality in the Durham Region 1500-1640, Oxford 1974. Siehe insbes. S. 174 ff. zu neuen Bildungsmöglichkeiten, neuen Möglichkeiten religiöser Option, Schwinden des fraglosen Gehorsams und Möglichkeiten, anderen religiösen und politischen Führern zu folgen als denen, von denen man "natürlicherweise" abhängt.

22 Zur dies formulierenden Semantik "subjektiver Rechte" vgl. Niklas Luhmann, Subjektive Rechte: Zum Umbau des Rechtsbewußtseins für die moderne Gesellschaft, in ders., Gesellschaftsstruktur und Semantik, Bd. 2, Frankfurt 1981, S. 45-104.

Der Bewegungsbegriff gibt jedoch theoretisch nicht viel her[23]. Man muß sich das Verständnis daher mit einer anderen Begrifflichkeit erarbeiten.

Auf der Ebene der allgemeinen Systemtheorie (und mit Begriffen, die zum Beispiel auch auf die Analyse der chemischen Bedingungen des Lebens in Makromolekülen passen würden) kann man bei sehr komplexen Systemen einen Zusammenhang dreier Variablen feststellen - einen Zusammenhang von (1) *Lockerung der internen Bindungen*[24], (2) *Spezifikation der Beiträge*, für die Interpenetration in Anspruch genommen wird, und (3) Erzeugung von Effekten durch zufällig beginnende und sich dann selbst verstärkende *Effektkumulation*. Angewandt auf das Gesellschaftssystem heißt dies, daß die Gesellschaft, wenn sie komplexer wird, zunehmend auch Effekte erzeugt und auf Effekte reagiert, die nicht durch festliegende Erwartungsstrukturen gesteuert sind, sondern gleichsam frei und durch sich selbst zustandekommen. Entsprechend ist es hochwahrscheinlich, daß diese Produktion als deviant und/oder als innovativ klassifiziert wird, weil sie nur so zu den etablierten Strukturen in ein Verhältnis gesetzt werden kann. Aber das erklärt weder die Entstehungsweise noch die Funktion dieser Erscheinungen.

Eine knapp gehaltene Erläuterung muß an dieser Stelle genügen. "Lockerung der internen Bindungen" in sozialen Systemen kann natürlich nicht heißen, daß die Menschen von den sozialen Bedingungen ihres Lebens unabhängiger werden. Wahrscheinlich trifft eher das Gegenteil zu. Aber ihre Lebensführung wird weniger stark durch soziale Typisierungen, die innerlich verpflichten, festgelegt. Die Bindungen, auf die man sich einläßt, können mehr oder weniger autonom gewählt werden, und dieser Ursprung bleibt in Erinnerung. Das Wort "Bindungen" ist also genau zu nehmen. Gemeint ist das, was relativ zufälligen Ereignissen (früher eher: Geburt; heute eher: eigene Wahl) Dauer schafft und als Prämisse eigenen Verhaltens beibehalten wird.

Der Einzelmensch ist demnach an seiner sozialen Justierung stärker beteiligt, dadurch eher bewußt engagiert, damit aber auch rückzugsfähiger und unzuverlässiger geworden. Die askriptiven status werden durch erworbene ersetzt; und die Qualitäten, die Leistungen ermöglichen, werden durch Leistungen ersetzt, die Qualitäten voraussetzen. Das eröffnet Chancen zu einer

---

23 "The term 'social movement' ... is being used to denote a wide variety of collective attempts to bring about a change in certain social institutions or to create an entirely new order", heißt es in einer repräsentativen Vorstellung des Gegenstandes bei Rudolf Heberle, Types and Functions of Social Movements, International Encyclopedia of the Social Sciences, New York 1968, Bd. 14, S. 438-444 (438 f). Die Frage, was dazu führt, daß die Merkmale "Bewegung" und "Änderung" (oder auch Widerspruch, Konflikt, Innovation) zusammenkommen, wird nicht gestellt. Für die moderne Gesellschaft scheint es sich hier um eine semantisch-assoziativ gesicherte Selbstverständlichkeit zu handeln. Auf dies Theoriedefizit kommen wir weiter unten zurück.

24 Gemeint sind Bindungen auf der Ebene interpenetrierender Systeme: für lebende Zellen also chemische Bindungen; für soziale Systeme psychische Bindungen.

stärkeren Spezifikation der Einzelbeiträge und damit die Chance einer höheren Komplexität des Gesellschaftssystems. In diesem Sinne hat Parsons Modernität als Umkorrelierung von "pattern variables" dargestellt. Das entspricht der offiziellen Geschichtsschreibung der Soziologie. Die naturhaften Bindungen können aber nicht nur und nicht ganz durch gewählte und spezifizierte Notwendigkeiten abgelöst werden. Sie fordern einen zweiten, globaler wirkenden Nachfolger. Dieser besteht in der Kumulierung von Effekten. Es kommt zu unerwarteten Aggregationen, die jenseits bestimmter Schwellen eigene Effekte auslösen: zu Stimmungsumschwüngen, Änderungen in dem Bereich. den man kollektive Mentalitäten genannt hat, und eventuell zu sozialen Bewegungen, die auch Handlungen rekrutieren können.

Eines der auffälligsten Merkmale dieser Effektkumulierungen ist ihr plötzliches Auftreten und ihr rasches Wiederabklingen unter Stichworten, die jeweils im Moment überzeugen. Dieses Fluktuieren scheint den Orientierungswert der Vorstellungen, die jeweils "in sind", nicht zu beeinträchtigen. Die "temporäre Gesellschaft"[25] benötigt offenbar nur noch temporäre Sicherheiten. Andererseits leben Individuen länger als das dauert, was sie jeweils überzeugt. Sie setzen sich für etwas (oder gegen etwas) ein - nur um nach einiger Zeit festzustellen, daß der Konsens dafür abbröckelt, schal wird und niemanden mehr zur Aktivität stimuliert. Sie bleiben dann mit etwas identifiziert, was nicht mehr geht. Gerade der sehr individuelle und sichtbar individuelle Bezug solcher Engagements und der fehlende Rückhalt in den Dauerstrukturen des Gesellschaftssystems verschärft das Problem und schließt es aus, daß man für das Mitschwimmen in den Zeitströmungen und für den Wechsel der Richtungen Lösungen findet, die man als einzigartig und höchstpersönlich vorzeigen kann. Solchen Schicksalen ist auch durch Reflexion nicht beizukommen. Sie sind ebenso strukturell zugewiesen wie Entfremdungen, Organisationsmitgliedschaften, Desillusionierungen aller Art. Aber sie sind vielleicht schwerer zu ertragen, weil man sie nicht in der Form von Ressentiments ins eigene Leben einfügen kann.

Diese Effekterzeugung durch nichtintendierte Effektkumulation gehört zu den beunruhigenden Erscheinungen der modernen Gesellschaft, die schwer zu fassen und zuzuordnen sind. Man hatte zunächst an eine List der Vernunft gedacht; aber die Vernunft der List hatte niemanden recht überzeugen können. Die Etikettierung als irrational ist ersichtlich eine Verlegenheitsauskunft, ein bloßer Reflex der Gewohnheit, die Hauptstrukturen der modernen Gesellschaft für rational zu halten. Nicht besser fährt man mit dem Begriff der Massengesellschaft. Dagegen führt es weiter, wenn man an die Vorstellungen anschließt, mit denen die Gesellschaft selbst in Alltagszusammenhängen solche Erscheinungen beobachtet und beschreibt, wenn sie

---

25 Im Sinne von Warren G. Bennis/Philip E. Slater, The Temporary Society, New York 1968.

eine gewisse Auffälligkeit und eigene Selbstreferenz erreicht haben. Die Selbstbeobachtung der Gesellschaft unterscheidet solche Erscheinungen mit Hilfe von Begriffen wie "Bewegung" oder "Prozeß" und hebt sie dadurch von anderen Geschehnissen ab. Diese Beschreibung kann dann in das damit Beschriebene wiedereingeführt werden und gibt dem Phänomen dadurch eine Verstärkung durch Identifikation und Selbstreferenz: Man nimmt teil an einer revolutionären Bewegung, an einer nationalen Bewegung, an einer Frauenbewegung, einer Jugendbewegung, an einer Bewegung der Emanzipation, der religiösen Erneuerung - links, rechts, rot, schwarz, grün oder wie immer; und das ist dann deutlich mehr und vor allem sinnvoller als die bloße Effektkumulation auf Grund eines Zusammentreffens von Schlüsselereignissen, gleichsinniger Interpretation, Widerstand, öffentlicher Erregung, Sammlungen, Versammlungen usw.

"Bewegung" ist eine Kategorie, die von sich aus zu einer reflexiven Verwendung einlädt. Denn was bewegt die Bewegung? Doch nicht ihr Anfang, ihre arché! Sie bewegt - sich selbst. Dies bleibt aber zunächst eine Leerformel, bestenfalls eine der Denkbewegung vorbehaltene Aussage[26]. Nur wenn eine Theorie der Bewegung reich genug ist, um anfänglicher oder concomitierender Ursachen nicht länger zu bedürfen, kann man sinnvoll von "sozialer Bewegung" sprechen und damit einen sich selbst aktivierenden Vorgang meinen.

Die Semantik von "politische Bewegung", "soziale Bewegung"[27] ist eines der Beispiele dafür, daß Theorie in den von ihr beschriebenen Bereich eintritt und in ihm eine Funktion übernimmt. Dies zumindest unterscheidet die sozialen Bewegungen des industriellen Zeitalters von den religiösen Bewegungen des Hellenismus und des späten Mittelalters (die ihrerseits ebenfalls eine Lockerung von Bindungen, Spezialisierungen und Effektkumulationen voraussetzen). Erst die moderne soziale Bewegung beschreibt sich mit Hilfe eines Bewegungsbegriffs oder gar einer Theorie der Bewegung. Und selbst Aussagen, die den Vorrang der Praxis vor der Theorie, des Handelns vor dem Denken, der wirklichen (revolutionären) Tat formulieren, werden als Theorie in die Bewegung eingeführt und gewinnen von daher ihren Verpflichtungsgehalt. Eine Theorie der Bewegung ermöglicht es, den Handlungszusammenhang, der sich selbst so beschreibt, zu unterscheiden von bloßen Unruhen, Aufständen, gewaltreichen Episoden. Andererseits reicht

26 Versuche, dieser Leerformel auszuweichen, haben denn auch die Tradition des Bewegungsbegriffs bestimmt und im Effekt genau das produziert, was sie vermeiden wollten. Vor allem die Theorie des "impetus" mit ihren mehr als tausendjährigen Verlegenheiten auf der Suche nach einer kontinuierlichen Bewegungsursache hat hier ihren Platz. Vgl. hierzu jetzt Michael Wolff, Geschichte der Impetustheorie: Untersuchungen zum Ursprung der klassischen Mechanik, Frankfurt 1978.

27 Zur Wort- und Begriffsgeschichte siehe Jürgen Frese, Bewegung, politische, Historisches Wörterbuch der Philosophie Bd. 1, Basel-Stuttgart 1971, Sp. 880-882; Otthein Rammstedt, Soziale Bewegung, Frankfurt 1978, S. 27 ff.

die Theorie, gerade wenn sie in das Alltagsbewußtsein überzugehen hat, nicht aus, um das Phänomen wissenschaftlich zu erfassen[28]. Die am Bewegungsbegriff selbst orientierten Theorien oszillieren zwischen Vorstellungen über eine Bewegung der Gesamtgesellschaft, über Partei ergreifende Bewegungen und einem nach Anlaß und Ziel für jeden Zufall offenen Begriff. In der Tat leistet das Konzept, für sich selbst genommen, nicht mehr als das, was die Bewegung selbst mit ihm anfängt.

Erst dies "re-entry" der Beschreibung in das Beschriebene und erst die damit organisierte Selbstbeobachtung ermöglicht das, was Otthein Rammstedt "Teleologisierung der Krise" genannt hat[29]. Die Diskriminierfähigkeit der Bewegung wird durch ein Ziel betont und verstärkt. Der Zufall des Entstehens wird zum Risiko des Gelingens. Zugleich dient das Ziel als Alibi, als Grund für das Nichtaufhörenkönnen der Bewegung, als Symbol ihrer eigenen Autopoiesis. Tendentiell führt die Fixierung auf ein Ziel dazu, daß die Bewegung sich in ihrem Verlauf, der das Ziel nicht erreicht, radikalisiert. Radikalismus ist nicht Entstehungs-, sondern Fortsetzungsbedingung[30]. Auch wenn der erstrebte Endzustand empirisch nicht definiert wird (und gerade darin mag sein Reiz bestehen), kann er doch dazu verhelfen, Widerstände und Gegner schon in der Gegenwart zu erkennen, Konfliktbereitschaften zu sammeln und dem gemeinsamen Handeln eine Richtung zu geben. Als Bewegung hat das Geschehen Seitenhalt, durch die Richtung auf ein Ziel kann auch bestimmt werden, was sich anschließen kann und was abgestoßen werden muß. Ferner ermöglicht die Selbstbeschreibung als Bewegung, bisherige Vorkommnisse als Geschichte zu lesen und zur Sinnverstärkung zu verwenden, mögen es nun Erfolge oder Niederlagen gewesen sein[31]. All das zusammengenommen ermöglicht selbstreferentielle Systeme eines eigenartigen Typus, die mit hoher Widerspruchs- und Konfliktbereitschaft Funktionen im Immunsystem der Gesellschaft übernehmen können.

So gilt auch hier, was für alle autopoietischen Systeme zutrifft: Beobachtungen (operatives Unterscheiden) ist nur auf der Ebene der Elemente möglich, und dies nur so, daß der Beobachter über eine Beschreibung verfügt,

---

28 Die bekannte Kritik von Karl R. Popper, The Poverty of Historicism, London 1957, setzt hier ein, geht aber gleichwohl fehl, weil sie den Vergleich zum physikalischen Bewegungsbegriff zum Ausgangspunkt nimmt und damit das eigentümliche Phänomen des Eintritts einer Theorie in die von ihr beschriebene Realität verfehlt.

29 in: Soziale Bewegung, Frankfurt 1978, S. 146 ff. Der Begriff im übrigen zuerst am Beispiel einer spätmittelalterlichen (aber schon die Druckerpresse voraussetzenden) Bewegung in: Otthein Rammstedt: Sekte und soziale Bewegung: Soziologische Analyse der Täufer in Münster (1534/35), Köln-Opladen 1966, S. 48 ff.

30 Vgl. dazu John A. Vazquez, A Learning Theory of the American Anti-Vietnam War Movement, Journal of Peace Research 13 (1976), S. 299-314.

31 Daß die Niederlage gar keine war, ist besonders in religiösen und in politischen Bewegungen leicht plausibel zu machen, wenn die Bewegung einmal konstituiert und zur Selbstbeobachtung gebracht ist.

die die Selbstreferenz der Elemente mitvollzieht und dadurch ihre Zugehörigkeit zum System in Differenz zur Umwelt erkennbar werden läßt. Auch Selbstbeobachtung ist an diese Voraussetzung gebunden. Die Vorstellung einer "Bewegung" ist dafür nur ein blasser Formbegriff. Er ist aber nötig, um Materialien des Immunsystems, die sich im Kontext von Bindungslockerung, Spezifikation und Effektkumulation ergeben, aus den strukturabhängigen Selbstbeobachtungen sozialer Systeme herauszuziehen und für sich zu konsolidieren. Erst wenn das zu Handlungen führt, greift dies Rezept, denn nur dann ordnen beobachtbare Elemente, eben Handlungen, sich dieser Bewegung zu. Dann aber ist mit Hilfe einer näheren Identifikation einer bestimmten sozialen Bewegung sehr rasch auch Selbstbeobachtung dieser Bewegung möglich, und dies verstärkt die Selektivität der Bewegung, indem sie es ihr ermöglicht, auf sich selbst zu reagieren, zu wachsen, sich zu organisieren, Aufbau und Verfall zu beschleunigen[32]. Auch dieses Geschehen wirkt mithin auf die Masse möglicher Widersprüche und Konflikte selektiv. Es ergänzt die Steigerung des Konfliktpotentials, die vom Recht ausgeht, durch weniger strukturabhängige, mehr über Selbstorganisation ad hoc operierende Verfahren.

An diesen beiden Formen aggregierender Selektion und Steigerung von Widersprüchen und Konflikten wird nochmals deutlich, wie das Immunsystem funktioniert. Es handelt sich um eine Einrichtung des Gesellschaftssystems, es setzt die Geschlossenheit der kommunikativen Selbstreferenz dieses Systems voraus. Seine Systemreferenz ist die Einheit dieser Gesamtheit. Die leere Tautologie der Form des Widerspruchs copiert die Autopoiesis der Gesellschaft: was immer Kommunikation ist, ist auch Gesellschaft, und was immer als Kommunikation Anschluß findet, erhält auch die Gesellschaft. Zugleich geht es aber konkret nie darum, die Gesellschaft als solche zu erhalten. Solange Menschen existieren, gibt es auch Gesellschaft. Das Problem ist vielmehr (und deshalb gehört diese Erörterung in die allgemeine Theorie sozialer Systeme), hinreichend viele und hinreichend verschiedenartige Sozialsysteme zu reproduzieren entsprechend der Komplexität eines bestimmten Entwicklungsstandes der Gesellschaft. Dies geschieht normalerweise nach Rezept, das heißt auf Grund von Erwartungsstrukturen. Das Immunsystem sichert die Autopoiesis auch dann, wenn dieser Normalweg blockiert ist.

Das Immunsystem disponiert über die Verwendung von "Neins", von kommunikativen Ablehnungen. Es operiert *ohne Kommunikation mit der Umwelt*; denn die Gesellschaft ist ein kommunikativ geschlossenes System und kann nicht mit der Umwelt kommunizieren, sie findet dort niemanden, der ihr antworten könnte, und wenn, würde er eben dadurch in die Gesellschaft einbezogen werden. "Neins" sind und bleiben kommunikative Ereig-

32 Vgl. dazu die Vorstellung eines über rekursive Selektion zu gewinnenden "Mehrwerts" bei Neil J. Smelser, Theory of Collective Behavior, New York 1963.

nisse; wenn sie als solche nicht möglich sind und wenn sie nicht in der Lage sind, sich über eigene basale Selbstreferenz auf andere Kommunikationen des Gesellschaftssystems zu beziehen, kommen sie nicht vor. Sie reagieren auf Störungen - nicht in Beziehung auf die Umwelt, sondern im Kommunikationskreislauf selbst; und sie tendieren angesichts der Gefahr des Nichtweiterkommunizierens dazu, Strukturen aufzugeben, um die Selbstreproduktion der Kommunikation zu retten. Daraus kann sich, muß sich aber nicht notwendigerweise eine bessere Anpassung des Gesellschaftssystems an seine Umwelt ergeben. Ob dies der Fall ist, darüber entscheidet langfristig gesehen Evolution.

Bei steigender Komplexität der Gesellschaft werden alle Möglichkeiten stärker und funktionsspezifischer in Anspruch genommen. Es schadet weniger, wenn auf der Ebene der Interaktion Kontakte aufhören, Weihnachtsgrüße nicht beantwortet, Ehen geschieden, Firmen aufgelöst werden. Aber diese Indifferenz ist an ein annäherndes Gleichgewicht von Aufhören und Neubeginn gebunden[33]. Ferner werden die strukturellen Reproduktionsanweisungen stärker spezifiziert. Sie werden dadurch störanfälliger und schneller obsolet. Beide Wege der Reaktion auf höhere Komplexität haben ihre eigenen Bedingungen und ihre eigenen Probleme. Sie allein scheinen nicht zu genügen. So wird entsprechend auch das Immunsystem der Gesellschaft verstärkt. Es besteht nicht in einer bloßen Negativcopie der Strukturen, auch nicht nur in "kritischem" Bewußtsein in Bezug auf das Vorhandene. Es besteht in eigenen, andersartigen Formen der Fortsetzung der Kommunikation - in Formen, die zum Beispiel durch Kampf und Sieg Situationen so stark variieren, daß dann wieder Normalisierungen möglich sind.

Im Rahmen dieser selektiven Formierung von Widerspruch und Konflikt haben die Stärkung von Ablehnungspositionen durch Recht und die Artikulation von Unruhe, Kritik und Protest in der Form sozialer Bewegungen komplementäre Bedeutung gewonnen. Sie werden in der üblichen Version sozialgeschichtlicher Darstellungen gegeneinander ausgespielt: als politisch-ökonomischer Komplex des modernen Kapitalismus und als dadurch stimulierte Gesamtheit der sozialen Bewegungen. Theoretisch ergiebiger wäre es, Erwartungsstruktur und Immunsystem zu unterscheiden. Dann kann man jedenfalls sehen, daß die moderne Gesellschaft, verglichen mit allen historischen Vorgängern, Strukturen destabilisiert und die Neinsagepotenz beträchtlich erhöht hat. Es mag dann weniger wichtig sein, ob das Nein mehr aus Positionen der Rechtsstärke oder im Kontext sozialer Bewegungen artikuliert wird. Gegenwärtig versucht man, beides in der Figur des "zivilen Ungehorsams" zu versöhnen. In jedem Falle wird man sich fragen müssen, wie von da her das doch auch nötige Ja zur Gesellschaft wiedergewonnen werden kann.

---

33 Biographisch gesehen liegen hier die strukturellen Gründe für das Problem der Isolierung alter Menschen: es hört für sie mehr auf als wieder beginnt.

Veröffentlichungsnachweise

Adorno, Theodor W.; Jaerisch, Ursula: Anmerkungen zum sozialen Konflikt heute. In: Gesammelte Schriften Bd. 8: Soziologische Schriften I. Frankfurt/Main 1972 [[1]1962]. S. 177-195.

Batscheider, Tordis: Eine feministische Kritik der kritischen Friedensforschung. In: Friedensforschung und Geschlechterverhältnis. Marburg 1993. Kapitel 5. S. 132-151.

Clausewitz, Carl von: Was ist der Krieg? In: Vom Kriege. Hrsg. von Werner Hahlweg. Bonn 1980 [[1]1832]. Erster Teil. Erstes Buch: Über die Natur des Krieges. 1. Kapitel. S. 191-213.

Coser, Lewis A.: These 3: Echter und unechter Konflikt. In: Theorie sozialer Konflikte. Neuwied und Berlin 1972. S. 55-64.

Dahrendorf, Ralf: Zu einer Theorie des sozialen Konflikts. In: Theorien des sozialen Wandels. Hrsg. von Wolfgang Zapf. Berlin 1969. S. 108-123.

Deutsch, Karl W.: Wie Konflikte zwischen Staaten entstehen. In:. Analyse internationaler Beziehungen. Konzeptionen und Probleme der Friedensforschung. Frankfurt 1968. Kapitel 11. S. 161-189.

Eibl-Eibesfeldt, Irenäus: Zwischengruppenaggressionen - Krieg. In: Die Biologie des menschlichen Verhaltens. München und Zürich 1984. Kapitel 5.6. S. 510-536.

Freud, Sigmund: Warum Krieg? In: Gesammelte Werke Bd. 16: Werke aus den Jahren 1932-1939. Frankfurt/Main 1986. S. 11-27.

Gumplowicz, Ludwig: Herrschafts-Gewinnung, -Ordnung und -Erhaltung. In: Ausgewählte Werke Bd. 3: Der Rassenkampf. Neudruck der Ausgabe Innsbruck 1926, Aalen 1973. Teil IV: Der Naturprozeß der Geschichte. Kapitel 35. S. 219-230.

Habermas, Jürgen: Aufgaben einer kritischen Gesellschaftstheorie. (Auszug) In: Theorie des kommunikativen Handelns 2. Frankfurt 1982. S. 562-583.

Hobbes, Thomas: Von den Bedingungen der Menschen in bezug auf das Glück ihres Erdenlebens. In: Leviathan. Zürich und Leipzig 1936 [[1]1651]. Kapitel 13. S. 160-166.

Krippendorff, Ekkehart: Die Rolle des Krieges im kapitalistischen Weltsystem. In: Perspektiven des Weltsystems. Hrsg. von Joachim Blaschke. Frankfurt und New York 1988. S. 189-214.

Lorenz, Konrad: Bekenntnis zur Hoffnung. In: Das sogenannte Böse. Zur Naturgeschichte der Aggression. Wien 1963. Kapitel 14. S. 351-368.

Luhmann, Niklas: Widerspruch und Konflikt. (Auszug) In: Soziale Systeme. 2. Aufl. Frankfurt 1985 [[1]1984]. Kapitel 9. Teile VIII, IX und X. S. 529-550.

Marx, Karl: Die entfremdete Arbeit. In: Marx-Engels-Werke Ergänzungsband. Schriften, Manuskripte, Briefe bis 1844. Erster Teil. Berlin 1968. Ökonomisch-philosophische Manuskripte (1844). S. 510-522.

Marx, Karl; Engels, Friedrich: Verkehr und Produktivkraft. In: Marx-Engels-Werke Bd. 3. Berlin 1958. Deutsche Ideologie. Teil B. Die wirkliche Basis der Ideologie. Abschnitt 1. S. 50-61.

Marx, Karl: Vorwort zur Kritik der Politischen Ökonomie. In: Marx-Engels-Werke Bd. 13. Berlin 1961. S. 7-11.

Morgenthau, Hans J.: Eine realistische Theorie der internationalen Politik. In: Macht und Frieden. Grundlegung einer Theorie der internationalen Politik. Freiburg 1963. S. 49-60.

Rapoport, Anatol: Kritiken der Spieltheorie. In: Kämpfe, Spiele und Debatten. Drei Konfliktmodelle. Darmstadt 1976. Kapitel XIV. S. 245-261.

Schwarz, Hans-Peter: Der Faktor Macht im heutigen Staatensystem. In: Weltpolitik. Strukturen - Akteure - Perspektiven. Hrsg. von Karl Kaiser und Hans-Peter Schwarz. Bonn 1985. S. 50-73.

Simmel, Georg: Der Streit. (Auszug) In: Soziologie: Untersuchungen über die Formen der Vergesellschaftung. Gesamtausgabe Bd. 11. Frankfurt 1992 [[1]1908]. S. 302-333.

Wallerstein, Immanuel: Krisen: Die Weltwirtschaft, die Bewegungen und die Ideologien. In: Die Sozialwissenschaft "kaputtdenken". Die Grenzen der Paradigmen des 19. Jahrhunderts. Weinheim 1995. Teil I. Die Sozialwissenschaften: Von den Anfängen bis zur Verzweigung. 2. Kapitel. S. 31-49.

Weber, Max: Begriff des Kampfs. In: Wirtschaft und Gesellschaft. Grundriß der verstehenden Soziologie. Tübingen 1956 [[1]1922]. Erster Teil: Soziologische Kategorienlehre. Erstes Kapitel: Soziologische Grundbegriffe. § 8. S. 27-29.

Weber, Max: Machtverteilung innerhalb der Gemeinschaft: Klassen, Stände, Parteien. In: Wirtschaft und Gesellschaft. Grundriß der verstehenden Soziologie. Tübingen 1956 [[1]1922]. Zweiter Teil: Die Wirtschaft und die gesellschaftlichen Ordnungen und Mächte. Achtes Kapitel: Politische Gemeinschaften. § 6. S. 678-689.

Werlhof, Claudia von: Sexualität und Ökonomie. Über den Zusammenhang zwischen Frauenmißhandlung und Klassengesellschaft. In: Konfliktfeld Sexualität. Hrsg. von Ignatz Kerscher. Neuwied und Darmtadt 1977. S. 91-105.